三晋百位历史文化名人传记丛书

追寻先贤的足迹　倾听历史的回声
守望伟大的传统　成就时代的梦想

孔天胤传

张勇耀　韩兵强／著

山西出版传媒集团
北岳文艺出版社

图书在版编目（CIP）数据

孔天胤传 / 张勇耀，韩兵强著. — 太原：北岳文艺出版社，2017.11
（三晋百位历史文化名人传记丛书）
ISBN 978-7-5378-5446-7

Ⅰ.①孔… Ⅱ.①张…②韩… Ⅲ.①孔天胤-传记 Ⅳ.①K825.41

中国版本图书馆 CIP 数据核字 (2017) 第 275793 号

书　　名：孔天胤传
著　　者：张勇耀　韩兵强
责任编辑：孙　茜
装帧设计：张永文
篆　　刻：刘　刚
插图设计：阎宏睿
印装监制：巩　璠

出版发行：山西出版传媒集团·北岳文艺出版社
地　　址：山西省太原市并州南路 57 号
邮　　编：030012
电　　话：0351-5628696（发行部）
　　　　　0351-5628688（总编室）
传　　真：0351-5628680
网　　址：http://www.bywy.com
E-mail：bywycbs@163.com
经 销 商：新华书店
印刷装订：山西人民印刷有限责任公司

开　　本：710mm×1000mm　1/16
字　　数：449 千字
印　　张：35
版　　次：2017 年 11 月　第 1 版
印　　次：2017 年 11 月山西　第 1 次印刷
书　　号：ISBN 978-7-5378-5446-7
定　　价：55.00 元

本书版权为本社独家所有，未经本社同意不得转载、摘编或复制

《三晋百位历史文化名人传记丛书》组织机构

策划
杜学文　张明旺　王宇鸿　梁宝印

专家审读小组
主　任：杨占平
副主任：续小强
成　员：周宗奇　韩石山　降大任　赵　瑜　哲　夫
　　　　李书吉　陈为人　乔忠延　魏荣汉　范兆飞

编辑出版办公室
主　任：杨占平
副主任：续小强
成　员：郭　松　孙　茜　李金山　王　姝　吕轶芳

◎孔天胤像

◎汾阳冯家庄村西岩别墅遗址，孔天胤曾题写"西岩乐处"。

◎安徽省博物馆藏颍上《兰亭》残碑，孔天胤曾救自民间磨坊

◎河南辉县百泉山"仁知动静"碑
（孔天胤书）

◎汾阳护国灵岩寺，孔天胤曾写《重修灵岩寺记》

◎孔天胤故里，文水县百金堡村文化广场

◎太原市崇善寺孔天胤《重修崇善禅寺记》碑

◎汾阳市博物馆《黄华老人诗帖》碑孔天胤跋（局部）

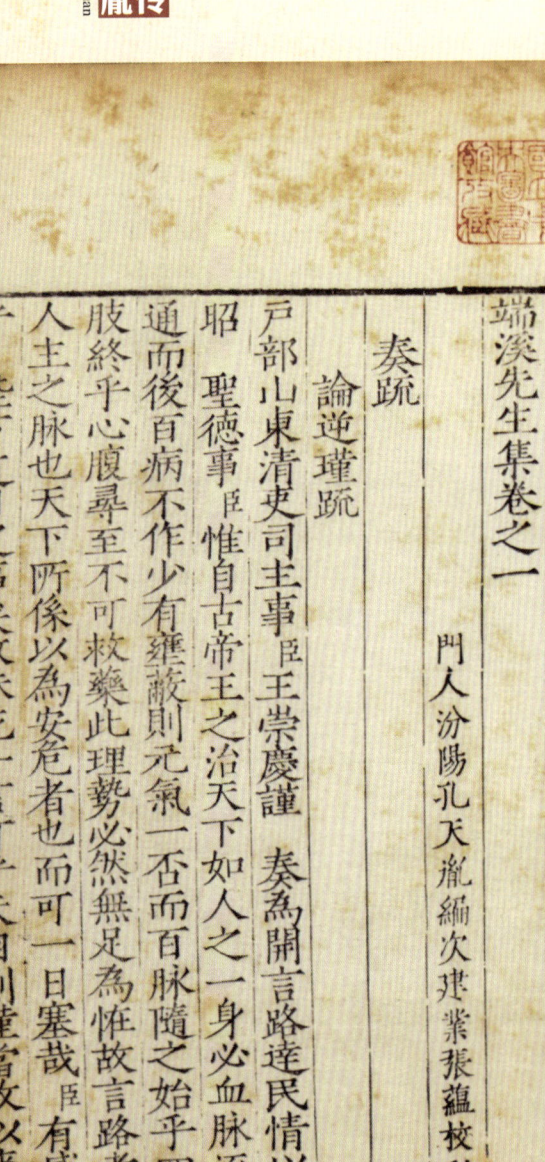

◎王崇庆《端溪先生集》孔天胤刻本

◎孔天胤为杨慎《升庵南中集》所作序言

樊氏集卷第一　　　信陽集

信陽南濱子樊鵬著
汾州文谷子孔天胤刻

賦類

反反騷并序

昔屈原仕楚以讒見棄憂君不已乃作離騷投江而死以明忠漢楊雄以為君子不得志則蛇龍何必沉身哉故擴離騷文而反之名曰反騷余讀其文重為之泫然流涕也悲夫屈子負屈千載莫信而雄屈身莽下不能如龔鮑超然遠舉反譏原之

◎《集录真西山文章正宗》孔天胤刻本序　　◎《西京杂记》孔天胤刻本序

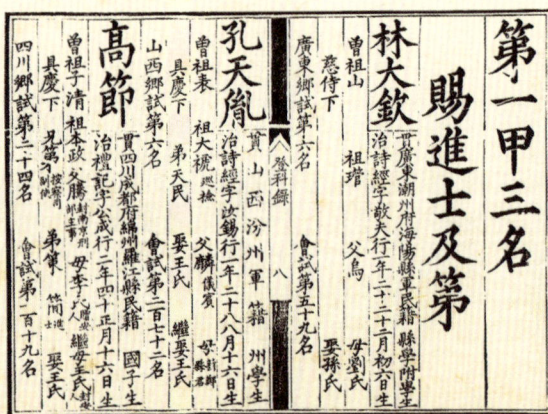

◎《嘉靖十一年进士登科录》孔天胤页

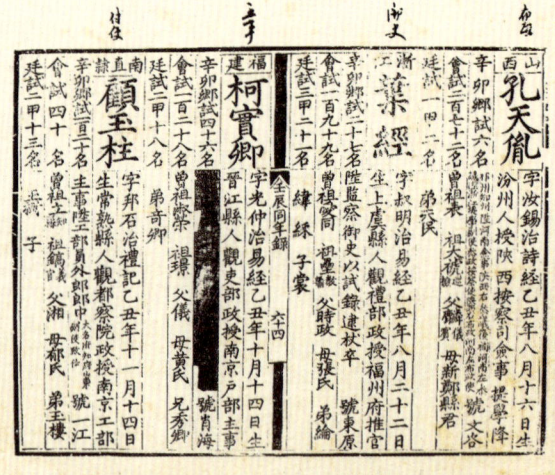

◎《嘉靖十一年同年序齿录》孔天胤页

◎《资治通鉴》孔天胤刻本

资治通鉴卷第一

朝散大夫右谏议大夫权御史中丞充理检使上护军赐紫金鱼袋臣司马光奉敕编集

周纪一 起著雍摄提格尽玄黓困敦凡三十五年

威烈王

二十三年初命晋大夫魏斯赵籍韩虔为诸侯

臣光曰臣闻天子之职莫大于礼礼莫大于分分莫大于名何谓礼纪纲是也何谓分君臣是也何谓名公侯卿大夫是也夫以四海之广兆民之众受制于一人虽有绝伦之力高世之智莫敢不奔走而服役者岂非以礼为之纪纲哉是故天子统三公三公率诸侯诸侯制卿大夫卿大夫治士庶人贵以临贱贱以承贵上之使下犹心腹之运手足根本之制支叶下之事上犹手足之卫心腹支叶之庇本根然后能上下相保而国家治安故曰天子之职莫大于礼也文王序

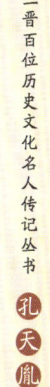

◎孔天胤父孔麟、母新郑县君墓碑。王崇庆撰，立于万历二年（1574），2015年出土。今存汾阳市孔氏祖茔。（孔宪政先生提供）

序：现代化进程中的山西文学

杜学文

从传统社会向现代社会的转化是人类发展进程中的重大课题。每一个国家、每一个民族都将面对，难以回避。个人，作为社会的组成细胞，也同样如此。这并不以我们自己的意志来转移。综观世界各国，在这种转化的进程中，都有了不同的选择，并表现出各异的特色。但总的来说，还是目前我们称之为"发达国家"的率先实现了现代化。其成功的转化有诸多原因，但从文化的角度来看，与其自然环境的特殊性、农耕文明的不发达，以及突出的个人奋斗精神、重利思想、实用主义等有极大的关系。而目前世界上的欠发达国家或发展中国家，则在向现代化转化的历史进程中，又表现出各自不同的特色。就中国而言，在其漫长的历史进程中，农耕文明得到了充分发展，并达到了最为繁荣的境界。现在的发达国家在转型早期的生存压力等表现得并不明显，从而一种自给自足、自得其乐的生活方式逐渐固化。向现代化转型的原生性动力并不强大。从某种意义来看，中国实际上进入了一种人类最美好的发展境界，那就是，依靠劳动来创造财富，与大自然和谐共处，有剩余的时间来体验人生的乐趣等等。中国从传统社会向现代社会的转化主要靠外部的强力推动。就是说，因为先发国家对财富、权力、欲望的强烈追求，在吸纳了东方文化，其中非常重要的是中国文化之后，骤然表现出突飞猛进的发展状态。其商业首先得到了快速的发展。特别是依靠对海外市场的分割，使过去形成的传统的世界市场在大航海时代变得更加活跃。同时，工业技术得到了快速的进步。人类的新发明成几何级数增长。新技术的出现使社会生产力得到了空前的解放，物质生产表现出前所未有的丰富。而与之相应的是社会制度的进一步变革。一种能够服务新的生产力发展的社会管理系统逐渐建立，并在血与火之中不断完善。在这样的变革转型中，东方古老的中国受到了西方先发国家的强烈冲击。传统的农耕文明与新发展的工业文明之间出现了严重了错位，并引发了控制、占有与反控制、反占有的残酷斗争。中国从农耕文明的辉煌顶峰跌落，中国人开始睁开眼睛看世界，并反思自身文明存在的问题。在外力的冲击下，中国不自觉地开始了向现代化转化的历史进程。一代又一代的中国人筚路蓝缕、奉献牺牲，前赴后继、求索奋斗，就是要重新找到国家独立、发展、进步的正确道路，实现民族的复兴。在不同的历史时期，他们承担了不同的历史使命。不同的人们从自己所从事的事业中为这样一个艰难而宏伟的目标作出了自己的贡献。而中国的文学，同样没有疏离民族的历史追求，甚至在许多关键的历史时刻，承担了开启民智、传播思想、激发斗志、重塑文明的历史重任。在这样一个艰难的充满了探索的转型进程中，中国人民表现出了自己最大的智慧与韧性。一直到新中国的建立，才基本形成了主权统一、独立自主的现代国家形态，并以超人的勇气与奋斗精神、惊人的创造力与发展速度迈向现代化。在这样一个伟大的转化进程中，中国虽然经历了失败、屈辱、挫折，但终于创造了他人所没有的成就。而我们的文学，正是这一历史的亲历者、推动者、表现者。就山西文学来说，是中国文学的重要方阵，当然也是这一历史的组成部分。其努力与贡献非常突出。

　　首先是推动了现代汉语的大众化,为现代汉语从知识阶层走向普通民众,并使二者有机结合作出了积极的贡献。在中国追求现代化的进程中,经历了一个从"器"到"道"的转变。所谓"器",就是中国人在最初以为是西方发达国家的技术、器物先进,因而倡导"洋务运动",开办现代工厂,引进西方设施,等等。这些努力从历史发展的必然来看,当然是非常重要的。但是,事实很快证明,仅仅引进西方的先进技术并不能解决问题。之后发生了制度层面的改革,包括推翻清王朝,建立立宪政权,仿效欧美三权分立及选举制度等等。但是,这种形式上的制度变革没有使中国强大起来,反而使中国成了一盘散沙,四分五裂。于是,更多的人开始反思中国的文化。一方面,对中国传统文化中的落后部分进行批判;一方面引进国外的思想如无政府主义、新村主义,包括马克思主义等等。新文化运动成为当时风生水起的社会思潮。从今天来看,其对中国传统文化的批判有许多过激之言。但是如果我们回到具体的历史场景,就会感到这些批判背后所表露的急切心情及历史合理性。在新文化运动中,一个最为突出的问题,也是最为重要的成果就是把中国人使用了数千年的文言文转化为白话文。从文化发展传承的角度来说,以文言文为代表的中国书面语言具有其重要的历史价值、文化价值、文明意义。可以说,文言文的简洁、精炼、典雅,以及其表情达意的丰富性,是世界上任何语言都难以企及的。这也正是其生命力之所在。但是,从历史发展的现实来看,文言文也具有非常严重的局限性,难以适应现代社会的发展要求。首先是缺乏精确性。由于中国传统文化中思维追求整体感、人文感、艺术感,中国的语言缺少对事物的准确表述。这种特点虽然具有非常强烈的人文色彩,以及超越了具体现象的整体感,但是与现代工业技术发展中对事物精确性表达的要求有很大的距离。语言的背后体现的是思维方式。如果语言难以体现精确性要求，人们的思维同样将不能适应时代发展的要求。其次是书面语言与口头语言的分离。虽然任何语言都会表现出书面与口头的差别，也就是说，人们不可能把口头语言照搬为书面语言。但这种差别在汉语中表现得尤为突出。这就是作为书面语言的文言文与口头语言的"白话"之间的区别。这种区别使更多的普通民众与书面书写脱离，对开启民智、提升大众的文化素养产生了障碍。而现代化的实现并不仅仅是少数"文化人"的事，而是全民族的事。因此，语言的变革，使之更能够适应现代化的需要就成为一种时代的必然。20世纪的新文化运动，除了其在价值观方面的追求如"科学""民主"等之外，对语言的解放也是一种非常强烈的期待。一些有识之士率先放弃了对古代汉语的使用，积极采用白话文来构建现代汉语。这其中，出现了许多具有代表性的人物，如鲁迅、胡适等。今天我们仍然能够感受到鲁迅的语言中存留有古代汉语的元素。这是中国语文从古代汉语向现代汉语过渡的典型表现。而胡适等人则努力使自己的书面语言更加通俗化、口语化，也显示出某种过分倾向于白话的特点。另外一些具有欧美留学背景的人则企望借鉴外来语言对中国的语言进行改造，因而出现了许多非常欧化的表达方式。就中国现代汉语的成熟完善来说，这些努力都是非常珍贵的。但是，真正使新生的现代汉语从古代汉语中出走，并吸纳了民间语言的丰富、生动的特质，使之成为一种既有古代汉语的节制、典雅，又有民间口头语言的生动、活泼，从而使现代汉语能够成为一种具有完整的语法体系、鲜活的表现力，以及体现民族语言特色的"现代汉语"形态，则是以赵树理为代表的作家们作出了重要的不可忽略的贡献。

　　就赵树理个人的创作而言，其早期也是走欧美语法特色浓重的路线。但是当他发现这条路难以被普通民众接受后，其语言表达发生了转化，开始更加注重民族语言与现代性的融合。他的语言生根于中国古代汉语与民间语言的丰厚土壤。在保持语言典雅品格的同时，至少从这样两个方面进行了努力。一是更多地吸收了民间语言的表达方式，使普通民众能够走进这样的语言，使用这样的语言。也正因此，他的语言表现出非常鲜活、生动的状态，使语言的活力大大增强，表现力得到了拓展甚至突破。二是他的语言在规范性方面进行了重大的努力。一方面剔除了民间语言、方言中粗俗的、生僻的元素，使之更加典雅、庄重，另一方面，他保持并强化了以北方方言为主的结构形式，使之在语法形态方面更加完善严谨。所以，今天我们读赵树理的作品，其语言的流畅、生动、鲜活仍然非常突出。可以说，在中国现代汉语出现、发展、完善的进程中，赵树理作出了不可跨越的贡献。当然，这种贡献不可能是他一个人完成的，而是在特定历史条件下，由包括他在内的一大批作家共同努力，并在一代又一代作家的接力中实现的。赵树理丰富了现代汉语的表现力，并使这种获得新生的语言成为广大民众自己的语言。这后一方面的贡献更为重要。因为如果一种新生的语言难以得到民众的认可，其生命力是非常值得怀疑的。可以这样说，如果没有这些作家的努力，中国的现代汉语很可能成为一种"精英"的语言。也就是说，很可能成为一种少数有"文化"的知识分子的语言。这不仅将使语言的普及受到阻碍，也将因为得不到大众的认可而导致中国现代化的迟滞。

　　山西的作家受赵树理的影响甚深。除了创作理念、题材选择等方面外，在语言的运用上也同样如此。这也就是说，从赵树理以来的几代山西作家不仅坚持了赵树理的创作方向，也共同为中国现代汉语的进一步完善、发展作出了努力。尽管今天我们可以说，这些作家个人的成就不同，在语言表达方面风格各异，但是他们有一个共同的特点，即在坚持语言的民族化方面都进行了非常积极的实践。进入新时期，随着改革开放的不断深化，各种创作观念竞相显现。山西作家虽然与全国的创作相比更多地表现出固守的姿态，但是新的创作手法、元素等也在自觉不自觉地借鉴当中。其中就语言表达的追求而言，大体表现出两种特点。一种是仍然坚持语言表达的民族风格，并随着时代的发展变化使之更加丰富生动起来。他们的语言，不仅缘于题材选择的民间性、地域性，以及人物、故事的原生性，更缘于吸纳了民间语言的鲜活元素，在叙述、描写等诸多方面更多地体现了植根于本土的语言活力。另一种虽然也注重题材的地域性选择，但在语言表达中更多地呈现出一种开放的意识，比较侧重吸纳外来语言中的合理成分。如修辞的繁复，语句的长结构，象征意象的频繁使用等等。虽然这两种追求表现出各自不同的倾向，但他们随着时代的发展而推动现代汉语不断进步的努力是一致的。

　　需要我们重视的是，山西作家在自己的创作中表现了中国文化的原生态及其变化。这种原生态不是指文化最初形成的形态，而是指数千年来一直呈现出来的未经现代化浸染、改变的文化。从某种意义来看，它已经成为生活在这样的历史环境中每一个人不自觉的潜在意识，并支配着人们的思想与行为。文学的表达虽然是语言与形象的表达。但是隐藏在语言与形象背后的却是生成这种语言与形象的文化。如果一种文学性的描写没有隐晦地展示出某种文化及其价值观，我以为就是一种表面性的甚或肤浅的描写。山西作家在自己的创作中表现出一个非常突出的特点，即对自己生活的土地、家园有一种执着的关注。而就山西这一地域来说，其文化又具有某种典型性。这就是生根于黄土高原的农耕文化。在中国现代化的进程中，一个非常艰难的任务就是要改变这种文化，使之蜕变为一种新的文化：现代化。这一过程是非常艰难的，也是非常痛苦的。数千年的农耕劳作，已经形成了一种自足的完善的文明体系。但是，就在这种文明体系达到顶峰的时刻，我们突然发现她已经不能适应现代化的要求。于是，开始不自觉地改变自己。这一过程伴随着战争、灾难、屈辱、失去国土与家园等等。在经受这种外在考验的同时，还有我们内在的情感、思想、精神等诸多方面的考验。一方面，救亡与重生成为一种时代的必然使命。另一方面，精神与文化的重建、新生也面临着更大的挑战。就前者而言，山西作家的创作并不是真正的重点。而后者却是其在描写社会变革进步中隐藏的中心。山西是中国最早开始工业化、现代化建设的地区，但是我们很少能够看到山西作家所描写的这方面的作品，而曾经作为抗日战争敌后根据地中心的山西，实际上也没有太多的文学作品来表现。反倒是有许多作品在这样的社会背景下来描写当时的人们如何生活，并参与了这一影响世界文明进程的历史。可以说，这些作家们表面上看起来对社会变革更关心。但是一到拿起笔的时候，就情不自禁地流露出他们对于特定文化及其价值观的不自觉的关注。这实际上成就了他们，也局限了他们。如果就当代文学而言，最早的表达在于农民群体的觉醒。他们感受到了时代的变化，并参与、推动了这样的变化。比如小二黑，虽然具有了杀敌英雄的身份，但作家所要说的却是旧的文化观念，以及由此形成的生活方式对人性的伤害——当然是从爱情的角度切入的。作家的贡献不仅在于表现了时代变化中人性尊严的重新确立，更重要的是，作家生动地再现了这种旧的文化制约在人们劳动、生产、生活、情感，以及社会关系诸多方面的表现。也就是说，作家不是把一个关于追求自由恋爱、自主婚姻的故事作为一种孤立的现象展示出来，而是生动地表现了这种文化观念在旧的生活方式中的普遍性，以及其荒谬性。也就是表达了必须改变这种文化观念的必然要求。这当然是非常符合时代需要的，也是中国在现代化进程中必须跨越的。在山西作家的创作中，相当多地表现了劳动者——当然主要是农民，以及农民出身的、具有农耕文化背景的其他身份的人们对劳动的热爱，对土地的执着，对家庭的重视等等。从历史的层面来看，这些内容都构成了农耕文明的重要组成部分，也是这一文明能够发展、生长的原动力。但是从时代的要求来看，这种文化又成为那些最终必然要离开土地，不再是农民的人们内心世界与精神领域的时代痛苦。比如在改革开放之后，工业化的浪潮漫卷一切。在最具现代化特点的大型露天煤矿当工人的吴福却难以适应这种快节奏的标准化的生活方式。他无限怀恋地回到了自己的家乡。但是家乡已经不再是曾经的家乡，吴福也不再是过去的吴福。他身跨两界，无所归依，内心充满了痛苦。这是一种时代转换、文明更替的痛苦，是一种具有重大典型意义的内心再现。而在现代化程度日益加深的历史时期，农村也已不再是传统意义的农村。农民也不再是仅仅从事农业生产的农民。更大的市场与财富吸引了更多的农民，城市成为新的生活中心。虽然从某种意义来看，城市化可以作为现代化程度的一种标志。但是城市化也同时带来了传统文化的消失、传统生活方式的改变，以及传统人际关系的新建。老甘，这个仍然坚守在内心世界的"过去的农村"中的农民，痛苦地怀恋着昔日活色生香的农村及农村的生活。但是，过去的一切似乎已经义无反顾地过去了。他的农村已然不再。如果说这样的农村随着市场化程度的提高有新生的希望的话，也与过去的农村大不一样。老甘的痛苦同样是一种时代的痛苦，是我们在走向现代化进程中不可回避的痛苦。当然，山西的作家也描写了这种进程中人们的希望、新生，以及由此而来的快乐、自信。宋老大进城送公粮时那种发自内心的自豪感、主人感，那种终于直起了腰板的幸福感将永远感动我们。而在首都打工并学会说普通话的小雪也动人地透露出新一代农民美好的未来。

  山西的作家们也企图从比较宏大的层面来揭示中国文化的品格，以及由此而反映出来的中国精神。这些描写不在意于对现实生活具体人事的再现，而是企图通过某种具象化的人事具有隐喻意味地表达作家对民族性的理解。他们营造的人物生活环境不太具体，而是具有某种概括性，超越了具体的、实指的时间、空间。其中人物的行为，以及由这种行为所表现出来的文化内涵、价值选择体现出一种超越了具象的恒久性。由此可以使我们领略一种民族的生存状态与价值操守。其中的一部分作品甚至具有进行人生意义、价值意义探求的哲学性努力。这时，作家关注的不再是现实生活中具体的人事，以及其中透露出的社会文化内涵，而是超越其上的价值追寻。在临危受命的戴夫人身上，作者赋予她民族人格最为优秀的内涵。她不仅具有一般人所可能具有的大局观，以及人性的智慧，而且作为生命个体，她具有了一种古人所言的"浩然之气"。她在漫长艰难的商旅途中，没有感受到生命的渺小，而是站在太行山顶吟诵前人的诗篇。她感受到的是生命的博大、伟岸，以及大自然的神奇、浩渺，是一种天人合一、物我两忘的至高境界。这不仅是她个体生命的壮美华章，也是民族文化中价值体系的完美内化。张马丁的遭遇则从另一种角度表现了不同文化短兵相接所引发的一系列事件，以一种宏阔的视野描写了文化境遇背后各异的价值体系之间的交锋、错位、融合。还有许多作品通过对具体人物生命境遇的描写，表现了具有历史意味的在潜意识中特定价值观支配下的民族精神世界。

读山西作家的作品，事实上也可以看到中国从农耕文明的顶峰跌落到重新崛起，实现现代化的历史进程。在当代文学中为数不多的抗日战争题材的作品中，我们可以看到以中国北方农民为主的人们如何从屈辱中觉醒、抗争，并取得了历史性意义的胜利。抗日战争的胜利，不仅仅是军事的胜利，而且是中华民族在经历了无数的失败、屈辱之后终于走向独立、自主，重新以一个文明民族的形象自立于世界民族之林的标志；也是中国在经历了种种探索，尝试了不同发展道路之后，终于表现出走向正确发展道路，迈出实质性转型步伐的标志。

尽管一直以来我们都有这方面的创作，但是具有宏观性、历史深刻性的作品还不多。新中国的建立是中华民族终于在百余年的努力之后有了自己独立政权的大事，也是中国开始以超人预料的成就向现代化迈进的起点。山西的作家以自己敏锐的笔触描写了这一关键时刻中国普通人内心世界的喜悦、自豪，以及对未来的憧憬。还是在1949年10月1日，诗人高沐鸿就创作了诗歌《这是我们人民自己的胎生》，为新中国的建立而欢歌。之后的一系列文学作品生动地表现了站起来的普通民众内心世界的巨大变化，特别是其人格世界的变化。他们实实在在地感受到了新社会的进步，以及当家做主的自豪。他们不仅在经济上得到了解放，在政治上得到了翻身，而且在精神世界上发生了积极的蜕变。一个新的时代带来了新的发展与进步。也正是这些作品成就了这个新文学史上一个最具典型意义、产生重大影响的文学流派——"山药蛋派"。他们有共同的创作追求，有共同的题材选择，有以赵树理为代表的领军人物。这个流派出现的意义，不仅仅是属于文学的，更是属于中国文化的。他们在尊重并表现中国优秀传统文化价值观的前提下，呈现在这种价值体系影响下中国民众，主要是农民如何生活、生产、思考、发展。读这些作家的作品，不仅使我们能够了解到特定历史时期中国发生的事情，而且将使我们了解中国人是怎样的一种生活方式，中国人在新的历史时期发生了怎样的变化。在20世纪70年代末、80年代初，山西的作家们非常敏锐地感受到时代将要发生的巨变。这种感受不是源于理性的分析研究，而是源于他们对现实生活的关注与热爱，是他们从具体的生活中感受、发现了时代变革的动力。其中有他们对极"左"路线的批判，以及对中国变革发自内心世界的呼唤。这首先是已经成名的一批被称为"老作家"的人们走上了历史的舞台。而另一批将在中国文学园地表现出勃勃生机的作家以自己的敏锐发现了生活的变化。至20世纪80年代中期，以《当代》发表一组山西作家的作品为标志,文学"晋军崛起"成为中国文坛的一个重要事件,引起了广泛关注。这批作家一进入文坛即表现出不俗的活力,显得生龙活虎,风生水起。他们首先成为对极"左"路线的批判者。通过一系列生动的、充满生活意蕴的人物形象来揭示中国曾经走过的弯路,以及即将出现的变革。而后,出现了一系列呼唤改革的优秀作品。一些小说被改编为影视作品,在当时传媒欠发达的条件下产生了极大的轰动效应,甚至有万人空巷之叹。其中的朱克实、李向南、李高成等成为新的历史条件下拨乱反正、推进改革的典型人物。这些作品既是文学的,更是时代的、历史的。它们表达了中国人内心深处希望变革的期待,也呼唤着一个新的历史时期的到来!

中国的改革是中国从传统的农耕文明出走,迈向现代化的重大事件。随着改革开放的不断深化,中国表现出强劲的发展态势。同时,也遇到到了许多需要解决的问题。一方面是现代化程度的不断提高,另一方面是这一进程的艰难演进。一个时期,那种充满浪漫主义色彩的乐观情调被现实生活中的艰难前行所生发的复杂性代替。改革并非一帆风顺,充满了困惑、曲折,有许多困难需要智慧与勇气来克服。这一时期,山西的文学创作沿两条主线展开。一方面是直面现实,表现新的发展时期人民的智慧力量,及时代的进步,如农村改革,国企改革,全球化背景下的商业博弈,以及反腐倡廉、环境保护、民主选举、基层生活、重大事件等等。总的来说,山西文学表现出社会的艰难进步,这种进步首先是积极的、正义的、人民的力量战胜了消极的、不义的、损害人民利益的力量。同时也表现出中国传统社会在时代的发展进步历程中逐渐变化:如传统农村的式微与新盛;农村人口向城镇的转移;土地的工业化、商业化等等;商品经济的蔓延,城镇化的发展;以及身处其间人们内心世界的彷徨、痛苦、选择;人对土地以及建立其上的生产生活方式的依恋;对改革进程中传统国有企业的情感等等。从这些作品中，我们可以观察、感受到中国正在发生的翻天覆地的变化。另一方面，许多作家企图从超越现实的具有形而上意味的层面来探求中国的民族精神。一些作品甚至具有了某种哲学性品味。他们可能借助于某一历史事件，或者设计一个与现实生活隔离的故事来表现自己理解的民族精神。这一类作品可能表面上与现实生活没有直接的关联，但是对我们认识民族文化、民族品格具有积极的意义。事实上这些作品为我们提供了一种思想文化资源，是对现实生活中剧烈变革引发人的价值观的迷茫进行的某种文化性指引。它不涉及现实问题，不为我们思考感受现实生活提供具体的形象。但是，为我们提供观照现实、解决现实问题的精神力量、价值选择和思想资源。这其中也有一个如何认识人生、如何认识民族、如何面对个人价值的问题。

总之，不论是对现实生活的直接表现，还是以隐晦的笔法对现实生活提供精神资源，都可以看到山西作家对社会生活、人生价值的一种积极的态度。他们试图以自己的描写来表达某种具有积极意义的思想内涵，为今天的人们提供精神力量，以推动中国社会的发展、进步，以及在历史蜕变中人的完善。这些努力也可以视为是在现代化进程中对民族精神的一种回顾与追寻。读山西作家的作品，可以使我们从一个侧面感受到中国走向现代化的历史进程。

山西作家在艺术创造上也进行了积极的努力。就山西文学的当代面貌来看，表现出一种从一元向多样的发展态势。当代山西文学受以赵树理为代表的"山药蛋派"影响甚重。一代一代的作家不仅受到这一流派作家关注现实生活、关注社会民生的创作理念的影响，而且在表现手法上也多承续这一流派。因此，直至改革开放前，山西文学基本呈现出一种"山药蛋派"式的一元状态。但是，进入改革开放的新时期后，这种局面开始发生变化。一些人更注重语言描写、心理表达等等。不同于"山药蛋派"风格的作品开始大量出现。首先是题材选择表现得更加多样，其次是表现手法更加多样，再次是创作观念也呈现出多样化的格局。山西文学终于形成了从一元走向多样的创作态势。那些坚持以农村为主要创作题材的作家们也积极地吸纳了其他的表现手法，使农村生活的表现领域大大拓展。另一方面，山西也出现了典型的所谓"现代派"小说。心理结构、借鉴侦探小说手法的"悬念"结构、无情节结构、意象结构、寓言式结构等等次第登场，宏大叙事与个人化叙事并存一体。这些作品有的已经产生了比较大的影响。无论如何，他们都是山西作家对文学自身进步的积极探索。

从某种角度来看，山西文学似乎为我们呈现出了中国走向现代化的百年变迁史。这不仅表现在人们广为关注的小说创作之中，同时也更加丰富地表现在文学的其他领域，如诗歌、散文、戏剧，以及逐渐从散文文体中独立出来的报告文学及传记文学之中。当我们追寻这种变迁的历史时，不能割断由山西而表现出来的中国五千年文明史。山西是华夏文明的主要发祥地，从远古以来，这一文明代代相传，承续不绝，其中涌现出众多的仁人贤士。作为个人，他们有自己所处的具体的历史环境、成长条件，对人类文明的进步作出了自己的贡献。但是，作为一种文化现象，他们似乎勾勒出中国文明发展进程的历史脉络。在他们身上体现了中华文明的历史贡献、价值选择，以及思维模式。对他们进行研究，并用传记的方式表现出来，使今天的人们了解并感受他们所具有的闪光的人文价值，不仅对今天的改革发展具有积极的意义，对我们现代化进程中的文明重建同样具有非常重要的意义。这将首先使我们看到历史发展进程中文化的影响力，进而使我们能够进一步确立文化的自信心与自觉性。在这些如星光一般闪烁的先人身上，我们将体会到中华文化的魅力、价值和绵延不绝的生命力。承续山西文学的精神品格，创作出新的能够表现时代精神的优秀作品，是我们这一代人的使命。而对五千年文明发展进程中那些曾经作出突出贡献的英杰才俊进行文学式的描述，也将是我们传承民族精神的一种努力。因此，组织编辑出版山西文学"双百工程"，有着非常积极的现实意义。

这一"工程"包含两个序列三个方面的内容。一是"百部长篇小说"，其中一部分是已经发表出版并产生了较大影响的现当代小说。通过集中编辑出版，可以使我们比较全面地回顾审视山西文学某一方面的成就与贡献。另一部分是新创作的长篇小说。其目的是推动山西长篇小说的不断繁荣。把它们列入这一工程，即是对文学发展的新推动，也可以延续已有的成果，使人们看到山西文学创作的最新成就及更加生动的面貌。二是"百部山西历史文化名人传记"。山西的报告文学近些年来表现出非常活跃的态势。不仅参与创作的作家比较多，出现的作品比较多，而且产生的影响也比较大。其中一些作家应该说是中国报告文学领域的领军人物。同时山西也是华夏文明的重要发祥地，在五千年的文明发展历程中涌现出许许多多对中华文化发展进步作出重大贡献的英杰先贤。以传记的方式把这些先人在中华文化发展进程中的贡献表现出来，有助于我们重新认识中华文明对人类的重大贡献，有助于我们进一步追寻中华文化的精神、操守、品格，并使我们从先人的风采中找到自己前行的楷模和动力，激励我们推动中国的改革发展进步。所以，这也就成为我们的一种责任。相信通过这一努力，既将促进山西文学的进一步繁荣，也将进一步增强我们的文化责任，重塑我们的文化形象，展示中华民族在漫长发展历程中表现出来的精神力量与智慧，为实现民族复兴的中国梦作出积极的贡献。

目 录

第一章　汾州才俊 ……………………………………………… 001
　　家世渊源："宣圣之裔，帝室之甥" ………………………… 001
　　童年惊惧：从正德到嘉靖 …………………………………… 008
　　少年求学：师从高师冯思翊 ………………………………… 011
　　河汾先贤："俗负卜商之儒，人秉段干之节" ……………… 015
　　学官名师：求学仕进的领路人 ……………………………… 020
　　乡试中举："全不类时作" …………………………………… 024

第二章　高中榜眼 ……………………………………………… 033
　　射策帝廷："敦本厚生，抑浮通变" ………………………… 033
　　高中榜眼：差一点，就成了状元 …………………………… 041
　　传胪惊魂：误穿儒服的进士们 ……………………………… 046
　　榜定同年：从此天涯有知音 ………………………………… 049

第三章　初仕陕西 ……………………………………………… 052
　　格例外补：王亲无缘翰林院 ………………………………… 052

初识太微："西翰林"中又一师 …………………… 057
敦崇教化：正士习，兴文教 …………………… 061
考选诸生："造旋之妙，超绝前后" …………………… 064
以人弘道：刻樊鹏《樊氏集》并序 …………………… 066
因贡左迁：宦海中的第一次沉船 …………………… 069
知交送别："泮宫池上花，寂寞桃与李" …………………… 074
结交叔嗣："心赏不易值，素交世罕存" …………………… 079

第四章 左迁祁州 …………………… 082
履霜赴任："退思有严程，进勉缺良图" …………………… 082
修建庙学：希冀诸生学遍天下 …………………… 088
贞文书院："崇道德，表宅里" …………………… 091
知己者言：刻王崇庆《海樵子》并序 …………………… 095
诗路心痕：祁州的诗歌高产 …………………… 097
将赴颖上：汾州的记事与情思 …………………… 100

第五章 兵备颍州 …………………… 105
文韬武略："以文章饬政事" …………………… 105
交游薛蕙："赋诗见志，并丧尔我" …………………… 111
措费筹谋：助修西湖书院 …………………… 119
颖上《兰亭》：救自磨坊的历史珍品 …………………… 121
淮南诗情：颍州的足迹与交游 …………………… 123

第六章 汾州父忧 …………………… 129
丁忧之思："先人遗迹满尘埃" …………………… 129
乡居生活："却来悟所遣，逍遥学无生" …………………… 130
三晋名宦：交游刘坤、赵廷松 …………………… 135
收徒赵讷："一晤高贤喜不禁" …………………… 139
山西纪事："庚子之变"与陈讲卫边 …………………… 141

　　　　汾州纪事：东关建城与介休修渠 …………………… 145

第七章　参藩河南 ………………………………………… 150
　　　　泽鸣中州：河南省府的人情之暖 …………………… 150
　　　　御房方案：清心省事，坚壁清野 …………………… 153
　　　　苏门留迹："仁知动静"与卫辉题名碑 …………… 155
　　　　赠序发微：怀德知易，忌"积烦""积玩" ……… 160

第八章　提学浙江 ………………………………………… 163
　　　　主持乡试："人才彬彬，颇称得士" ……………… 163
　　　　课士江东："道华行处有，藻识镜中悬" ………… 167
　　　　救荒建祠：参与浙江地方事务 ……………………… 176
　　　　高文典册：浙江任内典籍的刊刻与书序 …………… 182
　　　　西湖宴聚：浙江时期的人文与交游 ………………… 198
　　　　千古之谜：《霞海篇》与西湖八社 ………………… 208
　　　　赠文别序：浙江时期的为政理想 …………………… 215
　　　　正心明学：浙江时期的教育、理学思想 …………… 222
　　　　入圣之路：四十岁的惶惑与归思 …………………… 228

第九章　汾州母忧 ………………………………………… 232
　　　　新郑县君："派出晋潢，登馨玉牒" ……………… 232
　　　　清阴轩记：暂时的精神家园 ………………………… 235
　　　　汾州记事：三晋名宦的文治武功 …………………… 237
　　　　读经体道：为王崇庆《五经心义》并序 …………… 242
　　　　美作仁里：为汾州云林庵作记 ……………………… 245

第十章　重回陕西 ………………………………………… 248
　　　　庚戌之变：因封贡而起的全面寇乱 ………………… 248
　　　　安攘大计：陕西时期的民生观与武备观 …………… 251
　　　　同年同官："乖左阅岁年，和鸣复天路" ………… 264

关中佳话：一件乐事与五首逸诗 …………………… 276
　　壬子乡试：一份珍贵的乡试录文献 …………………… 281
　　陕西文事：关中的刊刻与书序 ………………………… 287
　　疏乞休致："归心久已然" ……………………………… 303
　　仕路余韵：河南左辖与汾州"雠" ……………………… 306

第十一章 **归居汾州** …………………………………………… 310
　　复返田园：归乡之喜与亲情之乐 ……………………… 310
　　筑园修亭：精神家园与隐者之趣 ……………………… 324
　　关心水利："君子视天下为一身" ……………………… 333
　　写德政碑：有故事的山西名宦 ………………………… 338
　　无碑之碑：孔天胤版汾州名宦 ………………………… 345
　　情系教育："教由其道，学不自欺" …………………… 350
　　修志述史：乡绅的文化建树 …………………………… 360
　　丁卯寇乱：隆庆元年的山西浩劫 ……………………… 373
　　寺观祠庙："与人之善，表地之胜" …………………… 383
　　隆庆和议：致王崇古的一封信 ………………………… 395
　　出入王府：从王府之甥到王府之师 …………………… 399
　　神游诗社：汾州的文学活动 …………………………… 415
　　远方来朋：孔园里的诗酒佳话 ………………………… 433
　　刊刻书序：晚年出版贡献及学术思想 ………………… 455

第十二章 **生前身后** …………………………………………… 476
　　知交凋零："谁云宿草长，不使泪如泉" ……………… 476
　　名贤立言：作品的刊刻与流传 ………………………… 491
　　文星陨落：一代大儒的身后凄凉 ……………………… 498

后　记 …………………………………………………………… 509

第一章 汾州才俊

家世渊源：“宣圣之裔，帝室之甥”
童年惊惧：从正德到嘉靖
少年求学：师从高师冯思翊
河汾先贤：“俗负卜商之儒，人秉段干之节”
学官名师：求学仕进的领路人
乡试中举：“全不类时作”

少年头角好凌云，今日昂藏未策勋。学久可能明似圣，功深应自老于文。

——孔天胤

家世渊源："宣圣之裔，帝室之甥"

汾州，古称西河。有两条大河流经汾州，一条是汾河，一条是文谷河。汾河源出山西忻州地区的管涔山，流经晋中平遥、介休之西，至孝义东南，出灵石口，南入于黄河。文谷河古称文水，也就是如文水县得名的原因，而那条名叫"文水"的河，如今叫今文峪河。《水经注》载："文水出大陵县（今文水县）西山，经县故城西而南流。"有河必有山，汾州一带地貌，据明万历《汾州府志》载："左带汾河，右阻金岭，背倚汤泉，南控离石，美哉山河之固，亦冀南一都会也。"此地不仅有地理之胜，更有人文之胜。唐宋以来，汾州最负盛名的人物，当属唐代汾阳王郭子仪和宋代名将狄青。尽管郭子仪被封汾阳郡王后所镇之地在绛州，不久又封代国公、定襄郡王，而在汾阳的记载也只是平定了他的老部下仆固怀恩的叛乱①，但在汾州民间视野中，郭子仪就住在汾阳，是汾阳文化中不可分隔的重要存在。汾阳王郭子仪之子郭暧被招为驸马，晋剧名剧《打金枝》唱的便是郭子仪寿诞，因公主不去拜寿而引发的一场帝王之家的家庭纠纷。狄青是汾州狄家社（今属文水）人，官至枢密使，负责国家军队的管理。相传其少时"风骨殊奇伟，闾里侠少多从之"（明李琦《新编狄武襄公传》)，后带兵打仗，勇而善谋，上阵时戴着铜面具，冲锋陷阵，英武非常。卒后谥"武襄"，狄家社村狄青之子所修的狄武襄公祠至今犹存。地理之胜与人文之胜，使汾州这片土地别具一番魅力。

话说在狄家社村西南约两公里的地方，有一个村庄叫百金堡，明代属汾州文同里（清代顺治后并入文会里）。明成化十五年（1479），孔天胤的父亲孔麟就诞生在这里。

孔家这一支，其先祖何时由山东曲阜迁至汾州，不得而知，家史里仅有的记载，是宋代先祖孔弘正。据曾任分巡冀南道副使的河南开州（今濮阳）人王崇庆为孔天胤父母所撰写的墓表，"公（孔麟）远祖弘正当宋室衰微，寇贼蜂起，尝以义气率众遏红军，一乡赖以保全"，并且"不求功赏"。而万历《汾州府志》"州学正"一职中，有"孔宏治：山东曲阜人，至圣（指孔子）五十三代孙，汾州学正，入籍汾州"，未知"孔弘正""孔宏治"是否为一人。从时间推断，二人事迹均在宋朝，两种记载有一种名字书写差错也未可知。

孔弘正之后，"弘正其有信甫，信甫生克仁，克仁生友端，友端生表，表生大褵"，大褵时已是明代中期。百金堡这一支孔氏后人，自孔表以上，由于"遭罹世难，皆不乐仕进"，到明代也仅"孝弟（悌）力田而已"。到了孔大襫，也就是本书传主孔天胤的祖父开始，有了出仕为官的记载。孔大襫官至山东肥城巡检。

如今新修的《山西通志》《山西省志·人物志》及《山西历史名人传》等，在介绍孔天胤家世时均有这样一段：

> 孔天胤（1505—1581），字汝锡，号文谷子，又称管涔山人，明汾阳人。其祖父为明晋王府仪宾（女婿），父雄骏是庆成王府仪宾，封奉训大夫。

这里称孔天胤祖父、父均为仪宾，且孔天胤父名"雄骏"，皆误。错误的源头，是一块民国孔氏后人的碑。此碑名曰《先考乃璜公与先妣郑、王、郑三夫人合葬志》，碑文中有以下一段：

> 我国者姓以孔氏为最，而皆系籍曲阜，吾汾阳之孔为旁支，谱牒甚明。相传宋时有游宦此方者，遂卜居焉。至明，世有雄骏君子曰天胤，登嘉靖壬辰科贡试榜，殿试一甲第二人及第。以祖父为晋府仪宾，按国制不得大用，仅以参政终，未竟所学。然蓄道德而能文章，士大夫因已推重，世所称管涔山人是也。

这段中本身有两处错误。一是孔天胤"祖父为晋府仪宾，按国制不得大用"误，"祖父"当为"父亲"。按《嘉靖十一年进士登科录》和《嘉靖十一年同年序齿录》，孔天胤自书家世，皆书其祖父孔大襫为肥城巡检；王崇庆为孔天胤父母所写墓表，也称孔天胤祖父是巡检。按照明代制度，仪宾是不可能出任官职的。二是孔天胤的官职误。孔天胤并非"仅以参政终"，而是官至河南左布政使。这两处错误，当是这位孔氏后人道听途说，没有研究相关资料致误。还有一处错误，作者没有错，是后人理解错了，那就是"雄骏"。作者称孔天胤为"雄骏君子",后人就理解为孔天胤父名"孔雄骏"。这三处错误,百年来以讹传讹,流传不绝,各种版本在涉及孔天胤时,多从此说,包括《百金堡村志》。不能不令人遗憾。

按照王崇庆的梳理,孔大襫"取(娶)和氏,生二子。继张氏,生四子"。孔麟是第二子,"大夫(指孔麟)六岁鞠于继母张,即以孝闻"(《墓表》)。

孔麟,字应经,号质庵。据王崇庆评价,性格"资性纯粹,简远笃诚",且接受了正规的学校教育。"学校"这种集中的教育场所的普及始于明代。明洪武二年(1369),朱元璋诏令天下:府、州、县都要开设学校,学生廪膳由地方官府开支,称为"廪膳生"。"廪膳生"名额最初有严格的规定,府学招生四十名,州学三十名,县学二十名。但不久朝廷又下令增加人数,即"增广生",孔麟就是增广生。王崇庆称孔麟少年时代"嗜读书属文,十三通《诗》《书》二经,文搦管成篇",不仅通《诗经》《尚书》,且才思敏捷,落笔成文,被当时考核学子的提学副使王鸿儒(南阳人)大为赞赏,"南阳王公品藻诸生,第公茂才异等,进学充增广员"。孔麟自然希望通过科举考试金榜题名,谁料就在他成为增广生不久,就赶上了朝廷"诏选宗姻"。地方署司同样因其"茂才异等","以其名上达",将他报了上去。

明代仪宾的选取有着严格的标准:"凡选择婚配,弘治间定王府选婚,务要会同长史、承奉、教授等官,于本境内拣选家道清白、人物俊秀、年岁长成者,就行彼处按察使核勘明白,方许具奏,并不许伦理失序,于例有违。"孔麟被地方官推举为姻亲备选人员上报,可见孔家符合"家道清白"的标准,孔麟本人也符合"人物俊秀"的标准。明制,所有被报上去的宗姻备选人士都要进京朝觐皇帝,孔麟也不例外。我们无法想象英俊聪慧的孔麟由山西走向京城那一路上的复杂心情,是忧还是喜,不过从王崇庆的描述中,可以看出孔麟并不希望自己被选中,因为他有更高的志向。京城之行的结果自然很令当地政府官员满意,他们慧眼识人,孔麟被"诰封奉训大夫,宗人府仪宾,配新郑县君,岁食禄米四百石";而这样的结果却使孔麟陷入了命运的泥淖,"然非其志也"。心比天高的孔麟像被折断了翅膀的大雁一样,满心都是灰暗与悲凉。

据《明史》,皇帝的女儿称公主,亲王的女儿称郡主,郡王的女儿称县主,其他宗人之女根据血缘远近又称郡君、县君、乡君。相应地,公主之婿称驸马,"郡主、县主、郡君、县君、乡君者,并曰仪宾"。成为仪宾,就有了禄米和既定的服饰品级,还被准许建造仪宾府。按理说,"以闾巷布衣,一谐伉俪,俨然膺爵秩、被冠裳,亦已荣矣"(明陈子龙《皇明经世文编》),可为什么孔麟不乐意呢?原来,根据明朝制度,一旦成为宗亲,就意味着仕途断绝。《明史·职官志》:"驸马都尉……仪宾,岁禄各有差,皆不得与政事。"虽然身居从五品,但奉训大夫也只是个散官,无职无权,相当于"荣誉称号"。科举考试所开通的由普通学子通往朝廷大员、封疆大吏的仕途,是每个读书人孜孜以求所期待的结果,而孔麟从此却再无这样的机会了,只能固守汾州家园,做一个食朝廷俸禄的仪宾,配新郑县君。

新郑县君何许人也?我们不妨先来梳理一下汾阳的王府及其世系。

明代汾阳城有两座王府,一座是庆城王府,居于汾州城之东北,又称东府;一座是永和王府,居于城之西南,因而也称西府。一个城里有两座王府,这在明代历史上是极为少见的,因而也形成了明代汾州城的一大特色。关于晋王府的世系,孔天胤后来在给安穆王写的墓志铭里写道:"高皇帝有天下,大封诸子,其封晋者为恭王,又分封诸王子。"封到山西太原的是朱元璋的三儿子朱㭎,是为晋恭王。朱㭎又把他的儿子们封到山西的各县,"其始封于汾者,为庆成庄惠王,恭王第四子也"。为什么叫"庆成王"呢?《明史》载:"庆成王济炫,晋恭王子。其生也,太祖方御庆成宴,因以为封。"庆成王济炫先是被封到了潞州府,因为"擅发驿马,纵军人为盗，被责，召还太原"，永乐十年（1412）被封到汾州，于是这一支便在汾州的土地上世代繁衍。可是永和王府为什么也在汾阳城里呢？据传，永和王最初被封到了山西永和县，但永和县位于山西西南隅，隔黄河与陕西延川县相望，俗言"延川击鼓，永和升堂"，不但地僻人稀，而且距离太原城路途遥远，山路崎岖，往返非常不便。永和王便以不能早晚孝敬母亲刘氏为托辞，奏请改封到与汾阳毗邻的孝义县，并请准建府于汾州。关于这一说法，也有人认为只是臆测，因为"王号以地名封，在山西三藩的郡王中虽屡见不鲜，然封号并不等于封地"②。这一说法也颇有道理，因为孔天胤母亲的封号是"新郑县君"，而新郑县在河南，与山西汾州相距甚远。"庆成""永和"两座王府，在汾阳城存在了二百多年，子孙繁衍共十一代，直到明末李自成攻入汾阳，朱氏子孙几被斩杀殆尽，这两座王府繁衍的历史才告结束。

孔天胤的母亲新郑县君出自庆成王府一脉。据王崇庆记述，"县君出辅国将军，庆成恭僖王之孙也"。庆成恭僖王，万历《汾州府志》记载："恭僖王讳美埩，庄惠王长子。宣德七年（1432）册封，景泰七年（1456）薨，葬汾州宋家里。"其世系，孔天胤也在文章里写道："庄惠王生恭僖，恭僖生温穆，温穆生端顺，端顺生恭裕，恭裕生王（指安穆王）。"明代藩王的那种繁衍阵势，为历史上之最。据明代王世贞所著《皇明盛事述》，第一代庆成王朱济炫生子一百，俱成长，其中长子朱美埻袭封庆成王，余九十九人都封镇国将军，每次聚会，同父兄弟间竟不相识。万历《汾州府志》也载，第三代庆成王朱钟镒，"有子七十四人，皆封镇国将军；有女四十四人，皆封县主"。恭僖王朱美埩是庆成王府的第二代王，朱济炫之子，朱钟镒之父，他有多少子女并无确切记载，但也一定不在少数。孔天胤的外祖父，便是恭僖王朱美埩众多儿子中的一位，也是第三代庆成温穆王的兄弟，其名已不可考，可以确定的是曾被朝廷封为镇国将军。

这位新郑县君，温婉娴淑，多少可以让"志不得遂"的孔麟感觉宽慰不少。据王崇庆记述，新郑县君"静正庄严，淑清渊澈，嘉善族邦，敬长慈幼，居泰不骄"，与青年才俊孔麟成婚后，"言动则夫妇相待如宾，家人敬惮。虽儿女至戚，亦懔懔不敢犯"。在明代，藩府禄米最初由朝廷供应，后改为当地政府供给。正因为县君及其仪宾的禄米是由地方政府供给，所以一旦遭遇饥荒或者遇到寇盗，就常常会出现地方官府施欠宗室禄米的情况，这种情况在明代的历史中多有记载，不少省份曾因此发展到宗藩围攻当地政府的地步。孔天胤的父母同样经历了供应不足的困顿，但这位新郑县君，却能安贫守困，即使先前过着"锦衣珍食"的生活，在面对贫穷困顿时，同样能"晏如也"，足见其品性之淳良贤淑。

几十年后孔麟、新郑县君先后故去，孔天胤已身为浙江提学副使，其浙江同僚熊过的祭文讲述了三晋人文之美、孔麟夫妇的人格之善以及这桩婚姻的美好。他写道："晋阳启祚，汾阴疏土。钟美邦媛，实惟郡主。"与仪宾孔麟实属佳配："凤楼吹箫，鹊巢委羽。津下天孙，渚峰帝子。室牖有斋，公宫洵美……琴瑟宛符，松蘿叶契。无非无仪，宜家宜室。"（明熊过《祭新郑县君文》）

孔麟因被选为仪宾而断了仕途，便把所有的希望寄托在儿子身上。王崇庆《墓表》："是时，汝锡生而巍然头角，殊有奇气，大夫每鼓掌曰：'大吾家而恢吾未造之业，其斯子乎？'遂躬自教焉。"可以想见，孔天胤在入学之前，父亲便已尽其所能，使其接受了一定程度的家庭教育。孔天胤后来以《诗经》举乡试第六，并在殿试策论中对《尚书》的引用驾轻就熟、信手拈来，除了后来老师所教，应该说其中一大部分的功劳，都来自于父亲孔麟。

更为可贵的是，父母典雅高贵的精神气质、谦逊严正的人生态度、安贫乐道的儒家风范，给予了孔天胤重要的精神传承，使他在后来的学习、生活、为官生涯中，始终秉承着父母的优良品格和谆谆教诲，将父亲没有实现的金榜题名、勉力为官的理想，做到了最好。

多年之后,孔天胤的高足,官至四川保宁知府的山西孝义人赵讷,在介绍其师的出身时说:"惟吾师文谷先生,宣圣之裔,帝室之甥。"宣圣,即孔子;帝室,即明王朝。孔天胤这种先天出身,为他带来了诸多好处,却也为他带来了诸多不利。

童年惊惧:从正德到嘉靖

孔天胤生于弘治十八年(1505)八月十六,中秋节后第一天。

就在孔天胤出生的那一年五月,曾经创造了"弘治中兴"的明孝宗驾崩,十五岁的明武宗朱厚照即位,是为正德皇帝,镜头切换到了一个新的时代。

这是一个什么样的时代?回答是:一个有些荒唐的时代,也是一个充满惊惧的时代。

明武宗的荒唐是出了名的。他喜欢骑射,喜欢和群小厮混,喜欢跑出掖门游观园囿、纵情逸乐,这些都令大臣们感到"不胜惊惧"③。当然明武宗最喜欢的,还是微服出巡。据《明史·武宗本纪》,正德九年(1514),"二月,帝始微行";十二年(1517),"八月,帝微服如昌平,夜视朝,夜微服出德胜门,如居庸关并幸宣府";十三年(1518),"三月,如昌平;四月,谒六陵,遂幸密云……八月,如大同;九月,次偏头关;十月,渡河,次榆林;十一月,次绥德,十二月,渡河,幸石州,次太原";十四年(1518),"春正月,帝在太原;二月,猎于南海子"。不久还到了汾州,万历《汾州府志》:"正德十四年,上驾幸汾,时自榆林遂京。"这年,孔天胤十五岁。就在驾崩前一年的正德十五年(1519),明武宗还"六月次牛首山,诸军夜惊",把军队都惊着了。

而在《明史·武宗本纪》中,一方面是武宗皇帝不断创造"惊惧"的记载,另一方面是蒙古部落成吉思汗后人不断犯边及"京师地震""陕西饥"这样的记载，而后者所带来的"惊惧"，远远胜于前者。

孔天胤生活的年代，边患不断，也令老百姓人心惶惶。在他童年、少年时期的弘治、正德年间，进犯的主要是蒙古小王子部。《明史》记载，弘治十八年（1505），小王子部春围灵州，掠韦州、环县，夏犯宣府，冬犯甘肃；正德四年（1508）闰九月，小王子犯延、绥，围总兵官吴江于陇州城，冬十一月犯花马池；正德六年（1510）三月，小王子入河套，犯沿边诸堡；正德九年（1514），一年内小王子先后犯宣府、大同、白羊口、宣府、蔚州，入宁武关，掠忻州、定襄、宁化；正德十年（1515）八月，小王子犯固原；正德十一年（1516）七月，小王子犯蓟州白羊口，九月吐鲁番复据哈密，侵肃州；正德十二年（1517）十月，小王子犯阳和、掠应州，驻跸大同；正德十五年（1536）七月，小王子犯大同、宣府。

除了边患，饥荒、地震、水灾、旱灾等也不断。检《明史》，从孔天胤出生的弘治十八年（1505）到其童年、少年时期的正德年间，全国共发生较大的地震三次：弘治十八年九月"南京地震"，正德九年（1514）"京师地震"，正德十四年（1519）"京师地震"；共发生大规模的水灾两次：正德八年（1513）"六月河决黄陵冈"，正德十三年（1518）山东水灾；共发生规模较大的旱灾两次：正德八年（1513）"三月以旱敕群臣修省"，正德十年（1515）"十二月……免南畿旱灾秋粮"。全国发生饥荒不计其数，正德二年（1506）陕西饥，正德三年（1507）南京、湖广、河南、凤阳诸府饥，正德四年（1508）浙江饥，正德十一年（1516）河南、陕西饥，正德十二年（1517）湖广饥，正德十四年（1519）"淮、扬饥，人相食"，正德十五年（1520）淮、扬诸府饥。

外患加上饥荒，特别是正德皇帝荒唐任性，除了到处巡游、抢掠民女，还有建内厂，"罚输米千石于大同""命天下选乐工送京师""录自宫男子三千四百余人充海户""自号大庆法王""狎虎被伤，不视朝""建乾清宫，加天下赋一百万"以及开各地银矿等行为，导致了各地叛乱。

《明史》载，正德三年（1508）"山东盗起"；正德四年（1509）"八月义州军变"，"是年，两广、江西、湖广、陕西、四川并盗起"；正德五年（1510）"江西贼炽""四月安化王寘鐇反……十二月贼陷江津"；正德六年（1511）"四月淮安盗起""六月山西盗起""是年，自畿辅迄江、淮、楚、蜀，盗贼杀官吏，山东尤甚，至破九十余城，道路梗绝"；正德七年（1512）"盗贼杀官吏之事尤甚"；正德十四年（1519）"六月宁王宸濠反，守仁（王守仁，号阳明，明代著名理学家）败宸濠于樵舍，擒之"。

难道就没有人规劝皇帝吗？有。就在"驾幸汾"的正德十四年（1519），有一百多位大臣先后"谏巡幸"，当然也有以"灾异"为由上谏的。结果如何？《明史·武宗本纪》记载："三月以谏巡幸，先后下兵部郎中黄巩六人、行人司副余廷瓒、主事林大辂三十三人于锦衣卫狱，跪修撰舒芬百有七人于午门五日，后杖舒芬等百有七人于阙下……四月杖黄巩等三十九人于阙下，先后死者十一人。"下锦衣卫狱，跪五日，刑杖至死，谁还敢再谏？

远的近的"惊惧"，就成为孔天胤成长的时代背景。

就在孔天胤十六岁那年，是为正德十五年（1520），皇帝在游历中"舟覆，救免，遂不豫"，第二年崩，年三十一岁。这位皇帝可谓玩得出了格，直到驾崩也没有子嗣，当然主要的原因是他很少住在后宫；更严重的是，他不但没有子嗣，还拒绝立嗣，对大臣们的几番上谏置之不理，于是造成了暴毙后无人可继位的情况。好在"人之将死，其言也善"，他临死时说了一句让历史稍微舒心的话："朕疾不可为矣。其以朕意达皇太后，天下事重，与阁臣审处之。前事皆由朕误，非汝曹所能预也。"在这种情况下，"慈寿皇太后与大学士杨廷和定策"，迎藩封于湖广安陆府（今湖北钟祥市）兴献王之子朱厚熜入京嗣位，即明世宗嘉靖皇帝。这位十五岁的新皇帝被接来京师，不料刚到京师就发生了不快。据《明史·世宗本纪》："至京师，止于郊外。礼官具仪，请如皇太子即位礼。王顾长史袁宗皋曰：'遗诏以我嗣皇帝位，非皇子也。'"召我进京是做皇帝的，没说是做皇太子啊。于是，明朝历史上长达四年的"大礼仪"之争就此开始。"大礼仪"之争的核心问题是：是明世宗改换父母，以明武宗的父母为父母，还是明朝从此改换世系，以明世宗去世的父亲为先王并享受先王待遇的祭祀？

明世宗是历史上一位非常有争议的皇帝。一些人认为，明朝的衰落就是从嘉靖时期开始的，明世宗后期荒殆误国、重用术士，积天下之资炼服丹药，导致了国家的衰败；但学者田澍先生认为，由于明武宗的荒唐误国，明朝基业在当时其实已处于全面崩溃的边缘，明朝的命脉在这个时候几乎已经断裂了，之所以没有断裂，就是因为"嘉隆万改革"，即嘉靖、隆庆、万历三朝的改革改变了这种局势。而"嘉隆万改革"的起点，就是明世宗。对于"大礼仪"之争，在一般的评论中，明世宗只是在为自己的家庭争取相应的地位，田澍先生却认为，明世宗其实是通过"大礼仪"之争，确立了自己的统治地位和树立了自己的新形象，"世宗即位的特殊性决定了嘉靖革新能以全面整顿吏治、清理官僚队伍为核心，最大限度地扫除明代百余年的积弊，激发统治阶层的活力"[④]。此也备一说。

少年求学：师从高师冯思翊

孔天胤一日日成长起来。据他晚年自述，年轻时"尝学剑，学剑不成去学书，学书不成去学为儒"（《渔父说》），当然这是自嘲的说法，但由此可知其在少年时期有过学剑、学书法的经历。

由于孔天胤青年时代的诗文佚失，其学习经历也不见于他人的记载，我们很难具体了解他的学习情况。倒是有一些关于孔天胤少年时代的民间传说，颇有趣味。

相传孔天胤幼年刚入学的时候，像所有调皮捣蛋的男孩子一样，读书并不用功,父母毫无办法。有一天庆成王府里的舅舅去家里走动,孔天胤的母亲拉家常时就说到了孔天胤,说这孩子记性虽好,就是不用功读书。身为镇国将军的舅舅听了非常生气,说要好好教训于他。待孔天胤回来后,舅舅就狠狠地把他训斥了一顿,并用激将法激他说:照你这样虚度光阴,日后如能成才,我当舅爷的趴在你的胯下来回过三遭。这话使孔天胤的自尊心受到强烈刺激,自此以后便发奋读书,十年寒窗后平步青云,中了榜眼。之后,孔天胤命人在他舅舅的门前造了一座气势宏伟壮观的牌楼,满城的人们都来观赏牌楼的精巧与威风,交口称赞孔榜眼的文才盖世,连舅爷也跟着荣耀门庭。舅舅欣喜之余,突然想起早些年训斥外甥时的赌气话,不禁脸红至耳根。这条街由于这座牌楼又高又大,简直能遮去半道街的阳光,因此人们就把它叫作黑楼底。⑤

这颇有几分俗套的励志故事有几分真实性暂且不说,但这故事至少说明了汾阳民间因出了孔天胤这样一位榜眼的自豪感,并把它作为一个教育儿孙读书上进的励志故事代代相传。

能够真正确定的孔天胤的求学经历中,冯思翱是一位非常重要的教师。在孔天胤晚年为冯思翱所写的墓志铭中,写到自己能"登甲乙之选",即考中举人和进士,具有"居藩臬之尊,绾郡邑之章,列师儒之秩"的人生业绩,"皆先生佑启之也"。孔天胤对冯思翱先生的教诲之恩感激备至。

冯思翱,万历《汾州府志》有传,称其为"隐居教授,聚徒讲学,科第得人最多。榜眼孔天胤、进士王文翰辈,举人赖君恩辈,选贡田选辈,皆出其门,一时称盛"。其中所举的学生名录中,王文翰与孔天胤同登嘉靖十年(1531)乡试举人。

关于冯思翱的故事,汾阳流传着许多不同的说法。在民间传说中,冯思翱被演化成了"冯老李"或者"疯老李",也有人叫他李半仙。相传疯老李经常躺在炕上看《周易》,因为他的八卦图就画在家里的天花板上。杏花、冀村那一带还流传着一则歇后语:"疯老李看《周易》,知道了不说。"不知其中藏着怎样的曲折,大约说的是冯思翊会用《周易》为人演卦,却不轻易将真实结果告知人吧。有一个故事说的是:疯老李有一天正躺在炕上研究《周易》,突然想实践一下自己的研究成果,这时听到了蝈蝈叫,于是决定推算一下这只蝈蝈还能活多久。那是一只碧玉蝈蝈,是疯老李亲手从自家园子里逮的,就装在麦秸草编织的笼子里,挂在自家窗子下。疯老李小心翼翼地摘下蝈蝈笼子,轻轻捧在手心仔细推算,忽然心里"咯噔"一下,这只碧玉蝈蝈竟然死期将至!但是他实在想不明白,这蝈蝈活得好好的,怎么一会儿就要死了呢?它会怎么死?他一时还看不出来。就在疯老李苦思冥想的时候,他老婆风风火火地进来,见他独自看着蝈蝈笼子发呆,不由得火冒三丈,伸手抢过蝈蝈笼子扔在地上,还踏了两脚,骂疯老李就知道玩蝈蝈,锅溢了也不管。老婆出去了,疯老李一下子想通了,自我解嘲说:原来,那碧玉蝈蝈是要死在自己手里!(据《汾州聊斋》)

　　这个版本的民间传说里,冯思翊亲切可爱,还有几分迂腐,像乡间所有因读书而被老婆数落的小老头儿。这故事可以算作"野史",要看"正史",还得看他的学生孔天胤的记载。

　　孔天胤在文章中对其师的家世和经历做了简介:"先生姓冯氏,讳思翊,字忠甫,别号西野,世为汾州中千里人。生有伟质奇气,锐志业儒,博通群籍。弱冠从师授《毛氏诗》,遂专门名家。兼精性理之学,综观诸子,一以濂洛关闽为宗。"思翊"博通群籍",所长是《诗经》和理学,推崇"濂洛关闽"宋代理学四大家。"濂"指濂溪先生周敦颐;"洛"指程颢、程颐兄弟,因其家居洛阳,世称其学为洛学;"关"指横渠先生张载,因世居关中,其学被称为关学;"闽"指朱熹,朱熹曾讲学于福建考亭,故称闽学。思翊先生曾"充郡庠廪膳生,屡科不第,乃慨然弃去,别开馆授徒,弟子云集",这也是其"隐居教授"的来历。孔天胤还在诗中如此赞扬其师:"无位尽教师道重,有才不作吏途忙。"可谓对其师一生最好的概括。

明制，乡试时考生只考"五经"中的一经，孔天胤与王文翰皆以《诗经》中举，除了家学，冯思翊先生的亲授功不可没。而孔天胤一生精研理学，也与其师"兼精性理之学，综观诸子。一以濂洛关闽为宗"有着必然的传承。

在教学方法上，思翊先生"循循善诱，毋陵节，毋躐等"，与当时以"俗学务为捷径"，讲诵支离割裂的情况大不相类。特别是在讲经时，"必理明辞畅，一洗钩棘浮剽之陋"；在教育理念上，"先生立教，必矫轻警惰，正容谨节，以礼为先，自是游师门者少长为有序焉"。也正因为如此，从先生求学者越来越多，于是"令高弟转相传受"。先生桃李繁盛，"有德有造，彬彬如也"。另一方面，思翊先生本人的才德品行也为学生们做出了重要表率。孔天胤在文中如此评价其师："先生秉性严正，刚肠嫉恶，非礼勿动，见义必为。于是非利害之际，了然明白，确乎其不可拔。遇豪贵则藐之，见善如不及焉。居家孝友纯笃，与物忠信。"

父母的良好基因，天资的聪颖灵秀，加上高师的言传身教，孔天胤获得了学识和精神层面的双重成长，"貌标玉立，见之者鄙吝斯消；词吐钟洪，闻之者愚蒙遂发"（赵讷语）。不仅如此，孔天胤还才思敏捷，在课业上颇有可圈可点之处。孔天胤晚年时，其高足赵讷回忆乡间所传的关于其师孔天胤青年时期学习的经历时说："闻先生方在诸生（明代称考取秀才入学的生员为诸生）时，诸课试辄自成一家言，不卑卑随众剿袭。平居感物就事，口占歌咏，即为希古之调，至今脍炙人口。所谓言出为论、声即为律也。"也就是说，孔天胤在秀才时，每次考试都能有所创新，不因袭他人而自成一家之言，在诸秀才中脱颖而出。吟诗作对，更是出口成章，且都是"希古之调，至今脍炙人口"，具有一定的水准，时过多年依然有着一定的经典性。

思翊先生教育孔天胤的故事，在民间也有传说。有这样一则故事：话说疯老李就住在晋汾古道边的盆盆窑里，这一带前不着村后不靠店，不但清静，而且这里的地形活像一只和面的黑瓷盆，能保住风水不散，聚住义气不泻。他收的七八个学生，都是些官宦富人家的子弟，其中就有孔天胤。因为孔天胤生得灵眉俊眼，遇事也机智，深得疯老李喜爱，有事也喜欢吩咐他去办。有一天中午，疯老李让十四岁的孔天胤到尽善镇上打酒。那天刚下过一场雷雨，孔天胤走到尽善镇时，正赶上镇子外的河槽里发洪水。他脱了鞋正要趟水过河，看见不远处的河堰上站着一个和他年龄相仿的姑娘也想要过河，但因胆怯不敢下脚。孔天胤虽然想到先生平时讲过"男女授受不亲"，但为了帮助女孩，还是将其背过了河。不料这件事被尽善镇一个同学从对岸看见了，就悄悄告诉了先生。傍晚开讲前，先生问孔天胤干了什么不该干的事，孔天胤老实承认了背女孩过河的事。老师很欣赏孔天胤的热心和诚实，但又怕他分心耽误学习，便黑着脸问他愿打还是愿罚，愿打挨二十个手板子，愿罚就以今天这件事为题吟诗一首。孔天胤还真的吟了一首诗，先生听了，觉得诗还嫩点，但对此事的认识却合情合理，气也就消了，摆了摆手说："去吧，去吧。"（据《汾州聊斋》）

在民间版本里，"秉性严正，刚肠嫉恶，非礼勿动，见义必为"的冯思翱先生变成了有着几分古怪却又可亲可敬的"疯老李"，而贵为庆成王府外甥的孔天胤变成了热心机智的乡间少年。这就是老百姓亲近乡贤的方式，使他们都有着邻家大叔、邻家小子的可亲可爱。

河汾先贤："俗负卜商之儒，人秉段干之节"

除了冯思翱，还有三位既远不可见又近在心中的老师，给予孔天胤更为深远的影响，那就是"西河三贤"（"西河"为汾州旧称）：卜子夏、段干木、田子方。历代《汾州府志》《汾阳县志》将此三人俱列为"寓贤"，即曾寓居汾州的前贤。

卜子夏是卫国人，孔子高徒，以文学著称。《史记》载："孔子既没，子夏居西河教授，为魏文侯师。"尽管子夏设教之西河未必就是汾州之西河⑥，但汾州人却世代以子夏为古贤名师，汾阳及与其相邻的文水有多个子夏祠、子夏庙。文水有子夏山、隐堂洞，相传便是子夏隐居读书处。万历《汾州府志》记载，汾州有卜山书院："子夏退隐揭泉山，因名山以卜。元士民樊宗英世居山下，建祠祀之，因请于朝，得赐卜山书院额，令有司春秋祀焉。"子夏山、子夏祠、卜山书院，历代宦者或邑人多有诗文凭吊。明代山西大儒，比孔天胤早生了一百多年的河津人薛瑄，在其组诗《河汾五贤咏》中，第一首就写到了卜子夏：

浩浩西河流，遥遥东鲁山。山河远相隔，千里独游还。升堂奥可入，岂曰文辞观。相从陈蔡厄，松柏知天寒。索居晚归来，侯国师甘盘。去之几千载，高风洒尘寰。

薛瑄的"河汾五贤"，包括卜子夏、段干木、司马迁、王通、王绩，在此我们也看到了一个"河汾"的概念。孔天胤后来出仕浙江，所写书序中落款多为"河汾孔天胤"，那么"河汾"是个什么概念？

"河汾"是黄河与汾河的并称，地理概念上，它指山西西南部地区甚至整个山西。《史记·晋世家》："唐在河汾之东，方百里，故曰唐叔虞。"但另一方面，它更指由隋朝山西学者王通所创立的学术流派。王通曾设教于河、汾之间，远近来此求学者达一千余人，相传房玄龄、杜如晦、魏征、李靖、程元、薛收、温大雅等都是他的门徒⑦，而这些人都是唐初的功臣，时称"河汾门下"。"河汾门下"也成为名师门下的代称，当时学者皆以出自河汾门下为荣。王通之后，"河汾"一直作为山西学术流派的代称。金元之际，山西有"河汾诸老"，是一个重要的诗人群体，传世有《河汾诸老集》。

因此，西河或者说汾州的学术，是整个河汾学术中的一个重要分支。

卜山上有亭，孔天胤晚年写有《卜亭行》一首，记载卜子夏开创河汾文化之源的作用以及对于河汾学人的精神指引："此山崒崋横地维，绵亘百里深委蛇。中有石室似天造，要令文儒隐在兹。"

段干木是山西芮城人，曾寓居于汾。《史记》载，魏文侯非常敬重段干木，"过其庐未尝不式"。式，不下车而扶轼见礼。魏文侯的随从对此有些不理解，问道："君何式？"您为什么要给一个不做官的隐士见礼呢？魏文侯说："段干木贤者也，不趋势利，怀君子之道，隐居穷巷，声驰千里，安得不式？"关于段干木的遗迹，山西境内有多处，乾隆《河津县志》："汾阳旧有师垣里。又，芮城县东北十五里有墓，安邑上段村亦有墓。"汾州有景曰"烟笼贤阁"，寄寓的就是魏文侯式段干木的一段佳话。据万历《汾州府志》，此景"在东郭之人美厢。昔魏文侯遇段干木之庐必式，后人录之，为建此阁，名式贤，望之若烟云缥缈其上。嘉靖庚子罹回禄灾，州人景仰未已，只今犹称遗址为三贤街"。"罹回禄灾"说的是嘉靖二十一年（1542）俺答寇汾州，三贤阁遭到火灾破坏，到万历年间，这里就只有遗址了。

田子方也是一位曾寓居于汾的高士。万历《汾州府志》："魏文侯事之，与卜、段同。"相传一位叫成季的官员觉得魏文侯对田子方的礼过重了，魏文侯说："子方仁人也，国之宝也。"

关于魏文侯以卜子夏、段干木、田子方为师的事，《资治通鉴·周纪》中还有一则小典故。魏文侯曾问李克，魏成和翟璜谁可为相，李克推荐了魏成，翟璜就很不服气，去质问李克，说自己推荐了西门豹治邺、吴起治西河、乐羊伐中山、李克守中山、屈侯鲋为世子傅，功劳很大，哪一点比魏成差呢？李克回答说："魏成食禄千钟，什九在外，什一在内，是以得卜子夏、田子方、段干木。此三人者，君比师之；子所进五人者，君皆臣之，君恶得与魏成比也！"魏成推荐的人才是君王的老师，你推荐的人才是君王的臣子，你怎么能比得上魏成呢？翟璜这下子心服口服，自认"璜，鄙人也，失对，愿卒为弟子"。

三位贤人高士曾寓居于汾，汾州这片古老的土地上自然有了遥远的典范，有了万世的师表。孔天胤后来在《重修三贤阁记》中写道：

> 子夏体圣人、粹文学而老于西河之上，而干木、子方确然守其道而与之俱。其谁能知之者？魏文侯乃能于子夏则师尊之，于子木、子方则长敬之，三子者道不少屈而魏益重，故文侯不过一小国之诸侯，而其风声采色震曜四国，雄藩钜敌日夜睥睨而不敢动。

古代贤者可学之处，不唯学问之隆、见识之高，而且有德行之广，概言之就是能"守道"，对后世学者更多的是一种精神层面的引领，开一代学风之先河，这也成为后来被称之为"西河道学"或者"河汾道学"的源头。因而汾州大地之学风，就如孔天胤后来在文中所总结的，"俗负卜商之儒，人秉段干之节"。

其实不唯汾州，山西这块土地上的历代先贤都或远或近地给予着孔天胤潜移默化的影响。他在《重修三贤阁记》中又说：

> 三子之后，有郭有道豹炳于绵山，王文中龙隐于汾河；狄武襄扬于宋室而有良将之材，薛文清凤鸣于皇朝而得道学之旨，辛彦博蠖伸于草野而有文潞之风。其他如宋之问、薛能以诗名家，王嗣宗、张益之甲科第一，珠联璧耀，踵高躡芳，往往而盛。虽风气之未大开，而人文亦已彬彬矣。

这里所列举的，就是河汾学术的代表人物。卜子夏、段干木、田子方之后，东汉时介休有太学生运动的首领郭泰，据载其"考览六经，探综图纬；周流华夏，随集帝学。收文武之将坠，拯微言之未绝"（蔡邕《郭有道碑》，《文选》卷五十八）；隋时河津有文中子王通，"聚徒河汾间，仿古作《六经》，又为《中说》以拟《论语》"（《新唐书》）；宋代有狄武襄公狄青，秉将帅之才，建不世之功，还有介休乡贤文彦博，官至宰相；明代初期有文清公薛瑄，"瑄学一本程、朱，其修己教人，以复性为主，充养邃密，言动咸可法"（《明史·薛瑄传》），卒后从祀文庙，诏祀于乡，其著作《读书录》被颁于国学，要求六馆诵习；辛彦博，汾州人，万历《汾州府志》"乡贤"记其"以明经笃行著名，太祖高皇帝重之，授监察御史，赐名彦博"。此外，汾州大地还有唐代宋之问、薛能等著名的文学家。雍正《山西通志》："宋之问，字延清，一名少连，汾州人"，其诗与沈佺期并称"沈宋"。光绪《汾阳县志》："薛能，字太拙，汾州人，会昌六年（845）进士"，官至工部尚书，"癖于诗，日赋一章，有集十卷并《繁城集》一卷传世"。汾州历史上还有王嗣宗、张益两位状元。其中王嗣宗中宋太祖开宝八年（975）状元，雍正《山西通志》："王嗣宗，汾阳人，状元及第，枢密副使，检校太傅，谥景庄。"张益中元朝泰定元年（1324）状元，雍正《山西通志》："张益，西河人，资性醇厚，器度温恭，廷试第一，官国子监司业。"这些优秀的历史人物共同谱写了河汾学术的篇章，荣耀着三晋大地，也为后人提供着精神榜样和学术滋养。

嘉靖元年（1522），汾州仰高书院建成，为学子提供了讲学、听学的场所。万历《汾州府志》："嘉靖元年，督学周宣命知州张钺即狄公祠隙地建，参政李元题名'仰高'，言宜仰子夏之文、狄公之武也。五年，知州郭铿增拓，有记载碑。"书院建成，汾州学子就常于书院中聆听提学官或其他学者讲学，吸收着学业进取的养分。郭铿（一作郭鉴），万历《汾州府志》记其为陕西咸宁县人，嘉靖二年（1523）任汾州知州，"居岁余，法令明习，奸豪不敢犯，久之民益畏焉。又雅善文墨，诸生多效法之"。

学官名师：求学仕进的领路人

孔天胤字"汝锡"。锡，古同"赐"。取字如同取名，其中也包涵着父辈的一种期望，而"字"之含义，与"名"也常有关联。如果说"胤"的意思是"子孙相承续也"（《说文解字》），"天胤"是希望上天护佑子孙相续的话，那么，"汝锡"则是"汝所赐"，"汝"当之"天"，承天所赐，自然希望承天护佑，建功立业，光耀门楣。

孔天胤有意识、有步骤地学习写诗作文，也当在弱冠之年。他晚年在文集的自序中写道："余弱冠学文，白首无成焉。"显然，由"白首无成"的自我评价，可以看出他对自己一生的成就并不满意。

在嘉靖年间，有三位省级官员对孔天胤产生过积极的影响，其中一位是分守冀南道驻汾的官员，两位是山西提学副使。这些学官名师与冯思翊先生的最大区别，就是他们是走仕途成功的一类人，并且多因德才俱佳而被委以重任，总领一方，所以他们给当地学子带来的影响，可以说离仕途更近。

对于提学副使来说，监察省内学校，通过岁试、遗才试等考核发现人才，选送人才去参加乡试，也是职之所在；而分守冀南道的官员，更是与汾州学子有着非常紧密的联系，他们也会以时训喻诸生，给秀才们讲学。"诸课试辄自成一家言，不卑卑随众剿袭"的孔天胤，自然能够得到这些官员的重视和青睐。

一位分巡冀南道的官员，就是后来为孔天胤父母写墓表的端溪先生王崇庆。

明代山西分冀宁道、河东道、冀北道、冀南道四大分守道。冀南道领泽、潞、辽、沁、汾五州，分守道官员驻汾州。分守官员驻汾始于嘉靖初年，其原因，正如后来孔天胤所说：

初,分守之驻汾也,以汾剧也。其大者王,王子弟蕃衍殆千,而强者竞恣匪彝,顽民投陷,因缘为奸,吏不敢问。至受犯法者赇挟迫守吏,挠一切法,吏不得行;盗贼平昼劫人,夜放火,明著踪迹,吏不敢捕。加边警岁急,百姓困穷无所诉,吏民但仰天太息,未知何止。时议分守始颛驻汾,所以申镇压之威,布劳倈之惠。(《赠与川葛公总宪山西序》)

主要是为了镇压豪强不法者,使吏治得行、百姓得生。汾州之"强宗",终明之世都是一个令汾州官员头疼的问题,他们不但人口众多,而且难以管理。孔天胤在其他文章中也屡次写到这个问题,称"惟汾居腹内,有强宗之患,民生盖亦靡有宁日"(《赠郡守龙崛张公受抚台旌奖序》),甚至连当时的庆成王都拿他们奈何不得,"终王(指安穆王)之世,强宗而抵于法"(《皇明庆成安穆王墓志铭》)。

王崇庆是驻汾州的第一位冀南分巡道兼分守道⑧。王崇庆(1484—1565),字德征,号端溪,正德六年(1511)辛未科进士。雍正《山西通志》:"王崇庆,直隶开州人。由郎中历升山西按察使,分巡冀南并摄分守。嘉靖三年驻汾州,政先教化,一以正风俗、敦士习为心。毁玄元宫为子夏祠,撤静心寺为察院。寻以母老归养,起复,累官南京吏部尚书。"万历《汾州府志》与此记述类似。孔天胤后来在文章中,满怀深情地回顾了王崇庆在汾州的治绩以及带给自己的重要影响:

嘉靖甲申,先生持宪山西,行冀南。冀南者,泽、潞、辽、沁、汾。汾且剧,故先生驻汾日多。一时剔蠹作明,辟邪恢正,章采树风,照道启学之功,皆百年所未有焉。是时,学宫诸弟子员始相邀励向风,日以成章。而予小子乃得举进士上第、服官明

时。夫德化光，教弘士兴，信哉！（《刻海樵子序》）

分守冀南道，虽然要巡察的是泽州、潞州、辽州、沁州、汾州五州，但因为汾州两座王府藩宗较多，事务繁剧，所以分守官员驻汾的时间多一些。在汾州期间，王崇庆去除邪说，恢弘正气，崇扬学道，"皆百年所未有焉"。也正是在他的倡导治理下，汾州的学宫弟子员才开始互相激励，认真读书，学风渐正。孔天胤认为，正是在这种环境的影响之下，自己才有可能得中进士上第，因而王崇庆对自己人生命运的指引，可谓功不可没。王崇庆为人正直，为政勤勉，去世后明世宗赐诰命评价其"性资醇笃，学识优长"。其为人、为官之道，都成为孔天胤一生追崇学习的楷模。

孔天胤一生都与王崇庆保持着联系，并一直以师事之。他考中进士后，王崇庆曾写信祝贺；孔天胤丁父忧期间，王崇庆也曾写信唁问。孔天胤除了为王崇庆刻印《海樵子》《五经心义》等书，还将王崇庆平生诗文编为《端溪先生文集》。在为王崇庆书所写的序言中，孔天胤一直自称"门人小子"。即使在做官二十余年致仕归汾后，孔天胤依然与王崇庆有书信来往，并在信中言道："小子人微数奇，世所共弃，独蒙大造之恩，眷念也。"其中"大造之恩"四字，可见对其所得教诲的感激之情。王崇庆卒于嘉靖四十四年（1565），在万历二年（1574）孔天胤七十岁为父母重新立碑时，所刻内容便是王崇庆生前为其父母所写的墓表。

两位提学副使，第一位是西陂先生刘储秀。

刘储秀（1483—1558），字士奇，号西陂，咸宁（今陕西长安县西北）人，正德九年（1514）进士。刘储秀当时诗名很大，与亳州薛蕙、关中张治道、胡侍等人诗文唱和，时人号称"西翰林"。嘉靖七年（1528），刘储秀任山西提学副使。雍正《山西通志》载，刘储秀任山西提学副使期间，"崇雅黜浮，士风丕变"。这年孔天胤二十四岁。在嘉靖二十九年（1550）为刘储秀《西陂先生集》所作的序里，孔天胤自称"门人天胤"。刘储秀在山西任职的时间并不长,据《明世宗实录》,嘉靖八年(1529)九月,"升山西副使刘储秀为河南布政司左参政",刘储秀就离开了山西。但非常有缘分的是,孔天胤后来曾三度去陕西任职,得以与刘储秀以及同为"西翰林"的张治道、胡侍等人常相过从,吟诗作赋,亦师亦友,交游颇多。刘储秀有诗写到孔天胤的拜访,张治道诗文集中也多写到三人的交游,孔天胤还分别为刘储秀、张治道的诗文集写过序,并为刘储秀的父母写了合葬墓志铭。

第二位提学副使,是中川先生陈讲。

陈讲(1487—约1568),字子学,号中川,四川遂宁人,正德十五年(1520)进士。于嘉靖九年(1530)任山西提学副使。陈讲在山西颇有政绩,雍正《山西通志》记其在任期间,"宽而有致,品第士类,人咸服其明。建河汾书院,萃士之良者,课业有程,多所造就"。嘉靖九年正是孔天胤参加乡试的前一年,可知孔天胤参加乡试是由陈讲所选。孔天胤在后来写给陈讲的信中,不但自称"门人小子",且回顾了陈讲对自己的影响,称"小子仰庇宠灵,复从文事",并且觉得自己在学术上没有建树,有愧于先生的教导,"聪明益有所不逮耶,诚负明教甚矣"。离别之后,孔天胤对其"结佩明思,并兹离绪,缅望云袤,曷胜耿耿"(《与中川陈宗师》),备述思念之情,可谓情深义厚。陈讲后由山西提学副使升任山西布政司右参政,多年后任至山西左布政使,为山西的边防安全做出了重要贡献。陈讲也曾为孔天胤父母写有墓志铭,惜今佚。

除了这三位官员,还有一位出自庆城王府的北村先生朱奇涵,也曾对孔天胤产生过积极的影响。

乾隆《汾州府志》:"奉国将军奇涵,倡明经学,号北村老人。"据孔天胤叙述,朱奇涵"高祖晋恭王,曾祖庆成庄惠王;祖讳美埁,封镇国将军;父讳钟鈢,封辅国将军。配夫人王氏,生子十有二人,公其仲也"(《奉国将军北村先生墓志铭》)。朱奇涵与端顺王朱奇浈为堂兄弟,生于成化二十一年（1485），长孔天胤二十岁。孔天胤称他"独好书又好亲贤，于书无所不通，于才人学士未尝不虚左而迎之"。北村先生是汾州声望极高的学者，因其才学俱优，不仅受到了宗室成员的敬重，也受到了汾州民间好学者的推崇，"一时缙绅铅椠之士，咸倾心归之，如鸟趋凤焉"，汾州也因此形成了一种好学的风气。北村先生擅文且擅画，文思敏捷，"刻烛而其诗已应机而就"；画技超群，"敷染标饰，亦若大化之善幻焉而不可穷也"。曾结诗社于汾州，文学之士多有从之者。汾阳地方志中保存有其诗作数首。孔天胤青年时代经常出入于诗社，也增长了颇多见识。说到自己与北村先生的关系，孔天胤称，"余固诸生而承诲爱者"，可见北村先生曾给予其指导和教诲。孔天胤就是在北村社中，结识了晚年"文酒追随"十年不辍的"方外交"张绅，"余秀才时见礼于宗老北村翁，时先生在北村翁社中，因相识焉"（《云溪先生墓志铭》）。

高师冯思翊的亲授，历代先贤的感召，加上地方官的考核和嘉奖，以及汾州学风的影响，孔天胤进步很快。不觉就到了嘉靖十年（1531），孔天胤二十七岁了。他先前娶妻王氏，王氏早卒，继娶王氏。其间经历的丧妻之痛，或许只有他自己能够体会吧。可惜的是，关于二位夫人，目前并未发现更多有价值的记载。

乡试中举："全不类时作"

嘉靖十年（1531）是乡试之年，因岁在辛卯，此科亦称"辛卯科"。乡试是科举考试的第一关，《明史·科举志》："三年大比，以诸生试之直省，曰乡试。中式者为举人。次年，以举人试之京师，曰会试。中式者，天子亲策于廷，曰廷试，亦曰殿试。"乡试的时间是在秋八月，所以又称为"秋闱"。

山西的乡试于省城太原举行。明代贡院的旧址位于今太原文瀛湖畔。

文瀛湖地处明太原城的东南方向，因而形成太原八景之一"巽水烟波"。在宋代潘美建太原城时便有记载的文瀛湖，幽静清雅，为游人所钟爱。饱览诗书的秀才们面对这一湖烟波，常有身在江南水乡的灵秀之感，于是吟诗赏月，细数游鱼，好不惬意。文瀛湖上有桥曰"状元桥"，相传唐代太原名贤狄仁杰曾走过此桥，有老人以杏花相赠，后来果然中了状元。这虽然只是个传说，但此桥还是成为后世们来参加乡试时必然要虔诚走过的通道。走过状元桥，获取功名的美好愿望与此情此景融为一体，给文瀛湖也注入了氤氲千年的文气正能量。相传有一南方云游僧人来到文瀛湖畔，发现这一美景，不禁赞道："难怪山西出了这许多文人名士，因此风水宝地也。"（据孔德一、贾莉莉《太原史话》）

据《嘉靖十年山西乡试录》（以下简称《乡试录》），此年乡试，考试官有二，一为户部湖广清吏司主事庄一俊（福建晋江人），一为刑部广东清吏司主事赵文华（浙江慈溪人）。同考试官六，分别为湖广德安府儒学教授李镕、湖广兴国州儒学学正倪铠、河南开封府许州儒学学正胡玉、河南南阳府裕州儒学学正刘勋、陕西西安府商州正安县儒学教谕王时进、河南南阳府洛川县儒学教谕王正人。所谓"同考官"，即协同主考或总裁阅卷之官，又称房官。考生的试卷，先要分发给各同考官审阅，同考官加批语后荐给主考或总裁，因而同考官具有初录的功能。

考试的内容，为"《四书》义一道，二百字以上；经义一道，三百字以上"，共分三场。所谓"经义一道"，就是从《诗经》《尚书》《周易》《礼记》《春秋》五经中各出一题，考生可根据自己所学，任选一经展开论述。

孔天胤与王文翰皆师从冯思翊，选考的都是《诗经》。而《诗经》的考题也并非只有一道，同样是"选题作文"。当年的题目如下：

①瞻彼淇奥，绿竹如箦。有匪君子，如金如锡，如圭如璧。

宽兮绰兮，猗重较兮。善戏谑兮，不为虐兮。②既见君子，为龙为光。③于万斯年，受天之祜。④无此疆尔界，陈常于时夏。

第一题出自《诗经·国风·卫风·淇奥》。《淇奥》是一首"美男"诗，更是一首"君子"诗。诗歌以淇水边的绿竹起兴，既有君子玉立的气质之清新，又有君子正直坦荡的修养之高标。君子穿衣，得体大方，"充耳琇莹，会弁如星"；君子品行，"如切如磋，如琢如磨""如金如锡，如圭如璧"；君子性情，"宽兮绰兮"，为人宽厚；君子言谈，"善戏谑兮，不为虐兮"，风趣幽默，开玩笑也不会过分。试题所选的是第三节，也是对君子内在操守品行的高度概括。

第二题出自《诗经·小雅·蓼萧》。这是一首典型的祝颂诗，状写诸侯朝见周天子时的尊崇、歌颂之意。所选"既见君子，为龙为光"，表达的是天子恩及四海，诸侯有幸承宠的敬仰、感恩心情。

第三题出自《诗经·大雅·下武》："昭兹来许，绳其祖武。于万斯年，受天之祜。""下武"的意思，就是"在后继"，"下"即后，"武"即足迹、继承。祜，福。这句诗的意思，是赞颂后来之王能够遵循祖先的足迹，天赐洪福，长达万年。

第四题出自《诗经·周颂·思文》。《周颂》都是西周早期的作品，表达的大多是对周代先王的热烈颂扬。"无此疆尔界，陈常于时夏"既是周天子农耕不必分彼此疆界，全国推广农政共建乐园的权威宣言，又是秉承天命、子育万民的一种仁政。

这四道题，是沿着《诗经》中"风""小雅""大雅""颂"的顺序，各出一道；而题目的难度也在逐级递增，由君子修身完善，到歌颂皇恩浩荡，再到思考国家昌盛的后继力量，再到天授皇权的农耕政策。其中看似处处在说"周"，落脚点却无不在"明"。由经义而引申至对于当下时政的思考，这是科举试题的题旨所在。

检《乡试录》，我们可以看到孔天胤"经义"部分的答卷及各位考官的批语。

如今有高师指点学生写考场作文，说第一眼看到很容易下手的题目，不写；看到题目后第一时间想到的立意，不写。这是有一定道理的，因为你觉得易，别人也觉得易；你能想到的立意，别人也能想到。从这个意义上来说，孔天胤不会选第一题，因它失之于易，也失于所论范围之狭窄，"修身齐家治国平天下"是一道论述了多年的老论题了，《淇奥》很美，但也只能在这个范围内打转转。孔天胤也不会选第二题，因为它失之于歌功颂德和感恩，在当下外族不断进犯、各地时常遭受水旱之灾、各种社会矛盾频出的情况下，一味感激于皇恩浩荡，似乎于事无补。孔天胤所选的是第三题。第四题最难，涉及国计民生，在要求"三百字以上"的篇幅内，显然难以详尽论述。然而孔天胤并非对此无所思考，他对于农桑之事的思考，在第二年三月参加殿试时，以三千四百余字的篇幅，做了深入论述。

第三题是"于万斯年，受天之祜"。这本是一道赞颂皇权万年的颂词，而孔天胤的思考却极为深入。《毛诗序》解释这首诗的诗旨时说："《下武》，继文也，武王有圣德，复受天命，能昭先人之功焉。"郑玄笺云："继文王之业而成之。"孔天胤开篇便对此提出疑问：

  诗人拟后王永承乎天休，见圣孝有以裕之也，盖昭哉嗣服，武王之孝也，后王嗣之而永承天休，其孝不益光哉！何则？武王之道，固三后之道也。

"三后"，即三王，指尧、舜、禹三位古代圣王。孔天胤的论点是：后嗣王只有承继先王孝道，才可以使王命永承天休，因为，周武王的孝道，其实就是承继了尧、舜、禹三位圣王之孝道啊。他说："创业垂统，其谋之也周矣；积功累仁，其植之也深矣。"弘扬孝道，并有更深层次的"积功累仁",这是后嗣王可以永承天休的要义所在。在开篇提出尊孝的论点之后,孔天胤以"理"和"心"两个字来阐述自己的见解。

理,他说:"吾知神者,天之理也。理得则元吉,随之而穰穰之福久而不替,盖万年承有周之道,则万年承其禄也,而何必他有所为哉?"得"天之理"则可得"神"之祐,明白天地之"理",则得到了核心的治国之道,自然可以"万年承其禄",又何必另有外求?

心,他说:"民者天之心也,心得则百祥降之,而简简之福远而弥长。盖万年协武王之德,则万年协其休也,而何必他有所更哉?""民"才是"天之心",此说见之于《礼记》,古贤认为得到了"民"也就得到了"天之心","天"才会"百祥降之",国祚才能"远而弥长",又何必再有他求?

那么,"武王之道固在也,而周亦不至今存者",又是为什么呢?孔天胤认为:"盖夏之典刑未恝也,而桀自亡;商之成宪无愆也,而纣自废。彼其面稽天,若以为子孙计者,何尝不善哉?"难道桀纣不"孝"吗?非也,只是他们没有明了"孝"的本质。孔天胤最后总结:"故曰夫孝者,善继志述事者也。"真正的"孝",不是简单的敬奉,而是善于继承祖先的遗志,勉力践行,并将祖先之志常向后辈陈述,从而代代相传,唯有如此,才能真正使国祚长久,"万年承其禄"。

在短短四百一十五字的文章中,孔天胤还以一种历史观来贯穿。他在文章开篇部分就说:"盖后之视今,犹今之视昔也。"文章结尾部分又说:"而以为昔之人无间知也,则圣人亦莫如之何矣。"历史是一面镜子,如果简单地、粗疏地理解古人,而不能深层分析其中之理,那么即使圣人在世,又能如何呢?

孔天胤一生的政治思想、理学思想、教育思想、文学思想等,皆重"道"、重"理"、重"心",而这篇四百余字的乡试答卷,是他一生所秉持思想的最初展示。像是一颗种子在春天发出的一颗小芽,它在以后的时光中会渐渐长大,成为他人生中一以贯之的精神理念。

按照程序，考卷先由同考官批阅，后传考试官。孔天胤的试卷，同考试官陕西王时进的批语是："讲绳武处便是受祜处，甚善。"赞扬孔天胤阐释"绳武"也即承继先王之足迹的句子，便是阐述如何"受祜"，融二事于一理，所以"甚善"。同考官湖广倪铠的批语是："不言其受祜而言其所以受祜，知本之论也。"赞扬孔天胤之文论及"受祜"之本，是"知本之论"。两位同考官将带批语的试卷交考试官，考试官赵文华的批语非常简洁，就一句，说"全不类时作"，表明其独特之处；另一位考试官庄一俊的批语则是定音之语："融会诗意成文，可取。"

这年的乡试出榜，我们便看到这样一条：

第六名：孔天胤，汾州学生，《诗》。

也就是说，汾州学生孔天胤以治《诗经》在当年中式的六十五名举人中排名第六，可谓名列前茅。排在前五名的，第一名是治《易经》的蒲州学生王应期，第二名是治《诗经》的蒲州学生王承志，第三名是治《尚书》的壶关县学增广生郭忻，第四名是治《春秋》的大同右卫学生杨仁，第五名是治《礼记》的霍州学生刘熙。也就是说，在所有治《诗经》的考生中，孔天胤名列第二。

孔天胤中举，还有一段小插曲。庄一俊慧眼识才的故事在其故乡泉州多有流传，乾隆《泉州府志》卷三十五记载：

（庄一俊）辛卯典试山西，得士，独盛，孔天允（胤）⑨其著也。先于闱中得一卷，多秦汉语，谓同典试赵文华曰："此角丱士。"赵以其文苍然，未之信。已入见，为赵继孟，稚而贫，赵乃大服。

029

意思是说，嘉靖辛卯科山西乡试，共得举人六十五名，其中十名为主考官庄一俊所选，后来最著名者便是孔天胤。庄一俊慧眼识人，另一件事可作佐证：他曾看到一份试卷，行文多仿效秦汉，于是对另一位主考官赵文华说，作者年纪尚幼（丱：古代儿童所束的上翘的两只角辫，表年幼）。赵文华却认为，该试卷文词苍然，不可能是年幼之人所写。待两人见到作者赵继孟后，才发现情况确实如庄一俊所言，赵文华大为佩服。赵继孟，字宗之，泽州大阳人，中举时年仅十七岁。

与孔天胤一同中举的汾州考生还有四位。万历《汾州府志》："乡试辛卯科：孔天胤，赵世禄，王文翰，何体乾，李天锡。"检《乡试录》可看到以下排名：

第二十三名：王文翰，汾州学生，《诗》。
第四十一名：赵世禄，汾州增广生，《书》。
第五十二名：何体乾，汾州学生，《诗》。
第五十八名：李天锡，汾州学生，《诗》。

孔天胤后来在文章中也写到了他们。在这几位中，年纪最小也最有才华的是赵世禄："嘉靖辛卯之岁，郡文士举于乡者五人，余与焉。其年少而才美，则推西田公。"西田，赵世禄之号。赵世禄生而有异禀，"公生而有文如印在左手间"，长而学业卓著，"七岁能诵书千言，十岁善属文，及弱冠，行艺卓越"，被众人看好，"当道数表荐之"（《故朝列大夫山东布政使司右参议西田赵公墓志铭》）。青年时代即表现出玄深的理学领悟力的，当属李天锡，孔天胤有文称他青年时期"趋庭学《诗》，玄解六义，敷文析理，大雅不群"（《乾州知州近山李公暨曹氏合葬墓志铭》）。王文翰，号西瀛，与孔天胤同受业于冯思翊。在这些同乡人中，孔天胤一生也与王文翰交往最多。孔天胤后来有近十首诗写到王文翰，称他"况有经世器,弘济在舟航"(《送王西瀛之任江西金宪》)、"豫章材大遥难识,宣室恩新近始知"(《送西瀛丈北上》)等。

乡试结束,五位汾州举子开始准备行囊,奔赴京城,参加来年于京师礼部举行的会试。

在此简略交代一下两位主考官的情况。赵文华后来成为严嵩义子,在任通政使一职时,凡有经其手弹劾严嵩的奏疏情报,"皆先送严嵩,然后进呈世宗",后仕至工部尚书,失宠,被革职查抄,以病暴毙。庄一俊在考试后纂修了《乡试录》,保存了珍贵的历史资料,使我们如今还能看到当年乡试的具体情况。十二年后的嘉靖二十三年(1544),孔天胤在浙江提学副使任上,曾写信给庄一俊,称"某荒鄙伏,自辛壬奉教承遇,克有今日",表达了对庄一俊的感激之情。对于别后"音尘寂蔑,道远莫致"的情况,极言"高山白云,但增耿耿"的惆怅。时庄一俊正乡居,孔天胤认为其"非常之人,必有非常之用",安慰他是"亦暂卧隆中而稍息东山耳"(《与庄石山座主》)。但庄一俊终未再被起用,终老林下。

注释:

①据《旧唐书·郭子仪传》,唐肃宗授郭子仪为朔方、河中等处节度使,"进封汾阳郡王,镇绛州"。又据雍正《山西通志》"封爵",平定河中之乱后,"汾阳郡王郭子仪,至德中封代国公,上元三年晋封定襄郡王"。又据《资治通鉴·唐纪》,唐代宗永泰元年,"子仪如汾州,怀恩之众数万悉归主,咸鼓舞涕泣,喜其来而悲其晚也"。

②王恺仁、刘瑞祥主编《汾州沧桑》第一卷,北岳文艺出版社1994年版,第376页。

③《大明武宗毅皇帝宝训》卷一,正德四年英国公张懋奏章:"迩者忽闻宴闲之际,留心骑射,甚至群小杂沓,经出掖门,游观园囿,纵情逸乐,臣等闻之,不胜惊惧。"

④田澍《正德十六年——"大礼仪"与嘉隆万改革》，人民出版社2013年版，第139页。

⑤《汾州聊斋》，李春艳、李应杰主编，三晋出版社2011年版。

⑥子夏设教之"西河"，有"汾州西河""雍州西河""安阳西河"之说，据刘瑞祥先生汾州《建置沿革》一文考证，子夏西河教授之地在今河南古"济水西河"地带。见王恺仁、刘瑞祥主编《汾州沧桑》第二卷，北岳文艺出版社2000年版，第17页。

⑦《中说·文中子世家》："门人自远而至。河南董常、太山姚义、京兆杜淹、赵郡李靖、南阳程元、扶风窦威、河东薛收、清河房玄龄、巨鹿魏征、太原温大雅、颖川陈叔达咸称师北面，受王佐之道焉。"

⑧明代设分守道、分巡道、兵备道，是朝廷派驻地方的巡察、管理人员。一般由按察司副使、佥事或布政使司参政、参议兼任。其主要职责是负责督理所辖府、州、县的诉讼、刑法、兵备等事宜。各道职责不同，但也常相互交错，也多有兼任两道者。

⑨清代文献中，为避雍正皇帝胤禛讳，孔天胤的"胤"字多被做了缺笔、添笔或换字处理。替用字有"允""引""印""寅""孕"等。

第二章 高中榜眼

射策帝廷：「敦本厚生，抑浮通变」
高中榜眼：差一点，就成了状元
传胪惊魂：误穿儒服的进士们
榜定同年：从此天涯有知音

少年秉孤秀，神采映三台。天府青云近，贤关白日开。
应诏仪凤见，含景伏龙来。知有长杨赋，行能结驷回。

——孔天胤《雁别雷鸣春上京用杜韵》

射策帝廷："敦本厚生，抑浮通变"

会试由礼部主持，又称"礼部试"；因在春天举行，又称"春闱"。会试的录取率非常之低，这一点有史可鉴。史载永乐十三年（1415），聚试者三千人，才"得百人以进"（明杨士奇《恭书御试策题后》），比例是三十人取一人。虽然后来录取率有所增加，但对每一名来参加会试的学子来说，依然面临着严峻的考验。

据《嘉靖十一年进士登科录》（以下简称《登科录》），此年三月初九会试天下举人，取士三百二十名。汾州五举子中，只有孔天胤一人被录取，名列二百七十二名，成为贡士，其他几位，全都落榜了！

五个人的命运，此时便各自有了分支。据万历《汾州府志》，后来赵世禄、王文翰也先后考中进士，不过赵世禄直到嘉靖二十三年（1544）才得中，比孔天胤晚了十二年，也即又考了四次；王文翰则直到嘉靖二十九年（1550）才得中，比赵世禄还多考了两次。何体乾和李天锡终生都未得中，皆以举人出仕，何体乾官至陕西泾阳县知县，李天锡官至陕西乾州知州。

除非有特殊情况，殿试的时间一般都为会试之年的三月十五日。所谓"特殊情况"，就是皇帝有事不能亲自主持殿试，比如正德十五年（1520）那批通过了会试的考生，因正德皇帝游逸不归，殿试一直都没能按期举行，直到第二年三月十四日明武宗暴毙，四月二十二日明世宗即位，五月十日才补行殿试。明世宗时代的改革重臣张璁，便是在这次补考的殿试中得以及第的。不过这样的特殊情况毕竟是少数。

嘉靖十一年（1532）的殿试如期举行。据《登科录》："嘉靖十一年三月十五日早，诸贡士赴内府殿试，上御奉天殿，亲赐策问。"这一天，"天子临轩赐对，一时待问之士，集于大廷者凡三百余人"（明林大春《东莆太史林大钦传》）。当年的考试官共有五十八员，有不少为当世名臣。读卷官十七名，有吏部尚书华盖殿大学士张孚敬（张璁）、礼部尚书武英殿大学士李时、吏部尚书王琼、兵部尚书王宪、兵部尚书兼都察院右都御史汪鋐、翰林院学士侍讲廖道南等；提调官三名，分别为礼部尚书兼翰林院学士夏言、礼部左侍郎湛若水、礼部右侍郎兼翰林院学士顾鼎臣。阵容不可谓不强大。

嘉靖十一年壬辰科殿试，皇帝朱厚熜策问的试题是：

  皇帝制曰：朕惟人君，奉天命以统亿兆而为之主，必先之以咸有乐生，俾遂有其安欲，然后庶几尽父母斯民之任为无愧焉。

夫民之所安者、所欲者，必首之以衣与食。使无衣无食，未免有冻馁死亡，流离困苦之害。夫匪耕则何以取食？弗蚕则何以资衣？斯二者，亦王者之所念而忧者也。

今也，耕者无几而食者众，蚕者甚稀而衣者多，又加以水旱虫蝗之为灾，游惰冗杂之为害，边有烟尘，内有盗贼，无怪乎民受其殃而日甚一日也。固本朕不类，寡昧所致，上不能参调化机，下不能作兴治理，实忧而且愧焉。然时有今昔，权有通变，不知何道可以致雨旸时若，灾害不生，百姓足食足衣，力乎农而务乎职，顺乎道而归乎化？

子诸士明于理，识夫时，蕴抱于内，而有以资我者亦既久矣。当直陈所见所知，备述于篇，朕亲览焉，勿惮勿隐。

虽说"临轩策问，必天子亲御"，但殿试的题目，未必完全由皇帝亲拟，大多是由廷臣起草，皇帝审核通过的，但这题目中一定表达着皇帝的意愿。因为皇帝出题试士，在很大程度上也是向天下举子探问时政，希望从中获得有价值的治国良策。

正德年间外有强敌，内有地震、水灾、旱灾，百姓饱受饥寒流离之苦，这种状况到嘉靖年间依然在持续。据《明史》，嘉靖二年（1523），小王子分别于正月、五月、八月犯沙河堡、密云石塘、丁字堡；嘉靖六年（1527）二月、三月小王子两犯宣府；嘉靖四年（1525），"正月西海卜儿孩犯甘肃"。周边少数民族的不断入侵，使官民一直处于紧张、动荡、流离的状态。而水、旱等灾难，使百姓不断处于饥荒之中。《明史》载，嘉靖元年（1522）"七月以南畿、浙江、江西、湖广、四川旱"，嘉靖二年（1523）辽东、河南饥，嘉靖三年（1524）正月"两畿、河南、山东、陕西同时地震"，嘉靖五年（1526）京师、湖广饥，嘉靖六年（1527）湖广水灾，嘉靖八年（1529）襄阳、河南饥，嘉靖九年（1530）山西、京师饥，嘉靖十年（1531）陕西饥。明世宗对此自然忧心忡忡，嘉靖元年（1521）曾"诏抚按官讲求荒政"，希望能多听取一些有益的建议。

孔天胤生长于汾州民间，饥荒同样发生在他所生活的汾州大地上。就在他二十二岁那年，"嘉靖五年，汾州大饥，斗粟钱数千，流殍满野"。他二十五岁那年，"嘉靖八年，饥"。（万历《汾州府志》）饥荒必然导致物价的昂贵，"斗粟钱数千"，有钱人尚可高价买粮，穷人就只能"流殍满野"了。孔天胤生活于其间，感同身受，对于殿试的题目自然能够充分理解。

明世宗策问的态度很谦逊，甚至有几分诚惶诚恐，称自己"上不能参调化机，下不能作兴治理，实忧而且愧焉"。他的问题是："然时有今昔，权有通变，不知何道可以致雨旸时若，灾害不生，百姓足食足衣，力乎农而务乎职，顺乎道而归乎化？""雨旸时若"出自《尚书·洪范》篇，篇中对帝王的行为与自然气候做了较为严格的对应，认为只有帝王行为合于规范，天下才能风调雨顺；而国家出现灾咎，多为帝王行为失范所致。原文说："曰肃，时雨若；曰乂，时旸若。"帝王庄重恭肃，雨才会以时而降；帝王治理有方，阳光才会普照万物。所以，明世宗在这里问如何让天下风调雨顺，还隐含着一个重要的信息，就是自己如何才能做个好皇帝。所以，他希望"明于理，识夫时"的"诸士"，能够"直陈所见所知，备述于篇"，并表示"朕亲览焉"，希望他们"勿惮勿隐"。

当我们站在今天的时代，回望当时的时代格局，我们说，孔天胤参加殿试的那一年，其实是赶上了一个好时机。

到嘉靖十一年（1532）时，在明世宗和改革重臣张璁、桂萼等人的共同努力之下，方方面面的改革已初见成效。从明世宗所出的这道试题中，我们至少可以看出这样两方面的信息：第一，明世宗重视农桑，希望来参加殿试的国家未来的栋梁们能为百姓的"足衣足食"提供有效的思路和方案；第二，明世宗似乎是怀着改革积弊的决心，迫切希望听到学子们的妙策,显然是一副"广开言路"的姿态。

孔天胤的《嘉靖壬辰科廷试》策论,以三千四百余字的篇幅,回答了皇帝的问题,表达了他对农桑之事的思考。

孔天胤提出的论点是:"臣闻帝王之治,敦本以厚天下之生,达权以通天下之变,则天德孚而王道成矣。"这其实是指出了帝王治国两个非常重要的方面,一方面是"敦本",一方面是"通变"。"敦本",即帝王要以身作则,"躬行于上,而作则于下焉";"敦本"的核心内容,就是"厚生",以民生为厚,因为"夫民生也者,邦家所恃以为基者也"。"通变",即"察时审势而化裁之焉,随几应用",能够对于一些不利于"厚生"的政策随时变通调整。孔天胤进一步解释:"圣帝明王之治天下也,代天理物,必以厚生为先;更化善治,必以通变为先。"

"敦本"的实质,就是重视农桑,这是立国之本。《吕氏春秋·孟春纪》:"是月也,天子乃以元日祈谷于上帝。乃择元辰,天子亲载耒耜……天子三推,三公五推,卿、诸侯、大夫九推。"《吕氏春秋·季春纪》:"是月也……后妃斋戒,亲东乡躬桑。"这一古礼,元代以前一直推行,至元代废。到了明代有所恢复,嘉靖九年(1530)在礼仪的繁简上又有所调整,"帝以其礼过烦,命礼官更定"。据《明史·世宗本纪》,嘉靖十年(1531),明世宗下令:"自今岁始,朕亲祀先农,皇后亲蚕,其考古制,具仪以闻。"虽然到嘉靖三十八年(1559),"罢亲耕""罢亲蚕礼",两项礼仪都废止了,但这场"亲耕""先蚕"之礼的讨论及实行,还有这道与农桑相关的考题,都在明朝走向衰微的中叶,掀起了一股正能量。

孔天胤策论中对明世宗重视农桑之事进行了赞扬:"农桑不复古久矣。我皇上光阐九畴,稼穑维实,秩修六府,土谷是重,圣躬则秉耒于南郊,即古之三推之典也;皇后则亲桑于内苑,即古之三缫之典也。是故百辟卿士承式于下而农务聿勤,六宫嫔嫱率履于内而蚕典克振,是其敦本以为天下先者,固已躬行于上矣。"这就是"敦本",良好的愿望加上良好的行动，一定能结出良好的果实。

"厚生"，则是要让民众有衣有食。在阐述这一问题时，孔天胤指出了当下的现实：

> 臣尝窃观天下之势矣，钱镈在野，非不耕也，而闾阎犹啼饥之众；杼机在室，非不蚕也，而寰宇多号寒之民。

钱镈，即农具。孔天胤提出，现在的问题是：老百姓并非不耕不种，可是"啼饥"之众还是很多；妇女也并非不蚕不织，可是受冻馁的"号寒之民"还是很多。这是为什么呢？他引用汉代贾谊《论积贮疏》中的一段话来分析其中的原因。贾谊说："一人耕之，十人聚而食之，欲天下无饥不可得也；十人织之，不能衣一人，欲天下无寒不可得也。"是因为耕织的人少，而消耗的人太多了。

这其实也是社会发展到明代时出现的特殊现象。我国古代只有农、工、商、士"四民"；到宋代时，王禹偁根据当时的情况提出了"六民"之说，增加了兵和僧两种；而到了明代，在明太祖之时，明人姚旅才就根据当时的现实，提出了"二十四民"之说，新增了"道士""医者""卜者""相面""倡家""小唱""响马贼"等"十八民"。而这新增的十八民，全是"不稼不穑"之人。这种情况，也就是《明太祖实录》中所说的"今之末作，可谓繁繁伙矣。磨金利玉，多于耒耜之夫；藻绩涂饰，多于负贩之役；绣文刹彩，多于机织之妇"。到嘉靖年间，这种情况由来已久，特别是"正德之后，由于赋税日增，徭役日重，于是出现了农民纷纷徙业的现象"[①]。孔天胤根据自己在民间的生活经验和所见所闻，再次陈述了这一现象："天下之人，遗本逐末者亦已多矣，而游堕者又从而半之焉；终岁勤动者不足用矣，而冗杂者又从而耗之焉"，这才是让百姓啼饥号寒的真正原因。

为什么会这样呢？孔天胤如此分析：

> 昔人论治，尝有"官浮于冗员，禄浮于冗食，兵浮于冗费"之说矣，又有"赏盈于太滥，俗盈于太侈，利盈于太趋"之说矣……饥寒切身，则怨声愁气上干天和，而水旱蝗虫之为灾矣；人民流离，仓廪空竭，则外夷窥伺而边有烟尘矣；游堕无赖俯仰相困，则放僻日恣而内有盗贼矣。

这是一种恶性循环。因为有"三浮"，官浮于冗员，禄浮于冗食，兵浮于冗费；"三盈"，赏盈于滥，俗盈于侈，利盈于趋，所以才会导致后面的一系列恶果：人民流离，外夷窥伺，边有烟尘，内有盗贼。

怎么办？孔天胤提出了他的救世方略。这就回到了他最初提出的论点中的第二点：通变，即"达权以通天下之变"。

如何"通变"？他提出了一系列自上而下的"通变"方案：

其一，政事要上下通达。"圣心虽恳恻""王制虽详密"，但如果"奉行者""化裁者"不力，同样会偏滞不振，帝受其蔽。这"奉行者""化裁者"，自然就是推行帝王政令之人。推行政令，"最患乎虚名之相尚，而实效之无补"。最有效的化裁之方，应"以顺时宜民，补偏救弊为首务焉"。具体地说，就是"天子以实责宰相，宰相以实责监司，监司以实责守令，守令以实责庶民，而后谓之奉行之实"。只有上下一心，层层落实，才能真正有效解决当前的问题。

其二，要顺时化民，化裁得当。老百姓难道不愿意耕织桑蚕，过安定富足的生活吗？非也，"力农而务织，足食而足衣，顺道而归化，有生者之所同欲也"，丰衣足食是每个人的愿望。只是如今的现状，出现了"欲耕而无其田，有田而不得耕者""欲蚕而无其桑，有桑而不得蚕者"的情况。这不是老百姓的问题，而是政府官员化裁不当造成的。而化裁之法，

"仰以观于天文,俯以察于地理,中以观于人物,远以稽于先王,近以酌于时政,而后谓之化裁之宜"。上下远近都要有所参照,这样才可谓通达。

其三,地方官要切实行政,从细做起,从实做起。吏劝课,裁末作,防工役,禁催科,抑豪强,"去三浮以从实,酌三盈以从约",则民力农务织,衣食可足。这是基层秩序安定的基本保障。在此基础之上,才可以谈教育、孝悌、礼义、风俗:

> 郡邑有循良之吏,乡里弘庠塾之规,力田敦孝弟(悌)之懿,士习崇礼义之正,本俗无缁黄之惑,而又修五礼以防伪,明七政以齐民,则人将归乎道而顺乎化,而游堕冗杂之不为害矣。由是练勇敢,励战斗,旌才略,以务治军选将之实,而又笃周之《采薇》以下五诗之义焉,则边疆有吉甫、方叔之将,而烟尘可息矣。

这真是一个美好的局面,这也可看作是孔天胤在书生时便树立的为政理想。

在策论即将结束时,孔天胤还不忘回答皇帝在考题中所问的"不知何道可以致雨旸时若"这一问题。他提出了"圣天子建中和之极臻位、化育之功,诸臣同心协德,兴道致治",上下同心;"有官守者尽其职而不旷厥工,有言责者尽其忠而不愧厥职",同时"有功必赏,有罪必罚,俾体统正,而朝廷尊;有利必兴,有害必除,裨恩惠流而教化广"。他相信,"人事尽于下而天变自回,人心和于上而天休自至"。一个字,就是"顺",上下一心,人心和顺,化民成俗,自然天生福瑞,地造吉祥。

策论的最后,孔天胤引《周易》进行收束:"《易》曰:'惟深也,故能通天下之志;惟几也,故能成天下之务;惟神也,故不疾而速,不行而至。'"这句出自《周易·系辞上》。"深"者,精之藏;"几"者,变之微。致精识变,自然能够通于神;而神人互通,便是帝王治理的最高境界。

高中榜眼:差一点,就成了状元

孔天胤于嘉靖壬辰科殿试中以榜眼及第,当年的状元是林大钦。

林大钦(1511—1545),字敬夫,号东莆,潮州府海阳县(今广东潮州市)人。据比他稍晚的同乡才子林大春记载,这个比孔天胤小七岁的年轻学子,天资聪颖,喜欢苏轼。在嘉靖十年(1531)乡试前的府试中,其文章文采斐然,使广东提学副使王世芳大为称奇,对同僚说:"是必大魁天下者!"果然如其所料,林大钦"魁于乡,连举进士及第"。他与孔天胤的不同之处,就是孔天胤生于县君仪宾之家,也算富家公子,能进入正规的县学、府学读书;而林大钦"中道失怙,家益贫,独与其母居,常自佣",出于寒门,"邑士人资其载籍以自广,由是旁通子史百家言",在家乡士人的资助下才完成学业(林大春《东莆太史林大钦传》)。

在那篇洋洋三千余言的《廷试策》中,林大钦对世宗皇帝发问中所列举的"耕者无几而食者众,蚕者甚稀而衣者多,又加以水旱虫蝗之为灾,游惰冗杂之为害,边有烟尘,内有盗贼"等严峻的社会现实,不但和孔天胤一样指出其原因在于游惰、冗杂之弊,而且明确指出了"游惰之弊有二,一曰游民,二曰异端。游民众则力本者少,异端盛则务农者稀""冗杂之弊有三,一曰冗员,二曰冗兵,三曰冗费"。他还深刻地分析了游民之产生,"盖起于不均之横征,病于豪强之兼并",所以必须"颁限田之法,严兼并之禁",安抚游民,勒令归农。而针对三冗,特别是冗费,他更一针见血地指出:"后宫之燕赐不可不节也,异端之奉不可太过也,土木之役不可不裁也。"因为,"京师之一金,田野之百金也;内府之百金,民家之万金也"。他总结出均田、择吏、去冗、省费、辟土、薄征、通利、禁奢等八项除弊措施，认为只有这样，才能"田均而业厚，吏良而俗阜，冗去而蠹除，费省而用裕，土辟而地广，征薄而惠宽，利通而财流，奢禁而富益"。同时他还直言不讳地劝诫皇帝："毋以深居无事而好逸游，毋以海宇清平而事远夷，毋以物力丰实而兴土木，毋以聪明英断而尚刑名，毋以财赋富盛而事奢侈，毋羡邪说而惑神仙。澄心正极，省虑虚涵。"

林大钦所说的这几点，可以说都切中了明世宗当时面临的现实。"毋以深居无事而好逸游"，这是以武宗之事谏之；"毋以海宇清平而事远夷"，这是劝其注重边事；"毋以物力丰实而兴土木""毋以财赋富盛而事奢侈"，这是劝其节用爱民；"毋以聪明英断而尚刑名"，劝其轻刑薄赋，治国以仁政王道；"毋羡邪说而惑神仙"，则是劝说其不要被术士所惑。

明世宗在执政的中后期，深信长生不老之说，追求长生不老之术，甚至不视朝亲政。嘉靖四十五年（1566），海瑞携棺上疏，其中就说到了明世宗"陛下之误多矣，其大端在于斋醮，斋醮所以求长生也"，海瑞击破了"长生不老"的"神话"，说"尧、舜、禹、汤、文、武，圣之盛也，未能久世，下之亦未见方外士自汉、唐、宋至今存者"，况且"陛下受术于陶仲文，以师称之。仲文则既死矣，彼不长生，而陛下何独求之？"由此可知明世宗好神仙、求长生情况之严重。而嘉靖十一年（1532），明世宗即位不久，一心励精图志，求仙好道的情况还并不严重，但也已初见端倪。《明史·世宗本纪》，嘉靖五年（1526）"二月甲寅，命道士邵元节为真人"，许多军机大事，竟由邵元节之流占卜决定。邵元节死后，又推举陶仲文，明世宗皇帝继续宠之听之信之，"二十三年加方士陶仲文少师""二十九年封方士陶仲文为恭诚伯"，直到陶仲文死了，依然执迷不悟，这就是海瑞冒死上疏所说之事。林大钦由嘉靖五年（1526）邵元节为真人且几年来邵元节对国家大事或多或少的影响，看到了明世宗某种非常可怕的发展走向。

明世宗并不是一个真正能听得进逆耳之言的皇帝，终其执政期间，诸臣因进谏而获罪、下狱甚至致死者甚众，有不少还是当世名臣。据《明史·海瑞传》，海瑞之所以没有被杀，完全是个偶然。一方面是宦官黄锦的劝说，当明世宗大怒，下令立即拘捕海瑞别让逃走时，宦官黄锦在边进言说：此人素有痴名，听说他上疏时，自知触忤当死，早就买好了棺材，诀别了妻子儿女，他根本没想逃走。结果，"帝默然。少顷复取读之，日再三，为感动太息，留中者数月"。另一方面是重臣徐阶的搭救，据《明史·徐阶传》，"户部主事海瑞极陈帝失，帝恚甚，欲即杀之，阶力救得系"。这都大大地拖延了时间。不久后明世宗驾崩，明穆宗即位，才释海瑞于狱。

由此也可知，相较于二十七岁的孔天胤，二十岁的林大钦更为年轻气盛、锋芒毕露，言语之间更为直接和率真。

其实关于一甲前两名的名次，还有一段小插曲，差一点儿，孔天胤就成了状元。你道为何？原来，林大钦的文章不合"程序"。林大春《东莆太史林大钦传》记载：

> 殿阁大臣第其文，得孔生而下十二策以进，而太史不与。上览而问曰："是安得无特异者？"始以太史对，上遂大称旨。比制下，中外莫不翕然以"海内复有苏子矣"。

林大钦的策论，最初就没有被递上去，递上去的只是孔天胤及其他考生的十二份策论。也就是说，差一点儿，明世宗就根本看不到他的策论。因为明世宗多问了一句："是安得无特异者？"难道除了这些，就没有特别一些的吗？殿阁大臣这才说，还确实有那么一篇，有点特异，这才将林大钦的卷子递上去。明世宗一看，"大称旨"，好，钦点其为状元。林大钦自幼熟读三苏文章，因而策论也颇有苏子之风，明人洪梦栋说："东莆之于子瞻（苏轼），则形神俱肖矣。"这也是得到明世宗赏识的原因之一。然而不得不说，真是好玄。如果没有明世宗那么随口的一问，如果听到明世宗的问话殿阁大臣回答说"没有",那一年的进士榜单,就会是另外一个样子。

明代学者郭子章(曾任山西按察使)《潮中杂纪·郡邑志补》同样记载了这件事,并且记载的是开考前和阅卷的过程,更富细节性。在开考前,明世宗曾告诉礼部尚书夏言:"单子经义策论,各有程序。迩来文体诡异,旧格屡更。请令今岁举子,凡刻意骋词,浮诞割裂以坏文体者,摈不取。"也就是说,不合"程序"或行文诡异的文章,一律不予录取。殿试结束后,夏言将这番话转告给了阅卷官,这也正是林大钦的卷子没有被递上去的原因。

那么,林大钦的策论是如何不合"程序"呢?郭子章记载:

> 既廷试,诸达官分卷阅之。时内阁取定二卷,都御史汪公鋐得一卷,大诧,曰:"怪哉,安有答策无冒语者!"大学士张公孚敬取阅一过,曰:"是虽破格,然文字明快,可备御览。"遂附前二卷封进。上览之,擢无策冒者第一。启之,乃林大钦也。

阅卷之后,内阁已经取定两卷,自然是孔天胤和高节的卷子。都御史汪鋐这时却拿着一份卷子大为诧异地说:好奇怪啊,哪里有答策对却没有冒语的呢?古代文章讲究格式,文章须立"主语"犹作文之有"破题";须有"冒语",犹作文之有"承题"。而林大钦的文章竟然没有冒语。好在,大学士张公孚敬,也就是我们前面所说的嘉靖改革重臣张璁,在这件事中起了重要作用。他拿过卷子一看,说,这文章虽然不合"程序",但是文字明快,可以呈送皇上看看。所以就把这三篇密封了名字,呈送给了明世宗。没想到,明世宗钦定的第一名,就是那篇没有冒语的策论。

但孔天胤得中榜眼,对于山西来说,无疑是件石破天惊的大事。

明代科考取士,南方一直多于北方,虽然后来在名额上做了调整,但山西能中一甲的非常之少。有资料表明，自洪武四年（1371）到孔天胤中榜眼几十年后的万历四十四年（1616），先后二百四十五年间，每科状元、榜眼、探花和会元（会试第一名）共二百四十四人，南方二百一十五人，北方仅二十九人，山西仅四人（陈正祥《中国文化地理》）。而山西自孔天胤高中榜眼之后，一直到清道光十五年（1835），在长达三百零三年的时间里，山西闻喜县才出了一名探花乔晋芳，当时轰动了三晋大地，山西巡抚劳崇光特地举办盛大的庆典仪式，为乔探花敬赠了一副"两千里内无双士，三百年来第一人"的贺联。因此，孔天胤高中榜眼，是山西明清科举史上的奇迹。当时，汾州官府为其立"榜眼坊"以示纪念。康熙《汾阳县志》："榜眼坊：在同节坊。嘉靖十一年为孔天胤立。"

关于孔天胤高中榜眼之事，汾州民间传说的版本也较多，兹举两例。

有一则说他中榜眼是受了吕洞宾的点化。故事说，孔天胤舅家庆成王府那道街上有个吕祖坛，有一天孔天胤放学回家，看见一堆人围着一个老道嬉闹。只见老道每酌满一盅酒，便把酒盅由手中扔到口里，如此数次抛扔，最后口含酒盅便一动不动。人们都很奇怪老者这奇特的举动，不知这是什么意思。孔天胤看了看，不觉拍手叫道："小口上，大口下，吕字定不差！"老者起身摸着孔天胤的头笑道："吾是吕洞宾，云游观天涯。今日泄玄机，摘尔一朵花。"说完大笑而去。后来孔天胤便中了榜眼。（据《汾州聊斋》）

孔天胤中了榜眼，汾州人民为此感到荣耀，但如果他是状元该有多好！可他为什么没中状元呢？于是民间便有了"孔天胤大意丢状元"的传说。

话说这一年，孔天胤要上京赶考，冯思翊先生赠他两句话："勿忘《千字文》，谨记自己名。"孔天胤以为这只是一般的训诫，于是点头答应，并没有放在心上。殿试中，孔天胤笔似游龙，思如奔马，一挥而就，与南方考生苏兆（"苏兆"不见于嘉靖十一年进士榜）同时交卷。主考大人手捧两份考卷，啧啧称道，难以决断，宣召二位考生金殿应试。金殿上皇帝命题道："一人为大，二人为大？"孔天胤随口应道："一人为大！"意思是只有皇帝一人为大。苏兆却说："二人为大！""二人"是"天"，《论语》中孔子说过，"唯天为大，惟尧则之"。皇帝立即钦点苏兆为新科状元，孔天胤为榜眼。孔天胤不禁顿足叹道："悔不听老师之言，竟有今日之失也！"原来他忘了《千字文》里第一句是"天地玄黄"，第一个字便是"天"，其注释中说"唯天为大"；他也忘了自己名字里的"天"字。精通《周易》的冯先生早就算出皇帝会出这道"天"字题，于是提醒他"勿忘《千字文》，谨记自己名"，他竟没有在意。金殿面试后，许多文武官员都私下戏称孔天胤为"千字文大人"，讥笑他满腹经纶却不知《千字文》。这消息慢慢传到了民间，"千字文大人"的名字远近皆知。（据《汾州聊斋》）

这就是民间版本，把复杂的事情简单化，把庄严的事情凡俗化，对既成的事情给出"合理"的解释，易于理解也易于流传。更为重要的是，让孔天胤这样一位先贤大儒，以可亲可爱、可学可敬的形象，永远存在于人们的话语体系中，存在于民间的生活日常中。

传胪惊魂：误穿儒服的进士们

按照惯例，殿试两天后，也就是殿试阅卷后的次日清晨，皇帝要召见新科进士，也就是"传胪"，是由皇帝宣布登第进士名次的隆重典礼。这一天，新科进士们需要身着进士服，头戴三枝九叶冠，恭立天安门前听候传呼，然后与王公百官一起进太和殿分列左右，肃立恭听宣读考取进士的姓名、名次，这就是"金殿传胪"。然而这一年的"传胪"发生了一点小小的意外，竟然是因为序班谬传，导致进士们的服装出了问题。

《明世宗实录》和朱国祯撰于万历年间的《涌幢小品》，都记载了这件事：

> 上御殿传胪，诸进士皆集阙门，一序班谬传，令儒服。首名林大钦及诸进士不服进士巾袍者百余人。次名孔天胤以更服止掖门外，诏问状。

这里涉及两个部门，一是鸿胪寺，一是礼部。鸿胪寺主要掌朝会仪节等，《明史·职官志三》："鸿胪寺掌朝会、宾客、吉凶仪礼之事。凡国家大典礼、郊庙、祭祀、朝会、宴飨、经筵、册封、进历、进春、传制、奏捷、各供其事。外吏朝觐，诸蕃入贡，与夫百官使臣之复命、谢恩，若见若辞者，并鸿胪引奏。"礼部是鸿胪寺的上级部门，主管全国教育事务、科举考试，藩属及外国之往来事务。而"序班"只是负责执行的基层官员。

这一天，三百余名新科进士齐刷刷集于朝堂之外，等待着皇帝的召见。然而传达皇帝命令的一个序班传错了命令，要求新科进士们穿儒服觐见。所谓儒服，也就是书生服饰。按说新科进士穿戴进士巾服觐见皇帝，这在明代已是常识，从洪武年间就开始初定"进士巾"和"进士服"。《明史·舆服志》：

> 状元及诸进士冠服……廷试后颁于国子监，传胪日服之。上表谢恩后，谒先师行释菜礼毕，始易常服，其巾袍仍送国子监藏之。

就是说，廷试之后，这服装就已经"颁于国子监"，要求新科进士们"传胪日服之"。可是这一序班竟然把这么常识性的礼仪问题给搞错了，"令儒服"，这就导致了"首名林大钦及诸进士不服进士巾袍者百余人"。

但从当年共三百余名新科进士的情况看，应该还有二百名左右的新科进士是穿着进士服来觐见的。孔天胤呢，"以更服止掖门外"。掖门，也就是宫殿正门两旁的边门。孔天胤大约也是穿了儒服来的，但还有第二套方案，就是把所发的进士服也带上了，到掖门时发现情况不妙，赶紧脱下儒服，将所发进士服换上。然而因为手忙脚乱地换衣服，他被滞留在了掖门之外。

经过"大礼仪"之争确立权威的明世宗，最反感臣下自作主张。当他听说是因为接到穿儒服觐见的指令，才会出现包括新科状元在内的一百多名进士都穿着儒服，自然大为光火。他扫视群臣，大声责问："此令何出？"

《明世宗实录》和《涌幢小品》接着记载：

> 鸿胪卿王道中以为礼部失于晓谕，上切责部臣，夺司官俸一月。礼部言："已尝先期揭示，实以序班妄传，遂致错误。道中乃欲曲庇属官，厚诬本部，非朝廷设官相临之体。"诏道中对状，切责而宥之。

指令自然是序班传的，然而序班是个小官，没有上级的命令，他们怎么可以妄传这样的指令？所以，序班的主管领导，鸿胪寺卿王道中着急了，他说，是礼部失于晓谕。也就是说，礼部没有把这道命令传达清楚。于是，礼部相关人员被罚夺一个月的官俸。礼部受到这样的责罚，自然觉得委屈，于是辩解说，正确的指令早就下达了，是序班妄传导致的错误，并非礼部失于晓谕。这样一辩解，鸿胪寺卿王道中"曲庇属官，厚诬本部"的动机就非常明显了。皇帝再"诏道中对状"，明白了其中是非曲折，"切责而宥之"，严厉批评了他，但并没有治罪。事情的最后结果是：

序班孙士约等下法司逮问,大钦、天胤等俱免究。

此事才算告一段落。一场虚惊,但官场之险恶,已在这些新科进士们面前撩起了纱巾的一角。

榜定同年:从此天涯有知音

嘉靖壬辰科的这三百余名进士,从此互相之间有了一种共同的关系,就是"同年"。"同榜之士,谓之同年。"(顾炎武《生员论中》)同年略等于我们现在的同学,经过了皇帝的亲试,他们都成为"天子门生",自然就是同学了。

这三百多名同年,庶吉士二十一人,一人入内阁(吕本)。位居一品者有吕本、雷礼和朱衡,二品者有曹邦辅、傅颐、闵如霖、王廷、吴岳、吕光洵、毛恺、卢勋和魏尚纯。其中《明史》有传的就有十几位。

他们中有以直言进谏或弹劾权臣而名垂青史的,如二甲四十二名顾存仁,明世宗时因进谏被"廷杖之六十,编氓口外,往来塞上几三十年";三甲一百九十五名钱薇,"因星变极言主德之失,帝深衔之未发。疏谏南巡,坐夺俸",后因弹劾权臣夏言,"帝特命并斥为民";三甲八十四名洪垣,在职时弹劾多人不称职,曾"一疏而御史、曹郎以下得罪者至二十余人";二甲第三名桑乔,是历史上第一个弹劾严嵩的人,当时严嵩拜尚书只有半年,"举朝犹未知其奸,乔独首发之",后被严嵩构罪下狱,廷杖,戍九江;二甲九十一名谢瑜,也因弹劾严嵩而被"假他事贬其官",后被除名;三甲一百零五名包节,"劾兵部尚书张瓒贪秽";三甲第二十一名叶经,因得罪严嵩,在主持山东试时被严嵩构陷,称他所录诸生试卷中多讥讽时政,"帝手批山东试录讥讪,逮御史叶经杖死阙下"。他们或因言获罪,或因耿介不媚于权臣终遭报复,但他们的精神风貌,却书写了明代士君子可歌可泣的历史。

他们中也有因抗击倭寇、经理河道、治民有方等名留青史的，如二甲第八名王廷，曾"以通州御倭功加俸二级"；三甲第七十七名朱衡，一生致力于经理河道，"身自督工"；三甲一百零一名吴悌，出视两淮盐政，逢海水涨溢，淹没了通州、泰州民居，"悌先发漕振之而后奏闻"；三甲二百零三名曹邦辅，"柘城贼师尚诏反……邦辅亟战，歼之"，"贼走太湖，追及之，尽歼其众"。他们以一介书生而总统方略，在明代历史上演绎了一曲曲豪迈的壮歌。

他们中还有著名的学者，如三甲二百二十四名王畿（号龙溪）、三甲二百二十六名钱德洪（号绪山），俱王阳明重要弟子。王阳明去世后，两人"经纪葬事，持心丧三年"。两人同举嘉靖十一年进士，但均不被当朝重视，钱德洪甚至被系下狱。后皆退归讲学，王畿"足迹遍东南，吴、楚、闽、越皆有讲舍……所至听者云集"；钱德洪"周游四方，讲良知学"。当时，"士大夫率务讲学为名高，而德洪、畿以守仁高第弟子，尤为人所宗"。又如三甲二百名蔡汝楠，"儿时随父南京，听祭酒湛若水讲学，辄有解悟"，嘉靖十一年中进士时年仅十八岁，做官后，"以母忧归，聚诸生石鼓书院，与说经。治民有惠政，既去，士民祠祀之"。再如二甲第五十七名皇甫涍，与皇甫汸、皇甫冲、皇甫濂俱为进士，"兄弟并好学工诗，称'皇甫四杰'"。又如二甲三十八名范钦，是中国现存最古老的藏书楼"天一阁"的创建者，其影响力至今不衰。

这三百多名同年中，与孔天胤有过各种方式、各种层次交往的有二十几位。如钱薇、王廷、王畿、钱德洪、蔡汝楠、王廷、包节、皇甫涍、朱衡等人。

与孔天胤有交集的同年，多为一代名士，不少人在任职所被列为"名宦"，在家乡被列为"乡贤"，或以诗文传世，或以政绩留名，如林春、李乘云、谢少南、何其高、李恺、李延康、潘高、张冕、王廷幹、刘世用、陈澍、廖希颜、谢庭苴、苏志皋、路天亨、孙校、吕本（一名李本）、赵维垣、茅鐾、徐守义、陈仕贤、许应元、欧阳清、何天启、谢九仪等人。其中，李延康、潘高、路天亨、张冕皆山西同乡，无论是在仕路中还是在归乡后，他们都多有交往，互相慰勉，各自扶持。

孔天胤与他的同年们，行走在不同的仕路上，各自有着不同的宦海沉浮，却不时交集，以各自的才情、操守，共同书写了一个时代。

注释：
①陈宝良《社会生活史》，中国社会科学出版社2004年版，第7页。

第三章 初仕陕西

格例外补：王亲无缘翰林院
初识太微：『西翰林』中又一师
敦崇教化：正士习，兴文教
考选诸生：『造旋之妙，超绝前后』
以人弘道：刻樊鹏《樊氏集》并序
因贡左迁：宦海中的第一次沉船
知交送别：『泮宫池上花，寂寞桃与李』
结交叔嗣：『心赏不易值，素交世罕存』

凌旦莅广堂，大观临诸生。析理发疑难，属藻定章程。肃肃俨光仪，锵锵流正声。

——孔天胤《赠纪山校士》

格例外补：王亲无缘翰林院

明制，"状元授修撰，榜眼、探花授编修"。据《登科录》："高皇帝钦定资格，第一甲例取三名，第一名从六品，第二、第三名正七品，赐进士出身；第二甲从七品，第三甲正八品，赐同进士出身。"按照这个标准，林大钦授修撰，从六品；孔天胤、高节正七品，授编修。三人俱赐进士出身，入翰林为官。事实上，这年的结果并非如此，因为孔天胤的身份，使这年的一甲授官出现了特例。

明代还有一项规定，那就是藩王宗亲、姻亲不得在京任职。这一规定是有着深厚的历史渊源的。明太祖朱元璋建国，将诸子封往各地为王，宗藩渐成尾大不掉之势，谋反，僭越，擅婚，抢夺，再加上人口的急速增长，越来越成为明王朝的重大威胁。而因为明成祖朱棣就是以藩王篡夺王位的，最怕藩王生乱，所以对藩王一直都存着极高的戒备之心。永乐以后，明王朝不断削夺宗藩权力，到正德之后，这种藩禁更为严苛，由革夺诸王的王府护卫到禁止宗室参政、任官，不准从事四民之业，由禁止他们进京参觐天子发展到二王不得相见，严禁宗室出城，严禁结交官府。另外，也规定王府姻亲不得授予京官，其意图就在于防止王府与京城官员互通消息，窥测朝廷动向，影响朝廷大政。

此规定及孔天胤的遭遇，也见于明沈德符《万历野获编》中《宗室通四民业》条：

> 本朝宗室厉禁，不知起自何时，既绝其仕宦，并不习四民业，锢之一城。至于皇亲，亦不许作京官，尤属无谓。仕者仅止布政使，如嘉靖壬辰探花孔天允（胤），榜下选陕西提学佥事，时方弱冠，寻任浙江提学副使，后官至左辖而归。

其中"探花"误，应为榜眼；"时方弱冠"也不确切，因为孔天胤中进士时已二十八岁。

所以，孔天胤虽然高中榜眼，但因为他是庆成王府的外甥，就不能按"正常"进入翰林做编修了，他得享受"特殊待遇"。《明世宗实录》嘉靖十一年三月：

> 授一甲进士林大钦为翰林院修撰，高节为翰林院编修。第二名孔天胤以王亲例不得官于朝。

虽然林大钦从六品、高节正七品级别并不高，但能进入翰林院可以说是每一位新科进士的愿望，也是天下学子至高无上的理想。因为翰林院并非普通的文职机构，它作为国家重要的育才、储才之所，在政治生活中具有举足轻重的地位。正如钱穆先生所说："明清两代许多的有名人，都出在翰林院。因为考取进士后，留在中央这几年，对政府一切实际政事，积渐都了解。政府又给他一个好出身，将来定获做大官，他可以安心努力。"（钱穆《中国历代政治得失》）所以，暂时的品级、政治地位高低并不妨碍他们有更多成为朝廷大员或者名满天下的机会，唐朝的李白、杜甫、张九龄、白居易，宋朝的苏轼、欧阳修、王安石、司马光，明初的宋濂、方孝孺，都是翰林中人。

生逢明朝，又是"王亲"，孔天胤别无选择。对于他的任命，《明世宗实录》这样记载：

吏部言："二甲进士外授则知州，从五品，今天胤一甲，宜正五品。"乃授陕西按察司佥事。

正五品，比林大钦和高节的级别都高，只是不能留京，不能进入政治文化的中心而已。

对于孔天胤以一甲进士却未能进入翰林院这件事，明代有各种版本的记载，也可看出不同人对此的不同态度。

客观的记述。如《明史·世宗本纪》："十一年……三月戊辰，赐林大钦等进士及第，出身有差。""出身有差"，就是因为出身的问题改变了其名次所对应的官职定制。曾任陕西按察司佥事的河南信阳人樊鹏也在文中说："文谷子弱冠擅名三晋之墟，入京上万言书，论天下事，天子奇其文，赐及第，供奉翰林，谓'子与藩王亲，有成例，不可居近侍'，奏拜

陕西提学。"（樊鹏《赠文谷子行》）

作为职官沿革的特例来记述。如明末清初孙承泽在《春明梦余录》第三十二章，清代陈梦雷在《古今图书集成·明伦汇编·官常典·翰林院部》中，就将"鼎甲不入翰林"列为一章，并举了以下例子：

> 洪武四年，状元吴伯宗授礼部员外郎，第二郭翀、第三吴公达授吏部主事。丁丑状元陈䢿谪戍，第三刘锷补鸿胪寺司宾署丞，第二尹昌隆授礼部主事。嘉靖壬辰第二孔天引（胤）以王亲授陕西按察司佥事。万历己未，庄际昌廷试卷误书"醪"字为"膠"，言者劾之，请告归。

综观整个明朝二百七十六年历史，科举考试六七十次，"鼎甲不入翰林"的事也只有这四例，而且各有缘由。洪武四年的事，明代"后七子"之一王世贞《弇山堂别集》卷八，称其原因是建国之初，"盖官制未定也"。丁丑即洪武三十年，是因为考官取士皆为南士，明太祖朱元璋大为生气，这也还是因为制度问题，这一年的鼎甲是做了制度探讨过程中的牺牲品，经过这件事后，南北取士的名额才有了一定的标准。万历四十七年，新科状元庄际昌在廷试卷中，误将"醪"字写为"膠"字，因一个错别字断送了前程，也实属意外。也就是说，"鼎甲不入翰林"这种小概率事件偏偏孔天胤就赶上了。

也有作为奇闻异事来记述的，还是王世贞。《弇山堂别集》卷十三"异典述八"中，有一则为《山西二国戚》，如此记载："嘉靖壬辰第一甲第二人孔天胤，以国戚授陕西按察佥事，迁提学副使，至右布政使。丁未第二甲第一人亢思谦（明代临汾人，官至四川布政使）改庶吉士，授编修，国戚事始觉，得迁提学副使，至右布政使。皆以不得意功名去官，皆晋人，皆有诗文名，豪饮喜客，相甲乙。""丁未"是嘉靖二十六年。比孔天胤小二十一岁的王世贞曾出任山西按察使，对山西的事情了解得较为清楚，所以将山西两位国戚并列起来记述，认为他们的命运有共同之处。但从王世贞的记述中我们也看到，朝廷也有失察的时候，亢思谦都已经授编修了，才"国戚事始觉"，将之迁出京城，外放他处任职。

还有作为憾事来记述的。曾任南京国子监祭酒的陕西才子王维桢在后来给孔天胤的一封信中说："公高标阔步，去流俗何啻千寻，每与沃洲吕氏（吕光洵）言，以为文谷公瑰奇，设若不困于例令，得大振而尽其能，萧（何）、曹（参）之业何足道哉！汉唐以来柄政竖勋，每多椒房之戚，诚念其才不欲厄塞也。国家监于梁霍，著令世守，莫之敢变，而才豪之士间亦坐此顿矣。"（王维桢《答孔文谷大参书》）赵讷在给其师孔天胤的诗集所作的序中也说："假使先生不格于例，得竟其用，则其所以加于上下者，当如《豳风》《无逸》所称矣。"潮州人林大春也在为孔天胤诗集所作序言中说："假使当时弗为制格所限，得联玉马金堂之班，抽金匮石室之秘诀，即房（玄龄）、杜（如晦）、王（珪）、魏（征）之业未足道。"他们都对孔天胤的学问、才识和人格操守高山仰止，这样遗憾的表述中，包含着深厚的情谊和爱戴。

当然也有错误的记载。比如清代曾国荃主修的《山西通志·文学录》："孔天允（胤），字汝锡，汾阳人。嘉靖壬辰一甲二名进士，官翰林。"显然孔天胤是没有"官翰林"的。

孔天胤自己在文中也记述了这件事。在晚年为同年赵世禄所作的墓志铭中，他写到了同举五人的命运："余例格卑休矣，公不格于例而进有余裕。"赵世禄虽然比他晚十二年才中进士，但"不格于例而进有余裕"，这是令孔天胤所羡慕的。晚年他对自己因出身而改变仕途的命运也有所抱怨，称"如不肖者，自我生之处已不遇也"（《与东溪彭先生》）。

那么综观孔天胤的一生，这样的结果是好还是坏呢？留职京城就一定会一帆风顺、平步青云吗？我们不妨看看留职京城的林大钦，在高中状元之后，被选入翰林院做修撰，参与编修《武宗实录》。但他在翰林院做修撰的时间并不长，有人说是三年，也有人说是一年，不久他就以母亲不适应北京气候为由，告假奉母回乡侍养了。回乡后，在家乡附近宗山书院授徒讲学，余暇则读书著述，朝廷多次召唤，林大钦都"屡趣不起""屡促不就"。这其中是否有他对在京城任职的诸多无奈，不得而知。而高节中探花后，授翰林院编修，嘉靖二十三年（1544）因出任会试同考官被卷入科场作弊案，发配充军，后有人说此案实是严嵩借机排除异己。孔天胤当年如果留京，谁敢说这些事就不会发生在他的身上呢？林大钦年仅三十四岁去世，高节也很早就去世了，而孔天胤却历经正德、嘉靖、隆庆、万历四朝，享年七十七岁，也很难说其中没有"外放"的好处。

从另一个角度来说，也正是因为不得留京，孔天胤才能在陕西、祁州、河南、浙江等地，了解风俗民情、兴办书院、督学课士、奖掖后进、主盟诗社、救荒建祠、刊刻图书等，过着更有意义更有价值的生活。致仕回到汾州后，他参与地方事务，重视教育，名重一方，也留下了更多的诗文史料。这也可谓"失之东隅，收之桑榆"吧。

初识太微："西翰林"中又一师

离开故乡，孔天胤为自己取了一个号，曰"文谷"。文谷，就是家乡汾州文同里百金堡村东的那条河。以故乡的山水自号，是古人取号方法的一种。孔天胤以"文谷"为号，是他在离开山西之后，将故乡山水浓缩为两个代表性的字，为自己确立的身份标识。无论走多远，无论离开多久，他都是喝文谷河水长大、曾在文谷河畔读书嬉戏的那个汾州少年。

与张治道的相识，是孔天胤初仕陕西时最温暖的人情亮色。而结识张治道，源于刘储秀的引荐。

曾于嘉靖八年（1529）由山西提学副使升河南左参政的刘储秀，嘉靖十年（1531）因事被罢官"闲住"。"闲住"，就是已被免职，但其官员身份仍在，还可以穿着相应级别的衣冠参加社会活动。刘储秀被"闲住"，事起山西。原来，明世宗以藩王嗣皇帝位，深以"皇兄"武宗皇帝的荒唐为训，上任后割弊图新，在教育方面也出了新招。嘉靖五年（1526），他亲自撰写了《敬一箴》和《注范浚心箴》《注程颐视听言动四箴》，要求天下学子以诚敬之心寻求世间万物之理，以期学业、德业的精进。嘉靖七年前后，朝廷下旨，要求各府、县、乡学校，都要立"敬一亭"并刻石竖碑，颁行明世宗所写的《敬一箴》于其上。在省内，建亭竖碑一事由各省的提学副使负责。据《明世宗实录》，嘉靖十年（1531）四月，山西巡按御史赵铿弹劾现任山西提学副使陆深（字子渊，上海人），说陆深"建立《敬一箴》碑亭为慢"。明世宗下令彻查，查来查去就查到了刘储秀身上。陆深到山西任职的时间并不长，奉旨建碑亭是刘储秀任上的事，当时储秀曾下令山西各郡县，要求将《敬一箴》刻石竖立明伦堂侧。明伦堂是举行讲学的地方，一般在文庙，而非官办学校，可以说，立错地方了。明世宗听了奏报，再次下令礼部"通查"。都察院又说，刘储秀在下令山西各州县建敬一亭时，不仅地方不对，还用词不当。对皇帝所书的《敬一箴》，他说的不是"捧"而是"发"，说的不是"安奉敬一亭内"，而是"竖立明伦堂侧"，亵慢不恭，无所逃罪，亦当罚治。于是，已升任河南左参政两年的刘储秀，被勒令"闲住"了。

六个月后，山西案件查清，刘储秀官复原职，但从嘉靖十年（1531）到嘉靖十四年（1535），刘储秀一直都在陕西故乡，直到嘉靖十五年（1536）才被起用为湖广参政。孔天胤到陕西任职，自然要去拜访这位昔日的恩师。而其时刘储秀与张治道常有过从，这从他们二人集子中写于这段时间的诗歌可知。于是孔天胤得以结识同为"西翰林"之一的张治道。

张治道（1487—1556），字孟独，号太微，陕西长安人。雍正《陕西通志》称其少时即"颖记绝人，为诸生，率试高等。又娴于诗赋，议论如悬河，而性刚气豪，尚奇节，一时咸推服之"。正德九年（1514）与刘储秀同年登进士第，"授长垣令（今属河南），三年以治行，擢授刑部主事"。诗文名重一时，"与部僚薛蕙、刘储秀、胡侍并以诗名，都下号'西翰林'"。但他出仕的时间不长，"梦其母病，乃上疏引疾归，遂不复仕，一意读书为文章"。但陕西名士赵时春说他是因为"以不得其志弃官归"。对于张治道的诗名，赵时春评价其"少陵子之旁有虚位焉"（赵时春《少陵志序》），堪与杜甫相伦比。

孔天胤有文记载自己初识张治道时的情形：

> 嘉靖壬辰，余始以督学入关，见太微子所著作，蔚乎盛焉。然余实不解文，独心性好懿，故每过太微，必式之。（《嘉靖集序》）

当时张治道著述很多，文名很大，所以孔天胤每次路过张治道宅，都要在内心表达一份敬意。

从年龄也可看出，刘储秀生于1483年，长孔天胤二十二岁；张治道生于1487年，长孔天胤十八岁。当孔天胤还是个初出茅庐的小年轻时，他们都已经历了宦海沉浮，因而他们对于孔天胤的这种器重和赏识，更多是一种师生之谊，是年长的乡绅对于初入仕途的青年才俊的赏识和提携。正因为如此，孔天胤一生对他们都充满感激。

由于初仕陕西时期的诗文几乎全部佚失，孔天胤此次任职陕西期间的一些零星行踪，刘储秀、张治道等人的诗文记录就颇为可贵。而记录最多者当属张治道。今检张治道前期诗文集《张太微集》，有《题陆、魏、孔三君子空同观鹤卷》《孔文谷邀过兴善寺阁二首》《雨中同孔文谷宿金圣寺》《寺中送孔文谷之泾阳》等诗，记载了孔天胤在陕西期间视学崆峒（今属甘肃）、泾阳，登临兴善寺、金圣寺的行踪。特别是《十月十五日孔

文谷过,留饮观诗,至晚移菊下见月作》一首,更见出这对忘年交志趣之相投:

  朝闻车马过柴庐,更有新诗以启余。贳酒敢扱深夜饮,开缄真见古人书。褰裳为月行风苑,改席因花坐露除。醉后高歌一回首,不知天地复何如。

  孔天胤携新诗拜会,张治道喜出望外,留其共饮。二人观诗畅谈,不觉天色已晚。褰裳改席,移坐菊花之下,露湿衣裳也浑然不觉。花下更见圆月出,二人雅兴更浓,趁醉高歌,不知今夕何夕。
  孔天胤即将去泾阳视学,张治道的送别诗就更见深情了:

  东林鼓吹莫喧呼,春日楼台且共吾。清渭浊泾那忍流,南山北斗亦堪娱。尊前野兴连朝发,别后相思两地俱。登眺何妨风雨昼,懒将行色问车徒。(张治道《寺中送孔文谷之泾阳》)

  春日,当是嘉靖十三年(1534)的春日,孔天胤到陕西后的第三年。送别之地是在寺中。关中河流,渭水清,泾水浊,但即将分别,无论清浊,水都流连着不忍再流了。此去泾阳,南山阻隔,不得时时相见,只能共看北斗,以寄相思。"尊前野兴连朝发,别后相思两地俱",正是这种离别的况味。君将远行,我登高远送,风雨阻断视线,君之行色也可想见,无须向驾车之人问讯了。
  只是短暂的分别,却写得如此情深意长。而孔天胤在陕西视学之舟车劳顿,也略可从此诗中窥到一二。

敦崇教化：正士习，兴文教

按察司，也叫提刑按察使司，一省的最高司法机构。按察司最高长官为按察使，正三品；属官有副使，正四品；佥事，正五品。孔天胤五月被封陕西按察司佥事，七月朝廷再下一道旨，改陕西按察司佥事孔天胤提调学校（《明世宗实录》）。

提学官又称提督学道或提学宪臣，简称"学宪"，负责各省的教育和人才选拔事宜，即"总一方之学""为一方之师"（傅维麟《明书》），一般由副使或佥事担任。明代对于提学官的选择是非常慎重的，明英宗时就提出要"慎简贤良，分理学政"。这个官职，多是官员在历官多年之后由六品、从六品等渐渐升任，将其授予一个初出茅庐的年轻人，这在终明之世，不能说绝无仅有，也是凤毛麟角的。因而，这可以说是发生在孔天胤身上的又一个特例。

提学官的职责，《明史》载："提学官在任三岁，两试诸生。先以六等试诸生优劣，谓之岁考。"所辖县境内的生员，提学官每年都要考试两次。通过"岁考"，将诸生分以等级，并将等级与各人的前程及补助挂钩，有升有降还有挞责；而只有考到一、二等的，才有参加乡试的资格。明代的陕西，领八府二直隶州，即西安府、凤翔府、延安府、汉中府、庆阳府、平凉府、巩昌府、临洮府、灵州、兴安州，此外还有"三边"，即延绥（治所原在绥德，后改榆林）、宁夏、甘肃三个边镇，相当于现在的陕西、宁夏、甘肃三地。如此大的疆域，却只设一名提学官，因而孔天胤初仕即督学陕西，其劳繁之剧，我们可以想见。

在担任学职其间，孔天胤非常注重对生员实德的培养，这一基本原则也延续到了十年后他以提学副使之职督学浙江时，正如赵讷所总结的，"方其秦越督学，则先行实而后文艺"（赵讷《孔文谷先生文集序》），因而能够"两省人才,多所成就"(康熙《山西通志》)。

孔天胤非常注重孔子所说的"反求诸己",要求士子"正心",一切求之于心而不是求之于小辞小技。关于这一点,康海的文章中有相关记载。

康海(1475—1540),字德涵,号对山、沜东渔父,西安府武功县人,弘治十五年(1502)状元。康海与张治道、刘储秀、薛蕙等俱为至交。在成就和影响上,康海要大于张治道等人,他与李梦阳、何景明、徐祯卿、边贡、王九思、王廷相号称"七才子",也即明代文坛的"前七子"。康海长孔天胤三十岁,作为致仕乡绅,对孔天胤非常看重。对于二人交往,他说:"予以壬辰冬再诣长安,文谷子来访予,睹其人,听其言,有孚之君子也。当时诸君子相访者,顾无能如文谷子,于是定交焉。"(康海《送文谷先生序》)

康海与孔天胤"定交",有一个重要原因,就是"凡予所论说于文谷子者,他人莫能解,独文谷子迎刃解焉"。康海所说的孔天胤能解的问题,当是"士习"的问题。康海文中记载了孔天胤关于"士习"的一段论述。孔天胤认为:"今之士大夫,率以文章口耳之细,能命一辞胜一说即小视万物皆莫己若,是盖未尝反而求之于心,故驰骛如彼耳。"士大夫往往以辞说略胜他人,便觉得别人都不如自己,这都是因为不能反求诸心的缘故。不能反求诸心,即便是那点小辞小说,也是没有领略的。这个观点得到了康海赞赏。康海认为孔天胤说得有道理:"仁者心之德也,学不求诸其心,徒以言语文字之细,贸贸焉终日以为道在是矣,亦不远乎?"康海又说:

> 予今岁凡四会文谷子矣,其所启迪士类,一皆因之于心而求诸理,故士子沛然兴焉。诸以言语文字相胜者,方退然若无也,岂非文谷子之化哉?

康海一年中四见孔天胤,更深地了解到孔天胤的教育观和教育方法,因之于心而求之于理，那些只在语言文字方面想要出头的人，也渐渐退去了不良的习俗。康海认为，这都是孔天胤的教化之功。

端正文风，也是孔天胤提学陕西时最为重视的举措。

文风，即为文的风格。明代中后期，士人的文风可概括为"奇诡"，主要表现就是经义割裂、用词艰涩，甚至掺用异说，科试中"虽时加禁革"，仍"难以猝改"。这种情况到万历年间达到最盛，据《明神宗实录》，万历三十九年（1600），明神宗亲自批复说："仍谕科场，文体诡怪日甚，屡禁不遵，科举在即，迩部还详口申饬，务法在必行，以挽敝习。"有一个"段子"颇能说明这种文风之弊：曾有人将一篇科试经义文呈示于首辅叶向高（1559—1627），叶向高看后说："文甚佳，但难解耳。"此人回应说："公误矣，可解则非文矣。"（叶向高《孙子长〈制义〉序》）

孔天胤重在倡导清新明丽的写作风格，这一点，张治道的记载可谓详实切近：

> （文谷孔先生）深虑士习之占侲，科目取士之苟且，敦崇教化，严制科条，淑士必先根本为文，必法秦汉，删繁剃秽，划异归同，变近时崄涩乖蹙之习以复成化、弘治博雅浑厚之气，士彬彬然盛矣。（张治道《送提学孔文谷先生序》）

占侲，轻薄貌。当时士人习气轻薄，科目取士敷衍了事，所以孔天胤崇尚教化，制定了严格的考试条例。对于文章的风格，孔天胤也做了规范，取法秦汉之简约清新，去除乖僻謇涩的文风，力求文辞畅达，博雅浑厚。在孔天胤的倡导之下，秦中习气大变，文风大转，人才一时称盛。

与孔天胤同官陕西的另一位按察司佥事樊鹏，也如此评价孔天胤在陕西的教化之功：

文谷子筮仕于秦，尚气而文骡，曰："是在我耳。"则敦礼明义，勤教先身，爬梳芜秽，与之更新，今彬彬可观矣。（樊鹏《赠文谷子行》）

樊鹏，字少南，号南溟，河南信阳人，嘉靖五年（1526）进士。雍正《河南通志》"人物"记其履历："授安州知州，迁南京户部员外，历升陕西按察佥事。"雍正《陕西通志》"职官·佥事"："樊鹏，河南信阳人，分守关西道。"对于孔天胤在陕西的文教，他和张治道一样，都是见证者。他写到了孔天胤掌教陕西，文教不兴则自责于己，敦礼明义，以身作则且勤于教诲，使陕西仅两年多即出现了人才"彬彬可观"的盛况。

考选诸生："造旋之妙，超绝前后"

嘉靖十四年（1535）为朝廷会试、廷试的大考之年，大考之年的前一年，自然就是乡试之年。这是孔天胤人生中经历的第一次职业考验。

孔天胤主持乡试这一年，恰好乡试的政策也做了一个有利的调整。

明初，乡试的主考官是由各地的教官担任的，嘉靖时开始由京官主持。《明史·科举制》载："嘉靖七年，用兵部侍郎张璁言，各省主试皆遣京官或进士，每省二人驰往。"关于京官主考的弊端，张治道认为，"校阅不通乎监司，声名不采于提学""而御史藩臬诸君，曾不得有所干与"，而无论是主管一省行政的官员还是直接主管教育的官员，都是对当地人才进行过多次考核，对学子的才学、品行有着深入了解的人。知情人士被屏蔽，好处是可以防止当地官员与权贵的串通，不足则是直接导致了"无才者得以幸进，而豪俊知名之士多遗弃弗录"（张治道《送提学孔文谷先生序》）。好在这一政策并未执行多久，嘉靖十三年（1534）即下令"复罢科部勿遣，而各省主考亦不遣京官"（《明史·科举制》）。这一消息令陕西

提学孔天胤闻之大喜,张治道写道:

> 朝廷复罢京考,仍以监司主试,文谷闻而喜曰:"是科也,必得士,而士之颖拔者必尽录。"

制度的变化,为地方生员的公平、择优考录带来了新的希望。孔天胤在遍试诸县的过程中,对各县的才俊可谓了如指掌,而乡试大比,只是对他以往考察结果的一次检验。乡试之前,孔天胤将平时考核的优秀学子的名单、文章及相关情况向巡按御史范安(字子仁)及省中诸多官员做了汇报,这些学子的学问才华之优,也得到了陕西诸多官员的认可:

> 及期,乃以所得士荐之巡按御史范君子仁。子仁曰:"有士若此,何有于科目哉?"乃以传诸藩臬诸君。诸君曰:"有士若此,何有于科目哉?"

都认为孔天胤所选出的是真正的人才。西安知府还有点不放心,"又因其优续试之",把选出来的这些优秀士子又考核了一番,结果"无不一当百者"。

所以,这年的乡试,据张治道记载,"遵制得六十五人,案首三十六,优等二十八,遗材一,皆尽先生之选"。"案首",即各地童生参加县试、府试、院试名列第一者;"优等",即在各级考试中名列前茅者;"遗材",即不是经提学官"岁试"选取,或者在"岁试"中没有考取乡试资格,在会试前另设的"遗才试"中取得乡试资格的。本年乡试所选六十五人都是孔天胤所选,可见孔天胤之能识才。

检《陕西通志》可知,嘉靖十三年(1534)甲午科孔天胤所考选的举人名录,有张文卿、孟环、王道直、张蒙训、薛腾蛟、陈绶、邹学书、赵俊民、胡汝安、范世勋、宋珰等六十五人。仔细分析这份名单,可以获得如下三条信息:其一,这六十五人的覆盖面非常之广,包括陕西境内西安、三原、咸阳、耀州、咸宁、兴平、华阴、扶风、武功、绥德、白水、神木、凤翔、临潼、周至、泾阳、醴泉、渭南、榆林、同州等二十余县。其二,这六十五人中,明确标示后来考中进士的有十四人,占到了近五分之一,这是一个不算小的比例;而其他没有考中进士的,也多出仕为官,在不同的州县任知州、知县、同知、通判、教谕等。其三,这份名单中不乏后来成为名宦的人才,仅举曾在山西任职的两人为例。薛腾蛟,雍正《山西通志》:"薛腾蛟,号南岗,陕西渭南人,嘉靖年间以进士知长治县。时县新设,制度未备,蚤夜殚思,多所裁定。饬章程节里甲,抑强扶弱,崇礼励俗,务与民休息,而驭吏胥则甚严,不少贷焉。升主事,祀名宦。"宋珰,曾任山西交城县知县,雍正《山西通志》之"建置·交城县":"(嘉靖)三十八年,知县宋珰撤土陴,悉易以砖,计千有五百。增修楼橹门,各题石,东曰'据晋',南曰'带汾',西曰'搤秦',北曰'枕山'。"

正因为孔天胤纠正学风,考选出了真正的人才,张治道由衷赞道:

  而先生提学之得教化之隆,转移造旋之妙,超绝前后矣!夫岂寻常者所能及哉?

"超绝前后",此评价极高,确也可谓不虚。

以人弘道:刻樊鹏《樊氏集》并序

明代由于印刷技术的进步,民间刊刻图书蔚然成风,出版业得到空前的隆盛。明代所刻图书,又有"官刻"和"私刻"两种。比如孔天胤在官期间主持刊刻的图书为"官刻",致仕回乡后于家塾中所刻图书为"私刻"。孔天胤一生刻书甚多，如今有文字记载的他主持刊刻的第一部书，是樊鹏的《樊氏集》七卷。今藏于中国国家图书馆善本室的《樊氏集》，共有十二卷，前七卷注为"汾州文谷子孔天胤刻"，后五卷注为信阳知州永康吴九经校刊。

樊鹏为当时卓有成就的诗人。史载其与当时诗坛"前七子"何景明、边贡有交游，对于诗学颇有见地。关于樊鹏之诗，明末学者钱谦益评曰："其论诗一以初唐为宗，亦原本于仲默也。"仲默为何景明的字。而陕西著名诗人赵时春对樊鹏诗的评价还要高一些，他认为，樊鹏之诗"源出于何大复氏（指何景明），独坚壁立玄甲之帜，不复袭其师说，灿然成一家言"。孔天胤与樊鹏同官又同道，二人互相欣赏，孔天胤称樊鹏"至与余语，甚契"（《樊氏集序》）；樊鹏也对孔天胤敬佩备至，称赞孔天胤"造诣玄妙，识见超凡，可谓秉龙凤遨游天宇者矣"（樊鹏《答孔文谷子提学书》）。然孔天胤刊刻《樊氏集》，不惟二人私交之好，更是对于樊鹏诗歌及其诗学观的认同和倡导。

孔天胤到陕西以来，一直致力于纠正当时"崄涩乖螯"的文风，作文要求"必法秦汉，删繁剃稊，划异归同"，作诗则提倡以唐诗为宗，这一点，在其为樊鹏诗文集所写的序言中也可见出。他说，唐初，"诸君子乘运跃鳞，回风涣藻"，诗歌创作呈现出欣欣向荣的景象，"燕许之流，一时响著"。燕许，指燕国公张说、许国公苏颋，史称"燕许大手笔"。到中唐天宝年间，诗歌创作进入高峰，不少诗家名流称盛一时，诗风之积累也渐入佳境，"虽未骤极大成，然钟石毕陈，条理具在，因而集之，其变不可胜用矣"。到宋代，虽有人欲学唐诗，然"厌薄其初"，不能从唐初风气学起，而"溯王（维）、孟（浩然）之绪风，被高（适）、岑（参）之末照"，孔天胤认为，这是"为拾钟石而求乐之成，虽挚旷无益也"。到明代，虽然"士彬彬多鸿茂"，但"道胜艺远，揽式登彼岸者已"，诗的艺术性呈现出一种严重下滑的趋向。在这种情况下，提倡从唐诗源头学起，是一种非常有益的诗学路径。孔天胤的这种诗学观，在他后来为《唐诗纪事》所写的序言里也可得到明证，他认为唐诗"皆情感事而发抒，辞缘情而绮丽，即情事之合一，讵观览之可偏"，宋明以来，诗"以格调声律为品裁"，大大偏离了诗歌的本源（《唐诗纪事序》）。而樊鹏的诗却显然与此不同：

  嘉靖甲午，余方提学关中，其年南溟以民部员外郎升金宪，至与余语，甚契。因授四卷之诗，余乃读而叹曰："是非唐诗称正始者耶？"其读雄，其调古，其风流邈矣。而其天才俊异，神思英郁，其孰能当之？

孔天胤一读到樊鹏的诗，就大为赞叹，认为其诗是本于唐诗诗学正途的杰作，时人难当。而当时诗风之不振，连李太白泉下有知都会感觉"有忧"了。孔天胤引孔子"人能弘道，非道弘人"及"述而不作"之语，认为"述而作者，其在南溟子"；而樊鹏之"述而作"，本身就是弘道之举。因此，将其诗刻而传，也是弘道之举。

关于嘉靖十三年（1534）孔天胤《樊氏集》刻了多少卷，这里还须特别说明一下。

有学者说"嘉靖十三年孔天胤刻《樊氏集》十二卷"[①]，这一说法显然不确。现在学界较为普遍的说法，是嘉靖十三年（1534）孔天胤刻《樊氏集》七卷，因为国图所藏《樊氏集》前七卷也确实注有"汾州文谷子孔天胤刻"。然检《樊氏集》前七卷所收诗歌，却会看到第五卷《出塞行》的诗前小序"嘉靖十五年六月六日，房犯庄浪"云，标明写于嘉靖十五年（1536）；第七卷《贤山诗》前小序"嘉靖十七年秋，汝南兵备胡公延禄、尚书张公"云。孔天胤嘉靖十三年（1534）不可能刻好第四卷以后的，所以"孔天胤嘉靖十三年刻《樊氏集》七卷"的说法也是不确的。比较合理的推断是：嘉靖十三年（1534），孔天胤只刻了《樊氏集》四卷，这从他为

《樊氏集》所写的序言"信阳樊南溟子著诗四卷""因授四卷之诗"句可知;而五、六、七卷,则是孔天胤于嘉靖十八年(1539)补刻的,现台湾有《樊氏集》藏本十二卷,称"嘉靖十八年孔天胤陕西刻本",也只是笼统的说法,但至少点出了嘉靖十八年(1539)这一时间节点。《樊氏集序》也当是在第一次刊刻时所写。

《樊氏集》四卷刻成时,樊鹏正值丁忧,忧居且病,恰在此时,于河南信阳家中收到了孔天胤主持刊刻的《樊氏集》,大为感动。在回信中,他阐述了孔天胤此举对于自己的意义:"昔颜氏得孔子而名斯彰,后王充遇蔡邕,书遂行于天下,凤骥自附,乃令幸矣。"(樊鹏《答孔文谷子提学书》)孔子对颜回评价之高世人皆知,孔子称赞颜回好学且仁,"有颜回者好学,不迁怒,不贰过""回也,其心三月不违仁"。正是因为孔子的肯定,当时及后世学者才对颜回备加推崇,颜回之名才得以彰显。而东汉学者蔡邕,见到王充《论衡》即如获至宝,密藏而归,后着力加以推扬。没有蔡邕这样的文化名人的倾情推荐,王充《论衡》也不可能通行天下。樊鹏将孔天胤与自己比之于孔子和颜回、蔡邕和王充,感激之情溢于言表。

因贡左迁:宦海中的第一次沉船

纠正学风文风、考选人才、刊刻图书,孔天胤在自己的第一个工作岗位上可谓兢兢业业、雄心勃勃。然而令他没有料到的是,因为岁贡的事,他遭遇了仕途中的第一次沉船。

各省向朝廷举荐人才的途径,除了乡试,还有岁贡。所谓岁贡,即每年或两三年,从府、州、县学中选送资深的廪生升国子监肄业,而国子监生也可直接参加会试。各地提学所考选的岁贡生,进国子监前都要经过廷试,不合格者即会被黜落,而所推荐的岁贡生在廷试中被黜落的比例,就成为考察提学官工作业绩非常重要的方面。就在孔天胤被提调学校的前一个月,嘉靖十一年(1532)六月,礼部奏"今天下岁贡廷试不中式者五十九卷",而这是由于提学官选送的岁贡生不够优秀造成的,于是礼部奏请明世宗批准,出台了对提学官考察的具体方法:"岁贡廷试不中五名以上,各提学官俱照见行事例降一级别用……三名以上提问。"这一考核办法自此年(1532)开始实行,孔天胤的前任,陕西提学官王邦瑞,以及湖广、四川、河南的提学官,就在最新的考核办法出台以后分别被降了一级。《明世宗实录》嘉靖十一年(1532)六月:"以生员被黜五名以上,降……陕西佥事王邦瑞各一级。"而孔天胤同样栽在了这上面:

  下福建提学副使潘潢巡按御史达问,降陕西提学佥事孔天胤为直隶祁州知州。以廷试岁贡生员,潢所考上者黜落三人,天胤考上者黜落六人故也。(《明世宗实录》嘉靖十三年八月)

福建提学副使潘潢因为选送的岁贡生在廷试中被黜落了三人,按照"三名以上提问"的规定,下到巡按御史去提问,但不降职;孔天胤选送的岁贡生在廷试中被黜落了六人,按照"岁贡廷试不中五名以上,各提学官俱照见行事例降一级别用"的规定,降一级,为祁州(今河北安国县)知州,由正五品降为从五品。

孔天胤因选贡被谪的消息传开后,立即掀起了轩然大波。对于这个消息,张治道一开始还不相信,但看到"继之者已传诸邸报,则其谪也信矣"(张治道《送提学孔文谷先生序》)。关于此事,孔天胤也亲自写信给张治道报信,使张治道对此更加确信无疑。悲伤,难过,惋惜,张治道涕泪纵横,写《得孔文谷书情极绸缪,读之焉,有赋此随答》一诗以回复孔天胤:

  知尔临空阶,逢人寄好音。开缄读未半,回首涕沾襟。宦况飞腾远,交情契阔深。谁言一书札,珍重万黄金。

信还没有读到一半，就忍不住泪落纷纷。在孔天胤任职陕西的两年多时间里，两人常相过往，谈诗论学，对月共饮，结伴登临，可谓忘年之交，诚所谓"宦况飞腾远，交情契阔深"。而今孔天胤遭此厄运，令他扼腕叹息、悲伤莫名。短短信札一首诗，希望孔天胤能够珍重，不要因此而太过消沉。

今检张治道《太微后集》卷三，可知《送提学孔文谷先生序》共有两篇，一篇以述孔天胤在陕西纠正学风、考选士子之功为主，另一篇则是以论述选贡制度为主。文一是孔天胤所考选的诸位举人在张文卿（后中嘉靖十七年进士）的带领下，请求张治道代他们为孔天胤写送别赠言。他们对张治道说："余宗师孔先生将行矣，余不忍别，请先生言。"于是张治道写了《送提学孔文谷先生序》，在文中对孔天胤的品格操守予以高度赞扬，并请各位门生举人相信他们的老师并不会就此沉沦，在以后的发展中，孔天胤前途不可限量：

  至于先生德行文章、节义操履，有非凡近所可企及，他日立庙堂以风动天下士，树勋表绩为一代伟人，又非诸士子所能识，而余言者亦未矣。

张治道相信，孔天胤尽管此时遭逢坎坷，然其德行，其文章，其节义，其操履，都预示着这个年轻人前途广大。虽然由于宗亲官职的上限是左布政使，因而孔天胤终其一生也没有"立庙堂以风动天下士，树勋表绩为一代伟人"，然张治道对他的肯定，与三十年后林大春所说的"假使当时弗为制格所限，得以联玉堂金马之班，抽金匮石室之秘，即房、杜、王、魏之业未足道"的看法是颇为接近的。

赠别文二，是张治道作为曾经的名进士、刑部主事，对于选贡制度的理性思考。他说,这种制度,"往岁谪我东谷矣,谪我凤泉矣,今又及我文谷,有是哉?议之过也"。东谷,曾任陕西提学副使的敖英;凤泉,即孔天胤的前任王邦瑞。一个制度连裁三任提学,是提学的工作出了问题,还是制度本身存在问题?

  他说,明自有天下以来,取士有科、贡二途。建国之初重贡,那是在战乱始定、立国未稳的情况下所采取的一种应时性的政策;但明太祖不久就发现了这其中的弊端,于是在洪武十七年(1384)三月,颁布了科举取士制度,自此科举成为取士之常规。特别是"自宣、正以来,教化大行,人文丕显,怀才抱德之人虽科之弗尽而官之有余,所谓贡者自弗能出科之右"。明宣宗是一位有为的皇帝,在他继位的宣德年间(1426—1436),实行了一系列薄赋轻徭、休养生息的政策,加上他本人勤于政务、励精图治,使明初出现了"四境无虞,百姓安业,几于小康"(《明宣宗实录》)的局面,民国学者孟森在《明史讲义》中称宣德年间"为明代极盛之时"。在当时,科举所获人才多而职官之位少,哪里还能轮得到选贡所得之人呢?可是如今,一百多年过去了,历史反而在开倒车,重贡而轻科,因贡而废官,"自今上即位,廷臣始议以三途并用,科贡同官,贡不如试者,罪提学而提学之左迁者始前后相继矣",他觉得简直让人匪夷所思。

  张治道的这篇送别之文,像是一份奏疏,或者是一份时议,直指朝廷政策之不合理之处。在针砭时弊之余,张治道还结合陕西的具体情况,直陈选贡制度之不当。陕西幅员辽阔,八府三边,学校之设亦广,选贡更是难上加难,从中选出能如科目所选的真才更是不易。张治道认为,陕西人才之产,"西安当十之五,七府当十之四,而三边不能当十之二",如果贡者一定是"得其真才如所谓科目者而用之",那么"三边无一可贡,而七府不能抡其半"。科举已尽选良才,若一定要从三边、七府选贡,则"学校之设,遂废诗书之化",会产生极其不良的影响。这种情况,在选贡前,孔天胤也并非不知道:

今年有以此告文谷先生者曰:"贡士之例甚严也,今三边可弗贡,七府可半贡,西安益当拔其尤,如是可免其谪矣。"文谷曰:"人材学校之出也,学校风化之本也,弗贡是无人材矣,无人材是无学校矣,无学校是无风化矣,如是俗败、政紊、乱作,吾弗忍为也。"言者服而退,遂皆贡。

这位好心的"言者",可以说给孔天胤提了一个免谪的办法,那就是边远地区教育相对落后的地方不实行选贡制,凤翔府、延安府、汉中府、庆阳府、平凉府、巩昌府、临洮府这七府中选取应选数量的一半,而从西安府这样人才素质较高的地方拔其优者,这样选出来的人才,在参加朝廷的殿试时,落选的可能性会小很多。可是孔天胤没有听取这位好心人的建议,他认为朝廷既然有此政策,就有朝廷的考虑,所以还是要按朝廷的要求去选。如果投机取巧,只顾自己的升迁,就会导致俗败、政紊、乱作,自己怎么忍心这样做呢?于是就按各地应有之比例选贡了,结果,"贡果谪我文谷也"。对此,张治道为孔天胤大为抱屈:"呜呼,尽得一方之材以事君,乃以衰庸之七贡贬削焉。君子行道之难有如此哉?可慨也夫!可慨也夫!"师友为之叫屈,那么对于此事,孔天胤自己的反应如何?

首先是神色无异。"方报下时,文谷子与余联辔长安衢中,叙观其色欣欣,其言侃侃……然略与常日无异。"这是樊鹏的记载。接到贬谪邸报,孔天胤神色与常日无异,依然侃侃而谈,似乎一切都没发生,或者说一切都在意料之中。

其次是不怨。"贡果谪我文谷也,而文谷弗怨也。怨且弗有,何暇计官之升沉哉?"这是张治道的记载。孔天胤不怨,甚至是因为不听"言者"之善劝而自取其咎,他是在坚守一种原则,而将个人的宦海升沉置之度外。

据王崇庆《基表》,孔天胤在陕西曾迎养父亲到任,其父孔麟"见汝锡学政过严而忧之，示以弘度"，但孔天胤大约并未真正听劝，这也是一个初出茅庐的年轻人因此而受到的教训吧。

知交送别："泮宫池上花，寂寞桃与李"

孔天胤离开陕西，正是秋风萧瑟秋草黄的时节。检明人文集，可知康海、许宗鲁、刘储秀、张治道、张光宇、樊鹏等人都曾为其送别。

康海的送别文写于嘉靖十三年（1534）八月。送别文中写道：

> 闻文谷子以考贡不合于条例，左迁治郡。今天子励精求治，庙堂诸公方虚心以求天下之贤，翊赞弘化，安有纯儒如文谷子者？肯使之待年于郡而不亟登于朝哉？于予是深有望于文谷子矣。关中诸君咸有诗赠文谷子，佥事南溟子以予为序，故予以所得于文谷子者引诸其首。

这是在关中诸君赠别诗的卷端所作的序言。序言中认为，孔天胤是"纯儒"，此后必当有机会登于朝，朝廷不会让这样一位"纯儒"留于郡。当然，这是良好的期许与祝愿。

许宗鲁（1490—1559），字东侯，号少华，陕西咸宁人，正德十二年（1517）进士。雍正《陕西通志》记其宦绩，"视湖广学政，士风丕振""巡抚保定，核驿传，均徭赋，筑堤捍滹沱河有功"。嘉靖二十九年（1550），"以都御史驻昌平，修边墙三百里，墩堡数百，陵寝以安"，再"移抚辽东，增盐课，归民田之占于诸军者，辽人甚赖之"。许宗鲁多才多艺，尤工书法，"文复精典，有汉魏风"（乔世宁《都察院右副都御史许公宗鲁墓志铭》）。孔天胤在陕西期间，许宗鲁也恰在关中，与刘储秀、张治道等常相过从，也多有酬唱之作，孔天胤得以与之结交。对于许宗鲁，孔天胤也深为敬重，嘉靖二十九年（1550）第三次任职关中之时，为许宗鲁刊刻了《陵海二集》。

嘉靖十三年（1534）中秋之夜，刘储秀于宅中设宴，为孔天胤饯行，并招张治道与许宗鲁同来。许宗鲁赴约，张治道因病未至，后写《八月十五夜刘西陂邀孔文谷、许少华并余对月，余以病不赴。次日相遇文谷馆中，西陂出所作诗一首，余遂赋此答西陂兼别文谷云》说明原委。由张治道超长的诗题可知，八月十五夜聚刘储秀宅，次日众人又聚至孔天胤宅，可见众人的依依惜别之情。

在刘储秀宅，刘储秀与许宗鲁各自赋诗。刘储秀诗题为《中秋同少华宴别孔文谷督学二首》，刘储秀以师长的睿智和厚爱，给予孔天胤的是豁达的人生指引。其一末联云："剧饮莫辞通夕醉，明年何地又相逢。"来日方长，去路无尽，须看得远些。其二云：

浮云万里净长空，明日今宵定不同。银汉迢遥秋色外，金枝荏苒漏声中。不辞伏枕如公干，但惜开樽别孔融。醉后何须论去住，人生自是类飞蓬。

万里长空，浮云终会散去。银汉迢遥，时光荏苒，再次相遇，情形定会不同。同道相聚共饮本是乐事，惜乎饮后即将离别，是"惜"而不是"伤"或"悲""叹"，也可见出刘储秀诗风之平易、识见之高远。惜的是暂别，相信别后还会重逢，因而不必悲叹感伤。刘储秀在此以汉代"建安七子"之一的孔融指代孔天胤，不仅因其姓氏相同，更是对孔天胤人品、文品的高度肯定。事实上，孔天胤一生曾多次被知交好友称为孔融，也许最早便源自刘储秀这首诗。刘储秀更将人生离别提升到哲理高度："醉后何须论去住，人生自是类飞蓬。"宦海沉浮，去留无计，本就是人生常态，所以不必伤感，而应多一份豁达坦然。可以说，此诗写得哀而不伤、婉而有致,境界开阔,足见"西翰林"之襟怀和诗风。

许宗鲁《中秋刘士奇宅宴别孔文谷》则在离愁之余,对孔天胤的未来寄予了更多的期待:

> 遥空月满长安夜,别圃筵开庾亮楼。座上高人逢北海,天涯离思属中秋。杯深风露同君醉,曲度关山动我愁。未许玄亭耽著述,早闻宣室会征求。

许宗鲁将刘储秀比之于东晋名士庾亮,而将刘储秀之宅比之于庾亮在江州(今江西九江)所建的招当时名流前去饮酒赋诗的庾楼。在此,许宗鲁再次将孔天胤比之于孔融,孔融曾任北海相,因颇有政声,被时人称作"孔北海"。这一比照依然是对孔天胤人品、文品的高度肯定。除了表达离愁,许宗鲁表达的更是对孔天胤未来的期许:"未许玄亭耽著述,早闻宣室会征求。"玄亭,指汉代学者扬雄在四川成都的住宅,因其著《太玄》而得名;宣室,本指帝王的宫殿,此处指代朝廷。可见这句勉励包含着两个方面:一是再出有影响的著述,二是再次得到朝廷的重用。

如前所述,张治道因病没有参加刘储秀举办的饮饯孔天胤的集会,第二天到孔天胤宅中,恰逢刘储秀。刘储秀将昨夜所写之诗拿出,张治道因之也赋诗一首,既是对刘诗的应答,也是对孔天胤的送别:

> 闻君开宴值中秋,月满云飞影渐浮。对酒无缘空怅望,看诗欲和若为酬。文章海内谁能及,离别天涯泪暗流。今夕相逢须痛饮,秋风回首谢家楼。

前两联述写诗缘由,后两联写离情别绪。"文章海内谁能及",是对孔天胤的高度评价;而挥泪送别,则可见情之深切。张治道因此再约孔天胤去他的府上饮酒，补上昨夜的缺憾。谢家楼，取谢灵运与其从弟谢惠连的典故。谢灵运与从弟谢惠连相友爱，曾写《登池上楼》诗，中有"池塘生春草，园柳变鸣禽"句，此诗即得于梦见谢惠连之后。后人遂以"谢家楼"作为咏兄弟情谊的典故。张治道长孔天胤十八岁，显然是师长辈，此处却以兄弟相待，可见二人之忘年情谊。

张治道后来又写过两首送别孔天胤的诗，一首是《永寿西关饮饯孔文谷》，一首是《王石谷庄候孔文谷》，可见送别之意不尽。《永寿西关饮饯孔文谷》是一首五言古诗，共三十二句，回顾二人之交游，并对孔天胤给予高度评价。诗歌开篇即称"凤皇（凰）不世出，一出众鸟惊。騕褭不常见，一见千金轻"，将孔天胤比作不世出之凤凰、不常见之騕褭。《汉书音义》："騕褭，古之骏马也，赤喙玄身，日行五千里。"他称赞孔天胤之文思才华："落笔沧海流，举足青云生"，可谓格局大、影响广。"而我得吾子，朝暮常相依"，知己者也。他为离别伤感，"凄恻不忍别，临风泪暗洒"，这是张治道自从得到孔天胤将离开的消息后，第三次写到"泪"字了。

许宗鲁也在刘储秀宅饮饯之后，再次饮饯送别孔天胤，并写有《西园宴别孔文谷提学》五言古诗一首。许宗鲁此诗同张治道五言古诗一样，也为三十二句，论述二人之情谊。诗歌以哲理开篇："相知不用早，倾盖逾素交。兰芝固齐臭，埙篪本同调。""倾盖之交"为偶遇之交，因而也是"一见如故"的别称。这两联，暗含《周易》中"同声相应，同气相求"之句。同道之人一见即为知交，是因为有着共同的价值取向。许宗鲁赞赏孔天胤之才："夫子特翘秀，恒类鲜能超。在木为松桂，在玉为瑛瑶。"人中翘楚，如木秀于林，凡人难以超越。此种良好的质地，在木中是松桂之木，在玉中是瑛瑶之玉，都是上乘佳品。述二人交往："末契投有终，矢言膝与胶"，情深意切，难分难舍。他还化用《诗经》中"皎皎白驹"的典故，说"絷驹徒殷怀，岂乏场中苗"。《诗经·小雅·白驹》是一首挽留人才的诗："皎皎白驹，食我场苗。絷之维之，以永今朝。"许宗鲁反其意而用之，说如今场中有苗，却留不住白驹，只能"恻恻眷歧路，戚戚奏苦谣"，无尽的伤感与叹息。他希望孔天胤不要忘记与自己的旧约，"顾言弭遐心，用以敦久要"，久要，即旧约。这约定，或者是积极的治世之心，或者是著述的不辍不倦，或者是之后的书信来往，也或者兼而有之。

张光宇，生卒年不详，字道夫，号太乙山人，河南杞县人。武将，正德年间就已军功卓著。今人编注的《中州文献总录》记其"以军功官松潘总兵，吐番东侵却之。因谗罢去。嘉靖十二年（1533）春复入蜀，有《太乙山人游蜀诗》十卷"。张光宇《送孔文谷提学归汾阳》写道：

> 吾嗟孔夫子，倏忽归汾涘。西风吹我心，远逐汾阳水。此情不可道，此念何时已。泮宫池上花，寂寞桃与李。良宾秽尘沙，凤凰栖荆枳。

泮宫为教育场所，桃李为莘莘学子。孔天胤于陕西为良宾，其品质高洁如凤凰。如今，良宾陷于尘沙，凤凰被于荆棘。这首诗既肯定了孔天胤在陕西的文教之功，又为其遭贬而叫屈。

在所有的送别诗文中，樊鹏的送别文写得最为豁达。见孔天胤得报后神色与往日无异，樊鹏感叹：

> 嗟乎，是所以为文谷子也，夫居有良田则乐农，积厚赀则乐贾。文谷子尽读古人之书，尚履往行，如有求而弗获，夫河汾之间，固其读书讲道处也。俾仕宦尊显，佩金印紫绶若寄客，非所以闲情适性者也。（樊鹏《赠文谷子行》）

这几句话，可谓知己者语。儒家知识分子懂得"安贫乐道"之理，懂得"用舍行藏"之道，也即樊鹏所说的"君子得志则大行，不得志则蛇龙",处庙堂之高与处江湖之远,都能坦荡自适。居高官并非贪恋金印紫绶,处江湖也并非避人远世。如今孔天胤"及其行违于时,意外坎坷,则自信不疑,无破釜失声之患,其所养行出乎古人矣"。他相信:"彼蟭螟者义焉,足以语鲲鹏之变化哉。"蟭螟,传说中一种微虫名。晋葛洪《抱朴子·刺骄》中称其"屯蚊眉之中,而笑弥天之大鹏"。文末,樊鹏说:"君子曰,忧乐之际,可以观德,余于文谷子信焉。"由蟭螟、鲲鹏之变化,引出"忧乐之际,可以观德"的结论,相信孔天胤之德,定能克服这件事的不良影响,坦然面对,终成鲲鹏。

除了这封信,樊鹏还写有一首诗《赠孔文谷》,当为送别时又作:

　　东晋车应发,西秦节复催。人怜琼玉树,酒惜夜光杯。桃李多空种,琴书只自回。天朝恩不已,肯负济时才?

他相信,朝廷正值用人之际,孔天胤有朝一日一定会重新得到朝廷重用。告别了关中诸位师友,孔天胤离开陕西,回汾州故乡省亲和安置家眷。

结交叔嗣:"心赏不易值,素交世罕存"

回到阔别二年的汾州,孔天胤拜见父母高堂、亲朋挚友,自然不在话下。其时兄弟孔天民已经二十岁,正随业师冯思翊学习。回到汾州,还有一位故人,孔天胤是一定要去拜访的,此人名叫高叔嗣,此时正以山西左参政之职分守冀南道,驻汾州。

高叔嗣(1501—1537),字子业,号苏门山人,祥符(今河南开封)人。高叔嗣只比孔天胤长四岁,然而他成名和举业都很早。高叔嗣少时受知于李梦阳,与兄仲嗣并有才名,十六岁所作《申情赋》数万言,见者无不惊叹。年十九举于乡,二十三岁中嘉靖二年癸未科进士。高叔嗣中进士后，先授工部主事，后改吏部，历稽勋郎中。嘉靖十一年（1532）孔天胤参加会考时，高叔嗣为同考官。孔天胤的同年毛恺在为高叔嗣《苏门集》所作的跋里写道："恺也不佞，壬辰就试南宫，缪为先生所录。"（毛恺《跋〈苏门先生集〉后》）孔天胤另一同年钱薇在写给高叔嗣的祭文中写道："吾举礼部，苏门列五经师，中吾。"（钱薇《祭高苏门文》）还有一位同年周复俊写到了高叔嗣手授《批点唐音》之事："言念壬辰获隽礼闱，我师吏部苏门高公手授空同《批点唐音》，丹铅烂然，飞驾尘品。"（黄宗羲编《明文海》）因孔天胤除殿试策论外，嘉靖十三年（1534）之前的诗文全都散佚，我们无法考证孔天胤的会试卷是否也由高叔嗣亲自批点推荐，但从高叔嗣与孔天胤二人的交往中，却也不妨做出这样的推测。

嘉靖十二年（1533）春，高叔嗣出为山西左布政司左参政，是年夏四月离京返乡，十月上旬至晋阳，分守冀南道驻守汾州。②高叔嗣在山西期间，其政务之繁剧、舟车之劳顿，由其诗题即可看出：《十一月朔孝义道》《清源县作》《交城县壁》《太原县西十里亭逢张景周宪使归田》《文水县驿壁读王司仆德徵诗因和其韵一首》《辽州即事》《潞安道公廨署》《进兵介休》《盘沱驿再用沁州壁韵，一岁中四出此路》《汾阳道暮晴》《孝义道晓发》，等等。仅从诗题可知，山西的孝义县、清源县（今属清徐县）、交城县、太原县（今太原市南部）、文水县、辽州(今左权县)、潞安府(今属长治市)、介休县、沁州（今属长治市）、汾州等地，都留下了高叔嗣的足迹。

嘉靖十三年（1534）秋冬之际，孔天胤与高叔嗣常有来往，颇为相得。有一天，高叔嗣在汾州府衙中翻检自己的旧诗集，兴之所至，写下了《斋中检旧集因呈孔文谷学宪》一诗。诗歌开篇即是一派肃杀的气氛：严冬已经来临，早晨起来，都能看到庭院中的树上结满了寒霜，不禁思念故乡，深感幽居之苦。然转念又喜，因为汾州充满了赏心乐事与人情之暖：

郡中盛儒彦，暇日遂讨论。敢为矜文誉，要识凤所敦。广堂宴晴晖，旨酒湛芳尊。言笑一相投，逍遥穷朝昏。心赏不易值，素交世罕存。疏简本吾性，牵拘守兹藩。高车数来往，无为厌公门。

汾州是个儒士才俊聚集的地方，能与这些才俊不时聚谈，讨论学问诗文，不失为赏心乐事。更何况，还有孔天胤这样的知交，能够言笑相投，逍遥朝昏。交往非以俗事，而以"心赏"，何其难遇；交往非以功利，而以"素交"，真诚纯洁，举世难见。自己以一介儒生，本性疏简，然而如果能有志同道合的"心赏"之士、"素交"之友"高车数来往"，那么远离故乡做官也就不那么令人厌烦了。

在汾州短暂停留之后，孔天胤即将拜别双亲师友，去往祁州赴任。汾州官员及亲友设宴为他饯行，高叔嗣赋诗一首，题曰《宴别文谷先生赴祁州》。诗中写道，"岁晏冰霜厉，天寒鼓角悲"，正是岁末，冰天雪地，霜风冷厉，更增鼓角之悲。送别之时，"军城数杯酒，官舍满篇诗"，俱情深意重，依依不忍别。高叔嗣还安慰孔天胤，"才高世总弃，名在众方推"，不要因为一时的失意而灰心，令名仍在，定会得到多方支持。所以，要乐观地走向前程，更何况，"郡斋暇北眺，犹接帝京陲"，祁州离北京不远，闲来无事时，临窗远眺，说不定还能看得见皇帝所在的京城呢！

嘉靖十三年（1534）冬天，孔天胤就这样顶着寒风，踏着严霜，一路北上，奔赴祁州。

注释：

①杜志强：《〈浚谷文集〉中所见明代作家的评论资料》："《樊氏集》十二卷刻于嘉靖十三年，今仅台湾有藏。"《宁夏师范学院学报（社会科学版）》第35卷第4期。

②据孙学堂《高叔嗣系年交游考》，《中国诗歌研究》第八辑。

第四章 左迁祁州

履霜赴任:"退思有严程,进勉缺良图"
修建庙学:希冀诸生学遍天下
贞文书院:"崇道德,表宅里"
知己者言:刻王崇庆《海樵子》并序
诗路心痕:祁州的诗歌高产
将赴颍上:汾州的记事与情思

大才从小邑,幸是宰明时。美锦劳先制,青云叹后期。
——孔天胤《送杨古峰之任麟游》

履霜赴任:"退思有严程,进勉缺良图"

相对于山西来说,祁州确实离北京更近,所以高叔嗣才会在送别诗中戏咏"郡斋暇北眺,犹接帝京陲"之句。

也许正因为这年冬天的寒风和霜雪给孔天胤留下了太过深刻的印象,其传世的第一本诗集才会取名《履霜集》。而这本诗集中诗歌的起点,便是嘉靖十三年(1534)冬的祁州赴任。"履霜",语出《周易·坤》:"初六,履霜坚冰至。"《说文解字》:"履,足所依也。"指鞋,引申为践踏、踩。霜,秋霜,见秋霜而阴气始凝。坚冰,坚硬厚实的冰,喻冬天。字面意思是说，当我们脚下踩着霜的时候，阴气就开始凝结，寒冷的冬天就快要来到了。这里隐含着"渐"的意思，比如学者高亨就解释说："履霜，秋日之象也。坚冰，冬日之象也。履霜坚冰至者，谓人方履霜，而坚冰将至，喻事之有渐也。"但也有学者解释说，"至"字当作"极"解，踩在霜上，又踩在坚冰上，就到了极点了，也就是不能再冷了，如果说是厄运的话，那么就该转运了，也就是"否极泰来"。孔天胤履霜踏雪赴任时，想到的是"事之有渐"还是"否极泰来"，我们不得而知。其实以治《诗经》著称的孔天胤，也许在路上想到的仅是《诗经·魏风》中的"葛屦履霜"之句。"纠纠葛屦，可（何）以履霜？掺掺女手，可（何）以缝裳？"这更为切近的山西古代民间歌谣，或许更能唤起孔天胤内心的悲凉之感。那薄薄的草鞋，又如何能踏得过那严冬的冰霜？那纤纤的素手，又如何能缝制得了富贵人华丽的衣裳？孔天胤也许感觉自己就像那位穿着草鞋履霜、用纤纤素手缝裳的贫寒女子，沉浸在凄寒的命运氛围中，无力逃脱，只能不时自怜自叹。

然而他的心情又是极为矛盾的，因为直隶祁州的知州，同样是一个分量并不轻的重要职务，刚过而立之年的他将要担任的，是一个直隶州的最高行政长官。所以，当十二月他在北上途中路过太原南部的榆次县时，所写的诗歌《甲午冬十二月赴祁州经宿榆次县》就充满了这样的矛盾。

"寒飙转玄陆，穷阴集广途。岁年此沉宴，驾言辞故都。"寒风狂吹，天色阴沉，茫茫前路，一望无际。正是岁末，家乡人正在准备着过年，自己却辞别故乡，踏上了吏途。也许他此刻感觉自己像《诗经·小星》中那个"肃肃宵征"的小官吏一样，因"夙夜在公"而不能与家人相守，暗自感叹着"寔命不同"。"嗟予抱重谴，投荒式余辜"，想想自己因选贡不当而被降职，内心也有几分委屈，所以才有了这大冬天投身荒郊的命运。然而他又感觉庆幸，祁州是个不错的地方，直隶州，地大而任重，靠近京城，可算是"股肱郡"了。路途的凄凉，降职的委屈，前路的任重，再加上思乡的情愫,孔天胤的内心,此时是五味杂陈,自然"踟蹰"。宿在榆次,离开家乡汾州还不算远,还在山西的土地上,感受的还是故乡的风霜。看"晋云郁晚冻,榆石含霜芜",感觉既亲切又茫然。"疲马恋乡邑,日夕憩城隅",是马恋乡邑还是人恋乡邑?马困人乏,更多是对离乡渐远的焦虑。但令他更焦虑的,是进退都感到有压力。当然,退不得,因为"退思有严程";那就进吧,但又"进勉缺良图"。内心充满的是对前程的惶惑。这种内心的矛盾与纠结,使他"交兹起心战",不知"时哉安所须"。

  过了榆次继续北上,过太原,有一夜宿在平定。此时天更冷,离乡更远,孔天胤的心情也更为凄凉。他想起了高叔嗣,那位自号"苏门"的河南才子,尽管很有治绩,却不免常常有着思念家乡、感叹飘零的孤独。高叔嗣曾写过一首《发平定》:"空山悬日影,长路起风寒。京邑方趋役,边城遂发鞍。孤心向谁是,直道匪今难。不是秦关客,貂裘亦已残。"一"寒"一"鞍",一"难"一"残",都在孔天胤的内心激起了沉重的回响。天气的苦寒,内心的凄寒,鞍马的劳顿,宦海的艰难,都让孔天胤感觉这几个韵脚字表达心情之准确,于是他以高叔嗣这首诗的韵脚,写了一首表达自己当下心情的诗:

  旅馆风霜集,山程晓夕寒。复当将尽岁,且尔未休鞍。处世飘蓬是,容身直道难。红颜与鬓鬟,应为雪沾残。(《过平定用苏门韵》)

  风霜集于旅馆,也集于心中;无论早晨还是晚上,都一样的寒冷。年关将至,自己却未能休鞍,还奔波在赴任的途中,内心难免升起天涯飘蓬之感。"直道",也是圣人之道。孔子说:"斯民也,三代之所以直道而行也。"(《论语·卫灵公》)又说:"人之生也直,罔之生也幸而免。"(《论语·雍也》)虽然人也能凭借"枉道"侥幸活着,但直道而行却是君子的处世方式。春秋时，柳下惠只做了士师这样的小官，却依然三次被黜。有人对他说曰："子未可以去乎？"为什么不离开这个国家呢？柳下惠说："直道而事人，焉往而不三黜？枉道而事人，何必去父母之邦？"（《论语·微子》）问题不在于是在"父母之邦"还是别的国家，而在于是"直道而事人"还是"枉道而事人"。君子不易其操，在哪里都是一样的。高叔嗣之诗感叹的是行程中"貂裘亦已残"，孔天胤在此却更多感叹时光易逝而功业难成。

经过了一路的风霜雪雨、鞍马劳顿，孔天胤到达了祁州任所，心始略有所安。至郡后，孔天胤又作《至郡》诗一首，诗的最后一句"畴予论迁谪，不是遣长沙"，透露出一种庆幸。这里的"长沙"，指远离京城的荒凉之地，也暗含了汉代才子贾谊被黜为长沙太傅的典故。想到这一层，遭迁谪的幽怨之情，来时路上的悲凉之感，也渐渐变得浅淡了。

上任之初的春节之前，孔天胤开始了对祁州的考察。考察途中，写有《夜宿保安寺》《晓发望燕台》等诗。

此次到祁州，兄弟孔天民是随行而去的。初夕之夜兄弟二人在郡斋中小酌时，孔天胤甚至有了"微臣更有嵩高祝，欲抚星河谒帝居"（《除夕同弟酌郡斋中》）的雄心壮志。建功立业，经营一方，这才是孔天胤作为儒家知识分子最终的精神旨归。而更令他内心感到温暖的，是与故人的重逢。

嘉靖十四年（1535）春，孔天胤巡行到涞水县（今属河北保定市），同年路天亨时任涞水县知县。路天亨（1502—?），字仲元，山西平阳府安邑县（今属运城）人，三甲一百二十名进士。历任直隶涞水知县、吏部稽勋司郎中、山东参政、四川按察使，终陕西右布政使。光绪《涞水县志》卷八"名宦"："路天亨，安邑进士。德量宽容，政事兹祥，两均徭役，百姓称平。官至参政（误，当为右布政使）。"

既是同年又是山西老乡，二人相谈甚欢。宴别时，孔天胤赋《春日路年兄涞水县宅宴别二首》。其一曰：

> 三岁别京华，相逢绿水斜。论交逾骨肉，离思惜天涯。顾我双蓬鬓，怜君满县花。春风方赙酒，整旆复成嗟。

诗中既有久别重逢的惊喜，又有交情厚而相见少的感叹。从京城别后，一晃已是三年。二人同为吏治奔忙，"顾我双蓬鬓，怜君满县花"，其中滋味，颇多相同。把酒对饮，马上又要整装出发，只能相对嗟叹。其二最末一句曰："窃叹予飘泊，风云倍感伤。"仅"飘泊"一词，就透露出内心的那种"迁客"之悲。

其实，终祁州一任，"迁客"的身份都像一块无形的巨石，压在孔天胤精神的最底层、生命的最深处。春节后不久，孔天民归汾，孔天胤在《寄弟》诗中，就有"迁客沉时宴，离心属暮云。风尘鸿雁断，原草鹡鸰分"之句，迁客之悲，离思之痛，都令其感到沉重的压力，像头顶不散的阴云，萦回不去。身为迁客，诗中就会常有羁旅愁思。

也许是因为心情之压抑加上公务之繁剧，嘉靖十四年（1535）春，孔天胤生了一场病，只能闲坐宅郡，看春渐深，心事苍茫。诗歌《仲春闲斋》就描绘了这样的场景，抒发了这样的心绪。春天已经到来，柳枝已渐渐变长变软，在春风中轻轻摇曳。"鸟鸣晨雨细，花落晚风香"，有轻轻的鸟鸣，有细细的春雨，偶有花瓣落地，空气中传来淡淡的香味。"听讼因农简，行春以病妨"，农事简，因而有时间处理争讼之事；想出行踏春，却因生病不能前行。此时状况，看似闲逸，内心却有着深深的隐忧。这种焦虑，在《病怀》中表现得更为突出：

> 为邦无异政，病俗且相因。卧似马卿渴，官同原宪贫。违时衰凤是，处世覆蕉真。蓬累诚吾分，何辞不乞身。

在病中，孔天胤感叹自己还没有做出什么可圈可点的政事，身体却在繁剧的衙署之劳中病倒了。人一生病，内心就更加脆弱。马卿，汉司马相如，有才而不得志；原宪，孔子七十二贤弟子之一，孔子殁后，原宪隐居，茅屋瓦牖，粗茶淡饭而不以为苦。孔天胤此时内心陷入了如司马相如、原宪一样的困境，高歌猛进的理想之帆遇到了暗礁，此时卧病于一隅，志不得伸，名不得闻，怎能不焦虑呢。"违时衰凤是，处世覆蕉真"二句，更将这种满怀挫败感的自怜推向了极致。"衰凤"，化自"楚狂接舆歌而过孔子"的典故，隐士楚狂接舆唱着歌走过孔子身边唱道："凤兮凤兮，何德之衰。往者不可谏，来者犹可追。已而已而，今之从政者殆而！"（《论语·微子》）孔子都被接舆这样的隐士叹为德衰之凤，又何况是他孔天胤呢。"覆蕉"，化自《列子》里"郑人得鹿，覆之以蕉"的典故。话说一位郑国人在野外打柴，"遇骇鹿，御而击之，毙之。恐人见之也，遽而藏诸隍中，覆之以蕉，不胜其喜。俄而遗其所藏之处，遂以为梦焉"。明明打到了鹿并把它藏了起来，可竟然找不到藏鹿的地方了，更可悲的是恍惚间他觉得刚才的事情是一个梦，自己并未曾真的打到了鹿。孔天胤此时也似乎陷入了这样的梦中。从恍惚中醒来，孔天胤对自己的处境又有了清醒的认识：这就是自己的命运，或者说这就是中国士人的命运，也就是所谓的"蓬累诚吾分"，自己的职分就在这里。蓬累，语出《史记·老子韩非列传》："且君子得其时则驾，不得其时则蓬累而行。"《史记正义》注："蓬，沙碛上转蓬也；累，转行貌也。言君子得明主则驾车而事，不遭时则若蓬转流移而行，可止则止也。"可行则行，当止则止，此之谓士君子之"分"。

对于一个人来说，许多时候生一场小病不是坏事，它至少可以让人从马不停蹄的奔忙中暂时停顿下来，把混沌的思路理一理，把来路和去路理一理，把自己和世界的关系理一理。通过这番病中的梳理，孔天胤渐渐从

"心思益苍茫"的迷惘中清醒过来，整顿好心灵的行装，再次起程。

修建庙学：希冀诸生"学遍天下"

嘉靖十三年（1534）冬，孔天胤一到祁州，就发现了一个重要的问题：祁州的庙学非常残破，已不能进行正常的祭祀和教学活动。"庙学"这个词，可以指教育活动，也可以指建筑设施，也就是能够进行"庙学"教育的场所。作为教育场所，有学者认为，庙学的意义在于它有着两种空间，既有"庙"的祭祀空间或信仰空间，又有"学"的教学空间，能够"通过圣人人格魅力的感召、文化符号的熏陶、各种仪式的塑造与品格的提升，实现塑造一个具有传统文化知识和德性高尚的人的目的，达到儒学所倡导的完美人格'内圣外王'的境界"。①

孔天胤在陕西期间，做的就是教育工作，因而最敏感的也是教育工作。廖道南记载了孔天胤对祁州庙学的重视：

> 岁甲子，孔侯汝锡自秦督学迁牧于州，乃喟然叹曰："弗崇厥构，胡以永观？弗敦厥教，胡以祗命？厥责在予，予曷敢后！"
> （廖道南《重修庙学记》）

廖道南，字鸣吾，号洞野，蒲圻（今湖北赤壁市）人。正德十六年（1520）进士。嘉靖四年（1525）曾纂修《明伦大典》，累官至侍讲学士。史称他"在词垣最久，娴熟掌故"，曾作《殿阁词林记》。廖道南与孔天胤的交集在于：嘉靖十一年（1532），孔天胤参加殿试的时候，廖道南是读卷官之一。在廖道南《殿阁词林记》十四卷也有记载：

> 嘉靖壬辰，今上御文华殿，辅臣以次读卷，其第二卷孔天胤

对《农桑策》云:"帝王敦本以厚天下之生,达权以通天下之变。"则臣道南所拔也。

廖道南以爱才之心,以读卷官的身份选拔了孔天胤,如今见孔天胤在祁州有此善政,自是欣喜之余而为之记。

廖道南不愧为文坛老将,可谓出手不凡。对孔天胤的这段记载颇为生动。孔天胤之"叹",是三个反问句。如果先师孔子庙不能隆重地建构在一方土地上,又怎么能成为一种永恒性的重视教育的象征?如果不能够认真地推崇教育,又拿什么教导天下士子全身心地"修身齐家治国平天下",或者说"为天地立心,为生命立命"?孔天胤的这两问,道出了教育的重要性;而推崇教育,首先要从对孔子先师庙的建设开始。最后一问是问他自己的:作为一方岳牧,我的责任就在于此,我怎么敢拖延甚至视而不见呢?我得积极地把这事做起来。于是,嘉靖十四年(1535)春二月三日,祁州先师孔子庙在知州孔天胤的主持下开始动工。选辟新址,动土夯基,遴选石材,选取佳木为栋梁,招集工匠并使其各尽所长,组织相关人员对庙学的格局进行规划。

对于庙学,孔天胤与诸官员商定的规划是:"其中为先师庙,庙之东北为启圣祠,庙之左右为先贤庑,庑之左右为乡贤名宦祠。祠庙之后为明伦堂,堂之左右为四斋,为诸舍,为虹桥,为外棂星门,门之南为泮池。"中轴线上是孔庙,庙的东北是启圣祠。启圣祠,祭祀孔子父亲叔梁纥启圣公的祠堂。孔庙的左右是祭祀祁州乡贤的庑;再左右是乡贤名宦祠,祭祀历代乡贤中的卓越者和在当地做过官职且政绩卓著的官员。明伦堂是读书、讲学、弘道、研究的场所,嘉靖皇帝颁布的《敬一箴》刻石就立在明伦堂。明伦堂两侧是四间房子,可作为诸生的宿舍。这样的设计,既符合朝廷对于孔庙的规制,又考虑到祭祀和教学两个方面,甚至考虑到了外观的环境。虹桥、泮池之设,更有古代学宫的味道。

孔天胤这一番宏伟的规划，为的就是将祁州的教育事业推上正轨，他所做的，是惠泽祁州千秋教育的大业，这也成为祁州教育史上极为重要的创举。

从二月动工，七个月后也就是在嘉靖十四年（1535）九月，主体工程告竣；到嘉靖十五年（1536）二月三日，庙学的大小工事全部完工。廖道南写《重修庙学记》一文，对孔天胤此举给予高度评价，认为这是孔天胤希冀"学遍天下"，让诸生"临馆事于学也，道其终矣乎"的重大举措。他说，庙学修成，祁州士子来这里求学，得到良好的教育，才能明了"道"之大。并对祁州未来的学风抱有极美好的展望，希望"祁士志于希贤，贤以作圣"。当他把这番话说给孔天胤的时候，孔天胤又"叹"了。廖道南记道：

  孔侯闻之，则又喟然叹曰："是余志也，亦多士志也。"

开篇因庙学失修而"叹"，篇终因不知自己的志向和"多士"的志向能否达成而叹。以"叹"始，以"叹"终，意味却已完全不同。

庙学修成，须立碑记之。碑后之文，由孔天胤亲自撰写。开篇先写了自己主持修庙学的原因。他说，修建庙学是自己的职责所在。贤明的先王设立学校并派地方官来监察治理，首先倡导的就是礼教。如果自己作为地方长官，看到作为重要教育场所的孔子先师庙颓圮残破也不去修缮，看到学宫荒草丛生也不去治理，那首先就是没有遵从先王的礼教。如果礼教得不到修治，就是地方官的失职。自己怎么敢承担这样的罪责呢？接下来，孔天胤说了自己以前"视学"时的所见，自然是他在陕西督学时的经历：

  余尝视学，见所谓庙者多所颓坏，兹其故有四焉：俗吏慢之尔，庸吏弃之尔，贪吏吝之尔，骄吏避之尔。（《书庙学碑后》）

先师庙的颓坏大多是因为这四类官员，一为俗吏，一为庸吏，一为贪吏，一为骄吏。俗吏忙于俗务，对于教学之事以为不急，故慢之；庸吏不懂得教化之重，干脆弃之不管；贪吏宁肯多给自己留些银两，也舍不得将钱花在修庙之事上；骄吏急于功利，对此出力不见成效之事避而不为。正因为如此，先师庙不修，教育不兴，人才得不到教引和擢拔。这都不是君子之心。真正的君子之心，"苟可以裨教，曷敢慢也；苟可以靖职，何敢弃也；苟可以公世，何敢吝也；苟可以对天，何敢避也"（《书庙学碑后》）。孔天胤也叙述了此事之易为，"是故余所修具，责诸官通劝诸门义，籍民之力，不过一日而乐工之成，仅逾三月，其经营重正永观厥成"。

贞文书院："崇道德，表宅里"

孔天胤在祁州任上被载入史志的第二项宦绩，就是创建了贞文书院。乾隆《祁州志》"建置"："贞文书院，在学宫后，东西八丈，南北四十八丈，共六亩四分。嘉靖十四年知州孔天胤建。后圮。"

书院是庙学之外的另一个教育机构。庙学集祭祀与教学为一体，书院只侧重于教学；庙学的教育内容、学官配制、教学秩序、士子考核等内容按照朝廷的规定进行，而书院的主要作用则在于聚徒讲授、研究学问。

书院最早出现在唐代，唐开元六年（718），唐玄宗在东都洛阳的丽正书院，是专供中书省修书或侍讲的机构。宋朝时，以私人讲学为主的书院大量产生，陆续出现了白鹿洞书院、岳麓书院、应天书院、鹅湖书院、石鼓书院、嵩阳书院等著名书院，特别是南宋张栻、朱熹、吕祖谦、陆九渊等学者多将书院作为学派活动基地及讲学的场所，促进了书院的繁荣。到了明代，由于王守仁（1472—1528，号阳明）、湛若水（1466—1560，号甘泉）等理学大师的推动，书院发展达到了鼎盛。湛若水一生讲学五十五年，广建书院，门人众多，据载，他"平生足迹所至，必建书院以祀白沙（陈献章），从游者殆遍天下"（黄宗羲《明儒学案》）。王守仁从三十四岁开始授徒讲学，历时二十三年之久，先后修建了龙冈书院、濂溪书院、稽山书院、敷文书院等，并在文明书院、岳麓书院、白鹿洞书院讲学。特别是王守仁提出了"圣愚无间"的"致良知"之说，认为"圣人可学而至"。这种儒学诠释的世俗化，带来文化学术的下移，各地书院纷纷向平民百姓开放，据载："虞山会讲，来者不拒。人皆可以为尧舜，何论其类哉！"（张鼐等：《虞山书院志·会薄引》）书院的功能，王守仁认为是"匡翼夫学校之不逮"（王守仁《万松书院记》），也就是补救官学的流弊，同样承担着社会教化功能、知识传播功能和学术传承功能。

那么孔天胤为什么在祁州修建庙学之后，还要再修建书院呢？廖道南在《贞文书院碑记》中说，建书院是为了崇祀三个人，一位名宦和两位乡贤。名宦是张载，乡贤是元代祁州的两位状元，董珏和李齐。

张载（1020—1077），字子厚，号横渠，陕西凤翔府郿县（今陕西眉县）人，"关学"的代表人物，他流传最广的名言就是"为天地立心，为生民立命，替往圣继绝学，为万世开太平"，千百年来为知识分子的使命确立了具体可感的理想标杆。张载曾任祁州司法参军，在祁州多有建树。

董珏，字君章，《畿辅通志》及乾隆《祁州志》载其"幼读书，日记数千言，父母未之奇也。一日随父见道傍古碑，父使视之，一览悉记。父大惊，乃命诣名师受业，后登至治辛酉（1321）状元，授承事郎、定州同知，后知颍州事"。关于董珏，还有一个有点神话意味的传说，说祁州另一大剧作家王实甫，"作《西厢记》未终而卒，同邑董珏吊之，闻棺内哭声，知其为书未成也，因取遗稿续成"。

李齐（1301—1353），字公平，元代元统元年（1333）左榜[②]状元。历官金河北淮西行省廉访司事，移知高邮府，有政声。据记载，元至正十年（1350），盗突然闯入府驿站，掠十二马而去，李齐奋起追而杀之；元至正十一年（1351），州民秦观保造兵仗武器，企图进行抢劫掠夺，李齐将之抓获并诛杀。元至正十三年(1353)，张士诚攻破高邮城，正在守甓社湖的李齐回救，遭贼闭门相拒。后张士诚以李齐为质，让他下跪。李齐叱道："吾膝如铁，岂肯为贼屈！"张士诚怒而强扼使其跪，李齐挺立而被拉倒，继而被捶碎膝盖后剐死。

庙学的建设中就有名宦乡贤祠，为什么还要另建书院专祀这三人呢？按廖道南所记，孔天胤将名宦乡贤中之最优者另立书院崇祀，当别有所用心：祀名宦张载，是为了更好地"崇道德"，给后世官者、教者树立榜样；祀祁州前代所出的才学品行俱佳的状元，是为了"表宅里"，有激励后学之效。廖道南还引用《诗经》《尚书》中的名句进一步解释："《诗》有之，'高山仰止，景行行止'，其诸祀明公之意尔乎？《书》有之，'表厥宅里，树之风声'，其诸祀君章、公平之意尔矣乎？"

孔天胤此番创建书院，崇祀名宦及状元，除了如廖道南所说的"崇道德"和"表宅里"，还有更深一层的意图。孔天胤在《贞文书院碑后》记述：

> 文谷子曰：卓哉兹州，钜贤作之于前，鸿英产之于后，彬彬蔼蔼，代有其人，盖文献称焉。明兴，道化洋溢，声光四流，海隅承风，畿内臻美。兹州或寥阔焉，岂地灵之中歇哉？抑人观之未贞耳。予作书院，表先哲，萃诸生，盖欲贞厥攸观。

祁州是个很了不起的地方啊，大贤兴于前，英才继于后，江山代有才人出，文献中都有明确记载。明兴以来，全国上下都重视教育，而离京城如此之近的祁州，虽"地灵"却未见"人杰"，莫非是"人观之未贞"吗？人观，可理解为识人之观、教人之观、擢人之观。贞，意即"正"，《易·乾》谓"元亨利贞"，《礼记·文王世子》谓"万国以贞"，《论语》谓"君子贞而不谅"。人的观点不正，所以要创建书院，表彰先哲，集聚诸生，使其"人观"得到纠正。

贞文书院经始于嘉靖十四年（1535）九月，次年正月完工。完工后刻石立碑，廖道南还作歌三章。这位文章大家，以赋体的形式、华美的辞藻，赞颂了祁地有山、祁地有水、祁地有哲，可谓地灵人杰。特别是第三章，历数祁州的学问渊源。由孔、孟而至张载、周敦颐、二程，这一脉相承的学术源渊，使祁州有着先天良好的学风基础，更何况祁州还产生过两位状元董珪和李齐。

孔天胤在书于碑后的文字中，也寄寓了自己修建贞文书院的良好愿望。他说，孔子大成前圣之道，孟子又大观孔子之道，其后学者代代相沿，"道"始得以传承和光大。君子如果有志于道，却不能斐然成章，不能达于"道"之大义，那么，以贞正之心观之，就会循序渐进，日有所得，这样才会使学问渐明。如果诸生能够在这里，以贞正之心修学悟道，那么"诸生其相与事于斯哉，将必有大成者也"。

孔天胤又写有一首《贞文书院谕诸生》，以激励诸生明了"贞文"之意，立志于"大成"：

> 大道易遵轨，多歧涉险艰。鸿英正皇览，昏狂瞽穷年。茂明二三子，遐征缉古先。六籍炳天日，百氏纷云烟。披纷极仪象，元化自我旋。文章乃余绪，勋华达渊泉。雅颂夫岂亡，周孔道固然。愿言广德心，旂哉日乾乾。

诗中蕴涵着孔天胤的教育思想，他勉励诸生要遵循学之"大道"，不畏歧路和艰险，秉持六经，踵武诸子百家，了悟天地之理。特别是提出了"元化自我旋"，让诸生能够更好地认识自己、成就自己，由自我出发成就天地之德。写文章是学之余绪，有学问、悟大道之后，文才自然如渊泉激涌。末联则希望诸生能够自我激励，乾乾进取，自强不息。

"书院"这一作为官学重要补充的教学场所，因其思想的自由，明清时期曾屡次遭到禁毁，特别是那些民间的私立书院。第一次禁毁，就是贞文书院建成后第二年的嘉靖十六年（1573）。这一年，孔天胤的同年，御史游居敬上疏斥南京吏部尚书湛若水"倡其邪学，广收无赖，私创书院"，请求皇帝"戒谕以正人心"，于是明世宗下令罢各处私创书院。第二次是嘉靖十七年（1538），吏部尚书许赞以官学不修、多建书院"聚生徒，供亿科扰"、耗财扰民为借口，上疏皇帝，明世宗"即命内外严加禁约，毁其书院""申毁天下书院"。但书院在当时的影响很大，声望很高，禁是禁不住的。明人沈德符在其笔记小品《万历野获编》中说："虽世宗力禁，而终不能止。"

贞文书院是否遭到禁毁，不详，但孔天胤离开祁州后，祁州没有了像他这样以极大的热情倡导"贞人观"的地方官，贞文书院遭受年久倾废的命运却是必然的。到孔天胤去世四十多年后的天启五年（1625），新任知州郭应响才承继了孔天胤的拳拳之心和"贞人观"之志，于张载祠东南隅重建讲堂，题名"祁阳讲堂"，聘请河南汝阳儒学巨子任淮主持，延揽省内外名师周良寅等七人讲学其中，时有境内生员七十七人，外州县求学者九十二人，这是历史上贞文书院最为鼎盛的时期，时人许国士《祁阳讲堂记》、阮鹗《祁阳文会记》记载了当时鼎盛的情况（光绪《保定府志》）。

此节需要补充的是，廖道南于嘉靖十五年（1536）八月就以忧归家，再未出仕。孔天胤后来曾写书信给他，并有经济接济，这从孔天胤的信中可知："昔壬寅大梁之岁，曾两具书币，托竹泉少参寄奉，想能毕达之也。"（《与廖洞野先生》）由此也可见孔天胤对这位恩师的感激和图报之心。

知己者言：刻王崇庆《海樵子》并序

嘉靖三年（1524）时王崇庆曾以冀南道分巡副使驻汾州，为汾州的吏治和教育做出了重要贡献，时年二十岁的孔天胤得到了王崇庆的赏识。但王崇庆在汾州只待了一年，嘉靖四年（1525）就因母亲生病而回乡终养了。回乡后，王崇庆除了奉养老母，便一心研究学问，著书立说，筑室讲道。嘉靖五年（1526年）九月，王崇庆将自己与老师湛若水的问答内容汇编为《问疑录》一卷，在家塾中刊刻成书。后来他又两次被起用，不久又因奉养不便而请辞。

对于孔天胤的科举之路，王崇庆一直都非常关注。他曾写信对孔天胤说："尝得三晋乡书，始知吾子魁捷消息，不胜雀跃。今复得京师试录，又知吾子连捷殿元，欣忭当复如何也。"又说："乃今吾子有地矣。"这一句，颇可见良师肺腑，为孔天胤从天下学子中脱颖而出，有了用武之地由衷地高兴。他希望孔天胤能够"相天子如尧舜"，成为皇帝的贤臣良相，而且似乎这样的日子已指日可待，王崇庆忍不住要"为天下贺"了（王崇庆《与门人汾州孔进士汝锡书》）。信中他说孔天胤知他最深，因而希望"勿吝尔音"，多有书信来往，以慰自己一颗投老之心。

这份知遇之恩，自然令孔天胤深为感动。在祁州任上为王崇庆刊刻《海樵子》，便是他对这份知遇之恩的第一个重要报答。

《海樵子》是王崇庆养亲期间所著。嘉靖十四年（1535）夏，孔天胤在祁州任上，由同年史褒善（字文直，开州人）处得到王崇庆的《海樵子》一书，"余读是书，辄有感云"，便开始主持刊刻，并亲为序言。

孔天胤认为《海樵子》是一本"究道德之广微，探性命之渊懿，达古今之大观，洞出处之时义"的论著，其所讲之理，"申扬幽眇，极际广崇"，有着经典的意义。其内容包括"道器""相臣""化醇""知理""潜孚""交际""执中"七篇，是一本论述学理的杂著。其体制，《四库全书总目提要》称其"多摹仿王通《中说》、周子（周敦颐）《通书》、张子（张载）《正蒙》之体"。尽管《提要》不够客观地评价其"大抵老生常谈"，但在当时，这样的著述却凝结着王崇庆读书悟道之心血，如孔天胤所说，"夫道以神会，神以心一，一以静凝，是固可以悟学，可以观道，可以达天，不谓之训典矣乎？"同样令人称道。

在序言中，孔天胤还对于王崇庆不乐出仕的选择感到遗憾，"不然以先生之道，陈之而垂训世之言，建之而茂匡时之业，固天下为公也。乃今不乐于仕，而为之言何哉"。惋惜之情溢于言表。

孔天胤嘉靖十四年（1535）初刻的《海樵子》今佚，如今我们所能看到的《海樵子》，是嘉靖十七年（1538）吕景蒙（字希正，号修饬，广西象州人）重刻并作序的本子。序中说："是书，汾阳孔文谷先生已尝刻之祁州，既而先生复有新得，文谷得之，命予增入。时予颍州判转知汲县，乃重加校正，复刻于汲，使同志者有所观感而兴起焉，不徒泛泛然以广其传而已。"这两次刊刻，为保存明代学者王崇庆的这部作品，有着非常重要的意义。

诗路心痕：祁州的诗歌高产

孔天胤保存下来的诗歌，是从赴任祁州时开始的。今检《履霜集》可知，孔天胤写于赴祁路上和祁州时期的诗歌共有二十八首。

孔天胤在祁州的诗歌史，也可以看作是他的心灵发展史。他从最初"履霜"的自怜自叹，到"驱策有时命，疲驽谁复论"的无奈沉重，再到"山川非故国""残云困马蹄"的失落惆怅，最终发展到"卧似马卿渴，官同原宪贫"的疾病困顿，心灵的煎熬走到了一个高峰。经过了这样一个高峰，渐渐趋于心灵的平静，正视自己的职分处境，将自己的命运与祁州人民的命运连结在一起，投身于祁州的吏治和文化建设之中，并颇有建树，也开始能够享受自然赐予的美景，慢慢体察人生并有所感悟了。

嘉靖十四年（1535）是大考之年，祁州靠近京畿，嘉靖十三年（1534）冬，从汾州故乡上京赶考的雷洁（号鸣春，平遥人），路经祁州前来拜访。

据《乡试录》，雷洁于嘉靖十年（1531）因治《周易》中第三十六名举人，嘉靖十一年（1532）曾与孔天胤同去京城参加会试，落第而归。此番进京，是要参加嘉靖十四年的会试。孔天胤赋诗二首以作勉励。其一曰：

  少年秉孤秀，神采映三台。天府青云近，贤关白日开。应诏仪凤见，含景伏龙来。知有长杨赋，行能结驷回。（《雁别雷鸣春上京用杜韵二首》）

  诗歌写得情致昂扬，这也是孔天胤在祁州期间写得最富豪情的两首诗，诗中充满了对雷洁必将高中进士的确信。但显然孔天胤过分乐观了，不久后雷洁便落第而归，孔天胤又写有《送雷生归汾上》一首以作送别。今检历代《汾州府志》和《平遥县志》，雷洁均止于举人，并无中进士的记录。后来雷洁曾在陕西延长县任职，且颇有善政。乾隆《延长县志》"宦迹"："雷洁，山西平遥人。嘉靖年任官，居九载，平易近人，崇文好士，修城垣，建节孝诸坊。"万历《汾州府志》"举人·平遥县"："雷洁，授陕西延长县知县，历官九年，士民爱慕，家居力学。决河，文风丕振，水利无穷，里人追颂。"

  嘉靖十四年（1535）秋，孔天胤与同僚友朋于祁州城南登高望远，作《九日登南城作》一首。这首诗里，既有登高之乐，又有游子之悲。良朋相伴，登高望远，高谈阔论，吟诗作赋，自是一派热闹的氛围。而于此"携樽吐言笑，把袂凌空苍"的热烈氛围中，诗人却看到"木叶落成雨，草枝垂清霜""饥鸟集水树，鸿雁鸣悲翔"的悲凉场景，想到与家乡的妻子"黄花折盈手，相对惜馨芳"的温馨场面，不禁徒然怅惘悲伤。"岁事亦已尔，临眺徒生伤"，杯中美酒不能稍减相思，吟诗作赋也难慰羁旅之望。身居一官，自己就如那随风飘转的蓬草，在猗狔的秋光中，如云朵的残片，飘荡无定。

嘉靖十五年（1536）春，孔天胤于祁州郊外踏青，看田桑佳况，欣然写下《春日郊行三首》。诗中写到，略有清闲，便骑马出城，看看当地民风，向当地百姓问问乡俗，看看百姓耕种，也是一种乐趣。他甚至想到了《论语》中孔子与子路见到的"耦而耕"的长沮、桀溺，想想这样过一种自由自在的农家生活也是一件快乐的事，似乎也明白了他们"为农薄世荣"的隐士情怀。第二首中写到了劝农之事："乘春试省劝，弭盖临东灾。"趁着春天，劝农耕桑，似乎此时，他在殿试中策论农桑的理论才得到了实践。他看到"晴云微带雨，阳鸟乱鸣枝"，想到"好寄逃亡屋，今年胜别时"，希望那些逃亡在外的人能够回来种田养蚕，今年的年景要比以往好呀。第三首，就完全是在享受乡野之乐了。宿雨过后，春城散在湿气之中；云开日出，野色赊于天地之外。一个"赊"字，便可见出诗人野趣。轻云落于水际，垂柳随风轻拂，整个村庄都似乎在随着柳枝倾斜。何况此时，能听到隐隐的鸠鸣，看到叽叽喳喳的鸟雀在啄着花儿蹦蹦跳跳。看到此景，怎不令人心旷神怡呢，都流连忘返，舍不得归去了。

据王崇庆《墓表》，孔天胤也曾迎养其父到任，孔麟"一日，观于野，而见民和焉"，不禁"喜动颜色"，对孔天胤的治绩非常欣慰。

因为没有带妻室到任，离家越久，思念也就越深。《秋思八首》便是思念妻室的代表作。当"金井双梧桐，叶叶辞枝飞""白露沾野草，商风吹前林"之时，他感到的是"零落自兹始，孤凤胡所依""容华忽以改，寒凉时见侵"，自觉"四运有承谢，平生多苦辛。岂不念时命，积郁终难任"。自身的飘零之感，在秋风萧索、秋叶纷落时，显得更为沉重。更何况，听到"蟋蟀鸣西堂，促织吟东壁"，不由自主地"念彼北边客"。他想到妻子此时或许正在"秉烛弄机杼，终夜不成尺"。此句意境，颇有《诗经·卷耳》中思妇"看"到"我马玄黄"的味道，也颇有《古诗十九首》中"纤纤擢素手，札札弄机杼。终日不成章，泣涕零如雨"的意境，还有杜甫"今夜鄜州月，闺中只独看"的佳构。然而相思无用，就算有灵芝秀草,"欲以搴英秀,遗之我所思。所思在远道,孤身不能之"。无数的夜晚,孔天胤都在"思乘万里吹,返我昆仑乡",回到久别的父母与妻子身边。时孔天胤年已三十一,尚无子嗣,情感上的相思与承继血脉的焦虑,是双重的压力。

思念亲人,也思念"里中旧",也就是故乡那些志同道合的朋友。嘉靖十五年秋,他于祁州城南城登高远望,内心一片凄然:"兹辰尚登衍,游子凄远望。良朋信高赏,南楼促相将。携樽吐言笑,把袂凌空苍。"(《九日登南城作》)正在他非常怀念那些同道朋友的时候,有一件事让他感到非常高兴,那就是在他去往河北定州巡行的途中,收到了来自故乡的来信,欣然写下《秋日定州道中得故园诸君子讯》一诗。诗中写到,就在自己常常"展跂望乡"的时候,"何意云中雁,衔书向我鸣。借问何方来,言是故园声"。故乡汾州的同学朋友,"念兹久离别,殷勤慰远征",这种情谊,足以让远在祁州的孤旅感到温暖。连那纸上的词语,都带着故乡的温润,如风一样清,如月一样明。秋阳依然蕴热,而这来自故乡诸君子的书信,却让他感觉"长吹入怀袖,以解心蕴蒸"。喜悦之余,一丝遗憾之情又涌上心头:"不如会面好,依然别思盈"。什么时候才能回到故乡,见到那些可亲可爱的友人呢?

将赴颍上:汾州的记事与情思

嘉靖十五年(1536)夏秋之际,孔天胤升河南按察司佥事兵备颍州,正五品。

颍州,今安徽阜阳。安徽建省始于清康熙六年(1667),省名由明清时期的安庆、徽州两府的首字合成。在孔天胤任职的嘉靖年间,颍州行政上属凤阳府,军事上,颍州兵备道属河南按察司分管。

孔天胤的此次升职不见于《明世宗实录》,只在《汾州府志》《汾阳县志》《颖州志》及一些明人文集中有所记载。嘉靖《颖州志》"兵备道"："孔天胤，字汝锡，山西汾州人，进士及第，以王亲改授陕西按察司提学佥事，调祁州知州，复任今职，十五年季冬至。"季冬，农历十二月。

孔天胤仕途中的第二站祁州，至此告一段落。历代《祁州志》俱将孔天胤列入"名宦"。如乾隆《祁州志》"名宦"："孔天胤，山西汾州进士，嘉靖间知祁州，文学优长，政事卓异，历任左布政。""文学优长，政事卓异"，有了这八个字的评价，孔天胤在祁州的句号，也算画得完美了。

清代学者朱彝尊辑录的《明诗综·安州语》里还记载了一则轶事，可作为孔天胤在祁州任上以文名重于当时的一个佐证：

> 苏州张寅仲，明中正德辛巳进士，知安州，浚牙家港，筑堤，暇则与士子讲学。时孔天胤知祁州，亦以才见重。时人语曰："有所疑，问安祁；莫忧竦，有张孔。"

说保定府两个州，一个是安州，一个是祁州，知州都是大才子。如果有人学问上遇到疑问，别人会告诉他：有疑问，别忧虑，可以到安州和祁州去问，安州有张知州，祁州有孔知州，皆博学高才之人，定能解答你的疑问。由此也可见孔天胤才学之隆和声誉之广。

嘉靖十五年（1536）八月，孔天胤还在上谷（今河北保定一带）会见了直隶江阴人薛甲，二人就《大学》的宗旨进行了一番讨论。薛甲后来写了《〈大学〉说赠孔文谷编修》（孔天胤并未授编修，但当授编修，故称）一文以赠。文末写道：

> 孔君文谷与予相遇于上谷，论及《大学》，辱以予言为信。临别索赠书，予说以贻之。时嘉靖丙申八月日也。

这可以作为孔天胤在祁州期间学术活动的一个侧影。

嘉靖十五年（1536）秋，孔天胤回到了阔别近两年的汾州故乡。

在汾州期间，业师冯思翊来请他为汾州三贤阁写碑记，孔天胤作《重修三贤阁记》。

三贤阁，是为卜子夏、段干木、田子方三位寓贤所修的阁。此阁最初不知建于何时，"其人与时莫之考尔"。但孔天胤认为，这位最初的修建者，建此阁一定有三个原因：一是"钦古人之风"，二是"表其地之重"，三是"章（彰）教焉"。此阁历年来偶有修建，"然正德以来，摧落颇甚，为识者所闵叹"。嘉靖以来，乡耆及当地官员又经过两次修建。一次是嘉靖元年，汾州知州何贤主持修建。万历《汾州府志》记，何贤为河间人，正德十六年任，"为人倜傥，政尚惠和"。这次修葺并未完工，"工用中辍者久之"。嘉靖四年（1525），汾州知州郭铿接续其事，修葺完工，并手书"三贤阁"三个大字于其上，"则是阁之壮丽犹夫昔者"。又过了十二年，也就是嘉靖十五年（1536），汾州仪宾李恕提议立碑记其事之始末，并将出资人的姓名垂刻于石，恰孔天胤归汾，于是请他作记。

孔天胤一生为汾州及其山西写过无数类似的碑记，记载了山西大大小小的事情百余件。就所见资料，这当是他现存的第一篇碑记。一般来说，这种碑记多由当地德高望重的乡绅来写，这也是孔天胤致仕归汾后写了大量此类文章的原因。这一年他只有三十二岁，由此可见当地官民以他这位榜眼为荣的情状。

短暂停留之后，将赴颍上。临行，他写下了《将赴颍上与亲爱别》一诗：

> 戚戚揽衣带，仓仓结征轮。童仆已在御，游子难兴身。岂不畏简书，高堂有老亲。欲辞再三恋，强拜泪盈巾。昔人曾有言，言之伤我神。不行无可养，行去百忧新。切切委兄弟，依依托四

邻。挥泪自兹去,驱车出城闉。都门杨柳陌,祖饯列朋宾。把酒不能饮,恻怆逾逡巡。隐忍登广途,缄情各未申。日仄渡水河,荒山石磷磷。不见所亲爱,但见车行尘。

这里的"亲爱",即"所亲所爱",父母兄弟,当然也包括妻子及各位同道好友。这首诗写得悲凄婉转,多情传神。无论从情志角度还是艺术角度来看,古今伤别诗虽多,此诗也足登大雅。

即将离开家乡,离开亲人,孔天胤满心忧戚。征轮,远行人乘的车。唐王维《观别者》诗:"挥泪逐前侣,含凄动征轮。"满怀忧伤地穿好远行的衣裳,仓惶间备好远行的车驾。随行的书僮仆人已准备好驾车出行,他自己却怎么也舍不得动身。身上是朝廷的调令,眼前是难别的高堂。想要与父母辞行,却贪恋着与父母在一起的每一刻时光。强忍悲伤拜别双亲,眼泪已沾湿衣襟。还是老话说得有道理啊,不去做官,就无法奉养父母;可离开父母去做官,又会生出更多的忧愁。千句万句叮咛说给兄弟,让他好生照顾父母;千句万句嘱托说给邻居,请他们对父母多多关照。挥泪离开家乡,驱车出了城门。看到城门外杨柳依依,来送行的宾朋举酒成列。杨柳陌,自古便是诗中的分别之所,唐卢照邻《首春贻京邑文士》诗:"寒辞杨柳陌,春满凤凰城。"唐王维《观别者》诗:"青青杨柳陌,陌上别离人。"孔天胤借眼前之景与古诗之意境,传达了浓重的离别情绪。接过宾朋饯别的酒杯,内心恻怆,双手颤抖,酒难以下咽,连走路都身形歪斜,脚步蹒跚。隐忍着内心的伤感,告别宾朋,揽辔上车登上广袤的前路,却发现太多太多的话想对亲人朋友说却都没有说出来。太阳偏西的时候,渡过河水,看到荒山枯石,知道离故乡已越来越远了。频频回头,再也看不见那些给自己带来无限温暖的人们,只看见车轮滚滚,烟尘茫茫。

孔天胤就这样怀着离乡的伤感,踏上了去往颍州的路。从提学到知州,从知州到兵备,每一个职位都是全新的挑战。

注释：

①田增志《中国庙学实践及其启示》，《内蒙古民族大学学报（社会科学版）》2009年第5期。

②元代考试制度，中选举人及中选进士均分二榜，蒙古人、色目人为一榜，称右榜；汉人、南人为一榜，称左榜。

第五章　兵备颍州

文韬武略："以文章饬政事"
交游薛蕙："赋诗见志，并丧尔我"
措费筹谋：助修西湖书院
颍上《兰亭》：救自磨坊的历史珍品
淮南诗情：颍州的足迹与交游

节钺开雄镇，韬钤拥善兵。寇沧卑湿气，师捷洞波声。

——孔天胤《奉和翟青石中丞长沙寇平自湘江顺流而下》

文韬武略："以文章饬政事"

嘉靖时期，颍州与亳州、宿州、泗州、寿州同属凤阳府。据嘉靖《颍州志》，颍州兵备道始设于弘治四年（1491），治所初在寿州，弘治十年（1497）移治颍州，因而也称"颍寿兵备道"。颍州为南北交通枢纽，其位置之重要，正如《颍上县志》所说："颍州之地险，恃寿阳、依硖石而枕淮曲，魏晋以降，为南北所必争。"这样重要的地段，极易发生事端，兵备道之设可谓至关重要。正德七年（1512）三月，这里就曾发生过重要的兵事，"流贼杨虎余党贾敏儿拥众围城，适兵备佥事李天衢过境入城，与

105

知县夏抚为守御计"。流贼甚至搭梯攻城，兵备佥事李天衢与当地官员合力攻敌，破其攻城之梯，并率众攻入敌营，斩首三百余人，等到援兵至，流贼方才溃去（同治《颍上县志·兵事》）。兵备佥事李天衢因此被列入颍州名宦，这次兵事也成为其后历代兵宪的生动一课。

兵备道为武职，明代却一直由文官来担任，这也和明代的政治有关。明成祖朱棣是以武力夺取政权的，所以他就有意识地限制武官的权力，正如明史研究专家所总结的，"文人知兵为明代军事领域体制的一大特色，藉文臣来牵制武将，避免武臣专擅""明代在以文驭武的国策、文人多知兵的前提下，文臣在军事统御体系中高于武臣"（谢志忠《明代兵备道制度》）。所以有明一代，兵备道都是由文臣担任的，且绝大多数是进士出身。

兵备佥事也叫"兵备宪臣"或"兵宪"。明代兵备道的职责，包括分理军务，监督水陆官兵，管理卫所兵马、钱粮与屯田，操练卫所军官与地方民快（差役）等，有时也兼有修缮城墙、建设水利、修建庙学、修纂地方志的职能。正因为兵备道在地方上举足轻重，所以选任条件严格谨慎。"除具备进士或举人资格外，熟悉地方事务的藩、臬二司官员与府州官衙的府州正佐官等，及同为风宪官的监察御史，都是优先擢拔为兵宪的对象"（同上）。孔天胤因为在祁州任知州，熟悉地方事务，因而当颍州兵备宪臣有缺的时候，自然成为了朝廷选用的对象。

孔天胤的前任李宗枢，字子酉，号石叠，陕西富平人，嘉靖二年（1523）进士。李宗枢在颍州兵备佥事任上，"练戎马，精狱讼，复西湖，修书院，葺四贤祠"（乾隆《颍州府志》），颇有善政。那么，孔天胤在颍州兵备任上政绩如何？乾隆《颍州府志》"名宦"部分如是说：

> 孔天胤，字汝锡，汾州人，嘉靖壬辰进士。知祁州，迁颍寿兵备。以文章饬政事，有诗名。精藻鉴，简易澹泊，与寒素同。民戴其仁，士乐其教。后官河南参议。

中国自古以来不乏文章与政事俱显的名家，如孔子的第十二世孙，汉代名儒孔安国，史载其"武帝朝为谏议大夫，以文章政事名当时"；也有将一个人的文章与政事分而析之的，如"唐宋八大家"之一的曾巩，因其"行义不如政事，政事不如文章"，朝廷对其"不大用"（《宋史·曾巩传》）。孔天胤"以文章饬政事"且"有诗名"，善于以官民喜闻乐见的诗文艺术承载教化的内容，以达劝人向善向上、禁奸止邪之效。

这一点在后来赵讷为孔天胤文集所写的序言里也有所印证。赵讷称其师孔天胤"方其秦越督学，则先行实而后文艺；颍卫当路，则重风俗而略刑名"（赵讷《文谷孔先生文集序》）。以考选士子为职责的教育官员，了解士子优劣的途径很大一部分都是看其文章的优劣高下，孔天胤却更注重士子的情操品格和处事能力，反而把本该重视的文艺放在其次；而管理武备、保一方平安为职责的兵备官员，令行禁止、奖惩分明才能树立治军之威，孔天胤反而更注重以文章讽劝，化民成俗，极少使用刑罚。由此可知其为政善行教化，大有温柔敦厚之风。

孔天胤不但善行教化，而且非常善于鉴别和选拔人才，也就是所谓"精藻鉴"。在品德情操方面，他"简易澹泊，与寒素同"。寒素，贫寒之人。孔天胤虽然出身高贵且身居要职，但丝毫没有富家子弟和地方高官的奢靡之风，而是着装简易，朴素平实，不重修饰，与出身寒苦之人没有什么区别。正因为他对百姓抚恤仁爱，所以"民戴其仁"；也正因为他学养深厚且平易近人，所以"士乐其教"。身在"军区"却不忘振兴地方、重视教化，因此得到了"民""士"的共同爱戴。

作为兵备，孔天胤耳听的是战事，接触的是士兵，熟悉的是军务，自然也会升起生命中的豪情。综观孔天胤一生所作的诗歌，其最具豪情、最有风骨之诗，基本都写于颍州时期。

孔天胤兵备颍州期间，依然边事不断。嘉靖初年，继小王子部之后，蒙古右翼三万户吉囊率众游牧于黄河河套及以西地区，势力日强，几乎每年都要率其弟俺答等人进犯明朝北方边境。另一方面，由于灾荒和官民矛盾所导致的农民起义，也让朝廷和地方官员感到头疼和震恐。就在嘉靖十四年（1535），湖南宁乡梅四保率众起义，相继攻打湘乡、衡州。闻讯后，朝廷派湖广巡抚翟瓒前去招讨。

翟瓒，字庭献，号青石，山东昌邑人。正德九年（1514）进士，曾为河南佥事、山西布政司右参政。翟瓒在平乱方面素有嘉声。据《明史》，早在嘉靖七年（1528），就曾平定了山西潞州的陈卿起义。当时由于官军夹攻，陈卿率众逃入河南，"河南副使翟瓒捣卿巢，卿败走。瓒追败之栾庄山，又败之神河"。嘉靖十三年（1534）五月，翟瓒由山西布政司右参政升湖广按察使，同年九月又升都察院右佥都御史，巡抚湖广（《明世宗实录》）。

嘉靖十五年（1536）七月，闻听翟瓒即将班师，孔天胤写下《奉和翟青石中丞长沙寇平自湘江顺流而下，还军武昌二首》以赠。其二曰：

　　节钺开雄镇，韬钤拥善兵。寇沦卑湿气，师捷洞波声。阵里
　　风雷出，营边草木平。壮猷人共美，方叔好齐名。

首联的"节钺"是符节与斧钺的合称，是古代将帅被委以重任的标志；"韬钤"是兵书《六韬》《玉钤篇》的并称，泛指兵书。君命之隆，战略之奇，"雄镇"之伟，"善兵"之佳，所写都极尽豪迈。颔联则是一组对举的句子，民军退败，沦落于卑湿山中；官师报捷，扬名于洞波之上。境界一极狭一极阔，一极暗一极明，对举鲜明，堪称佳句。颈联"阵里风雷"与"营边草木"，又将镜头回放至风起云涌的战场，以自然之风雷草木，状写战斗之激烈；而一"出"一"平"，又声色俱备，将读者的视线与想象带往一望无际的远方。《诗经》有"方叔元老，克壮其猷"之

句,朱熹《诗集传》:"猷,谋也。言方叔虽老,而谋则壮也。"孔天胤将翟瓒喻为方叔,称其是安邦良才。

另一首写给黄臣的诗,也属此类诗作中的佳品。黄臣,字伯麟,号安厓,山东济阳人,正德年间进士。孔天胤为诸生时,黄臣曾任山西右布政使司右参政,分守冀南道。乾隆《汾州府志》:"黄臣,济阳人,正德进士,嘉靖八年驻扎。"据《明世宗实录》,嘉靖十三年六月,黄臣以都察院右副都御史巡抚陕西,就在嘉靖十三年七月,"虏大举窥马池,宁夏总兵王效、延绥副总兵梁震等拒之",黄臣作为陕西巡抚也参与了这场抗击吉囊的战斗,并获大捷。嘉靖十五年(1536)七月,黄臣受命"清理淮浙、山东长芦盐法",与孔天胤相逢于淮上,孔天胤写下了《上黄安厓中丞岷梁峻捷十三韵》,追述了这一战事。

相比于奉和翟青石之诗,这首诗写得更为英武豪迈,也更为惊心动魄。诗歌开篇先写战事起前的宁静,"烽火沙场静,惊飚苇泽生",一个"静"字,为即将到来的战争场面蓄势;一个"惊"字,打破平静局面,险境陡生。持帝之简书节钺,王命在身,出师贞利。"有美中丞烈,曰真绝代英。登坛纡妙计,提旅誓横行"这四句,是对黄臣英烈、智慧、从容的军事指挥才能高度概括。其后一系列关于战场的描写,也颇为生动出色:风云凝势,雷声鼓阵,天地之间满蓄肃杀之气,可谓气势宏大。而"负险狐雏泣,捣虚草剃平""杀气霜含阵,销氛雨洗兵"之句,则更是以自然之幼狐之泣、草木之平、严霜之冷、雨势之纷,衬托瞬息万变的战局和激烈的交战过程。虽是想象,如若亲见,真有"笔落惊风雨,诗成泣鬼神"之效。在紧张激烈、节奏紧凑的战场描写之后,情绪复归于缓静,"塞静人烟出,川宁物象清",与开篇的"烽火沙场静"相呼应,如舞剑之收势,如挥毫之收笔,怀气长抒,复归平静。

除了这样有针对性地写给某人、记述某事,孔天胤以《从军行》《塞下曲》等盛于中唐时期的边塞诗古名写成的诗歌,也颇见其风骨豪情。且看《从军行四首》：

  雁门北望白漫漫，狐岭四驱渐渐寒。黑海岸边焚虏帐，黄沙碛里破楼兰。
  少年学剑图金印，今日飘蓬老玉关。但使朔方闻姓字，任教枯骨马驮还。
  渔阳战罢阵初移，万里连营出月氏。相向莫言征戍苦，陇头流水为君悲。
  黯黯阴风乱朔沙，沉沉孤月海边斜。胡儿吹笛天山曙，回首何人不忆家。

  《从军行》是乐府旧题，唐代诗人多借此旧题生发新意，因而此题也成为边塞诗之常用题。唐代诗人杨炯、王昌龄、李白、李颀等都写过《从军行》。虽然边塞诗在中唐已达鼎盛，但身处战争环境，任何时代的诗人都会升起这份激烈的壮怀，前人佳题佳句自然会触景涌现。可谓以前人之旧瓶，装今日之新酒；体古人之壮怀，抒当下之豪情。
  从这四首诗的艺术水准来看，虽不及唐人诗句之影响广泛、脍炙人口，却也颇有佳构。第一首写边塞之苦寒、战争之激烈，第二首抒发将帅建功立业、马革裹尸的壮志豪情，第三首格调转向对将帅个人命运的悲悯，第四首落笔于士卒思乡的悲苦。可以说，四首诗虽都写从军征战之事，侧重点却各有不同。诗中意象，涉及雁门、狐岭、黑海、楼兰、朔方、渔阳、月氏、陇头、沙漠、海边、天山等自古以来边塞之地的代称，运用均恰当巧妙。而诗中也不乏如"黑海岸边焚虏帐，黄沙碛里破楼兰""但使朔方闻姓字，任教枯骨马驮还""相向莫言征戍苦，陇头流水为君悲""胡儿吹笛天山曙，回首何人不忆家"这样的佳句，意境之美与人情之厚，皆有可玩味之处。特别是"但使朔方闻姓字，任教枯骨马驮还"一句,大有唐代王翰"醉卧沙场君莫笑,古来征战几人回"的味道,其意境之豁达豪迈或更胜一筹。

与《从军行》类似,唐人的《塞下曲》也以将士的边塞生活为题材,涉及边地之苦寒、征战之激烈、个人之豪情、思乡之苦悲、咏史以叹今的多种内容。相比于《从军行》更多吟咏现实内容,《塞下曲》咏史的成分更浓一些,而在对历史事件的咏叹中,折射着现实的情状,寄寓着微讽的情怀。

孔天胤的四首《塞下曲》,托言汉室之事,吟咏也颇有佳句。写塞外之境广阔苦寒的,如"苦雾阴山合,寒云大漠平""汉月悬沙塞,胡霜扫玉门""胡风吹月堕,朔雾使天迷";写战场之激烈、战况之豪迈的,如"大将头如虎,三军臂似猿""骠骑心成铁,匈奴血作泥",皆意境开阔,对仗工整,气韵流畅,风骨刚健。而最后一首写得最为凄绝:"阵苦胡笳落,军悲汉节留""徒劳公主嫁,不使战尘收",将前方战事与国家及个人命运紧密相连,既有对历史的咏叹,更有对当下将士的激励。

颍州兵备佥事孔天胤以正处于而立之年的豪情,亲历兵戎,亲练士兵,更多地深入国家命运的最前线,获得了此前不曾有过的前沿体验和精神成长。而作为政事之余事的从他生命深处流出的诗歌,也极其忠实地记录了他的这段成长,在他的人生履历中,记下最为豪迈辉煌的一笔。而"兵备在任官期间作诗文,不仅可以抒发情怀、陶冶一己性情,纪录当地风土民情,更重要的是带动当地学风,端正善良风俗,藉此发挥兵备道以文化武的最大功效"(谢志忠《明代兵备道制度》)。

交游薛蕙:"赋诗见志,并丧尔我"

薛蕙是孔天胤继冯思翊、王崇庆、刘储秀、高叔嗣等人之后,在人生路上结识的又一位高师兼益友。综观孔天胤一生,其思想的发展及至渐渐成熟，都不同程度地受到这些高师学术思想、道德高度乃至生活方式的潜移默化的影响。

薛蕙（1489—1539），字君采，号西原，亳州人，与张治道、刘储秀同列"西翰林"。检刘储秀《西陂集》、张治道《太微集》《嘉靖集》，可见三人唱和交游颇多。孔天胤到颍州后，专程去亳州拜访薛蕙，源于刘储秀、张治道的引荐也未可知。

《明史》中薛蕙有传。传载其履历，"年十二能诗。举正德九年进士，授刑部主事"，和理学大师湛若水及后来成为权臣的严嵩都是同年。因谏武宗南巡曾"受杖夺俸"，不久引疾归乡。嘉靖时"起故官，改吏部，历考功郎中"。在"大礼仪"之争中，写有《为人后解》《为人后辨》两篇，"合数万言上于朝"。他反对世宗摒弃大宗，而以小宗为正统，其结果是可以想象的。薛蕙先被夺俸三月。后又受存心不良者的诬告，于是辞官南归。《明史》对其如此评价："蕙貌癯气清，持己峻洁，于书无所不读。学者重其学行，称为西原先生。"

对于薛蕙之品行情操，清代纪昀等编修的《四库总目提要》在其诗集《考功集》前又有所补充。说薛蕙和湛若水俱为严嵩同年，严嵩权极盛时刻《钤山堂集》，湛若水虽不情愿，但权衡利害，还是为其写了序，"反复推颂，颇为晚节之累"；薛蕙最初也爱严嵩文采，写有不少酬答诗，但后来"恶其怙权病国"，于是不再交往，以往与严嵩的唱和诗也尽皆删削，其全集十卷中无一字与严嵩相关。

嘉靖十五年（1536）冬，孔天胤初到颍州，就去拜访了薛蕙。令他没想到的是，薛蕙对他也是一见如故，备加赏识。孔天胤后来回忆自己初见薛蕙时的情景及其以后的数次来往，依然非常感动：

  余往岁丙申，初谒考功于谯城大宁斋中。考功一见余，即莫余逆也。留饮阑夕，赋诗见志，后数往来，并丧尔我。（《〈薛诗

拾遗〉序》)

孔天胤对薛蕙的敬重,除了其品行操守的"持己峻洁""植品之高",其"于书无所不读"的博学笃厚,更有其在理学上的独到识见及其诗歌风格上的超拔脱俗。

清人黄宗羲《明儒学案》中列有薛蕙的专章学案。薛蕙的学术思想重"心"。他认为"天地之间,心无不在";而心学之要,在于涵养本源,"涵养本源,穷理在其中矣,存久自明,心学之要也"。对于心、天、鬼神的关系,他认为吾心即天,鬼神亦为心,"幽明人鬼,未始不一,上帝固曰天,吾心亦天也;鬼神固曰神,吾心亦神也";而心之大小,亦取决于人之自身,所谓"宇宙非大,吾心非小,由人自小"。人与人的交往,心交可久,物久有穷,"夫能知者心也,其所知者物交而知尔。心无所不知,物交之知,必有穷也"(薛蕙《约言》)。他还强调,"天下之理本同末异,所以异者,由人之用心不一也"(薛蕙《坐忘论序》)。这些见解都颇为精要,也都对孔天胤此后的学术见解有所影响。孔天胤后来在一篇文章中谈到"心"与"义""仁"的关系时说:"心也,守曰义。义,吾心也。爱曰仁,仁,吾心也。吾存吾义矣,吾体而行之,无弗宜也"(《赠临津王公由汾州同知升任南京东城兵马指挥序》);"义者,宜也。吾心之裁制,天理之当行者也"(《赠坦斋路公考绩之京序》)。其意都颇与薛蕙"由人之用心不一"所导致的结果不同的论断相似,故而人人须"体而行之",求天下理之本、仁之本、义之本。

相比于理学,孔天胤在诗歌写作及其理论上,受薛蕙的影响要更大一些。

薛蕙之诗歌,为当时诗界所重。孔天胤的前任李宗枢在为薛蕙《考功集》所作的序言中,说薛蕙"藻思鸿才,卓哉有斐一时"。与其同时代的吴县才子蔡羽在《西原集序》中,也对薛蕙之诗给予极高评价,称其诗

"言葩而思温,意圆而气畅"。对诗歌评价一向苛刻的《四库全书总目提要》,对薛蕙之诗评价也极高:"正嘉之际,文体初新,北地(指李梦阳)、信阳(指何景明),声华方盛,蕙诗独以清削婉约介乎其间。"而薛蕙的诗歌理论,孔天胤也颇与其会意。多年后孔天胤在回顾薛蕙的诗歌理论时,总结说:

  诗以达性,然须清远为尚。西原薛子论诗,独有取于谢康乐、王摩诘、孟浩然、韦应物。言"白云抱幽石,绿篠媚清涟",清也;"表灵物莫赏,蕴真谁为传",远也。"非必丝与竹,山水有清音","景昃鸣禽集,水木湛清华",清远兼之也。总其妙在神韵矣。(《园中赏花赋诗事宜》)

谢康乐,即谢灵运;王摩诘,即王维。"白云""表灵"皆谢灵运的诗句,"非必"为左思之句,"景昃"为晋代诗人谢琨之句。正是薛蕙的"清远"之说,引发了孔天胤后来在诗歌理论上的重要贡献,提出了诗歌的"神韵"说。

清代学者王士禛在其《渔洋诗话》中,将"神韵"说进一步发展成为一种重要的诗歌理论。王士禛《池北偶谈》卷十八"汾阳孔文谷天胤云:诗以达性,然须清远为尚"条,为历来"神韵说"研究者所重视的资料。但后来人们说到"神韵"说,多以为是王士禛之首倡,殊不知这两个字的最先提出者是孔天胤,更不知孔天胤提出这两个字,是受薛蕙"清远"论的启发。

初谒薛蕙,孔天胤便被一代名儒薛蕙在故乡的隐居生活打动了,钦羡之余,写了一首《题薛西原先生园中》:

  解组一官后,开荒十亩间。著书探道德,栽药养容颜。碧柳门常闭,浮云意自闲。坐令鸥鸟下,日夕竟忘还。

颇有陶渊明"结庐在人境,而无车马喧""问君何能尔,心远地自偏""山气日夕佳,飞鸟相与还"的意境与韵味。而诗中前三联,皆取象贴切,意境闲雅,用字讲究,对仗工整,读来颇见宁谧清雅。最后一联,则以动态的鸥鸟上下翻飞的自得之状,状写主人公意态之闲,与山水一体,意境更在陶诗外。

对于孔天胤这样的青年才俊,长孔天胤十六岁的薛蕙颇为看重和赏识,这从他所写的关于孔天胤的诗中即可看出。检薛蕙《考功集》,可见有《赠孔汝锡》《南园对月与孔汝锡》《苏允吉侍御、孔汝锡金宪同觞小园,薄暮值雨骤作,四韵奉呈二公》,皆孔天胤过访时所作。苏允吉,指苏祐,时以监察御史巡按南直隶,后任山西监察御史。孔天胤离开亳州回到颍州后,薛蕙写过两首怀念孔天胤的诗歌,其中一首,是他在看到孔天胤送他的洮溪砚之后,睹物思人而写,用的就是孔天胤《题薛西原先生园中》的韵。诗曰:

多君金马客,就我竹林间。对酒频移席,论文一解颜。词臣翻补外,野老合投闲。颍亳殊相近,诗筒约往还。

诗题曰《次韵酬孔汝锡》,诗后有小记:"余有洮溪砚,乃孔汝锡所赠者,每怀其人,因成斯咏。"

薛蕙此诗,用孔天胤前诗"间""颜""闲""还"四韵,内容却与孔天胤赞赏他的隐士生活不同,表达的是对孔天胤的赏识和怀念。金马客相就竹林,志趣相投,相谈甚欢,可谓知音。薛蕙还称孔天胤为"词臣",也可见其对孔天胤文才的肯定。一个是兵备颍州、身居要职的青年才俊,一个是博学多识、诗才名世的退居老臣,二人情投意合,自然谈兴颇佳。

好在"颍亳殊相近",可常相来往。

薛蕙怀念孔天胤的第二首诗,是在一个冬天。那天下了雪,薛蕙对雪思人,写下了《对雪怀孔汝锡》一诗:

美人一为别,胜日辄相思。独对山斋雪,遥怀琼树枝。置书常满袖,枉驾竟愆期。寂寞罢琴酌,空吟招隐诗。

中国古代诗歌中,"美人"意象多指圣主贤臣、友朋知己。薛蕙以"美人"形象喻指孔天胤,足见对孔天胤的欣赏之情,也体现了二人的情谊之深。孔天胤的离开,使薛蕙如热恋中的少年,陷入"相思"之中。独对眼前雪景,遥想曾与伊人共赏过的玉树琼枝,空生惆怅;袖中还常携着伊人将要前来的一封封书信,无奈"枉驾竟愆期",伊人总也不至,等待总是成空。同道难寻,诗中颇含几分幽怨,也颇有几分天真。

这里还有一个小插曲,就是高叔嗣的到来。

嘉靖十五年(1536)十月,高叔嗣由山西布政司左参政调湖广按察使,治所江夏(今湖北武汉)。这年冬至后,高叔嗣在赴任途中,路经阳武(今河南原阳县),孔天胤专程去阳武馆驿过访。二人酌酒对饮,百感交集,各赋佳句。此次相遇给高叔嗣匆匆的行程留下了温暖的回忆。到江夏任所后不久,也就是嘉靖十六年(1537)初,高叔嗣给孔天胤来了一封信,一来是报以平安抵达的讯息,二来是作知己间的交心存问。信中回忆了这一次的相遇:"顷过邑,伏蒙临幸,频日宴语,关宵投分,实深报德良薄,感愧何如。"信中还为薛蕙的遭遇感叹,称"薛西原先生竟不受召,殊为邑邑"。

嘉靖十六年(1537)春夏之交,高叔嗣得到了薛蕙的《老子集解》一册。拜读之后,曾赋《论薛考功所注〈老子〉》一首,诗中有"手持《老子》编,目睹薛君注。因之怀人心,况以薄世故"句,传达着对薛蕙的钦慕叹惜之情。高叔嗣《苏门集》卷五有《再作〈老子集解〉序》，可知高叔嗣曾为薛蕙《老子集解》两作序言。

在写给孔天胤的信中，高叔嗣还表达了两个愿望，一是："顷有何篇章不惜示及？"你最近有什么好文章好诗句吗？不妨寄来欣赏。二是："鄙作栗生点定者一册附请教，兼新刻，愿乞大序。倘肯惠及数言，即十朋之赐射虎。"高叔嗣希望孔天胤能为他的新书写个序。

孔天胤是否应邀给高叔嗣写了序，不得而知。因为翻检孔天胤及高叔嗣存世书稿，均未见到。唯一可知的，就是这是高叔嗣与孔天胤的最后一次互通讯息。就在这一年，嘉靖十六年（1537）六月十七日，高叔嗣去世了，年仅三十七岁。关于高叔嗣的死因，一说是"岁大旱，叔嗣祷于山川，中暑卒"（过庭训《明朝分省人物考》），一说是"是年夏大水，叔嗣祷于山川，归而病，病才九日，卒"（孙奇逢《中州人物考》）。是因为干旱还是因为大水，有两种说法，而这两条信息中相同的部分，却是"叔嗣祷于山川"。他是为民祝祷，劳瘁卒于任上。

高叔嗣在山西左参政任上时，曾主持刊刻了宋人郑伯谦的《太平经国之书》。这是一本发挥《周礼》之义，参证后代史事，以明古法之善的书。孔天胤到颍州后，主持翻刻了高叔嗣刊本并为之序。序中写道：

> 明年丁酉，余饬兵颍上，士多藻彦，因出其书，托县尹姜子时习为翻刻之，与诸生同观，又明年戊戌五月而翻刻成。冀南孔天胤。

或许，翻刻高叔嗣刊刻过的书，不仅仅是为了"与诸生同观"，更是对知交友人的一种深切怀念。

高叔嗣去世两年后的嘉靖十八年（1539），薛蕙也去世了。薛蕙之死，令当时其所交游的诸多名士都感到愕然和悲痛。陕西张治道《哭薛西原》

诗曰:"九崚都下来,为报西原殁。闻之不及哀,相顾发骇愕……前日寄书来,字画有剥落。固知筋力衰,尚疑精神错。"墨迹尚新,斯人已逝,怎不令人惊愕痛心。

嘉靖十八年(1539)时,孔天胤正在汾州故乡。后来到河南任上闻得消息,"使人吊先生于墓",并向其家人求薛蕙遗作,可惜没有得到。嘉靖二十三年(1544),孔天胤在浙江任上读到薛蕙《考功集》中写自己的部分,不禁涕泪交流,大为悲痛:

> 既余别先生去,而先生亦与世别矣。先生精契道本,神领圣宗,当朗曜天庭,烛世迷暗,然河清难俟。嗟乎!嗟乎!独其书存耳,兹卷不与焉。卷中有《赋洮溪砚》一篇,乃先生揽物怀余。夫先生怀余,余可得;余今怀先生,先生其可得耶!展卷挥涕,言不成章。(《〈薛诗拾遗〉序》)

孔天胤另写有《读〈薛考功集〉感而赋之》一首。"一览西原作,阑干涕莫从",仍然是悲伤莫名。怀念先生对自己的深情,"义谛昭如日,言诠穆似风"。如今"生死原相托,幽明遽不同",遥望亳州,想象中"谯坟宿草长,苦县暮云重"。

悲痛之余,孔天胤整理了薛蕙《考功集》之外的遗诗,编为《薛诗拾遗》,亲自主持刊刻并为之序。这是对这位亦师亦友的忘年交最深的纪念。

直到孔天胤七十一岁,已在汾州过上了他所羡慕的薛蕙式的隐士生活时,依然夜梦薛蕙。梦中,还有久违了的高叔嗣:

> 余梦与过去人薛考功君采、高廉使子业、张方伯子鱼(张鲲),行到一处,林渊映带,迥异城域。有半面磨崖,议题诗其上,余先题"广泽生明月,苍山夹乱流",笔落而寤。(《纪梦·有序》)

他们都在孔天胤的生命中，刻下了太过深刻的印记。

措费筹谋：助吕景蒙修西湖书院

在颍州任上，孔天胤所做的一件被载入史册的事，便是与陈洙、茅宰一起，帮助吕景蒙修建了西湖书院。

颍州得名于流经州内的颍水，颍水相传是为了纪念春秋时代使郑庄公与母亲姜氏"黄泉"相会，"遂为母子如初"的颍考叔。水色山光的颍州，更迷人之处还在于西湖。《大清一统志·颍州志》云："颍州西湖闻名天下，亭台之胜，觞咏之繁，可与杭州西湖媲美。"也许正因为有西湖胜景，颍州成为历代文人学士向往的任职之所，而知名文人的遗迹又成为新的人文景观。据正德《颍州志》，宋代学者韩琦、邵雍、吕公著都曾在颍州任职，而留下胜迹最多者当属晏殊、欧阳修与苏轼。晏殊曾以工部尚书知颍州，在颍州建"清颍亭"；晏殊曾手植双柳于堂前，欧阳修来任职时，双柳成荫，于是建"双柳亭"；颍州又有"去思堂"，"宋晏殊知颍州，于北渚建清涟阁，殊既去，民思之，改今名"。欧阳修最后终老颍州，颍州胜景中有"聚星堂""会老堂""怀欧桥"，俱与欧阳修有关。苏轼曾于就任杭州通判途中，路经兄弟苏辙所在的陈州，苏辙相送至颍州，并一起拜访了欧阳修。兄弟二人别于晏殊所建的"清颍亭"。二十年后，苏轼自请出知颍州，多有善政，颍州祀名宦。

西湖书院最早由欧阳修所建，他"爱西湖之胜，建书院于湖之南"（乾隆《颍州府志》）。但随着时间的推移，风吹日晒雨淋，到明代嘉靖年间时，已颓败不堪。于是嘉靖十四年（1535），孔天胤的前任李宗枢命州判吕景蒙重修西湖书院。

据清同治《象州志》，吕景蒙为弘治十七年（1504）甲子科举人，因弹劾芜湖在对外贸易中行奸作弊之事而被谪官颍州。他在颍州期间，"洁己爱民，安僚佐之分，未尝以风宪臣自矜也。缮西湖书院，建三忠六贞祠，振兴风化"（乾隆《颍州志》），让当地的奸猾之人都因之而有所收敛。前章述及，吕景蒙曾受孔天胤之命重刻王崇庆《海樵子》并为之序，在颍州任上没有刻完，一直到汲县任县令时才告完成。

吕景蒙还主撰了嘉靖版的《颍州志》，今见于《天一阁藏明代方志选刊》。此版《颍州志》的可贵之处，便是采取了史志加评论、夹叙夹议的方式，于记事之余针砭时弊。此版《颍州志》中有吕景蒙《重建西湖书院记》一文，对西湖书院建成的过程记述颇详。文中述及修建书院的意义，说主要是为了接续和传承欧阳修的言行教化之风，教化是为了兴贤，兴贤的根本则在于治颍。书院"始于乙未之秋，告成于丁酉之夏"，即从嘉靖十四年（1535）秋到嘉靖十六年（1537）夏，历时三年而成。嘉靖十五年（1536），李宗枢升职离去，孔天胤到任，恰逢修建书院的资金链出现了问题：

> 其规模弘敞，钱粮尚不能敷，继而五山陈先生、文谷孔先生、茶川茅先生俱为措处，于是始获完工。

既然要修建，就不但要恢复原来的形制中合理的部分，还要根据时下的特点有所增缮。然其规模之大，资费之多，至少是超出了最初的预算。一个意义重大、造福今人、泽被后人的美好工程，眼看将成烂尾，吕景蒙自然心急如焚，只好向同僚求助。于是，孔天胤及陈洙、茅宰，和吕景蒙一起加入了资金筹措的行列。

陈洙，字道源，号五山，上虞县人，嘉靖八年（1539）进士。嘉靖十五年（1536），陈洙与孔天胤同任颍州兵备道。茅宰，字治卿，号茶川，浙江山阴人，嘉靖八年（1529）进士，曾任直隶南京六合县知县。乾隆《颍州志》称其在颍州任上"布政和平，民怀其德，谣曰'民之父母，恺悌君子，我颍茅公可以当此'"。孔天胤、陈洙、茅宰都是在本职工作之外，与吕景蒙一起谋划，并帮吕景蒙筹措资金。孔天胤在祁州时，就曾主持修建庙学和贞文书院，他深知书院对于一个地方的意义，更何况是欧阳修首创的颍州西湖书院；从实践上来说，他也有过主持修建的经验，可以说对于其中的每一个环节都了如指掌。

书院修成，前面增建露台，中部增建四贤祠，祀晏殊、欧阳修、吕公著、苏轼四位颍州名宦，颍州西湖又成为学者文人的雅聚之所。此役之成，吕景蒙对于帮助他修建的同僚抱以深深的感激之情。在《重建西湖书院记》文末，他再次梳理了此役的有功之人：

> 继石叠而相成之者，有五山先生陈公洙，文谷先生孔公天胤及吾寅友荼川茅公宰也。

因为有了诸同僚的帮助，"是故欢忻交通，不劳余力，此余所以得终其事也"。事终成，"予承诸公之谋也"。

只是，在颍州西湖书院的历史上，世人皆知的是欧阳修的初创和吕景蒙的重修，孔天胤这位幕后的功臣却鲜被提及。

颍上《兰亭》：救自磨坊的历史珍品

孔天胤在颍州期间，还有一段收藏保护《兰亭序》的佳话。"颍上《兰亭序》"残碑今藏于安徽省博物馆，被书法界奉为圭臬，它之所以能流传到现在，和孔天胤的保护有莫大的关系。

《兰亭序》全称《兰亭集序》，是东晋书法家王羲之的代表作，被称为"中国书法史上的里程碑"，至今为书家习练行书必临之名帖。相传到了唐代，唐太宗因极爱其字其文，死后便以真迹殉葬，因而如今流传下来的是唐代的摹本。在如今所能见到的摹本中，墨迹本以"定武本"最为著名，石刻本首推"颖上本"。据相关研究，"颖上《兰亭序》"系唐代著名书法家褚遂良的摹本；而在褚遂良的所有摹本中，"颖上《兰亭序》"为众多"褚摹"中的上乘妙品。

那么，"颖上本"的《兰亭序》是什么时候被发现，如何被发现的呢？

明代关于"颖上《兰亭序》"的记载，最早见于永乐年间杨士奇（1366—1444）的《东里文集·续集》。杨士奇在文中说："此帖石刻今在颖上县，其首题曰'唐临绢本'，而临者刻者皆弱，余得之廖子谟。"廖谟，字子谟，泰和人，永乐十三年进士，改庶吉士，后外授颖上知县。廖谟在颖上县任职期间，曾将《兰亭序》碑的拓片送给了杨士奇。然在杨士奇之后，"颖上《兰亭序》"一百多年再未见有其他记载。直到万历年间，邢侗在《题颖上修禊序初拓本》中才再次提到，并且提到了孔天胤：

> 嘉靖八年，颖上村民耕得此石，送县治，县官都不省视；送之学宫，学官益不复省视。斋夫移置邻壁磨房，凡来碪者俱坐其上，真如明妃嫁呼韩，有余辱矣。逮丁酉清明，孔文谷先生莅宪此邦，闻而索之，亟属姜尹龛诸明伦堂中。《黄庭》另一石龛，左右列。

邢侗（1551—1612），字子愿，号知吾，临邑县（今属山东德州）人，万历二年（1574）进士，官至陕西太仆寺少卿。善画，能诗文，工书法，书法与董其昌、米万钟、张瑞图并称"晚明四大家"。他比孔天胤晚生四十余年，他中进士时孔天胤尚在世，因而这段记载也当为可信。

由邢侗的记载可知，此石于嘉靖八年掘出于农田，县官和学官都不知道它是何物，也不知它有什么价值，就移到磨坊当了一个石凳，来磨面的人就都会坐在上面。邢侗感叹，就好像昭君嫁匈奴，令天下怜香惜玉者扼腕叹息之至。直到嘉靖十六年清明，孔天胤听说此事后，才到磨坊把这块石碑找了回来，并命当地官员将它置于庙学的明伦堂中。

此石碑立于明伦堂，才算重见天日，在当时颇为轰动。附近的书法爱好者争向颍上，观赏摹拓，不少官员还借出差之故绕道颍上，只为得一张拓片。

相传这块碑石后来再次流落民间，万历末年又被从井中捞出。清代高泽生《颍上风物记》载："颍上南关井，明万历末年，时有白光如虹。淘井得石，铁锏其外，启之，碧绿温润，面《黄庭》，背《兰亭》，旁有'思古斋石刻'五篆字，'兰亭序唐临绢本'七楷字。"他所说的"面《黄庭》，背《兰亭》"，又与邢侗所记的《兰亭》一石龛、《黄庭》另一石龛左右列有所出入，因而未知所指是否为一物。

"颍上《兰亭序》"如今并不完整，人们只能看到残碑。好好的石碑，怎么会碎呢？相传在崇祯年间，因来访兰亭碑的官员太多，知县张俊英迎来送往，不堪其烦，于是命人拓了上万张拓片后，于崇祯二年（1629）的一个雨夜，一举将石碑砸碎，并谎称是被雷电击毁的。而在李自成之乱中，张俊英的万张拓片也被付之一炬。被张俊英砸碎的残碑几经辗转，于民国初年为南照士绅杨伯涵所得，碎石拓本才得以流传世间。解放初，残碑被安徽省博物馆珍藏。

如今安徽阜阳市颍上县尚有以"兰亭"命名的广场、公园、道路，书法家协会也会定期举办"颍上兰亭杯全国书法大赛"，但已经很少有人知道这和一位叫孔天胤的山西人有关了。

淮南诗情：颍州的足迹与交游

孔天胤在颍州所作诗歌得到了较为完好的保存。颍州时期的诗歌，内容也较为丰富，有记录行踪的《初祖庵留石》《阻雪偃城县馆书示万宰二首》,也有与同年孙校相逢于淮上的《淮上会孙明轩水部二首》,还有为两淮盐运使范鏓升四川布政使司左参政写的赠别诗《广陵赠范都运迁蜀藩参政》。这些诗歌大多因事即景,但其中也或隐可显地表达着对归隐生活的向往。

嘉靖十六年(1537)夏,淮上暑热难当,孔天胤与沈宏"逃暑"同游,登临山上佛寺,于毗庐阁赋《毗庐阁上同沈惟远作二首》。沈宏,字惟远,浙江崇德(今属桐乡)人,嘉靖十四年进士。毗庐阁是佛家供奉释迦牟尼的法身佛毗庐佛的所在,二人结伴登临,且入佛寺,感受的自然是世俗尘寰之外的宁静。第一首中的"斜阳坐落青山树,片月看生绿水洲",写所见之景,黄昏时分,日落月生,山青水绿,意境颇为开阔秀美。末联"朝市茫茫宁有此,谪来翻共而淹留",则传递了一种暂逃俗世,得此清雅之境的窃喜和对此境的留连之情。第二首则更多扣住佛寺说事,禅意颇浓。黄昏时分于佛寺高阁极目远眺,东城在望,天色晴好,河山锦绣,令人顿生禅意。"清净自然分上界,空虚了尔是无生。铢衣几种莲花秀,金字千函贝叶明",皆参悟佛家之语。而末联"世难欲逃应此地,可能携手谢尘缨"则隐含着对归隐生活的向往。

孔天胤在登临寿州寺塔的时候,这种归隐的情怀,甚至转而成为一种自嘲:

> 伏日淮南暑湿偏,偶从高敞一攀缘。观空似觉诸天尽,证果才看七级悬。行倚夕岚双树遍,坐澄秋水白云鲜。林僧不语安禅去,笑我腰间铜绶牵。

这首题为《登寿州寺塔》的诗,状写了他在淮南酷暑湿热之时,登临古寺,见到了绝佳美景,不觉心旷神怡,暑热顿消。然于第二联"观空似觉诸天尽,证果才看七级悬"中,诗人之思已由景入理,含佛家高于尘俗境界之意于其中，大有"山外有山，天外有天"之感叹。最后一联，以林僧不语而笑的表情、安禅而去的行为，作为观照自身的一面镜子，看到自己被铜绶所牵系不得自在，不觉既有几分失落，又有几分自嘲。所谓"腰间铜绶牵"，换言之即"官身不自在"。这里的对比、反衬，都语含钦羡、惆怅、自嘲等多种情愫，可谓五味杂陈。

在颍州任上，思乡之情、游子之恨同样侵袭纷扰，令孔天胤备感煎熬。无论是《四月望日舟中》的"遥天念国身仍去，异地怀乡迹且留。芳草自余游子恨，幽兰还共古人愁"，还是《淮南五日》中的"羁栖成感慨，况在楚江滨"，都写得情怀凄恻，可见其思乡之深。特别是《颍城秋思》，当属此类诗中的典范：

> 宿雨微朝旭，凉云澹夕岑。萧森来暮景，窸窣起寒音。地拥纷纷叶，城飘处处砧。谁能乏乡思，对此不沾襟。

无论是离别还是相思，最怕秋风萧索、秋雨纷纷。嘉靖十六年秋，孔天胤面对异地他乡的宿雨秋风，听着寒砧捣衣的窸窣之声，想着故乡的父母高堂，不觉泪湿沾襟。这是他在颍州期间写得最为格调低沉、情感悲苦的一首诗。

嘉靖十六年（1537）到十七年（1538），孔天胤的人生，也经历了大喜和大悲。

喜事有两件。第一件是嘉靖十六年（1537），二十四岁的兄弟孔天民乡试中举。这自然是一大喜事，汾州官府继在嘉靖十一年为孔天胤立"榜眼坊"之外，又立"兄弟联辉坊"。康熙《汾阳县志》："兄弟联辉坊：在师垣坊，嘉靖十六年为孔天胤、孔天民立。"

第二件是孔天胤官升一级。《明世宗实录》嘉靖十七年（1538）四月：

> 命镇远侯顾寰挂印充总兵官提督漕运，镇守淮安地方，凤阳修理祖陵、皇陵及皇城。工成，升巡抚右都御史周金为左都御史，赏银四十两，纻衣四袭；升巡按御史苏丛俸二级，赏银二十两，衣二袭；兵备副使张臬，佥事李宗枢、孔天胤各升一级，赏银十五两，衣二袭。

此次因协助顾寰修皇陵而升职获赏的，有巡抚右都御史周金（1473—1546，字子庚，号约庵，直隶武进人）、巡按御史苏丛（字茂元，号海峰，广西灵山人）、淮徐兵备副使张臬（字正野，号百川，江西进贤人，时已升山东按察司副使）、颍州兵备佥事孔天胤，而前颍州兵备佥事的李宗枢（时已升河南布政使司参议）也受到了追封。周金、张臬后与孔天胤都有交游，特别是张臬，十余年后与孔天胤同官陕西，共同刊印了《西京杂记》。

孔天胤等人官升一级的具体官职，在嘉奖令下达后的第二个月得以落实。《明世宗实录》嘉靖十七年（1538）五月：

> 升河南布政使司参议李宗枢为本省按察司副使，河南按察司佥事孔天胤为陕西布政使司右参议，山东按察司副使张臬为本布政使司右参政。

也就是说，此年五月，孔天胤将离开颍州，他的下一任所在地，是他曾任提学佥事的陕西。这将是他第二次赴陕西任职。

收到将赴陕西的邸报，孔天胤的任所里发生了一件奇事。孔天胤在颍州养有一只鹤，没想到的是，收到邸报后，这只鹤竟然自己飞走了。孔天胤写诗一首，并把这件奇事讲给薛蕙听。薛蕙也大为称奇，作同题诗一首。孔天胤原诗已佚，今可见的是薛蕙《考功集》中《孔汝锡得陕右少参邸报，台中旧养一鹤，俄鸣舞而去。汝锡感而赋诗，因作同一首》一诗。

诗中写道:"使君拥传西征日,孤鹤依依恋主鸣。阶下起为垂翅舞,云间去作断肠声。"连鹤都为主人的离去而断肠悲鸣。不过薛蕙相信,"颍水今朝应暂别,缑山他日会相迎"。缑山,仙家之山,相传王子乔于缑山乘鹤成仙。薛蕙用这个典故,将人与鹤的传奇相知,当作一则佳话,赋予了美好的意义。

曾与孔天胤一起拜访过薛蕙的监察御史苏祐,写有《送孔文谷督学再入关西》一首:

  龙章迢递入咸秦,讲席重开满座春。紫气远浮关树杳,青阳晴卷岳云新。三千弟子今髦士,百二山河古要津。摛藻久闻传大雅,履台终想慰斯人。

孔天胤此去陕西任职,当年他所教化、擢拔的士子,如今成才者众,他回到陕西,一定会享受到自己当年风行教化和擢拔士子的美好成果。而陕西学人士子也会因他的重归,欢喜庆幸。末联则希望孔天胤常寄书信,以慰离情。

河南提学副使顾梦圭也写有《送孔文谷赴关中》一首,其中"山川瘁行役,郡国瞻仪刑。中土识麟趾,西旻习文星"句,对孔天胤即将重仕陕西、再获关中士人爱戴追慕表示称贺;"离筵不忍御,繁奏难为听。相期意无涯,临路车且停。慰余惟尺素,跂望陇云冥"等句,则言离别之惆怅,希望别后能有书信来往。

孔天胤在颍州被列名宦,载入颍州史册。

上任前,孔天胤回汾州省亲。而这也是他与父亲孔麟的最后一次见面。就在他到陕西上任不久,就接到了讣告,父亲去世了。据王崇庆所写《墓表》:"质庵公(孔麟)以嘉靖十七年十二月二十日终,享年五十有九。"

这无疑是孔天胤在这一年里所经历的最为悲伤的一件事。

第六章 汾州父忧

丁忧之思:"先人遗迹满尘埃"
乡居生活:"却来悟所遭,逍遥学无生"
三晋名宦:交游刘坤、赵廷松
收徒赵讷:"一晤高贤喜不禁"
山西纪事:"庚子之变"与陈讲卫边
汾州纪事:东关建城与介休修渠

> 四方糊口异为鲍,万里伤心成佩玦。骐骥哀鸣九坂深,鸾皇锻羽层霄绝。
>
> ——孔天胤《中秋行生日答阳溪》

丁忧之思:"先人遗迹满尘埃"

面对突然遭遇的丧父之痛,孔天胤的惊愕与伤痛是难以言表的。"戊戌过家即哭先君子矣"(《与南溪张左丞》),这种痛哭,既是丧亲之痛,也是对父亲一生命运的悲悯。父亲孔麟,"资性纯粹,简远笃诚",本"茂才异等",前途无量,却因被选仪宾而断了仕途。尽管县君贤良、二子优秀,但天不假年,就在次子孔天民中举后的第二年,年仅五十九岁就去世了。

停止了一切的奔波之累、仕途之烦，有这样一段时间，可以让时光慢下来，让心静下来，静静地想一想父亲、陪一陪母亲和兄弟，这对于孔天胤来说，又何尝不是一场心灵的整顿呢。

　　父亲孔麟，其为人处世之宽厚，令人仰止。据王崇庆碑文，孔麟家中本来还有些积蓄，但由于"诸弟寡营"，情况渐渐不好。而兄弟分产，孔麟也不去争夺，说"吾既赖有禄矣"，有当地政府供给县君和仪宾的禄米。后来因为灾荒，当地政府的禄米供应出现了问题。王崇庆在《墓表》中写道：

　　　　后禄不继给，而公（指孔麟）亦贫，不忧之。曰："吾幸有
　　　　子矣。"

　　可以见出其对两子的殷殷期待。

　　殡葬了父亲，孔天胤开始慢慢整理父亲的遗物，也是在整理父亲留在这世间丝丝缕缕的温暖。在一个天气晴好的日子，他将父亲的藏书及往来书信一本本、一封封翻检晾晒，想象每一本书上父亲倾注过的喜悦、珍爱，想象它们对于父亲在出仕无望后漫长岁月的陪伴，也想象它们对自己的启蒙开化。心情之沉重压抑令他难忍悲伤，不禁潸然泪下：

　　　　乱简残书次第开，先人遗迹满尘埃。徘徊空宇嗟何及，泣涕
　　　　斜阳心已摧。

　　这首《晒遗书作》是如今能够看到的孔天胤所写的关于父亲的唯一的一篇文字。

　　书册有不少已经残缺，但当它们次第排开的时候，那种由文字构筑的强大世界，还是一点点将这现实世界的悲欢离合屏蔽在外。先人批读的印迹还留在上面，虽因年深日久而积满尘埃，然读书人当年端坐几前凝神品

读之形象,其喜其忧其会心,却依旧清晰如昨。时光已逝,对这些书有过深爱的人已然做古,而前人读书之诚之精、领悟之深之切,今人又如何能企及。在乱简残书前徘徊嗟叹良久,他只感到天地苍茫,斜阳遥迢。前见古人,而来者难续,他不免也如陈子昂之登临,"念天地之幽幽,独沧然而泪下"。斜阳西下,伤怀摧折,收书回屋,身心俱疲。

令孔天胤颇感意外的,是收到了恩师王崇庆的一封唁问短函:

> 旧岁河州守吉子西入秦,尝托奉讯,想已达之矣。近闻有大故,望汾惊悼,何可为言。闻之君子哀而不毁,唯而不对,王制也。读《礼》之余,尝自为四方训也,珍重珍重。粗帛一端充赙,亦幸麾入,草草不尽。(王崇庆《与孔汝锡书》)

得到孔天胤家"有大故"的消息,王崇庆"望汾惊悼,何可为言"。当年王崇庆在汾州时,与仪宾孔麟也当有交往,今其中年而丧,怎不令人惊悼。王崇庆担心孔天胤因此过分哀痛,伤了自己身体,因而劝其节哀。王崇庆还托人送来了帛,以作办丧事的资助。赙,即帮助别人办理丧事的钱财。恩师的这份情谊,令孔天胤深为感动。

乡居生活:"却来悟所遣,逍遥学无生"

暂别了案牍之劳、巡察之累、吏治之繁,日影的移动也变得悠然起来。那些曾经远离的故乡情思,又一点点在生命中复活。汾州的青山绿水,也一点点进入孔天胤的视野,给予他宦海沉浮、痛失慈父的心以妥帖的抚慰。而在这样的时光中,佛家出世的禅意,比儒家入世的积极更为贴近他的心情。有一天,他遥望着汾州城外的远山,想到了一位出家的友人,于是提笔写下这样一首怀人之作:

谷口来栖二十年，无人知是上乘禅。还飞锡杖凌风去，却向浮云何处边。

此诗题为《山中怀秋山上人》。秋山上人，其人不详。由诗句来看，与其说孔天胤是在怀念一位曾蛰伏人间二十年的高僧，不如说他是在向往秋山上人能够舍弃世俗，"还飞锡杖凌风去"的潇洒。浮云邈远，变幻莫测，入人其中，深不知处。而这种潇洒，于他来说也只能是精神构成的一部分，永远都无法付诸行动，对于有此行动之人，也只是心存艳羡而已。

但选择在寺旁居住，还是可以做到的，或许也是他遵从内心声音的一种选择。在写于春天的《卜居白云庵南答友人》中，他写道：

樵隐非关绝世氛，退耕犹属野人群。泉间树色笼青雾，寺里昙华耀白云。暮雨寻僧花锡近，春风藉草蕙兰薰。高情暇日如相问，一饭能烹涧底芹。

康熙《汾阳县志》："白云庵，在城西五里许。"住在白云庵南，听晨钟暮鼓、僧侣诵经，看寺门开阖、香雾袅袅，心自然能沉静下来，此前因仕途奔忙而没有领悟的一些人间理趣，也可在此慢慢领悟。孔天胤想到，那些樵夫渔父，或者如长沮、桀溺一般耕作在田亩间的隐士，他们选择这种远离庙堂"野人"般的生活，并不是为了弃绝尘世，而是在另一个层面感受着真实的尘世。比如自己，此时身居白云庵南，看"泉间树色笼青雾"，自是别有感悟。泉水淙淙悦耳，树色青青悦心，天籁之趣，加上寺庙特有的青雾缭绕，更觉禅意幽深，佛境高远。昙华，佛前之花，世称其花三千年一开，弹指即谢，后多以此喻佛理之难修。此联前句实写所见之景，后句阐发参禅之思。第三联则写自己在白云庵旁居住的生活：于潇潇暮雨中，踏着花径入寺访僧，春风吹草香，蕙兰发幽薰，于此美景之中，谈禅论经，何其惬意。最后一联答友人之问：承蒙高情存问，居丧食素，煮饭烹芹，生活尚好。

好在有兄弟不时相见，低落的心情略可感到宽慰。兄弟二人偶尔也会结伴出游，看共同的景致，聊相同的话题。秋日的一天，兄弟二人一起在城西的田间散步，孔天胤赋《秋日同弟西田》一首。诗中所纠结的，依然是入世与出世的矛盾。

诗中写道，秋色甚好，山林叠翠，水色清明，金秋送爽，玉英飞扬。居于角落里的蛐蛐儿开始鸣叫，越冬的鸟儿开始飞向南方。秋节虽凉，然也有美好的景致。农人正在收割，年成不错，佳蔬遍畦，蓬麻挺直，兰芷飘香。看此年景，足以有衣有食。而居于乡间，"耨食甘鼎俎，草衣华绂缨"，粗茶淡饭甘于鼎釜之肉糜，草衣麻鞋胜过华绂簪缨。自己此时的境况，"虽非舍尘虑，亦已寡世营"，似乎与那个曾经奔忙在官场的自己分别太久，都不相信那是曾经的自己了。孔天胤此时产生的困惑，是"胡为百年内，误驰千载情"，为什么人生短短不满百年，却要有超越千年的思虑呢？人为什么总是要承担超出自己生命本体长度与重量的太多的东西呢？"既乖大知德，亦惭小隐名"，自己现在的境况，颇有些非此也非彼：有人说自己是智者，却内心惶惑，觉得自己枉有智者之誉；说自己是"小隐隐于野"，内心也深感惭愧，因为还是放心不下庙堂之事。结句"却来悟所遭，逍遥学无生"同样强化着这种惶惑，此种心境，哪能"逍遥学无生"？无生，佛教语，谓不生不灭。

除了兄弟的陪伴，与汾州师友的交游，也成为孔天胤汾州居丧期间的一种有效安慰。其中有两位，均为出自王府的高士，一位是大宗正西谷先生，一位是奉国将军北村先生。

大宗正，掌管皇族事务的官员。这位西谷宗正，其人不详，惟知其出自王府，比孔天胤小四岁。西谷是一位博学多才的高士，据孔天胤记载，其"早从事诗书礼乐……吐词振藻,驰誉流芳。郁郁彬彬,盛矣美矣";而其品性操守,"神宇泰定,性天朗融,望之俨然,即之温如"(《寺宗尉西谷公六十寿》)。孔天胤与西谷宗正交往时间颇长,在他五十一岁致仕归汾后,二十余年间一直诗歌唱和,颇为相得。

丁忧其间,他有《赠西谷》一首,向西谷宗正述及自己卜居白云庵的生活:

  方外寻丹窆,山中艺紫芝。意将流水远,身与白云期。夏叶裁书策,春条揽钓丝。柴门隔溪望,嫋嫋薜萝垂。

因为居丧,如今得以暂栖世俗之外,得伴山寺而居。紫芝,生于山地枯树根上的一种瑞草,在中国传统诗歌中,是隐者的象征。秦汉之际有商山四皓,因不愿出仕而隐居商山,著有《采芝歌》。艺,种。孔天胤在此都不是传统诗诗境中的"采"紫芝,而是自己种紫芝,这就比其他向往隐逸之士的"过客"身份,更多了一种"归人"的安定。此时身居白云庵畔,思绪如流水般旷远,此身常与白云邀约,何等悠然;裁夏日之阔叶以题诗,挽春天之柔枝以为钓,何等闲适。柴门外溪水潺潺,溪水那头,薜萝铺垂,赏心悦目娱心,颇有陶然忘机之乐。

此诗写得颇为闲适清雅,是一种慢时光中的杰作。或许一个人只有卸下满身的沉重,才能看得到、享得到如此的天机。也是在经历人生的动荡起伏之后,才能领略到如此美好的境界吧。

北村先生朱奇涵,孔天胤在诸生时,就常前去府上拜访。在孔天胤的记忆中,北村先生好学亲贤,"独好书,又好亲贤,于书无所不通,于才人学士未尝不虚左而迎之";才高德厚,"孝友忠信,广大温恭,非礼弗言,非义弗行,嘉善矜否,犯而不校",即使"下有窃金器者,已而悔远,竟不之究",与当时那些倨傲不驯、不时为非的宗藩相比,可谓天上地下。

先生气质高贵，在家常穿宽大的衣服，系宽大的带子，戴高高的帽子，远望大有古代贤哲之风。北村先生还热衷于畅游自然山水，并能从中有所领悟，"峪中有佳山水，良辰美景，公必往游，登高赋诗，陶陶然乐而忘归也。数与方外僧秋山坐石临流而谈。僧所谈他人不解，公独领略，时拍手微笑"（《皇明诰封奉国将军北村公墓志铭》）。此种境界，非常人所能解。丁忧汾州期间，孔天胤曾于秋九月十日携酒前去拜访，北村先生留其饮酌，孔天胤赋诗一首（《九月十日出访北村便留酌逮暮率尔赋酬》），同样表达了隐者怀抱。

诗歌前半部分述自己的"紫芝"之乐，"朝霞刈紫芝，夕露餐秋菊"，此处已从"艺紫芝"发展为"刈紫芝"。刈，割。春种秋收，可见时光渐逝，紫芝已成，自己隐居"空谷"的日子已久。虽"俯仰自然足"，然"犹怀方外踪"，需要找同道者共话人生。于是携酒相寻，于"风叶卷高林，霜芜映茅屋"之处，找到了同样有隐逸情怀的北村先生的"柴门"。二人的共同话题颇多，"把手话品泉，委心同草木"，更多是山林野趣，可谓志同道合。话投机而时光速，不觉日影斜，星列远空，依然意犹未尽，舍不得打住话题去各自休息。"冥契忘古今，宁能论昏旭"，知交话多，连古今都可忘却，又何必计较晨昏。北村先生长孔天胤二十岁，此时二人之相得，颇有忘年之乐。"世缘非尔知"，高士自不为世俗之人识得，孔天胤甚至希望"从君谢牵束"，随北村先生抛却世俗牵绊，从此处江湖之远，看云卷云舒。然而这也如同孔天胤希望自己能够"还飞锡杖凌风去"一样，都只是此情此景中一种美好的愿望而已，他的出仕之路还漫漫修远呢。

就在他拜访北村先生后不久，嘉靖十九年（1540）九月十二日，北村先生就去世了，享年五十六岁。这成了孔天胤丁忧汾州期间的另一件伤心之事。十七年后的嘉靖三十六年（1557），孔天胤为北村先生撰写了墓志铭。

除了这几位师长，也有知交友人不时过从探访。某个春日，孔天胤于文湖南园与故乡众友人饮宴，写有《孟春宴文湖南园》一诗：

孟月春林会，南园晓帐开。文霞飘翠盖，华日泻金杯。秀蔼溪山入，柔滋草树回。深栖复何似，暂赏遂悠哉。

孟春，春正月。汾阳八景中有"文湖渔唱"一景，万历《汾州府志》"景致"："文湖渔唱，在城东十里，汇原公涧河、文谷诸水而成。《水经》云东西一十五里，南北三十里，世谓之西河……以是考之，则古西河县治在此矣。"于文湖畔，与知交友人诗酒共娱，不失为赏心乐事。"文霞飘翠盖，华日泻金杯"，连自然之霞与日，都有了文情诗意。此景颇佳，"秀蔼溪山入，柔滋草树回"，一"秀"一"柔"，落笔极轻而境界极佳；一"入"一"回"，方向交错而动态毕现。此情此景，虽不得"深栖"，只得"暂赏"，却也可陶然忘忧，悠哉游哉。

三晋名宦：交游刘坤、赵廷松

正如孔天胤的内心延伸出入世和出世两条路一样，他在汾州期间的生活和交游同样延伸出两条路：一条是民间的师友交往，让他得以抒发私人化的"江湖"情绪；另一条是官方的同道交往，让他在故乡身份的暂时的民间性之外，能够保留着身为朝廷命官的庙堂之思，至少是对地方事务的思考。

当时任汾州知州的，是山东寿张人刘坤。刘坤，生卒年不详，字伯生，号石梁。雍正《山西通志》记其"少举于乡，以才俊称"，光绪《寿张县志》称其"少颖异，都御史刘大夏见而器之"。嘉靖十五年（1536）升汾州知州，万历《汾州府志》称其"为人廉靖简明，诚实宽厚"，且颇有善政，"民忻忻望治"。但就在孔天胤丁忧归汾后不久的嘉靖十八年（1539），刘坤上疏请求致仕归乡。关于刘坤归乡的原因，光绪《寿张县志》说是"以母老告归",而万历《汾州府志》说他"值宗党强横,数挠法","躬知不能化,乃浩然告归,抗疏即行",上疏后不等批复就整装而行了。

对于刘坤这样正直而有善政的地方官的归去,孔天胤深为感叹,作《奉和刘石梁太守归思》一诗以作送别:

使君嘉惠满汾滨,何事怀归思转频。沧海未嫌归棹晚,皇闱宁许乞书陈。荣名满眼知谁是,淡朴无心任已真。坐啸闲斋即仙吏,岂宜还作避时人。

开篇赞扬刘坤在汾州三年,汾州吏民所得之嘉惠;诗末两句,是对刘坤归去的感叹:像您这样卓有声誉的官员,即使闲坐官斋,也能呼风唤雨,何必要避时归隐呢?

对于孔天胤来说,刘坤的归去,其实同样应和着他在汾州期间出世和入世的纠结情绪,令他一度情绪低落,感觉前路茫茫。也许正因为如此,时任山西按察司佥事赵廷松巡行至汾州过访时,才会写下《少年行二首》以作勉励,希望孔天胤不要就此消沉。

赵廷松(1495—1557),字子后,号俟斋,别号鹤山,又号徂徕山人,浙江乐清人。嘉靖二年(1523)进士,与高叔嗣同年。初官刑部主事,因在"大礼仪"之争中上言,"不屈,遂得大杖北阙下,垂死",后外放到地方任职(侯一元撰《明通奉大夫山西布政使司左布政使俟斋赵公墓志铭》)。据《明世宗实录》,嘉靖十六年正月赵廷松任由直隶真定府同知转任山西按察司佥事。赵廷松治事颇有风骨,其在山西最突出的两件事,一是惩治山西宗室,二是驱逐内廷宦官召集的采矿者。"山西宗室素骄,至锢官城濠榷汲者,公至,猝按治之",虽然很有成效,但与山西宗室发生冲突,显然是捅了马蜂窝,赵廷松也因此受到宗室弹劾,"得祸几危"。

山西盂县多矿产，明世宗派两名内廷宦官到此采矿，宦官"聚人徒采矿"，"不得，顾纵徒四掠，苦盂民"，百姓深受其害，"公下令大逐之"。这次交手的又是宦官，再次捅了马蜂窝，"两使者立奏公沮格诏旨，又几危"（侯一元《墓志铭》）。两次危难，都是侥幸得免，周围人都为他捏了一把汗。

  赵廷松的正直敢为和才华横溢也受到了时任山西巡抚韩邦奇的赏识，韩邦奇曾向朝廷上疏举荐其为山西提学。检韩邦奇《苑洛集》，可见其于嘉靖十七年（1538）正月的举荐之文，说"臣访得山西等处提刑按察司佥事赵廷松，操履严肃，气节着闻，既有立教之本，诗文典雅，举业精纯，又有立教之具，诚一时难得之才也"，所以希望，"如蒙勅下该部再加访察，果如臣言，将本官遇有提学员缺推补，则庶乎教化可裨，而人才有造矣"。（韩邦奇《举荐文学官员以备擢用事》）

  在与人交往上，赵廷松也率性真诚，据侯一元记载："公天性廓落，多大节，与人无城府，一见倾盖。"与孔天胤的交游亦颇可印证此语。过游孔天胤，赵廷松戏作《少年行二首》：

> 白马紫丝缰，飘裾动绿杨。携朋张乐盛，狎妓引杯长。游戏秋千市，回过蹴鞠场。夜归奏新曲，沉醉倚鸳鸯。
>
> 胜日寻芳草，春风醉落梅。新丰骑马看，长乐斗鸡回。水面芙蓉障，花边鹦鹉杯。交欢分日饮，莫问岁华催。

《少年行》是乐府旧题，内容多承三国曹植《白马篇》而来，其中骑着白马、跨着宝剑，"仰手接飞猱，俯身散马蹄"的"幽并游侠儿"，成为后世很多《少年行》诗歌中的典型意象。唐代不少著名诗人都曾以此题作诗，如李白、杜甫、王维、王昌龄、刘长卿、杜牧等。翻检《乐府诗集》，仅《少年行》就有五十四首之多。

赵廷松的两首诗，第一首中，少年骑着白马，衣袂迎风飘扬，形象鲜明，动感强烈；紫色的缰绳穿过道路两旁的绿杨，色彩亮丽。此少年携朋狎妓，推杯换盏，出入秋千市，游乐蹴鞠场，好不自由；白日游乐，夜倚鸳鸯，好不浪漫。第二首写的又是少年的另一种行乐方式：胜日寻芳，看花开落；新丰骑马，闹市斗鸡；水上采莲，花下畅饮。句末点明题旨：青春短暂，少年几何，及时行乐，可让人暂忘时光流逝之忧。

孔天胤以赵廷松两首诗的韵脚，作《少年行二首用俟斋韵》：

射雕回细柳，走马向长杨。面带胡姬酒，衣沾汉苑香。黄金捐舞馆，白璧谢歌场。讵念闺中妇，织罗绣紫鸳。

吹笛青楼暮，珠帘满落梅。鸣鞭何处去，走马日边回。乍怒犹悬剑，俄欢更举杯。来朝灞陵戏，已有博徒催。

第一首，押赵诗"杨""香""场""鸳"韵；第二首，押赵诗"梅""回""杯""催"韵。韵脚相同，诗境却显然比赵诗更胜一筹。第一首背景是在汉朝，"细柳"指细柳营，汉代名将周亚夫之部队曾驻扎于此，军纪严明；"长杨"指长杨宫，汉代大儒扬雄有《长杨赋》，称"习马长杨"。这是一位少年军官，少年得志，意气风发，射雕细柳外，走马长杨宫，出入皆为名地，可见身份非同一般。此人出入歌舞场，挥金如土，全不顾念闺中少妇正在织锦罗、绣紫鸳，等待着他的归来。诗写到最后，微讽的意味就出来了。第二首诗中的这位少年，同样落拓不羁，青楼吹奏《梅花落》，鸣鞭走马至暮归。少年意气，血气方刚，乍怒乍喜，连送别这样的伤感之情都是稍纵即逝，因为博戏之同党已在催促。微讽的意味仍在其中。

赵廷松的出现，带来了孔天胤生命中一个极为重要的人，那就是孝义才子赵讷。赵讷是赵廷松的义子。赵讷的出现，为孔天胤打开了人生的一扇窗，让他在以后的人生路上，就像孔子得遇颜回，时时充满着欣喜。

收徒赵讷："一晤高贤喜不禁"

说到赵讷，还要先从他的父亲赵思商说起。

赵思商，字尚质，号岐山，生于弘治六年（1493），长赵廷松两岁，长孔天胤十二岁。乾隆《孝义县志》"乡贤"："赵思商，嘉靖时贡生。供事部曹，吏误多给禀粟，思商白之所司。后授保定清苑主簿，执法不挠，条时政，多为采纳。尤笃乡里，请于县，表节孝，正祀典，除汾宗佃田之弊。常曰：'事苟可以济人，何必在官！'里党多受其泽。祀保定名宦。"

现在已经无从考证赵廷松、赵思商和孔天胤的交往是怎样的一种缘起，但从他们文集中诗文所体现的相知程度来看，可知他们之间交游较多，且历时长久。赵思商出任清苑主簿是在嘉靖二十五年，赵廷松写有《送清苑少尹赵岐山先生还治》一首，孔天胤写有《赠岐山赵公拜官清苑主簿序》一篇，以表祝贺。孔天胤评价赵思商："赵公，忠信人也。居业狐岐之山，服行先王之道，常有志于大行。"只是因屡试不第，而常有志不得申之叹。也许正因为赵廷松和孔天胤欣赏赵思商之贤，而看到赵讷天资聪明孺子可教，才一收其为义子，一收其为学生。

如今可见于孔天胤文集的有关孔、赵两家最早的交游凭据，是嘉靖十八年冬孔天胤为赵思商之父赵鸿所写的墓志铭。墓志铭中，孔天胤也较为清晰地梳理了赵思商的家世："其先太原文水人也，六世祖讳福，以洪武初徙孝义，家焉。"赵鸿老时，"卧病殆三载，不受医药，曰吾老焉已矣，药何为哉。疾革一无所言，但指孙讷，若有期而已"，临终前只对其孙赵讷寄有厚望。

赵讷，字孟敏，号阳溪，赵思商长子。生于正德十六年（1521）六月二十五日,以治《尚书》中嘉靖十九年(1540)乡试第三十八名举人。赵讷为赵廷松义子之事,由嘉靖三十二年(1553)赵讷代赵廷松所写《乞骸疏》一文可知,其年五十九岁的赵廷松任山西左使布政,因病乞休,文中称自己病重,"专差义男赵书,亲赍具奏闻,伏候勅旨"①。

孝义属汾州府,地处汾阳与介休之间。虽说孝义邻近汾阳,但也有一段不近的距离。然而无论他们身在故乡,还是在后半生大部分的时间里各奔东西,这份师生情谊都一直坚如磐石。

赵讷于十九岁中举,可谓少年才俊。孔天胤后来记其与赵讷成为师生的原因以及他对于赵讷的欣赏:

> 阳溪子之从吾游也,以吾一日之长也;而吾与阳溪子游,则以其生乎吾后,其闻道也先乎吾。当是时,道之上者,吾不得而语也,亦非吾之所能语也;乃阳溪子默而识之,不言而信,其有语者,特其最下者耳。(《汾上讲余录》)

在孔天胤看来,赵讷之聪明睿智,当在自己之上,而且行在言前,"不言而信",与他的名字"讷"义颇合。孔子所提倡的君子之言行,便是"敏于行而讷于言",孔天胤认为赵讷之品性,本身就是对这个字的理解和践行。孔天胤对赵讷的这种赏识,颇有些孔夫子赏识颜回的味道。当年孔子评价颜回:"吾与回言终日,不违,如愚。退而省其私,亦足以发,回也不愚。"(《论语·为政第二》)老师所喜欢的学生大约就是这样,不自作聪明,不狡辩剿说,默而识之,退而自省,终获之于心,当其与老师再次交流时,已非昨日之水准,而教学相长,老师也常常能获得新的启悟。

对于得遇这样一位高师,赵讷也深感幸运,一生都对孔天胤执弟子礼,敬爱有加。而赵讷对于孔天胤思想、精神及其文学传承最大的贡献,就是非常注重搜集整理孔天胤的诗文作品。在两人相识二十七年后,赵讷将老师与自己的诗文汇编成册刊刻成书,名为《汾上讲余录》(今佚),孔天胤亲为之序,称其内容为"余两人诗,自嘉靖庚子(1540)至隆庆丁卯(1567),皆赠答寄忆而作"。孔天胤晚年时,赵讷不但多次参与了孔天胤诗集的校勘工作,还在孔天胤的诗集之外请刻全集,并亲自写序。对于老师的思想,他一直怀高山仰止之思:

> 讷也不才,忝厕门下,仅供洒扫,敢与斯文。执经三十年,虽未敢望登堂而入室,闻言千万,语亦私窃蠡测。(赵讷《请刻孔文谷先生全稿书》)

因而使老师诗文得以流传,他觉得也是自己身为弟子的职分所在。孔天胤殁后,为孔天胤写墓志铭的,还是这位高徒赵讷。

当然,师生二人一生聚少离多。赵讷在故乡时,孔天胤宦游四方;孔天胤致仕不久,赵讷又走上了仕途。但赵讷的每一次过访,都令孔天胤喜出望外,正如他后来在诗中所写:"荆扉无客见招寻,一晤高贤喜不禁。下榻幽兰当谷映,开窗凉树满庭阴。"(《和赵阳溪乐寿园即事之作》)

许多时候,赵讷让他看到的,是"道"的承续,是未来的亮色和希望。

山西纪事:"庚子之变"与陈讲卫边

孔天胤忧居汾州的嘉靖十七年(1538)末到二十一年(1542)初,正是蒙古吉囊、俺答部不断入侵山西时期。检《明史》,嘉靖十九年(1540),"正月吉囊寇大同";嘉靖二十年(1541),"八月俺答、阿不孩、吉囊分道入寇;九月俺答犯山西,入石州"。石州,即今山西吕梁市离石区。而蒙古军队不仅限于对边境的侵扰,长驱直入到山西内地,也始于嘉靖十九年（1540），这一年是庚子年，史称"庚子之变"。

孔天胤后来在文章中如此记述："嘉靖庚子秋，匈奴寇边，及我楼烦"（《汾东关建城记》）；"昔岁庚子，匈奴掠过雁门高阙，辛、壬、癸甲四岁，无岁不过。南渡漳汾，东瞰紫荆，西登黄芦，皆流火时来，草死后去"（《送月山杨君赴清浪军参戎序》）；"庚子秋高，胡马南犯，辛、壬相继，益以跳梁"（《送叠川於公按察湖广序》）。当然最严重的还在嘉靖二十一年（1542），这年五月，"俺答、阿不孩遣使款大同塞……六月辛卯，俺答寇朔州。壬寅，入雁门关。丁未，犯太原。秋七月……俺答寇潞安，掠沁、汾、襄垣、长子"（《明史》）。曾任工科给事中的河南涉县人王科也有文记载当时虏骑"入三关，至榆次、交城诸地，杀掠数十万众，四方震惊"（王科《涉县新作石城记》）的情况。

嘉靖十九年（1540）八月，蒙古兵攻入山西朔州，并逐渐深入。此时提督雁门等关兼巡抚山西地方的都察院右副都御史陈讲可以说心急如焚。

早在嘉靖十五年（1536），陈讲前任巡抚韩邦奇就开始向朝廷上疏，请求为山西大同、宁武边境增设防备。据《明世宗实录》，嘉靖十五年（1536）十一月，"添设山西三关管粮主事一员，从巡抚韩邦奇奏也"；嘉靖十七年（1538）七月，"山西巡抚都御史韩邦奇请于神池堡及五寨前后各筑一城，设守备一人，益兵八百，马五百匹，俾得据险守隘，以遏虏冲。兵部覆如其言，从之"；就在韩邦奇致仕归乡之后，他的一条关于山西的奏议还得到了朝廷的准许，《明世宗实录》嘉靖十八年（1539）正月，"增设山西三岔守备官一员，从巡抚都御史韩邦奇奏也"。陈讲上任后，继续增加边关武备。嘉靖十八年十月："兵部覆巡抚山西都御史陈讲奏，岢岚州地当要冲，累遭虏患，而隰州等处稍缓，宜改石隰兵备为岢岚、石隰等处兵备，即于岢岚驻扎，且与雁门兵备画地分守，自八角迤北属雁门兵备，自三岔迤南属岢岚。诏从之。"嘉靖十九年（1540）六月："巡抚山西都御史陈讲请修宁武关温岭至老营堡及偏头关野猪沟抵黄河一道边墙，从之。"

尽管武备一直在进行中，此次蒙古军队的入侵还是让陈讲感觉到了巨大的压力，于是他上疏向朝廷请兵。《明世宗实录》嘉靖十九年（1540）八月："巡抚山西都御史陈讲奏，虏从朔州深入，乞兵策应，诏以大同延绥游兵三千往援。再告急，诏调各镇士马及发保定兵，仍令户部亟为转饷。"

听到朝廷诏各路兵马讨伐山西边境来犯敌寇的时候，身居汾州的孔天胤心情激动，赋诗《闻出师北伐二首》：

> 戍楼霜夜动胡笳，吹起阴风满雪花。平世何人闻战斗，中原今日有尘沙。兵分几路连旗出，阵合千重叠鼓斜。共道伐谋须上将，不愁骄虏乱如麻。

> 寒垣秋色满寒烟，正是霜高急虏弦。饮马渐看来近渡，射雕时见落平田。烽传羽檄摇天上，毂转金符下日边。大将谁为窦车骑，会当名藻勒燕然。

这两首诗，写得壮怀激烈，大有颍州时期《从军行》《塞下曲》的风格。

戍楼、霜夜、胡笳，这都是边塞意象，也都是战斗意象。中原地带，人民生活一向安稳，"平世何人闻战斗"，何曾与这些意象所指代的真正的战场有过交集！然而因为被寇，人民深受其难，不得不卷入其中。好在，朝廷出兵，一场大战即将来临，"中原今日有尘沙"。大同及延绥游兵、各镇士马、保定兵"兵分几路连旗出"，那战场阵势，一定排山倒海，雷鼓震天。对于这场大战，孔天胤抱有必胜的希望，"不愁骄虏乱如麻"。第二首，这种豪迈之情得到了更为乐观的表达。九月秋高，胡马来犯，寒烟变色，急鼓繁弦。恰在此时，"烽传羽檄摇天上，毂转金符下日边"，这场北伐师出有名，士气定会大振，而战斗也一定会大获全胜。而每一场战斗，都会成就英勇有为的将领，孔天胤在此也鼓励前方将士建功立业，名扬后世。

事实上这场想象中声势浩大的战役并未真正打起来。也许是各路兵马迎战的阵势让蒙古兵有所收敛，"未几，报虏出境"，敌人撤离了。尽管如此，明世宗还是命令山西边境的守备工作不能放松："上曰，虏虽去，不可忘备。仍行延绥、大同，若再遇警，移文至日，径自督发应援，不许拥众自卫，致误事机。"（《明世宗实录》）

作为山西巡抚的陈讲自然也略略松了一口气，但他还有更深层的忧虑，因为处于战时，山西各地守备官员向朝廷入觐，不但路上不够安全，而且在紧急时候会贻误战机。于是他再次向朝廷上疏，请求按照战时特殊情况，对这种常规性的入觐制度予以调整。《明世宗实录》嘉靖十九年十月："山西巡按都御史陈讲奏，免岢岚、保德、忻代等州，河曲、兴岚、静乐等县正官入觐，从之。"

陈讲为保山西一方平安所做的政绩，令时人感怀。后历代《山西通志》都将其列入"名宦"。雍正《山西通志》记其"增筑城堡，边境赖之"，语言简洁，概括准确。对于陈讲在山西的贡献，作为"门人小子"的孔天胤在后来的书信中也表达了感激之情："若保厘经略弘济，艰难吁谟，实惠系我民，思者不能忘也，不能言也。"（《与陈中川宗师》）

虽然寇患尚在边境，但突破边境深入内地的事情随时都有可能发生。为防患于未然，陈讲下令山西各州县缮城筑堡，加强防范，他说："今郡县外无河山之险，内无藩垣之固，奈何用戒不虞哉！"于是"其议所以缮城郭、筑堡寨毋缓"（《汾东关建城记》）。在这种情况下，汾州是否也会增筑一些防御工事呢？

汾州纪事：东关建城与介休修渠

嘉靖十九年（1540），於敖以分守冀南道左参政驻汾，不但修筑了汾州东关城，而且修复了介休西渠。丁忧中的孔天胤受当地官员之托，记下了於敖的营建修筑之功。

於敖，字伯度，号叠川，陕西岷州卫（今甘肃岷县）人，正德十六年（1521）进士。曾任大同知府，《大同府志》"名宦"记其"事精敏，持己方严，米药自将，法在必行，人不敢干以私"，可谓铁面无私，一身正气。而其在汾州期间的宦绩，万历《汾州府志》"名宦"部分记事较详："於敖，陕西岷州卫人。正德辛巳进士，由郎中历升左参政。嘉靖十九年驻扎。时强宗内乱，骄房外侵，吏民皇皇，莫知所措。公下车经略，遂以帖然。因创作外城及四乡堡寨，寇盗不敢犯，民永赖之。累官巡抚大同都御史。"

孔天胤在总结於敖在汾州的德政时称："公之德政，吾不能悉言之，吾举其大有二焉，其安内攘外者乎？"（《送叠川於公按察湖广序》）两个方面，一个安内，二是攘外。所谓安内，即惩治强宗。当时之汾州，宗藩子孙强盛，豪恶依附肆兴，成帮结派，"威劫武断，恬党贼刑"，以至于"百姓不能安其居，长吏不能尽其法，事势汹汹，人心疑畏，盖不知所止矣"。而於敖来了之后，威惠并布，只经过几个月时间，就纲纪肃然；受到惩罚的人并不多，那些豪强恶党就销声匿迹了，出现了"郡中清宴，四境复安堵如故"的景象。所谓攘外，即阻止强兵入境。当时由于"边关失守而战不及施"，导致蒙古兵攻入内地，"杀人如麻，掳掠载道，盖不知所止矣"。於敖来了之后，文治武功，"增城附廓，筑堡郊遂，广选兵戎，修备器械"，并且没有给当地民众增加负担，"币无所费而民皆悦从"。一系列的防御措施，使"匈奴三入而不敢近汾之境，追兵一出而尤多斩房之功焉"。孔天胤说所之事在《明世宗实录》中也有记载：嘉靖二十年（1541），蒙古军队曾攻入石州，三次路过汾境，因为汾州城墙坚固、守备严密，没有敢攻入。这不能不说是於敖的功劳。

於敖当时所建外城，就是如今的汾阳东关。孔天胤《汾东关建城记》记述了於敖修城的背景和经过。孔天胤还以生动的语言描写，记载了於敖当时所说的话：

> （叠川於公）即慨然语吏民曰："是在我矣。夫汾编氓十万，城中居中者不及十一，而占有东郭外者殆十之三焉。其势三面当郡孔道，其民市殷富，然旷屏蔽，何以示守焉？故专为一城，以保障之，宜莫先此矣。"

这段话所记载的信息量非常丰富。当时汾州居民共有十万，住在城里的却不及十分之一，而住在东城外的却有十分之三。这是为什么？其中原因，如万历《汾州府志》所载："东关城汾宗繁衍，城内府第十之七八，士夫军民多居东关。顾城垣未设，大有可虞。"占人口十分之一的宗藩府第高大宽敞，占据了汾阳城内的大部分空间，而广大的士夫军民却只能挤住在东城外一隅之地。东城外没有城墙，一旦敌兵过境，这些处于低层的"士夫军民"可以说毫无遮挡。所以於敖决定"专为一城以保障之"。

作为分守冀南道的省级官员，於敖调动当时汾州的各级官吏，开始群策群力，营建东关城。派汾州判官马负图，"迹久淹之故址，循强占之原基"，沿用城墙旧址，要求强占者退出原基，勘察裁量，并晓谕民众，各出其力，共同修筑城墙。马负图，万历《汾州府志》记其为河南尉氏人。参与此事的还有新任汾州知州张琯，孔天胤记其"新政而善作"，参与了东关城的建设。张琯是继刘坤之后的下一任汾州知州，万历《汾州府志》记其为陕西平凉府（今甘肃平凉）人，嘉靖十九年（1540）任汾州知州，

"为人英明果毅，能服强梁，善良赖以宁谧。又创筑东关城及四乡堡寨，为地方永利，士民至今思之"。上有分守参政於敖掌控大局，中有新任知州全力协作，下有判官马负图亲力亲为，"于是百姓欣然，以为为己防患，乃协心趋事，并力献工"，从九月到十一月，东关城的修建仅用了三月。新建的东关城，绵延九里有奇，"楼堞四望而森严，视内制盖翼翼如也"。东关城建成后，周围各乡又依之陆续增建了城堡，士夫军民的生活秩序得以重建。孔天胤总结了此役中人心齐的重要性，他说："昔人有筑舍道旁，三年而不成者，志其涣也。今其筑之，以为民也，故民心一焉；筑之以自防也，故民力齐焉。"

於敖除了主持修建汾州东关城，还主持修复了介休西渠。

西渠是介休洪山之渠。洪山古称狐岐山，《山海经·北山经》载："又北二百里，曰狐岐之山，无草木，多青碧。胜水出焉，而东北流注于汾水，其中多苍玉。"北魏郦道元《水经注》也有记载："胜水出于狐岐山，东流入汾。"明万历《汾州府志》"山川"之介休："狐岐山，又名洪山，在县东南二十里。山中有狐洞，可通十里，山腰有泉。"因《山海经》和《水经注》都称洪山之水为"胜水"，洪山之水也因之而得名"胜水"。胜水之源建有源神庙，相传为介休宋代乡贤文彦博所建。文彦博曾于此修渠引水，以利民用，《山西通志》"山川"介休县："东渠、中渠、西渠，宋文彦博引胜水作三渠，溉北张、韩板诸村田九十余顷。"洪山之水也是灌溉介休农田的重要水源，正如孔天胤在《介休县兴复西渠水记》中所说，"县东南有胜水出狐岐之山，其流湛洋汪濊，实惟沃壤之资、力农之本"。

孔天胤认为，介休有此得天独厚的胜水资源，如果能加以善用，"通沟滨，畜陂泽，则奋臂而云兴，决渠而雨注"，田畴可腴而凶年不忧，百姓可尽得其利。然而如今的情况是，民不知用水之利，庸吏又不懂得去引导化裁，所以对水的利用非常少。享有天赐的资源而不能善加利用，其中更多是人为因素；而在人为因素里，官员的因素更大一些。

孔天胤追述宋代乡贤文彦博曾修介休东、中、西三渠，分引此水以灌溉农田，五百年来百姓尽享其利。然年深日久，石河淤塞，最严重的就是西渠。西渠不流，靠西渠之水灌溉的广大村庄之田就不能享受水利之便，百姓生活失去了保障。而此事近百年都没有官吏来主持修复，其原因，大约也如孔天胤在修复祁州庙学时总结的"俗吏慢之尔，庸吏弃之尔，贪吏吝之尔，骄吏避之尔"。幸好，分守冀南道左参政於敖来了。於敖到了介休，拜谒介休乡贤介子推和郭有道的遗迹，"观风川谷，问水郊源，遂得西渠所由废兴"。于是召吏民，指出"夫石河之壅有不可辟者乎？"哪里有水利不通而不能修的呢，其原因是前代官吏的失职，"吏不为民，故行水失时，地利有不尽焉"。他决定修通西渠，使西渠下游百姓再次享受洪山胜水之利。

有了分守参政的命令和规划，介休地方官吏也都行动了起来。在县丞、主簿及新任知县的一致努力下，河被挖深了七尺，再以石砌之成渠，"西渠之水，遂复流如故焉"。而此役，也只用了十日。十日可成之事，百年无人主张，可知地方吏治"为"与"不为"之间的差别。

西渠修通，又辅以相关的配套建筑，凿泮池，广桥门，既享受水利之便，又增加人文内涵，实用而美于观瞻。孔天胤也不忘写百姓的反应："于是士民欣然，谓公一旦而贻万世之利。"于百姓万世有利，这才是修渠的重要意义。

嘉靖二十年（1541）末，孔天胤三年丁忧期满，起复，补河南布政使司左参议，从四品。此年孔天胤三十八岁。

又一次在隆冬季节，孔天胤踏上了征途，前往河南省府开封报到。《孔文谷诗集》第一卷《履霜集》的最后两首，就是孔天胤在奔赴河南途中所写的《次祁县馆》和《保定道雪》。这两首诗除了写天气之寒冷、朔风之凛冽，便是对自身命运的感叹，与写于八年前赴祁州途中，也就是

《履霜集》最初的两首《甲午冬十二月赴祁州经宿榆次县》《过平定用苏门韵》有着情绪上的重要呼应。但作为《履霜集》的收束,这两首诗的感叹,与八年前的诗歌在境界上相比,也有了不少的超脱和坚定。"殉禄终非志,居卑但此情",这其中包含着更深层的情绪,那便是对未来前途的希望。兵患正剧,不仅山西,北方各地均被此难,"朔风流绝塞,寒日惨空城",这不仅是对自然寒冬的描写,更是对遭遇兵患的北方家园的形容。此番出任何南,位卑而任重;而士君子出守一方,也并非徒为殉禄,总要成就一番事业。白发渐生,时不我与,这种"愁"既有羁旅之愁,更有对前路的担忧。白雪纷飞,"只可欣农望,那堪点客衣",农人得雪而喜,旅人逢雪增愁,前路茫茫,却只得踏雪而行,静等春来。

注释:

①陈彩云校笺《赵延松集》注,"赵"指赵讷,线装书局2009年版,第377页。

第七章　参藩河南

"泽鸣"中州：河南省府的人情之暖
御房方案："清心省事，坚壁清野"
苏门留迹："仁知动静"与卫辉题名碑
赠序发微：怀德知易，忌"积烦""积玩"

百泉如有情，苏门象回眸。茂树结蒙茏，芳华积葱蒨。

——孔天胤《至辉县分司作》

"泽鸣"中州：河南省府的人情之暖

孔天胤诗集的第二卷是《泽鸣稿》。重刻于嘉靖四十四年（1565）的《泽鸣稿》后有"辛丑"二字，不仅表明此卷诗歌起始的时间是嘉靖二十年（1541），也表明他的心路自此年翻开了新的一程。

"泽鸣"，深泽而鸣，不鸣则已，一鸣惊人。《史记·滑稽列传》记载，楚庄王以鸟自喻，说"此鸟不飞则已，一飞冲天；不鸣则已，一鸣惊人"。由此我们看到，孔天胤已从命运的泥淖中渐渐走出，将要以崭新的形象，打点好身体里每一个细胞，重新上路了！这是一种从深泽飞出，将要一鸣惊人的矫健姿态。

经过一路奔波，孔天胤来到了河南省会开封府，受到了河南省府官员的热情接待。

当时河南省左布政使是张瓘，右布政使是任惟贤①，二人俱为正德九年（1514）进士，与刘储秀、张治道为同年。张瓘（1479—1555），字鹄举，号南溪，扬州泰兴人，嘉靖《河南通志》记其嘉靖二十年任左布政使。任惟贤，字宗程，号玉台，四川阆中人。检清咸丰《阆中县志》，可知任惟贤父亲与弟弟均为一代名宦。任惟贤也毫不逊色，县志记其在督漕运时，"时江淮大饥，条上赈法，全活无算"。左右二位布政使不但为同年，而且"同心共济，协恭和衷"，有着共同的治理理念，"务惠养元元，与之休息"。在两位布政使的合力治理下，"一时德政和平，荣名嘉美，号为最盛"。治理得好，政事也变得简明有序，"吏民于是各以其职业顺序晨起视事，庭无留难，府史但跪案前，乞署文书而已"。孔天胤还形象地描述了两位布政使坐堂理事的场景："二公并坐堂上，垂绅玄览，视春时所树竹柏，俱已长茂。鹿呦呦其下，鹤舞成列。自公退食，雍容委蛇，盖省中晏然焉。"（《赠玉台任公上陕西布政左使序》）

孔天胤到任后，受到了两位前辈的赏识和器重。在左右二位布政使的主持下，河南驻省的各方官吏都来为孔天胤接风洗尘。孔天胤当时的心情，从其诗作《河南省堂公燕因呈省中诸僚长二首》可知。第一首，写了阳春三月，绿柳才匀，惠风吹拂，新燕衔泥，真可谓一派春光，满堂晴晖。此时省中同僚欢聚一堂，"雅乐朱弦奏，华觞翠羽飞"，气氛热烈。直喝到日落霞暝，露湿衣衫，大家还恋恋不忍离去。"谁谓厌厌醉，还能看紫薇"，一个个都恹恹欲醉了，却还要用迷离的醉眼看紫薇花开。第一首尽写此景之美与此情之浓，洋溢着惬意和感动的情绪。其二曰：

不意穷途子，来参大国藩。岳瞻申伯在，棠睹召公存。陪德知无似，齐贤念有敦。称觞拜明烛，倘肯鉴于昏。

首联即道出对于此次升迁的窃喜。河南为中原大省，自古历史人文丰厚，殷商故国和西周、东周都在河南境内，而《诗经》中的"卫""墉""邶"诸"风"，甚至"雅""颂"中的绝大部分典故，都出自河南，可谓俯拾即是。西周时期的申伯和召公，则是后世所有在河南为政者的典范。申伯是周宣王的舅舅，曾协同大臣尹吉甫征伐猃狁，名震朝野，《诗经·大雅·崧高》就是尹吉甫写给申伯的诗。周宣王封申伯于谢邑（今河南南阳），临行送车马并殷勤饯送，可谓荣耀已极。召公名奭，是周武王的弟弟，曾辅助周武王灭商，被封于郾（今河南漯河市郾城区）。召公不但功勋卓著，且所治辖区政通人和，《诗经·甘棠》就是写百姓因爱戴召公，不忍砍伐其所栽棠树的事。孔天胤诗中，"岳瞻申伯在，棠睹召公存"，"岳"即崧高山，"棠"即甘棠树。遗迹犹存，弥足瞻望。

在开封短暂停留后，孔天胤被任命为河北分守道。明代河南分四大分守道：大梁道，辖开封府、归德府；河南道，辖河南府、汝州府；河北道，辖彰德府、卫辉府和怀庆府；汝南道，辖南阳府、汝宁府。孔天胤分守河北道，驻辉县。

即将离开省城去往辉县赴任，左布政使张瀚再次召集省中诸同僚为孔天胤饯行，孔天胤作《大梁城楼雨中留别三司诸公，时出守河北》一诗以作酬答：

高城杨柳绿森森，正是天涯春草深。孤客不堪时眺望，群公端向此登临。浮云似盖催行骑，密雨如丝散别襟。白首从军谁复念，兹楼一写仲宣心。

春意融融，杨柳青青，春草深深，况有春雨细细，之于送别，可谓颇为应景。省中同僚热情相待，此时又要孤身去上任，情何以堪。"孤客"与"群公"形成对照，将行者频频回首，送行者登临眺望遥遥挥手，此情此景，怎不令人感动。此时浮云如盖，密雨如丝，一如人沉重的心情。然行骑催发，如何能够停留。仲宣，汉代文学家王粲，曾写有著名的《登楼赋》。此时情景，或许倒让孔天胤想到《登楼赋》中的佳句和情怀。前路茫茫，"平原远而极目兮，蔽荆山之高岑。路逶迤而修迥兮，川既漾而济深"；时事惟艰，"惟日月之逾迈兮，俟河清其未极。冀王道之一平兮，假高衢而骋力"；希求同道，"兽狂顾以求群兮，鸟相鸣而举翼"；征途在望，"原野阒其无人兮，征夫行而未息"。这其中有离家失群的茫然、国事不宁的担忧，却也包含着建功立业的愿望。而这，也正是孔天胤此时心境的写照。

御敌方案："清心省事，坚壁清野"

孔天胤到达辉县的时间，是嘉靖二十一年（1542）的三月十六日。具体的行程，此后他在给友人或同僚的信中有所描述："别来至都城半月而补官梁藩，住一月而起，以二月二十五日赴任，分守河北，驻当辉县"（《与赵复斋》）；"乃西行三日而至密县，顿六日而会巡院，又顿二日始由密如郑，以十六日达辉县"（《与南溪张左丞》）；"仆南行，以二月二十五日到官，次月十六日承守分疆，驻辉县"（《与叠川於大参》）。

到达辉县后，孔天胤紧急处理了两件事，一是构行分守道公署，二是与当地官吏确立御敌方案。

在孔天胤分守河北道之前，辉县尚无分守道的独立公署。孔天胤到任后在给左布政使张瓛所写的信中所说："所谓构行署县中者，尚无也。"（（《与南溪张左丞》））于是营建公署就成为当务之急。万历《卫辉府志》"建置"："分守道，在儒学西，嘉靖二十年创建。"应为嘉靖二十一年（1542）由孔天胤创建。

当时山西寇患为剧，河南同样时时面临着威胁。孔天胤所分守的河北道，辖三府：彰德府、卫辉府、怀庆府；而三府下又各有州县，彰德府辖安阳、临漳、汤阴、林县、磁州、涉县、武安一州六县，卫辉府辖汲县、胙城、新乡、获嘉、淇县、辉县、延津、浚县、滑县、封丘、考城十一县，怀庆府辖河内、济源、修武、武陟、孟州、温县六县。这些县市现在有不少属河北省。分守如此多的州县，每一个府县的安全可以说都关系重大。孔天胤当时采取的方案，是"清心省事""坚壁清野"，他在给张瓛的报呈中也说：

> 方与诸吏定约，清心省事以保疲氓，坚壁清野以戒不虞。

（《与南溪张左丞》）

尽管如此，当时府中官员依然人心惶惶，孔天胤也自揣"得术闇浅，省览周章，不能就列"，致"有同员承故已悚然忧矣"。

而对于一些临近边界的州县，则重点筑以防御工事。嘉靖《武安县志》中有涉邑王科《砖城隘口记》一文，记载了当时武安县御敌的举措：

> 蠢兹北虏，庚子连岁，直由大同入寇辽、沁至潞安，此天机之可戒者也。壬寅春三月，前巡抚河南都察院右金都御史余姚魏浅斋公有本、行分守河北道汾州孔文谷公天胤，委官于十八盘诸隘口，创立边城、楼橹。方三之一，秋七月，虏复寇前地，声势甚急。

魏有本（1483—1552），字伯深，一字曰深，号浅斋，浙江余姚人，正德十六年（1521）进士，累官至大理寺少卿，嘉靖十九年（1540）以右佥都御史巡抚河南。正是由于当时蒙古兵已入山西的辽州（今左权县）、沁州和潞安,所以地处太行山东麓晋冀鲁豫四省交界地带的武安县相关的防虏工事才极为必要。孔天胤在魏有本的指示下,派官员在十八盘的诸多关隘口创立边城楼橹以作防御。楼橹,古代军中建造的用于瞭望、攻守的无顶高台。到这年秋七月,孔天胤所委派的官员筑城至三分之一,蒙古兵又入侵山西的辽、沁、潞安等地,武安县情势非常危急。嘉靖二十二年(1543)孔天胤调离之后,继任者及武安县当地的官员又对武安县各隘口进行了修葺,工事才告完成,武安也因此得以安守。

孔天胤分守所辖的涉县、林县当时也处于被寇的风口浪尖。嘉靖《涉县志》中王科《涉县新作石城记》一文记载,当时"北虏频岁入寇",而更严重的问题是"时承平日久,民不知兵",当时的将帅又"闻风潜避,兼之相愚相挟",致使"纪纲不立,功罪未当,私实纷之"。在这种情况下,朝廷敕谕当地官员魏有本等"宜以倡率三司复委官分据林、涉等县,诸险况召集义勇以防虏骑奔突"。朝廷令下,当地官员急议方案:

> 时左布政泰兴张公瓛、右布政关中任公维(惟)贤、分守河北道左参议前永兴李公继以汾州孔公天胤、按察使滁州孙公存、分巡河北道副使广安王公袠,合谋协忠,务以安靖地方,魏公尤夙夜祇惧,统率官兵亲诣林县住扎。

作为河北道分守参议,孔天胤参与了与省中诸官吏的讨论,并最终确定了安靖地方、稳定军心民心的方案。河南巡抚魏有本甚至亲自带兵驻扎林县,可见当时情势之急。

苏门留迹:"仁知动静"与卫辉题名碑

然而蒙古军队毕竟还未入河南,布政左使张瓛就建议孔天胤不要太过焦虑，在吏治之暇去登临一下辉县的名山胜水，也是一种调剂。孔天胤对此颇为感激，称"幸门下其恤之，教登山临水，将毋有怀"（《与南溪张左丞》）。"毋有怀"是不可能的，但抽空去登山临水，倒也能缓解一些焦虑。

孔天胤所分守的河北道诸县，人文尤胜。汲县有周武王伐纣陈师之牧野，且有《诗经》中《邶风》《鄘风》《卫风》的产生地邶城、鄘城、卫城。这里也遍布着古代名贤的传说，从春秋、商周的申伯、蘧伯玉、比干、周公、召公等名士贤相，到东晋的嵇康、阮籍、阮咸、山涛、向秀等竹林七贤，可谓洋洋大观。特别是分司驻地辉县，不但是共伯旧国共县故城，而且有著名的苏门山和百门泉。苏门山还有着孙登啸台。《辉县志》："苏门山，在辉县西北七里，一名苏岭……即孙登隐处。"孙登，字公和，号苏门先生，道家重玄学派学者，长年隐居苏门山，博才多识，熟读《易经》《老子》《庄子》之书，会弹一弦琴，尤善长啸，相传阮籍和嵇康都曾求教于他。《晋书·阮籍传》记载："籍尝于苏门山遇孙登，与商略终古及栖神导气之术，登皆不应，籍因长啸而退。至半岭，闻有声若鸾凤之音，响乎岩谷，乃登之啸也。""孙登啸台"因而也成为辉县的人文胜景。苏门山下有百泉，《河南通志》"形胜"："百门泉，在辉县西北七里，苏门山泉通百道，故名。《卫风》'泉源在左，淇水在右。'"北宋理学家邵雍曾在辉县筑园居住，其园名曰"安乐窝"。孔天胤到辉县后，即被辉县的名山胜水所吸引，在给汾州小友赵复斋的信中说：

> 此地乃共伯之国，有孙登啸台、康节（邵雍）安乐窝、七贤竹林在焉。所谓"瞻彼淇澳（奥），绿竹猗猗""淇水在右，泉源在左"，正此地也。且事简民醇，尽与懒性相宜。（《与赵复斋》）

来到辉县，可谓进入一个精神的高地，或者说是诗思理趣的胜地。然面对这样的美景，孔天胤的内心也是有着纠结和矛盾的。在诗歌《至辉县分司作》中，这种矛盾心理展露无疑。诗中有着"分疆适名县"的窃喜，以及对这方充满山水之美与人文之胜的土地的喜爱。更何况，来此不久，"吏民稍已亲，山溪亦陵缅""百泉如有情，苏门象回眷"，此心安处即是家，内心已与人、景相亲相和。看老农灌田，甚至产生了"代躬耕"的想往，归隐之感又在内心潜滋暗长。而这才是他内心最为真实的表白，"余本嗜丘园，谋生厕缨弁"，是因为谋生养亲，才出仕做官。

孔天胤纠结的另一件事，是对此美景却不能与亲人共享。在给小友赵复斋的信中，他说自己"羁旅怀亲，日无好况，遂使山阿莫赏，徒抗尘容而走俗状，奈何奈何"。而在给兄弟孔天民的信中，他写得更为具体：

> 春阑客绪，益复无聊。临清殇而增闷，伏高枕以长吁。乃知为贫而仕，诚不得以也。百泉书院背青山，面绿水，图书湛采，花竹含晖，独不得兄弟同游，携手共玩，虽有佳景，只觉予思。山中水次，嘉菜细鳞，种列奇分，曾不得一奉母慈，吾岂食而知味也？（《与弟民》）

"为贫而仕"，与前诗中"谋生厕缨弁"是一个意思。汉韩婴《韩诗外传》的首章，讲的便是曾子为养亲而仕的典故："曾子仕于莒，得粟三秉，方是之时，曾子重其禄而轻其身；亲殁之后，齐迎以相，楚迎以令尹，晋迎以上卿，方是之时，曾子重其身而轻其禄。"所以韩婴总结："窘其身而约其亲者，不可与语孝；任重道远者，不择地而息；家贫亲老者，不择官而仕"。孔天胤此时，正是处于"家贫亲老者，不择官而仕"的状态。虽说其中有无奈，但苏门景美物丰，他希望能迎母亲到任，以尽孝养。

因为思亲和忧伤，他甚至无心登临山水。辉县期间，故人焦希程（号雪山，官至贵州按察司提学副使）曾具书邀请孔天胤一起畅游苏门胜景，孔天胤回信以婉辞："古人登山有慕徒之怀，远行有羁旅之愤，乃若余情，宁不苦伤？"（《与雪山焦提学》）身在羁旅，心情不好，所以不能前去畅游，深为抱憾。

到辉县安顿好后不久，他即遣人回家接家眷。他写了两封信，一封写给河南左布政使张瓉，一封写给山西左参政於敖。在给张瓉的信中，他说："欲遣人去家奉迎老母，即老母顾恋亲爱，不堪遂劳，且携妻孥耳。"他已猜到母亲未必肯来，这也是基于他对母亲不愿离家的了解，因此接来的大约只能是妻室。在给於敖的信中，他说："家人回取贱眷，谨申状承候万福。贱眷倘来，乞赐马票一纸，健步一人，得将至太行，不胜大幸。"希望於敖能派人马护送家人出境。在於敖的帮助下，家人接来。孔天胤在辉县暂时安顿下来，生活和吏治均步入正轨。

今苏门山有孔天胤所题写的"仁知动静"碑一通，在辉县诸多人文胜景中又添一景。清代阮汝浚《卫辉游记》中，记载了此碑所存位置及其形状：

> 室之左有石，上刻"仁知动静"，字大如斗，分巡道孔天胤题，副使汤绍恩书。右有《啸台重修记》石，北郡李梦阳撰，大梁左国玑书。

此处记载之误，便是孔天胤的官职，是"分守道"而非"分巡道"。细悟孔天胤"仁知动静"四字，可知其内心儒家知识分子的情操坚守。孔子曰："知者乐水，仁者乐山。知者动，仁者静。知者乐，仁者寿。"（《论语·雍也》）知，即智。山静而水动，仁静而智动；动者乐趣多，静者得高寿。人一生能悟得透"仁知动静"四字之理，便能在求仁还是求智、喜动还是喜静之间做出更为理智的选择。事实上，"仁义礼智信"是中国最为传统的价值观，士君子一生的追求，也就是依次兼具五者，由信达智，由智达礼，由礼达义，由义达仁，仁是最高的境界。孔天胤在苏门胜景中书此四字,且被刻石保存至今,其意深矣。

孙登啸台为辉县苏门山一景,历代文人雅士在此处题咏甚多。万历《卫辉府志·艺文志》收有孔天胤《啸台》诗一首,落款为"河北分守参议孔天胤":

凤鸟翔千仞,白驹在空谷。皎皎湛霞心,远远散云躅。长啸
如有遗,流氛绝无人。倚彼阮康徒,观公尚超忽。

孔天胤此诗写得极为超拔,对此典故有更为切近的解读。他将孙登、阮籍等高士喻为"凤鸟""白驹"。凤鸟,即《尚书·尧典》中"箫韶九成,凤皇(凰)来仪"之凤,即楚狂接舆所感叹的"凤兮凤兮!何德之衰"之凤,即孔子所悲呼的"凤鸟不至,河不出图,吾已矣夫"之凤,它是一种占据精神高地的神鸟;白驹,即《诗经·小雅·白驹》中"在彼空谷。生刍一束,其人如玉"之"皎皎白驹"。神凤飞于千仞,白驹隐于空谷,世之不遇,隐而未显,恰如孙登、阮籍,令人向往,却也令人感叹。

孔天胤在辉县还曾为卫辉府题名碑写过碑记。万历《卫辉府志》卷七《官师志下·历官》"题名记"条目下,有孔天胤、郭乾、周思宸文章各一篇,记载卫辉题名碑从初刻到两度重刻的过程。孔天胤所写记文,落款为"嘉靖癸卯春二月望日,太原孔天胤撰"。癸卯为嘉靖二十二年(1543)。

碑记中,孔天胤说:"官府多有题名,以纪官之姓氏、履历,然卫辉独阙焉。"卫辉府为河北大郡,明代设府,不但有各级官吏,还成为河南省分守河北道的驻地,已有一百八十余年的历史。无论是其地理位置、疆域幅员还是其历史传承、文化渊源,都可谓非常重要。而历代官员在此治理之功绩,也当有所记载。其意义,就如各地修于孔庙的名宦祠一样,具有着记往事、启来者的重要作用。然题名碑又不同于名宦祠,它所题写的,是所有官员的姓氏、履历。地方官员为政一方,其"人之贤否,政之

得失"总会"布之纪牒，传之父老"，人们必定"指而议"，后世之人可以"因名"而"求实"，"知实"而"资理"，所以题名碑对所有来此任职的官员都有着非常切近的警示作用，警示官员重视自己为政的声名，而这"名"由"实"而来，事实上也就是要求官员重实政、重实绩、重实效。由此也可见题名碑之于地方政事之重要性。

孔天胤为卫辉府写题名碑是受同年陈澍所请。陈澍，字伯雨，直隶合肥县人，以治《尚书》中三甲五十二名进士。中进士时年四十一，长孔天胤十三岁。陈澍于嘉靖二十年（1541）任卫辉知府，搜集自洪武年间至当时在卫辉府任职的知府、同知、通判、推官名录，欲勒石作题名碑。因同年孔天胤分守河北道，于是请碑以记其事。

孔天胤撰写的这篇碑记经陈澍刻石后，一直立于苏门山。十几年后字迹有脱落，卫辉府知府郭乾又进行了重刻。后因"岁大祲，流移满道"，此碑没有得到很好的保护，再次风化残损。万历十五年（1587），新任卫辉知府周思宸再次进行了重刻（万历《卫辉府志》）。经过历代官员的保护、重刻，此题名碑得以保存。而卫辉府陈澍初创题名碑一事的起因及意义，也因孔天胤的文章得以流传。

赠序发微：怀德知易，忌"积烦""积玩"

孔天胤一生为十几位同僚写过赠别序文。写作此类文章，作者本人的思想见识、道德水平、为文特点也显露无疑。我们也能从中看到孔天胤对国事、政事的理解，对官员所需才德的期待，以及他自己的为政理想。

嘉靖二十一年（1542）五月，河南右布政使任惟贤升陕西左布政使，受左布政使张瓉所托，孔天胤写《赠玉台任公上陕西布政左使序》一文以作送别。在这篇赠别文中，孔天胤论述的，一是为政如何才能"不烦"，二是如何改变"民病""兵疲"的现状。

孔天胤回顾了自己初仕陕西任佥事期间所见的为政之"烦":"一来则见受事者纷屈膝门外,吏人抱简而集阶次,大方伯处分或不暇退食"。大方伯,即左布政使。左布政使处理政务,忙得连吃饭的时间都没有。孔天胤当时"心厌藩司之烦如是",既烦且畏。而如今自己以左参议参知河南政事,却看到"揽清明之化,则又不烦"。"不烦"的原因,就是河南两位布政使治理有方。

为政如何才能"不烦"?第一在于为政者有"德"。德之根本,在于三点:公、顺、敬简。公即公平、公正,顺即顺时、顺民意,敬简,即孔子弟子冉雍所说的"居敬而行简"(《论语·雍也》)。对于公、顺、敬简三者的关系,孔天胤认为:"公故能同,顺故能应,敬简故能贞,此三者,德之所以盛也。"第二在于为政者知"易"。孔天胤引用《周易》典故,说"孔子赞《易》,黄帝、尧、舜垂衣裳而治天下,盖言乎其至易也"。"易"的根本,则在于变通。知乾坤之道、通天地之理并懂得变通,自然会为政公顺、居敬行简,而繁杂的吏治也就变得条理轻松了。

任惟贤即将赴陕西任左布政使,孔天胤简述了当时陕西的情况。当时,"关中民病矣,武备又不振,盖官多政急,食少兵疲"。为什么会这样呢?孔天胤指出其根本原因,一是"积烦",二是"积玩"。

"民病"在于"积烦":"夫政有体差,税诚不足以病民,其病民者以积烦"。陕西省大官多,"一总制、四巡抚、三巡按以临有司",然"有司之政常急"且"不知简要","日夜徒驱扰百姓以供事,百姓劳苦而不得息",自然会劳民积烦。"食少",民自然"病"矣。

"兵疲"在于"积玩":"夫国家命将守边武备,宜日日振,其不振者,以积玩"。孔天胤指出了当时由于奖罚不明而导致的将帅只顾自保、将士决意不战的情况:

今匈奴杀掠其民人主帅无论,或战而折伤即论不备,虽有斩获,仅自赎而已。故将帅皆喜规避,务保全,奸人拾胔弃遗,侦杀其归虏,中者献俘,制臣辄奏捷乞赏,边人尽笑之,将士遂决意不战矣。且居无积仓,行无裹粮,虽廉颇、李牧在,今能为之战?此赏罚之不明,而劝惩之无实,如之何其不积玩也?

将帅只求自保,不能击杀侵略者,反而杀戮归降者以充军功,军中又粮草不足、赏罚不明,士兵如何愿战?即使如今有廉颇、李牧这样的名将,对这种情况也会无可奈何。所以,问题的根本不在于将帅,而在于当政者。

所以,孔天胤赠言任惟贤,相信他能够"推而达之",将治理河南之经验移用于陕西。去"民病","悉除去烦苛,与民休息";养军威,移书塞上,晓谕镇守官员,"鼓舞士气,强本足用,蓄养军威","毋邀近利,毋取虚名,毋怵祸患";明奖惩,"请朝廷破条格以广威惠,解文墨以待俊豪"。如此,"三军其无起乎?"这里连具体的措施都指出来了。

嘉靖二十二年(1543)初,孔天胤由河南布政使司左参议升浙江提学副使,正四品。

归省期间,恰逢分守冀南道左参政於敖秩满升迁,孔天胤参与了送行。应汾州知州张琯之请,孔天胤写了《送叠川於公按察湖广序》以作送别。"公当启节,余亦南征",送走於敖,孔天胤也即将离开汾州前往浙江赴任,开始他另一段新的人生。而浙江之任,在孔天胤的人生履历中,也将写下浓墨重彩的一笔。

注释:

① 《明世宗实录》与光绪《陕西通志》作"任维贤",光绪《河南通志》、咸丰《阆中县志》作"任惟贤"。陈高春《中国语文学家辞典》也作"任惟贤",河南人民出版社1986年版,第221页。

第八章 提学浙江

主持乡试:"人才彬彬,颇称得士"
课士江东:"道华行处有,藻识镜中悬"
救荒建祠:参与浙江地方事务
高文典册:浙江任内典籍的刊刻与书序
西湖宴聚:浙江时期的人文与交游
千古之谜:《霞海篇》与西湖八社
赠文别序:浙江时期的为政理想
正心明学:浙江时期的教育、理学思想
入圣之路:四十岁的惶惑与归思

息车防险径,投馆对空林。借问巢居子,宁知行路心。

——孔天胤《荽道驿作》

主持乡试:"人才彬彬,颇称得士"

浙江提学副使一任,是孔天胤仕途、人生及学术上的一个关键节点。他在浙江四年,可以说交游更广、影响更大,而他个人的学术思想也基本成型。

这是他第二次担任提学一职,虽然"佥事"为正五品,与"副使"的正四品品级不同,但职责完全相同。浙江领杭州、嘉兴、湖州、严州、金华、衢州、处州、绍兴、宁波、台州、温州十一府,与陕西同为大省,这是两任提学的相似之处;不同之处在于两地的学风和人文。自古江南多才俊，江南学风之盛、学术之隆，远非北方所能及，更不会有陕西"三边"那样的教育落后区。浙江明清为科举强省，有明一代，中进士者过三千，仅次于南直隶，明人陈汝元《皇明浙士登科考》序中写道："吾浙当天下十五之一，而大魁名贤，肩摩厘接，海内推为首藩。"[1]到这样的省份任学职，既是平生之幸运，却也是巨大的考验。

所以孔天胤对自己能否胜任，感觉非常惶恐，到任后曾写信向故人周金请教。周金（1473—1546），字子庚，号约庵，直隶武进人，正德三年（1508）进士，曾与孔天胤同官颍州，并在嘉靖十七年（1538）与孔天胤同获升迁。孔天胤在信中说自己如今"庇承乏浙中，谬司文学之事，念其久当俗吏，旧业已销，一旦负乘，何可堪胜？伏觊尊慈周界之训"（《与约庵周老先生》），其中的惶恐是显而易见的。

孔天胤于"癸卯四月抵浙"（《与王端溪翁》）。这一年，他三十九岁。

孔天胤的前任是张岳。张岳（1492—1553），字维乔，号净峰，福建惠安东岭人，正德十二年（1517）丁丑科进士，正德间曾因谏武宗南巡被杖阙下。张岳颇有学问，《明史·张岳传》记其"博览工文章，经术湛深，不喜王守仁学，以程、朱为宗"。孔天胤一到浙江，就听说了张岳之才及其在提学副使任上的事迹。当时同僚皆说，张岳"有文经武纬之才，玉振金声之实"。孔天胤于文司检视案牍，发现了一些由张岳布于学宫的宪令，于是感叹："其崇正学，则精一之规也；其迪正道，则明新之矩也；其正文体，则《雅》《颂》之所也；其端士习，则道德之同也。卓哉！"孔天胤到任后，张岳升浙江参政。嘉靖二十三年（1544），张岳升右副都御史总督两广军务，孔天胤写有《叙赠大中丞净峰张公初从浙之藩参移镇广东》。张岳留给孔天胤的一个最好的局面，就是培养了一批优秀的士子，孔天胤得以接着完成张岳考选士子的工作。

孔天胤到浙江的当年即为乡试之年，这年秋八月，他主持了浙江癸卯科乡试。

据嘉靖二十二年（1543）《浙江乡试录》，该年主持浙江乡试的主考官为山东济南府德州儒学学正陈炫和广东广州府顺德县儒学教谕陈雍，同考官有从山东、湖广等地调来的儒学教谕石铭等人。这年的乡试录后序由孔天胤所写。他对所选举人表示祝贺："今多士涵濡，圣化光显，艺材既定，其论将承其官，君子望之，小民徯之，茂哉称嘉宾矣。"但他更提出了取士时对文章风格的要求，那就是去盛丽而崇朴厚：

> 毋乃盛丽之习而朴厚之漓乎？夫雕文刻镂，伤农事者也；锦绣纂组，害女红者也；烦礼缛仪，虚谈伪行，戕士德者也。农事伤则饥之本也，女红害则寒之原也，士德戕则靡之极也，可弗慎与？

孔天胤用了一组排比句，来说明"盛丽之习"的危害。农事重的是实耕实种，如果不能"汗滴禾下土"，就算农具雕镂得再精美又有什么用呢？反而是对农事有害的。"锦绣纂组"，奢华费工而不重实用，对女红也是有害的。而"烦礼缛仪，虚谈伪行"，对士人之德同样是有害的。所以，无论是衣食之事还是士子德业之事，皆应以朴厚为尚，力避虚饰奢华。

据《浙江通志》，该科乡试有王宗沐、褚相、褚大绶、赵祖朝、马三才、姜子羔、张凤岐、秦鸣雷、徐学诗、张天复、詹莱、王叔杲、陶承学、王三锡、吴伯鹏、赵锦均、赵祖元等九十人中举，地域几遍全浙。九十人中，后有五十八人陆续中进士，其中褚大绶和徐学诗后分别中会试魁首。该科举人中，还有两位后来中了状元。一位是临海人秦鸣雷，字子豫，号华峰，中举次年即高中状元，后任南京礼部尚书；另一位是山阴人褚大绶（1523—1573），字端甫，号南明，中举十三年后高中状元。该科举人中，吴伯鹏和赵锦均官至尚书，而副使、参政之类更不乏其人。该科中赵祖元、赵祖朝和嘉靖二十五年（1546）举人赵祖述、二十八年

(1549)举人赵祖鹏为亲兄弟。赵祖元中嘉靖二十三年(1543)进士,赵祖朝和赵祖鹏中嘉靖三十二年(1553)进士。

该科中有一代名臣王宗沐,在历史、地理、理学方面都有重要影响。王宗沐(1524—1592),字新甫,号敬所,台州临海人,嘉靖二十三年(1544)进士。嘉靖三十五年(1556)任江西提学副使,修王阳明祠,建正学、怀玉书院,于白鹿洞聚集诸生,亲自答疑讲学。嘉靖四十年(1561)出任山西布政使,后官至南京刑部左侍郎、右金都御史巡抚宣府、大同、山西。王宗沐任山西布政使时孔天胤已致仕归汾,得知消息后,孔天胤写信给王宗沐,称"明公道德文章,政事兼隆并茂,海内颙颙争先睹之为快,晋鄙之人,何幸遂得被蒙保厘之惠耶",并告知当时山西的情况,"惟晋鄙内陀强宗,外迫骄虏,近益敝矣",相信王宗沐到山西后,"必顺风而翔,含景而熙矣"(《与王敬所方伯》)。王宗沐后任后,有书币寄送孔天胤。对于王宗沐治晋之功,孔天胤称"我公文学政事,玉英而金辉矣,一时社稷生灵之幸乃尔,此文武之道所以不堕也"(《再与王敬所方伯》)。

除了王宗沐,该科举人中还有两位后来出仕山西,被《山西通志》列入"名宦"。一位是海宁人褚相,字朝弼,号元泉;一位是东阳人赵祖元,字宗仁,号南庵。褚相于嘉靖三十五年(1556)出任山西霍州知州,多有善政,孔天胤归汾后和他多有往来,为其善政作有多篇记文。赵祖元后来担任山西按察司佥事、副使,曾在太平县(今山西襄汾县)兴修水利,教乡民使用水车、耕种水田,孔天胤也为其作有记文。该科举人中文学优长之士比比皆是,仅有文集者就有十几位,如王宗沐、秦鸣雷、张天复、徐学诗、詹莱、王叔杲、陶承学等。

孔天胤在浙江任上,共主持了两届乡试。第二届,是嘉靖二十五年(1546)的丙午科。

据《浙江通志》,该科共取高鹤、王汝述、汤日新、胡儒、杨美益、徐惟辑、陆纶、陈文谟、顾言、俞时及、赵祖述、柴祥、赵铠、沈启原、翁时器、戴汝愚、孙大学等举人九十名，地域上也几遍全浙。后来中进士者有三十七人，秀水人汤日新中嘉靖二十九年（1550）庚戌科会试魁首。虽然总体情况略次于嘉靖二十二年（1543），却也是人才济济。其中江山人赵铠后来官至佥都御史，仁和人顾言官至贵州布政使，归安人陆纶官至四川布政使，鄞县人杨美益官至御史，曾巡按山西。有文集者也比比皆是，如山阴人高鹤有《可也居集》，又曾修《定远县志》。即使后来未中进士者，也多出仕，在各地任知州者数十位，山阴人孙大学（后复王姓，为王大学）曾任山西泽州知州。

对于孔天胤浙江取士的成绩，可谓有目共睹，明人凌迪知在《万姓统谱》中介绍孔天胤：

> 孔天胤，字汝锡，汾州人，宣圣后裔，嘉靖进士第二。督浙江学校，颇称得士。

"颇称得士"，这个评价简洁而到位。

课士江东："道华行处有，藻识镜中悬"

从嘉靖二十三（1544）到嘉靖二十五年（1546），孔天胤曾四度出巡，课士、考选，足迹遍历全浙。浙江幅员广袤又多高山大川，跋山涉水，对提学的身体和毅力也是极其艰巨的考验。然而这四次的巡行之路，却又充满奇遇，会见故友新朋，交游当地高士，寻访山水寺观名胜，与同道知己一起讨论学术人生，吟诗作赋，孔天胤在行走中获得了他自己都想象不到的精神成长，这又是非常宝贵的意外收获。

嘉靖二十三年（1544）春，孔天胤开始上任后第一次循行。本次循行,历湖州、嘉兴、处州、宁波四府,且在各地都书写了佳话。

在湖州府的长兴县,长兴宿儒顾应祥(1483—1565)托学官送来书信,孔天胤认为自己应该先登门拜谒,因此修书讨教并表示问候。孔天胤在信中也谈到了对当时教育的忧虑:"今日教者学者,谈空说虚,斧藻丹雘,不惟不可施之实用,抑已先自伐灵根矣。"(《与顾箬翁》)他认为只有老先生才能理解其良苦用心。

考察教官也是提学的职责,孔天胤的一贯主张是"先行实而后文艺",先考察其德行,后考其文学,但教官一职薪水微薄,大多为了养家糊口,实际操作起来困难重重。在湖州课士之余,深夜独坐,孔天胤想到了曾设教于湖州的宋代大儒胡瑗,想到胡瑗的教育理念,于是有了一次与湖州教育前贤的精神对话。他一口气写下了十首七绝,题为《湖州夜坐感怀安定先生十首》。这十首向湖州前贤的致敬之作中,也渗透着他对于当下科举取士和教育现状的思考。

胡瑗(993—1059),字翼之,世称安定先生,与孙复(泰山先生)、石介合称"宋初三先生",是宋明理学的先驱。胡瑗曾应苏州知州范仲淹之请,在苏州郡学设教,订立了严密的学规,一时苏州郡学秩序井然,成为当时各地学校的楷模;胡瑗也曾应湖州知事滕宗谅之请,主持湖州州学,进行了一系列教育改革,如以经义时务教授学生,创设分斋教学制度,采用直观性教学方法等。胡瑗在苏湖两州郡学创造积累而成的教学方法和经验,被后世称为"苏湖教学法",也称"安定学法",培养了大量经世致用的人才,如范仲淹之子范纯祐、范纯仁,及孙觉、孙览、滕元发、田述古、陈敏、钱公辅、钱藻、张坚、张巨等人。光绪《苏州府志》记载:"吴之有学,肇于宋范文正之遗泽、胡安定之教。"

孔天胤对于胡瑗、孙复两人创立的教育体系、进行的教育改革、做出的教育贡献,表达了由衷的敬仰:"濂洛关西未有名,泰山安定两先生。苏湖讲治谈经事,总与当时建法程。"胡瑗、孙复等人创立的教育法程,远在周敦宜、二程、张载等人之前，可谓教育的先驱，其位置无可取代。而对于当下的教育，孔天胤多有感叹：一叹士子追求举业，儒官昏闷因循，"本朝学校弥寰宇，取士惟看十五篇。里选斋分即无用，儒官昏闷老青毡"；二叹学堂破坏，士子并不真正通经，"今日学堂都破坏，几人经治几人通"；三叹士子所学不能经世致用，"莫道明经为上乘，屯田水利亦高玄。假如三百篇俱诵，不曾施为只罔然"；四叹立教却罕能立人，"大凡立教如营室，要使居身得所安。可怜安宅人稀住，尽向临深绝岭端"。教学环境不好，教师良莠不齐，士子大都不知儒学为经世治用之学，徒解章句以作举业之资。难道《诗经》三百零五篇中不包含着屯田水利的实际运用？不包含着勉力作为的为政之道吗？如今教官不能教以其道，学子不能学以其道，才是最令人担忧的。

嘉兴府海盐县是孔天胤同年钱薇的家乡，孔天胤于课士之余前去拜访。钱薇（1502—1554），字懋垣，号海石，治《尚书》，嘉靖十一年（1532）中三甲一百九十五名进士。中进士时年三十一，长孔天胤三岁。钱薇在礼科给事中任上，因星变极言主失被世宗记恨，后又疏谏南巡，被斥为民。"既归，务讲学，足迹不及公府"。当时已被斥为民的钱薇正乡居读书著述，孔天胤来访，二人促膝长谈："三宿剧谈，不遑寝息。盖遇心朋，不觉忘情世外，安知劳倦也"（钱薇《与孔文谷督学论〈通鉴〉书》）。

在宁波府，课士毕即将离开，奉化知县徐献忠送行，孔天胤作诗以示谢意。孔天胤诗今佚，徐献忠和诗《夏日雨中督学孔文谷出奉化有作见示奉次》云：

宪节光南极，文星动远天。道华行处有，藻识镜中悬。路绕青林雨，山迷紫逻烟。为传沧海使，报尔赤城仙。

首联称孔天胤为"宪节""文星"，赞其德厚才高，声名远播，享誉海内。"道华"联，赞其巡行传道、选拔人才之功。末二联道相送之远，路绕山迷，心中怀着深深的感念。

孔天胤浙江任内的第二次循行是在嘉靖二十三年（1544）秋。他一路南下，历处州、金华、严州、衢州等府。

在金华，孔天胤去永康县拜访了故人程文德。程文德（1497—1559），字舜敷，号松溪，浙江永康人。嘉靖八年（1529）中一甲进士，成为明代金华永康县中榜眼的第一人。孔天胤参加殿试时，时任翰林院编修的程文德是掌卷官之一。程文德宗阳明心学，其文皆以载道，故为后人所珍视。据明人姜宝《松溪程先生年谱》，嘉靖二十三年（1544）程松德升广东按察司副使提督学校，八月抵家省亲，二十四年（1545）二月赴广东，与孔天胤的相会即在此期间。

不巧的是，孔天胤首次拜访时，程文德外出未归，只给他留了一封书信。孔天胤写下了《永康县访松溪先生不果至馆头怀寄并谢来篇二首》。两诗皆仿《古诗十九首》，带有浓厚的乐府色彩。其一写"秋涧泻双溪，寒松冒层岭"，表明时间已近深秋；"绿源阻洄洑，陟巘费陵骋。思攀璩树枝，而犹隔尘境"，千山万水地来访，其人未在，何其怅惘；"一日比三岁，离惊曷由整"，相思之情，大有一日三秋之感。其二述程文德所留书信，"殷勤两三语，言约意弥隆。上言思采蓝，下言慰转蓬"，既表达自己的暂归之乐，又安慰孔天胤莫生乡愁。然而这种劝慰有什么用呢，"采蓝亦易盈，转蓬何时定？愿托黄庭阴，息此尘中影"。

这一年仲冬，孔天胤获悉程文德在富阳县宝山寺，于是赶往宝山寺，二人终于在此相会。宝山寺一名灵岩宝山院，为唐元和间僧道琳建。二人在此居住三日，秉烛长谈，程文德写下了《与孔文谷督学同过宝山寺论学契怀遂成十律》，其中《宝山》一诗曰：

宝山三日晤，萍水百年缘。听鸟危阑外，看云古木边。晨谈及秉烛，宵坐待明烟。道谊真兄弟，相思未别前。

程文德视孔天胤为兄弟，可见欣赏与器重。

金华期间，孔天胤还拜访了隐士方太古。方太古是明中前期金华府颇为知名的布衣诗人，字符素，自号寒溪子、一壶生。嘉庆《兰溪县志》记其通《诗》《易》《春秋》三经。他一生不仕，负气傲岸，视名利为无物。孔天胤到金华课士，听说此间有此高士，公务之暇便想前往拜访，但方太古不愿见官府中人，所以几次都没见到。《兰溪县志》记载：

> 方太古家居，孔督学天允（胤）者，耳其名，数欲见之，辄引避。一日孔屏车，徒闲行，入其室，愿结布衣交，即欢若平生矣。

孔天胤屏车徒步前来，以步衣身份求见，方太古才勉强接见。而这一见，即"欢若平生"，结下了深厚的友谊。孔天胤文集中有《冬日再访寒溪》，或即写此事。诗中艳羡方太古的隐者生活，"开径只应来仲氏，灌园那复数于陵"；并感叹自己未能如寒溪子一样摆脱樊笼，"嗟予亦有垂天翼，未脱樊笼愧尔能"。

二人性情相投，方太古热情款留孔天胤。临别之时，孔天胤写下了《用韵答寒溪留别之作》，"云里青溪鹤发翁，送予芗水步如风"，状方太古之鹤发仙姿。孔天胤为这种布衣之交而满心欢喜，"临岐未必仙凡隔，天上人间会此逢"。嘉靖二十四年（1545），孔天胤循行途中过金华，再次拜访方太古，写有《访方隐君金华山中》一首，对方太古隐者的生活方式表示钦羡，"川观鱼鸟心无累，涧束荆薪手自携。酒性更能如五柳，花林相许抱琴跻"。

第三次循行是在嘉靖二十四年（1545）暮春。此次循行范围极广，包括严州、金华、温州、台州、绍兴、湖州等府，几乎覆盖了整个浙江。

孔天胤巡行到永嘉县时，得知程文德即将赴任国子监祭酒的消息，于是一路追赶，到严州时才算追到。二人终在富春驿相会。程文德欣喜万分，写下了《会孔文谷喜述》：

> 暮春偶共富春泊，江上真同沂上看。尊酒相逢无宿约，风雩佳兴有青峦。驿亭移席岚光暝，村屋藏林灯影寒。最是他年堪忆处，孤城月出倚阑干。

孔天胤陪程文德游严陵钓台，登上钓台最高处。孔天胤临风览古，有感于出世和入世的矛盾，写下了怀古诗《登钓台最高顶用宋人张紫岩韵二首》。诗中描述钓台之高，"钓台高出绝云空，无怪垂纶向此中"；咏严光故事，"当时若建策南阳，今日应将邓禹同"，孔天胤认为严光如果献策辅助光武帝的话，也会取得和大将军邓禹一样的功绩。

孔天胤又顺流而下，送程文德至桐庐县鸬鹚门，程文德写有《鸬鹚门别孔文谷督学》一首：

> 惜别钓台渚，还过鸬鹚门。林木敷嘉荫，人家静石垣。对此牵离绪，把袂尽无言。相逢便三日，依依忆宝山。

宝山，指二人嘉靖二十三年（1544）仲冬于富阳县宝山寺的相会。二人在浙江的两度相逢显然给程文德留下了很深的印象，后来程文德还在《与孔文谷督学书》中提及："富春之会，钓台之登，鸬门之别，视松溪之访、宝山之留，风景益奇，情兴益剧。"而在孔天胤文集中仅存的一封《与程松溪先生》书信中，却更多是谈论关于儒家的教义，他认为："道之大观，必自在如鸢飞鱼跃，而后为浩然之气，充塞两间，无有间惕，少有异同。"

温州府北瓯江中有孤屿，因南朝诗人谢灵运在此游玩题诗，后被命名为江心屿，上建谢公亭、江心寺，素有"瓯江蓬莱"之称，为温州名胜。繁重的校文使得孔天胤感到疲惫不堪，于是乘舟到江心寺散心。在这里，孔天胤与谢灵运有了短暂的心灵交会，写下了《江心寺是康乐所云孤屿，予校文久疲，寻景暂适舟，泝舟从登，含毫存览》一诗。孔天胤读《永嘉志》，读到谢灵运《命学士讲书》及《白石径为民行田》等诗，感慨万千，和士子一起缅怀其人。孔天胤想到的，并非仅仅是谢灵运山水诗的高妙，更是其"才为高世置，名犹远迹振。改服莅邦牧，宣条属明亲""讲训发誉髦，经畴授甿民"教化士民的功绩。谢灵运被祀永嘉名宦，当地人还为其在东山书院建有祠庙。

台州应该是孔天胤留下痕迹最深的一个府。孔天胤写于台州之诗甚多，后编为《霞海篇》一册刊印，惜乎散佚。我们只能从其现存诗文集及《盛明百家诗·孔方伯集》中得知其部分行踪信息。

中国嘉德2015年春拍"大观之夜"，有一件市场上极其罕见的千年翰墨瑰宝震撼亮相，它就是五代吴越王钱俶《草书手简》（并铁券图式及宋元明清名贤题跋）。其中有孔天胤和陈尧共同赏析的题跋，文曰："嘉靖廿二年五月望日，西湖散吏孔天胤与太守陈尧同观，又观旧书铁券及宋濂等诗文卷子。"后有朱文印章"壬辰及第进士"。又有钱德洪、谢铎、黄绾、张寰跋文。

在台州临海县，孔天胤与学者黄绾、张一厚曾相约同游东湖，颇为相得。张一厚，号岱野，山东平原人，嘉靖五年（1526）进士，官至浙江按察司巡海副使，著有《海道经》。黄绾（1480—1544），字宗贤，号石龙，别号久庵，学者尊称久庵先生，台州府黄岩县人，明代中后期著名理学家，官至礼部尚书兼翰林院学士。黄绾青年时代心仪于程朱理学，中年后服膺于阳明心学，晚年创立了以"艮止""执中"为核心范畴的哲学体

173

系，著有《石龙集》《久庵先生文选》《知罪录》等。

后来在写给张一厚的信中，孔天胤回忆了东湖同游的高谊，称"东湖宴语，永以为好也。达人雅度，无日不怀"。张一厚曾为孔天胤母亲写有祝寿文，孔天胤深表感谢，"即寿家老母之仪，感益何任"。孔天胤写到张一厚率兵抗倭卓有成效，"闻海上事渐次宁息，足知门下文武兼资，智勇齐布，一劳而永逸，重内而威外，甚赖甚赖"。孔天胤也听到一些传闻，报知张一厚，"但此地传语纷纷，多谓门下必主剿杀，恐成事变"，"而当道者亦白面郎也，惟门下经略之"（《与岱野张宪副》）。皆知己者语。白面郎，纨袴子弟。由孔天胤这封信也可知当时浙江吏治有颇多问题，孔天胤忧心忡忡而无力改变，只能就听到的一些消息报知同道者。

黄绾后来写有《于东湖柬孔文谷提学用张岱野兵备韵》一诗忆及三人同游东湖之事：

去岁东湖上，同君坐夕阳。清谈时看剑，雄饮不停觞。逝水郯偏速，浮云岂自藏。悲歌飞鸟尽，月白水烟乡。

同坐东湖，共看夕阳、浮云、逝水，清谈看剑，饮酒言欢。孔天胤还写有《与黄久庵先生》一信，就"俗学支离，学者不知道德仁艺为何物"向黄绾请教。

天台山是台州胜景，历代文人墨客途径此地多有游赏。孔天胤也曾游天台，写有《天台路流眺》《国清寺》《桐柏宫》《石梁》等诗。在天台山桐柏宫，孔天胤写有《桐柏宫憩眺》一首：

改辙升桐柏，息阴清夏云。怀仙王子晋，驾鹤去氤氲。观表金庭旧，芝藏玉洞芬。信兹永可托，将此谢人群。

桐柏宫原名桐柏观、桐柏崇道观，在桐柏山上，为道教主流全真派南宗祖庭。王子晋即王子乔，传说中的仙人，雁荡山仙桥景区也有传说是仙人王子晋骑鹤飞临之地。对于此诗，抗倭名将张铁有和诗。

孔天胤自"天台、石梁踰天姥"到达绍兴府新昌县。嘉靖二十三年秋七月，新昌县先师孔子庙因年久失修毁坏。县令曹天宪重修孔庙，从当年十月开始，直到次年正月落成。孔天胤到后"谒先师，课学官弟子以其道"，应诸生所请为之写记，即《新昌县重建先师孔子庙庭记》。

在诸暨，孔天胤与同年钱德洪在紫山书院论学。钱德洪（1496—1574），字洪甫，号绪山，绍兴府余姚县人，壬辰科三甲二百二十六名进士，王阳明的重要弟子，学者称绪山先生。钱德洪曾任国子监丞、刑部陕西司员外郎等职，嘉靖二十二年（1543）因事被削官为民，周游江、浙、楚、广等地，游学林下三十余年。

嘉靖二十五年（1545），孔天胤进行了第四次循行。这一次，他主要巡行了浙江东北的嘉兴、湖州、宁波、绍兴四府。

其行踪，据他写给同年好友赵维垣的《别叙》可知："前月孟陬，阅嘉湖（嘉兴和湖州）丙午仲月，余来自嘉湖，阅宁绍（宁波和绍兴），三月二日也。余行二日，到于会稽。"孟陬即正月，仲月即农历二月。赵维垣，字伯师，号龙岩，贵州永宁卫人，祖籍直隶江都。壬辰科三甲一百七十四名进士，中进士时年二十三，小孔天胤五岁。嘉靖二十三年（1544）任浙江按察司佥事，与孔天胤成为同僚。孔天胤在嘉兴期间曾生病服药十余日，病愈至湖州曾写信给赵维垣谈及此事（《与赵龙岩年丈》）。

在湖州，孔天胤写信给湖州名士刘麟，称"从事已（以）来，一官已历四春，三岁两到湖郡"（《与大司空刘坦翁先生》），说自己这是第二次到湖州来了。在信中，孔天胤表达了对刘麟这位前辈学者的敬仰之情，还向刘麟谈到了自己在教育上精卫填海的决心："鄙生宣条无状，正如精卫填海，而士习泛泛洪水警予，非有神禹九年之力，恐天昏地陷莫知止极也。鄙生将衔回木石,戢羽西山,恐伏谒长者,终无晨夕。"不久后,孔天胤收到刘麟寄赠的"教札四件,道义大书二件",回信表达感谢,称"缄未启时,神情先震,既对扬则天光霍然下布,临我有赫,神情应化,不知所云"。孔天胤有感于刘麟这样的"先觉"对年轻人的重视和教诲,称"后人小子不遇先觉,怅怅夜行乎尔。今蒙佑启,何幸何幸",并谈到了自己所坚守的信念,"'道义'二字,端雅庄严,谨铭座右"。因"牵于俗务",二人并未见面,孔天胤希望刘麟能够有机会去杭州,自己必会尽地主之谊,"若秋水兼葭之际,翁不命禅于西湖,某必鼓箧于苕溪之上矣"(《再与刘坦翁》)。

湖州期间,孔天胤还为吴山书院选拔了一位教师,叫浦海滨。此事见于刘麟的记载。在记述浦海滨湖州学官任上"井井然有条理也,厌厌然其能始终也,斤斤然其明哲也,欣欣然其乐人之臧也,戚戚然其忧人之不修也,遇士大夫以礼处,诸士子以恩"之后,刘麟写道:"督学文谷孔公以文称雄海内,拔浦子于俦人之中,庭论移日,各诧相见之晚,以礼聘校书吴山书院而简擢。"(《送浦海滨擢国子助教序》)这也是孔天胤在巡学途中留下的一段佳话。

救荒建祠:参与浙江地方事务

虽然身为提学只须负责学政,但孔天胤在杭州也以各种方式参与了浙江的地方事务。

其一,救荒,祈雨。

嘉靖二十三年(1544),杭州大旱,田里无麦禾,粮食严重缺乏,米价上涨到每石一两八钱,道路上随处可见饿殍,即使是富裕的家庭食物也要减半。嘉靖二十四年(1545)随之而来的是比上年更为严重的大饥荒,万历《杭州府志》:"二十四年,杭州大饥","秋七月丁卯,杭州大雨雹""百物腾涌,米石价一两八九钱"。

情势危急,杭州知府陈一贯倾力救荒,却因方法不当反招灾祸。陈一贯,福建福清人,嘉靖八年(1529)进士。陈一贯采用的救荒法,是从富裕之家借米,由僧人于各寺观设粥厂赈济灾民,许多人因过度饥饿而食粥过多,反致大病,丢掉性命的也大有人在。故此有人归咎于陈一贯救荒不得法,陈一贯也在考绩中遭弹劾而被贬官。陈一贯倾力救荒,却落了个被贬官的下场,这个反面教训带来了极坏的影响,从此为官者皆不敢轻易再谈荒政。然万历《杭州府志》作者陈善认为,陈一贯并无大的过错,"救荒无善策,惟发廪与贷之富民",但由此可能触犯了一些人的既得利益,而一些奸猾胥吏也趁乱从中获利。

孔天胤此时也显出了勇于担当的一面。虽然救荒不是提学份内的职责,但他向巡按御史提出了一条他认为可行的建议。万历《杭州府志》记载:

> 二十四年,杭州大饥,提学副使孔天胤行救荒法。天胤见荒甚,建议于巡台略曰:"今民间子弟,欲肄业国子监者,类以不得由学校为耻。议令愿入学者,入米五十石,许其三日即以附学各邑,起选纳银入监籍名,违者黜之。庶稍为饥馑之一济。"按史高懋报曰:"兹议荒政、学政两得之,亟举行,勿缓。"天胤惩前食粥过多致疾,命僧于十门五鼓作薄糜,人给一大瓯,不使饱啜,民颇被惠。

孔天胤的办法是让富家子弟以粮食抵学费来充救荒之粮。他提出,民间子弟想到国子监读书的人很多,但限于各种原因而无法入学,如果这些人愿意拿出五十石粮食用于救灾的话,三日内即可允许其入监读书,表现不好者可以终止其学业,某些方面类似于现代教育制度中"宽进严出"的理念。巡按御史高懋认为该建议对救荒和教育是两得之举，因此下令紧急施行。孔天胤针对以前饥民一次吃粥太多导致生病甚至毙命的问题，命令僧人熬稀粥，每人一次一大碗，不使其吃饱，大大减少了由此出现的生病问题。

孔天胤的这种救荒法到底好不好？万历《杭州府志》作者陈善评价，用这种方式换米赈灾和卖官鬻爵无异，"然不忍民死而急为图之"，在极端情况下采取这种措施，也是无奈之举，其情可原。况且，"夫孔公为学使，无民社之责，而曲谋赈恤如此"。

至于有多少人是通过这样的方式入监的已不得而知，乾隆《海宁州志》有这样一段记载：

> 明代诸途入监均赴选，人不必尽由纳粟……二十四年岁荒，提学副使孔天允（胤）建议，民间子弟入米五十石，即起送纳银入监……谓之例生。

可能对教育制度来说，这种方式也有某种程度上的影响。然此事为灾年的特殊办法，过灾年而不能调整，也说明了吏治的僵化。

孔天胤还多次参加了杭州的祈雨活动，写有《祈雨文》《再祷雨文》《祷雨告先正文》。孔天胤记述当时情况："今者雷霆绝响、风雨愆期逾三阅月矣。野草不青，道殣相望。室满啼饥之儿，家垂待哺之老。闾巷悲痛，辗转无聊。仓廪空虚，赈贷莫及。"他乞求神灵"开通山泽，调理阴阳，早施甘澍，一洗叹荒"。虽然祈雨活动未必真能灵验，但在那样的历史条件下，这也是官员所能采取的唯一办法。当年高叔嗣就是因祈雨中暑而亡。孔天胤也曾有诗描述此次大旱（今佚），其友邵经济的和诗《苦旱和孔文谷学宪（讳天胤）韵》曰：

> 桔槔声断田父苦，长夏高天不作雨。斋诚奔走郡大夫，川渎

之神靡不举。安得敕龙三日霖,一日三尺酬人心。开襟对雨凉云侵,尊前席上时一吟。

邵经济(1493—1558),字仲才,别号泉厓,浙江仁和人,与兄长邵经邦同中正德十六年(1521)进士,时人名其里曰"双凤坊"。曾任成都知府等职,后因丁父忧归乡,从此不再出仕,著有《泉厓先生文集》和《泉厓先生诗集》。桔槔是古代一种原始的汲水工具,桔槔声断说明无水可汲。这首诗生动刻画了杭州的大旱和士绅百姓祈雨的场景,以及人们对甘霖的向往。

孔天胤还写到了浙江右布政使谢兰在旱灾中的忧虑以及所采取的措施。

谢兰,字与德,号畹溪,山西代州人,嘉靖五年(1526)丙戌科进士,历任真定府推官、御史、浙江巡按、山东布政司参议、陕西按察司副使、陕西参政、河南按察使等职。嘉靖二十四年(1545)正月,谢兰从河南按察使升任浙江右布政使,来时正逢杭州大旱,"郡县旱极千里,流莩塞途,守令坐空文不能恤",谢兰"闵然忧惧,日夜靡宁"(《送浙江右使畹溪谢公赴河南左辖序》)。不仅如此,因为大旱,"藩务殷巨,奸蠹矗焉",吏治也出现了混乱的局面。

作为一名有经验的官员,谢兰采取了一系列措施,"定令饬彝,删繁举要,剔弊滞,整纷挠,节器用,顺物宜,救灾害,匡困穷"。而谢兰自己"守俭而履恭,居敬而行简",以个人的才德做出了表率。只过了两个月,"政有象焉,纲纪章也,于是吏民大悦"(同上)。谢兰在浙江任上的时间并不长,当年八月即转任河南左布政使。后来又升陕西巡抚,雍正《陕西通志》记载,谢兰任巡抚时,"上安攘方略,各有条理。居常核军实,恤民隐"。嘉靖二十六年(1547),"秦陇大饥,啸聚山岩,剑阁道阻",谢兰"请帑赈恤,擒治渠魁,余即解散",由此也可侧面了解其治世救荒之才。

好在，浙江在大旱之后，终于下雨了。天降甘霖时，孔天胤和邵经济都用诗表达了喜悦之情。孔天胤诗已佚，从邵经济和诗《得雨和孔文谷宗工韵》可略见孔天胤久旱逢雨的喜悦心情：

愁绝春来十日霖，而今一雨惬愁心。斋居夜半灯花发，为报先生喜雨吟。

湖上瞻心祷雨祠，江云如幕忽垂垂。杨枝竹叶如来水，洒向郊源慰我私。

其二，建祠。

作为提学，孔天胤非常注重当地的文化建设。嘉靖二十三年（1544）灾害未行之时，孔天胤还和时任杭州知府陈一贯改凝真道院为扬清祠，祀浙江乡贤王琦和项麒。

王琦，字文进，浙江钱塘人，永乐间举于乡。在监察御史任上，治狱平反死囚七十余人；曾任山西按察司佥事提督学校，以母忧归。起复四川整饬兵备，因非其好而乞归。王琦为官清白，致仕家居后衣食不给，郡守胡濬送一百两银子给他，以无功不受赐拒而不受，于是胡濬将其清行上报朝廷，以皇帝的名义赐给他。王琦复辞曰："禄以养士，未闻养民也，无功而食，将无愧于心乎？"官员士绅百姓莫不叹服，后终因饥寒发病卒。项麒，字文祥，浙江仁和人，景泰年间以贡士授南京吏部司务，迁工部营缮司员外郎，成化初以母病乞改南京，授刑部福建司员外郎，升江西司郎中，以病告归。雅操尚洁，不入公府。平湖县令宁浦犯事，去拜访项麒并送上一百两银子，项麒厉声斥道："君事果枉，法司自能直之；苟不枉，则受罪乃其所也。既剥民以自蔑，复以蔑己者蔑人，是诚何心哉！"宁浦面红耳赤，浑身流汗不止。宁浦走后第二天项麒就无疾而终，享年八十有二。

建祠事见于田汝成《西湖游览志》。田汝成（1501—?），字叔禾，浙江钱塘人，嘉靖五年（1526）进士，曾任南京刑部主事、广西右参议、福建提学副使等职。归田后，盘桓湖山，穷游浙西诸胜，著有《西湖游览志》，又有《田叔禾小集》《辽记》等。按照田汝成的说法，忠清里本名升平巷，为唐褚遂良旧居。正德十六年（1521）里人胡世宁为都御史，监察御史唐凤仪想为胡世宁建牌坊，胡世宁不同意，建议为"清介绝俗"的王琦和项麒在褚遂良故居的巷口建一小石碑，上写"忠清里"，用于激励后人。唐凤仪照办。嘉靖二十六年（1547），布政使李默在碑上又补刻了胡世宁的名字。"嘉靖十一年，钱塘令王钱立二公神位于褚祠并祀之。二十三年，提学副使孔天胤、郡守陈一贯以凝真道院奉二公，题曰'扬清祠'。"康熙《杭州府志》记载与此类似，并补记了嘉靖二十年，陈一贯的堂弟，也是孔天胤同年陈仕贤任杭州知府，曾另外建了一座祠堂，然而过于狭小且简陋，所以嘉靖二十三年（1544）孔天胤与杭州知府陈一贯商量，把附近的凝真庵改建为扬清祠，以区别于祭祀褚遂良的"忠清祠"。嘉靖二十四年（1545）扬清祠落成，陈一贯写有《扬清祠记》。

除了建扬清祠，嘉靖二十三年（1544），孔天胤和知府陈一贯又在斯如里建先贤祠，祀先贤曾子。祠堂后又多次重修，万历十三年（1585）毁。

其三，作记。

嘉靖二十四年（1545）冬，杭州府仁和县在谢体升的主持下，对船厂进行了改建。孔天胤写有《浙江改建船厂记》一文。此事《浙江通志》有载："《改建船厂记》，《仁和县志》，孔天寅（胤）撰。"谢体升（1506—1571），字顺之，号潮溪，吉水县人，嘉靖十七年（1538）进士，曾任工部主事、浙江佥事，终浙江布政使。

漕运制度作为经济体系的一个有机组成部分，为整个社会的经济、政治、文化、军事提供了坚实的物质基础和经济支撑。明代造船技术极其发达，造船厂遍布运河沿岸和沿海。孔天胤文中记载，明朝自建国以来，浙江漕船或从江苏淮南解料，或在邻近省份招工制作，有时候也由本省制造，经常改变，但都有弊端。后来虽在仁和县的谢村修建船厂，但船厂初期比较简陋，因不便于管理，所以常常被用作其他场所。谢体升到任后，着手改建船厂。此次改建，对船厂的位置进行了转移，"置关外板桥地便"；其经费来源，是"变取故厂之值与其扣库之羡"；场地选择，"贾民隙地六亩"。改建之后的船厂，"中构前堂五楹，左右厢各五间；后堂五楹，左右厢各三间，为部使者督临之所。周方缭以崇堎，前启大门，门东置把总居之，门西置分理亭一所，群有司居之"，这都是便于官员监察；"又栅河两头严其启闭"，加强管理。此役于嘉靖二十三年（1544）冬动工，二十四年（1545）仲春落成，"事尽便宜，官民一无扰焉"。

孔天胤以其经世之心、如椽之笔，参与浙江地方事务，记载浙江大事，其功其德，在浙江各地的地方志及明人文集中，可以说俯拾即是。

高文典册：浙江任内典籍的刊刻与书序

孔天胤在陕西时曾刊刻樊鹏《樊氏集》，在颍州时曾刊刻王崇庆《海樵子》，但都比较零散；浙江时期，他的刻书呈现出集中化、批量化、高端化的状态。这主要有两个方面的原因：一是明代刻书业普遍发达，江浙一带犹盛，文化氛围使然；二是孔天胤身为提学副使，编选教材、刊刻典籍、教育士子本来就是其职责的一部分。

孔天胤在浙江任内主持刊刻过多少种书籍、为多少种书作过序，目前已不可确知，仅可从其文集和各大图书馆书目中略知大概，在此以时间为序略作梳理。

（一）刻《集录真西山文章正宗》三十卷并序

《文章正宗》是宋代理学家真德秀编选的文选读本。真德秀(1178—1235)，号西山，福建浦城人，是继朱熹之后的理学正宗传人，同魏了翁

（1178—1237）一起，在确立理学正统地位的过程中发挥了重大作用，创立了"西山真氏学派"。《文章正宗》的内容，《四库全书总目提要》称："是集分辞令、议论、叙事、诗歌四类，录《左传》《国语》以下至于唐末之作，其持论甚严，大意主于论理而不论文。"

嘉靖二十三年（1544），孔天胤"选工雕印"，重刻了真德秀的《文章正宗》并作序，目的是为了"布令学徒与举业兼资习之"。序言中，孔天胤阐述了自己对此书的认识以及重刻此书的意义，在于让士子学有所本，学本"正宗"。何谓"正宗"？他说："六籍所载，皆圣人之道。道者，正宗之谓也。"正宗也就是"圣人之宗"，也就是"性道"之理，"惟得其宗，则载籍之间皆性道，性道之外无文章矣"。他还引真德秀之言"士之于学，所以穷理而致用也"，说重刻《文章正宗》，就是"以明义理，切世用为主"。这三十卷刻了约半年时间，"经自嘉靖甲辰孟夏，而于仲秋之望落成"（《重刻〈文章正宗〉序》）。

《集录真西山文章正宗》现存有嘉靖二十三年（1544）孔天胤刻本和嘉靖三十九年（1560）范惟一重刻本，中国人民大学图书馆、台湾"国图"、美国国会图书馆等单位有藏。孔天胤刻本山西师范大学图书馆、祁县图书馆也有藏本，被列入《山西省第二批省级珍贵古籍名录》。

孔天胤对此书颇为看重，刻成后，曾将其寄赠给山西按察使张子立，以报其助接家人来浙之恩。此事还有一段小插曲。当时孔天胤到浙江上任，因父亲新故，"妻妾俱留奉老母"，但"四十无儿，万里孤泊，终非人情"（《与廖东雩年丈》），嘉靖二十三年（1544）夏即有"欲取家口来浙"的打算，但因"缘路远艰"和"边信及水潦"而未能成行。九月二十四日孔天胤在出试金华途中忽然得到音讯，报其家眷已到浙江。孔天胤大喜过望，对安排并护送其家眷至浙的山西按察使张子立"感激诚入骨髓"（《与张南墅宪长》）。张子立，字原礼（又写作元礼），号南墅，山东黄县人，嘉靖五年（1526）丙戌科进士，嘉靖十三年（1534）曾巡按浙江，后任山西按察司副使、右参政，嘉靖二十三年（1544）四月升山西按察使。孔天胤修书致谢，说不能亲自拜会，"谨修状并封新刻《文章正宗》一部报使者还报门下"。孔天胤晚年还曾将此书推荐给汾州第八代庆成王朱慎锺，说"《文章正宗》《古今韵会》《唐音》、李杜等书，乃本朝教太子诸王、翰林吉士之书，宜各置一部，列之玉几，但暇则取玩味"（《上庆成王宗川》），可见对此书的看重。

（二）刻薛蕙《薛诗拾遗》四卷并序

嘉靖二十三年（1544）秋，孔天胤刊刻了亦师亦友的忘年交薛蕙的遗诗，名为《薛诗拾遗》并序。

薛蕙卒于嘉靖十八年（1539），当时孔天胤在汾州丁父忧。孔天胤了解薛蕙才德，知其著作甚多，他认为薛蕙著述多而传者少，当时可见者也就是《老子集解》《约言》和《考功集》，所以希望能够整理先生遗作以便传世。他到河南上任后，不仅派人吊之墓，而且到其家求取遗作，可惜"求书其家不得"，又辗转"得遗诗若干于朱灌甫所"。朱灌甫，即朱睦㮮，周藩宗正。在浙江课士之余，孔天胤就将所搜集的薛蕙遗诗辑录刊刻，"谓之'拾遗'。然虽属短篇，顾其称指亦已玄矣"。

书刻成后，孔天胤寄给曾任山西提学副使、左布政使、巡抚都御史的陈讲，信中说："即月出校浙东，会冯宪长便，谨附状承候起居，略布腹心，并上绢帕一端及《薛诗拾遗》六册、《学政事宜》四册请教，幸惟垂省。"（《与中川陈宗师》）由信中可知，孔天胤所刻《薛诗拾遗》为六册。《薛诗拾遗》无刊本流传，唯台湾"国图"有抄本，且只有四卷。由信中可知孔天胤在浙江还刻有《学政事宜》，惜今佚。

（三）洪楩刻《唐诗纪事》八十一卷，孔天胤序

嘉靖二十四年（1545），洪楩刻宋代计有功所著的《唐诗纪事》，即将

付梓之际，请孔天胤为之作序。洪楩，字子美，一字美荫，钱塘人，是明代杭州有名的藏书家和刊刻出版家，在杭州西溪建有"三瑞堂"藏书楼，藏书宏富。洪楩一生刊刻书籍众多，最知名者为《清平山堂话本》。

《唐诗纪事》是一本诗话类著作。孔天胤在《重刻唐诗纪事序》中介绍，南宋甲申年（1224），怀安府代理知府王禧（字庆长）曾刊刻该书，然"年代既远，印版磨灭，或无再刻之者，故其书罕存，即有传者，但钞本尔"。如今洪楩重新刊刻，实在是大功一件。

序言中，孔天胤阐释了"在事为诗"的诗学观。班固在《汉书·艺文志》中说的"感于哀乐，缘事而发"，基本奠定了"情事合一"的诗学基础。明确提出"在事为诗"的是汉代纬书《春秋纬·说题辞》："在事为诗，未发为谋，恬淡为心，思虑为志，故诗之为言志也。"孔天胤举例阐释了"在事为诗"的原理：

> 夫诗以道情，畴弗恒言之哉；然而必有事焉，则情之所由起也，辞之所为综也。故观于其诗者，得事则可以识情，得情则可以达辞。譬诸水木，事其源委本末乎？辞其津涉林丛乎？情其为流为邕者乎？是故可以观已。故君子曰："在事为诗。"

得事方可识情，得情方可辞达。就好像水和木的关系，事是水、木根本，辞是渡口和林间小路，而情可以使水于林间顺畅流淌。孔天胤梳理了自唐代以来的诗学演变：唐诗"皆情感事而发抒，辞缘情而绮丽，即情事之合一"；到宋代时，理学兴起，儒者又推杜甫等人，"而以格调声律为品裁，然但言理而不及事"；到明代中期，"性情说"渐起，又走向了另一个极端，"然自性情之说拘，而狂简或遂略于事，则犹不穷水木而徒迷骛乎津涉、蔽亏乎林丛，其于流畅益已疏矣"。无论偏向于格律和言理还是偏重于性情，都失之于"无事"。孔天胤认为，"如穷水木，或不喻其时代与人物，是既不晓事又安识所谓道情者与？夫所谓声调者，亦欷言也已"。失去了"事"，诗就是无源之水、无根之木。

《毛诗序》中曾提出"在心为志，发言为诗"，强调诗言志，但朱熹并不赞同这种诗学观，如孔天胤所说，"《诗》三百篇，《毛传》盖其纪事，今为考亭（指朱熹）所绌，然欲究遗经，当必考之"。所以，《唐诗纪事》一书，"其艺流之源委，文苑之本末，利涉之方航，发蒙之朗若者"，于诗学有着重要的价值。

洪楩刻、孔天胤作序的《唐诗纪事》，今台湾"国图"有藏，孔天胤序落款为"明中宪大夫、浙江提刑按察副使敕理学政、汾阳孔天胤汝锡甫撰"。清代学者王士禛在《池北偶谈·毛传如纪事》（卷十四）中引用了孔天胤《重刻唐诗纪事序》中的句子："孔文谷序《唐诗纪事》云：'《诗》三百篇，《毛传》盖其纪事，今为考亭所绌，欲究遗经，当必考之'云云，实名通之论。""名通之论"，此评价不低。

（四）刻《资治通鉴》二百九十四卷、《资治通鉴考异》三十卷并题辞

孔天胤在浙江任上所刻的最大部头的书，就是宋司马光所撰的《资治通鉴》。刻这一大部头的史学著作，也是孔天胤的正学术之举。在《刻司马温公〈资治通鉴〉题辞》中，他说："余谬领提调，与诸生修《大学》之道，居经史之业，遂私以前说，质诸有道，佥谓不愆。乃从事雕缮，用布学官，弟子择善而多识之。其书凡二百九四卷，另《考异》三十卷。"刊刻的目的就是为了让诸生弟子"择善而多识"。

孔天胤对《资治通鉴》作了简介：

> 有宋司马温公，患（司马）迁、（班）固以来文字繁多，学者不能遍综，乃删削冗长，举撮机要，取关国家兴衰、系生民休戚，善可为法、恶可为戒者，上自战国，下讫五代，为编年一

书。积之岁月之久，成之任理之专，治道弘备，观览不烦。故英宗亲赐名为《资治通鉴》，神宗亲序其为"博而得其要，简而周于事，典刑之总会，册牍之渊林"焉。

这段文字是目前所见对《资治通鉴》最准确、最简洁的介绍，可入于文学史。短短一段文字，既有对《资治通鉴》内容、记事始末的简介，又有对其成书、得名过程的简介，还有中肯简要的评价。

孔天胤认为，《资治通鉴》是《史记》《汉书》等史学著作在关乎国家兴衰、生民休戚标准下的精编版，其编选的目的有二：一是删繁就简，便于通览；二是能够经史合一，运用于实际。他说："惟在学者溯流穷源，经史合一，征往察来，体用不二，庶于治有兹尔。"《资治通鉴》除了有经世之用，很大的意义也在于使学者"善可为法，恶可为戒"。如果读经不能明是非、察善恶，只囿于语言文字之间，又有什么益处呢？

《资治通鉴》嘉靖二十四年（1545）孔天胤杭州刻本，今北京师范大学图书馆、北大图书馆、四川大学图书馆和台湾"国图"等均有收藏。附《考异》三十卷，国家图书馆等单位有藏。

在书未刻前，孔天胤同年钱薇曾写有《与孔文谷督学论〈通鉴〉书》一文，对孔天胤有志于刊刻该书大加赞赏。钱薇希望孔天胤能够就原版《通鉴》中的一些错误和疏漏进行修订补正，比如五代部分，钱薇认为失之于粗疏，后之注释者独重胡三省本，但胡本"援引或蔓而注释或烦"。

书刻成后，孔天胤曾将《资治通鉴》八十八册寄给浙江学者郑晓。郑晓（1499—1566），字窒甫，号淡泉，浙江海盐人，嘉靖二年（1523）进士。通经术，熟谙典故，长于史学，通达国体，甚孚时望，官至刑部尚书、兵部尚书。后因受权贵倾轧阻扼落职（《明史·郑晓传》）。孔天胤信中称"《通鉴》一部八十八册奉览，开岁或得面伏并幸垂省"，并希望郑晓能重刻《史记》《汉书》，说"《史记》《汉书》，咸贤人愤志而作，故《汉书》是刘歆作之，而班固辑而成耳。愿公卒成此不朽之事。向见海石先生亦云有志于此，但未见其书也"（《与郑淡泉先生》）。海石即钱薇。孔天胤晚年为庆成王朱慎锺所开列的书单中，将《资治通鉴》列入王府必读书，称"窃计四书五经、《性理》《通鉴》乃本朝经筵进讲、便殿观览之书"（《上庆成王宗川》），朝廷都要讲读，何况王府。

（五）为杨慎《南中集》作序

杨慎（1488—1559），字用修，号升庵，四川新都人，嘉靖初与明世宗进行"大礼仪"之争的大学士杨廷和之子，也是《三国演义》主题曲"滚滚长江东逝水"的作者。杨慎是正德六年（1511）状元，授修撰，曾疏谏武宗微行出居庸关。嘉靖初，曾因言"大礼"而被下诏狱，廷杖，削籍，遣戍云南永昌卫。杨慎博学，于书无所不览，著述之富推为第一，除诗文外尚有杂著一百余种（《明史·杨慎传》）。

杨慎《南中集》嘉靖二十四年（1545）刻于涪州，刊刻者为谭棨。谭棨，字朝器，号少嵋，四川涪州人，嘉靖十七年（1538）戊戌科进士。孔天胤任职浙江时，谭棨为浙江按察司佥事，两人颇为相得。谭棨为祖父母、父母作寿，孔天胤曾为之写寿序；后来谭棨调任，孔天胤亦写诗送行。孔天胤为杨慎《南中集》写序，就是应谭棨所请。孔天胤《刻升庵〈南中集〉叙》中说："吾友少嵋谭子，先生之邦彦也，取而刻之，如古金石刻。为告余焉，曰：'吾刻子叙。'"谭棨说，我来刻，你来写序。孔天胤序末落款为"嘉靖二十四年十月，河汾孔天胤叙"。

对于杨慎，孔天胤并未亲见其人，但对其早有耳闻。孔天胤在亳州拜会薛蕙时，薛蕙收藏有一部分杨慎作品，并对杨慎评价很高，薛蕙"言先生卓绝之才，弘博之学，其诗唐四杰不能过也"。孔天胤非常想看到杨慎的其他作品，然"山川阻修，云雾塞之"，愿望难以实现。如今在谭棨处看到杨慎之诗，"见此编多于薛处所见，又喜其刻之如古金石刻"，大加赞赏。

该书孔天胤序前有张含、王廷、薛蕙三人之序。后二人序均作于嘉靖十六年（1537），而孔天胤序则作于嘉靖二十四年（1545），此集在谭棨刊刻前已经刊刻过。孔天胤序中也写有"刻中有叙三篇，大抵皆褒美品式"句，可知孔天胤写序时已有这三篇序言。孔天胤评价杨慎之诗为发愤之作，他认为"情深文明，虚浮靡曼，深莫深于发愤，明莫明于感人"。司马迁曾说，"《诗》三百篇，大抵圣贤发愤之作"，杨慎也是发愤著书，所以其诗感人也。

孔天胤与杨慎终生未见，但应有书信来往。孔天胤同年游居敬（1509—1517，字行简，号可斋，福建南平人）在为杨慎写的墓志铭里说："任君少海、方伯孔君文谷辈率千里神交，邮书相讯。"任少海即任瀚，四川南充人，嘉靖八年（1529）进士，终官翰林院检讨。任瀚与杨慎、赵贞吉、熊过被称为"西蜀四大家"，又与陈束、王慎中、唐顺之、赵时春、熊过、李开先、吕高被称为"嘉靖八才子"。可惜孔天胤与杨慎书信，二人现存文集中均无。

含有孔天胤序的杨慎《南中集》嘉靖二十四年（1545）谭棨刻本，今故宫博物院图书馆有藏，另见于中国国家图书馆《甲库》第七百四十六册。后者中孔天胤序为手书，今人也可通过此书一睹孔天胤书法的飘逸灵动。

（六）刻林春《林东城文集》二卷

林春是孔天胤同年，当年会试高中魁首。今检《嘉靖十一年会试录》，可见其中所录例卷即林春文章，各考试官、同考官对其评价都极高。

林春（1498—1541），字子仁，号东城，南直隶泰州人。以治《诗经》举业，中进士时年三十五，长孔天胤七岁。天性温醇，少孤贫，好学问。中进士后历司封员外郎，不久以母病乞归，起补吏部文选郎中，卒年四十四（《明史·林春传》）。林春卒于嘉靖二十年（1541）孔天胤丁父忧期间，此前二人曾有书信来往。

孔天胤初仕陕西后，曾寄诗稿给在京任职的林春，林春回信评价说："《履霜》②之作，其出自然，唐人不尽风致于执事发之，敬服敬服。"（林春《寄孔文谷》）但林春也给孔天胤提出了一个更为重要的建议，那就是不要过分沉迷于诗歌，而应多着力于孔孟之学。林春认为："诗人之上更有圣人，愿学之心当不以此易。彼昔孔孟未尝以诗名，而后世言圣贤者归之。"孔孟皆不以诗名世，有志于经世治国者又如何能沉迷于诗？当然，林春也认为，"其工诗若李、杜、陶、谢，真能脱去常格，而功名富贵皆不足以动心，信人豪矣。然较之孔孟，或未之及"。李白、杜甫、陶渊明、谢朓等人，重诗文而轻功名，可谓人豪，但其于人类历史文化的贡献，恐怕难及孔孟。林春作为长孔天胤七岁的同年，此语可谓真诚率直，也颇见林春的见识。

后孔天胤因选贡不当被贬官祁州，林春又寄信来，说到选贡之事，也颇多微词："议及执事转官祁州，盖此以慎文柄者之心，欲求贡之得人耳。然材有不可求，岂能一一如人意哉？亦救时之计也。"林春勉励孔天胤，"恭念执事以道自尊，以义自守，外物之来，信能直受"。林春认为孔天胤之迁，是祁州人民之福，"祁民何福，而得执事之一往耶"；且相信孔天胤不久即会有升迁，"度不久淹，终当大用"（林春《再柬孔文谷》）。

林春遗作《林东城文集》孔天胤于嘉靖二十五年（1546）刊于浙江，今台湾"国图"有藏。今中国国家图书馆有民国《海陵丛刻》，《林东城文集》为第五卷。卷中有王畿序、冯良昌跋、张淳跋、林晓晖跋。王畿（1498—1583），孔天胤同年，字汝中，号龙溪，浙江山阴人，王阳明重要弟子。中壬辰科三甲二百二十四名进士，中进士时年三十五，长孔天胤七岁。王畿追随阳明甚久，自视独得阳明学说真谛，以推广阳明学说为己任。居林下四十年，无时不讲学，自两京及吴、楚、闽、越、江、浙，皆有讲舍。张淳为林春弟子，林晓晖为林春之子。

王畿在序言中写到，林春文集由其弟子张淳辑录，恰逢孔天胤督学浙中，"因出以谋诸督学孔文谷子。文谷子毅然图所以刻之，而以校雠之事托诸荆川"。荆川，即唐顺之（1507—1560），字应德，一字义修，号荆川，学者称为荆川先生，南直隶武进人，嘉靖八年会试第一。孔天胤请唐顺之为之校正，校对完毕即在浙江开雕。

张淳在跋中也写道："文谷孔公刻之浙中，诸子晓辈归而藏之于家。予虑其传之弗广，移之州治而遍行焉，庶东城之学传之天下，后世当有知之者矣。"

林春初学于泰州学派的代表王艮，得其真传，以格物致知之论闻名南省；又与黄绾、邹守益、罗洪先、王畿、唐顺之等人相互切磋，曾就理学之本源展开讨论。但因其中年早逝，未能形成自己独立的思想理论和观点，故不被后人所重视，研究也相当缺乏，不可谓不遗憾。

（七）刻程颢《明道先生语略》并序

《明道先生语略》是孔天胤在浙江任上刊刻的理学著作。程颢，宋代理学家，与其弟程颐并称"二程"，理学"濂洛关闽"四家中的"洛"学派。程颢号明道，世称明道先生；其弟程颐号伊川，世称伊川先生。孔天胤在《刻〈明道先生语略〉序》中阐述了刊布此书的原因。他认为，儒学传至宋朝，周敦颐和程颢、程颐兄弟为正宗，而程颢之学说最为醇正，"其言简粹精贯，直指道源，顾伊川不及也"。即使朱熹，也没有完全领略其中和之意，而朱子之章句又是士子必读书，"今学者徒守朱子之章句，而不知尚考其师友渊源之所自，则无本之学也"。因此孔天胤咨询王畿，辑录程颢语略，刊刻流布，"刻与同志者共学焉"。

（八）刻王阳明《朱子晚年定论》并序

《朱子晚年定论》是明代理学家王守仁（阳明）的重要哲学著作之一，

集中体现了其心学思想。王阳明认为，朱子在其哲学理念中已有心学元素存在，于是依据其心学思想重新对朱子的论著作了新的阐发。"朱子病目静久，忽悟圣学之渊薮，乃大悔中年注述误己误人，遍告同志"，故"世之所传《集注》《或问》之类，乃其中年未定之说"（王阳明《朱子晚年定论序》）。

孔天胤在《刻朱子晚年定论序》中说，朱熹的最大贡献，是将学术著作的训诂之学，渐过渡为义理之学。朱熹为《周易》《诗经》及"四书"等作传注，"初意盖欲由讲解以为入道之门"，并非就是学术定论。然"一时门人遂以缀辑而张大之"，加上后代学儒者固守其说而不详其旨，"至于信传而不信经，从人而不从天，学术支离，道体蒙障，则章句为有祸焉，此门人党伐过矣"。朱熹晚年对自己前期著作多有悔意，但孔天胤认为，"朱子已非自诳，而学人之自诳者于今犹烈也"，"世之学者徒守朱子中年未定之说，而不复知求其晚岁既悟之论，竞相呶呶，以乱正学"。正因为如此，见到王阳明所辑《朱子晚年定论》一书，孔天胤认为这才是朱熹学术中最有价值的部分，当世学者应该深省之。

孔天胤刻成此书后，曾赠给薛应旂，薛应旂如获至宝。薛应旂（1501—1575），字仲常，号方山，武进人，嘉靖十四年（1535）进士，初授慈溪知县，屡迁南京考功郎中，因忤严嵩，嘉靖二十四年（1545）谪建昌通判。薛应旂是明代著名理学家，其学术思想介于朱熹、王阳明之间，黄宗羲《明儒学案》将其归入阳明学派，称其对东林学派有导源之功。薛应旂生平著述宏富，有《宋元资治通鉴》《考亭渊源录》《甲子会纪》《四书人物考》《高士传》《薛方山纪述》《宪章录》《方山先生文录》《浙江通志》等。

嘉靖二十四年（1545），薛应旂从南京至江西建昌县上任，过钱塘时，孔天胤携酒过访，并将所刻《朱子晚年定论》赠送给他。薛应旂第二天离开后，写信给孔天胤表示感谢："数年未获一睹颜色，昨过钱塘，重辱高谊，追饯驿亭，从容樽俎，沃领教言，且辱惠书刻数种，于路读之，益见执事学究本源，不遗末艺……两浙诸生何幸得师如此"。赞扬孔天胤，"公之成已成物之功用，岂在古人下哉"（薛应旂《与孔文谷提学》）。薛应旂后来还写有一信，再次表达感念："乙巳雪中，公顾我于钱塘江上，且携觞痛饮，意气慷慨。别后途中作一诗，书于赤壁卷尾寄上，竟不得达。"（薛应旂《与孔文谷书》）五年后，薛应旂也升任浙江提学副使，又重刻了《朱子晚年定论》一书，在《重刻朱子晚年定论序》中，他写道："视学至浙，进诸生而问焉，乃蒙障犹若未尽撤者，而文谷所刻则既散逸矣，余为之慨悼者久之。检诸故篋，向所示原本则固宛然在也，因命工翻刻之。"并回顾了嘉靖二十四年（1545）与孔天胤关于此书的一段佳话："曩岁乙巳冬，余以谪官赴盱江，道出武林（杭州），值文谷孔君董浙学政，送余浙江驿下，携所刻《朱子晚年定论》见示。"

（九）刻《越绝书》十五卷并序

《越绝书》是一部记载春秋时期吴越历史的重要典籍，它以春秋末年至战国初期吴越争霸的历史事实为主干，上溯夏禹，下迄两汉，旁及诸侯列国，对这一历史时期吴越地区的汉民族政治、经济、军事、天文、地理、历法、语言等多有涉及，被誉为"地方志鼻祖"。作者为汉代袁康，一说为袁康与吴平。

《越绝书》共十五卷，孔天胤嘉靖二十四年（1545）刻本今收于《甲库》第二百六十六册。书前两页残缺，未详孔天胤是否有序。嘉靖二十六年（1547）浙江人陈垲又进行了重刻，与孔天胤刻本在《甲库》同一册中。台湾"故宫"也有藏。

（十）刻《越艺正诠》并题辞

《越艺正诠》刻于嘉靖二十五年（1546），孔天胤《〈越艺正诠〉题辞》

篇末注明写作时间是"丙午三月廿七日"。刻此书，是针对"近来缀文之士，学不求心，心不明理"的现象。孔天胤在题辞中也道出了其文章观：

> 文章本有正体，要在明畅典则。至于长短丰约，惟准才情，各著理象。故诠辞达意，意尽而止。譬犹玉水璿流，方圆自莹；春华秋实，启结有因。决非水木离其本源，而别资假合也。以此喻文，文体可知。

孔天胤指出文章的宗旨在于"明畅典则"，在文字表达上，要做到"诠辞达意，意尽而止"，而不能聊为"假合"。所谓"假合"，也就是拼凑语言文字。假合之文俯拾即是，导致的是"千篇一律，辞理双亡，繁衍愈长，疵冗愈甚"，而学者"沿差袭伪而执迷不悟也"。

孔天胤认为《越艺正诠》一书"有端人雅士之文"，可以"一雪此陋"，于是与知府商议下书坊雕行。"夫物甚微细，然实风猷所关"，他希望此书的流布，能够为士子的文风带来较好的影响。

此书今未见著录，不详存否。书名《越艺正诠》，或作于绍兴。

（十一）为绍兴知府苏术《起俗肤言》作序

苏术，字双柏，广西阳朔人。嘉靖五年（1526）进士，历官新建、贵溪、清丰知县。曾擢御史，因"疏多戆直，指及乘舆"，谪滦州判，再迁绍兴知府，致仕。《起俗肤言》今未见传本，据孔天胤序言，这是一本"陈宗庙、名义、祭祀、燕享、教养"等的书，其目的是通过"端教、道政、齐刑"以实现"化俗""风教"之效（《〈起俗肤言〉序》）。孔天胤写此序，是应钱德洪所请。王畿写有《〈起俗肤言〉后序》，关于该书的宗旨，讲得更为明白："吾侯双柏子之治吾越，慨习俗之未同，而病其离也，谓三代以上宗法明而知，三代以下宗法亡而乱，乃一旦以追古之意，作为肤言,以启训之。"

(十二) 刻皇甫涍《东览篇》并题辞

《东览篇》是孔天胤同年皇甫涍担任浙江按察司金事期间所作。皇甫涍(1497—1546),字子安,号少玄,江苏长洲(今苏州)人,治《周易》,中壬辰科二甲第五十七名进士。中进士时年三十六,长孔天胤八岁。皇甫涍与皇甫汸(字子循,号百泉)、皇甫冲(字子浚)、皇甫濂(字子约)为四兄弟,皆以才名,人称"皇甫四杰"。孔天胤也有文字,对皇甫四杰表示赞叹,称"昆玉文星,朗鉴珪璋,特达四美,全于吴门"(《与百泉皇甫先生》),"昆玉""四美",皆言其兄弟俱优。

嘉靖二十三年(1544)三月,皇甫涍升浙江按察司金事,分管浙东区域。孔天胤在《〈东览篇〉题辞》中写道:"浙东惟会稽岢禹穴,迤逦东去,则四明、天台、龙湫、雁荡,各以其据摽秀禀灵为最神隩矣。"皇甫涍于吏治之暇,登山临水,颇有佳作。孔天胤评价皇甫涍之诗,"余以是察子安之作,求造托之理,则朗照而知鉴之积也,绝响而知谷之存也"。光阴易逝,佳文当传,于是命工刊刻。

今检皇甫涍《皇甫少玄集》,可知其在浙东期间,寻雁岭馆,发郡城之天台山,观石梁夜宿万年寺,作有多首寄忆诗。其中有一首题为《发郡城之天台道中述所经览,寄孔、谢二宪副,赵、何二金宪同年二首》,便是在由郡中到天台山途中所写,其中"孔、谢二宪副"指孔天胤和谢庭苣,"赵、何二金宪"指赵维垣和何天启,五人均为同年进士,均在浙江任职。

孔天胤与皇甫涍既为同年又颇为交心,两人交游唱和颇多。嘉靖二十三年(1544)秋天,孔天胤冒雨拜访皇甫涍,皇甫涍写下了《雨夜孔文谷见过》:

浪迹寡吾与，逢君慰所思。升堂惭座客，入室美文辞。木叶城秋后，窗灯夜雨时。敦交值兹晤，宁止乐新知。

诗中皇甫涍写到自己性格"寡吾与"，但见到故人十分欣喜，更何况是在雨夜。这年除夕，同为离家游子，皇甫涍写下了《除夕与孔学宪》，"之子惠同襟，委化开予思。谌尔绸缪故，聊以忘岁时"。

杭州西湖边昭庆寺是一处略显僻静、闹中取静的所在。闲暇之时，孔天胤经常在这里读书，皇甫涍也经常来此。皇甫涍写有《孔学宪读经昭庆寺予过赠此》一诗。孔天胤还写有《翠筠山房同皇甫少玄三首》，皇甫涍有《昭庆寺翠筠禅房同孔学宪》和诗。

孔天胤与皇甫涍之弟皇甫汸也有交游。孔天胤曾写信给皇甫汸，称"此来吏越，得奉少玄教范，因得窃奉先生之绪余，然更恨不及门也"。孔天胤向皇甫汸求教，"夫鄙人世所不道，而高明不金玉其音，岂以孺子为可教耶？"皇甫汸回有一诗《寄孔督学》：

宪府新开越水东，瀛州似与海门通。谈经直采先秦上，文学多陪后乘中。一自西京辞宿卫，遂今南国奉余风。几人修刺怀衣袖，犹恨无从谒孔融。

诗中既有对孔天胤学问、文采的赞赏，又有无从会面的遗憾。

然而不久后，情势突然急转直下，皇甫涍被免职了。嘉靖二十四年（1545），皇甫涍因南京刑部员外郎任上旧事，被以"不职"罢免。时人多愤慨，皇甫涍的同乡，"吴中四才子"之一的文徵明（1470—1559）就在文中写道："南迁考核，惟视一时实履以为黜陟，近时乃有既徙官而征其旧事者，因得以其私意中伤之。然非险恶大憝亦不敢公肆诋毁。君初阙曹未及上，再任亦无几时，竟以胜任推揎，曾未数月而以不职论黜。呜呼！

群耳目何可涂也。"（文征明《浙江按察司佥事皇甫君墓志铭》）

当时，孔天胤正在巡行途中，路过天姥山时，"忽闻此恶信，便急渡江，欲送临风之发，然至则行矣，怅惘可知"（《与皇甫少玄年丈》）。惆怅之余，孔天胤写下了《别怀送少玄》。庆幸宦路有同道，"薄宦不求达，佳人欣与俱"；伤悼同道舍己而去，"如何舍之去，茫茫向烟雾"。如人在旅途，倍增离思，"丹枫驿里行人少，括苍岭头偏忆君"。

皇甫涍回乡后，有《寄孔学宪同年》，状自己对仕途的厌倦和对纵情山水的向往。孔天胤回信中有对当前世事的无奈情绪："不谓天道近垂，人事多谬，遂使规矩改错，星辰失行，雅志好修，伤心严谴。夫才贤之生以资世也，今所逢殆若此世道，当复奈何。"也有对皇甫涍的安慰和鼓励："吾丈抱明夷之爻，秉素位之义，旦夕若有除书，当便勉行，更无芥意，此圣人居九夷，达者觉四遐之事。吾辈今日学问，处此方为有得也。"（《与皇甫少玄年丈》）孔天胤还随信寄上所刻《东览篇》及自己的三十四篇诗稿，请皇甫涍斧正。

但令所有人都没有想到的是，就在嘉靖二十五年（1547），皇甫涍"待次里中，郁郁不乐，病卒"，一代才子悲情陨落。其同年、同道者，闻之无不既惊且悲。同年蔡汝楠有诗《哭皇甫子安》，总结皇甫涍一生，"五字沉吟诗品绝，一官憔悴世途难"，如今生死相隔，"清琴欲鼓含愁断，短札犹存掩泪看"。皇甫涍好友周诗（字以言，号虚岩）也有悼诗《哭皇甫少玄二首》，"惊梦昔容在，伤心岁月徂"，"岂堪人代里，垂老失知音"。

皇甫涍《东览篇》单行本今不存。孔天胤文集中紧随《〈东览篇〉题辞》后又有《读湖阁感别之篇便书其后》，开篇云："少玄皇甫子与岩潭王子别也，作《别友赋》，并取往怀诸篇书为一册，抽绪神睿，振华宪雅，玉质金相，文栋郁如也。"文中提到的"取往怀诸篇书为一册"或即为该书。"岩潭王子"即同年王廷幹，时任浙江台州府同知。

西湖宴聚：浙江时期的人文与交游

提学副使虽然职位不高，但地位十分重要，而孔天胤又兼有榜眼的光环，在浙江任职长达四年，因此交游颇广，仅其诗文集中提到的就多达三四十人。这其中有孔天胤的同年，也有其恩师，还有同僚，更有当地的贤达名流和隐士。加之浙江有着优美的风光和悠久的人文历史，历来是文人墨客览赏的绝佳之地，孔天胤与他的同道知交也曾在吏治之暇宴游西湖，湖上阁、石屋寺、西溪、灵隐寺、映江楼、积善毓庆堂、云居寺、东冈寺、昭庆寺、湖上山楼等都留下了孔天胤和友人赵廷松、蔡汝楠、赵维垣、皇甫涍、田汝成、侯一元、万表、童汉臣、周诗等人的身影。这种同道交游、诗文唱和，既是文人雅事、词林佳话，又在精神层面给予着宦游千里的孔天胤以温暖和力量。在此略选重要者简述。

与昔日故交赵廷松的相逢，是个意外，却也充满惊喜。

嘉靖十六年（1537），赵廷松任山西按察司佥事。孔天胤于嘉靖十七年（1538）冬回乡丁忧，乡居三年，与赵廷松多有交游，并将赵廷松义子、孝义赵讷收为学生。然孔天胤丁忧未满，赵廷松便因事离开了山西。据《明世宗实录》，嘉靖十九年庚子，赵廷松受谗"回籍听候"。嘉靖二十二年（1543）十二月，山西巡抚都御史李珏奏按察使曹嘉、巡按山西御史王汝楫互相考讦事，为赵廷松平反，嘉靖二十三年（1544）赵廷松回晋复职，后官至山西左布政使。赵廷松回晋之前，和孔天胤在浙江多有交游。

嘉靖二十二年（1543）冬，孔天胤和赵廷松在西湖湖上阁相会，孔天胤写有《与赵俟斋宴湖上阁》一首。孔天胤诗中有"攀芳结思徒千里，聚梗论心忽此时""厌厌莫惜阑宵醉，明月海云何处期"句，表达二人相知之情；赵廷松有和诗《湖上次孔文谷韵》，诗中有"湖上入座影离离，雪意窥梅向北枝""往事河阳同病日，高怀汾馆剧吟时"句，回顾二人山西结交，又在千里之外的杭州相遇，怎能不生无限感慨。

孔天胤、赵廷松、张一厚曾结伴登临万松岭，赵廷松写有《同张岱野、孔文谷登万松岭》，"越海西来第一峰，势吞江水出芙蓉。中天楼观开千障，落日帆樯入万松"，状写万松岭之气势。

孔天胤和赵廷松也曾一起赏评薛蕙诗，赵廷松写有《孔文谷过访因评薛西原诗》：

过访相逢孔文谷，评诗共讶薛西原。江湖绝唱谁同调，今古名家各异门。野寺夜深星月坠，汾河朝往雪霜繁。不堪俗驾催东发，空忆清坛闻至言。

这大约是赵廷松得到复官邸报将往山西赴任时所作，诗中既有对薛蕙诗歌"江湖绝唱"的高评，又有"不堪俗驾催东发"的无奈。

孔天胤在浙江时，有多位同年与之交游，如前面所提的钱薇、皇甫涍、王畿、钱德洪，还有赵维垣、王廷幹、谢庭莅、欧阳清、谢九仪、廖希颜等人。

孔天胤与赵维垣极为知心。两人"既相晤，又同寀署，遂得数晨夕矢心，期簿书之隙，复综理学问，庶乎文言所谓'忠信德业，乾乾终日'者"（《别叙》）。朝夕谈心论道，吏治之余综理学问，可谓相得相乐。

赵维垣曾在昭庆寺召集同年宴集，孔天胤写有《昭庆寺承龙岩宪使招同诸寅丈宴集席上偶成》。赵维垣又曾与孔天胤在云居寺一同游赏，孔天胤写有《云居与龙岩、虚斋同赋》，"来频不独逢僧话，坐久还因长道心""牛马一官还自笑，尘沙多劫好谁言"，字里行间颇带有几分禅意。赵维垣与邵经济也有交游，邵经济写有《有怀龙岩赵监司和文谷孔宗工留别韵》一首。

嘉靖二十五年（1546）元宵节，孔天胤感兴抒怀，写下《元夕述怀奉呈龙岩兄丈，前岁此夕龙岩在金华》一诗呈赵维垣：

> 元夕怀君忆昨年，三溪东望水如烟。非无美酒乘春兴，独少同心共月圆。往事蹉跎成梦里，兹宵荏苒复灯前。相离莫谓逢还易，犹恐萍踪益渺然。

嘉靖二十五年（1546），孔天胤课士湖州期间，曾修书给赵维垣，谈及世上"种种烦劳，尽是世习"，"吾辈今日学问，只要收放心耳""性命道德，更无物事，可把捉者，即心便是矣。未有心不逮仁而性命道德之不经管者也"，显然深受阳明心学影响；又对《易》中"圣人以此洗心退藏""斋戒以神明其德"进行阐释，指出"洗"字"是吾辈著脚处、下手处。然不斋不戒，皆非洗也"（《与赵龙岩年丈》）。

二人之间的深厚感情在孔天胤的《别叙》一文中有突出体现。嘉靖二十五年（1546）丙辰，赵维垣"当进表上皇帝寿"，而孔天胤已经任满三年，但并未得到提拔的机会，因此仍要按照惯例去循行课士。赵维垣担心二人一别之后再无相见之日，于是连日宴请孔天胤，"乃连日酹余，又夜送余过江歌，瞻望弗及"。孔天胤在会稽，雨夜中静思二人往事，感慨"龙岩与余别者，酹之送之，信之宿之，瞻之望之，神留意眷，色怆情伤，歌声贯金石，义气薄云天"，这绝非一般朋友所能够做到的。赵维垣曾经请孔天胤解释其号的内涵，孔天胤以《周易·乾》中的"龙德而正中"释之："夫龙，至阳之精，无欲而静，故能随时而动，动与天合""岩则高庄而龙宅其中，乃居中应化，龙之所以神也"。这大约也是赵维垣一生得到的对其号的最励志也最会心的注解。

王廷幹，字维桢，号岩潭，泾县（今属安徽）人。中壬辰科三甲第六名进士，中进士时年仅十七岁，比孔天胤小十一岁。王廷幹当时任台州同知。孔天胤写有《省堂春燕》一首赠王廷幹，"有酒承君子，登筵合众宾。华堂满嬉笑，乐事悉敷陈"，言与同年相聚宴饮之乐。王廷幹写有《和孔文谷省堂春燕赠篇》，"词翰宗学士，江海见情人。置酒临飞阁，留欢皆上宾""道泰以文会，心同惟德邻。冲襟垂至教，高谊念羁臣"，赞赏孔天胤之高才，答谢孔天胤之厚谊。

王廷幹看到皇甫涍写孔天胤在昭庆寺读经的诗后，也和诗一首，《和皇甫少玄赠孔文谷读经昭庆寺之作》，"五津梵学心能悟，八藏经书手自翻。色象从来俱不染，空虚到此复何言"，对孔天胤昭庆寺读经之事表达敬意。

王廷幹还有写给孔天胤的诗《赠学宪孔文谷》，对孔天胤的仕宦历程及掌教浙江的教化之功进行了较为全面的总结和称贺：

> 道脉承先圣，亲枝重帝宫。名高三殿上，望满五云中。关右儒生化，颍川节制雄。育才端士习，敷教赞天工。吴越声先著，台瓯学更崇。文章程体范，礼乐尽陶融。雁水知迎节，霞山解避骢。诗书归鲁国，将相出王通。桃李依师表，弦歌迎国风。瀛洲闻讲习，仰止意无穷。

这首诗信息量非常丰富。首联述其家世，第二联述其高中榜眼，第三联写其曾在陕西、颍州任职，从第四联开始写其在浙江的教化，端士习，正文体，明礼乐，课学子。"诗书归鲁国，将相出王通"句，称颂孔天胤为孔子后裔，学术也本孔孟，根本纯正；而山西又有大儒王通，人文丰厚。这是同年眼中的孔天胤，儒者本色，师者本色。

谢庭𦶟（1507—?），字子佩，号右溪，四川富顺人。中壬辰科三甲四十五名进士，中进士时年二十六，比孔天胤小两岁。在任吏科给事中时，因雷击谨身殿，谢庭𦶟上疏请嘉靖皇帝自省，语气恳直，嘉靖帝不悦，挑其中讹误之字停了他的俸禄。嘉靖十八年（1539）又因谏皇帝南巡，被打入大牢,不久贬为云南典史,后升襄阳同知。嘉靖二十二年(1543)四月出任浙江按察司佥事,分巡浙西道,但不久就辞官归里了。

据孔天胤《赠宪使右溪谢子拂衣归里序》,谢庭苣到任后,即"问民疾苦,察吏治得失,宣典正刑,敬简宽栗",这"类非沿俗之吏所能望其万一"。当时浙西吏民"疲于奔命,愠于烦苛久之",谢庭苣来后,吏民"乃皆大悦"。然而却因此得罪了一些官员,"而当道者或不悦也",谢庭苣就以奉养父母的名义辞职归隐,时年三十八岁,距到官之日只有四个月。孔天胤赞扬了谢庭苣拿得起放得下的潇洒,说当时之世人,"观夫汲汲炫售,射宠猎华,卒一无所建著,与滔滔声利之中,入而不能出,必至汩没并尽而后已";谢庭苣却不然,虽"才足经世,德可宪时,天下有志之士皆景仰其大用",却"鸿飞冥冥,视弃桓衮若败絮然",并不贪恋官场。

孔天胤归汾后刻录此文时,在文后加了两句小注,介绍了谢庭苣的生平,并补充其退归故里后,"使者累荐其贤,隆庆改元(1567),诏起山西布政司左参议,不就"。关于这一点,也有不同的说法,明人萧彦记载,谢庭苣后来出仕了,万历二年(1574)加太常寺少卿,致仕。

嘉靖二十二年(1543)秋谢庭苣归里,同年钱薇也写有《送谢右溪乞归序》。孔天胤又作诗二首,今集中仅存一首,即《谢子佩乞休有作用韵赠之》。诗中称,"上书北阙言何事,归驾西山别有天",归去后将又是一番新天地;"临岐不惜千金剑,对酒惟歌白云篇",道离别相赠,歌隐士之曲。"千金剑"语出《吕氏春秋·异宝》,丈人渡伍员过河,伍员"解其剑以予丈人,曰'此千金之剑也,愿献之丈人'";"白云篇"语出陶渊明《和郭主簿》,诗中有"遥遥望白云"之句,后因以"白云篇"称隐士之诗。

孔天胤对谢庭苣辞职归隐的做法十分钦佩,后来在写给学者戚贤的信中,还提到"右溪浩然归去,岂不诚大丈夫哉"(《与戚南山》)。戚贤,(1492—1553)字秀夫,号南山,全椒(今安徽全椒县)人,嘉靖五年(1526)进士,历官吏科给事中、刑科都给事中,曾师事王守仁。

欧阳清（1492—?），字懋直，号冲庵，江西上饶人，嘉靖十一年中二甲六十九名进士。先后任礼部观政、员外郎、郎中，浙江按察司佥事、兵备副使。明代浙江兵备道有四：宁绍道，嘉兴道，温处道，台海道，欧阳清分守温处道。

嘉靖二十四年（1545）正月，欧阳清升任四川参政，孔天胤写有《送冲庵先生欧阳子参知蜀藩序》。序文中，孔天胤认为欧阳清是"天才之特达"者。欧阳清在浙三年，"吾观其居常谈笑樽俎，点染篇翰，登高临深，刘揽周听，一若无委于吏局，无事其才能者"，似乎爱玩乐，疏于吏治；"然其饬军旅，表官属，断案剖辞，防警察奸，则如操刀而割，悉中肯綮之会，合于桑林之舞"。谈笑间，吏治皆清，"不大声色，而盗山之徒、舶海之寇日衰止焉"，这非"天才之特达"者不能至也。由欧阳清，孔天胤总结出为政的一种较高境界："深识可以极微，博通可以运广。不越者式遵其轨，既发者无出其机，而后掌布之绩，光于虞庭"。但最根本的因素，还是要识深博通。

谢九仪（1501—），字君赐，又字汝膺，号少溪，山东章丘人，中壬辰科三甲九十六名进士，曾任雄县知县。民国《雄县志》记其"温厚端严，廉能勤慎。兴学校，崇节义，裁冗费，惩奸贪，励精图治，百废俱新""才思敏拔，尤工诗文"。后升监察御史，嘉靖二十三年（1544）任浙江按察司副使。嘉靖二十四年（1545），谢九仪母亲寿，孔天胤写文祝寿，"时文谷子从文学吏，又先世鲁人，则取《鲁颂》，令妻寿母宜大夫庶士以为祝也"（《谢母太宜人寿序》）。

廖希颜（1509—1545），字叔愚，别号东雩，湖广茶陵人，中壬辰科三甲第六十名进士。初授高安令，升工部主事，不久进郎中。时传帝欲南巡，上疏请罢行宫。嘉靖二十年（1541）九月任山西提学副使，其任上所纂《三关志》十卷今存。在其任山西提学副使期间，孔天胤托回乡接家眷的人给廖希颜捎了封信，信中对廖希颜掌教三晋表达了感激之情，称其

"文命诞敷，尽于三圣人之铎而振之，使敝邑之聋者、听盲者、视委顿者作而起焉，彬彬然日抵于盛矣"。孔天胤说自己"窃有志焉，而未之逮者也"，希望得到廖希颜的指点。孔天胤感叹，浙江地大而吏治繁多，大大影响了自己的学业，"地当孔道，日应接不能暇，即稍暇，仅图一坐卧耳，更不能学也，奈何奈何"（《与廖东雩年丈》）。信中也请廖希颜能够协助家眷成行。嘉靖二十四年（1545）八月，廖希颜升任浙江按察使，孔天胤在浙江又多了一知己同年。然没过多久，廖希颜竟卒于任上，年仅三十九岁，给诸同年带来了无尽悲痛。

孔天胤在浙江，还结交有几位奇人。

第一位是布衣才子周诗。

周诗，字以言，号虚岩，昆山人，一说常熟人，一说太仓人。为人倜傥，精医理，自谓张仲景以下不能过，少试方药皆神验。有司因其尚医赐之官，拂袖而去。一生不仕，"游武林（杭州），寓僧寺中"。周诗游杭州，寓寺庙，与浙江提学孔天胤书写了一段佳话。

嘉靖二十四年（1545），周诗《虚岩山人集》刻成，孔天胤为其写序，序中交代了二人相识的过程。周诗当时是送友来至浙江，"望见山水憺而忘归，尽历九秋，日展游眺"，多有诗作。当时万表等人先得到周诗《吊鄂》一篇，孔天胤看后大为赞赏，"余与龙岩、少嵋同观，以为绝唱，遂访山人而识之"。关于周诗和孔天胤的相识，还有另外一个版本，在清代学者钱谦益的笔下，二人的相识颇有点江湖奇遇的色彩：

> 提学孔天胤自翰林出，雅负知诗，阅岳鄂王庙曰："何事疥吾壁也？"命隶人彗墨扫之，至以言诗，乃大惊。立命驾往谒，与定交。武林人争延致以言，以言不怿，辞归。（钱谦益《列朝诗集》）

以言，即周诗。这里说孔天胤出自翰林，是位懂诗的人，到岳鄂王庙游览，看到墙上有好多题诗，认为这些水平不高的诗破坏了寺庙的墙壁，于是命隶人清理。但看到周诗的诗时，大惊，立刻前往拜谒，与之定交。因为提学副使的推崇，周诗在杭州出了名，杭州文人雅士争相邀请，周诗不堪其烦，离开了杭州。由此也可看出周诗的孤傲。

周诗在浙江期间，孔天胤曾多次邀约同游，二人写有多首唱和诗。周诗集中有《文谷孔宪副于㕔宴竹房》，诗中称孔天胤为"通才"，"通才政多暇，数与野人期""林峦将落日，谈笑同复移时"，可知二人相得之乐。孔天胤巡行课士，周诗有诗《江楼饯别文谷孔宪副山人赋诗送之》："群公祖饯映江楼，万壑霜来夜色深。伫立钱塘一片月，心随流水送行舟。"

在众多西湖宴游诗中，周诗有一首诗被钱谦益选入《列朝诗集》，得到了皇甫汸这样的评价："周山人《留别西湖》一篇，尤为《选》体之冠，婉丽以会景，俊逸以宣情，舂容以达气，纵笔二百言，无一字蹊径，真得古人之髓。"皇甫汸所说的《留别西湖》，诗题全称为《留别西湖兼柬孔文谷、万鹿园、赵龙岩、田豫阳、童南衡诸君》，诗中写到孔天胤、万表、赵维垣、田汝成、童汉臣众人的宴游之乐，"会心既以玄，感来宁弗亮。结侣得应刘，调逸每相抗。倾座激悬河，芳飙企予仰。绸缪林中娱，万事等飘坱。发咏互酬答，真赏由郢唱"；即将离去，"踟蹰行复留，念此意弥广。断梗惜临流，抚膺吐深悢"。

第二位是文武兼资的万表。

万表（1498—1556），字民望，号九沙山人，晚号鹿园，浙江鄞县人。正德十五年（1520）庚辰科武进士，仕至漕运总兵，佥书南京中军都督府。万表督漕日久，"于国计赢绌、河流通塞，靡不晓畅"；又长期在盐城、苏州、扬州一带抗倭，多有斩获，实为抗倭名将，人称万总戎。万表还通晓经术，熟悉先朝典故，著书甚多，史称"武臣中通儒学者，以表为著"。

万表武将出身，诗虽非上乘，却颇具特色。在《九月四日同孔文谷、童南衡、周虚岩、陈海樵湖上山楼宴集》中，有"秋兴近佳节，何必需其时。登高成野集，举目皆可诗"句，与一句人人熟知的西方格言"生活中从不缺少美，而是缺少发现美的眼睛"有异曲而同工之妙。陈海樵，即陈鹤。万表还写有一首《寄酬孔学使诸公春宴韵》，表达与同道宴乐之喜与个人的老独之悲，"镜中客鬓霜华发，窗下僧心贝叶翻。遥忆群公春宴乐，独怜幽穷倚林昏"。

万表将入山隐居，孔天胤、赵维垣、谭棨、杨钦、周诗、钱德洪、王畿等人皆来相送，众人以《金波园集送鹿园先生入山》为题各自赋诗一首。孔天胤在诗前小序中说："予与虚斋王子（王绩）、龙岩赵子、少嵋谭子、月山杨子（杨钦）及吴门周山人时乐与游。正数晨夕，忽闻适彼，无何翩然散澹，而绪山钱子、龙溪王子颉度江来送……龙岩又赋《留行》，而公方吟《招隐》，盖如白云在天，终无定迹者已。但各咏一诗而别。"

第三位是弃武从文如仙人的陈鹤。

陈鹤（？—1560），字九皋，一字鸣野，号海樵，浙江山阴人，嘉靖四年（1525）乙酉科举人。陈家故武胄，"年十七袭荫绍兴卫百户，非其志也。遂弃官称山人，则亦孤僻之士矣"。但据徐渭《陈山人墓表》，陈鹤是因为不喜欢弯弓射箭心情郁郁，竟得了一种怪病，无药可治，于是自学医术，久之窥其法径，七年后病痊愈。病愈后弃官，"着山人服，乍出访故旧，神宇奇秀，余从道上望见之，疑其仙人也"。

中年后陈鹤以诗遨游公卿间，与杨慎、何良俊、孔天胤、万表、童汉臣等多有唱和。其文集中涉及孔天胤的诗有四首，分别为《孔文谷学宗写听风图》《题画寄孔文谷学宗》《郊外奉寄孔文谷宪副》《九月三日同孔文谷宪副、万鹿园总兵、童南衡侍御湖上分韵飞字》。其中前两首为题画诗，前者云"山畔道人秋思深，竹楼八月傍溪成。西原日暮海风至，几树乱云残叶鸣"，后者云"岁晚柴门松竹幽，期人终日坐山楼。北风夜半飞寒雪，一望前溪冻不流"，皆情景交融，栩栩如生，令人如见其画，如临其景，如见其人。

孔天胤在浙江所交游者，还有浙江名士项乔、侯一元、田汝成等。

项乔（1493—1552），字迁之，温州府永嘉县七甲人，晚居郡城南门九曲巷，号九曲山人，明万历《温州府志》列为理学名臣。嘉靖八年（1529）己丑科进士，历任抚州、庐州、河间三郡太守，升湖广按察副使、河南按察司副使、广东左参政等。历官二十余年，洁己爱民，兴利除害，多有善政。项乔与孔天胤相识已久，孔天胤担任河南布政司参议期间，就曾写有《奉孔文谷少参》一信。信中因孔天胤到河南任职未及迎候而惭愧，"岁底季冬出京邸，春间忽闻荣补河南，时正在边关勘事，不及差人迎候，至今缺然。近辱手教，愧汗交并"，并向孔天胤求教，"某于剧郡，本非所堪……何以教之？"孔天胤到浙江任职期间，项乔归省，曾结伴同游，诗歌唱和。

侯一元（1511—1585），字舜举，号二谷山人，晚年又号谷樗，浙江乐清人，嘉靖十七年（1538）进士，初授南京刑部主事，历迁员外郎、郎中、广东右参议、河南按察司副使、云南左参政、广西按察使、河南右布政使等职，官至江西左布政使。与孔天胤的交游也当在归省期间。侯一元诗集中有《云居寺用孔文谷韵》一诗。

写有《西湖游览志》的田汝成，不但记载了孔天胤与知州陈一贯修扬清祠之事，还曾与孔天胤、万表、赵维垣、童汉臣一起送别周诗，这由周诗《留别西湖兼柬孔文谷、万鹿园、赵龙岩、田豫阳、童南衡诸君》一诗可知。田汝成另写有《孔学使过积善毓庆堂赏牡丹》一首，"天香国色擅双奇，日暖香浓色更滋。一似素娥开宝靥，何须银甲弄朱丝""高盖暂留临夜发，还看艳影月中垂"，极写牡丹之美与孔天胤赏花之趣。田汝成《〈西湖游览志〉序》中还记了一事，说自己的《西湖游览志》写成，孔天胤看后大加赞赏："学使文谷孔公尝览而嘉之曰：'殆郡史也。'美刺并陈,欲为锓传,而以忧去。"孔天胤认为田汝成的《西湖游览志》是一部杭州的郡史,很有历史价值,所以准备刊刻,但因为母亲去世,没有刻成。由此事也可见二人交游。

千古之谜:《霞海篇》与西湖八社

孔天胤在浙江期间,有两件事成千古谜团。

一是关于他的诗集《霞海篇》。

《霞海篇》是孔天胤按临台州时所著,嘉靖四十五年(1566)林大春在给孔天胤诗集写的序言中说:"始先生仕浙中,尝著《霞海篇》二千余言。其自叙天台、雁荡之胜,以为不让华、嵩。"林大春(1523—1588),字井丹、邦阳,号石洲,潮州府潮阳县人,嘉靖二十九年(1550)庚戌科进士,历任行人司行人、户部主事、浙江提学。据《四库全书总目提要》,诗集《霞海篇》仅为一卷,"凡诗三十四首"。

但至今成谜的是,《霞海篇》并未收入孔文谷诗集中。今"四库"版《孔文谷文集十六卷、续集四卷、诗集二十四卷》卷末有注,称此本由浙江巡抚采进,"明孔天允(胤)撰。此本校其家刻多文集二十卷,而诗则惟有《履霜集》《渔嬉稿》,缺《泽鸣稿》一卷。所作《霞海篇》亦不在其中。相其诗集板式,盖随作随刻,故传本多少不定也。焦竑《国史经籍志》载天允(胤)集仅三卷,是即多所续增之明验矣"。这段介绍说明,孔天胤诗文集的流传存在多种版本,其中所说的"缺《泽鸣稿》一卷",今可知未缺;而"《霞海篇》亦不在其中",却成为一个定案。如今所流传的所有版本中,都没有《霞海篇》。但该书被多种书目著录,可知清代中期该书尚存。据钱仲联等《中国文学大辞典》云有万历间刻本及旧抄本。

《霞海篇》在当时影响非常广泛。林大春在《孔文谷诗集》序言中称,《霞海篇》"传之已久,为词林所宗"。时人对孔天胤《霞海篇》评价之高,我们由陈鹤、包节、林大春等人的"读后感"中即可见一斑。

陈鹤曾为《霞海篇》写有后序,此序也是一篇极好的关于诗歌演变的文章。陈鹤指出:"宋元之季,新声四起,而古调遂忘。"明朝建立,因袭其弊端,文坛以三杨(杨士奇、杨荣、杨溥)为代表,在形式上追求典雅工丽,在内容上歌颂功德、粉饰太平的"台阁体"文风弥漫一时。弘治、正德年间,李梦阳、何景明等人倡导"复古"的文学运动,提出了"文必秦汉,诗必盛唐"的主张,反对虚浮、萎弱的"台阁体"。故陈鹤云:"近惟圣化风行,人文云变,四方擅藻之士始循旧轨,郁郁洋洋,锦张玉响,可谓千载复见汉唐之世,呜呼盛矣!"

正德六年(1511),随着杨慎登科入京为官,意识到"七子"复古思想的弊端,主张学习六朝诗歌,并渐成势力。这个流派,学界称之为"六朝派"。杨慎等人倡导六朝诗歌,反对"七子"诗学,主要原因是不满"七子"派门径太狭,正如清人朱庭珍在《筱园诗话》中所说:"明七子论'文必秦汉,诗必盛唐',戒读唐以后书,力争上游,论未尝不高也;然拘常而不达变,取径转狭,犹登山者一望昆仑,观水者一朝南海,即侈然自足,而不知五岳四海、九江五湖、三十六洞天之奇,天下尚别有无数妙境界也。则拘于方隅,必不能高涉昆仑之巅,远航大海之外,徒目崖而返,望洋兴叹已耳。"

陈鹤也认为单纯的模仿复古容易走向另一个极端,指出"但事雕者则失气,崇意者则沦音,遵体者则寡思,综理者则近质"。但他认为孔天胤的诗文和唐宋派不同,孔天胤诗强调声律和对偶,且具有"简淡温厚"的特点,而"简淡之思,可以养情;温平之调,可以敦政;宽厚之气可以善俗",实现宣示教化的目的。可能正因为如此,孔天胤的《霞海篇》才得到当时部分人的推崇。孔天胤的同年蔡汝楠、皇甫涍、王廷幹等人也是六朝诗风的中坚人物。

孔天胤曾将《霞海篇》寄给同年包节。包节(1506—1556),字符达,号蒙泉，浙江嘉兴县人，《明史》有传，中壬辰科三甲一百零五名进士。包节《读〈霞海篇〉》云：

> 孔融词藻擅东京，揽辔登高赋赤城。喻海总如秋水辨，争霞谁并蜀山盟。望中羽服非虚远，梦里灵葩本凤成。从此天台增气色，当年应已愧金声。

诗中，包节把孔天胤与建安七子中的孔融相提并论。"喻海""争霞"句，包节拆解"霞""海"二字，称赞孔天胤诗境高远而善用比喻。尾联，包节认为孔天胤之诗为天台增色，以前天台旧咏当愧色几分。

嘉靖三十一年（1552），林大春以行人之职巡视陕西，其时孔天胤任陕西右布政使。林大春临行，孔天胤送了一册自己刻于浙江时期的《霞海篇》给他。林大春行至塞上，读之而深为所动，"每三复其言，慨然悲之"，并写了长达三百多字的五言长诗《塞上读〈霞海篇〉寄管涔子》。诗中，林大春对孔天胤推崇备至，称"当代推词伯，如公思独玄""奇文振岩穴，丽藻发林泉"。

虽然《霞海篇》无存，但据俞宪所辑《孔方伯集》前小序"公先予归数年，予归后欲得其诗，仅得《霞海篇》数十首，盖亦鼎中一脔耳"可知，《盛明百家诗·孔方伯集》中所选诗歌主要来自《霞海篇》。

《四库总目提要》介绍《霞海篇》时，称孔天胤浙江任内诗歌多模仿三谢，即谢灵运、谢朓和谢惠连，但没有学到其精髓；而且好用古字，如《望司成程公诗》起句曰："瞻涂胆来旌，邂逅欣遽斯。"称"以'胆'字为引领而望之意，是不止札闼鸿休矣"。"札闼鸿休"出自宋代欧阳修和宋祁之间的一则故事。欧、宋二人曾同修唐史，宋祁喜欢用古奥之字，欧阳修不好直接说，便在其门上写道："宵寐匪祯，札闼鸿休"。宋祁看到后说，不就是"夜梦不祥，书门大吉"吗？何必要写成这样呢？后世常用该典喻指某人好作艰深古奥的词句。《孔方伯集》中收有该诗，惟"脰"字作"逗"。"脰"本意为"脖子，颈"，罕用，不易理解。类似的罕字、僻字在集中随处可见，比如《江心寺是康乐所云孤屿，予校文久疲，寻景暂适舟，泝舟从登，含毫存览》中有"珍木蔼葱攒，雕薨郁危抗"，与其后期退居林下的诗歌相比，诗风模仿六朝的痕迹十分明显。但孔天胤以谢灵运为学诗对象，也多有以清新之语表达闲适自得心境的好诗，有不少都颇具六朝山水诗的特征，这一点从本章前文所举诗句中也颇可见出。

二是"西湖八社"。

中国文人结社的记载，可溯源至汉代。《汉书》载梁孝王聚枚乘、邹阳、司马相如等于梁园，即景咏乐，染翰成章；魏晋时的"竹林七贤"、王羲之"兰亭修禊"，以及南齐永明间"竟陵八友"，已有文人结社的雏形。隋唐以降，科举盛行，文人雅集、诗酒交游渐多，"诗社""文会"等词开始在诗中出现。文人结社至明代达到鼎盛。上世纪40年代，郭绍虞《明代的文人结社年表》一文稽考出"明代文人结社"176家；2011年，何宗美《文人结社与明代文人的演进》稽考出明代文人结社个案达680余家。③

明代中晚期的诗社主要分布在经济繁荣、文化活跃的东南及沿海地区，且多以金陵、苏州、杭州等城市为中心，其中杭州的诗社尤为多见，而风景秀丽的西湖则是诗社集中活动之地。西湖诗社之兴从一个侧面反映了明代杭州文化繁荣的景象，在明代文学史、思想史上产生了一定的影响。

孔天胤在担任浙江提学期间，杭州出现了著名的"西湖八社"，有《西湖八社诗帖》传世。关于八社的起源和影响，《四库全书总目提要》如是说：

> 明嘉靖壬戌，闽人祝时泰游于杭州，与其友结诗社西湖上，凡会吟者八：曰紫阳社，曰湖心社，曰玉岑社，曰飞来社，曰月

岩社，曰南屏社，曰紫云社，曰洞霄社。时泰与光州知州仁和高应冕、承天府知府钱塘方九叙、江西副使钱塘童汉臣、诸生徽州王寅、仁和刘子伯、布衣仁和沈仕等分主之，以所作唱和诗集为此编。分春社、秋社二目，明之季年，讲学者聚徒，朋党分而门户立；吟诗者结社，声气盛而文章衰。当其中叶，兆已先见矣。

四库馆臣认为西湖八社实开启了明末党争之先河，而清代杭世骏则将该社作为杭州地区文人结社风雅的一个高峰："武林（杭州）自西湖八社而后，风雅衰息几二百年。"

检《西湖八社诗帖》，可知"西湖八社"成员如下：祝时泰，字汝亨，号九山，闽人；高应冕，字文中，号颖湖，仁和人；王寅，字仲房，号十岳，新安人；刘子伯，字安元，号望阳，仁和人；方九叙，字禹绩，号十洲，钱塘人；童汉臣，字仲良，号南衡，钱塘人；沈仕，字懋学，号青门，仁和人。"八社"应有八人分主，而成员只有七人，这就是问题所在：七个人，为什么有八个社？孔天胤是否参加了诗社？

"西湖八社"成员之一方九叙在《西湖八社诗帖序》中云："丙午，予尝与田豫阳氏八人结社湖曲，赋诗纪游，今所传《西湖社选》是也。嗣是海隅称兵，词翰路塞，眷怀故社，盖缺焉有间矣。"这里所说的结社时间在嘉靖二十五年（1546）。但《四库全书总目提要》所说的"嘉靖壬戌"为嘉靖四十一年（1562），这又是第二个问题：到底哪一个才是真正的"西湖八社"？

对于孔天胤是否参加了"西湖八社"，如今学术界有不同看法。

今人何宗美认为孔天胤是八社成员："孔天胤参与的是西湖八社中玉岑诗社的唱和，后来他回山西故里，离开了诗社，但仍与社友保持联系。社友对他怀有深深的怀念之情，在收到他的《寄怀》（指孔天胤《寄怀玉岑诗社》）一诗后，诗社专为他举行了一次诗会，社友各赋一篇以答之。

这实际上是一种超越时空的特殊的唱答，说明诗社的活动并不完全受到时空的限制。"④

而王文荣则认为孔天胤未参加成立于嘉靖四十一年（1562）的"西湖八社"，参加的是嘉靖二十五年（1546）的"西湖书社"。"西湖书社"成员包括方九叙、田汝成、沈仕、李元昭、童汉臣、张太华等七人，"如果加上孔天胤，则西湖书社的人数即为八人，正与方九叙所说丙午之社的'八人'之数相符"。他认为，"西湖书社"成员和"西湖八社"成员有交集，但不完全相同，比如田汝成在嘉靖三十六年（1557）已经去世，故不可能参加"西湖八社"；李元昭生卒年不详，或许也已故去。因此"西湖八社"部分成员除了源于"西湖书社"外，还必有其他诗社人员参加。

王文荣认为孔天胤不仅参加了嘉靖二十五年（1546）"西湖书社"的活动，而且是书社主盟人。他的依据是高应冕《答孔文谷见寄之作》一诗："三晋风流老宪臣，十年闭阁谢丝纶。云山曾结同心社，桃李犹含异地春。忆别忽惊容鬓改，感时空负岁华新。怜君绿野高秋兴，还念西湖旧主人。"他认为此诗明白地说出，孔天胤在"西湖八社"活动之时已经退职家居至少十年了。至于说"曾结同心社"，说明孔天胤此前曾在西湖与高应冕等人结社唱和。"在嘉靖中期，文人与当地官员共同结社唱和是一个相当普遍的现象，如果有官员参加，通常情况下，该官员常常成为社团的主盟者，高应冕所云'西湖旧主人'或许可以表明孔天胤曾做过西湖书社的盟主。"⑤

检《西湖八社诗帖》，可见其中附有一首孔天胤写给玉岑诗社的《寄怀玉岑诗社》：

莲社千年变诗社，江山文藻别为春。卷中珠玉传高咏，图里冠裳见伟人。望极瑶峰树若荠，梦回瑶圃草如茵。游鱼亦有声音趣，欲往从之溯广钧。

此诗也见于孔天胤《孔文谷诗集》卷四。莲社本为以念佛为主的团体，是佛教净土宗最初的结社，因慧远大师在庐山东林寺修行时，院中广种白莲，以莲花分九品次第接人，故称莲社。玉岑诗社是由方九叙主持，收到孔天胤诗，除沈仕外，六人各自和诗一首。沈仕当年可能没有参加这次活动，但曾多次寄诗给孔天胤，隆庆元年（1567）还欲到汾州拜访，孔天胤写有《寄答征君沈青门先生，与征君别二十四年矣，今年得濮上九月寄音，有千里见访之意，因赋此寄答》一首。

除上文所引高应冕之诗，其他五人和诗中，多有孔天胤曾参加"西湖书社"甚至"西湖八社"的一些信息。祝时泰诗中有"九苞羡尔为仪早，五斗怜予入社迟"，似可说明孔天胤曾主盟西湖书社，而自己当时还未加入；王寅诗中有"使君揽辔临安暇，社结林逋废宅傍。别去湖山遗丽藻，后来觞咏觉荒凉"句，"结社"二字似也可证孔天胤在西湖结社之事；刘子伯诗中有"激烈当年侍我师，于今卧壑更无为。鹓鸰曾忝云霄誉，蟠木今惭匠斧遗"，可知当年曾师事孔天胤，孔天胤曾为其斧正诗歌；方九叙诗中有"箧中共宝陈遵牍，门外空传叙夜车。已打荆扉朝夕望，汾阳消息竟何如"，可知众人对孔天胤所寄诗书的珍视，以及对汾阳消息的牵挂；童汉臣诗中有"劳君千里掷瑶琼，云树迢迢隔社盟。汾水月明来雁梦，吴峰秋晚插萸情"，"隔社盟"似也隐含着孔天胤遥列"西湖八社"成员之一的信息。童汉臣甚至希望孔天胤有朝一日能够再游浙江，"何日西湖一樽酒，倒骑白鹿过山城"。

在此我们也仅能做一些推测，得出如下两个结论：第一，孔天胤应该如王文荣所说，确实为嘉靖二十五年（1546）"西湖书社"的成员之一，甚至就是主盟人；第二，成立于嘉靖四十一年（1562）的"西湖八社"，正式成员只有七人，加上孔天胤正好为八人，这从孔天胤诗歌被附于《西湖八社诗帖》末端，有六位社员各自的和诗也可知其一端。当然，真实的情况也许永远是一个历史疑团，恐怕只有当时的亲历者知道吧。

赠文别序：浙江时期的为政理想

从嘉靖二十二年（1543）暮春至嘉靖二十五年（1546），孔天胤在浙江待满了一个考绩期，送走了一位又一位同僚，也写作了多篇赠序。虽然这样的送别文字带有酬和性质，但其中也不乏一些有价值的内容，一方面有助于我们了解当时的吏治、事件以及人物的生平，另一方面这些文字中也折射着孔天胤自己的为政理想。

嘉靖二十二年（1543）秋乡试结束，时任浙江按察使卢蕙调任广东右布政使，孔天胤作《叙浙江按察使抑斋卢公晋广东布政右使》，赠文中谈到了对边境省份治理问题的思考。

孔天胤分析了广东当时的情况。地形上"负山抱海，外控交桂，内巩荆吴，闽越岛夷，匝居海中，重译通道"；多物产，"濒海多犀象、毒冒、珠玑、翠羽、银铜、果布之凑，号为沃饶"。正因为如此，商贾往往挟取珍货相贸易，因地势险要，贼寇劫掠，商贾间竞利贼杀，素称难治。此地必得善治之人治之。孔天胤认为，卢蕙以前任广东参议及浙江按察副使、左参政、按察使期间，"皆廉正不苛，仁义并用"，使"士大夫服德慕谊"，此次升职广东右布政使，人人皆谓"重镇得人"。

而在赠别欧阳必进的文章中，则体现了孔天胤对流亡者汇聚之地治理问题的思考。

欧阳必进（1491—1567），字任夫，号约庵，江西安福人，正德十二年（1517）进士，嘉靖十八年（1539）十二月升浙江右布政使，不久转左。嘉靖二十三年（1544）五月，欧阳必进升郧阳巡抚，孔天胤写了《送大中丞约庵欧阳公抚治郧阳序》。

对于欧阳必进将去之郧阳，孔天胤分析其地理位置，"郧阳咽喉楚蜀，襟带汉宛，形势扼塞"。当地山林川泽富饶，所以其民多懒惰而少积蓄。也因为富饶，其他地方的流亡者往往会归集其地，奸宄易萌，非有大德大能者难以治理。孔天胤所言非虚，历史上的郧阳是中国第一个特区，其辖地包括了现在陕西、河南和湖北及重庆部分区域，由时任副都御史的山西人原杰（1417—1477，字子英，阳城人）倡议成立。明代中期，郧阳山区流民聚集，暴乱频发，明朝廷两度派兵镇压，屠戮无数，但为生存而聚集于此的流民去而复聚，朝廷一直苦无良策。后来朝廷重臣力主招抚，推荐原杰前去。原杰到任后，深入郧阳山区走访调查，为民请命，奏请朝廷在郧县设立郧阳府、郧阳抚台，开创了郧阳地区的安定时代。到欧阳必进去任职的时代，郧阳已经有了较为安定的局面，但依然存在流民难治的问题。孔天胤认为："夫民一也，编户之民易治，而流徙之民难为。"正因为如此，"善治者，因其势而理之"。他认为欧阳必进就是这样的人选，一定不会辜负朝廷的期望。欧阳必进在郧阳时的治理情况，史料较少，仅可见者是其曾发明了人力耕地机。然而欧阳必进的另一身份是权臣严嵩的妻舅，虽官居高位，但受严嵩牵连，时人对其多贬抑之词。

卢蕙升任离开后，新的按察使还未到位，孔天胤曾暂代理该职。他在写给项乔的信中说："讫试之后，又权管司事，狮山至裁（才）稍脱身。"（《与项瓯东》）他所说的狮山，是新一任浙江按察使柯相。柯相，字符卿，直隶贵池人，因其家在狮山下，且"铁面洪声，魁梧挺拔，貌亦似之"，遂号狮山。正德十二年（1517）进士，官至副都御史。柯相到浙江按察使任上的时间是嘉靖二十三年（1544）春二月，不久即升任河南右布政使。在写给柯相的赠序中，孔天胤阐述的为政理想，就是本乎"道义"。以此一以贯之，无论身任何职，都能建功立业，澄清吏治，使百姓安居乐业。

浙江按察使那两年似乎换得特别快。柯相升职后，李清继任，是为嘉靖二十三年（1544）夏。李清，号南桥，湖广龙阳人，嘉靖二年（1523）进士。大约半年后的十一月，李清也升任四川右布政使而去，孔天胤写了

《赠观察使南桥李公陟蜀藩右辖序》。序文中，孔天胤记载了李清在按察使任上的治绩，其实也是孔天胤的刑狱理想。

孔天胤记载，李清"议事以制为度，约法以省为章，故小大之狱，必当其情，吏民之感，攸归于德，遂令苛冗销氛，奸讹息响"，不到半年时间，"几于刑措"。刑措，指量刑法而不用。由此可见李清断狱之明。孔天胤同年皇甫涍也写有《赠别南桥李公赴蜀右使诗序》，文中写道："学宪文谷孔公既叙其行，同省诸君咸有赋藻，申章汇意不可无述，文谷谓予知言，属备首简。"

孔天胤对于刑罚问题的思考，最集中的体现，是在送浙江参政林云同的《赠退斋先生林公陟湖广按察使序》中。

林云同（1491—1570），字汝雨，号退斋，福建莆田人，嘉靖五年（1526）进士。任浙江右参政之前，曾任户部山西司主事、礼部祠祭司员外郎、浙江提学佥事、颍州兵备道、广东提学副使等。孔天胤和林云同多有交集，嘉靖十二年（1533）林云同任浙江提学佥事，十年后的嘉靖二十二年（1543）孔天胤任浙江提学副使，所司职责相同；嘉靖十五年（1536）孔天胤任颍州兵备道，两年后的嘉靖十七年（1538）林云同继任。林云同在浙江任内因善得士、崇正学被祀为杭州名宦。

在赠别序文中，孔天胤集中阐述的，是刑罚的原则及其与教化的关系。他说，古代"尚德而不尚刑"，"故唐虞之世，画象而化"，以画出刑罚的方式警示百姓。《尚书·吕刑》是一篇阐述刑法的文献，其所讲的量刑原则，是"务在棐彝"，即辅成教化，轻刑罚之用而重教化之实，但后世多不明此理，故刑罚多而重。孔天胤认为，"以刑服民，宪失其本矣"。刑罚越重而民心越乱，"陷溺之民，闵不畏死，故以死惧之，犯法滋甚"。这与孔子所说的"道之以政，齐之以刑，民免而无耻；道之以德，齐之以礼，有耻且格"（《论语·为政》）是同样的道理。所以，治民应以"表正"为主。表正，则天理明，人心正。孔天胤相信，林云同必能"象大《易》

风雷之益，取四序春秋之理，推孔孟救世之心，显圣王垂宪之意"，其道大行。孔天胤另写有《赠别林退斋赴湖广廉使》诗。

在送别钱塘教谕张鸣鹤升容城知县的序文中，孔天胤明确提出了"政教为一"的吏治策略。张鸣鹤，广东海门人，嘉靖十九年（1540）举人，大约五十岁时任钱塘教谕，嘉靖二十四年（1545）升容城知县。张鸣鹤升知县前，来向孔天胤请教治理之道，"文谷子曰，夫政教一而已矣"（《赠钱塘学谕张鸣鹤升容城知县序》）。而"政教合一"的原则，一是"责己"，二是"体物"。所谓"责己"，就是"见士之善者若己有之，见不善者若己失之"；所谓"体物"，就是"夫政出诸心者也，心无窒碍，然后能通乎物，通乎物然后能体物，体物斯可以言政焉"。在此基础上，孔天胤又提出为政八条，即广大、精明、敬简、强敏、不偏执、不徇物、不泥故、不惑纲领。因为，"广大可以兼容，精明可以普照，敬简可以弘驭，强敏可以广业，执我见者偏，徇他物者暗，泥陈故者迂，惑纲领者乱"。这八条，就是"政之得失之所出也，民之利病休戚之所关也"。孔天胤希望，张鸣鹤能够研习其中之理，理通，则足以为治。

孔天胤在浙江，关于吏治问题，思考更多的，恐怕还是官员的"德"。娄志德（1479—1546），字存仁，号勿斋，河南项城人，正德十二年（1517）进士，历官赵州知州、户部郎中、杭州知府、浙江右参政、浙江右布政使等职。嘉靖二十二年（1543），由浙江右布政使升福建左布政使。在《送勿斋娄公赴福建布政左使序》中，孔天胤阐述了官员为政以德的重要性。

为政是否以德，从吏民百姓的反应中就可以看出。娄志德将行，"浙之吏民、耆老、缙绅、先生之徒，皆相与祖饯都亭""依依终朝，益不忍别"。当时欧阳必进对孔天胤说，人情之于官，迎时的感情不如送时的感情真切，畏的感情不如爱的感情深至，所以凭借这两点，就可以考察官员之德。如今娄公将行，送者塞途，若非其盛德光辉，又如何能让吏民百姓情深如此？孔天胤深然其言，追述娄志德为官履历，虽身历多职而其德政一以贯之，德政的核心，则是"廉平宽厚"，由此而得百姓惠和，在职时百姓作"青天"之歌，离职后百姓思之。

由"德政"出发，孔天胤又思考官员作为儒家士君子"行""知""信""行"的问题。对这一问题的思考，集中体现在为浙江按察司佥事艾希淳所写的赠别序文中。艾希淳（1514—?），字治伯，号居麓，陕西延安府米脂人，嘉靖十四年（1537）进士。嘉靖二十三年（1544）岁末前后，浙江按察司佥事艾希淳升任河南布政司右参议，孔天胤写《赠居麓艾公入觐拜河南布政右参议序》为之祝贺。

文中，孔天胤写艾希淳居浙三年，"用法廉正，用威惠均，又明习吏治而达于民隐，吏以是畏之，民以是怀之，彬彬然执亮君子矣"。君子信而见用，是为政的理想状态：

> 夫君子修德勉善，孳孳闵闵，昼日以学，蚤夜以思，惟恐不及；及其得也，惟恐不行；及其行也，惟恐不知；及其知也，惟恐不信；及其信也，惟恐不用。盖信而不用，犹不见信也；知而不信，犹不见知也；行而不知，犹不能行也；得而不行，犹不能得也。

所以，士君子的理想状态，就是能得而见行，行而见知，知而见信，信而见用。"是故君子疾没世而名不称，忧终身而道不达"。孔天胤认为，艾希淳如今以其贤其能得以大用，正是信而见用的结果，"夫观于用，可以知吾之见信焉；观于知，可以知吾之能行焉"。

但是许多时候，"信"却未必能见用，这种时候，就非常需要懂得"守常"之道。这个道理，孔天胤是在送浙江参政刘佐升职所写的《送前溪先生刘公赴云南按察使序》中阐述的。刘佐，字时命，江西安福人⑥。

前溪为安福地名，刘氏为当地望族，故称。刘佐中正德九年（1514）进士，却仕途偃蹇，从中进士到升任按察使经历了三十年。正因为如此，孔天胤在文中阐述了"君子守常"之道。孔天胤引西周宣王时大臣伯阳父"知常曰明，不知常妄作凶"（此语也见于《老子》）之语，认为宦路崎岖，士无怨尤；即使沉于下潦，也要守君子之常。

孔天胤非常注重学问与为政的关系。他认为，所有的经学都不是语言文字之学，而是致用之学，即所谓"明经致用"。这种思想，从他对曾掌教湖州的宋代理学先驱胡瑗的致敬之诗中即有体现，而在写给黄光昇的《赠葵峰黄先生晋浙藩少参序》中，阐述得更为明确。

黄光昇（1506—1586），字明举，号葵峰，福建晋江人，嘉靖八年（1529）进士，历官刑科给事中、兵科给事中，嘉靖二十年（1541）因得罪权臣夏言，出为浙江按察司佥事，嘉靖二十三年（1544）晋浙江布政司参议，孔天胤的赠文即写于此次晋升。

黄光昇长于《周易》，孔天胤认为黄光昇对于《周易》有独到的见解，非墨守成规之人："葵峰子之谈《易》也，比于今所传章句为有发挥，守墨之士所不得而喻也。"而黄光昇在浙江政绩卓著，亦源于对《易》的精到见解和应用。黄光昇所运用的《周易》中两个最重要的精神理念，一是"贞固"，二是"变通"。

关于"贞固"，《周易·乾·文言》说："君子体仁足以长人，嘉会足以合礼，利物足以和义，贞固足以干事。"所谓"贞固"，即守持正道，坚定不移。孔天胤认为，圣人之贞固，表现在"其德寂然不动，感而遂通天下"，所以"终日乾乾，不息于诚"。

关于"变通"，《周易·系辞下》说："穷则变，变则通，通则久。"当年孔天胤在廷试策论中，也以饱满的情绪论述了他的"权变"观。孔天胤认为，黄光昇是能够将《周易》的这种"权变"理念运用于为政中的，"葵峰子之为政也，亦一本之心极，而能体时而率物，因地而施理，遏恶而扬善,损过而就中"。

　　正因为黄光昇能够将这两种理念用之于行政,且"贞固之干,持以不摇;变通之宜,行以不倦",所以他在任上才会颇有善政。据《明史》《明世宗实录》等,黄光昇在浙江任内,修筑海塘,治湖蓄水,疏浚山阴、会稽、萧山、诸暨四县水利工程,倡教兴学。在担任刑部尚书任内还参与审理了"杨选、严世蕃、海瑞三狱",审案时"委曲平停,得从宽减"。审理严世藩狱是在嘉靖四十四年(1565),黄光昇等人查明了严世蕃、罗龙文与海寇汪直勾结,聚集亡命之徒准备叛乱,疾书上奏,严世蕃、罗龙文被处死,籍没严嵩家产,黜严嵩及诸孙皆为民。海瑞案是在嘉靖四十五年(1566),户部主事海瑞买棺材,别妻子,散童仆,以死上疏,劝说世宗不要相信陶仲文方士的骗术,应振理朝政,激怒了世宗,诏命下狱论死。宰相徐阶力救,黄光昇则把海瑞上疏比拟为儿子骂父,以减轻罪责,并乘机把海瑞留在狱中,为海瑞后来平安出狱拖延了时间。

　　以上所举皆文职。孔天胤对于武职也有自己的思考。他希望武职都像王守仁那样,既能带兵打仗、平定叛乱,又有学问建树,也就是文武兼资,"用文事以济武备",或者说叫"儒将"。这一思考,是在送浙江都司署都指挥佥事杨钦的文章中提出的。

　　杨钦,号月山,湖北鄂州人。据明人季本(1485—1563)文章,杨钦少有远志,起家辰州卫百户,累迁正千户,听说王阳明在东越讲学,不远数千里去听讲。后又跟从湛若水游学,最终归依于阳明"致良知"学说。嘉靖二十四年(1545)十月,贵州苗人叛乱,杨钦被调贵州清浪军任参将,孔天胤写了《送月山杨君赴清浪军参戎序》送别。

　　孔天胤认为,真正有能力的武将,必有"鸿谋骏烈"之才,"信廉仁勇"之德。司马迁在《史记·太史公自序》中就说过:"非信廉仁勇,不可以传兵论剑。与道同符,内可以治身,外可以应变,君子比德焉。"关于"信廉仁勇",孔天胤解释说:"廉者,德之辨也;信者,德之固也;

仁者，德之宏也；勇者，德之毅也。皆知之而后能行之者也。"都依赖于"德"的内在力量。杨钦曾师事王阳明，可谓"有本己之学"，而阳明之学的根本，就是"以良知为天德"。正德年间，王阳明曾率兵平定宁王宸濠之乱，亲执宸濠，其智其勇，皆与其学识有着极大的关系，绝非"书生之亵谈"。如今杨钦深得其理，一定能够以其"德"所生的"信廉仁勇"，安定边境。

杨钦雅好文事，与孔天胤、邵经济、陈鹤等多有诗文往来。

正心明学：浙江时期的教育、理学思想

孔天胤在浙江身任学职，所以思考更多的还是教育问题。

对于当时的浙江教育，他主要着力于两点，一是士习，一是学术。这在他到浙江后不久给同年谢少南的信中有所提及："今所勉图，惟在士习学术之间，他无所计也。"（《与谢与槐》）孔天胤又在致同为提学的蔡克廉的信中提到，"道德风微，则俗化之衰先从学校起"。他认为：

> 今日吾辈所事，当定不在考较末艺之一边也。谆谆勤勤，惟以明学正心，尽其在我，而不必其从违，则吾事毕矣。兄不观孔子与孟子，好学好辨，岂必世之徒违哉？但令道不屈耳。仆苦心三年，惟是此意。枘凿之喻，蜀日之评，诚亦有之，而其道则可自信也。（《与蔡可泉提学》）

作为提学，所做的事情不仅仅是简单考核、校阅诸生的文章，文章只是"末艺"，必须从"名学正心"着手，至于学生是听从还是违背，那就不是自己能够决定的了。孔天胤在浙江四年，苦心孤诣，至于有"枘凿之喻，蜀日之评"也是难免的了。枘凿，榫头和卯眼，语出《楚辞·宋玉·九

辩》："圆凿而方枘兮，吾固知其鉏铻而难入。"器物上的榫头为方、卯眼为圆，或榫头为圆、卯眼为方则无法接合，故以枘凿比喻互相抵触而不兼容。

关于孔天胤为浙江教育所做的贡献，明人张洽在《近科题名碑记》中写道：

> 嘉靖二十二年，适河汾文谷孔公督学两浙，慨然以古道造士，士类莫不砥砺兴起。

"以古道造士"说的是孔天胤的教育理念，"士类莫不砥砺兴起"说的是孔天胤的教育结果。

何谓"以古道造士"？这从孔天胤写于浙江的《策秀才讲学正心文六首》《叙语》中可知其大端。前者是孔天胤为诸生讲学时的答问之词，孔天胤自述："吾于诸生有教化之责、斯道之任，故恳恳告之、论之，非哓哓好辩为也。若止以随俗校艺待诸生，诸生亦止以俗艺应常例，则是上下虚蒙，负朝廷养士之实，违夫了《大学》之教。"这是一种责任心使然，职在其位，如果不能以正确的理念引导校正，他自己也会良心不安。

《策秀才讲学正心文六首》题目中所含"正心"二字，也就是孔天胤所讲的为学的根本。他解释《大学》中的"明德"，"方体只一正心，而德明矣"，明德的根本就在于正心。"吾之灵明之体不昧，便是正心，便是明明德矣。此德既明，则千变万化，皆由此出"。孔天胤反对辞章之习，认为这是离叛经学本心的小人之学。但现在的问题是，诸生"亦知空谈大人之学"，但举业为文时，既不如古代功名之士，又不如古代词章之士。他认为，古代如管仲、乐毅、班固、扬雄者，距"大学"其旨已远，而今人连这些人都不及，更何谈明了真正的"大学"之道。根本原因，就在于"学术之不明也，心术之不正也"。心术不正的表现，就是"日营心于外，纵欲于中"，塞其本源，学术自然不得流通。所以他希望，"诸生其自今以始一洗习心，反观吾道，要知学问无他，惟是变化气欲，充养德性，不使陷溺，为孟子所哀，每于心念感物而动之"。孔天胤提出了"正心"与学习、为文之间的关系："夫学，犹种树者也。心则其本根也。文章事业，其枝叶也。"并提出了"讲习讨论""省察克治"之于学习的重要性，"讲习讨论，省察克治，其培养也"，培养日久，则"根本贞固，枝叶洪郁，文章炳焉，事业焕焉"。

《叙语》是孔天胤"视学之日久，见诸生有文行之弗修者"，所作的纠正学风的文章。他再次提出，文行不修，皆源于心术之不正；而心术之不正，皆源于学术之不明。他认为，"从古学校之教，专为明学术以正人心，而今教者学者，多不为正心"。正因为忧虑于此，他一路"宣条奉宪"巡行学校，每到一处，发题校士，"便欲显白此旨，讲明厥术"，将此旨"申恳于循行校阅之间"。"正心"形之于文，首先就在于文风明晰，字句皆发之于心，"毋奇字隐语，如吊诡猜谜之类"，以炫耀自己的学识而眩人耳目。孔天胤强调为文宜言浅而义深，"或亦浅近之言，而有切深之理存焉"。对于教谕、学正等教职人员，孔天胤也强调他们要懂得"正心"之理，教育的根本，即在于正心。他还举孔子、颜回的例子："二贤之学岂有为耶？一惟正其心而已矣，而盛德大业自不外是。"这段时间，他对孔子的一些言论，也有了更为深入的理解。比如他读孔子"文莫吾犹人也。躬行君子，则吾未之有得"之训，体悟到了"君子不患不文，惟患文之失其实；不患不学，惟患学之不能行"的道理。

这就是孔天胤的"以古道造士"，阐释经学本源，体悟孔孟之道，强调心正而学正、德本而艺末。这也正如赵讷后来在文章中总结的，"督学秦越，特尚古雅""《秀才讲学正心文》等篇，于德艺本末之际三致意焉"（赵讷《文靖先生孔公墓碑》），"惟先生抱道于河汾之间，周流于秦越燕赵伊洛之表，讲学以正心为本，论文以躬行为先"（赵讷《孔文谷先生诗集序》)。

其实由孔天胤的教育观，也可知其教育思想所本，就是王阳明的"心学"。

浙江是王阳明的故乡，孔天胤曾去祭拜王阳明，写有《祭王阳明先生文》，这既是向王阳明的精神致敬，更有他对于当前学术情况的忧虑。他在开篇即写道："惟圣植教，惟教关心。学由教迪，道以心忱。心义云何，厥惟明德。"这里他提出，教育是关乎本心的一项事业。教育首先在于正心，而正心首先在于明德。孟子提出的"良知"，孔子提出的"不惑"，都直指本心。但孔孟之心，在流传的过程中渐渐变了味道，"奈何末儒日以支离，矜名外营，逐利狂驰，以富贵为最计，视圣贤为不可"。所以，他称颂王阳明之学术，"光表良知，揭日月而行中天，振唐虞邹鲁之植于已披，道弗堕地，文其在兹"。作为一名外地人，他深感"生不及门"之憾，然如今"斯依于堂，斯践于神，斯对于貌"，同样可以体味阳明之学的博大深厚，并力求精研深习，发扬光大。前文述及孔天胤曾刻王阳明《朱子晚年定论》，其序言就是对王阳明学术的一种阐发。

浙江作为阳明"心学"的大本营，有众多阳明嫡传弟子、私淑弟子以及拥趸。孔天胤同年中，就有王阳明最重要的两个弟子王畿和钱德洪。钱德洪和王畿经常轮流主讲一方，在王阳明故去后，成为浙中"王学"的代表人物。二人都是孔天胤的好友。阳明弟子中，孔天胤和著名哲学家黄绾、戚贤、邹守愚、徐樾、唐顺之等也有往来。此外孔天胤周边受阳明心学影响的人还很多，如杨钦、钱薇、赵维垣等。与这些好友的谈学论道，也加深了他对于王阳明心学的进一步理解。

先说钱德洪。钱德洪于正德十六年（1521）至嘉靖六年（1527）一直在阳明门下受业，常伴在阳明身旁。嘉靖元年（1522）参加乡试考中举人，嘉靖五年（1526）与王畿一起去参加会试，中贡士，但两人都没有参加这一年的廷试。二人归浙后，代替王阳明教授求学者基础知识，人称

"教授师"。嘉靖七年（1528），二人在赴京参加廷试途中听说王守仁在江西病故，转而南下奔丧。孔天胤和钱德洪交往较多。两人既为同年，又长期有书信往来。在左迁祁州之际，孔天胤曾得到钱德洪"玉书"（《与郭瓮山书》）。孔天胤循行学校，至诸暨时，逢钱德洪主讲于诸暨紫山书院，于是前去拜访，二人就此进行论学。

孔天胤在浙江还有一位同年，叫许应元。钱德洪曾在许应元庄上讲学，孔天胤前去拜访。许应元（1506—1565），字子春，号茗山，钱塘人，嘉靖十一年（1532）中二甲五十四名进士，当选庶吉士，曾任泰州知州、工部员外郎等职，终官广西布政使。孔天胤《访绪山于许氏庄上》云：

> 终日茫茫烟雾间，兹晨裁一访云山。柴门夹竹惊秋早，石室边松处夏闲。授讲每看庭鳣进，为渔常逐海鸥还。杨朱不必悲歧路，自有先生善闭关。

"鳣进"指听讲学人之多。杨朱为先秦哲学家，战国时期魏国人，字子居，道家杨朱学派创始人。他的见解散见于《庄子》《孟子》《韩非子》《吕氏春秋》等。"杨朱哭歧路"语出《列子·说符·歧路亡羊》，此处用该典指钱德洪的学术为迷途之人指明了正道。

孔天胤后来在信中说"孟陬之晤甚幸"（《与钱绪山年丈》），回顾二人的诸暨之会，并报呈自己"闰月初旬，起首校艺，迄今仍在品阅"。信中对开阁讲学，设疑问难时的情况表示失望，"至十五伯人，无一似颜子之徒发圣人之蕴者"。他深感当世学术不明：

> 即以程子当以医家言"不知痛养（痒）为不仁，人以不知觉不认义理亦为不仁。"譬最近之说。属题试论，而谕者至一医士而无之矣。学术不明，古圣人所深忧也，而今奈何。

宋代理学家程颐曾打比方，说医生不知病人之痛痒可谓不仁，而学者不知义理同样不仁。当世之士子，恐怕一个真正懂得义理之学的都没有。孔天胤对钱德洪说，此来自己只理会得一个"仁"字，"觉春意在眼前矣"。自己对这个早已熟知的字眼，如今有了更深的体悟，"但恐风雨飞花，更成剥落尔"。

在此之前，孔天胤曾和同样是阳明后学中的殿军人物黄绾展开论学，就"俗学支离，学者不知道德仁艺为何物"向黄绾请教（《与黄久庵先生》）。

孔天胤亦曾和钱薇就"道心之旨"展开讨论，认为道心经过长期传承流播已经失真，失去了其根本。正如"玩花不培其根，乃摘置瓶罂，虽复沃之以水，而原本既失"，指出培养根本的重要性。如果得到了花之本，"即使无花，则花在吾目"（钱薇《与孔文谷督学论通鉴书》）。

孔天胤有感于圣学之微，士子徒守朱子章句，而不知其本源，因而欲刻《明道先生语略》，就此请教于王畿。

王畿和钱德洪虽同为阳明弟子，但学术主张又略有不同。钱德洪主张"在事物上实心磨炼"良知，其学术观点后人称之为"后天诚意"；而王畿主张"先天正心"，重点讨论了先天与后天、正心与诚意、戒惧与自然等问题。王畿对阳明学说的发挥使得"王学"理论得到了更深的挖掘，故被认为是阳明后学中的代表人物。黄宗羲在《明儒学案》中亦云："象山之后不能无慈湖，文成之后不能无龙溪，以为学术之盛衰因之。"象山即南宋哲学家陆九渊，慈湖指南宋哲学家杨简，文成指王阳明，龙溪即王畿。黄宗羲强调了杨简对陆九渊、王畿对王阳明学术在承继和发挥方面的重要贡献。

入圣之路：四十岁的惶惑与归思

孔天胤到任时三十九岁，在浙江，他经历了由"奔四"到四十岁初年，人生中思想变化最为重要的几年。

孔子对人生的四十岁非常重视。在《论语·子罕》篇中，孔子说："后生可畏，焉知来者之不如今也？四十、五十而无闻焉，斯亦不足畏也已。"后生可畏，但如果这"后生"到四十、五十岁还没什么成就，声名不显，那也就没什么可畏的了。孔子更多是把四十岁作为一个界线，而五十岁则是一个上限。这也正是令孔天胤感到焦虑的原因。

这一时期，孔天胤在给多人的信中都提到了"四十无闻"的焦虑。在给昔日恩师陈讲的信中，他说"且今年四十即已无闻，况复后来？聪明益有所不逮耶，诚负明教甚矣"（《与陈中川宗师》）；在给同年谢九仪的信中，他说"秋当四十，痛感无闻"（《与谢右溪年丈》），再次谈到自己对学问无成的焦虑；在给同年蔡汝楠的信中，他说"不穀冉冉而老，即已无闻，又冒此文司不能引去，益可姗已。门下其何以教之？"（《与蔡白石》）他同样也把这种焦虑情绪传递给了同年好友钱薇，钱薇专写一文《论四十不惑与孔文谷》与他讨论。钱薇认为，孔天胤并不像他自己说的那样"无闻"：

> 吾同年丈孔文谷，汾人也，其诵法夫子与人同，而其得诸心、体诸身，发挥其蕴藉每与人异，方未四十已能摅露所有。登明庭奉大对，天子擢居一甲，旋受命而来督学吾两浙，夫未四十之时已潜窥不惑之蕴而献之当宁（指皇帝）。今自四十而往，所以淑吾髦士，由浙而暨海内，其教无穷，其泽无尽矣。

孔天胤已颇有闻于当世。一是在读书上，他同样和别人一样以孔子儒家典籍为本，但所得所悟所发挥都和别人不同，不到四十岁即已有自己独到的见解；二是当年登天子之堂廷对，以一甲赐进士及第，不到四十岁已有诸多有益的见解献于当朝，可谓闻名天下；三是掌教两浙，颇有建树，其声名、教育思想和方法，已由浙江传至海内，惠泽无穷。更何况，孔天胤来自山西，山西素来有着深厚的文化积淀：

> 汾晋之间，高山大岑，不异泰岱，英贤时起。时有王文中氏，以王道陈阙下，退而续经，以继圣绪。我明有薛文清氏，以圣学入赞，密勿救正为多。文谷继之而兴，显名当代，而且年届四十，自今以往，皆入圣之基也。

钱薇将孔天胤定位为继王通、薛瑄之后的山西学者。孔天胤如今年届四十，而四十岁是"入圣"的重要阶段。一个人能够将其以往所学收拢归口、有所著述，就是从四十岁开始的。钱薇说，自己如今四十三岁了，对此也"自省懵如"，反而希望孔天胤能为其指点迷津。

特别需要说明的一点是，孔天胤在浙江时期，开始自觉运用了"河汾"二字以标注自己的身份。在他所刻书籍、所写序言中，落款大多为"河汾孔天胤"，而非以前的"汾州孔天胤"或"太原孔天胤"。他将"河汾孔天胤"作为自己的身份标识，表达的是对于山西深厚的学术文化的高度认同和自觉承继。

钱薇的一番论述，让孔天胤的"四十岁心结"稍得缓解。然而孔天胤还有一个心结，无人能解。

这一心结，是万里漂泊的孤寂，是对远在汾州的母亲的思念，更是"四十无儿"的焦虑。孔天胤最初到浙江时，因父亲新故，兄弟孔天民又参加会试，所以将妻妾留奉老母。后孔天民落第归家，孔天胤念"四十无儿，万里孤泊，终非人情"，在山西按察使张子立的帮助下，将妻妾接到浙江任所。孔天胤曾上书请求迎养母亲，获得朝廷允许，同年施峻（1505—1561，字平叔，号璁川，浙江归安人）还写了一首诗《孔文谷丈廷试及第，以太县君例不得内仕，出督陕、浙学政，诏许迎养寄赠一首》表示祝贺，称"壮游乐事犹堪羡，时得称觞导锦车"。

朝廷允许了，但母亲新郑县君却不肯来浙。家有老母不能奉养，又无子嗣，仕途还不算顺利，因此辞官归乡的念头时时萦绕于心中，这种情绪在他这一时期所写的信中时有出现。在写给恩师廖道南的信中，他说："离老母之日久，旧业遂益荒废，子嗣未立，鬓毛变色，日夜思意，惟有归与。"（《与廖洞野先生》）在写给同年谢庭苣的信中他也提到："稍转一官便道还山矣。"（《与谢右溪年丈》）在给恩师庄一俊的信中写道："鄙生徇禄渐中，又逾岁时，人微德薄，只积愆尤。然亦思告归矣。"（《奉庄石山座主》）在给好友项乔的信中，他写道："然自达人观之，殊不为动。但当解印西归耳。"（《与项瓯东》）在写给浙江名士郑晓的信中，他说："鄙人日夜之心，惟有归去。"（《与郑淡泉》）

这种归心也在其写于浙江的诗歌中多有流露。在第一次循学途中，正逢寒食节，课士繁重又难见成效，他就已有"归心只涌大江湍"的诗句（《寒食客中作》）。嘉靖二十三年中秋，孔天胤作《中秋无月》诗，其中有"抱影难为照，乡心托梦归"句，也是其归心的写照。嘉靖二十四年（1545）秋，孔天胤经过漫长的循行课士返回杭州，思乡念头又起，写有《秋夜二首》，"残烛耿余辉，单衾寂无语。还闻塞北鸿，愁绝江南旅""忽是岁芳宴，而余宵晷长。此时偏不寐，端使坐怀乡"，孤寂怀乡的情绪尤其浓烈。嘉靖二十四年（1545）中秋，又是阴天，已经连续三年中秋无月了，孔天胤感慨万千，思乡之情如刀割，写下了《浙中三载中秋俱不见月》："客鬓正宜昏镜里，乡心无奈大刀头。凭栏绕绕看乌鹊，匝树惊飞使我愁。"

终于有机会归去了,然而这种归去的方式,却令他始料未及。嘉靖二十五年(1546)三月十四日,孔天胤母亲新郑县君去世,享年六十有三。噩耗传来,孔天胤急归奔丧。

关于孔天胤这次奔丧之情状,其同年钱薇在《奠孔母夫人新郑县君》中写道:"哀音忽仆,督学登途。大教孺慕,出涕滂沱。士子群奔,莫攀素车。"熊过在其祭文《祭新郑县君文》中则写道:"维嘉靖二十五年岁次丙午月日,浙江按察司提学副使文谷孔公以母郡主之丧,瞻云靡及,戴星而奔,其友等睹言阴教,哀此棘人,杼忱致奠。"

注释:

①转引自王红春《明洪武朝首三科浙江举人题名考补》,《明史研究论丛》第十辑。

②林春信写于孔天胤任职陕西期间,故此《履霜》所指当不是孔天胤后来的《履霜集》。

③李时人《明代"文人结社"刍议》,李玉铨《明代文人结社考》序,中华书局2013年版。

④何宗美《明末清初文人结社研究续编》,中华书局2006年版。

⑤王文荣《关于西湖八社的几个问题考辨》,《山西师范大学学报》2015年第1期,总第42期。

⑥明代正德嘉靖朝有多个刘佐,陕西延安府中部县人刘佐为正德六年(1511)进士。山东德州刘佐为嘉靖十四年进士,历官山西参议。

第九章 汾州母忧

新郑县君:"派出晋潢,登馨玉牒"
清阴轩记:暂时的精神家园
汾州记事:三晋名宦的文治武功
读经体道:刻王崇庆《五经心义》并序
美作仁里:为汾州云林庵作记

高斋愁偃思悠悠,目极苍葭白露秋。只恐增波作川涨,并将韶景促东流。

——孔天胤《苦雨行》

新郑县君:"派出晋潢,登馨玉牒"

自从父亲孔麟去世后,孔天胤一直都想接母亲到任所,以使"忠""孝"尽力两全。在辉县任上,就曾"遣人去家,奉迎老母"(《与南溪张左丞》),但知母莫如子,他已料到母亲未必肯来,原因是"顾恋亲爱,不堪远劳"。这就使孔天胤常常陷于一种两难境地:一方面"为贫而仕",需要挣取俸禄养亲,不得不一次次远离故土,与母亲聚少离多;另一方面,又常常思念和牵挂母亲。到浙江后,虽有兄弟孔天民照料,但母子两地相思,"老母复甚念游子矣"(《与廖东雯年丈》)。孔天胤对母亲的这种牵挂和无奈,也使他的好友们感同身受。在母亲新郑县君六十寿时,浙江有不少好友都写了祝寿文,副使张一厚曾写祝寿文(孔天胤《与张岱野宪副》:"即寿家老母之仪,感益何任"),邵经济为孔母写了寿序《松鹤篇寿新郑县君孔文谷母太夫人六十》,他的同年钱薇也曾写有洋洋洒洒的《新郑县君孔母寿序》,一并寄至家中。

钱薇的寿序,使我们得以了解新郑县君后期生活的一些零星信息。

钱薇先述新郑县君高贵的出身:"乃孔母亲者,派出晋潢,登馨玉牒,遇所从来,既尊异莫匹矣。"又述其子之优秀:"诞育吾文谷丈,鼎甲上第,胪传帝廷,一日而名震天下,非仅仅策名之福已也。"特别是,孔天胤"亶亶圣学,祖述洙泗,承前休称善继,岂徒寻常一行一能之树德者乎?"而这些,都得益于孔母之教导:"是孔母之生,翕帝胄之精英,肇光融之令望,衍济美之家声,举自其身,备之吾闻。"

中国古代士人"孝"的标准之一,就是爱身不贻亲忧,德厚不贻亲羞,或者说如《诗经·小雅·小宛》中所说的"夙兴夜寐,无忝尔所生",钱薇认为孔天胤做到了,而且做得很优秀。"且文谷丈避例玉堂,两秉文铎,律身造士,和不近同,刚不取戾,汪然河海之度,莹然日月之明,照然景星卿云之瑞。凡被其鼓舞者,各循矩蠖,应规绳而沛然与起,士习丕变,是所以衍母寿益广且裕矣。"不仅如此,孔天民也很优秀:"文谷弟登名贤,书藏晦家食以事母。"所以孔母有二子,而"门以外不累母"。当是时,"文谷内子不随宦游,日奉起居以侍母,故门以内不累母"。内外承欢,心情舒畅,自然得寿。特别是,新郑县君自身也行善好道:

> 闻之文谷丈云,母之姨好修济贫,破产弗靳。一日,麻姑化褴褛妇人,僵于雪,姨迎归,燠之,衣食之,相处数旬,尽得仙指。今母迎姨师事之,是为得仙寿。孔母寿源渊哉,懿哉,而寿

道亦至矣备矣。吾意并驾瑶池，参驾王母，行有所待，岂止于人间所称期颐遐算而已者乎？

麻姑，就是汾阳、文水一带广为传颂的麻衣仙姑。文水有麻衣仙姑庙，文水清代官员王钟健写有《重修麻衣仙姑庙碑记》，其中写道："余邑桑村素有麻衣仙姑庙，不知创建所自始。父老所传，闻生于洪邑洪哲里，隐于石室灵泉洞，麻衣草履，修炼成仙。嗣后，凡远近居民有求必祷，无祷不应，感通之妙，不可思议。"相传麻衣仙姑为文水桑村人，姓任，因不堪忍受继母虐待和包办婚姻，逃婚出走，由麻子地里骑一麻杆腾空而去，飞至汾阳石室山黄芦岭灵泉洞修炼成仙。万历《汾州府志》"山川"有"石室山"，称其中"有麻衣仙洞"，"麻衣仙乃洪西里任氏女，永乐初不愿婚嫁，披麻衣奔入洞中不见，因以名其洞，每旱祷辄应"。这两处记载略有差异，但所记大致为同一事。孔天胤到任不久，就向同年钱薇讲述了发生在姨母，也即新郑县君一位姊妹身上的与麻衣仙姑相关的一则神异事件，说这位姨母平时行善好修，乐施济贫，有一天麻衣仙姑化作一位衣衫褴褛的妇人，冻僵在雪地里，孔天胤的姨母迎归，并使之暖和过来，衣食奉养几十日，"尽得仙指"。如今，孔天胤的母亲又接这位得了仙指的姨母到家师事之，同样行善修道。所以钱薇认为，孔天胤的母亲家世高贵，优秀的儿子"外不累母"，贤良的儿媳"内不累母"，又得神仙庇佑，自然会得仙寿。

然而这也只能是良好的祝愿，新郑县君在六十三岁时寿终正寝，给孔天胤留下了巨大的遗憾。

古人即使"有子七人"，也同样"莫慰母心"（《诗经·邶风·凯风》），何况只有二子，一个远仕他乡不能承欢膝下，一个屡次应试不能登科上榜。想想母亲新郑县君，贵为王府千金，却能做到"嘉善族邦，敬长慈幼，居泰不骄"（王崇庆《墓表》），虽过着清苦的日子也能晏如自若。与父亲相敬如宾几十年，威仪严正，"家人敬惮，虽儿女至戚亦懔懔不敢犯"。按照王崇庆的记载，孔麟与新郑县君尚有"女二，长适辅国将军表檀，次适州学生侯君召"，为二子二女。孔天胤两位姊妹及其配偶的情况，文献无载。

新郑县君故后，钱薇写有奠文。除了赞扬孔天胤"帝廷胪传，特迈班行"高中榜眼，掌教浙江"文衡是司，正学丕扬。披之春风，曝以秋阳。多士在冶，太阿干将"，孔天民"仲氏计偕，豹变是章"，高中进士指日可待外，钱薇更多赞扬了母亲对于儿子的教导。正是因为"母氏圣善"，所以"两泽用长"，惠风流布，福泽千秋。钱薇祝愿有麻姑、湘妃之德的孔母新郑县君，能够在仙界"脱然蜕委，仙踪自如"，在另一重境界获得自如美好的生活。奠文写得情深意长，可知对孔天胤知之甚深，也对孔母敬之甚重。浙江同僚熊过的奠文则称赞孔母"钟美邦媛""婉娈姝静"，说其子孔天胤"大廷射策"，更多得益于母亲的教益："令子晋才，郁为粤望。母仪是因，子猷克壮。"（熊过《祭新郑县君文》）

清阴轩记：暂时的精神家园

从嘉靖二十五年（1546）三月到嘉靖二十八年（1549）二月，也就是孔天胤从四十三岁到四十五岁，一直待在汾州。于丁母忧之际，又获得了一段时间的休息。

也是在这段时间，孔天胤开始在故乡园中加筑廊轩。这在他以往归汾的日子里，是不曾有过的。我们也可以认为，他是在开始做致仕前的准备了。以前因为要养亲，只能"不择官而仕"，如今母亲已故，突然之间感觉卸下了一副重担。

最早的廊轩筑于"嘉靖丁未孟夏一日"，也即嘉靖二十六年。他将其命名为"清阴轩"。轩成，写短文《清阴轩记》以记之：

吾所居左有槐而右有竹，青天白云盖其上，合而观之，有清阴焉。而吾于是得以荫息于其间，知吾之白以守其黑，保吾之定以一其动静。盖吾之主以清。抑又思之：方吾之未息此阴也，而其清非始无也；及吾之既息此阴也，而其清非始有也。有无之间，未既之际，咸不可得而名也，而聊以名吾轩之曰"清阴"云尔。

这篇小记写得颇有画面感：左槐右竹，青天白云盖其上，阳光透过槐竹枝叶洒下来，既得天之光，又得物之护，可谓精美。从色彩及构图来看，槐竹之绿，天之蓝白，槐花之香，绿竹之节，也相映成趣。有这样一方小轩，孔天胤得以常常荫息其间，读书思考。在经历了宦海的沉浮，此间他思考更多的是人生之道。《老子》说："知其白，守其黑，为天下式。"即使明明知道众人所谓的"正确"是什么，却依然安心固守着一条不能趋向大众认同的价值观的路，这就是老子所说的"抱一"，老子认为这样才是天下人的楷模。那么，这"白"和"黑"是怎么形成的呢？就好像一阵风来，外在的"动"和内心的"静"之间又是怎样一种关系呢？一时间，孔天胤甚至感觉到了一种时空的错位，他的思想飘浮得更远：我没有荫息于此，这清阴并非就没有；我荫息于此，这清阴也并不是才开始有。那么，用什么来命名此轩呢？"有"和"没有"之间，以及在还没有形成的时候，都不可以作为此轩的名称。想来想去，暂名其曰"清阴"吧。

这清阴，足以自娱自适。东晋陶渊明《归鸟诗》曰："顾俦相鸣，景庇清阴。"唐代柳宗元《饮酒》诗曰："清阴可自庇，竟夕闻佳言。"这清阴，也足以与佳朋分享。宋代苏轼《补唐文宗柳公权联句》诗曰："愿言均此施，清阴分四方。"这就是我们现在所谓的"精神家园"，一个能够更好地面对自己，也能更好地拥抱外部世界的地方，既封闭又敞开，既适于安静思考又适于宴饮宾朋。

汾州记事：三晋名宦的文治武功

孔天胤丁母忧期间，国家依旧多事。查《明史》，嘉靖二十五年，五月俺答款大同塞，六月犯宣府，七月犯延安、庆阳，九月犯宁夏，十月犯清平堡；嘉靖二十六年，海寇犯宁波、台州；嘉靖二十七年，正月把都儿寇广宁，八月俺答犯大同，九月犯宣府，深入永宁、怀来、隆庆；嘉靖二十八年，二月俺答犯宣府，七月浙江海贼起，九月朵颜三卫犯辽东。边事不宁，朝廷又有奸相严嵩当政，可谓雪上加霜。《明史》载，嘉靖二十七年，"逮总督陕西三边侍郎曾铣⋯⋯三月杀曾铣"，"逮夏言⋯⋯十月杀夏言"。此事因议收复河套而起，"总督三边侍郎曾铣力主复套，条上十八事。帝嘉奖之。大学士严嵩窥帝意惮兵，且欲杀旧阁臣夏言，因劾铣，并言诛死，自是无敢言边事者"。曾铣曾于嘉靖二十三年至二十五年任山西巡抚，据《明世宗实录》，就在嘉靖二十五年（1546）他调离山西前不久，还曾为山西向朝廷请银："巡抚山西都御史曾铣言，北楼口新设游兵，粮料缺乏，户部议给太仓银二万六千余两，许之。"曾铣之死，令天下震惊，更令山西官民震惊。但山西官民不会忘记他的功绩，将他列入名宦，雍正《山西通志》"职官"："曾铣，直隶江都进士。兵部侍郎兼副都御史，赠尚书，谥襄愍，祀名宦。"

孔天胤虽身在汾州，然不能置身事外。当时山西情况，孔天胤如此记载："自北虏跳梁，越过云中高阙，至晋内境，刘劫视若无人，元元逃死不暇，三河震惊，畿辅互动，山东之民不得安枕而卧。盖历庚、辛、壬、癸，无宁岁焉。"（《海居叙赞》）庚、辛、壬、癸，即从嘉靖十九年（1540）到嘉靖二十二年（1543）。在这种情况下，山西非常需要有魄力、有作为之朝廷重臣前来防守。也正因为如此，孔天胤对于当时山西及汾州官员中的有为之士就极为关注，不惜笔墨，为他们写文作赋，记其善政。

孔天胤丁忧期间，为宣大总督翁万达写了《海居叙赞》。

翁万达（1498—1552），字仁夫，号东涯（一作东崖），广东揭阳人，嘉靖五年（1526）进士，曾任广西梧州府知府、陕西布政使、陕西巡抚等职，嘉靖二十三年（1544）十二月总督宣府、大同，曾与曾铣一同防守大同等边境。作为历史上著名的军事家，翁万达在总督宣大期间，修筑了大同长城，据《明史》，嘉靖二十五年（1546），"总督翁万达与巡抚詹荣奏议修筑大同长城三百余里"；还制造了火器，《明史》载："（嘉靖）二十五年，总督军务翁万达奏所造火器，兵部试之。"翁万达其人，《明史·翁万达传》评价其"为人刚介坦直，勇于任事，履艰危，意气弥厉。临阵尝身先士卒，尤善御将士，得其死力"。

对于这样一位倾力守卫山西安全的官员，孔天胤与众多山西官员一样，对其充满感激之情和仰赖之意。翁万达因久在边防，远离故土，思念父亲翁玉，曾命画工绘《海居图》一幅，当时按察使杨宣、左参政陈耀、右参政刘玺等人"乃各缀一篇图次，原本德业，归美世家以慰"，孔天胤为之写了《海居叙赞》一文，记其事之始末。

孔天胤在这篇赞文中，首先回顾了翁万达的守边之功，称其"修筑塞垣，扃钥大门，崇墉亘野，轒辒相望。盖百夫守之而万虏莫前，稍稍出奇则所向无敌矣"。轒辒，古代用于攻城的大型木制战车。翁万达命工绘《海居图》是在边事渐宁之后。

嘉靖二十八年（1549），翁万达父殁归忧。《明史·翁万达传》载："万达事亲孝，父殁，负土成坟。"亲自背着土为父筑坟。《明世宗实录》载，嘉靖二十九年（1550）二月，"赐兵部尚书翁万达父玉祭葬，从其请也"，也是因当时翁万达功劳极大之故。

据《明史·翁万达传》，嘉靖三十年（1551），因俺答进犯气焰甚炙，翁万达于忧中被召还京。"万达家岭南，距京师八千里，倍道行四十日抵近京",帝"迟之",正好授人以口舌。曾铣被杀后,仇鸾代之为总兵镇守大同。此人曾被曾铣弹劾下狱,曾铣死,他因厚赂严嵩子严世蕃而出狱并成为大将军。此时他又以翁万达赴任迟来而构陷,翁万达被斥为民。嘉靖三十一年八月,仇鸾与严嵩争宠失和,被人揭其私及不轨之事,革职忧惧而死,死后世宗皇帝以叛逆罪名对其开棺戮尸,也可谓恶得其所。仇鸾死后,翁万达被召以代之,可惜"未闻命卒,年五十五"。

翁万达其实并非一介武夫,而是与孔天胤一样,起家进士,且诗文俱佳。《明史·翁万达传》记其"好谈性命之学,与欧阳德、罗洪先、唐顺之、王畿、魏良政善。通古今,操笔顷刻万言"。其一生著述颇丰,有《稽愆集》《稽愆诗》《东涯集》《总督奏议》《三镇兵守议》《平交纪略》《思德堂集》等。今检上海古籍出版社1992年版《翁万达集》,可看到其中关于山西边防的奏疏多篇。

嘉靖二十六年(1547),葛守礼升山西按察使,孔天胤受汾州知州曹宠之请,为葛守礼写了《赠与川葛公总宪山西序》。

葛守礼(1502—1578),字与立,号与川,山东德平人。《明史·葛守礼传》载,葛守礼为嘉靖八年(1529)进士,初授彰德推官,断狱颇为神明,藩府久不能决的积案,"属守礼,一讯即得,乃大惊服"。葛守礼还耿直而有风骨,"冬至,赵王戒百官朝服贺,守礼独不可"。在礼部任职时,曾严拒山西三郡王继封。按照以往制度,郡王去世后如无子嗣袭封,近支是不得继封的,而当时山西交城、怀仁、襄垣的郡王去世后,其近支却请求继封,葛守礼坚决不允。三县郡王近支趁葛守礼生病告假,向朝廷官员行贿,继封之事竟然成功了。但没过多久便事败被查,查出三县贿银共有十余万两,牵扯官员众多,唯独葛守礼不在其中,"帝由是知守礼廉"。葛守礼后由礼部迁河南提学副使,再迁山西按察使。

葛守礼在任山西按察使之前,先任山西布政使司左参政,分守冀南道。《明世宗实录》嘉靖二十四年(1545)八月,"升河南按察司副使葛守礼为山西布政使司左参政"。万历《汾州府志》"名宦"："葛守礼，山东德平人，嘉靖乙丑进士，由郎中历升左参政，嘉靖二十五年驻扎。端凝简默，清介性成，雅负当世之望。累官都御史，赠太子少保，谥端敏。"

孔天胤所作《赠与川葛公总宪山西序》，如今可看作是对葛守礼任分守冀南道期间治绩的一个最好总结，也是对《明史》粗线条人物传记的一个生动补充。

葛守礼即将离开汾州时，汾州吏民"皆怅怅不忍舍去"。曹宠任汾州知州时间长达六年，直到嘉靖二十八年才调离，因而对汾州当地的情况极为熟悉，对于葛守礼驻汾的治绩也最为了解。曹宠通过今昔对比，向孔天胤讲述了葛守礼在汾州的政绩。葛公来前，"长蛇带门，豺狼在野，风发车揭，莫审谁何"；葛公来后，"豺狼去野，四民新集，纲纪再陈"。当地官吏，葛公来前，"视事有掣肘之虞，退食无下咽之饫，闭阁多扣击之惊，出道每遮阑之辱"；葛公来后，"视事得展靖恭之职，退食得享清闲之燕，闭阁则得读书，而省愆出道则得清尘而整辔"。如果用《诗经》中的句子来说，葛公来前，是《诗经·王风·黍离》中的"行迈靡靡，中心摇摇"；葛公来后，是《诗经·小雅·节南山》中的"式夷式已，无小人殆"。如果没有葛公"镇压于上，劳俫乎下"，汾州吏民又如何能够安然无忧呢？所以，如今汾州吏民如果能有一日之安，那都是仰赖于葛公所赐。

孔天胤对曹宠的陈述表达赞同，说，是啊，"禁奸止暴，类非法令之所能也，然别有大端"，很多时候就在于人为。贤吏来，法则能行；庸吏俗吏来，惧惮恶势、小心依附，受苦的还是百姓。孔天胤在序文中，阐述了"道"对于吏治的重要性。"道"在，则化为"德"；"道"在，则治小与治大同理。以葛守礼这样的品行操守、这样的威惠廉直，用以治理整个山西，道理是一样的。天下也正因为有了这样的官吏，这样的风骨，才得有周公、召公之盛。

非常有缘的是，嘉靖二十九年（1550），孔天胤起复，任陕西布政使司左参政，当时陕西的右布政使正是葛守礼，二人有了再一次的交集。

丁忧汾州期间，孔天胤还为山西巡按御史齐宗道的《云汀图》写了《云汀图序》。

齐宗道（1506—1583），字叔鲁，号云汀，广宁右卫人，祖籍山东日照，嘉靖十七年（1538）进士。齐宗道在山西任职时间较长，且有多次在山西任职的记录。其墓志铭中说"乙巳按山西"，可知最早是在嘉靖二十四年，任山西巡按御史。其时"部中诸不法，一切以惠文弹治之，不少借"。有宗室争民田，齐宗道得状后，"立断归民，豪宗胁息"（黄洪宪《明通议大夫都察院右副都御史云汀齐公墓志铭》）。孔天胤后来也记其在山西时的治绩："公曩按部全晋，属丑房虔刘之余，公察狱干宪，恤孤保疲，征勇慎封，留田远堠，为晋人计者溥也。"（《赠云汀齐公应召还京序》）嘉靖二十五年山西乡试，齐宗道为监试官，"所得才士人为多，后先鳞次登朊仕者若而人"（《墓志铭》）。也是在这一年，齐宗道巡按到汾州，值孔天胤丁忧在家，于是前去拜访。

当时，齐宗道因在外久任，思念故乡日照，绘少时读书室于图，来请孔天胤为此图写点文字。孔天胤细看齐宗道之图颇有气象，于是写文以阐幽发微。孔天胤在文中阐发了天象之云雨与君子之道的关系。他认为，真正的"道"，不随人的穷达、隐显而有所改变，迹异而道同，它就是士君子所坚守的一种精神坐标，"夫隐显之迹异，而道义之心同，故君子穷养而达施。达之所施，即穷之所养"。齐宗道是山东人，山东有孔子、孟子二贤哲，可谓生于圣人之地，有着踵圣人之武的先天条件。如今将对圣人之意的理解绘之于图，因图难以表达又希望孔天胤将其形之于文字，这本身就是研求圣人精义之行。

关于齐宗道后来的升迁履历，《明世宗实录》嘉靖二十七年（1548）六月记宣府、大同山西修边工完，"升巡按御史程軏、谷峤、黄如桂、齐宗道及副使陈耀郎中"。嘉靖二十九年（1550），齐宗道由郎中任陕西按察使兵备汉中,当时孔天胤也在陕西,二人有了再一次的交集。

读经体道:为王崇庆《五经心义》作序

孔天胤在浙江时,曾收到过恩师王崇庆由河南开州捎来的一封短信。信中说,孔天胤督学浙江,自己"又失走贺",深以为憾;但内心窃喜,"得人之庆,想恋之私,因自惓惓也"。王崇庆和孔天胤谈到了当时的学术风气,"窃惜士风方患竞靡,殊鲜古意,盖不独论卑气溺心文艺而已"。王崇庆希望孔天胤能够改变这种状况,"振而起之,待其来复,是在执事者"。信中,王崇庆提到他曾托人捎所著《五经心义》给孔天胤请他核校,不知他在课士之余是否做过这项工作(王崇庆《与孔文谷书》)。

王崇庆所说的《五经心义》,是他在嘉靖十五年(1536)七月将自己所著的《周易议卦》《尚书说略》《毛诗补义》《春秋断义》《礼记约蒙》合编而成。但此书一直未行刊刻。孔天胤收到信后,即回信给王崇庆,说"所示《五经心义》"已核校完成,"方欲刻而传之,人人俟成,另报"(《与王端溪翁》),可知孔天胤在浙江时就已准备刊行此书,但因母亲突然去世,事情就被搁置了。回汾州丁忧期间,他将书稿带回汾州,"时汾州守李君见而悦之,则梓之郡斋,以明学也"(《刻王端溪先生所著经义序》)。汾州守李君,指当时的汾州知州李当。万历《汾州府志》:"李当,河南嵩县人。举人,嘉靖二十八年以真定府推官升任。"李当主持刊刻《五经心义》并请孔天胤为之序。

由这篇序文,我们可以看到孔天胤对于"五经"作为中华民族经典文化体系作用的精准认知。他说:

> 六经,圣人之心也。所谓天地之道、民物之彝、宇宙之极,而非言语文字之云尔也。

孔子编撰的"六经",因《乐经》失传成为"五经",王崇庆所写,便是对这"五经"的"心解"。孔天胤认为,中国传统文化中的"六经"不仅仅是语言文字那么简单,它们不是单纯的文学作品,而是"经"。许慎《说文解字》:"经,织纵丝也。"织布时,横线的"纬"来回穿梭,纵向的"经"恒常不动。东汉刘熙在《释名》中说:"经,径也,常典也。""经"就是小路,是"无所不通"的,所以"可常用也"。南朝梁刘勰在《文心雕龙·宗经》中说:"经也者,恒久之至道,不刊之鸿论也。"他是说,"经"是永恒的、绝对的道理,是不可改易的伟大的教导。

对于"六经"的产生顺序及其内容,孔天胤也做了精准的概括,他说:

> 在圣人,兼两三才,首出庶物,阐道而弘化,叙彝而设教,建极以为天下先。由是变通之而为《易》,经纶之而为《书》,歌咏之而为《诗》,节文之而为《礼》,和畅之而为《乐》,法制之而为《春秋》,皆自其心出之者也,而非言语文字之云尔也。

孔天胤认为,"六经"是圣人弘道天下的教化之书,变通教化的方式而成《周易》,以使人明于天道;筹划治理国家大事,制定治理的策略规章,所以形成《尚书》,以使人明于王道;将日常生活和国事政事形成歌咏,就是《诗经》,传之以使人明乎人情;制定礼仪使人行之有度,于是有《礼》,使人明于人道;《易》《书》《诗》《礼》成而百事和畅,于是有《乐经》,使人明乎天地人之通理;而明是非、辨得失、正名分,于是有《春秋》,如孟子所说,"《春秋》作而乱臣贼子惧"。所以,"六经"是中国文化的重要载体,其中包含着中国历代积淀的人生智慧,"皆自其心出之者也",是圣人为天下生民所倾的一片真心;同时它传达着中华民族核心的价值体系。元代学者王恽在《醉经堂记》中说:"五经者,圣人之成法，生民之大命系焉。"所以孔天胤说，它的意义，绝非语言文字那么简单。

孔天胤对于"六经"的解读，被清代学者朱彝尊《经义考·通说》引用[1]。

然而经学体系在流传过程中，所出现的问题越来越严重，主要的原因，就是人们不能体察圣人之心：

> 然自夫子没而微言绝，七十子丧而大义乖，则经垂空文，人挟臆见。垂空文则大道称隐，挟臆见则真知寡俦。以不真之知，求久隐之道，其不谬叛者鲜矣。

自从孔子及其七十二贤弟子逝去，他们所坚守传达的"微言大义"没有得到很好的传承，乖误分歧多如牛毛，于是人各以己是为是，以他人是为非。经学要旨成为空文，即使依然在流传，其意旨也已大大发生变化。经学中所阐发的大道得不到显扬，而学经者又很难形成统一的正能量。经学作为举业之途，学子人人能言，但少有求其真知者。真知不知，则其中久隐之道必然废弛，对于经义的运用也渐呈毫厘千里之谬，能不令人痛心吗？

那么"六经"的要旨是什么？这要从体察圣人之心开始。圣人之心是什么？孔天胤认为："夫圣人之心，广大精微，纯粹中正，与吾心一也。故发而为德业，传而为训典，皆是物也。"圣人之心即吾心，所以如今读圣人之书，更应体察圣人之心，以圣人之心引导、纠正己心，以此为训典，引导自己进德修业。但如今的情况是，人们读圣人之书，"噩噩乎言语文字之间"，更多变成一种语言游戏；"硁硁乎传注之说"，又成为不少人训诂谋生的范本。所以，不求己心，又如何能求得圣人之心？又如何"明经致用"？只能作为科举考试的一种工具罢了。孔天胤认为，"夫不得其心而能折诸事者，未之有也"，不能体察圣人之心，却想有圣人之行，那是绝对不可能的。这也正是导致当下学术不明、人心陷溺现状的重要原因，其危害甚于洪水，让人恐惧于其不可停止。

正因为到了这种程度，王崇庆的《五经心义》才有着重要的意义，体现是的君子的"畏天悲人之志"，是"读经体道"之行，所做的是"救时反本之学"，真正体察圣人之心，故曰"心义"。

孔天胤的这篇书序，与他在浙江时期所秉持的"正心"之学，有着高度的一致。

美作仁里：为汾州云林庵作记

嘉靖二十八年（1549）是孔天胤丁母忧的最后一年，这年九月，他为汾州云林庵作《云林庵记》一篇。其实云林庵重修的时间在几年以前，按孔天胤记载，"其经营在嘉靖二十三年秋七月，明年冬十月落成，后四年秋九月作记"（《云林庵记》）。孔天胤记其事，既是为地方事件作记立史，也是在通过这样的文章表达自己对于佛家境界的敬意及其行善化民效果的彰显。

孔天胤回顾了汾州云林庵的修建经过：

> 沙门释圆知，字大觉，道号云林，家世寿阳李氏，少从师学佛，入黄芦山苦行精修若干年，得证正真之果。以嘉靖某年游锡汾阳，侨居羊市，即玄帝庙隙地构舍息焉。

"云林"是僧人大觉的道号，俗家寿阳人，学佛得道，游历汾阳，在汾阳玄帝庙附近的空地建舍居住。当时其在汾阳影响极大，不但汾阳宗藩应声而至，而且郡中的王侯、贵公、父老等，"咸重信之"。正是因为其在汾阳"教应之广"，而所居之地"枯宅之隘"，所以才集众缘，在汾阳东角的一块闲地上,建造了云林庵。云林庵的建构:"上建观音堂三间,傍(旁)建小厦各三间,后以砖甃一洞室,前有小圃,遂成一兰若焉。"远观云林庵,"其地东接新城,楼雉郁纡;西迤人烟,喧填不入;南望平皋,光景超忽;北枕通衢,群动流衍",成为当地一大胜景。

孔天胤自己也常杖履游历于此,"每至斯所,览厥玄况,未尝不爽然失区中之恋,寥然起霞外之惊"。寺中也常常讲经论道,对当地藩宗、王侯贵公有着重要的教化引用:

> 而况朗悬智镜,以超群迷,高谈宗理,用开众听。使合同者春融乎妙有,复初者冰释乎本无。参叩之徒,觌德而情抛恶趣;含灵之党,溯风而心款善缘。即毒事不生,平怀并尽,风流清简,俗尚慈良,不必远寻净土,自然羡作仁里。则云林即善菩提之果园,茅庵总黄金而布地。

佛教信仰之于民众的最大作用,就是教民为善。这在汾州强宗为患的情况下,具有重要的安定地方的作用。所以,这一方寺观,不但成为汾州一个景观,更成为汾州宗族、王公、父老的一种精神象征,富贵贫贱在此显得不重要,重要的是不同身份的人在这里获得了精神上的一致;现实中的不平等和诸多纷争,在这里也得到了某种程度上的化解。有了这样一种积聚善念的所在,再加上佛家因果报应的观念,确实使汾州一时"毒事不生,平怀并尽,风流清简,俗尚慈良"。

嘉靖二十九年(1550)忧满,孔天胤起复陕西,任陕西布政使司左参政,从三品。这年,孔天胤四十六岁。

其师王崇庆得知孔天胤再入关中任职,写有《与孔文谷督学再之三秦》一首,赞扬孔天胤的文学才华、学问精深:"大雅文章称独步,中行人物睹清标。传经心学吾尝愧,拔萃才名谁复豪。"对孔天胤的前程表达由衷祝愿："宦海仕游驱野马，旅窗寒夜试春瓢。襟期饱惬谈王道，勋业何孤翙圣朝。"诗中也道出了别后的思念："别况未应愁锦瑟，相思翻笑湿红销。坐忘意味今犹昔，漫说云山秦晋遥。"

这是孔天胤第三次去陕西任职了。而连他自己也不会想到，此番去陕西，竟然一待就是五年，并且经历了历史上著名的"庚戌之变"。

注释：

①陈开林：《〈经义考·通说〉引文考辨十二则》，《贵州师范大学学报（社会科学报）》2015年第3期。

第十章 重回陕西

庚戌之变：因封贡而起的全面寇乱
安攘大计：陕西时期的民生观与武备观
同年同官：『乖左阅岁年，和鸣复天路』
关中佳话：一件乐事与五首逸诗
壬子乡试：一份珍贵的乡试录文献
陕西文事：关中的刊刻与书序
疏乞休致：『归心久已然』
仕路余韵：河南左辖与汾州『雕』

　　惠风嘉藻袭人裾，道论时时重起予。室里芝兰香自信，世间萍梗味何如？

　　　　　　　　——孔天胤《秋日送康节判于役河东》

庚戌之变：因封贡而起的全面寇乱

　　据《明史》，嘉靖二十九年（1550）六月，俺答率军犯大同。当时的大同总兵，就是那位曾被曾铣弹劾入狱，曾铣、夏言被杀后重赂严嵩之子严世藩而出狱后被任命为大同总兵的仇鸾。《明史》载："大将军仇鸾，始为曾铣所劾，倚嵩倾铣，遂约为父子。"对于俺答来犯，这位仇总兵用了一个极其"聪明"的办法：重赂俺答，请求勿攻大同，移攻他处。这年八月，俺答大举入寇，"京师戒严，薄都城"。俺答部杀到北京，仇鸾又打着勤王的旗号入京护驾,受到了明世宗的信任和倚重。

兵围京师,俺答提出了"通贡互市"的要求,即要求明王朝与蒙古恢复正常的边境交易。据《明史》,在弘治十七年(1504),蒙古和明朝之间一直存在的朝贡关系中断,边患便愈演愈烈。从嘉靖十一年(1532)到嘉靖二十八年(1549),蒙古曾屡次提出互市要求,先是小王子,后是俺答,但都被明王朝拒绝。嘉靖二十年(1541)秋,俺答通贡请求被拒后,大举内犯,"俺答下石岭关,趣太原。吉囊由平房卫入掠平定、寿阳诸处"(《明史·鞑靼传》),山西备受其患。使事情更趋向于恶化的是,嘉靖二十一年(1542)和二十五年(1546),明王朝"杀使绝贡"激怒俺答,招来更大规模的入侵。嘉靖二十六年(1547),俺答派特使李天爵第五次提出通贡之请,明世宗不仅不允,还下旨以后边臣不得"代为闻奏""通事人役违法启衅者处以重典"(《明世宗实录》)。嘉靖二十八年(1549),俺答又"束书矢端,射入军营中"求贡,明世宗再次拒绝。

其实在这么多次求贡中,有见识的大臣都曾提出过有效建议。嘉靖二十五年(1546),翁万达等人上疏明世宗,说俺答部自冬至春,派游骑信使来求贡十余次,语言也颇恭顺,不如责令蒙古使臣回营取印信封诰,保证秋天以后西不犯延绥、宁夏、甘肃、固原,东不犯蓟州、辽阳,让他们以实际行动取信于明朝廷。如果顾虑蒙古借入贡之机窥伺中原,也可以多有防备,质其头目,拘其不轨者,并可进行一系列赏罚,让他们即使想有所变诈也不容易得逞。但这个奏议仍然没有得到明世宗允许。

对于这次求贡,时任礼部尚书的徐阶说,朝廷此前既不听"通古今、知大计"的翁万达等重臣之言,又不修守备,如今被迫通贡,无异于城下之盟,是朝廷的奇耻大辱,绝不可答应通贡。而大将军仇鸾却极力赞同通贡。在仇鸾的建议下,大同、宣府开通了马市。马市已开,但蒙古的劫掠并未停止,加上一些奸人故意制造混乱,于是第二年朝廷便下令罢停了马市,且终嘉靖朝也再未开通。

而从嘉靖二十九年（1550）之后，俺答年年进犯，无岁不入，再加上倭寇屡犯海上，全国南北皆陷于战乱之中。据《明史·世宗本纪》，嘉靖三十年（1551），十一月俺答犯大同。嘉靖三十一年（1552），正月俺答犯大同，随后入弘赐堡；二月俺答犯怀仁川；四月把都儿、辛爱犯新兴堡，倭寇浙江；五月倭陷黄岩；八月俺答犯大同，分掠朔、应、山阴、马邑；九月俺答犯山西三关，后犯宁夏。嘉靖三十二年（1553），二月倭犯温州，俺答犯宣府；三月吉能犯延绥，俺答再犯宣府；闰三月海贼汪直纠倭寇濒海诸郡，至六月始去；七月俺答大举入寇，犯灵丘、广昌，犯浮图峪，河套诸部犯延绥；八月小王子犯赤城；九月俺答犯广武。嘉靖三十三年（1554），三月倭犯通、泰，余众入青、徐界；四月倭犯嘉兴，既而陷崇明；五月倭掠苏州；六月俺答犯大同；八月倭犯嘉定；九月俺答犯古北口。

孔天胤就是在这种情况下到陕西上任的。孔天胤在文中这样描述当时陕西的情况："迩来西北多事，而关陕之为殷；四方灾馑，而关陕之为甚。天下民力凋劫，奸宄萌滋，吏治之弗胜也，而关陕之为尤。"（《赠中丞印台傅公进少司空还朝序》）这一方面是因为陕西有着重要的战略意义，"惟陕之重，东抗河山之阻，南控郧汉之岩，西阆巨羌，北堵强胡，中峙八郡，间树大藩戎马之会，屏翰之雄，而京邑之右臂也"；另一方面百姓又深受边患和藩府供奉之苦，"百姓之供边者六，而匮其三，供藩府者四，而匮其二。而后民用凋劫吏治之艰难也"（《贺大中丞樵村贾公巡抚陕西序》）。

孔天胤在陕西的五年间经历过两次升职，且都是在嘉靖三十年（1551）。先是由陕西布政使司左参政升陕西按察使司按察使，由从三品升为正三品，职责也由负责行政的分守道改为负责全陕之司法刑名。事记于万历《陕西通志》"职官·按察使"："孔天胤，山西汾州人，进士，历佥事、副使，嘉靖三十年任。"第二次是由按察使升右布政使，由正三品升为从二品。孔天胤有文章称"嘉靖辛亥……时余谬从陕之廉使，移布政右使"（《〈白雪阳春〉序》），"辛亥"即嘉靖三十年（1551），"廉使"即按察使。这次升迁，再次回到行政职位。孔天胤在此年连升两级，一来说明当时朝廷特别是陕西正值用人之际，二来也说明孔天胤在陕西之政绩突出。

嘉靖二十九年（1550）孔天胤任陕西左参政时，曾写信向南京国子监祭酒王维桢询问当时朝廷御敌的情况。王维桢，字允宁，号槐野，陕西华阴人，嘉靖十四年（1535）进士。孔天胤初仕陕西任提学时，王维桢已是举人，与孔天胤的初识也当在彼时。王维桢虽然职掌文墨，却志在经世，喜"与士大夫讲方略、论战守"，且"谙知九边要害，扼腕时事，慷慨悲壮"（雍正《陕西通志·人物》）。因孔天胤陕西期间的大部分诗歌和前期书信俱散佚，我们只能从王维桢的回信中了解这次通信的内容。

回信中，王维桢对孔天胤谈及当时虏患为剧的情况以及仇鸾等人防守的无能，表达出一种异常焦虑的情绪。他认为，当时明朝廷与蒙古军队的强弱情况一目了然，而朝廷上下对此议论纷纷却不解决实际问题，令他非常气愤："且议者疑也，国有举措，可者半，不可者半，则议之，谓议之则是非决矣。今胡骑侵轶明明知强，我兵倒戈明明知弱，强斯推之，弱斯振之，何议之为？"强弱情况一目了然，有什么可议论的？推强振弱，行动比议论更重要。他在信中表达了自己的激愤和焦虑："仆拊膺痛肠，弗能少宁者也。夫国有危急而众共忧之，是何忠者之盛也；比及任事而复相推毂，又何让者之多也。"议论者多而可任事者少，遇事挺身而出者少而互相推诿者多。他对孔天胤说，谈到国事，不觉"触目激衷，至废眠食。引纸摇笔，不觉烦赘"，还希望孔天胤"不以为诞谩"（王维桢《答孔文谷大参书》）。

可以看出，王维桢向他传递的是朝廷当时的情况，且有一种失望忧虑的情绪，似乎没有为他出任何有价值的主意。

安攘大计：陕西时期的民生观与武备观

从孔天胤写于陕西时期的几篇文章中，我们可知其当时的文治武备思想。战乱时期，当务之急，无非两点，一是安内，二是攘外。孔天胤认为，安内，官员就要诚心为民，就要注重涵养实德；攘外，将帅就要知兵法，知进退之理，胸有韬略，有勇有谋。

诚心为民、注重实德，这可从给葛守礼所写的堂铭和赠文中看出。

嘉靖二十九年（1550）秋八月，陕西左布政使葛守礼建后堂名曰"诚心"，孔天胤作《诚心堂铭》一篇。雍正《陕西通志》"公署"："嘉靖二十九年，左布政葛守礼建后堂曰'诚心堂'，右布政孔天允（胤）记。"此记载中孔天胤官职误，当时他是左参政，这从他自己的文章中"嘉靖二十九年辛亥秋八月，左使与川葛公守礼作后堂成，题曰'诚心'，时余为左参政而问义焉"可知。在这篇铭文中，孔天胤阐述了地方长官"民之父母"的职责："日孳孳务颛保民，民不同如面，实同我心。求民之瘼，当不出户庭而如指诸掌，民忽去疾苦而就康悦。"怎样才能做到以民之疾苦为己之疾苦？"诚也。君此心，民亦此心。以心求心，无有弗实，即无有弗当"，以心求心，以爱施爱，只要是为百姓的利益着想，急百姓所急，没有不对的。具体来说，就是"民之所好好之，民之所恶恶之，斯可以为民之父母矣"。事实上他是借此铭文，给为官者提出了一种"诚心为民"的信条。

就在《诚心堂铭》写好不久，葛守礼由左布政使升右副都御史巡抚河南，孔天胤作《送与川葛公巡抚河南序》。序文中，孔天胤提出了官员要重实德的观点，他认为，实德重于虚誉。

孔天胤指出，葛守礼将升任的巡抚之职，非唯显达，实是重任。身为巡抚，所处的是"保厘者"之位："古之所谓保厘者也，非其官尊者，其任重乎？"巡抚要总揽一方，定夺大小事务，令吏民各得其所，其职责之重远大于位之尊显。正因为这个位置非常重要，所以朝廷才要多方查找，多方征询，历时考察，最后确定最佳人选。有才无德者不可任其职，有德无实者同样不可任其职。所以，"位匪轻授，道不虚行"，朝廷的人才之选有着严格的考核标准。

孔天胤援引唐虞之世和夏商周三代用人的事例,探讨了"名"与"实"的关系。他说:

> 尧以至仁甄陶之,舜以大智举用之,而其效风动,而其变时雍,荡如巍如,师如谐如,盖非有他,皆取诸其实德者也。惟在圣人为能简之耳。今思此十六德者,有一声音笑貌之可为乎?有一言语文字之可假乎?

《尚书·尧典》记载,尧咨于四岳,推举舜作为继任者,先下嫁二女于舜考察其修身齐家,之后让其处于各种位置以考察其为政能力。考察合格,尧才说:"格!汝舜,询事考言,乃言底可绩,三载,汝陟帝位。"这也就是后来历史上"三载考绩"的出处。尧所考察的,就是舜的实德,非其虚名也。而这些实德,皆非巧言令色、言语文字所能达,而是"纯乎其天,率乎其性"的结果。

但后世的人才观却发生了严重的蜕变,"先名后实,投时之好,缘饰之巧,功名会焉",导致的结果是:

> 竽瑟之谈,岐丝之譬,伐檀之赋,朵颐之爻,上士所谓寒心,下士以之变节,如是而言才德之际、名实之间,难矣,邈矣。

"竽瑟"典出《楚辞·九歌》之"陈竽瑟兮浩倡,灵偃蹇兮姣服",此指好着华服之人或曰纨绔;"歧丝"用杨朱、墨子的典故,阮籍有"杨朱泣岐路,墨子悲染丝"句,喻人生之歧路和环境对人之濡染;"伐檀"典出《诗经·魏风·伐檀》,中有"不稼不穑"句;"朵颐"典出《周易》"颐"卦之"舍尔灵龟,观我朵颐"。孔天胤在此所指,皆为世俗之欲。此类锦衣玉食之徒,皆以名称,而德不相配,皆为"先名后实"之人。此类人占据朝廷,如何得有唐虞之世的大才用世?

葛守礼此番所去之河南,不仅幅员辽阔,且有着深厚的历史文化,它是"伊雒之经,阴阳之会,田庐挐距,人物阜蕃,殷周之故都",治理又有繁复之处。对于河南的治理,孔天胤提出了有益的建议:

> 矢其文德,宣其彝宪,则其教易行;息其游惰,敦其本力,则其养易足。廉贪立懦表之清,补偏救弊作之明,返异归同范之一,黜浮崇雅本之公,中州其勿乂乎?

施布文治,广被德政,宣明常法,教化就容易实行;使游惰者力务农桑,民养就容易充足。使贪者廉,使懦者立,补偏救弊,返异归同,黜浮崇雅,河南之治亦易矣。一句话,还是要以"实德"治吏民,使吏民皆重实德而轻虚誉,重实绩而轻浮名,则奸邪不行,吏治清明,民得所安。

孔天胤认为,士君子身负治国平天下之任,就要有大胸怀、大格局,赋政于外要尽力经营四方,从政于朝则要尽力辅佐朝廷。这一观点,是在他写给陕西都察院右副都御史傅凤翱的赠文中体现的。

嘉靖二十九年(1550)七月,陕西巡抚傅凤翱升工部右侍郎,将进京任职,孔天胤写有《赠中丞印台傅公进少司空还朝序》一文以赠。傅凤翱,字德辉,号印台(一作应台),湖广应山人,嘉靖二年(1523)进士。

赠文中,孔天胤记述了"庚戌之变"及朝廷的用人之急,这也是傅凤翱晋升的背景:"印台公拊循全陕之明年,是为嘉靖庚戌。时秋高,虏乘至于畿辅,皇上思谟猷之臣,列在帷幄,为安攘计,乃咨用宿望,进公工部右侍郎。"孔天胤回顾了傅凤翱的陕西治绩。在西北多事、关陕为尤的情况下,傅公"夙夜匪懈","究政事之得失,研物理之精微"。对于案件,"小大必情,以委其诚";对于选士,"幽显毕达,以馨其宜";对于民役,"登其民数而敛其军实";对于军队,"撙节其侈越而康保其休息"。在傅公的治理下,不到一年而"群吏受纪,百物陈叙",陕西出现了"统类齐一,仰镜承流,回风向道之不暇"的情况。对于傅凤翱,孔天胤所赠之言,阐述的是中国儒家士君子出入之大道。他说:

夫古之名臣,禀纯硕之德,摅义亮之才,应鸿昌之运,册桓赫之勋。出则赋政于外,经营四方;入则赞美元枢,珪黻岩廊之上。誉烈炳乎日月,功流洽乎河海。如《诗》《书》所称周、召、仲山、尹甫之明,尚矣!

出与入,即宋代范仲淹所说的"处江湖之远"与"居庙堂之高"。赋政于外则经营四方,从政于朝则尽力辅佐朝廷。孔天胤又言,孔子删除芜杂,编订《诗经》,使"《雅》《颂》各得其所";梳理三代王朝档案,编订《尚书》,使君臣各知勤勉为政。孔夫子殚精竭虑所阐发的,便是君子进德修业、乾乾进取的精神;而孔夫子所感伤的,便是这种精神的辽阔广远,士君子不能察其幽微,不能将其作为精神生命的底色。孔天胤认为,傅公是能够深味孔子精神要旨的,也定然能够于出入之间更有建树,扬名千秋。

据《明世宗实录》,傅凤翱任工部侍郎后,不久即改为户部右侍郎兼都察院右佥都御史督理粮饷,嘉靖三十年(1551)又改兵部左侍郎兼右佥都御史协理京营戎政。但此年六月,傅凤翱就因劳瘁去世了,明世宗听说后,"嗟悼久之",且"为之不能视朝者三日"。

有德才的官员,如果能够"综统专任",一定能够创造吏治的美好局面;而对于官员的才德,孔天胤又提出了"弘毅明当"四字要诀。这两点,是他在写给陕西右布政使贾应春的赠文中表达的。

贾应春,字东阳,号樵村,直隶真定人,嘉靖二年(1523)进士。《明史·贾应春传》记其曾任山西潞安知府、河南开封知府。贾应春在陕西，由按察司副使一路做到了右布政使、左布政使。嘉靖三十年（1551）六月，又由左布政使升陕西巡抚，孔天胤写《贺大中丞樵村贾公巡抚陕西序》一文以赠。

当时陕西作为"京邑之右臂"，担任着重要的物资钱粮供应任务，再加上陕西藩府人口甚剧，"轨物之度，取足田庐"，给当地百姓和官吏都造成了极大的压力，即"百姓之供边者什之六，供藩府者什之四"。在这种情况下，县中的官吏疲于奔命，对于拖欠赋税、债务者却毫无办法。民不堪命，官吏亦不堪命；因而百姓陷于困苦，吏治陷于混乱。再加上"边之吏困于资给，不得养壮士；习于畏缩，不得信远略"，可以说民、官、军三方面都出现了问题。在这种情况下，就需要有专任的官员，"综统条贯而经略之"，从而"通变其所宜，顺其所乐；振刷其所污，立其所隆"。

专其任，方能总体协调，否则便如人之生病，头痛医头，脚痛医脚，而抗病毒又伤了胃，只会使一切更为混乱。当初贾应春在布政使任上，因限于布政使只管行政，与管司法之提刑按察使、管军事之都指挥使司都只是平行关系，互相不得干预，所以问题即使非常清楚，也因互相掣肘而不得解决，尽管尽心竭力，"犹患关白悬于抚按，枘凿起于异同"。关白，陈述、禀告；枘凿，榫头与卯眼。此二语皆为掣肘之意。为什么才德俱佳且一片忧民之心，对当时的问题也心如烛照，效果却不好呢？是因为"综统之不专，而尊信殊也"。如今贾公升陕西巡抚，这些问题自然会迎刃而解，"如神禹之行水也，而滔滔者安流也；如孔子之正乐也，而《雅》《颂》各得其所也"。

巡抚是统摄三司之官，而居于这样重要位置的官员，其德才也必得与其位相应。孔天胤写道："夫居弘体毅，君子所以任重而道远；知明处当，君子所以赞化而参仪。"这里化用的是曾子的"士不可以不弘毅，任重而道远"，是对士君子勇于担当的要求。而对于弘、毅、明、当四字，孔天胤又做如下解释：

夫德心广大，弘也；义用强直，毅也；炯物达微，明也；称物平施，当也。

以广大的心性保守美德，以强直的态度坚持正义，洞察幽微，公平恰当，这是为官者尤其是位居显要者必须做到的，唯此才能协理各方。

孔天胤认为贾应春正是具备了以上四种品质之大才，其"宽而有容，广以大也；侗而无竞，强以直也；察而不苛，炯以达也；恕而能喻，称以平也"。孔天胤希望"兼斯四者"的贾公在任巡抚后，能够总揽全局，精心化裁，恩威并用，"俾官乐其职，民叙其功；康彼西维，有始有卒"。

贾应春在陕西巡抚任上颇有功勋，于嘉靖三十二年（1553）升兵部右侍郎。《明史·贾应春传》记载，是年秋，"寇大入延绥，杀掠五千余人。应春督诸将邀击，获首功二百四十，以捷闻"；嘉靖三十三年（1554），"套寇数万人屯宁夏山后，先遣骑五百余入掠，总兵官姜应熊守红井以缀敌，而密遣精兵薄其营，斩首百四十余级，进应春右都御史。"贾应春还"筑边垣万一千八百余丈，以花马池闲田二万顷给军屯垦，边人赖之"。因为功勋卓著，先后有两个儿子被朝廷荫封为官。

陕西时期，孔天胤的武备观，一是将帅要知兵，二是将帅要懂得进退之理。这是"攘外"的核心。这些观点可从孔天胤为《武经七书》所写的序言及他为三边总督王以旂、关南兵备齐宗道所写的升职贺文中看出。

嘉靖版陕西官刻《武经七书》，是由当时的陕西巡按御史姚一元主持刊刻的，由时任陕西左布政使，也即葛守礼晋升后的继任者，江西进贤人张臬核对校勘。姚一元（1509—1578），字维贞，自号画溪居士，浙江长兴人，嘉靖二十三年（1554）进士，初授行人，后选山东道御史，巡山海关，再按陕西①。张臬，就是那位在嘉靖十七年（1538）因顾寰修成皇陵而与孔天胤同时升职的徐淮兵备。孔天胤在文中记述了此书刊刻的宗旨，是"以开迪陕之武人"。

《武经七书》是一套由七部兵书组成的兵法丛书,包括春秋孙武的《孙子兵法》、相传为战国吴起所著的《吴子兵法》、战国时假托姜太公所作的《六韬》、战国时司马穰苴所著的《司马法》、相传为汉初隐士黄石公所著的《三略》、相传为秦王政时尉缭所著的《尉缭子》、唐代李靖与李世民讨论军事问题的《李卫公问对》。此七书最初刻于北宋,由朝廷作为官书颁行,也是中国古代第一部军事教科书,宋朝以来一直是武学必读书目。

在西北多事而关陕为剧的情况下,陕中重刻《武经七书》,就有着重要的武备意义。而孔天胤的序文,则将这种意义做了最为精准到位的阐释。

他开篇即称,武经之书的核心内容即在于将要知兵。他说:

> 《武经七书》载兵家略已明备,故取用焉,武之经焉。晁错曰:"将不知兵,以其卒予敌也。"夫将而不知兵,则已如欲知兵,舍是,奚适哉?

关中"擅河山之胜,称带甲之雄",历来为兵家必争之地,因而战事频仍。所以,关中的将帅师旅,人人皆宜谙晓韬略,熟读兵书。读兵书至少有两个好处,一是战前可"算",知己知彼,算胜攻取;二是战胜后可保全功名,因为兵法中深藏"三代揖让之道"。战而胜之,且知乎君子相争之理,自然能保全功名。

然而当时由于承平日久,"缙绅则守礼乐,介胄则熙恬门祚而已",民不知兵的情况已经很久了。如今战事突起,人们依然不知事之缓急,这是最令人担忧的;学习武经,就是一件刻不容缓的事。特别是将帅,莅临三军,怎可不学无术?学要有术,首要之"术"就是武经兵书。不惟要学其战略战术,更要明了其"君子之争"的战争理念,做到"内不失己,外不损人"。《武经七书》是战争中的章程,它不是简单的教条,而是可供运用的法则。孔天胤举司马穰苴之例，对刊刻《武经七书》的意义做了进一步的总结发挥。当年司马穰苴不过是齐国的一介平民，就因为他熟知并能灵活运用古代的《司马法》，所以齐相晏子称他"文能附众，武能威敌"，而齐景公也就把古代的《司马法》附名为司马穰苴之兵法。

嘉靖二十九年（1550），陕西三边总督王以旂加封太子少保，孔天胤写《赠总督大司马石冈王公进锡序》祝贺。贺文中，孔天胤阐述了朝廷将帅人才之选的重要性及其将帅用兵安民、总理方略的武备思想。

王以旂（1486—1553），江宁（今江苏南京）人，字士招，号石冈，正德六年（1511）进士。《明史·王以旂传》记其生平几件大事：一是初仕任上高知县时，恰是江西农民起义最盛的时期，王以旂"训乡兵御之，贼不敢犯"；任河南御史期间，宁王宸濠在江西叛乱，镇守河南的太监刘璟倡议暂停乡试，王以旂认为河南离江西还远，罢试无名，于是未罢；三是当时明武宗要亲征宁王宸濠，太监刘璟又要求河南"牒取供顿银四万两"支持亲征，王以旂坚持不给，减轻了河南民众的负担；四是他还参与明世宗议大礼之事，"世宗即位，欲加兴献帝皇号，以旂抗言不可，已"。虽然后来明世宗还是尊其父兴献王为皇帝了，但王以旂没有因此得咎，不久升为兵部侍郎，也实属奇迹。

在祝贺王以旂晋升的文章中，孔天胤总述了在边境不宁、四方多事的情况下，将帅之选的重要性：

> 师丈之选、文武之才，足宪万邦而贞六师，而后出则有重于泰山，入则功光乎日月。是为安攘胥臻，内外咸辑，吏尽乐职而民悉序业，夷守定固而戎马闲也。

优秀的将帅，就得如尹吉甫一样，具文韬武略，成天下表率，得众正，兴师旅。只有如此，才能安内攘外，吏乐职，民序业，四夷安，戎马闲。在这里，孔天胤提出了一个重要观点：将帅武备的最高境界不是作战胜利，而是"闲"，"闲"的背后，则是一派安居乐业的升平气象。

孔天胤写到王以旂总督陕西之功。王以旂入关后，总体布署守备及作战方略，与吏民将士约定备御方案。又冒霜雾、荡风沙，亲自巡视边塞，检查粮草军资，修整车骑器械，加固工事，考察防守，陈兵布阵，使敌军无可乘之机。王以旂还令兵于耕守之余筑塞："西自尾梁，东及响水，延亘殆将百里，使千夫乘塞列队而万虏莫前。故胡人虽秋高马肥，不敢南向而牧。"在此基础上，孔天胤提出了他的武备观：师有不战之胜，兵有时蕺之威。

王以旂在任陕西三边总督期间，最大的历史贡献就是开了延绥、宁夏马市。此事发生在孔天胤写此贺文之后的第二年，其时孔天胤已升陕西右布政使。《明世宗实录》嘉靖三十一年（1552）正月："以延、宁马市成，赏原任陕西巡抚鲍象贤、巡抚贾应春、布政孔天胤银币有差，通事猛忽儿等升一级。"孔天胤也参与其事，并得奖赏。

宣府、大同马市开了不久就被罢止了，延绥、宁夏马市也没有开多久，但延绥、宁夏马市与宣府、大同马市的不同之处，就在于有王以旂镇守。《明史·王以旂传》："延绥、宁夏开马市，二镇市五千匹。其长狠台吉等约束所部，终市无哗，以旂以闻。"有王以旂在，马市就能正常运行。虽然后来朝廷下令关停所有马市，但王以旂在陕西任上所维持的马市，依然为陕西的边防安宁及蒙明外交关系的正常化做出了重要贡献，也使陕西官民一度免受战乱。

其后王以旂又在陕西总督边关三年。《明史·王以旂传》总述王以旂在陕西六年修筑边防之功："在镇六年，修延、绥城堡四千五百余所，又筑兰州边垣。"嘉靖三十二年（1553），王以旂卒。《明史·王以旂传》："比卒，军民为罢市。"雍正《陕西通志》："卒于固原，诸镇军民为罢市者数日。"集市停止买卖，以表示对王以旂的悼念。孔天胤的这篇贺文，也成为记载王以旂在镇抚陕西期间历史功绩的重要文献。

孔天胤在为齐宗道所写的赠文中，则集中体现了"备不轻用""内余外制"的武备观。

齐宗道是一位故人。在孔天胤丁母忧的嘉靖二十六年（1547），齐宗道曾以山西巡按御史的身份按部到汾，以一幅《云汀图》向孔天胤求序。嘉靖三十年（1551）春，齐宗道任陕西关南道兵备副使，与孔天胤再次相遇。《明世宗实录》嘉靖三十年正月："副使齐宗道分练各处民兵。"孔天胤也记载："云汀齐公，名御史也。今岁之春，出补陕臬宪副，饬兵关南。"（《赠云汀齐公应召还京序》）齐宗道应召还京，其原因与傅凤翱类似："值丑虏跳梁，至于畿甸，上咨选俊乂，将推毂剖符，专任尊宠"，"于是当道上疏，荐者十有二人，而我公杰然称首焉。上于是亟召公还京师"（同上）。

赠文中，孔天胤对齐宗道精于吏治的大手笔予以赞扬，并由之引出了他对解决当今战事方案的重要观点。

关南位居陕西之重要位置，"当蜀汉孔道，绵控郧阳，弘统商洛"；地埋上"岩险阻深"，极为险要，易守难攻，若为匪类所据，也极难清剿。而此地出产金石草木，"其人东西南北之所依负，故有欲焉"。且秦地自古就民风刚烈，这从战国时代秦始皇的先祖们南征北战、东奔西突，一点点吞并其他国家的雄风中即可知其端倪。此处地僻、山险，民有欲且性刚，故易争易暴，且速聚速散，所以存在诸多隐忧。在这种情况下，非常需要有魄力的官员，捕已形，禁未著，匡邪绥正。而能有此见识魄力者，非有大才大德者不可。齐宗道就是这样有大才大德者。齐宗道到任时，正值大饥荒之后，他扶弱保伤，销萌涤邪，可谓快刀斩乱麻，仅用了一个月情况就大为好转，民生、吏治皆井井有条。齐宗道因之也深得关南吏民之爱戴，"郡县凛然承事，吏民畏而爱之无何"。然而当时国家多难，这样不可多得的人才，需要发挥更大的作用。惜别之际，孔天胤又回顾了齐宗道的武备之路，借此也阐发了自己的武备观及对当前战事的看法：

> 夫戎，大事也。古不忘战以保大，后好战以饰弱。饰弱者危，保大者安。夫为战，均而安，危异系，何也？夫古备而不轻用，则内有余；后无备而轻用，则外有余。内余可以制外，故安也；外余则内反受制，故危也。夫师行粮食，师老财匮，与养兵积资、养气节劳者殊也；戢而动，与玩而无震者殊也。

古代的战争理念，不忘战是为了保持自身的地位，增强军事力量以对周边有窥伺之心者起到威慑作用。《老子》说"兵者不祥之器也"，轻易不能出兵，但不出兵的前提，是要"有备"。如今一些将帅在"无备"的情况下盲目出兵，只是为了掩饰自己所辖军队军事力量的虚弱，就好像脾气大的人往往是在掩饰内心的怯懦一样。孔天胤在这里想要强调的，是"有备而轻用"的理念。这种理念，无论是兵部尚书，还是三边总督甚至各省都指挥使，甚至只是某师旅的将帅，都应该具备和明了。许多时候，"无备而轻用"，正是一次次战事失败的原因，而蒙古兵几十年来一直侵扰不断，也是看到了明王朝军队在这方面的弱点。所以，军事的强大在于"内余"，"内余可以制外"，而"内余"的核心，则是"养兵积资，养气节劳"。《国语·周语上》中有《祭公谏征犬戎》一文，在周穆王将要征伐犬戎部族时，祭公谋父谏曰："夫兵，戢而时动，动则威；观则玩，玩则无震。"意思是说，兵力是储存起来到一定时候动用的，一动用就使人畏惧；炫耀武力就会滥用，滥用就不能使人畏惧。这才是用兵的核心理念。祭公谋父还说过一句话："怀德而畏威，故能保世以滋大。"让敌方能够怀念朝廷的恩德而畏惧朝廷的军事威力，这才是最终解决边患的最有效的方法。

这一观点承继古代典籍而来，但它也正是中国传统价值观中最为宝贵的财富之一。能够明了其中之理并深化运用，中国也才会在任何时代都既安且强。但这一点，在当时的明王朝特别是明世宗那里，是没有得到认可和实践的。

齐宗道还朝后不久，出任河南按察司副使，不久又转任山西，以左参政分守冀南道，驻汾州。万历《汾州府志》"部使"："齐宗道，辽东广宁卫人，嘉靖戊戌进士，由监察御史历升左参政，嘉靖三十年驻扎，累官四川右布政使。"其时"汾地军民错居而宗室多豪难制，公威惠兼施得抚驭之，体晋人便之"。齐宗道嘉靖三十二年（1553）升山西按察使，两年后升都察院右佥都御史巡抚大同，为山西的民生、吏治做出了重要贡献。

此外，孔天胤还非常重视陕西的遗迹保存，重视在战争年代吏民的精神需求。

嘉靖二十九年（1550），孔天胤巡行至咸阳，正逢分巡副使张涣督修咸阳周文王、武王陵寝及周公太公墓成，受知县孙湛所请，孔天胤作了《重修周文王武王陵寝及周公太公墓祠记》。

中国儒家知识分子向来主张"祖述尧舜，宪章文武"，尧舜人格魅力的"钦明文思安安，允恭克让""慎微五典，五典克从。纳于百揆，百揆时叙。宾于四门，四门穆穆。纳于大麓，烈风雷雨弗迷"，其用人方面的"明明扬侧陋"，其量刑原则的"钦哉，钦哉，惟刑之恤哉"，其统治思想的"知人则哲，能官人；安民则惠，黎民怀之"，其勤劳政事的"无教逸欲，有邦兢兢业业，一日二日万几"（《尚书·尧典》），都是天下知识分子希望后世帝王能够具备的优秀品质。尧舜之后，周文王以百里之地而天下追随，周武王讨伐暴纣而重建清平之世，成为后世的圣王典范。周公、太公是周武王重要的辅佐力量，助其灭商也助其治国理政，是天下贤相的典范。圣君贤相，正是中国儒家知识分子心中不倒的理想旗帜。而文王、武王、周公、太公陵寝墓祠在"咸阳之北，毕原之上"，咸阳修而饬之，其意义一方面在于文化建设，另一方也是要在国家遭逢外族入侵的战乱之中给当地官民一种精神信仰：文武未坠于地，文武在兹，一切都会安好。

当国有战事，祭祀所给予人们的精神力量不可低估。

同年同官："乖左阅岁年，和鸣复天路"

孔天胤在陕西任职期间，最为开心的事，当是能遇到多位同年与其一同共事。这与他在浙江任提学副使时，与皇甫涍、王廷幹、谢庭莒、赵维垣、钱薇等人在一起共事有着颇多类似。与其他同僚相比，同年之间更多了一层天然的亲近，因而也更能相互欣赏、相互帮扶、通力协作，使吏治更见其效。而在文化传承方面，同年之间的诗文唱和、互记互写，也更带着平视时的真切，因而也更为客观和可贵。

今检相关资料，可知与孔天胤陕西时同官的同年，有徐守义、苏志皋、刘世用、何其高、谢少南、李乘云、范钦、茅鐢八人。其中关于茅鐢的记载不多，仅见于刘储秀的诗题中，言二人曾同去拜访。其余七人，交集或多或少，俱包含着人情之暖。

徐守义与孔天胤同官时间较短，就在嘉靖二十九年（1550）孔天胤到任后不久，便上疏辞归了。徐守义（1493—?），字子和，号凤冈，开封府杞县人，中壬辰科三甲二百一十六名进士，中进士时年已四十，长孔天胤十二岁。历任扬州推官、礼科给事中、刑科给事中、山东按察司副使、山西右参政、陕西按察使、陕西右布政使。徐守义辞归，孔天胤作《右方伯凤冈徐公请告东还三司赠别序》，文中记其辞归及自己写文的原因："公乃偶以微恙，辄上疏乞移疾归里。巡抚都御使傅公、巡按御史程公及我诸大夫佥共勉留，不从，竟浩然东归。"傅公，即傅凤翱；程公，即程軏，号古川，山东临清州人。

赠文中，孔天胤重点谈了一个"宜"字。当时朝廷之士，大多入而不能出；山林之士，又大多往而不能返。圣人则不然，圣人的原则是，"可以仕则仕，可以止则止；可以久则久，可以速则速，惟其宜而已矣"。

"宜"字写来简单，常人却极难参透，所以常常各执一隅。《周易》有言："知至至之，知终终之。"这才是圣人之大道。因而圣人知至止、知进退、知久速，全凭一个"宜"字，"宜则无执"。《老子》说："无执故无失。"而且进退出入之间，"仁""智"已在其中，"故进退之际，可以观智；出入之间，可以观仁"。孔天胤引韩愈"行而宜之之谓义"之语，将"宜"引伸为"义"。所谓"义"，也就是行所当行，止所当止。真正明乎"宜"之道者，其所做之决定，人不能止，亦不能援。由此，孔天胤提出了"道在为尊"的观点，他说：

夫人无幽显，道在则为尊；道无方体，宜之则为是。古人其上或以版筑而致大位，或由钓耒而陟师衡，不以为逾；其次或抗行首扬，或降志卑辱，或功成拂衣，或急流勇退，不以为贬。何也？宜也。

人无论幽约显达，无论富贵困穷，关键在于有无"道"，道在则尊，而"道"的核心，便是"宜"。孔天胤还举古人知"宜"之例。"于版筑间致大位"者，傅说也，《孟子》有"傅说举于版筑之间"句；"由钓耒而陟师衡"者，姜尚也。他们皆以卑下之身份，成为朝廷重臣、天子之师，人不以其为僭越。而对于那些扬首抗帝王之旨、降志受胯下之辱、功成拂衣而去或急流勇退者，人都不以其为贬，这其中的原因，就在于一个"宜"字。正是基于这种对圣人之道的深切体味，孔天胤认为，如今徐公退隐是"宜"；就算有一天，朝廷以其贤再招入仕，徐公再次出仕，也是"宜"。深味"宜"之道，则所行无不可。

孔天胤与同年刘世用的交往，则见之于一篇为刘世用母亲所写的祝寿文。

刘世用，字汝贤，号禄轩，殿试三甲三十八名，北直隶束鹿县（今属河北）人。嘉靖三十二年（1553）六月，其母七十七岁寿，刘世用不能回家祝寿，孔天胤为之写《南山献寿图序》。其时刘世用任右参议分守关南道，孔天胤在文中称其"方握符搴帷，抚治汉南"。关于刘世用守汉南之功，《陕西通志》等相关文献均无记载，刘世用也无诗文集传世，因而孔天胤的这段记述就极大地弥补了正史记载的不足。孔天胤记曰："少参君今岁招徕流徙，赈恤饥饿，汉南之民赖以全活者万计。"寥寥几笔，极为珍贵。

孔天胤与同年苏志皋的交集较多。

苏志皋（1497—1569），字德明，号寒村，北直隶固安（今属河北）人，中壬辰科三甲第六十四名进士，历官浏阳知县、进贤知县、刑部主事、刑部员外郎、刑部郎中、河南按察司佥事兵备颍州等。嘉靖二十三年（1544）曾任山西布政使司右参议，后历山西按察使、右布政使。孔天胤任职陕西期间，苏志皋任陕西左参政分巡关内道。

孔天胤与苏志皋情感上最为相通之处，便是二人均曾任颍州兵备。颍州兵备继孔天胤之后，嘉靖十七年（1538）由林云同继任，嘉靖十九年（1540）又由苏志皋继任。据记载，苏志皋到任时发现城池早已残破，于是说："颍城颓然圮矣！池湮然塞矣！遇警，将奚赖焉？"于是报知两省巡按，"建门五，为楼八，城外为堤，为河，为马路，自东门迤南自西门止"（谢志忠《明代兵备道制度》）。据乾隆《颍州府志》，苏志皋在颍州有四大政绩被载入史册：一是不惧当权，惩治不法；二是训练乡兵，熟谙军事；三是筑城竣池；四是修治和美化西湖，遍植柳树。苏志皋离开颍州后，人们将其所植柳树称为"韦孝宽春树"。韦孝宽，南北朝北魏时期的军事家，任雍州刺史时在官道两旁用栽植槐树代替以土墩标示里程的办法，首创我国在官道旁植树的先河。

孔天胤与苏志皋的交游情况，可从苏志皋《寒村集》中得知一二。

苏志皋分巡途中登上华山，思念孔天胤，作《初春登华山远眺怀同年孔文谷》一首。

嘉靖三十年（1551），刑部郎中陈棐巡行陕西。陈棐，号文冈，后曾任山西提学副使。陈棐即将离开陕西,苏志皋绘《白雪阳春》图,孔天胤序于卷端。

为什么叫"白雪阳春"?孔天胤从两个方面进行阐释:

> 文冈公奉天子玺书,宣钦恤之。今于全陕,而全陕之狱冤焉赖以昭雪,幽焉赖以嘘煦者,无弗然也。取象于物,有白雪阳春之事焉。又文冈公秉文懿之衷,擅综摹之智,清谳之余,寨开之暇,复感物造端,风雅著列。其鸿丽藻铄,调高绝响,时人莫得而续之。取证于古,亦白雪阳春之歌乎郢中者也。

两个方面,一方面是陈棐巡行陕西,昭雪冤狱,有"白雪阳春"之事;另一方面,陈棐在巡行途中,写有诸多诗文,皆格调高雅,时人莫续,有"白雪阳春"之作。在文序末尾,孔天胤又为"白雪阳春"加一重含义,那就是陈棐"循行西土在嘉靖辛亥,而毕事还京在冬春之交,又政白雪阳春之景会也"。三个角度的阐释,涵盖其人治功之大、其诗格调之高雅、其物候风景之绝美,可谓巧妙备至,同样是一篇"白雪阳春"之妙文。此序文不仅记载了同年苏志皋的一件雅事,也对陈棐陕西巡西的相关记载有所补充。

在陕西诸同年中,后来影响最大者,当属范钦。

范钦(1506—1585),字尧卿,号东明(一作东溟),浙江宁波府鄞县人,中壬辰科二甲三十八名进士。说他影响大,是因为如今浙江宁波月湖之西,范钦所建的藏书楼天一阁历四百余年仍保存完好,是我国现存最古老的藏书楼。光绪《鄞县志》"人物",称范钦致仕归乡后"性喜藏书,起天一阁,购海内异本,列为四部,尤善收说经诸书及先辈诗文集未传世者。浙东藏书家以天一阁为第一有功,文献甚大"。天一阁藏有珍本古籍以明代地方志和科举文献最为著名,在古籍研究特别是明代史研究领域,成为极为重要的资源宝库。据统计，天一阁存书达今有万余卷，其中也经历战乱中的失散，后又陆续找回一部分。清乾隆三十七年（1772）皇帝下诏修撰《四库全书》，范钦八世孙范懋柱进献所藏之书638种，于是乾隆皇帝敕命测绘天一阁房屋、书橱的款式，仿造了著名的"南北七阁"，用来收藏所撰修的七套《四库全书》，天一阁也从此名闻全国。

不过，建藏书楼是范钦致仕以后的事了。孔天胤致仕归汾后也喜藏书，并建有藏书楼，这从他的诗句"藏书万卷漫磅礴，著文千篇徒隐约"（《岁暮行》）中可知。只是孔天胤的藏书楼没有得到保护，至今踪迹全无。分析其中原因，很大程度上在于范钦后人能够恪守范钦当初立下的"代不分书，书不出阁"的遗训，而孔天胤子女及孙辈凋零甚早，侄子辈也没有很好保护，后汾阳遭遇李自成战乱冲击也大，多种原因，共同造成了这一旷世缺憾。相比之下，不能不令人叹惋。

范钦与孔天胤同官陕西是在嘉靖三十三年（1554）初。在此之前，范钦历官随州知州、按察司副使兵备九江等职。据光绪《鄞县志》，范钦兵备九江时，"九江多盗，钦令卫所各率本部分驻水陆，以资策应，盗尽骇散"，颇有胆识谋略。后升广西参政分守桂平，转福建按察使，进云南右布政，陟陕西左布政使。范钦《天一阁集》："余嘉靖甲寅左辖陕西。"甲寅即嘉靖三十三年（1554）。但二人同官的时间并不长。此年春，孔天胤升河南左布政使，离开了陕西；秋，范钦也因丁母忧而归里了。范钦后来服阙任都察院右副都御史巡抚南赣汀漳，嘉靖三十九年（1560）致仕归里。其时孔天胤也已致仕。今检二人诗文集，仅能见到的是二人在分别致仕后，一在浙江鄞县，一在山西汾州的千里寄诗。那是孔天胤七十岁生日时，范钦的祝寿诗《寄同年孔方伯汝锡》：

  天涯消息苦难闻，岁久心情倍忆君。文宿迥当三晋野，乱峰晴结五台云。高居不学嵇生锻，发愤真成迁史文。此日山中新酿熟，欲因遥寿慰离群。

千里之遥，自然难通消息，然曾志同道合，也颇多知心长谈，别后多年，自然常常相思。一代文星，如今定当照亮三晋之野，五台云峰也当为之放晴。望君高居汾州，莫学嵇康归隐，只知修身养性、弹琴吟诗，而应如司马迁一样发愤著书。想来山中新酒已熟，遥寄一诗祝寿，以慰离群之心。

孔天胤有答谢诗，是写给多人的，题为《寄谢张东沙、范东溟、吕南渠、陈抑庵、马松里诸老见寿》，其中东溟即范钦的号。

孔天胤与何其高、李乘云、谢少南四同年，还被称为"四君子"。

何其高，四川阆中县人，字抑之，号白坡，中壬辰科二甲二十六名进士。据嘉靖三十一年（1552）《陕西乡试录》，当年何其高为右参政；嘉靖三十二年（1553），何其高升按察使，嘉靖三十三年（1554）升右布政使。何其高在陕西任职的时间比较长，因而也与孔天胤同官时间较久。检刘储秀诗集，可知二人常一起去拜访，刘储秀诗题中常将二人并提。

李乘云（1508—1554），钧州（今河南禹州）人，字子雨，号荆阳，中壬辰科二甲第十二名进士。在到陕西之前，曾任行人、山东道御史。嘉靖二十一年（1542）到二十六年（1547），一直在山西任职。据载，李乘云嘉靖二十一年（1542）任蒲州知州时，执藩王宗亲不法者，依法征纳赋税，并对无力交纳者实行减免；重视教育，兴办学校，纠正学风，提倡节俭，均役平赋，使市场繁荣，民风大变。嘉靖二十二年（1543）升平阳府知府，临行之日，蒲州父老子弟遮道号哭，乘云亦为之泣下。任平阳知府时，听断如流，兴除悉当，培植贤才，惩办恶人，启迪迟钝，劝俭以勤，使吏多称职，民皆乐业。嘉靖二十六年（1547）升山西按察司副使，驻守代州。乘云于代州集训士卒，广储粮草，远设侦探，建立联防，确保一方平安。嘉靖二十七年（1548），因事被谪霸州兵备道，上任便遇上俺答入寇，李乘云衣胄披甲，冒着矢石，一马当先，驰驱营阵十余日，后在三河县被贼围困，乘云立即率众登城，观察形势，制定策略，并打开城门让老百姓都进城躲避，军民一心共同御敌，终使三河固守无恙。嘉靖三十年（1551），乘云升陕西布政司右参政，其时孔天胤刚升任按察使。因其曾献力桑梓，孔天胤对李乘云的感情，便在敬重之余，更多了一重亲密。

嘉靖三十年（1551），陕西参政李乘云将去京城上奏章，顺路回钧州故乡为母亲过六十五岁大寿，孔天胤作《送荆阳李公便道上母氏太宜人寿序》一文以贺。作为同年，孔天胤除对李母进行祝寿外，更记述了李乘云"一门三凤"的佳话：

> 岁壬辰、乙未、戊戌，三遇皇上阐运登贤，而太宜人六子之内，科进一人，今三人者皆有周之鸣凤也。夫麟、凤、龟、龙，《书》记以为四灵，四灵得一即表国祯，乃一门而有三焉。

李乘云与其弟李登云、李凌云俱为进士。这也就是后世称李乘云家"一门三凤"的来历。壬辰为嘉靖十一年（1532），李乘云中进士；乙未为嘉靖十四年（1535），李登云中进士；戊戌为嘉靖十七年（1538），李凌云中进士。六子而有三子登第，实属当时佳话。史载李登云在工部左侍郎任上，因督造大型工程有功，加一品服色，食俸同三品官禄；而李凌云在重庆期间，重视教化民风，政绩突出，离任时百姓为之立去思碑。凌云后来成为文渊阁大学士高拱（1513—1578）的亲家，后也曾任山西左参政，其时孔天胤已致仕归汾，二人有诗唱和。此为后话。

李乘云在陕西任上，管理驿站传递，一改过去滥发滥给、资财浪费的弊端，实行定额配置，查处虚报冒领，很快扭转了供给困乏的局面；又为朝廷监造御用绒服，精心设计，严格监督，最终结余了数千两银子，并如数上交，分文不取。

在同官陕西的所有同年中，谢少南无疑是孔天胤最为知心的好友。

谢少南，字应午，号与槐，上元（今江苏南京）人，中壬辰科二甲第十四名进士。中进士时年三十五，长孔天胤七岁。中进士后，先任云南道监察御史，后以御史提调北直隶学校，升翰林院检讨兼左春坊左司直，嘉靖十五年谪台州府推官，后历任广西提学佥事、陕西提学副使、河南布政使司参议、浙江参政。与孔天胤相遇于陕西，就是在其任陕西提学副使期间。

其实孔、谢二人在同官陕西前就多有来往。大约在嘉靖二十一年（1532）前后，二人曾在京城相遇。孔天胤到浙江任提学副使后，写信给谢少南，称"都门一别，倏已两年。自徂岁一奉音徽，迄今未报。吏纷胶扰，怀抱可知，荒落之余，叨移学职"。他向谢少南倾诉考选之累、身体之病与掣肘之忧，称"即出小考，冒炎力疾，百尔张惶，虽大比属完而疾躯已僝然矣。又事多掣肘，道难遂心"，还向谢少南请教，"赖公之灵，复何以为教耶？悬望悬望"（《与谢与槐》）。嘉靖二十四年（1545），谢少南谪台州府推官，孔天胤也曾按临台州，并创作了著名的诗集《霞海篇》，期间二人曾同游天台寒岩寺，颇为知心。孔天胤到陕西后，给时任河南参议的谢少南写了一信，称"寒岩别后，遂闻先太君之讣矣，茹苦奔归，不及辞谢。山中四载，复出徇禄，远道逶迟，音尘寂蔑，怀兄惠好，何时可忘。恭承移镇中土，即近关可以通问"。他向谢少南倾诉别后几年来所发生之丁母忧、到陕西之事，且称"多病且衰，嗣且未立，抱关以来，益复无绪。倘不匏系，便当长往田庐，一返自然"（《再与谢与槐少参》）。匏系，语出《论语·阳货》，孔子说："吾岂匏瓜也哉！焉能系而不食？"后成为"不为时用"的代名词。此处孔天胤颇有些观望之意。

由这两封信可知，此前二人已颇为知心，孔天胤内心的焦虑、惶恐、脆弱、忧伤，甚至"嗣且未立"的私语，"一返自然"的心愿，都愿意向谢少南倾诉。谢少南到陕西的时间是嘉靖三十一年（1552），据《嘉靖十一年同年序齿录》，谢少南后由陕西提学副使升陕西参政、按察使。

就在到陕西任提学后不久，谢少南在巡按监察御史姚一元的支持下，于陕西正学书院创陕西学田。孔天胤时任右布政使,在谢少南的提议下,作《陕西创置正学书院学田记》。

雍正《陕西通志》"学校":"正学书院,在府治西南,盖宋横渠张子倡道之地,门人吕大钧等皆得其传,元许鲁斋主学事亦多造就,后省臣建议为书院,合祀横渠、鲁斋及其乡贤杨元甫,而聚徒讲学其间。入明百余年,遗址无存,至弘治九年提学副使杨一清卜地重建。"横渠张子,即张载。元朝时,河南人许衡(1209—1281,字仲平,号鲁斋,世称鲁斋先生)任职陕西,重视教育,多有造诣。乡贤杨恭懿,字元甫,元代学者,史称其书无不读,尤深于《易》《礼》《春秋》,对朱熹集注《四书》大加赞赏,深味性命之学。为崇扬教育,元代就曾建有正学书院,崇祀张载、许衡、杨恭懿等人,聚徒讲学,称一时之盛。然到明代弘治年间时,书院颓圮,遗址而"遗址无存",提学副使杨一清(1454—1530)重建。

孔天胤阐述正学书院之"正学"的意义,就是为了选拔关中八府优良之士而储备其中,正学风,专统训,着意加以培养。"养一俊才,愈养百庸才;得一正学之士,愈得百瞍闻偏见之士"。接着,孔天胤记正学书院在陕西教育中先隆后废的发展历史及其原因。弘治、正德年间,因为有朝廷经费支持,"多士无田而有养,故高第云集,正学日新"。当是时,"师道成而善人众,如邃庵、虎谷诸公之所讲明,对山、泾野诸才贤之所振厉,则屹如晖如,可征而信焉"。这里提到了四个人,两位提学副使,两位陕西状元。

两位提学副使,一为重建书院的杨一清,一为在陕西教育方面做出重要贡献的王云凤(字应韶,号虎谷,山西和顺人)。王云凤任陕西提学副使期间,设四科以取士,"曰求道,曰读书,曰学文,曰治事,士皆兴起";建书楼于正学书院,广收书籍藏之,以资诸生诵览;"取人首名节,次文辞,斥远贪残之徒,进拔中正之士,禁止僧道师巫之术"。这两位提学副使,对正学书院的建设以及关中才俊的选拔、学风的纠正,都做出了重要贡献。

两位陕西状元，一为嘉靖诗坛"前七子"之一康海，陕西武功人，弘治十五年（1502）状元；一为著名理学家吕柟（1479—1542，号泾野），陕西高陵人，正德元年（1506）状元。这两位在中国政治、文学、理学等方面均有重要影响的关中状元，都曾在青年时代被选拔进入正学书院学习。

提学官的重视，贤才状元的奋勉，都"可征而信焉"。这都是正学书院在不久前的历史上有过的辉煌。然而明代因战争频仍、藩宗为剧，造成了财力上的极大消耗，使"馈饩竭于虚耗，朋徒寖以散去"。在这种情况下，"提学之臣虽岁一考视，而总集专训之事疏矣"。

嘉靖三十一年（1552）是乡试之年，陕西巡按监察御史姚一元是监试官，搜罗各地才俊，又担心有所遗漏，于是提议：为什么不把各府县优秀学子集中到书院来集中专训呢？然而当时书院残破，经费紧张，拿什么来作为"饩养之资"呢？提学副使谢少南提议，说可以置学田，其获资可以作为书院养士之费用。同时先葺整废舍，招一些乐群敬业的俊才，"庶几专训，兼总而条贯之，以俟王学之有成"。姚一元对此提议非常赞同，请相关部门拿出一定的经费作为创置学田和葺整废舍的费用。

学田成，共四百亩有奇，由西安府管仓同知负责。当时连年战事且当年收成不好，"时岁大祲，诸王多菜色"，姚一元又提议：学田所得租金如有富余，就要用来资助贫困、婚嫁、丧事，以及刊刻图书、修房建宇之事，让它发挥更大的作用。

大约也在此年，孔天胤刊刻了谢少南的《谪台稿》，并和左参议张铎各自作了一篇序。《谪台稿》今已散佚，据俞宪《盛明百家诗·二谢诗集》小序，"《谪台》《河垣》二稿，乃司理台州、参议河南时作矣"，可知《谪台稿》也与孔天胤《霞海篇》同样作于台州，《河垣稿》作于河南。

孔天胤认为，谢少南《谪台稿》作为"谪台纪行"之诗，是迁谪行役诗中品质上乘之作。因"关日多暇"，于是"停云远思，因与秋渠太史

(指张铎) 共阅同叹,各矢叙辞"。如今不仅《谪台稿》无存,张铎的序也随着张铎文集一并散佚,今存于孔天胤文集中的这篇序文,就成为研究谢少南及其诗集《谪台稿》极为重要的资料。更重要的是,孔天胤在此又一次提出了自己的诗学观:

> 行役而赋,诗人之义远矣。盖《泰》《履》之言难兴,而羁思之感易作。故登山临水,缅尔长谣;别鹤飞鸿,凄然异调。咸缱绻于去国,并徙倚乎怀乡。无有离而不伤、伤而不歌者也。夫《国风》婉思慕,《小雅》善怨悱,由来岂迩也哉。时有作者,要惟当斯情耳。

早在浙江时期为《唐诗纪事》作序的时候,孔天胤就在前人诗学理论的基础上,发表了自己"情感事而发抒,辞缘情而绮丽,即情事之合一"的诗学观。《谪台稿》序言中的这段表述,可以作为这一观点的深度阐发,也可以看作是一则独立的诗话。这里强调的是真情实感的重要性,因"事"而生"情",因"情"而成诗,一切皆自心出,非为诗而诗。

对于谢少南之诗,孔天胤大为赞赏。称其品质之瑰丽高雅,如琼树之林,如白玉之堂;其音韵之精深,如师旷之《白雪》曲,如孔子之《幽兰操》。战国楚宋玉《讽赋》:"中有鸣琴焉,臣援而鼓之,为《幽兰》《白雪》之曲。"

在这个基础上,孔天胤总结:"夫诗可以兴,吾得其情焉,是故行役之赋,贤人所为述志也。"孔子说过,兴、观、群、怨是诗歌的四大功能(《论语·阳货》),孔天胤认为,"兴"的核心即在于"情",也即《毛诗序》所说的"在心为志,发言为诗"。以言述志,本述其情也。在序文的最后,他还提出了中国儒家知识分子写诗的两种境界:

嗟乎！世固有服奇抱玄，深文朗质，不扬声辉于清庙，则流音采于川涂，亦理也哉。

　　庙堂之高与江湖之远，甚至行役之途，都是诗人赋诗之所。关键在于诗人本性之"服奇抱玄，深文朗质"，在于有一颗多"情"的诗心。

　　何其高、谢少南、孔天胤、李乘云四同年同官陕西，令他们的另一位同年好生羡慕，寄一首《寄赠何白坡、谢与槐、孔文谷、李荆阳四君子》来，表达不尽的艳慕和祝福。此人即包节。《明史·包节传》记其"五岁而孤，母躬教育之"。在御史任上，因弹劾兵部尚书张瓒贪秽，出按云南。后按湖广，绳治不法，触世宗怒，以包节抵罪，令"永戍庄浪卫"。庄浪，明时属陕西，今属甘肃平凉市，六盘山西麓。"庄浪极边，败屋颓垣"，然而包节"处之甚安"。《明史·艺文志》中有包节《陕西行都司志》十二卷，当作于此时；包节寄诗给关中四君子，也当在此时。诗共有四首，且赏其第一首：

　　关河佳气浮，分曹集胜素。凤称稷下游，既美兰台聚。未若四子交，一体视无忤。被襟共蕙芷。晤语协韶濩。乖左阅岁年，和鸣复天路。

　　四同年分曹而治，各得其所，关河因此而佳气氤氲。"稷下游"，指兴盛于战国齐宣王时期的稷下学宫，"百家争鸣"的中心，各国到稷下游学者络绎不绝；"兰台聚"，指齐梁之际御史中丞任昉与陆佳、萧琛、王融、萧衍、谢朓、沈约、刘孝绰名士交游，时称"竟陵八友"，他们的集会也被称为"兰台聚"。然而史上美谈"稷下游""兰台聚"又怎能与四君子相比呢，你们四位是"一体视无忤"，浑然一体。四人同官，同心同德，协衷共济，共谋朝廷之事，定当诸事顺遂。蕙芷，蕙兰和白芷的合称，王者之香的代名词；韶濩，汤乐名，后亦以指庙堂、宫廷之乐。四人齐携手，也当共升迁，各各仕途畅达，"和鸣复天路"。这其中既有着极强的艳羡之情，又有着良好的祝愿。

其余三首，还有对四君子的勉励。在蒙古军队大举入侵的年代，希望四同年联袂抗敌，而在一番兴致盎然的钦羡和祝福之后，包节自己了少不了一番伤感："万里限河汉，数载客燕支。久与世路别，缅邈叹支离。"自己孤身一人，宦游四方，若也能与同年相聚一处，该是何等幸运！至少，可以有人共同吟咏。由此，再次回到艳羡的主题："梁生华阴咏，平子汉阳诗。大雅久绝响，诸君寔继兹。"世间大雅之音久绝，鸿篇大制，皆待诸君子而作了！

嘉靖三十一年（1552），可以说是"四君子"聚得最齐，也最为相得相知的一年。而到了嘉靖三十二年（1553），事情就开始有了变化。先是李乘云，于该年夏因病辞官，归家仅两月就去世了，年仅四十七岁。消息传来，关中同道悲伤莫名。孔天胤为之作《祭李荆阳大参文》，"寄言歌之，聊以代哭"，长歌可以当哭，一篇寄文，聊寄其悲。其后是孔天胤与何其高，因遭弹劾成为难兄难弟，二人各归田园。而极为艳羡"四君子"的包节，在庄浪卫上，听说母亲和弟弟去世，遭受了惨重打击，"母讣至，昼夜哭。已，又闻弟孝卒，抚膺曰：'谁代吾奉祀者？'哭益悲。病死"。（《明史·包节传》）再后，谢少南在历陕西提学副使、参政、按察使，河南右布政使等职后，"卒于官"。可谓聚散无常，生死难料。

关中佳话：一件乐事与五首逸诗

一件乐事，是嘉靖三十年（1551），孔天胤生子，取名孔阶。时年孔天胤四十七岁。此前孔天胤已有一女，当生于嘉靖二十七年（1548）汾州期间。孔天胤之女，史失其名，只知"适常至刚，早卒"（赵讷《文靖先生孔公墓碑》），出嫁后早逝。

孔阶出生之前，孔天民已有子孔阳，这从王崇庆后来所写《墓表》中名字的排序即可看出："孙男四，曰阳，曰阶，曰陞，曰陞，俱幼学。"孔天胤一生只有这一子一女，孔天民共有三子，分别为孔阳、孔陞、孔陞。

孔天胤四十七岁生子，自是人生大事，他多年来"四十无儿""子嗣不立"之类的感叹从此可以休矣。今检明人存世文集，有两人就此事写有贺诗。

一位是同年苏志皋。苏志皋善画，从前文为陈棐绘《阳春白雪》图可知。孔天胤生子，他画了一幅《古桂双喜图》，并作题画诗曰：

> 古桂花重发，云荪蔓女萝。灵禽相对语，佳气晚来多。

古桂花发，荪蔓女萝，灵禽对语，都是吉祥意象。而"佳气晚来多"一句，更是称贺其四十七岁得子之福。这首弥漫着喜气的诗歌，也让我们获知了孔天胤四十七岁得子的人生细节。

另一位是兵备副使张瀚。张瀚，字子文，浙江仁和人，嘉靖十四年进士。初授南京工部主事，历任庐州知府、大名知府，曾任山西按察使。检张瀚《奚囊蠹余》卷六，可见有《贺孔右使诞子》一诗，共有两首。其二曰：

> 清夜梦熊罴，嘉辰弄掌珠。渥洼龙是种，丹穴凤鸟雏。在篋
> 经堪授，悬弧志不孤。迟余具汤饼，莫惜倒银壶。

"梦熊罴"，也作"梦熊"，生男孩的代称。典出《诗经·小雅·斯干》："吉梦维何？维熊维罴……大人占之，维熊维罴，男子之祥。"宋王安石《思王逢原》诗："又说当产子，产子知何时？贤者宜有后，固当梦熊罴。"张瀚以此典故，祝贺孔天胤生子。渥洼，指代神马。唐韩琮《公子

行》:"别殿承恩泽,飞龙赐渥洼。"神马凤鸟,皆祥瑞之物。第三联,张瀚祝贺孔天胤从此所学有传人,济世有同道,可喜可贺。末联说自己带着汤饼前来祝贺,不要吝惜你家的好酒啊。此诗写得喜气盈人、趣味横生。

"五首逸诗"是说,孔天胤从嘉靖二十六年(1547)到嘉靖三十三年(1554)致仕归汾前,整整八年的诗稿无存。而对于孔天胤陕西五年研究最大的缺憾,也在于他写于陕西期间的诗稿几乎全部散佚。截至目前仅能找到的五首,两首是写给陕西左参议张铎的《送秋渠出巡》和《送张秋渠出守庆阳》,其三是写给当时出使陕西的行人司行人林大春的《送林行人西使还潮阳》,其四是写自己在右布政使任上的《新理右辖书斋》,其五是写自己过访唐代诗人王维辋川别业的《蓝田辋川是右丞别业》。

张铎,字叔鸣,一作世鸣,号秋渠。南京留守卫旗籍,江苏常熟人。雍正《陕西通志》"名宦·刘达",称刘达为"上元人,贡生,与谢与槐、张秋渠称金陵三才子"。由此可知张铎与谢少南有同乡之谊,且二人与刘达合称"金陵三才子"。张铎曾为辽东巡按御史。《全辽志》卷五:"乙巳冬十月,金陵秋渠张公以翰苑储器来辽阳。"乙巳为嘉靖二十四年,"翰苑储器"言其才高且有入翰林内阁之可能。

陕西期间,孔天胤与张铎颇为相知。《送秋渠出巡》今见于钱谦益《列朝诗集》丁集《孔榜眼天胤八首》:

> 方此惊春驶,如何动使车。惠风流草际,新雨到田家。绿荫垂堤叶,红牵鹕水花。可因吏事迥,不为惜年华。

春雨惊春,万物萌发。张铎出巡,二人将要小别,孔天胤自是依依不舍。风和日丽,绿叶红花,景色如此优美,相知友人却不得共享。只因吏事繁剧,朝廷事大,身为朝廷命官,为了一方安定,抛掷年华尚且不顾,又何惜这满目的春光呢? 由此诗可见二人之交好情深。此诗也见于清人赵瑾编选的《晋风选》，赵瑾评点此诗："云静草闲，饶有幽况。"

《送张秋渠分守庆阳》今见于《晋风选》。全诗如下：

  北地天为险，清时人作城。惠风花鸟待，春草吏民迎。塞静还催饷，庭闲但省耕。须知省中旧，樽酒忆平生。

这是张铎分守陕西庆阳（今属甘肃）时孔天胤的赠别诗。这其中有着诸多贴心细切的叮嘱，还有对友人的诸多宽慰。赵瑾评点此诗："笔气爱婉。"

孔天胤与张铎同官陕西期间，最为志同道合的行动，便是一起刊刻了谢少南的《谪台稿》和胡侍的《胡蒙溪续集》，并各自为序。

《送林行人西使还潮阳》今见于光绪《潮阳县志》卷二十二，作者署名为"明陕西布政孔天允（胤），河汾人"。

嘉靖三十一年（1552），潮州林大春以行人司行人身份出使陕甘，于咸阳晤会了时任右布政使的孔天胤，二人一见如故，结为忘年之交。林大春离开陕西将回潮阳，孔天胤以诗相赠：

  使节从天上，还车自日边。新知方自慰，忽别转凄然。灞馆花如霰，关程柳似烟。相看春正暮，何以报离筵。

对于这位比自己小十八岁的行人，孔天胤因得友而喜，因离别来得太快而伤感。"天上""日边"既使诗境阔大，又道出对这种邂逅的惊喜；"花如霰""柳似烟"既道出离别春景之迷离，又语含不尽之张望，写得情深意切。林大春临行，孔天胤送了一册自己刻于浙江时期的《霞海篇》给他。林大春五言长诗《塞上读〈霞海篇〉寄管涔子》，既对诗歌本身进行了点评，也对自己的陕西之行怀有美好的回忆。

"管涔子"是孔天胤从本次任职陕西时期开始使用的号。汾河源出于今处于宁武、岢岚、五寨等县交界处的管涔山。"文谷"是水，"管涔"是山，他这是在生命的深处，切入故乡山水。另一层面来说，"文谷"仅流经交城、文水、汾阳、孝义诸县，而"管涔"所代表的汾河却是黄河的第二大支流，由晋北的管涔山到晋南的河津县几乎纵贯整个山西。宦游在外，孔天胤是在内心把整个的山西山水都融汇到了自己的生命结构中，并将其作为自己的身份符号。

孔天胤和林大春一生都只有这一面之缘，其后林大春任历户部主事、户部员外郎、湖广江防佥事、河南睢阳陈州道佥事、广西苍梧道佥事等职，仕途历尽波折，但每到一处，都颇有善政。特别是隆庆二年（1568），林大春任浙江提学，到了孔天胤曾经工作过的岗位上，同样写下了精彩的一笔。那一年，隆庆帝为册立太子，诏令各地选拔诸生入贡太学，林大春集中两浙生员两千多名试于杭州，挑选了九十名赴试，结果"适试首选者六人，余悉高等"，殿阁大臣无不称异，通令各地今后选取贡士当以浙江为模式。后因得罪权贵被免职归里，浙江士子沿途相送，不绝于道。林大春家居十八年，著书立说，施教乡里，特别是主修了《潮阳县志》，成为令潮阳人至今感念的一代乡贤。

孔天胤和林大春虽然再没有见面，但他们一生中还有两次重要的交集。一次是嘉靖三十六年（1557），张时到关西募兵，在汾州遇到孔天胤，孔天胤托张时带一首诗给林大春，题为《赠张职方募军北还兼寄怀林石洲户部》，石洲，林大春之号。第二次是嘉靖四十五年（1566），林大春为孔天胤作序，对孔天胤其人其诗给予高度评价。

《新理右辖书斋》与《蓝田辋川寺是右丞别业》也见于《晋风选》。《新理右辖书斋》云：

　　一室盖庭阴，聊将吏隐心。芝兰香欲化，书史义还寻。月幌笼虚白，薇垣琐静深。犹如结茅地，未远此山岑。

这是孔天胤对自己右布政使生活的描述。由诗歌风格也可知，孔天胤在陕西时期诗风更为成熟，颇有王维诗歌平淡深远的禅意味道。诗中"吏隐"二字，与嘉靖十四年（1535）祁州时期的"吏似闲为隐"《春夜即事》相呼应，时隔十六年，这种以闲为隐的心态依然是他吏治之暇"偷得浮生半日闲"式的小惬意。赵瑾评点此诗："机息神恬。"深得其诗要旨。

在《蓝田辋川寺是右丞别业》中，这种"机息神恬"的味道更为浓厚：

　　辋水高人去，蓝庄旧迹沉。烟霞疑画障，松桂俨词林。竹馆弹琴断，花宫照月深。应知不灭意，惟有玉山岑。

也许孔天胤发现，自己的故乡人王维（山西祁县人）也曾为"右丞"，与自己布政右使（亦称"右辖""右丞""右使"等）的官职颇为相似，且均在陕西，这就在历史深处有了某种会心。此诗更像是作者对于王维当年生活和心境的一种情境体悟，因而也颇得王维诗风的精髓。赵瑾评点此诗："听视超声邑外。"亦为至语。

这五首逸诗，可以作为孔天胤陕西诗歌的一个侧面。

壬子乡试：一份珍贵的乡试录文献

嘉靖三十一年（1532）是乡试之年，如同嘉靖十三年（1534）的陕西乡试是对提学佥事孔天胤的重大考验一样，举行于这年秋天的涉及全陕人才选拔的乡试，也是对提学副使谢少南的重大考验。

孔天胤为当时主考官所代作的《陕西壬子科乡试录序》中，称"皇上统天御极之三十一年，是为嘉靖壬子，当大比兴贤之期。惟西土克慎厥事"。尽管处于蒙古兵入侵之际，尽管正学书院残破、学田甫创，集诸生专训时间不长,但"克慎厥事"却是必须的,因为在朝廷用人之际,作为明年会试、廷试之初选,这一次考试至关重要。因此陕西官员从上到下,从职在教育的官员到其他部门官员,都对这件事高度重视。孔天胤文集中《陕西壬子科乡试录序》一文,参与人员的名字全部略去,只以"某"代,今检嘉靖三十一年(1552)《陕西乡试录序》,可还原其全貌:"巡按监察御史姚一元寔监临之御史按部","提调则布政使张枭、左参议张铎,监试则按察使李冕、副使殷学。其诸执事咸秩如虔如惟,式画既已昭矣,乃进巡按监察御史刘世魁、提学副使谢少南所简士二千有奇,三试之,得中式士六十有五人,文若干篇,遵制录献"。两千余人,三次考试,最后得六十五人,按比例在百分之三左右,可见考选之严。

此次乡试还得到了朝廷及全陕各方官员不同形式的支持,如太子少保兵部尚书兼都察院右金都御史王以旂、总督军务都察院右副都御史贾应春"抚循内地";都察院右副都御史张珩,右金都御史张镐、王浩、沈良才"各抚循重镇";巡按御史王本固、孙未思、尚维持"各按历地方"。以上官员"咸统理方略,垂范树风",而户部郎中张子顺、刑部郎中陈棐"并有事兹土,观厥成焉"。都为此次乡试的成功举行提供了重要保障。而当地官员,右布政使孔天胤,左参政苏志皋,右参政李乘云、何其高、石永、吕时中,右参议刘光文、杨濂,副使张玭、朱用、荣恺、刘世用等人,佥事陈其学等人,"咸与综理防范",其余还有太仆寺卿王朝贤、都指挥使王延鹤等人"并以文事武备相厥成焉"。

这份名单,也为历史保存了一份珍贵资料,让我们看到嘉靖三十一年(1552)陕西各方官员为人才选拔各自付出的努力。而其中孔天胤的同年苏志皋、李乘云、何其高、刘世用等人的名字在列,也让我们对此年孔天胤同年相聚、携手用事的情况,有了更为真切的了解。

名单之中的张珩,也是一位山西人。张珩(1486—1560),字佩玉,号南川,山西石州(今山西吕梁市)人,雍正《陕西通志》记其为"正德间进士，授监察御史巡按陕西，所至贞宪厘弊，奖廉黜贪，时称名御史"。《延绥镇志》记其"行履高洁，器识弘远，尤博综群籍。嘉靖七年为河南道监察御史。时辅臣推克侍从讲臣，疏辞不就，士论高之，升都察院右佥都御史"。又据《明世宗实录》，张珩嘉靖二十一年（1542）十二月以都察院副都御史巡抚宁夏，嘉靖二十二年十二月升兵部右侍郎兼右佥都御史总督陕西三边军务。张珩在陕西的历史上，留下了可圈可点的功绩。孔天胤对张珩一直非常敬重，二人都致仕回乡后也常有来往。名单中的副使张玭，是张珩之弟。张玭（1516—1565），字席玉，号永石，嘉靖十四年（1535）进士。历任顺天巡抚，终南京户部右侍郎。雍正《山西通志》记其以清廉著称，去官之日，"行囊萧然，论者以为有孤竹遗风"。后来张珩殁后，请孔天胤为张珩写墓志铭的，就是张玭。

名单中的佥事陈其学，也是明代嘉靖年间一位重要的官员。陈其学（1508—1593），字宗孟，号行庵，山东蓬莱人。嘉靖十年（1531）乡试解元，嘉靖二十三年（1544）甲辰科进士。陈其学于嘉靖四十年（1561）由山西按察使任右佥都御史巡抚大同，四十二年（1563）升右副都御史巡抚陕西，四十四年（1565）升户部右侍郎总督南京粮储，四十五年（1566）改兵部左侍郎总督陕西三边军务，隆庆年间任宣府、大同总督。任宣大总督期间，修墩台二千四百余座，缮壕墙八十四里有余，官至南京刑部尚书。嘉靖四十年（1561），陈其学与孔天胤又在山西相遇，孔天胤还为其父陈鼎的《大竹文集》写了序。

检《陕西通志》，可知嘉靖壬子科陕西举人名录，有杨柟、寇靖、朱擢、王墀、王大任、盛讷、周诏、葛舜臣、崔镛、胡嘉谟、张稽古、王学谟、孙丕扬、段文清、吕恕等六十五人。其中朱擢、王大任、盛讷、李世达、崔镛、胡嘉谟、任仕、王学谟、黄策、梁栋、王学古、孙丕扬十二人陆续中进士。

十二位进士中，不乏后来贡献卓著、声名大振的一代名宦，在此略举几例。王学谟,字子杨,号河汀,嘉靖三十二年(1553)连第进士。初为山西太谷知县,廉洁奉公,明辨是非,关怀百姓疾苦,力除污吏陋习,其他县长久不能决断的疑案,即移送太谷讯问,一时称为能员。后任岢岚兵备道、山西左参议分守河东,声誉更为昭著。雍正《山西通志》"名宦"称其"方正执法,不避恩怨,严饬武备,议筑河墙老营诸堡"。孙丕扬,嘉靖三十五年(1556)进士,历任应天府尹、南京都察院右佥都御史,大理寺卿、户部右侍郎、刑部尚书、吏部尚书,太子太保等职。史载其任刑部尚书时,"理案迅捷,囚无淹系"。万历二十二年(1594)任吏部尚书,创"掣签法",以抽签决定官职,杜绝权贵请谒之弊。

就是在没有中进士的人员中,也不乏卓有政绩的名宦,比如曾任山西平遥知县的张稽古。光绪《平遥县志》:"张稽古,陕西蒲城人,操履清严。"雍正《山西通志》"平遥县":"嘉靖四十一年,知县张稽古砖甃女墙。"万历《汾州府志》"平遥知县":"张稽古……神情朗傲,操履清严。"嘉靖四十四年(1565),张稽古由平遥知县升岢岚州知州,当时已致仕归汾的孔天胤作《赠平遥令张君擢守岢岚一首》以赠。雍正《山西通志》记其在岢岚州知州任上,"戆直不畏强御,尝按都御史杨顺诬杀沈练事,卒拟以法,顺系狱死"。后由岢岚州知州升山西按察使,"晋藩常侍欲以事干之,固请游别墅,终弗许。次日以盛馔来馈,悉委弃沟壑中,还其器。其刚介如此。祀名宦"。

名单中还有一人名曰吕恕,陕西富平人,终官王府教授(《陕西通志》)。这里所说的"王府",就是山西汾州的庆成王府。隆庆、万历年间,吕恕任庆成王府教授,与孔天胤多有交游,真可谓人生何处不相逢也。

按照惯例,《乡试录》的序当由主考官来写,但当年《乡试录》序为什么会由右布政使孔天胤来写呢?可能的原因,一是当时的主考官,济南府肥城县儒学教谕杨举自觉才薄,二是杨举对陕西当时的情况不够了解,或者还有其他原因。

作为当年陕西乡试情况的重要总结，作为向朝廷汇报的重要文件，孔天胤这篇序言，除了记事之本末，重点就讲了两个字，一曰"慎"，二曰"信"。

慎。从姚一元命谢少南主持创学田到集诸生而教之，是其"慎"之始；当地各级官员"克慎厥事""如虔如惟"，以百选三，是"慎"之终。而对于"慎"之必要性，孔天胤也作了如下阐释："夫兴贤所以求俊乂也，今俊乂之选，慎矣。慎则将必得若人焉。"兴贤求才，是国家兴亡大计，也是普通读书人改变身份、用于当世极为重要的途径。因此，俊乂之选，不可不慎。

信。"慎"是必要的，但过"慎"就会失去必要的自信。因此，主管官员要对自己选士的标准和眼光有自信，要对所选人才有自信，而所选士子也要对自己有自信。孔天胤言："主司能自信之，惟俊惟乂，诸士有弗自信者乎？夫信者，实有诸己而无惑于志。故信己可以信人。中心疑者，动必窒焉。"这是一种正能量的传递，主管官员的自信，也必将带动士子本身的自信。

孔天胤还举了两个例子说明"信"的重要性。第一个例子出自《论语·公冶长》，孔子想让弟子漆雕开出仕，漆雕开却说："吾斯之未能信。"漆雕开认为自己还不能见信于人。孔子很高兴，高兴他的为学之诚、行道之笃。第二个例子出自《孟子·告子下》，鲁国想请孟子的弟子乐克出仕为政，孟子听说后高兴得睡不着觉："吾闻之，喜而不寐。"公孙丑问孟子为什么这么高兴，孟子说："其为人也好善。"所谓"好善"，就是能听得进善言。这两个例子，前者是因学生不愿出仕而喜，后者是因学生即将出仕而喜，其中的关联，就在于两位师者的知人和信人。而这种知和信，很大程度上也是对自己培养标准和结果的自信。

结合当时情况，孔天胤对"信"字进行了更为深入的阐发。他认为，"弘道惟艰，缉学无止，体而信之，当自兹始矣"。古代"九德之行，三物之教"，皆因"真识允蹈，信而不疑"所以才能"广大流行，亮采而用章"。九德，《尚书·皋陶谟》中皋陶所言，指"宽而栗，柔而立，愿而恭，乱而敬，扰而毅，直而温，简而廉，刚而塞，强而义"。三物，犹三事，指六德、六行、六艺。《周礼·地官·大司徒》："以乡三物教万民，而宾兴之。一曰六德：知、仁、圣、义、忠、和；二曰六行：孝、友、睦、姻、任、恤；三曰六艺：礼、乐、射、御、书、数。"如此多的类别，但都能归于一处，孔天胤认为："虽德有九、物有三，而所以行之者一也。譬诸渊泉，方圆惟所注矣。"九九归一，皆因一个"信"字。

"信"之含义，在古代的典籍中处处都有典范和佳话。孔天胤举《尚书·尧典》中所说的三代之事：舜帝继位而建制设官，将合适的人才用到合适的岗位上，命禹平治水土，命稷播时百谷，命契掌布五教，命皋陶掌管五刑，命伯夷负责典礼，命夔负责典乐，这些"皆自信其所能"。这是君对臣品德、才能之信，更是君对自己用人标准和知人善任之信。三代而下到孔孟时代，依然如此。孔子评说各位弟子的才能及其适合从事的职务门类，也是自信而信人的实例。孔天胤将这一道理落实在对此次所考选的举人们的教诲上：

> 诸士抱艺抒藻，析理陈道，著之成篇，又雍容揖逊，式礼不愆，其威仪文辞俨然俊乂亦略可表见。即且登用岩廊，策名委质，大受如虞庭，小试如仲尼之徒，则何如哉？夫亦慎所以体之矣。故无实而好名，未信而干进，君子耻之。举称得进匪幸，君用其所养，臣行其所学，化光溥焉，人文茂焉，圣世之所乐观也。兹其究必信而有征，诸士其可以不慎乎！

诸位士子呈现于考卷上的文章，皆文辞俨然，有俊乂之征；而乡试之后的会试、廷试，才是更大的考验，也才更见其能否如舜帝设官分职一样各得所任，如孔子学生之各有所用。而归根结底，还是那两个字，一个

"慎",一个"信"。慎己之有名无实,明己之有信然后再谋求仕进,否则即使侥幸得进,也并非幸事。天下有才,君臣各得其所,这正是圣人之世希望看到的。信皆有征,焉可不慎?

这段话,既对所录关中士子予以赞赏和勉励,又提出了非常重要的告诫,这里我们能看到的是一位地方官员甚或是一位长者的拳拳之心。年轻的士子们通过了人生的第一个考试大关,可喜可贺,然而后面还面临着更为重大的考验:会试、廷试是外在的考验,而人格品行之"信",却是终生的考验。

陕西文事:关中的刊刻与书序

孔天胤在陕西期间,除前面提到的为《武经七书》和谢少南《谪台稿》作序,还为刘储秀、韩邦奇等人的诗文集作序,并且于吏治之暇亲自编选刊刻他认为对当世有益并值得传之后世之书,为关中留下了一笔非常宝贵的文化财富。

(一) 傅凤翱刻刘储秀《刘西陂集》,孔天胤序

刘储秀《刘西陂集》刻于嘉靖二十九年,据孔天胤记,由时任巡抚陕西都御史的傅凤翱主持刊刻。集前有序四篇,第一篇为时任礼部尚书的徐阶撰写,第二篇为故交廖道南撰写,第三篇为门人孔天胤撰写,第四篇为老友张治道撰写。四篇序角度各异,各述其人其诗之影响及刊刻传播之必要。

刘储秀仕途起起落落,经历了不少颠簸坎坷,一度曾深居关中。嘉靖二十四年(1545),刘储秀被起复为户部右侍郎,其后三年便一路连升。然而就在由户部尚书升为兵部尚书不久,便被"黜为民",原因是上疏中说到了收复河套一事,"上责其浮词罔上,无任事之忠,黜之"。也有人说,刘储秀被罢,是受到权臣严嵩和世宗宠幸的方士陶仲文的构陷。

这一次，刘储秀是真正被"一撸到底"了，宦籍都被削了，奉旨为民。但他在关中却受到同道之人的敬重和爱戴，孔天胤和各级官员都多次登门拜访。检刘储秀诗集，可看到这样一些题目：《九日方岳孔文谷，参伯何白坡，总宪李脉泉，宪伯茅海门、靳雨城、崔芹溪，都阃崔友葵、郭东山过访有作》《雪中方岳张百川、孔文谷，参伯何白坡、李荆阳、张秋渠过访有作》，这些名字几乎涵盖了当时陕西所有部门的重要官员：左布政使张臬，右布政使孔天胤，参政何其高、李乘云、张铎，按察使李冕，按察司副使茅鏊、靳学颜、崔峩，武将崔友葵、郭东山。对于省中官员的到访，刘储秀自是欣喜，"闲居不觉又重阳，岂料群公到草堂。且喜衣冠成雅会，顿令丘壑有余光""雪中忽报五侯来，白屋寒多尚未开。雪拥柴扉驺从入，烟生茶窗鹤惊回"等句，都传达了这种欣喜。"自是故人情缱绻，夜深犹共泛一觞"，当年许宗鲁所形容的"庾亮楼"，如今又焕发了生机。

与其他同僚相比，孔天胤对刘储秀的感情要更深几筹。检孔天胤文集，可知孔天胤在陕西期间主要为刘储秀做了两件事：一是为其文集作序，二是为其父母补写墓表。这两件事，都可看作是孔天胤对于恩师的真情回报。

孔天胤的序，主要从刘储秀诗文出发，论及"大夫之赋"。何谓"大夫之赋"？就是如刘储秀这样，曾身任要职，有过庙堂经历，而后放下政事，重操文章旧业的"贤人君子"。以这种身份写作，"以上则歌咏盛德，以下则敷扬理事，以经纬则神情内融，以组织则机象外著"，上下纵横，皆有见识与机理，因而诗境广阔，"可以章教，可以树风"，足为当世之师。

孔天胤进一步论述："夫大夫之赋，与雕篆者殊途也，信哉！"雕篆者，雕琢文字辞章者。二者最大的区别，就在于大夫之赋格调之高出乎性情之德，本此则下笔凌驾千古，略加润饰便大美琬琰；而那些重于文辞技艺者，取巧乱真，然色相再美也不免流于趋竞，终为小技。这就又回归到"诗言志"的大主题上：

夫诗言志，以道性情。性静而虚，不能不感；情动而直，不能不应。应于心，不能不宣诸其口；发于声，不能不矢诸其言。诗者，言之成声，声之成文者也。是故其所感正者其应和，其所发粹者其矢精；其所会正和粹精者，其文雅以醇。《诗》三百篇，皆由此选也。

先有志，其后才能有诗；性虚静，情正直，诗自然粹和精醇。《诗经》三百首本此而选，后世评价好诗的标准，也皆以此为据。扬雄有言："诗人之赋丽以则，辞人之赋丽以淫。"孔天胤认为："夫则，则准乎性情；淫，则假于色相。准乎性情者，以言志；假于色相者，以志言。"古诗之作，虽也华美而本乎性情；辞赋之作，太过修饰铺陈，就是追色彩外相。这里有着本质上的区别：是以诗"言志"还是以诗"志言"。出发点不同，路径不同，结果自然也不同。好的诗歌，是诗人长期的学问、性情"养"出来的：

故以道性情，言乎其诗；以养性情，言乎其学。故渊以养静，笃以养虚，凝以养动，专以养直。养得其养，神明自莹。

广博深厚以养静，笃志坚守以养虚，凝神聚志以养动，慎独纯粹以养直。《老子》有言："致虚极，守静笃。"内心虚静，加以学问、性情的长期积养，动笔而为诗，直道而行路，则"神明自莹"，言语行动皆属上乘。这些又岂是色相之可假、言语之可学的呢。那些"雕篆者"，"彼拘方于体裁，丧偏乎格调，外矣"。好诗不当外求，重在内养。这个道理，同样适用于其他的艺术形式。

孔天胤为刘储秀做的第二件事，是为刘储秀的父母补写墓表，这篇墓表,也成为后世研究刘储秀家世的一份重要资料。

刘储秀卒于嘉靖三十七年（1558），享年七十六岁,当时孔天胤已辞官归里。关山阻隔,得闻讯息已不知何年,然得讯之日,孔天胤定当望西遥拜,对这份难得的师生之谊追怀感激,并终生怀念吧。

（二）刻张治道《嘉靖集》并序

相比于刘储秀的宦海浮沉,张治道的履历要纯粹得多。他正德九年与刘储秀同年登进士第,仅做过三年的河南长垣县令,在升刑部主事后不久即辞官归里,乔世宁《刑部主事太微张公治道墓碑》称其归里后,"遨游终南鄠杜间,遇山水胜处,辄命酒歌咏,或语及天人古今之际,浩渺闳肆时,人莫测也","家居四十年,著述甚富"。孔天胤此次陕西任职的五年,与张治道的师友之情也得以再次延续。

嘉靖三十一年（1552）夏,孔天胤辑张治道在《张太微集》《太微后集》之后所作诗文,编次刊刻了《嘉靖集》,并自为其序,序末注明时间为"嘉靖壬子仲夏上日"。《嘉靖集》中收有张治道记二人交游的诗歌多篇,如《同文谷西陂庄赏花》《和答孔文谷方伯同张秋渠少参挟酒枉过留饮之作》《孔文谷方伯、张秋渠少参携酒枉过留饮索赋》《赏文谷席上和西陂自寿韵》等。由这些诗题,可知孔天胤常与张治道同聚刘储秀宅,也常与张铎一起前去拜访。对于这些后生晚辈的来访,张治道自是欢喜欣慰,在《和答孔文谷方伯同、张秋渠少参挟酒枉过留饮之作》中,他写道："忽报轩车过草堂,顿令门巷有辉光。篇诗况领百朋惠,松菊从教五亩荒。老去尚看书满架,客来全仗酒盈觞。独怜江海十年卧,敢谓云霄万里翔。"不仅是欢喜,还有诸多感慨。在《孔文谷方伯张秋渠少参携酒枉过留饮索赋》中,他写道："岂是高人室,能烦二妙来。开堂留下榻,携酒复登台。邂逅情偏切,提携诗可裁。领言真绝倒,落日尚追陪。"三人倾心长谈,"论文成雅会,忧国有余哀",同为国事担忧。他认为,自己与此二位晚辈,"翰墨元同调,形神安可猜",本是同道中人,希望"从此数来往,无劳首重回",可谓情真意切。

在《嘉靖集》序言中,孔天胤回顾了自己与张治道十几年间的交往以及刊刻该书的原因:

> 余复作迁客,别而之四方者凡十有七年。又复来作关吏,见太微子所著作益蔚乎其甚盛也。顾前集已为知己者刊刻成书,后所集者若有待焉,余遂自买梓亦为刊刻。

隔着十七年的时光,孔天胤这位亦师亦友的故人,一直都是民间的高士,过着自由自在的生活,也受着身边同道的敬重。前期已有同道为其刊刻了《张太微集》《太微后集》,此书刊刻《嘉靖集》,既是对同道的赏识敬重,也是对一份久而弥笃的友情的回报。

序言写得很简短,探讨的是天下"文籍"越来越多,为什么还要再行刊刻的问题:

> 自有文籍以来,积而至今,文益瀚繁,书益栋隆矣。要之,皆为作者存厥美誉,所以表世垂法,盖世教衰微,文命罕迪,忠信进德者希,而修辞立诚之事遂已难矣。故善言无斁于再三,博文必广于多蓄。

从古至今,特别是到明代出版业发达之后,文籍可谓浩瀚。但总体来说,刊刻图书多是为了使作者扬名后世,而其中世教的成分已经很少了。然而善言是永远不会令人厌倦懈怠的,多说也无妨,或者就需要有贤人出来不断地说。张治道之诗文,内容上,"其言多惜世嫉邪,源源本本,其源志可睹识焉",堪称世之善言;格调上,其品位之高,"上驰《骚》

《选》，旁乾李、杜"，《离骚》《文选》之品，李白、杜甫之才，堪为一代典范。从这个意义上来说，张治道之诗，同样是孔子所说的"思无邪"的产物，其心本乎纯粹，诗自然格调清朗，功夫在诗外。

张治道卒于嘉靖三十五年（1556），先于刘储秀两年，享年七十岁。他的知交小友孔天胤为他刊刻的《嘉靖集》，也成为对他落拓潇洒的一生最为珍贵的纪念。含有孔天胤序言的张治道《嘉靖集》，今国家图书馆有善本保存，并见于《甲库》第七百五十册。

（三）胡侍《胡蒙溪续集》

嘉靖三十一年（1552），孔天胤还和张铎一起编选、刊刻了胡侍的《胡蒙溪续集》。

胡侍（1492—1553），字承之，号蒙溪，正德十二年（1517）进士。其父胡汝砺曾为兵部尚书。胡侍中进士后初授刑部云南司主事，与张治道、薛蕙、刘储秀等"约为诗会，并以诗名都下，都下称'西翰林'"。他的诗颇负盛名，"与信阳何中舍（何景明）、谯郡薛考功（薛蕙）齐名"（张才《胡蒙溪集序》）。《明史·薛蕙传》后附有胡侍小传，记载嘉靖三年（1524）胡侍因言"大礼"而得罪权臣张璁、桂萼，谪山西潞州同知；嘉靖四年因山西宗室憾攻而入狱，被夺官编民。检万历《潞安府志》"职官·同知"："胡侍，宁夏人，进士。以光禄少卿左迁，刚介不阿，重大体，敢言时事。人以博学称，但知其文艺耳。"

关于胡侍的籍贯，历来有宁夏、陕西咸宁、应天府溧阳等几种说法。较为可信者，当是他的至交好友，关中名士许宗鲁在其墓志铭中所写，胡侍祖上本为应天府溧阳（今江苏溧阳）人，明初因其先祖中有人戍守宁夏，所以历四世皆为宁夏人。胡侍之父胡汝砺去世后，赐葬陕西咸宁，后人守墓而籍于其地。也就是说，胡侍原籍溧阳，先祖中有四世为宁夏人，其父死后定居于陕西咸宁。

因胡侍与刘储秀、张治道、许宗鲁等人均为一方名贤且时时过往，孔天胤及其同僚也与其多有交游。孔天胤、张铎为之刊刻的《胡蒙溪续集》中，就有多首与此相关的诗，如《夏日孔方伯汝锡、谢学宪应午招燕郭西原二首次谢公韵》，就是孔天胤与谢少南邀请胡侍到西原同游，唱和而写。可惜的是孔天胤与谢少南的诗稿佚失，如今只能看到胡侍的这两首和诗，称"颇厌城中热，偕游西郭西。迤逦水竹抱，合沓衣冠齐"云，可见三人同游之乐。胡侍诗集中还有一篇《借菊亭诗》，其序云："孔右丞、谢学宪携余集于许中丞之新亭，乃借邻圃盆菊置诸亭中，金葩粲然，益增佳致，就以'借菊'命名兹亭。良风厌厌，清欢不尽，将期雪日再集于斯。群公有诗，余仰和焉。"胡侍、孔天胤、谢少南齐聚许宗鲁新亭，还借了邻居花圃中的菊花放在亭中，所以这个亭子被众人命名为"借菊亭"。借菊亭中，众人兴致颇高，相约冬日下雪后再来宴集。是时众人皆有吟咏，胡侍也作诗相和。胡侍诗云："胜地高朋不易逢，况增邻菊助秋容。新亭正与新名协，花气偏和酒气浓。讵待王宏方尽醉，幸与玄度数相从。群公极有山阴兴，棹雪膣来莫厌重。"文朋嘉会，其乐何极。

孔天胤、张铎为之刊刻《胡蒙溪续集》之前，胡侍已有《胡蒙溪集》，中书舍人雍州张才为之作序，序末所注时间为"嘉靖二十五年冬十月"。孔天胤和张铎所编选刊刻，是胡侍嘉靖二十五年（1546）之后到嘉靖三十一年（1552）之前的诗文集。孔天胤和张铎各写一序，孔天胤序在集前，张铎序在集后。关于写序的时间，孔天胤在序末说"嘉靖三十一年秋七月上日"，张铎在序末说"嘉靖壬子孟秋望日"，几乎同时完成。在表述斯事原委时，孔天胤称"时余与秋渠张子共爱希有，同期广录，虽珊琰之未能，庶锓梓之可就。将命匠作，各叙其旨"，张铎称"省署燕闲，爰与文谷右使寔检续篇，类综成帙，列兹文梓，用示同好焉尔"，表述略异而其旨相同。

孔天胤的序文，重在讲述刊刻优秀图书对于文献整理和文化传播的历史意义。这一番道理用之于当代经典文献的出版，也依然有着永不过时的价值，可谓金玉良言。他说：

> 夫显道于艺，而有陈极之观；行言于远，而有载籍之托。是故明著作者振其华，爰传述者表其实。肇文以来，莫之已也。金版玉匮之书，流至于今；屋壁山岩之典，式存自古。倘华实之岨峿，亦奚足为有无哉。

正是因为有了出版和传播，那些优秀的文化才能流传下来，从远古到现代，像一条奔腾不息的河流，汩汩滔滔，一路而下。下游之人得以闻得到上游人生活过的气息，听得到上游人的咏叹歌吟；而上游人潜心思考过的有关天地人之哲学道理，也得以濡染后世人的耳目，让后世人可以循着前人的思路继续思考，在吸收的基础上创新，至少是可以少走弯路。正是因为有了"金版玉匮"这样的珍贵文献，所以即使遭遇秦始皇焚书坑儒，也还会有"屋壁山岩"的民间藏书得以流传。所以，出版的意义，就在于保存珍贵的历史文献，传之于后世。

张铎的序则更多论述了诗与诗人的关系。他认为，胡侍诗文水准之高，是因为胡侍深味"通塞"之理，"通则仰希景运而弘藻肆陈，塞则俯遵厥时而沈忧屡积"。胡侍仕途受挫，然其胆识才略深受时人赏识尊重，他自己也心态豁达，轻物质生计而重精神修养，交游同道，吟诗作赋，不以物喜，不以己悲。由此状态出发所作之诗，自是"通诗"；所作之文，自是"通文"。

胡侍卒于嘉靖三十二年（1553）十二月，享年六十二岁。许宗鲁为之作《鸿胪寺右少卿胡公侍墓志铭》。其时孔天胤尚在关中，当有所作，亦惜乎不存。

(四）刻许宗鲁《陵海二集》并题辞

　　许宗鲁于嘉靖十二年（1533）在镇守昌平任上，因事"闲住"关中，嘉靖十三年，孔天胤因选贡不当而被贬为祁州知州，许宗鲁曾写诗相送，情甚殷切。其后许宗鲁一直待在关中。而就在孔天胤本次重归陕西后不久，许宗鲁即以原官起用，依旧镇守昌平，时年许宗鲁已经六十一岁了。一年后再升辽东巡抚。辽东期间，孔天胤曾写信问候，这从许宗鲁回信《答孔文谷书》"淡吏来，远承手札，别公再罹寒暑，仰公德教，弥久弥真"可知。惜乎孔天胤原信佚失。由许宗鲁回信可知，孔天胤当在信中流露出归隐的想法，许宗鲁劝他："方今时事多端，用世之才如公者几何？且公属在宗亲，均同休戚，非他人比。兹故取适自逸，或者古人贵戚之臣谊不若是，公乃心王室，暂祛遐想，使西土终焉枯冒，是实天生我公之意，而正吾徒倾望之诚也，公其念之。"无论从当时国家的形势来看，还是从孔天胤宗亲的身份来看，都不应该有退隐自逸的想法，而应该与国家"均同休戚"。许宗鲁也在信中交代了自己当时的处境："仆只役海东，奉职无状，近者虏骑凌犯，防御无功，时且囚首待命，若得由是罢归，仆当执业左右，以淑晚暮，何如何如？"此信当写于嘉靖三十一年（1552）四月之后，《明世宗实录》嘉靖三十一年（1552）四月，"总兵赵国忠、巡抚许宗鲁各停俸，令戴罪自效，俟秋防毕奏闻"，许宗鲁所指，当即其事。

　　情况也正如许宗鲁所料，"秋防"后，他就被勒令致仕了。《明世宗实录》嘉靖三十一年（1552）十月，"勒辽东巡抚都御史许宗鲁致仕"，六十三岁的许宗鲁从此结束了仕途，回到关中，再次过起了与刘储秀、张治道、胡侍等老友不时相聚赋诗的生活。

　　嘉靖三十二年（1553），孔天胤为许宗鲁刊刻了《陵海二集》并为之题辞，其中注明刊刻和作序的时间："刊自癸丑之夏，秋乃告成，及冬而叙之云尔。"但许宗鲁今传诗文集只有《少华山人集》《少华山人后集》，

《陵海二集》不存,因而作为它曾经存在过的证据,孔天胤的这篇题辞当是重要资料。

按照孔天胤的记载,《陵海二集》是许宗鲁镇守昌平、巡抚辽东期间所作,包括"陵下编"与"辽海编":"嘉靖辛亥之秋,先生以旧德鸿资,诏起东山,爰授节钺,始开府昌平,则上陵之曲以抒,于是有《陵下》之帙;嗣移镇辽阳,则登海之篇攸缀,于是有《辽海》之编。"孔天胤记载的许宗鲁起复时间在嘉靖三十年(1551)秋,误,乔世宁墓志铭中所记嘉靖二十九年(1550)较为可信,这从许宗鲁给孔天胤信中所说的"别公再罹寒暑"也可佐证。对于这一时间所作之诗,孔天胤认为写得极为慷慨悲壮,得边塞诗之真味:

盖龙蟠虎踞之雄,重关绝塞之险,萧条潇沆之形,澹惨烟沙之态,胡笳边马之音,刁斗寒宵之叹。或军乐甫陈而悲歌互动,或春草迟绿而朔吹已梢,如兹之感,其至非一,皆足以生临望之思,引别离之绪。此怀乡之情,恋国之念,二集之中,交相发焉。

这段论述,也可作为对于边塞诗歌特点的一番绝佳诗论。身在边塞险境,风烟惨淡,胡马悲鸣,也许更能深切体会唐代边塞诗人高适《燕歌行》中"杀气三时作阵云,寒声一夜传刁斗"之句的情境和含义。许宗鲁作为一代诗文大家,其诗歌中所传达的边塞风情及"怀乡之情,恋国之念",都真切而传神。正因为如此,"观在心之志,见功誉所不干;听成声之律,知文武之未坠。是故可以刊矣"。

孔天胤致仕归汾后,两人还有诗歌互赠,仅嘉靖三十五年(1556)秋和冬,孔天胤就有《和酬许少华中丞秋日见怀》《对雪寄怀少华》二首。许宗鲁卒于嘉靖三十八年(1559),享年七十岁,乔世宁为之作墓志铭。

(五) 与张臬一起刻《西京杂记》并序

嘉靖三十一年（1552），孔天胤与陕西布政使张臬共同刊刻《西京杂记》，孔天胤作《刻西京杂记序》。关于刊刻的原因，序文中称"余携有旧本在巾笥中，因听左使百川张公谈西京故事，多后学所不闻，云本《西京杂记》，余遂出其书，百川公即取而刻之，以广其传"。《四部丛刊·子部·西京杂记六卷》孔天胤序中，本段此句作"余携有旧本在巾笥中，左使百川张公下车宣条，敦修古艺宪之事，余因出其书商之，遂命工锓梓，置省阁中，以存旧而广传"。前者说是张臬主持刊刻，后者说是两人商量一起刊刻。这个版本后世多称为"孔本"："《西京杂记》孔天胤刊本又称孔本，十一行二十字。清代之际由江安傅氏双鉴楼所收藏，晚清之际上海涵芬楼曾从双鉴楼借印了一些刊行于世，民国以后张元济编集发行《四部丛刊》中《西京杂记》影印版就是据上海涵芬楼刊本而刊印发行的明嘉靖三十一年孔天胤刻本。中华书局1961年版、罗根译注《西京杂记》也以孔本为底本"[②]。今检《四部丛刊》，亦可见在孔天胤序文前专有一页，写有"上海涵芬楼借印江安傅氏双鉴楼臧（藏）明嘉靖孔天胤刊本，原书版匡高营造尺五寸六分，宽四寸三分"字样。

《西京杂记》之"西京"，即孔天胤所任职的西安的旧称。该书是一部描写发生在西汉时期的长安逸事琐闻的笔记小说，记载了梁孝王与诸文士枚乘等集会作赋之盛况，而"昭君出塞""卓文君私奔司马相如""匡衡凿壁借光"等许多令后世人耳熟能详的故事皆首出此书。

对于刊刻此书的意义和价值，孔天胤认为，西安在汉代有着一段难得的繁华，"鸿人达士，慕汉之盛"，历史文化也有着零星的留存，好古之士寻访古迹，然"吊古登高，往往叹陵谷之变迁，伤文献之阙绝"，偶有所得，便如获至宝，珍爱有加，"或得断碑残础，片简只字，云是汉者，即欣睹健羡，如获珙璧。方且亟为表识，恐复湮灭"。在此背景之下，

《西京杂记》在西安重新刊刻,就有着重要的意义,因为《西京杂记》中对关中旧时繁华,有着非常详细的描述和呈现:

> 乃若此书所存,言宫室苑囿,舆服典章,高文奇技,瑰行伟材,以及幽鄙而不涉淫怪,烂然如汉之所极观,实盛称长安之旧制矣。故《未央》《昆明》《上林》之记,详于郡史;卿云辞赋之心,闳于本传。《文木》等七赋雅丽独陈,《雨雹对》一篇天人茂著,余如此类,遍难悉数。然以之考古,岂不炯览巨丽哉。

事实上孔天胤这段话的核心意思是在说,文学作品的历史价值许多时候大过史志记述。《西京杂记》虽为笔记小说,却记述了大量西汉辞赋的创作背景及其内容。比如西汉辞赋大家司马相如,其《长门赋》极写未央宫之繁华富丽、凤箫声动,歌舞升平,其《上林赋》极写昆明池之碧波荡漾、上林苑之广阔壮丽及汉天子游猎的盛大规模,描述之详,铺陈之细,郡史如何能及。史志重在客观记述,去细节而记线条,言简意赅,因而读之只知大概;而文学作品却可以极尽铺陈描述之能事,毫发毕现,光色陆离,将真实宏大之场景与细微生动的细节展示在读者面前。卿云,司马相如(字长卿)与扬雄(字子云)的合称,也是汉代大赋的代表人物,孔天胤认为,他们的辞赋,比《汉书》等史记类文献记述更为宏阔。即便如中山王刘胜的《文木赋》、董仲舒的《雨雹对》等,所描写的景致、所陈述的情怀,也都各有难得之价值。如果能一一考其文而寻其踪,岂不是更能回放当时的现场吗?

正因为致力于考古的人缺乏文献的依凭,所以这方面的工作就有着诸多的缺憾,而很大的原因,就是《西京杂记》的流传甚少,出现了文化上的断层,"缘其书罕传,故关中称多古图籍亦独阙之"。这也是刊刻此书的必要性。

孔天胤对《西京杂记》是极为熟稔的，其中的故事也在他内心深处留有深刻的记忆。就在他归汾后多年，六十四岁的时候，还写了一首与《西京杂记》相关的诗，诗题曰《息机一首》，诗曰："说道忘机未息机，一场闲气好乖违。与民救苦知谁是，为国驱残计已非。周处合怜身幸免，黄公那晓力衰微。桑榆尚自存余照，犹恐浮云乱夕晖。"诗题下小记："黄公事出《西京杂记》。"黄公事见《西京杂记》卷三："有东海人黄公，少时为术，能制蛇御虎，佩赤金刀，以绛缯束发，立兴云雾，坐成山河。及衰老，气力羸惫，饮酒过度，不能复行其术。秦末有白虎见于东海，黄公乃以赤刀往厌之，术既不行，遂为虎所杀。"孔天胤在此诗中，表达的是自己年老力衰、无计报国的伤感。

（六）贾应春刻《韩苑洛先生文集》，孔天胤序

韩苑洛，即关中大学者韩邦奇。韩邦奇分别于正德六年（1511）、嘉靖四年（1525）、嘉靖十四年（1535）三次在山西任过平阳通判，山西参议、副使、巡抚等职。《山西通志》记其"廉政自持，纪纲政肃，上下帖服"，特别是在山西巡抚任上，屡次向朝廷上疏，为山西大同、宁武边境增设防备。嘉靖十七年（1538）六月，被准于致仕，韩邦奇由山西回到关中，过起了学者的生活。但没过几年，因"中外交荐"，他就再次被起用了，又历刑部右侍郎、吏部右侍郎等职，官至南京兵部尚书参赞机务。嘉靖二十八年（1549）致仕，其年他已经七十岁了。

除了是一位为政卓异的官吏，韩邦奇还是一位著名的学者。《明史·韩邦奇传》称"邦奇性嗜学。自诸经、子、史及天文、地理、乐律、术数、兵法之书，无不通究。著述甚富，所撰《志乐》尤为世所称"，《关学编》称他"文理兼备，学问精到，明于数学，胸次洒落，大类邵尧夫（邵庸），而论道体乃独取张横渠（张载）"。

嘉靖三十一年（1552），陕西巡抚贾应春将韩邦奇除《毛诗未喻》

299

《书说》《易说》《性理三解》等学术著作之外的诗文编次为二十二卷，命工刊刻，总为《韩苑洛先生文集》（亦有版本简称为《苑洛集》），孔天胤为之作序。今检《四库全书总目提要》中《苑洛集》的"提要"，记其共有"序二卷，记一卷，志铭三卷，表一卷，传一卷，策问一卷，诗一卷，词一卷，奏议五卷，见闻考随录五卷"，并注明"乃嘉靖末所刊，汾阳孔天允（胤）为之序"。《甲库》第七百四十四册《苑洛先生集》中，此序篇末有"嘉靖三十一年冬十月河汾孔天胤谨叙"字样，可知该书具体的刊刻时间。

孔天胤在序中，指出了文献对于传播文化的重要性：

> 昔孔子学夏商之礼，叹文献之不足征，至于周礼，则曰学之、用之、从之焉。是有周之文献，昭然可考而据也。然文托献，献纪文，苟非其人，道不虚行矣。

《论语·八佾》篇中，孔子说："夏礼，吾能言之，杞不足征也；殷礼，吾能言之，宋不足征也。文献不足故也。足，则吾能征之矣。"文献之不足，令孔子这样博学的圣人都无计可施。孔子又说："周监（鉴）于二代，郁郁乎文哉！吾从周。"正因为周礼有文献可考，所以具体可学。可见文献对于文化之传播，意义重大。

孔天胤认为，"苑洛先生，当代之儒贤也"，其为人"亨于天人，娴于大体，位著之表仪，典刑之旧德"，其著作也足可称为当代文献：

> 故其为文，类非丹腹斧藻之事，盖帝王统治之猷，圣贤传心之学。人物之污隆，风俗之上下，性情之所感，宣闻见之所著录，其辞不一，其陈理析义卓然一出于正，其扬教树声翕然一矢乎圣代之彝。即大夫考政事，士考学闻，乡国之人考孝友睦姻之俗，虽不必别求载籍，其经法攸寓，可按集而省焉。

正因为韩邦奇学识渊博又德隆望尊,所以其为文绝非雕饰斧藻,而皆出于圣人之学与性情所感。其文章有着重要的教化功能,大夫可从中考察如何为政,士可从中习得如何求学,即使民间人士亦可从中学到孝友睦姻的生活常理。这就是它的文献价值。

韩邦奇卒于嘉靖三十四年(1555)的陕西大地震,同时在地震中罹难的,还有关中著名学者马理(嘉靖版《陕西通志》的作者)及孔天胤的好友王维桢。《明世宗实录》该年闰十一月壬寅:"是日,山西、陕西、河南同时地震,声如雷,鸡犬鸣吠,陕西渭南、华州、朝邑、三源等处,山西蒲州等处尤甚……压死官吏军民奏报有名者八十三万有奇。时致仕南京兵部尚书韩邦奇、南京光禄寺卿马理、南京国子祭酒王维桢同日死焉。其不知名未经奏报者复不可数计。"

其时,孔天胤已致仕回到了汾州,听说此难,也一定大为悲摧吧,惜乎其当年诗歌不存,无法查考。十几年后,汾州举人赵凤梧(号文冈)[③]将去临潼任县令,孔天胤写了《送赵文冈试宰临潼》一诗,诗中殷勤叮嘱:"几经震荡民无屋,数事将迎传有车。听讼应为第二义,惠风先向野田嘘。"希望他到了临潼,能够体谅民生疾苦,多为百姓造福。这一份关中情结,在他心中永远都是一份沉甸甸的情怀吧。

(七)编次刊刻王崇庆《端溪先生集》并序

嘉靖三十二年(1553),孔天胤在吏治之暇,编恩师王崇庆《端溪先生文集》八卷并为之作序。今存于中国国家图书馆的《端溪先生文集》八卷本,即为"门人汾阳孔天胤编次,建业张蕴校刊"。张蕴,王崇庆任职南京时的下属。

王崇庆嘉靖四年(1525)因侍奉母亲而告归,一直在故乡著书立说,过着不求仕进的乡居生活。但母亲去世后不久他就被起用了。据"端溪先生年谱图"和《明世宗实录》，嘉靖二十年（1541），王崇庆复职叙用，任陕西行太仆寺卿，其后几年一路高升，历官四川右布政使、四川左布政使、工部右侍郎、礼部右侍郎、礼部左侍郎等，官至南京吏部尚书。嘉靖三十四年四月，"南京吏部尚书王崇庆以疾乞致仕，许之"，时年王崇庆七十三岁。

　　孔天胤编订刊刻《端溪先生文集》八卷本时，王崇庆正在南京礼部尚书任上。此前孔天胤为其编订或刊刻过学术著作《海樵子》和《五经心义》，而此番所编，是他平生所著诗、文、书信、记、碑志等的合集。王崇庆曾对孔天胤说："吾子故人也，且知我为最。"（王崇庆《与门人汾州孔进士汝锡书》）可见在他的一生中，是将孔天胤作为知他最深的门生小友来对待的，因而由孔天胤来编辑其平生诗文，应当是最合适的人选。

　　孔天胤序言的核心内容，就是阐释自己对于孟子"游于圣人之门者难为言"一句的理解。

　　《孟子·尽心上》："孔子登东山而小鲁，登太山而小天下。故观于海者难为水，游于圣人之门者难为言。"前面三句似乎都是比喻，唯有最后一句"游于圣人之门者难为言"是实际的道理。站得高望得远，见过大世面，游于圣人之门，应当是有更多学识，提起话头应当如江海奔涌滔滔不绝，但为什么反而"难为言"了呢？孔天胤的理解是：圣学不明，先王之法隐晦，天下乱说纷纭，堪比洪水猛兽。越是不学无术之人，越是敢胆大妄言；而游圣人之门者，所学为天道，所法为尧舜之道，越接近于道，越虔诚谨慎，知其轻重，只怕言之失当，有损圣人先王之心，有违"道"之本义。所此，是否敢"言"，在于是否有一颗对圣人先王的敬畏之心，是否真正在用心体悟圣人先王之道。

　　而王崇庆之文集，就是"君子立言以扶教"的范本：

　　　　余诵览《端溪先生文集》而编次之，其文浩浩，其旨谆谆，其究非圣人之学不敢谈也，非先王之法不敢陈也。乃知先生游圣明之世，赞皇极之敷，其所以修辞纂言，卓然一出于正。观者体之心可以知德，推之物可以明政，有非言语文字之间尔者，是故可以传矣。

端溪先生之诗文，均有浩然正气充溢其间，并非仅仅是言语文字而已。先生谈学问则本乎圣人之学，言世事则本乎先王之法，皆"游圣人之门"者的谨慎之言。这些诗文传之当世及后世，读者体作者之心，推之及物，可以知德明政，用以指导自己的言行和学习。

文末，孔天胤又将王崇庆诗文集与其前之《五经心义》作对比：

夫文章根本乎六经，先生所著有《六经心义》（当为《五经心义》）若干卷，刻在家塾，试取而并参，则是集也，特枝叶之扶疏者焉。

王崇庆之文，立意之高也在这里。他读《五经》并以心深切体悟其义，作诗为文也就有了这种底色。如果把王崇庆的著述比作一棵树，那么《五经心义》是根，《端溪先生集》是枝叶。因其根极深，所以枝叶扶疏，自然有着极强的生命力。

疏乞休致："归心久已然"

嘉靖三十二年（1553），四十九岁的陕西右布政使孔天胤向朝廷递交了《乞休疏》，请求致仕。乞休的原因，是生病。他在《乞休疏》中写得很明确：

> 嘉靖三十一年，忽得阴虚火动病症，痰喘怔忡，几于委顿。调理数月，方克勉强视事。延至今春，前病又复举发。痰喘变而为膈塞，怔忡转而为健忘，形神销惫，职务废驰，经屡月矣。迎医诊疗，佥谓此疾决非旦夕可瘳。

这病算来已有一年多了，前次犯的时候，症状最严重的时候差点都起不来了。调理了一段时间，勉强可以带病工作了，可如今病又犯了而且更严重了，严重到了怔忡健忘、形神销惫，关键是耽误工作，而医生说，这病绝不是短时间内可以治好的。后文还有更严重的句子，称"病渐危笃，命将先于朝露"，很可能会像李乘云一样病入膏肓；假如真是那样，倒希望也像李乘云一样，狐死首丘，能卒于家中。孔天胤向朝廷请求："伏念臣一芥草茅，荷蒙圣明收录，随例外补，遍历两司，二十年间，遂已满秩，誓当竭身图报，终效犬马之劳，不意分过灾生。""满秩"是说，按照明制，皇亲为官的顶点就是布政使，再上则为侍郎、巡抚、尚书之类，于孔天胤，这些都不可能。他还向朝廷保证："倘得延喘息之余年，安止足之常分"，一定安分守己，绝不会惹是生非。

身为一省之布政使，身心之劳那是一定的，生病也是可能的，但情况是否真如《乞休疏》说的那么严重，就不太好说了。也就是说，这"病"，更多生在心上。这从他给老上司葛守礼的信中可见端倪。葛守礼时任吏部右侍郎，他请求葛守礼能够准许自己致仕归田：

> 某不才，辱明公知遇之日久矣。兹陈疾乞休，乃区区引分知止之行。故朝上疏，暮离省，绝无逗留顾望之私，惟觊得蒙题核准行耳，不然得为齐民，亦返自然也。山间林下，啜菽饮水，览卷看云，以淹余岁。无步兵痛哭之讥，而有渊亮赋归之乐，则明公之赐及鄙人者远矣。（《与葛与川吏部》）

他说，自己陈疾乞休，是"引分知止之行"。这六个字，语浅而意深。《周易·乾·文言》："知至至之，可与言几也；知终终之，可与存义也。"当往则能往，其人可与之论事之幽微；当终则能终，其人可与之存问道义。他归去的愿望非常迫切，甚至到了"朝上疏，暮离省，绝无逗留顾望之私"的程度。而对于归田后的生活，他也做了美好的展望，游悠山林，吃着野菜喝着溪水，读读书，看看云，如《论语》中孔子所说的，"饭疏食饮水，曲肱而枕之，乐亦在其中矣。不义而富且贵，于我如浮云"。他还举了两个典故，一个是阮籍阮步兵，《晋书·阮籍传》记其对世事极度悲观，"时率意独驾，不由径路，车迹所穷，辄恸哭而反（返）"，引世人讥讽；另一个是陶渊明，归田后"采菊东篱下""戴月荷锄归"，还写有《归去来兮辞》《五柳先生传》《桃花源记》等千古佳文，极言归田之乐。他不会学阮籍的痛哭，而会效渊明种田赋诗之乐。

递交《乞休疏》后，他又给时任延绥巡抚的山西老乡张珩写了一封信，以作告别。信中先说自己受张珩教诲颇多，而自己对孔、孟之言，又有了新的领悟：

> 昔孔子论《诗》，约三百于一"思"；孟子谈学问，总之"收放心"之一言。故诵而不达为无益，学而不思为大罔，皆言道理不全靠书册耳。自传注之书出，记闻之业沿，而心思之学废也久矣。我翁之训，实宣阐圣门之精义，打破俗学之筌蹄，正后生小子省然欲进而未已者也。（《与督抚张南川先生》）

这是孔天胤对孔、孟之义学习领悟多年之后，万言归宗，由厚变薄，抽绎出的最为核心的理论。孔子说："《诗》三百，一言以蔽之，思无邪。"孟子说："学问之道无他，求其放心而已矣。"孔天胤在经营圣学几十年后，仅得此二句为孔孟之学的精髓。后人读圣人之书，多致力于传注记闻，而不求圣人之心。此番道理，当是张珩曾经对他讲过，或是两人曾经探讨过的。如今将要归去，以后想要请教也难了：

> 行且归向寂寞，庶几专力此件，但无缘日侍门墙，不免堕因习耳。眼前万事莫不是诗，莫不是学问，然心思所惕，退耕惟时焉。

自己即将归去，幸运的是可以继续领悟孔孟之学，难过的是从此没有了张珩这位老师的指引，担心自己会怠惰放松。随信，孔天胤"并上近作三篇"请张珩审阅，惜乎不传。

富有戏剧性的是，孔天胤致仕的请求并没有得到允许，他又在陕西待了一年；反而是张珩在这年的十月调离了陕西。《明世宗实录》嘉靖三十二年（1553）十月，"升巡抚延绥都察院右副都御史张珩为南京兵部右侍郎"，"无缘日侍门墙"的结果，倒是一样的。

仕路余韵：河南左辖与汾州"雕"

嘉靖三十三年（1554）春，孔天胤由陕西右布政使升河南左布政使，陕西右布政使由其同年何其高继任。离开关中前，曾为孔天胤诞子写过贺诗的张瀚，又写有《关中送孔左使之河南》一首。诗中说："扑人桃李盈栏槛，四壁辉光图与书"，孔天胤在陕西已遍地桃李，而他两袖清风，四壁唯图与书。然而尽管在陕西待的时间长，其教育理想却并未尽皆实现："新丰斗酒青门楼，十年笑共三秦游。传经未遂关尹愿，骊歌已促离人忧。"如今即将离开陕西前往河南，同样是荣回故地，"黄河东去出三门，萦回伊洛到梁园"，一定会受到热烈的欢迎，在河南也会再续佳篇。

嘉靖《河南通志》"职官·左布政使"："孔天胤，汝修（锡），汾州人，进士，嘉靖三十三年任。"

孔天胤在河南仅任职一年。这年的十二月，他与何其高就被弹劾，勒令"闲住"了。这是孔天胤从政二十二年来，遭遇的最大的一次打击，甚至可以称之为浩劫。《明世宗实录》此年十二月庚午：

> 令浙江按察司副使陈宗夔，陕西右布政使孔天胤、右布政使何其高闲住，各坐贪污，为巡按御史孙慎、吉澄所纠也。

纠，发举。《尚书·冏命》："绳愆纠谬。"孔颖达疏："绳谓弹正，纠谓发举。"这句话记的是两件事，一件事发生在浙江，一件事发生在陕西。发生在浙江的巡按御史孙慎发举按察司副使陈宗夔贪污之事，我们在此可不必深究，单说发生在陕西的巡按御史吉澄发举前右布政使孔天胤、现右布政使何其高"贪污"之事。

吉澄（1507—?），字静甫，号山泉，直隶开州人，王崇庆的同乡，嘉靖二十三年（1544）进士。嘉靖二十八年（1539）任贵州道试用御史，后实授，嘉靖三十二年（1553）巡按陕西。孔天胤最初对这位巡按御史印象很好，"闲住"汾州之后，他的同年，时任山西右参政的王廷修书问候，孔天胤在回信中说到自己对吉澄的最初印象，"仆始以吉山泉为君子路上人也"。然而显然是以君子之心度小人之腹，"乃今我不知彼焉，能令彼之知我耶？"孔天胤甚至认为自己最初把吉澄当作君子路上人是"一大可笑"之事。对于这次"贪污"事件，孔天胤深为抱屈，他对王廷说：

> 仆缉学三十载，不敢自谓善人，然实不为恶，此心谁可欺者。诚不意横被疵贱，一至于此。但仆灰心世路已非一日，今天盖假手于人，令得悬解耳，差足自乐也。（《与王南泯年丈》）

三十年来潜心圣学，孔孟之道已深入骨骼，不唯判断世事之优劣以此为标准，就是自己的言行举止也莫不以此为标准。一心向圣向善，即使做得不够好，却也绝不会存心为恶。此心不曾欺天，又如何会欺人。所以，对于劈空泼来的一盆脏水，孔天胤认为是受到了天大的污辱。但他又以此自嘲，觉得这是上天对自己长久以来灰心仕途的一种惩罚。

孔天胤接到"闲住"通告后，未向继任者交接便忿然离任。他这回是有点豁出去了，但他也料到此激愤之举会带来更大的麻烦，他对王廷说："若彼以我离任不辞之故辄肆策诬，是大无忌惮者也。"随他去吧。"仆之五内何不清凉"，内心坦荡，何惧他人诽谤。

除了王廷，还有一些同道知己写信慰问。孔天胤在给王廷的信中说：

水东公相处不多，然于仆之心迹未必无睹。兄试一访，问有不然者乎？张元洲亦惠书唁慰，痛仆受无情之谤，仆报以恶言满纸，皆平生梦念所不到。吾谁欺，欺天乎？元洲乃固信之，此足为知己矣，仆死复何恨哉。

闵熙（1507—1580），字和卿，号水东，北直隶任丘县（今河北任丘）人，嘉靖十四年（1535）进士。雍正《山西通志》"名宦"记其"嘉靖间以进士任山西提学佥事，先器识后文艺，以修明教化为务，尝取晋名宦乡贤汰伪存真，辑《正祀考》一书而序以行……后历山西按察使、布政使，后为巡抚，胥为晋人爱戴云"。孔天胤"闲住"归汾期间，闵熙任右副都御史巡抚山西。闵熙虽与孔天胤交往不多，但对于孔天胤之才华品德毫不怀疑，他坚信此事之是非曲折，因而来信慰问。

孔天胤回汾州后，张瀚也由陕西寄书问候，为孔天胤受"无情之谤"而深为痛心。一向颇有君子之风的孔天胤，估计也是生平第一次，"报以恶言满纸，皆平生梦念所不到"。

一个人在位时,权势在手且前程无量,有同僚或下属前呼后拥、诗酒奉和,都不稀奇;只有在这个时候,被上级弹劾、朝廷罢免,眼看大势已去,仍有人寄书慰问且坚信其冤,这才最见人情之真。因此,孔天胤认为"此足为知己矣,仆死复何恨哉"。这是说张瀚的,也是说王廷和闵熙的。

但这种情绪,孔天胤在生活中极少流露,也极少向他人辩白,只是因为知己者存问,所以一倾衷肠:"仆自罢归,绝口不谈是事,兹后及之,以知己者之问答一长鸣耳。"

何其高无文集传世,他在此事中的是非曲折,只能尘封于历史的深处了。

此番被勒令"闲住",是孔天胤仕途的终结。虽然以这样的方式归来多少有些不甘,然他想到自己灰心仕途已有多年,如今也算是天假于人之手使自己归来,总算是可以不再四处奔波了。

注释:

①《陕西通志》称姚一元为"浙江长兴人",孔天胤在文中称"吴兴姚公"。今长兴、吴兴属浙江湖州。"吴兴"同时还是湖州旧称,孔天胤称"吴兴姚公"即指湖州姚公。

②李文娟《西京杂记文献价值研究》,作者为山东师范大学古典文献学专业2008年硕士,导师张茂华。

③万历《汾州府志》"科举·举人·癸卯科":"赵凤梧,授陕西临潼知县,补两当县。"

第十一章 归居汾州

复返田园：归乡之喜与亲情之乐
筑园修亭：精神家园与隐者之趣
关心水利：『君子视天下为一身』
写德政碑：有故事的山西名宦
无碑之碑：孔天胤版汾州名宦
情系教育：『教由其道，学不自欺』
修志述史：乡绅的文化建树
丁卯寇乱：隆庆元年的山西浩劫
寺观祠碑：『与人之善，表地之胜』
隆庆和议：致王崇古的一封信
出入王府：从王府之甥到王府之师
神游诗社：汾州的文学活动
远方来朋：孔园里的诗酒佳话
刊刻书序：晚年出版贡献及学术思想

出去半生成底事，归来稍已得闲身。学书无用犹看字，枕谷何心但养神。

——孔天胤《酬阳溪、龙冈二使君见寿二首》其一

复返田园：归乡喜乐与亲情友情

嘉靖三十四年（1555）春，孔天胤终于实现了他久已有之的归田梦想，成为了他后来时常自称的汾州"野老"。归来后，他写诗《春林即事》，总结了自己二十余年的仕宦生涯：

廿年尘土客中春，今岁春才属隐沦。欹枕杖藜随处得，野花啼鸟认来真。

这一年，孔天胤五十一岁。告别二十多年奔波的风尘，终于可以在汾州故土度过归来后的第一个春天了。出门皆春意，只因心上春。野花因情摆，雀鸟啼归人。认真识花鸟，从此皆弟兄。文谷本色是诗人，这种怡然自得之乐，也只有一颗诗人的心能够流连体会。

归来好啊，"形踪稍似鸡群鹤，得返云松自在飞"（《述怀呈程古川旧巡四首》）。归来后的很长一段时间，孔天胤都沉浸在一种脱险的侥幸和后怕之中，仕路的坎坷给他留下的心理阴影，并非很快就能消除。一首《与南洲上人叙归二首》，将这种侥幸得脱的心理描摹得淋漓尽致。第一首曰：

　　一官廿载苦伶俜，好似玄奘去取经。万怪千魔俱历尽，刚刚存得本来形。

"西游"故事的传说由来已久，晚唐五代即有《大唐三藏取经诗话》，元代又有《西游记平话》《西游记杂剧》，与孔天胤同时代的淮安才子吴承恩（1510—1582）又将其演绎为百回本神魔小说，使其成为中国"四大名著"之一而流传至今。孔天胤将自己二十余年的出仕之路，比作玄奘的西天取经，一路上历尽万怪千魔，却能侥幸得脱，以"本来形"平安归来，不可谓不幸运。而第二首中，这种侥幸心理则表达得更为直接：

　　巨蟒伺人横作岸，含沙射影暗如尘。当时就合江中葬，不意归来有此身。

仕途处处皆陷阱，巨蟒伺机欲吞人。自己是熟读圣人之书的一介文士，既无害人之心，也乏防人之术，如何预料得到、抵挡得住那些处于暗处的鬼蜮呢？千幸万幸，没有葬身江中，能够安然无恙地归来。这两首诗，既将仕途之险恶、人心之不可测描摹得生动传神，也是一个儒家士君子在历世事之险后，无力荡平人间是非，只能选择退守的无奈心态。他选择了以"用舍行藏"之"藏"，打开儒家士君子"隐居以求其志，行义以达其道"（《论语·季氏》）的另一扇大门。

归来了，虽然"山空木脱归来迟"，但"隔篱犬吠鸡亦随，邻曲省存僮稚嬉。掇英酌醴襟颜披，醉后放歌渔父词"（《东篱行》）的生活何其令人向往。识得清时务，认得清自身，听从心灵的召唤，无论归来早晚，都是明智之举。

这段时间，孔天胤写有《自题山岩屋壁》一首，回顾和总结了自己的仕途："一命敷文，再命守土。三命如前，五教斯溥。既典藩宪，式昭王矩。"由文教到知州，由知州到武备，由武备再到文职，一直到一省行政之最高职。然"名位攸崇，不能伛偻。众口铄金，大人解组"，不能屈于权贵，也不能抵挡暗箭的中伤。于是，"复厥初衣，保我衡宇。梦醒从伊，习习诩诩"。这种总结和反思，比最初归来时"十载宦情如嚼蜡，不求闻达只求归"（《述怀呈程古川旧巡四首》）的情绪化表达已经客观了不少。

归来后，孔天胤一度向佛，读佛家书，与佛界人士交游，这从他的"好揽佛氏书，因与释子群""煮饭约僧共，还容鸟雀分"（《生日就辉上人饭僧》）可知。在一首怀想一位高僧的诗里，他也写道："火云烧世界，甘露洒心田""老怀逾寂寞，将共尔随缘"（《斋居忆大辉上人》），这种由于因内心疲惫而寻求精神归宿的心理，恐怕只有他自己能够懂得。归来后，他也更在精神上接近了古代汾州寓贤卜子夏，写下了《寄题子夏石室》："道存身退老于斯，石室千年尚可窥""梯云直上心犹壮，带月空回力已疲"，这是说子夏的，也是说他自己的。他甚至感叹两人同样"不遇"，原来，"由来吾党合栖迟"，他们在精神层面，是有着共同的旨归的

(《寄题子夏石室》)。

孔天胤从致仕的嘉靖三十四年（1555）到去世的万历九年（1581），在故乡汾州共度过了二十七年。这二十七年间写作了诗歌千余首。这些诗歌，就像孔天胤的"归来日记"，真实反映了他汾州期间的履历、心情及交游情况，与他二十七年间所写的百余篇文章一起，为汾州甚至整个山西在嘉靖后期、隆庆年间、万历初年的历史，保留了一份珍贵的史料。

《孔文谷诗集》卷三之《渔嬉稿》，第一首题为《渔嬉》，算是其后二十二卷诗歌的一个总纲。他以一首五言诗，阐述了自己的归来心志。诗歌前六句为：

> 平子赋归田，愿同渔父嬉。我今归已遂，舍此更焉之。言鼓沧浪枻，式歌濯缨辞。

平子，东汉辞赋家张衡，字平子。当时宦官当道，朝政日非，豪强肆虐，纲纪全失，张衡深感既无法等到社会清明之时，又没有报国之路，于是向朝廷自请退职，以归隐田园的实际行动表示对黑暗政治的诀绝与抗争。张衡去世前一年写下了一首优美的抒情小赋《归田赋》，成为后世官员辞职归田的经典。《渔父》，《楚辞》中的经典篇目，屈原遇渔父于江上，在与屈原探讨了一系列关于"自放"的问题之后，"渔父莞尔而笑，鼓枻而去，乃歌曰：'沧浪之水清兮，可以濯吾缨；沧浪之水浊兮，可以濯吾足。'遂去，不复与言"。渔父也成为世事黑暗时隐者的代称。

如今，孔天胤深感张衡之《归田赋》已替自己代言，而渔父之濯缨濯足的状态也正是自己所向往的生活，所以他表示"愿同渔父嬉"，这就是他嘉靖三十四年（1555）到嘉靖三十九年（1560）两卷诗歌命名为《渔嬉稿》，嘉靖四十年（1561）后每年刻一卷《文谷渔嬉稿》中"渔嬉"二字的来历。

万历二年（1574），在归乡二十年后，孔天胤写有一篇《渔父说》，更进一步阐述了这种归隐之志。他说，渔父有三，一是鲁国的渔父，《庄子》记其"与孔子言于缁帷之林"，批判了儒家的仁义、忠贞、慈孝、礼乐思想；二是楚渔父，《楚辞》记其遇屈原于江上；第三就是汾汀渔父，也就是他自己，"妻织布，儿纬萧，苍首治石田，计其所入以糊余口，有微羡焉则沽取鸱夷而酣，就芦苇而卧。窃自视之，翩翩一渔父也"。鸱夷，盛酒器。他还对自己这种"渔父"的状态进行了生动描述："其野莽苍，其滨寂寞，鸟兽之过我者，日数百而不惊，除罔两问，景绝迹无与晤谈者，而后嗟斯人之孤也。"（《渔父说》）

这种描述显然有些自嘲和夸张，但其精神的内核却是不差的。归田之后，孔天胤非常享受这种"水边花底倍相亲，稚子老妻欢不歇"（《中秋行生日答阳溪》）的生活。就在归乡后不久的嘉靖三十六年（1557），他给恩师王崇庆写信，称"小子入山以来，觉于一切不要紧事渐次放下，放得一分即一分自在也。但又涉入疏懒，更复废弃日益习，则日新之益少也。有墓田三顷，足饱口粥。小儿七岁，小女十岁，足娱目前。门网常罗，市喧不到，静言自抚，似亦舜之徒与？间复合药养命，以安天年"。舜人生中有大段的时光躬耕于畎亩之中，孔天胤觉得自己目前的生活，倒有些舜之徒的味道。一切都好，只是学业有所废弛，他感觉有负恩师教诲。

归来了，心安定了下来，可以和妻妾、兄弟、儿女、学生一起享受天伦之乐。

孔天民终生未第，归乡后的几年间，兄弟依然得以相守。嘉靖三十八年（1559）再试不第后，孔天民以举人出仕，于嘉靖四十年（1561）出任河北南宫县教谕。民国《南宫县志》"教谕"："孔天民，汾州，举人，嘉靖四十年任。"嘉靖四十三年，孔天民又转任山东东明县知县。孔天民外出任职期间，兄弟二人多有诗歌相寄。孔天民任南宫教谕期间，孔天胤写有《夏日端居有怀南宫弟二首》，诗中有"鸿羽分飞处，棣华连理时。

相思杳难制，极目夏云滋"之句，表达对兄弟的思念。得兄弟来信，孔天胤满心欢喜，写《喜南宫弟书至因便寄答二首》，其中既有"书到未开心已定，封皮先写报平安"的对兄弟的担忧，又有对自己近况"独冷斋中寄寓身，青袍无改二毛新"的感叹。生日时，孔天民有诗以赠，孔天胤回以《生日寄答南宫弟见寿之作一首用来韵》，诗中写"气同连碧树，心远共长川。今夜双鸿影，遥天一镜悬"，可见兄弟情深。特别是孔天民任东明知县后，孔天胤的诗《寄答东明弟》中，出现了"鹡鸰原上迢迢望，鸿雁何时共渚田"这样略带招隐味道的相守期盼。在出任东明县知县两年后的嘉靖四十五年（1566），孔天民即卸任还乡，再未出仕。其年，孔天胤六十二岁，孔天民五十二岁。

  对于这个结果，孔天胤满心欢喜，一口气写了《喜东明弟还山诗十首》。第三首曰：

    迢迢五载别，空此郊园扉。春草秋更碧，仰视征鸿飞。抚景
    心欲绝，涕下不可挥。今日破为笑，觏子遂初衣。

  一别五载，故里郊园因兄弟的离开而变得空旷，自己目望征鸿，抚景怀人，常有"春草年年绿，王孙归不归"之问。如今兄弟平安归来，不禁破涕为笑，看兄弟换上入仕前的寻常衣着，觉得日子又回到了从前。

  在其他几首中，孔天胤劝慰兄弟，"穷达有自分，华缨非所悬"，要懂得放下，适时归来；"归来复归来，薄田口可糊""在家贫亦好，帝乡不可期"。归来了，兄弟还可结伴同游，"西山多爽气，翠彩杂烟岚""兄弟时既翕，和乐诚且湛"。特别是一首《棣华轩即事两首》，更把这种情绪表达得淋漓尽致：

    兄住东头弟住西，一壶新熟往来携。非关好饮相征逐，共对

花林听鸟啼。

兄解微官弟亦辞,到家俱是黑头时。如今尚觉容颜好,长有春风面上吹。

这诗写得真可谓脍炙人口。孔天胤非常享受这种兄弟相守的平常日子,住得不远,不时携酒来往,不是因为爱喝酒,而是喜欢一起看着花林、听着鸟啼,享受平静的家居生活。第二首则更是写得心花怒放,庆幸二人均能于未老之前归来,如今容颜尚好,春风吹面,笑漾眉梢,多好的日子啊。

隆庆二年(1568)九月九日,六十四岁的孔天胤与五十四岁的孔天民结伴登高,孔天胤写有《同乾石弟书台登眺九首》。诗歌写得兴致盎然,称"我家兄弟乘时兴,联步紫霞调玉笙""书台高处与霞平,霞外清光万里澄""登高佳日赋新诗,五柳先生会意时。此意亦应人会得,醉吟寒菊两三枝",颇见兄弟相伴之乐。

而于嘉靖三十年(1551)生于陕西的孔阶,在孔天胤归田后也一日日成长起来。万历元年(1573),二十二岁的孔阶入选国子生,赵讷有诗祝贺,孔天胤写《儿阶入学,阳溪君有诗见教,倚韵奉酬》一首,诗中有"喜看一脉缀斯文,却恐趋庭学未勤""愿借光风作时雨,洒开桃李遍吾汾"句,对儿子的未来及汾州的未来抱以积极的期许。万历三年(1575),孔阶游太学归来,孔天胤作《喜儿阶游成均回诗以勉之》。成均,官设最高学府的代称。孔天胤希望儿子能立大志、成大业,无愧天人:

观国觐明主,还家慰老亲。春衫青草色,旧卷绿窗尘。宇泰天光发,斋虚夜气新。肯因潜大业,行可对天人。

可是孔阶的仕途显然还不及孔天民,连举人都未得中。但孔天胤对此也并不认为是坏事,四民之业,有业即可,未必一定得走仕途。倒是年年除夕,父子一起守岁,孔天胤对此颇为享受。隆庆五年(1571),写有《守岁庆云山房儿阶侍马》一首;万历六年(1578),写有《戊寅除夕儿阶具觞守岁》一首;万历八年(1580),写有《庚辰除夕儿阶奉予守岁》一首。这种平淡的父子相守,给孔天胤的老年生活带来了颇多安慰,"呼僮吹笛鼓频和,庆我身康儿复贤",再没有比这更让人踏实了。

归来后,种竹种菊,种田种菜,日子成了另一种节奏。霜雹打田堪忧,却也常有乐趣。这种生活的小忧小乐,孔天胤在《自笑一首》中写得最为生动:

人言拙老固相随,体向吾身信有之。艺黍石田逢雹打,种蔬卤壤著霜披。奸馋僮仆如油滑,顽钝妻孥似马疲。自笑瘸僧能说法,不能行矣但支颐。

僮仆奸馋,妻孥顽钝,自笑自嘲,却也趣味无穷。

令孔天胤感觉温暖的,除了家人,还有学生。赵讷是孔天胤最器重的学生,拜师以来,一直在精神上陪伴着孔天胤,不是亲人,胜似亲人。

赵讷自嘉靖十九年(1540)考中举人后,屡试不第,孔天胤归田后,也得以经常随侍左右,孔天胤也应该是把很大一部分精力放在了对赵讷的指导上。嘉靖三十七年(1558),赵讷再次去参加会试,孔天胤作诗《送赵孟敏会试二首》,对赵讷此番得中充满信心:"目送者谁子,飞鸿凌紫烟。天人今擢第,乡国早推贤。日射黄金榜,风生白玉鞭。长安多意气,先遣报书旋。"果然,赵讷得中嘉靖三十八年(1559)进士,消息传来,孔天胤大喜过望,作《寄赠赵生登第》一首,称赵讷"久知嗟蠖屈,今却羡鹏骞""运合风云里,身依霄汉边""高文宜著作,共等贵招延",对赵讷的前程充满良好的祝愿。

此后，赵讷先后出任直隶江都知县、刑部主事。二人诗书往来，互寄问候，表达思念。嘉靖四十三年（1564），赵讷父赵思商卒，孔天胤写《敕封文林郎江都县知县前清苑县主簿致仕恭孝先生岐山赵公墓志铭》，详述其生平。赵讷丁父忧三年，二人又得以常相过往，来往于汾阳、孝义之间，这由孔天胤诗题《和答赵阳溪登楼之作》《逃暑园中赵阳溪适至便留小酌二首》《同赵阳溪题苑内莲池》《月夜坐树下同阳溪作》《新岁喜阳溪来晤》等可知。

隆庆二年（1568），赵讷服除补户部主事，孔天胤送行并作《送尚书郎赵阳溪北上》，"鹓鹭趋朝还接武，夔龙补衮自成行。心旌马首多回恋，自是荣辉满北堂"，既有深深的祝福，又有百般的不舍。孔天胤诗集中附录了赵讷的答诗，对故乡和其师的不舍也显露于字里行间："眼见浮云忽相掩，心惊旅雁未成行。适来花里宜春服，何日寻师一上堂。"别后，二人互相寄诗，彼此牵挂。这里还有一则佳话。隆庆三年（1569），赵讷以户部主事差管徐州仓，于徐州夜梦其师，"于梦中得寻行至半道，即迷不知路而回"（《和答赵阳溪使君四月廿七在徐州见梦之寄》诗前小序），惆怅良久。醒后作诗寄给老师。诗曰：

> 终日思君不见君，清宵梦里转分明。关河宁阻来时路，江海遥怜去国情。北极风云方际会，西山豺虎且纵横。何当回我邯郸道，洒扫门墙尽此生。

终日相思，必当形之于梦。思而不见空惆怅，梦里相逢更伤神。什么时候才能停止仕途的奔波，日侍老师左右？收到赵讷寄诗，孔天胤非常感动，和诗曰：

> 别离无想应无梦，有梦还愁路不明。云树可遮千里面，江河

能御百年情。形神静夜龙山合，意气遥天珠斗横。一笑漆园蘧栩处，漫将尘物等浮生。

劝赵讷莫要牵挂，自己颇有庄子浮生之乐。师生情深，令人动容。赵讷徐州事毕，过家省亲，师生又有短暂的相伴，孔天胤作有《喜阳溪户部分曹事竣过家省觐，因赠五言二律》《喜阳溪员外以九月一日过汾见访》《喜阳溪再过见访》《冬日宴赵阳溪复移小斋夜坐得六言四句二首》等诗。孔天胤也曾亲往孝义探望，作《宿阳溪西部草堂》等诗。

赵讷回京上任，孔天胤作《送别阳溪户部在香林寺作》，诗中"出处两当明圣世，悲欢一系友朋心。谁堪妍景空琴酌，伐木时闻山鸟音"，道尽情深。赵讷和诗云："久知奔走非吾事，无奈风尘违此心。试问相思何以遣，还凭早晚惠佳音"，相约常相寄书，以慰相思。

隆庆五年（1571）四月，赵讷母亲卒，孔天胤作《敕封太安人赵母田氏墓志铭》和祭文《祭赵母太安人田氏文》。赵讷丁母忧，又有三年与老师常相过往。万历二年（1574），赵讷起复，任四川保宁府知府，孔天胤作诗《赠赵阳溪出守保宁》。这一年，孔天胤已经七十岁了。赵讷在保宁只任职一年就致仕了，孔天胤作《喜保宁太守赵公还山》表示祝贺，称"羡君解印还东山，鸿飞冥冥不可攀。昔去寒斋掩松径，今来夏阁开云关"。他还亲往孝义看望赵讷，《访赵阳溪孝义道中作》，"碧山学士家何在，白石岩扉护紫霞"，充满寻路探问的乐趣和即将相见的喜悦。

从万历三年（1572）到万历九年（1581），赵讷陪伴了孔天胤最后的六年时光，也成为孔天胤在儿女之外的另一份牵系和心灵上的依傍。

汾州还有诸多友人，少年同游侣，耆老更知心。那些曾经在时光深处被淡忘的风景、被疏远的朋友，又一个个变得亲近起来，这也为孔天胤的归田生活增加了不少温情的色调。其汾州交游众多，在此略举几人。

嘉靖三十八年（1559）初秋，王文翰出任江西按察司佥事，上任前回乡省亲，临行，孔天胤作《送王西瀛之任江西金宪》以送。诗云："别久才一还，欢宴谓可长。奈何复言迈，饮饯心彷徨"，然而国家事重，"东南属多事，之纪冯肃将。况有经世器，弘济在舟航"，因而"衔命不宁处，岂得论私肠"。嘉靖四十三年（1564），王文翰以山东按察司佥事出任巡察海道，孔天胤作《送西瀛丈分巡海道》一诗以勉，称"今日看君表东海，河南已起去思碑"。隆庆四年（1570），王文翰辞官归田，孔天胤作《喜西瀛丈归田三首》，其三云："少年同笔砚，投老接田园。瓜蔓相钩带，农书互讨论。琴将流水淡，酒比落花繁。谁谓不嘉遁，已无车马喧。"由少年之同学，各经人生仕宦奔忙后，老来还能于故乡相伴终老，这是怎样一种可贵的因缘。

　　与孔天胤交往较多的，还有汾州好友王纬、王缉兄弟。

　　王纬，号龙冈，于嘉靖二十五年（1546）乡试中丙午科举人，嘉靖三十五年（1556）因父亡弟幼，母命出仕，于是王纬赴吏部应选，授鄢陵县知县，后升武定州知州，"时岁饥，纬摄行救赈，政善策奇，所全活数百万人"。嘉靖四十一年（1562）入觐时，王纬因得罪权贵而被贬为顺德府学教授，又迁广平府通判、德州知州等职，仕途也颇曲折（《王母太安人张氏墓志铭》）。

　　王缉，号龙洲，嘉靖二十五年（1546）举人，与赵纳同中嘉靖三十八年（1559）进士。王缉为官多有善政，《山西通志》和《汾州府志》俱列"乡贤"。《山西通志》既记其"以母老，养亲不便，疏请就近改助教"事，也记其为官之事，隆庆五年（1571）主持会试，"所收多硕彦"；曾以佥都御史巡抚贵州，"有苗归附，钦赐金币，令纪录"，升副都御史巡抚南赣，后升户部侍郎。《山西通志》评价其"扬历中外三十余年，勋绩烂然。所著有《边防纪略》等书。黔人感德，建祠祀焉"。因其功大，其父、其祖先后都得以追封，其兄也因此得荣。乾隆《汾阳县志》："兄弟大夫坊，万历四年为奉直大夫王纬、奉政大夫王缉立。在安静坊""父子少卿坊,万历四年为赠副都御史王鹤、光禄少卿王缉立。在安静坊""都御史坊,万历七年为副都御史王缉立。在三贤坊""三世大臣坊,万历十年为赠副都御史王垣、王鹤,副都御史王缉立。在三贤坊"。

嘉靖四十一年(1562),孔天胤子孔阶聘王缉之女,孔天胤与王缉成为亲家。此事见于赵讷的记载,"生子阶,国子生。后十一年,子娶王氏少司徒王龙洲之女"(赵讷《文靖先生孔公墓碑》)。孔天胤与王缉诗歌酬唱也较多。王缉省亲回京,孔天胤作《送龙洲公还京》;王缉生日,孔天胤作诗《寄寿龙洲光禄》《南山篇寄寿龙洲》;王缉回乡,孔天胤过访王家兄弟,作《孟冬访龙冈、龙洲二翁便留赏雪即席赋呈》。嘉靖四十五年(1566),孔天胤作有《三月初五日寿王龙洲亲家》一诗,"感君高美诚如是,顾我攀援奈若何"句,道二人之相知相得与追攀不得之憾。万历六年(1578),王缉以公事使晋,孔天胤作《赠龙洲公以光禄使晋,寻转太仆还朝》一诗,云"行色又随春草壮,离思空与夏条纷",表达相思不舍之意。

与孔天胤交往较多的,还有汾州高士李廷儒父子。

李廷儒(1485—1567),字文臣,号西岩。据孔天胤描述,"李公者,汾之大族也","体貌魁梧,性资璚朗",少为郡学生,长为国子生,嘉靖九年(1530)任鸿胪寺序班,"时朝廷方兴礼乐之事,振郊庙之仪,得公俊伟,以为宣序光也,大宗伯特雅重之"。因念亲老,乞归奉养。归乡后,上养亲,下育子孙,中"养真田园,决渠灌花间,涉文酒之娱,兼窥黄老之秘"。因其"富而好礼","自郡守而下率乐与公交"。孔天胤还讲了一个李廷儒与汾州知州郭铿的故事。说郭铿任满升迁离开汾州时,把自己的书籍文稿都寄放在李廷儒这里。待郭铿到了陕西任职,李廷儒亲自带着郭铿所寄放的囊箧前往关中,封识无损,关中缙绅皆赠诗称美。从陕西归来后遍游江南,江南之士也赠诗称美。人们都说李公有仙道,望之若神仙。

孔天胤对李廷儒极为敬重。嘉靖二十八年(1549)丁母忧期间,在李廷儒寿诞时,孔天胤就曾写有《寿辞赞述》一文,称"鸿胪李子,魁然巨室,翩然雄采"。描述寿宴之热闹欢腾,"主人醉而宾旅从,天伦叙而心赏极"。嘉靖四十四年(1565)李廷儒八十岁寿时,孔天胤又写有《四月十二日寿鸿胪李公》一诗为其祝寿,称"太平身世占来多,八十余年笑里过"。隆庆元年(1567),李廷儒享年八十三岁而卒,与其夫人合葬,孔天胤写有《鸿胪寺序班西岩李公暨元配孺人武氏合葬墓志铭》,并为其遗像写了《李公像赞》,称其"魁梧镇重,鸿伟肤达,端静有容,深厚不伐";并述其平生,赞其为"福德之完人矣"。

李廷儒像赞碑今见于王埕昌《汾阳县金石类编》,碑阳为《李公像赞》,落款为"文谷山人前行省左丞孔天胤赞"。据王埕昌注,"李公画像约高一尺"。碑阴为《西岩别墅记》,是嘉靖三十五年(1556)由石州人张湘(号凤麓,光禄寺卿兼翰林院五经博士)撰写、孔天胤书并篆的一篇关于李廷儒读书处的记文。文中称"李公为诸生时,读书其间,因自号西岩云"。此处风景优美,当时汾州官员和文人雅士多会于此,也多有题词。嘉靖十九年(1540)曾任左参政的於敖题曰"西岩别墅",孔天胤题曰"西岩乐处",张湘也曾题其轩曰"四宜",称为一代佳话。李公乐善好施,嘉靖二十一年(1542)蒙古兵入侵时,每遇警,汾人多避其中,并设家塾义仓。李公喜读乡贤薛瑄之书,"日喜诵薛文清公《读书录》",并教育子孙"持身以孝悌忠信为本,治家以勤俭恭恕为先"。李公情操及家训,"汾人宗以为法程"。"西岩别墅"遗址今存汾阳市冯家庄村,除了后人改建为房屋的部分,还有一处倾圮的旧院,堡墙仍在,门墙上的字迹隐约可见,村人称此地为"土堡"。

李廷儒之子李渤,号涧南,孔天胤称"余长公二岁",可知李渤生于弘治十六年(1503)。两人的关系,孔天胤称"弱冠尝与余同学",可知为发小。李渤是在父亲李廷儒的教导下成长起来的新一代儒生。孔天胤评价李渤,"孝友著于家庭,忠信笃于朋友,非义不敢为,非礼不敢动,简默而清修者也""克肖其先君"(《涧南李公七十序》)。李渤的经历,是先游太学，后任山东武定判官，"方仕有能声，荣陟可待，以鸿胪翁老遽乞养归"，与其父一样不乐仕进，以养亲课子、游悠田园为乐。万历四年（1576）李渤七十岁时，孔天胤写有《涧南李公七十序》，称"故旧零落，虽有新知，或不若我知公之深，及今不述，后将谁考哉？"并为其寿特绘一图。

孔天胤写有与李渤相关的诗多首。嘉靖四十五年（1566），写有《赠李涧南断事六十》；万历二年（1574），写有《宴李别驾涧南于生日作》，在生日这天宴请李渤并诗；万历四年（1576）除了写有寿序，还写有一诗《李涧南七十》；万历五年（1577），写有《谢涧南翁招赏名花》，可知李渤请孔天胤去赏他的名花；万历六年（1578），写有《雪后承李涧南招饮，即席叙怀》，表二人一生情谊：

少日同游侣，多成异路尘。惟君尚坚白，与我不淄磷。雪地围炉共，花天对酒频。谁知忙世界，容得两闲人。

万历七年（1579）和八年（1580），孔天胤各写有一首《李涧南园观芍药》，诗题相同，可见其去世前的两年，均到李渤园中赏花。万历八年这首，有"今年花是去年红，去年人觉今年老"句，感觉花红人老。这一年还写有《寿李涧南》，称"新宾应不少，旧友几相临。砚席情偏重，桑榆景共深"，再次表述二人情谊之深。

李渤有兄弟名李渔，号磻溪，曾任四川剑州通判。孔天胤有《孟夏李磻溪园游宴同柳川、水南》《李磻溪席上作》《李磻溪六十》《寿李磻溪》《李剑州邀赏牡丹》等诗，写到二人交游。

孔天胤还有位莫逆之交，姓王号北野，其名不详，只知此人长孔天胤八岁。孔天胤写于隆庆三年（1569）的《叙知与王北野翁》称："夫与余四十年相知而不惑者，其惟北野翁乎？"孔天胤记王北野"少多艺，尤长于易数，兼通徐子平禄命之术"。自己还未中进士时，曾给自己算过一卦，得"遁之否"卦。由此推之,称孔天胤出仕之路,"宦而不达"。孔天胤退归后,想到当年之卦,认为"是后皆验"。这位王北野对孔天胤还有一段判词,曰"道不济时,文不华国。君子无情,小人侧目",属于有才而不济的类型。王北野还算孔天胤"甲戌之岁,其咎其辱",即逢甲、戊开头的年岁,都不吉。孔天胤归后思量,自己"甲午有蒲之役,甲辰有沙虫之蠹,甲寅被谗见放,甲子被偷,戊辰即鹿无虞豺狼返噬,固皆验矣"。甲午,嘉靖十三年(1534),孔天胤因选贡不当被左迁;甲辰,嘉靖二十三年(1544),时在浙江,其事不详;甲寅,嘉靖三十三年(1554),孔天胤因谗言被"闲住";甲子,嘉靖四十三年(1615),被偷之事未见于其诗文;戊辰,隆庆二年(1568),汾州遭虏患而无碍。因皆应验,孔天胤对这位王北野更信之不疑,交情日好。

孔天胤称王北野为知命之人,"生平不行一不义,守先人田庐聊以自足,无外求",特别是,看不上的人,给钱都不给卜卦,反而反问:难道我是卖卜的吗?其人豁达潇洒,得好酒常置于床头,兴到辄饮。酒后,"或弹琵琶,或吹洞箫于高林朗月之处,或拍手长啸而陶陶然、浩浩然如有自得,时人不得而窥也"。孔天胤曾形容他的状态,"瓮中有酒心常醒,囊里无钱道不贫",王北野"以为知己之言"。因时年两人皆已年高,王北野七十三岁,孔天胤六十五岁,"恐两家后人忘之也,故因举酒为寿作叙知"。孔天胤写给王北野的诗有多首,如《谢王北野送玫瑰栽》《谢王北野见惠竹栽二首》《寿王北野隐居》《寿王北野》《寿北野翁七十,时十月初十日》《北野谈老病多愁作此解之》《北野老人生日赋此招饮》等,由诗题也可见二人之交游和情深。

筑园修亭:精神家园与隐者之趣

归田后的二十六年间,孔天胤在汾州陆续营建了几处颇具诗情画意的园居，成为他身体和精神的归宿，也是他和众友人诗情栖居的家园。由其文集可知，嘉靖三十七年（1558）建"寄拙园"；嘉靖三十九年（1560）筑"愚公园"，同一年筑"文苑清居"，并在文苑清居东边增置"东树园"；隆庆五年（1571）筑"兰雪堂"；万历二年（1574）作"翠虚亭"。这些园、居、堂、亭，其形制、名称，无不表达着主人的心志，寄托着主人的情思，也书写着因之而生的佳话。每增置一处，孔天胤都要作诗文以记，述其名称来历及其寓意。

嘉靖三十七年（1587）筑"寄拙园"时，孔天胤五十四岁。他于此年四月八日作《寄拙园记》，文中写道：

> 地不盈亩，喜与宅近。薄言治之，成一小园。东边修屋五间，一为门，一以住僮仆，三则我居之乎尔。又凿井西南隅，建厨西北隅，而厕其西之缺处焉。其余画五十畦，杂莳花药。墙下窗前稍置竹石，而园斯成矣，因名之曰"寄拙"云。

此为园之形制。而对于"寄拙"一词，他解释："因名之曰'寄拙'，云余生也拙，既于世莫容，及退身求田又卒污莱焉。"污莱，荒地。回顾自己五十四年的人生路，走得笨拙坎坷；而归来营建一园养花种菜，竟也逢着一片荒地。但所幸，此地可以寄托自己一介"拙人"之身心，"乃仅幸迁迹于斯，则拙者其有寄乎？"生活上得以温饱，精神上得以有寄，若再得"琴书载列，酒茗略具，偃仰从性，调息养真，亲友相存，抚景共酌，陶然悠然，聊以自遂"，那自然"固亦拙之余也"。总结此园，深感人生如寄，"余有拙以寄其生，又有园以寄其拙。计于巧虽未得，拙亦弗全失也"。他自己也乐得守拙于此。陶渊明《归园田居》诗曰："开荒南野际，守拙归园田。"孔天胤之"寄拙园"，隐含的也正是"误落尘网中，一去三十年"的慨叹和对"狗吠深巷中，鸡鸣桑树颠"的归田生活的享受。

孔天胤另写有《寄拙园叙志二首》，表达自己的园林之趣。其一曰：

> 罢官无一事，涉趣有斯园。半亩菊成径，三间草作轩。窗前柱史册，厨里步兵尊。山客频相问，而非车马喧。

诗中暗含的是陶渊明《归去来兮辞》中的"园日涉以成趣"，以及《归园田居》中的"方宅十余亩，草屋八九间"、《饮酒》中的"结庐在人境，而无车马喧"。"步兵"则指阮籍。

嘉靖三十九年（1560）筑"愚公园"时，孔天胤五十六岁。在《愚公园记》中，他先记此园来历："嘉靖三十三年甲寅典南堧屋址一区，至三十八年己未贴买之，明年庚寅六月筑为园。"中间经历六年。此园为何名为"愚公园"？文中他历数自己生平之"六愚"：一愚曰"知其不可而为之，进而无位，行而失途，蒙止棘于污中，含沙之射，濒九死而一生，历百折而才返"，历半生艰辛皆因愚；二愚曰"上之不能升华蹈沧，下之不能买山而隐"，所以安于此一垣之地，出了三倍的高价方才购得，且此地原有大坑，"填万箱土平焉"；三愚曰将背后荒城假以为山，将面前废井借兴为溪，"晏坐有向隅之形，行汲多抱瓮之累"，但"物且不堪身自恬之"，自得其乐；四愚曰"揽六籍之空文，终白首而无效"，"而今竹几绳床，尚自堆积，风雨晦冥，耽研不辍"，老来仍是一书生；五愚曰"绝毁誉之听，断荣辱之观，块然独远，闇然孤莹，惟寂惟寞，抱神以静"，甘守寂寞，不亦愚乎？六愚曰"桑榆之光，更期远照，孜孜终朝，亹亹阑夕"，老来仍在孜孜探求"性与天道"之精微，则更见其愚。文末曰："或有问愚公为谁者，对是文谷山人也。"

孔天胤另写有《愚公园答诸公见访二首》《春日愚公园一首》等诗，进一步以诗的形式阐释"愚公"之志。前诗有"草因无路长，树以不材存"，借草、树"无路""无用"而得生长之事，阐述了愚而得生的道理；

后诗则以"翠逐莺声满,红翻蝶势虚"写园中生趣,以"厨中况有酒,不乐今何如"写园中乐情。

同筑于嘉靖三十九年(1560)的"文苑清居",是孔天胤所有园居中付诸情感最深的一处,他称自己"一岁多偃此中",而此居对他来说,深感"足以自适矣"。据孔天胤于万历八年(1580)写给好友的诗《述怀呈冯孚溪先生,余有园庐在城北郭,比孚溪公卜筑亦于西郭门,两家相去仅二里间,余既欣邻曲之交,复雅通家之谊,爰因初度,叙意侑觞》可知,文苑清居在汾阳城北。冯孚溪,名叔奇,监生,其业师冯思翊第三子。万历《汾州府志》:"冯叔奇,授直隶香河知县,仕至陕西平凉府通判。"孔天胤另写有《夏日宴冯孚溪西园》《寄冯孚溪试宰香河》《赠冯孚溪先生自香河擢贰平凉监管固镇粮储》等诗。

此居筑好,并"稍稍布署"后,孔天胤连写了《题文苑清居十二咏》《解嘲一首》《园中赏花赋诗事宜》等文。不久又在文苑清居东边增置"东树园",并作《增置苑东树园记》。这几篇文章,将他归田后的乐趣、情趣、志趣阐释得极为充分。

文苑清居中有十二小景,他还请定陶画士郝君将其绘了十二幅小画:

> 得可图咏者凡有十二,曰"平霞馆",曰"读书台",曰"双树轩",曰"杏花亭",曰"桐竹山房",曰"长春洞",曰"春草茵",曰"果庵",曰"槐井",曰"药栏",曰"鱼镜",曰"菊柴"焉。

名皆雅而意皆丰。他接着各述其意旨。取名平霞馆,是因其在高处,若与霞平,正好可以"蓄书卷数千",前置读书台。双树轩、杏花亭、槐井、春草茵、果庵、菊柴、药栏,其名皆以植物而取,树有槐、杏,花有菊花、芍药,有草有果,有井有亭,因地制宜,因景设名。长春洞是一处向阳的小洞，南面以砖砌之，植以盆卉；鱼镜是砌石作池，"鱼下碧潭，当镜跃也"。一个小小的园内，竟分出这诗情画意的十二景来，足见园主人之诗情和雅兴。这十二小景，也成为孔天胤汾州期间与诸多友人题咏之处，因诗数量多且意境美，使园中这些小景也都成为响当当的名景。

有趣的是，孔天胤《解嘲一首》还以汉赋假托"客"之问与"我"之答的形式，道出文苑清居的寓意所在。"客"问：您这所谓"苑"呀"居"呀的，和"大象之林"相比，"直兔径耳"，就好像象林兔径一样荒陋不堪，至于把它描述得这么美好吗？至于寄托那么多情怀意趣吗？"我"答："昔子陵之潭而名严，子真之谷而名郑也，今为愚公之苑也者，是为苑也。"东汉隐士严子陵隐居于江西富春山，其潭就叫严潭；西汉隐士郑子真隐居于陕西褒谷箕山，其谷就叫郑谷。既然如此，孔文谷隐居之汾州，其苑如何不得叫文苑？其居如何叫不得清居？他还对"文"与"清"又做了一番解释：

夫文者，道之显；清者，气之纯。天地之间，何道而非气？何气而非道也？且地文之萌，茅甲毕现；天清之湛，光尘属焉。子又安知荒之弗文，而陋之弗清也耶？

"文"中隐含的是天地之道，"清"中隐含的是天地之气，且"道""气"本为一体。文萌于地，清现之天，都是摸得着看得见的，荒陋如何就不得"文""清"呢？更何况，此苑此居现在荒陋，不代表以后会一直荒陋，主人还可以用心经营："吾方培真灵苑，荫景神居，垂条结华，敷琳琅之药，粲琼瑶之英。"这一番问答，理直而气足，直说得"其人乃嘿塞而退耳"。

文苑清居所增置的东树园最大的特色是有三棵槐树，树旁"有井而冽"，依此形制，在阶前栽花种菊，"畦尽而既以果属之树，令行间茂密，对面森耸"。而对于园中之"垣屋与草木之无次第者",则"删繁就简,化腐为新",合理布局,又是一处佳景。此东树园又名"嘉树园",得名的原因,是出自《左传》的一个典故。《左传》载,鲁昭公二年,晋侯派大夫韩宣子出使鲁国,鲁国正卿季武子设宴招待。宴会场所有嘉树,韩宣子称赞这棵树,季武子于是赋《诗经·甘棠》。孔天胤说:"余每爱韩宣子聘鲁,宴于季氏之嘉树,赋《诗》归羡,穆如清风。今吾此三树,殆亦嘉矣。"孔天胤所爱的,是那种高人雅士在嘉树之下吟诗作赋的氛围,他说:"余暇而盘桓其幄中,或与少长列坐其次,当画阴垂景,月华穿漏,清言薄酌,亦一乐也。"这才是嘉树园命名的真谛。

嘉树园中还有一景曰"兰雪堂",其得名的过程,还费了一番周折:

> 文苑清居有"平霞馆""桐竹房",颇不深邃,欲别作"竹林西馆",因土性不堪种竹,未果也。今得此,则西馆可以不作。又窃以井湛槐绿,神理交莹,不涉尘滓,情深而文明,有天地之纯清焉,则名其轩以"湛绿"也。白云康老易之曰"兰雪",今作"兰雪堂"。

本来想种竹,但汾州属北方,土性、气候皆不宜于种竹,只好作罢。况有此三棵槐树而成嘉树园,想象中的"竹林西馆"也就不置了。因为这里井湛槐绿,所以想把槐幄井边参列之小轩命名为"湛绿轩",但友人白云康老觉得"兰雪堂"之名更好,所以就改为"兰雪堂"了。

白云康老,其人姓字不详,是一位汾州民间高士。孔天胤有多篇诗文写到此人,如《园中录语》:"有白云康老者,莫逆交也。其人亡是非、丧尔我,闲往闲来,无将迎焉",言白云康老之节操清尚;《宴谈》:"要白云之康老,度长日之小年",言二人相得,相伴于美景中终老。孔天胤还写有《邪气解》一文,全文以赋体的形式,拟二人对话,与白云康老论邪气之害及去邪气之法。孔天胤诗《林间习静二首》其一中，有"却嫌形影相争辩，邀致白云康老言"句；《白云康老词二首》称"瑶林一抹青天外，何处白云康老家""白云康老在姑射，冰雪戞林旻火空"，皆言二人相知之深。孔天胤又写有《戏题康老》一首，诗曰：

> 白云康老人难识，似是沉冥一腐儒。天地自将刍狗待，姓名应作马牛呼。落花微雨看朝槿，啼鸟东风听画胡。童冠比来疏问对，多因我已丧其吾。

此诗虽是戏题，却道出白云康老与自己精神深处的相通。其实也就是孔天胤对自己"野老"身份的定位和认同。很大程度上，白云康老，就是孔天胤自己的化身。所以，写白云康老，其实是在阐释自己的精神情怀。

诸园成，交由园丁打理。孔天胤写《园约二首》，"特与园丁约"，对主人到园与客人到园的接待规格，都做了具体的规定。因客"必皆赏我趣者"，因此接待规格颇高，有茶有酒，有菜有肉，有米有面，有果有鸡，鸡许买而不许现杀。大约是赏花之人过多，且多远道而来，主人须备酒食，却给主人增添了经济负担。在《园中赏花赋诗事宜》中，他提出来赏花的人要交点费用。曾经是每人交一钱，以后改为五分，而伙食标准也减为"蒸豚白饭"外加果、饼、酒，不再如以往的八碟四碗、蒸卷粉汤。这是物质层面的约定。精神层面，《园约二首》又讲"自约其修"：

> 曩出行失路，如羽毛之子者，跕跕而飞，蹶蹶而走，几不免于妖禽怪兽之口也。乃今深居而简出。夫物有同类而相畏者，而况于人乎？故愚公作梦，亦畏与世接矣。即有惠好我者，则莫之逆也。家有薄资，令儿僮各以其力勤四民之业，不妄求利，故颇自知足也。

回顾自己二十余年仕宦路,仍是余悸在心的感觉。如今深居简出,尽力减少与世事的接触,就连做梦也很怕梦到世事。此种处境、此种心态,若有宾朋前来,那定是知交莫逆。而对于子孙今后的发展方向,孔天胤此处也有所设想,那就是若"家有薄资",则助子孙"各以其力,动四民之业",即士、农、工、商。

孔天胤归乡之后,对于道家老子之言有了更深的体悟,大约在精神层面,道家的"守""虚""静""复""知常"等理念,更适于其性格中喜静的一面。在这篇《园约二首》中,他引《老子》"知其雄,守其雌。为天下溪;知其荣,守其辱,为天下谷""至虚极,守静笃,万物并作,吾以观其复""夫物芸芸各归其根。归根曰静,静曰复命,复命曰常,知常曰明,不知常妄作凶"等句,阐述自己归来后的精神旨归,以此"复以求天地之心"。而那些古代隐者如陶渊明、邵庸、嵇康等人"著文章自娱,颇示己志""隐居自乐,玄酒大羹,微醺朗吟"的生活,此时也更能与其精神相融相通,他希望能学其精髓,"道养得理,以尽性命,毋以思虑销其精神,哀乐殃其平粹"。

有了一处可供身体和精神同寄的小园,精神中曾经被压抑的一些因素,就会在此获得良好的生长。这也正是孔天胤筑园的意义。无论是自嘲还是正说,都是他对自己最深的认知和最恰切的解读。

与寄拙园、愚公园相邻的,还有一处园曰"背郭园",也成为孔天胤此后多首诗歌题咏之处。嘉靖四十年(1561)有《首夏背郭园即事》,写到了背郭园"结宇背城阴,聊无外物侵",而这也正如人生,"形骸谢牵束,光景得窥临"。嘉靖四十二年(1563)有《春晚背郭园赋》,"巧智无能拙有余,田园春晚独踌躇",赋园实则是在述志。背郭园中也曾招宴群朋,嘉靖四十二年有《四月八日背郭园宴集,诸友生夕雨时至,挑灯夜留一首》,"密雨解留人,纷丝系归骑。方将秉烛游,达曙娱心意",写友人宴集之乐。

嘉靖四十三年（1564），孔天胤写了《园中杂咏十二首》，分别以《平霞馆》《读书台》《双树轩》《杏花亭》《桐竹山房》《长春洞》《春草茵》《果庵》《槐井》《药栏》《鱼镜》《菊柴》为题，为各个景点都做了园主人的阐释。其中《读书台》云："少年学书史，白首无闻知。犹自荒台上，开编时一窥。"这种阐释就有了述志的味道。

万历二年（1574）孔天胤七十岁时，在园中又作一亭，名曰"翠虚亭"，并作《翠虚亭记》，文中有"亭作于万历二载春夏之交，讫于五月五日，而亭成。七月十有五日上石"句，可知其园修建时间。亭成，还做了一个梦，梦见天帝封他为"翠虚亭长"。七十岁的孔天胤，用词构句更为纯熟老辣，写文造境更为轻逸缥缈。他述翠虚亭观翠之景："蒙雾雨、涉烟霏则膏如，袭暾曛、晃晴霁则缥如，薄流飚之轻则游如，泫零露之皓则滴如。氤氲掩冉，艳裔闪铄，挹之而不可近，溯之而不知其始之从。"变幻莫测，虚实相映，大有道家恍兮惚兮之感，而这也正是"翠虚亭"之"虚"字的内蕴。虚者，空也。"意衍之于太虚，及其水波叶脱，翠随解散，究之而不知其终之，委意又太虚敛之"，秋天叶落，翠之虚又与太虚之虚相呼应，倒让人"不知虚涵翠耶？翠涵虚耶？"庄周梦蝶，不知庄周为蝴蝶、蝴蝶为庄周，这小小一亭，竟也让人产生了这样的梦中之境。孔天胤进一步解释"翠虚之旨"曰：

> 余欲以翠虚之旨，妙绝于一观。夫即一亭之虚，以自观，乃以观物，物之有形有色，皆受之于天。天以精气孳万物，物得之而为形；天以精神妙万形，形表之而为色。色者，清灵之光也。故君子所性，仁义礼智根于心，其生色也粹然。丧其气者，形如槁木；夺其神者，色如死灭。形神俱妙者，太虚辽廓而无阆，而葆光，而希夷。吾又何以观之？

这就是儒释道相融视角下人对物的观照。以"一亭之虚"观我观物，得见物之形与色，而形色皆形成于天之"气"。所以，士君子的天性，"仁义礼智"根植于内心，外化为重、威、和、正、温等神态颜色；一旦这种"气"消失了，色与形也会自然消失。但这样两种情况，尚且有形、色可观，而世间最妙者，莫过于形神俱妙，却虚幻难观。东晋孙绰《游天台山赋》曰："太虚辽阔而无阂，运自然之妙有。融而为川渎，结而为山阜。"《庄子·齐物论》："注焉而不满，酌焉而不竭，而不知其所由来，此之谓葆光。"《老子》曰："视之不见名曰夷，听之不闻名曰希。"山阜川渎，皆辽阔无阂之自然妙化而成；而后注不满，酌不竭，隐蔽其光辉，令人不知其所由来；无声无色，归于虚寂玄妙。至于这样的化境，又如何得观？

　　所以孔天胤说，以"翠虚"二字命名该亭，蕴含着至微至妙的大理。亭筑成，孔天胤另写有《翠虚亭》一首。其中"色缘空自映，香以静成薰""琉璃晓光混，无处著浮云"等句，既状写了翠虚亭之景，又颇含"空""虚"之禅意。

　　由一园一居、一台一亭中寄寓精神，并不时神游物外，悟天地之理，这便是孔天胤归乡后筑园筑亭并赋予其美好名称的意义。

关心水利："君子视天下为一身"

　　享受归田之闲、亲友之乐、园居之趣，这只是孔天胤归乡后的精神底色。由此出发，他作为一位德高望重的乡绅，与地方事务有着千丝万缕的联系。他关注民生，关心雨旱，对于雨旱对百姓田园的影响，他也有了更为切身的感受。一首《忧旱》诗中，他写有"省躬一何苦，蓄意乍若煎""徒闻发棠日，未见煮粥烟""留侯善辟谷，不向饥人传"之句，是他对自己农田花事的焦虑，更是对饥民的担忧。

也正因为如此，凡是有惠于民生的大事，他都乐于为记；凡是有惠于百姓的官员，他都乐与之交。孔天胤归汾后的二十六年，历嘉靖后十年、隆庆时期的六年和万历前九年，纵跨三个时代。可以说，嘉、隆、万时期的山西历史，都在孔天胤这位山西著名乡绅的文字中得到各种形式的反映，可以为研究山西嘉、隆、万时期的政治、经济、历史提供生动具体的史料。而他所关心的民生问题，正是山西明代中后期社会生活的缩影。

孔天胤非常关心水利建设。

嘉靖三十四年（1564），位于河东的太平县（今山西襄汾县）发生了一件让百姓欢呼雀跃的大好事，那就是百姓学会了像江南一样制作水车，并用水车浇灌田园。百姓"平地亩作渠塘，造水车以援水"，水车使水位升高，浇灌面积更广，速度也更快。太平县只制造了七具水车，就已浇灌田园两千多亩，大大提高了浇灌的效率。此法一出，河东其他郡县纷纷效法。这样的事在山西，"为昔之绝无者"。这技术是一位浙江来的山西按察司佥事，河东分巡道赵祖元所传授的。

赵祖元，字宗仁，浙江东阳人，嘉靖二十三年（1544）甲辰科进士，是嘉靖二十二年（1543）秋孔天胤任浙江提学副使时所考取的举人之一。赵祖元在山西太平县教民用水车灌田，当时的太平县知县邹学书修书一封驰送汾州，请他们共同的老师孔天胤为此事写记，作为刻碑勒石的文字。邹学书是嘉靖十三年（1534）孔天胤任陕西提学佥事时在陕西所考取的举人之一。

邹学书在信中说到，太平县"地硗而农惰，吏不能劝久矣"。如今赵祖元佥事教民以水车法，车只七具而灌田二千余亩，照此推广开来，"民不可胜泽也"，最重要的是"吏于是亦能以劝农"，可谓一举而官民两利。写了《太平县肇兴水利记》一文。

记中说，水利之事大矣。以前大禹治水，不仅在于疏浚，还有更大的意义，就是让百姓交通便利，免受饥饿之苦。所以，禹是"智仁之大者"。而一方岳牧，本来就应该是"禹之徒"，秉承大禹精神，"因民所利而利之"。李冰治蜀修都江堰，西门豹治邺引漳水灌溉，都是利民之举，因而他们也都是智仁之人。如今河东是汾河所流经的地方，"出山之泉，行潦之水，又无地无之"，并非真的无水可用；更何况，山西属大禹行水的旧乡，让江南润泽而富饶、让冀北干燥而贫瘠，想来也绝对不会是大禹的本意。但长久以来"晋地少沃野而多凶"，就是因为有水之利而民不知用。如今民知水之利，水流布而化雨，进而使坚硬瘠薄的土地转而为膏腴，自会形成良性循环。因此，赵祖元其功大矣。

赵祖元确实是值得山西人纪念的一位名宦。据雍正《山西通志》："丙辰地震，河东蒲州境覆压过半，盗乘之猬起，抄劫昼行，祖元设方略解散其党，而悉籍其金钱之无主者数十万官贮之。且新其城垒，境以无事。"赵祖元在任山西兵备副使期间，又将水车灌溉法推广到汾阳。雍正《山西通志》"水利·汾州府·汾阳县"："嘉靖间副使赵祖元，疏渠造江浙水车，教民引水灌注，民甚利之。"

孔天胤的这篇记文，也成为太平县甚至整个山西引入江浙水车灌溉法的一篇极有价值的历史资料。此事也被《山西通志》记载。雍正《山西通志》："下尉泉，在县东下尉村西北，流细而长，地有苇。孔天孕（胤）《太平县肇兴水利记》：'嘉靖乙卯，分巡河东东阳赵公祖元为民行水溉田，而教以水车之法如江南诸郡邑，悉令民平地亩作渠塘，造水车以援水。县令邹学书曰置水车裁（才）七具，灌田二千亩有奇。'"

也是在嘉靖三十四年（1555），太原徐沟县也有一件兴修水利的事，来请孔天胤作记。

徐沟设县在金大定年间，明清时属太原府。1952年，徐沟县与清源县合并为清徐县。嘉靖三十四年（1555），山西按察司佥事杨胤贤受命督理屯田事务。杨胤贤，字子容，号小竹，山东寿张人，嘉靖二十年（1541）

辛丑科进士。杨胤贤上任，下令各郡县察看旧渠田是否有需要修复者，在此指令下，徐沟县知县董润上报，说徐沟县有三条水渠需要修复，分别是金水渠、嘉平渠、沙河渠，并以书面材料写出了三条水渠需要修复的原因及其修复方案。杨胤贤看后大为称善，请当时的太谷知县，也就是嘉靖三十一年（1552）孔天胤在陕西时所取举人王学谟进行复核。前章已述，王学谟任太谷知县期间，颇有善政，以断狱神明名扬周边郡县。王学谟复核后上报，确如董润所言，杨胤贤于是下令董知县实施修渠工程。

在《徐沟县修复三渠记》中，孔天胤详细记载了董润所列的徐沟县三条水渠的情况。金水渠西流过榆次县车罔（今车辋）等村，地势西南高东北下，因水渠不通，导致上游之水每年都要淹没下游两县，居舍农田受害者不计其数；嘉平渠通流只有三十五里，之后便水涨道湮，上流豪强得以用水种其地，而下流之民想挑渠用水，却往往被阻拦，水利上下不相通已有三十余年了；沙河渠以前上自榆次县圪塔村，经流张花等村屯，下至徐之逯家营、东西王苍等村，连引小河山水溉灌，后来由于河道徙移，渠水干涸，渐壅以风沙，不通也已经多年了。三条渠不通已久，亟需修复以利民生。

得到杨金事的准许后，董知县分委众官，着手修渠，从嘉靖三十五年（1556）二月十五日到四月初五，不到两个月而大功告成，修复了三十年不通的三条水渠。孔天胤文中记载，三渠修复，金水渠通流十一村，溉田一百九十九顷一十二亩；嘉平渠通流十四村，溉田一百二十二顷六十八亩；沙和渠通流一十村，溉田一百一十二顷八十亩。数据之外，孔天胤还阐述了此事的意义。他认为，屯田水利向来是关乎民生之大事，职在其位的官员应当极其重视。但此事，首创者用心良苦，中途废弛却往往无人修复，因此废弛后的修复者就显得极为可贵。所以无论是首创者还是修复者，都有一颗"仁人心"。什么是"仁人心"？就是视天下为一身之心：

> 君子有是心也，之于天下也犹一身也。身有痛痒则恻然知之，而按之摩之，平复而后已焉；有委痺焉，则谓之不仁。何也？徒有是心而不知之也，斯亦废人焉而已矣。然居官理人，视民之休戚、物之通塞，漠然无所动于心，即有动焉，而不为之所，其为废奚不甚哉？

士君子之于天下，就好像对自己的身体一样，身体痛痒难忍，就会按摩使之平复；但对积劳而形成的疲弊，却往往浑然不知。官员理政，往往如后者，对一些久积的民生疲弊不加察觉，有时候察觉了也不会主动去改变，所以导致了政事的废弛。

孔天胤所记之事也载于《山西通志》。雍正《山西通志》"水利志"有"孔天孕（胤）《修复三渠记》：'徐沟县知县董润状申宪使小竹杨公曰'云云，孔天胤的碑记也成为徐沟水利变迁的重要史料。

这位杨胤贤佥事对孔天胤极为敬重，不但写信与孔天胤探讨学问、寄文稿请孔天胤审阅，还赠以米肉改善孔天胤的生活。孔天胤曾写《与杨小竹少参》《再与杨小竹少参》两信，对杨胤贤有着极高的评价："世隆道微，幸明公为天地立心，为生民立命耶，山中草木亦欣欣向荣矣！"落脚点依然在于天地生民。

万历四年（1576），孔天胤还为汾州兴修水利之事写了碑记。当时主持汾州水利修复者，是分守冀南道左参政张士佩。张士佩，字玫父，号濠滨，陕西韩城人，嘉靖三十五年（1556）丙辰科进士。张士佩到任后，问民疾苦，了解到汾州义安里有渚水一区叫猪城泺（《汾阳县志》作"潴城泺"），此处水道不通，导致每逢天雨暴涨，就会弥原淹野，败坏民田，受灾者有七里十一个村；但逢旱的时候，此处的水却不能用来灌溉。张士佩认为此事非小，于是决定疏通。张士佩在考察的基础上，制订了相关方案，然后征民施工，扩堰，通渠，增深增广，只用了五个月就大功告成，于是数百年淤滞之陂一朝通理。渠通，民可得好田两万三千四百余亩，况且"渠水久积，犹足以资灌注而退滩之余，又倍利阮麦"，可谓益处多多（《分守冀南道左参政濩滨张公创开田渠碑》）。他如此评价张士佩开田渠之功："不动声色而开万世之利，遂俾山泽宣而气通，水土演而民用，其诸经世之备为可知矣。"

万历五年（1577），张士佩升山东按察使，七十三岁的孔天胤作《郡史赠言》，全面总结了张士佩在汾州的功绩：一为创开田渠，二为澄清吏治、救民疾苦，三为禁奸镇猾，四为重视教育，五为整肃军风，六为团结同僚，记载了一位持政有方、卓有建树汾州名宦。孔天胤还写有《赠张濩滨使君总宪山东》一诗，尾联"却念晋人攀忆处，野棠含露绿芬敷"，表达了对这位分守道的感念之情。

写德政碑：有故事的山西名宦

孔天胤归汾二十六年间，为汾州、平遥、霍州、太原等不少地方的名宦写过德政碑。德政碑也叫去思碑、遗爱碑。官员为官一任，造福一方，人去而遗惠吏民，吏民思之，为其刻石立碑以作存念。孔天胤作为一方德隆望尊的乡绅，各地不惜驱驰百里甚至五六百里，也要请他写碑记，不仅因为他学识渊博、文采出众，更因为他宦游四方，身历多官，见识尤多，懂得官员应该秉承的道德标准，了解吏民的所思所想，知道官民关系的最高境界。所以他写的碑记，能够既站在儒家知识分子进德修业、修己达人的角度，又站在民生所需、民心所向的角度，客观公正，使其传之后世而不谬。这里仅举三例"有故事"的德政碑。

第一块碑的故事性，在于人还在位，生祠已建、德政碑已立，确是奇事。一般来说，德政碑或去思碑、遗爱碑，都是在有大德政的官员离去之后，由当地官府主张或应百姓之请而立碑勒石，很少有官员还在任的时候，吏民就迫不及待地要为其立德政碑特别是要建生祠的。所以嘉靖三十六年（1557），当霍州所属的灵石县训导张嵩和驿丞邵迎祥拿着灵石知县王植的信来汾州，说将为他们的知州褚相建生祠、立德政碑，请求孔天胤写碑记的时候，孔天胤认为这是一件旷古未有的胜事。

要问这褚相到底有什么样的功德，让当地官民在其还未离开时，就要为其建生祠、立德政碑呢？或许从霍州一座桥的名我即可知一二。此桥名曰"元泉桥"，而"元泉"是褚相的号，桥是褚相所修，霍州吏民所名。褚相，字朝弼，号元泉，浙江海宁人。据孔天胤《郡守褚君生祠记》，当是时，褚相任霍州知州三年而政成，而"三载考绩"，这位有为的知州也将离开霍州，"吏民兢兢翼翼，惧其擢且去也"，于是"名其所葺之桥曰'元泉桥'"，并建生祠于桥北。

其实褚相在霍州任上的功绩，远非修桥这一件事。雍正《山西通志》记载，褚相于嘉靖三十五年1556）由进士知霍州，在任上，"申除徐沟、蒲县等处助差银，审定轮编夫役，岁省郡赀数百。创建霍山正学书院，集庠彦肄业其中，朔望亲诣讲学，寒暑无辍"。褚相又重修州署大衙，兴建唐尧古祠，并亲自主持编修《霍州志》。检雍正《山西通志》，霍州城门，"（嘉靖）三十六年知州褚相重修各门楼，更题匾以新之，东曰'春熙'，南曰'望阳'，西曰'安成'，北曰'拱极'"；霍山正学书院，"在太清观东，明万历间（当为嘉靖间）知州褚相建，颁书阁，明学正"；霍州署，"嘉靖间，知州褚相、汤克宽增修"，汤克宽，江苏邳州市人，抗倭名将，嘉靖二十一年任霍州知州；玉泉寺，"三十六年，州牧褚相改为唐帝祠，州人颂之"；霍州儒学，"三十六年知州褚相重修"；帝尧祠，"明嘉靖三十六年，知州褚相建祠，肖像，春秋致祀，有碑记"。陈光贻《稀见地方志提要》则记"《霍州志》八卷，明嘉靖三十七年刊本，明褚相修，刘熙纂"，刘熙为霍州人，官至直隶芜湖知县。这是霍州历史上第一本志书，"首创之志，为始则难，终不免其缺略焉"，所以后世评价并不高，道光

《霍州志》中有知州崔允昭序议此志"详略失体，苟简冗杂，沿革不辨源流，山川不言险易；风俗不问古今，土田不测上下，课程不详析忽"，然其草创之功不可没也。

在霍州任职短短三年而建树如此之多，难怪霍州百姓要为褚相建生祠、立德政碑。

其实在此前不久，褚相就曾受到时任山西巡抚闵熙的嘉奖，霍州同知陈九思请孔天胤为之写记，孔天胤作有《赠霍州守元泉褚君受抚台旌奖序》一文。对于褚相受旌奖的原因，孔天胤总结，褚相守霍和别人不同的地方有四点。其他人守霍，"谓其地之陋也而薄之，谓其民之敝也而疾之，谓其士之侗也而弃之，谓其宗之强也而谀之"，薄地，疾民，弃士，谀强宗，这四者之弊，所以其政三年也难成。褚相则不同，他是"于其陋者而安之，于其敝者而植之，于其侗者而开之，于其强者而正之"，奠民居以使陋者安，厚民生以使敝者立，广学校以使愚者开，肃仪容以使强者正。这种治理方法，一年而政理，两年而政行，三年而政成，并且"怀惠者日以亲也，畏威者日以敬也"。孔天胤认为，文学与理政二者在褚相身上得到了完美统一。褚相这位江浙才子，夙以文学著闻两浙，如今治郡理政竟也如此出色。文学与政事，二者是可以得到良好的融合的，换言之，就是"有大涵养者必有大设施，有大学术者必有大事功也"。这是用来评价褚相的，却也是孔天胤一贯主张的文人为政的理念。

在为褚相生祠所做的碑记中，孔天胤更多探讨的，是官员"政"与"教"的关系，是民对官"爱"与"畏"的关系：

> 孟子有言曰："善政不如善教之得民也。"善政，民畏之；善教，民爱之。夫政教皆治，畏爱壹民之心。然谓教大于政，畏浅于爱，岂其道有殊二？盖自尚气用智，言政而不及教者言之尔。若圣人以不忍人之心，行不忍人之政，而仁履天下矣，孰政

非教，孰教非政哉？孰畏非爱，孰爱非畏哉？

以仁心治政，则政、教俱为一体，政即是教，教即是政；而民之态度，畏、爱亦为一体，畏即是爱，爱即是畏。褚相就是一个能把政与教结合得很好的人，而霍州之民也是能把畏与爱理解得很深入的人，二者相结合，所以才会有这一段旷古佳话。

霍州知州褚相在霍州期间著述颇多，有《四书肤解》《尚书题义》《批选会试墨卷文》等，仅收入《霍州志》者就有《新建正学书院记》《建陶唐谷尧祠记》《戒石亭铭》《居官四戒》等篇。霍州吏民请孔天胤为褚相写旌奖序和德政碑，一个非常重要的机缘，是因为褚相是孔天胤在嘉靖二十二年（1543）任浙江提学副使时所取的癸卯科举人之一，与孔天胤有师生之谊。

第二块碑的故事性或许更强一些，故事的主角是明代中后期的一位著名人物，叫洪朝选。

洪朝选（1516—1582），字舜臣，又字汝尹，号芳洲，别号静庵，福建泉州府同安县人，嘉靖二十年（1541）辛丑科进士，历任主事、参政、御史、巡抚，累官至刑部左侍郎署尚书事。史载其奉旨出审辽王案，因不阿附权相张居正而被罢官归籍。讲这个故事，先从万历年间一件轰动全国的大案说起，那就是洪朝选之死。

洪朝选死于万历九年（1581），关于他的死，有两个完全不同的版本。一是福建巡抚劳堪（字任之，号道亭，又号庐岳，江西九江人，嘉靖三十五年进士）为谄媚张居正，将洪朝选捕于福州监狱，石压胸口而死；一是洪朝选"乡居武断，夺人产业"，被福建巡抚劳堪拘捕，未几洪朝选畏罪自缢于狱中。此事在当朝引起轩然大波，在朝廷一批大臣的请求下，万历皇帝下旨福建巡按会同该司道重勘洪朝选一案。万历十五年（1587）五月，经三法司会审，劳堪以"故禁、故勘"之科条，发浙江观海卫终身充军。万历二十二年（1594）洪朝选冤案平反，皇帝嘉其"抚雄镇而随任有声，握大狱而持法不挠"。但此事直到现在也依然是一桩疑案，劳堪故里人一直坚持劳堪是被冤枉的，劳堪为官"有干济才，为民兴利除弊，所在多惠政"（同治《九江府志》），他的不幸都是由洪朝选造成的。

既是疑案，就让它继续在历史的公案簿中存疑，我们在此讲述的，是洪朝选在汾州任分守冀南道左参政时办的一件缉凶捕盗的大案。这件大案不仅涉及人数多，而且事连王府，可谓棘手。洪朝选办案时间短而有效，颇有大唐狄仁杰的风采。

在孔天胤所写的《分守右参政芳洲洪公德政碑》中我们了解到，嘉靖四十年（1561）前后，汾州灾荒，道殣相望，"阽于危亡，十室而九"。所谓穷则生盗，当时寇贼奸宄暗偷明抢，"御人国门之外，劫路康庄之间，日杀不辜以取其财"。孔天胤生动记载了这些人的为恶情状："或骑马擐甲，负弩提刀，攘夺于市而去，夜则穿屋逾墙，探囊发柜；或斫户掷石，纵火延烧，欲以生乱启衅，变诈百出。"当是时，社会秩序一片混乱，百姓陷于水深火热之中："商旅惊弦而却，市肆集木而惴，室家乘屋而瞭，街巷列栅而防，犹不免焉。"可谓防不胜防，人人惊恐。这些盗贼之所以如此猖獗，是因为内有宗藩不法者撑腰，"比党钩连，依凭结纳，有盘根之苞、附枝之孽以为内主"，外有"平遥之豪、赵城之侠以为外主"。两股恶势力相互纠结，"外入则内应，内出则外应"，且"包藏暴露，不可测量"，屡屡得手。因为恶势力过于强大并且涉及宗府，"国不敢问，吏不能捕"，就连庆成王、永和王都奈何不得。这帮盗贼团伙已经让王府和官府都头疼，让百姓都惶惶不可终日了，却还有跟风的小盗贼，"效尤之徒，劫杀担负，兽聚鸟散，谓莫敢我何"。大盗捕不了，小盗也捕不了，汾州王府和吏民都无计可施。

还好，来了大救星洪朝选。

洪朝选来到汾州，只用了一个月时间，就了解到事情的来龙去脉，分为五步,将此案最终告破。

第一步,推行四项措施,"责苟慢之吏,绥困馁之民,禁泛滥之呼,涤挂搭之蠹",端正官吏态度,扶助受困百姓,禁止惑乱人心的言论,肃清与盗贼有勾连的官吏。这是将有大动作的前奏,或者说是铺垫。

第二步,用了一个月,推行了另外四项措施:"申保甲之司,缮城郭之守,严缉捕之令,明赏罚之科。"这四项措施非常有效,可以说把所有官民都调动起来了,以正义的力量对大小盗贼进行了一番"人肉搜索",仅用了一个月时间,就"尽得内外主之奸状及群盗姓名踪迹"。

第三步,收网。得到名单和踪迹,洪朝选先从内贼治起。他拿着相关法令,把宗藩不法者的名字呈报王府,在庆成、永和二王的主持下,抓了五个作为内应的宗藩。接下来抓外贼,"豪侠之在平、赵者,并以就擒"。首犯就擒,大势已去,"是时内外失据,群丑散亡",缉凶捕盗之事初战告捷。

第四步,抓捕那些为非作歹、十恶不赦的盗贼头目。当时,十几个小头目藏在以往为他们打保护伞的宗藩家中,存着一份侥幸心理,观望事情的发展态势。这可怎么办?孔天胤此处的记载颇有意趣:"公笑曰:'毚兔置矣,釜鱼焉之?'"毚兔,狡猾的兔子;置,捕兔子的网。早已设下天罗地网,这些网里的兔子、锅里的鱼能跑到哪里去呢?其言轻而其信足,大有周瑜"谈笑间樯橹灰飞烟灭"的味道。洪朝选密令汾州知州带武将进到小头目们所藏身的宗藩府上,在与宗藩谈笑周旋之时,同知趁机带兵搜捕,于是藏匿的盗贼全部被搜了出来,绑在大厅之上;其凶器一并集于大厅,上有血痕。当堂审问,个个认罪。人证物证俱在,藏人的宗藩也哑口无言了。不得不说,干得漂亮。

第五步,做好收尾工作,"收捕效尤之盗",把那些趁乱跟风行盗的小蟊贼,一一缉捕归案。不多久,这些小蟊贼"亦骈首受缚"。

大案告破,众贼得捕,于是"道路通行,闾阎安处,阖郡转清平之福,四境流昭旷之休"。嘉靖四十年(1561)十二月,汾州知州张朝宪率众官员及诸生张云翔等三百人，要为分守右参政洪朝选立一块德政碑，请孔天胤写碑记。可以说，洪朝选此案办得漂亮，孔天胤此文也写得漂亮。

第三块德政碑的故事，发生在太原。

嘉靖四十四年（1565）冬，太原官员要为曾任太原知府的于惟一树去思碑。太原有两位进士，一位叫潘云祥，一位叫傅霖（傅山祖父，嘉靖四十二年进士）。这两位进士皆"邦之彦也"，列了于惟一为政八事，到汾州请孔天胤写碑记。

据孔天胤《太原府知府于公去思碑》，于惟一于嘉靖三十八年（1559）任太原知府，至嘉靖四十一年（1562）调去。调走四年来，太原人思其德，一直想着为他立碑，恰好督抚兵部左侍郎兼都察院右佥都御史万恭（号两溪，嘉靖四十三年任）上任后，"旌表循良，以风郡邑"，于是太原人上书请求为曾任知府的于惟一立去思碑。

孔天胤的碑记简述了于惟一为政八事。一曰定危虞，十天之内使太原吏民因某府家丁叛乱而产生的惶恐情绪得到安抚；二曰祷雨泽，嘉靖三十九年（1560）自春至秋无雨，导致"米价腾踊，民不堪命"，于惟一带领民众"齐心徒步，遍祷群神"，祈雨有应；三曰急赈济，太原因大旱而流饿颠连，道殣相望，于惟一"恻心劳力，庚粥并施"，赖以全活者数十万；四曰修城池，防寇患，"其费省而功倍，为民保障之益远也"；五曰省里甲，阳曲之役，念民"奔命已疲"，于惟一随事调停，删繁就简，使公私两便而民力得到缓解；六曰兴学校，饥馑之余，学校不兴，群徒失业，于惟一"加意匡饬，点勘文章"，并给贫困士子予以周济，恢复了正常的教学秩序；七曰复堂宇，有廨舍被叛卒烧毁，于惟一主持修复，事不烦费而民无劳扰；八曰裁行户，旧有金行（负责金银）、楮行（负责纸券）供应财税，于惟一除去金行，只留楮行以"定经用之数"。除了以上八事，于惟一还有抑贪慕、摄奸豪、远幽隐、折净讼、抗直不挠、廉洁不污等功绩。

孔天胤由此感叹天理与人心的关系："天理，人之心也；人心，天之理也。举斯加诸，彼此合当。"官为民虑，民思官德，这才是正常的官民关系。

于惟一之事迹，也见于雍正《山西通志》："于惟一，怀宁人，嘉靖间以进士任太原府知府。初下车，会岁比不登，民多流亡，即为绘图上请，不待报可，径发仓廪赈之。后擢陕西副使，去之日，送者塞路，祀名宦。"这个记载与孔天胤之碑文恰好互为印证。

无碑之碑：孔天胤版汾州名宦

有的碑是立在祠庙中的，有的碑是立在人心里的。而立在人心里的碑，以文字形式呈现的时候，无论有没有石头可以承载，都将使这个由文字构筑起来的立体人物，昂首屹立，千载不朽。孔天胤在汾州的二十六年，就以文字的形式，记载了近百位汾州官员。而孔天胤版的"名宦"与《山西通志》《汾州府志》这样的官方志书，有的是重合的，有的是独属于他自己的表述。他的文字中树立"名宦"的标准，就是国计民生。仅以汾州为例，对于那些为汾州城池的建设、汾州吏治的清明、汾州学风的端正、汾州百姓的安康做出过重要贡献的官员，孔天胤或为其赋诗，或为其父母祝寿，或为其写赠别文，都与当年陕西张治道辈地方乡绅对孔天胤这样的有作为的官吏的感情类似。因而从孔天胤对这些官吏各种形式的记载中，我们看到的是一位对汾州甚至全晋怀有大爱的地方乡绅的拳拳之心。

孔天胤版汾州"名宦"，按其官职可分为三类。

第一类是分守冀南道驻汾官员。汾州靠近边塞，供役多；靠近省城，被督责多；宗藩盘踞，禄米供应成为当地政府沉重的负担。所以朝廷简选重臣，"俾守冀南，开府于汾之阳，以虞宗党之汰愎也，用坐镇而弹压之，是以有专驻之役"（《宴寿赠言序》）。初衷是坐镇弹压强宗，但历代分守道在汾州，所做的工作远比弹压强宗更多，诸如建城池、修庙学、捕盗贼、拒敌寇、兴教育等，不一而足。

据万历《汾州府志》，从嘉靖三十四年（1555）到万历八年（1580），共有十四位分守冀南道驻汾官员，加上失载的洪朝选和李侨，共十六位。分别是：马九德，嘉靖三十三年（1554）驻汾；程轼，嘉靖三十五年（1556）驻汾；陈珪，嘉靖三十六年（1557）驻汾；彭范，嘉靖三十八年（1559）驻汾；陈洪濛，嘉靖三十九年（1560）驻汾；洪朝选，嘉靖四十年（1561）驻汾；王显忠，嘉靖四十年（1561）驻汾；李侨，嘉靖四十一年（1562）驻汾；宋岳，嘉靖四十四年（1565）驻汾；孙一正，隆庆二年（1568）驻汾；张蕙，隆庆四年（1570）驻汾；纪公巡，隆庆五年（1571）驻汾；孙应元，万历元年（1573）驻汾；张士佩，万历四年（1576）驻汾；柴涞，万历五年（1577）驻汾；贾待问，万历七年（1579）驻汾。这十六位分守冀南道官员，除王显忠未发现孔天胤文集中有所记载外，其余十五位均有记载，或详或略，或多或少，或诗或文。这一方面可以看出历任分守道官员对孔天胤这位乡贤的敬重，另一方面也可看出孔天胤对于汾州政事的关注。孔天胤对这些官员生平、性情、为政风格及治绩的记载，为汾州及整个冀南道甚至全山西，留下了珍贵的历史资料。

第二类是汾州知州。知州掌一州之事，是一州之最高长官，从五品，其别称有"太守""明府""邦伯"等。孔天胤在文中也说到了汾州的难治和汾州知州的难做："汾之为州也，居冀南之要，带三属城，幅员几五百里，土广民众，有藩服之封、戎马之寄、赋役之会、簿领之业。而又有监司临之，部署委之，诸所事事，不一而足。"（《赠郡伯筠亭张公以贤膺奖序》）地理位置重要，地广人众，境内还有宗藩、驻军，还涉及赋役、户籍管理，可谓事务繁多。这种情况下，"析理不精则错，为义不勇则弛，持法不允则刻，秉度不弘则偏"，容易动辄得咎。然而这也正考验着知州的为政水平和德行水准。

据万历《汾州府志》，嘉靖三十四年（1555）至万历八年（1580）汾州共有十二位知州。检孔天胤诗文集，可知除对齐宗尧一字未写外，其余十一位均在其诗文集中出现，孔天胤也以不同的方式，对这些知州的才德及其治汾之功做了总结，并且增补了《汾州府志》中失载的代理知州丘梁、乔木、卞芷。他们分别是：陈秉忠，嘉靖三十二年（1553）任；来贺，嘉靖三十五年（1556）任；张朝宪，嘉靖三十六年（1557）任；吴道南，嘉靖四十一年（1562）任；王大经，嘉靖四十四年（1565）任；齐宗尧，嘉靖四十五年（1566）任；宁策，隆庆二年（1568）任；郑逢时，隆庆五年（1571）任；周铎，万历元年（1573）任；杭朝望，万历二年（1574）任；张一敬，万历三年（1575）任；董选，万历七年（1579）任。孔天胤以不同的形式，记载了这些知州对汾州吏治民生所作的贡献。特别是写到了丘梁等人代理汾州知州之事，不见于《汾州府志》，孔天胤的记载，于正史又是一个重要补充。

丘梁（1524—1578），号泰衡，湖广麻城人，历任保宁通判、忠州知州，调山西布政司理问，万历六年（1578）以山西布政司理问代理汾州知州。孔天胤诗集中有《寿泰衡丘明府》等诗。这一年，丘梁长子丘齐云来汾州探望父亲，孔天胤写有《元日书怀呈摄守丘司理暨长君潮州太守》《和丘若泰明府惠音平霞馆》等诗。据乾隆《麻城县志》，这位丘齐云公子，字汝谦，号若泰，二十四岁时中嘉靖四十四年（1565）己丑科进士，由四川富顺县知县升户部郎中，于万历四年（1576）任潮州知府，不久即罢官，一生寄情山水、弹琴赋诗终其生，自称"丘山人"。孔天胤《赠丘山人》即写其落拓游逸的生活：

> 天涯浩荡独游身，信步西河草色新。玉蕴石头知我贵，珠藏衣底觉谁贫。不言四望非吾土，顿悟三生总客尘。野鹤飞来复飞去，月明松影到为邻。

与其说是对丘齐云这种自由自在生活的赞美，不如说是对这种生活的艳羡。此诗写得极闲逸雅致，"信步"之随意轻松，"玉""石"之高贵操守，"野鹤"翱翔之情状，与"月明松影"亲近之佳境，均写得凝练深美，读来气韵流畅。

赵讷也借孔天胤之园林馆舍宴请丘齐云，孔天胤又作《赵阳溪借山人之馆延款若泰先生，时正人日，分韵得人字》。丘齐云不久即离开汾州出游华山，孔天胤写有《赠丘山人游华山》，称赞其"逸如仙侣淡如僧，雅与文儒共一乘""相逢好结桃源隐，便别仍从华岳登"。

万历七年（1579），丘梁结束了代理汾州知州的使命，孔天胤作《送藩理丘泰衡摄郡代还》一诗：

太丘高义古无伦，今见名流复此人。摄政一州三县长，行风五马万家春。生憎杨柳分亭帐，稍喜桃花迓路津。画省到来怀旧物，可能犹记老薇臣。

孔天胤将之比为东晋名士陈太丘陈寔，极言其高义正直，诗中充满依依惜别之情。

知州中，孔天胤记载最详、交游最多者，当为张朝宪。

张朝宪，号龙嵎，云南景东卫人，举人，嘉靖三十六年（1557）任汾州知州。孔天胤从多个侧面记载了张朝宪治汾之功。嘉靖三十六年（1557），张朝宪受巡抚嘉奖，孔天胤作《赠郡守龙嵎张公受抚台旌奖序》，追述其守代州时，代州靠近边塞，有"黠虏之虞"，民生无宁日，张朝宪"守道循理以安之，民乃用安，虏用不敢深入"；守汾州时，汾州有强宗之患，民生也无宁日，张朝宪"守道循理以安之，民乃用安，强横亦用以衰"。由此可知张朝宪治郡之根本，就是"守道循理"。

张朝宪任汾州知州共六年，分别于嘉靖三十七年（1558）、嘉靖四十年（1561）两度入京朝觐。孔天胤两次都写有送别诗。在张朝宪第二次入觐时所写的《赠郡伯龙峒张公入觐序》中，孔天胤说到了知州久任之难，因为守令以一人之身承乎上而御乎下，"上之人责我也常备""下之人望我也常厚"。上之人责而易"愁"，下之人望而易"怼"。愁，憎恨；怼，怨怒。怼、愁相交而官危，欲久任而难行。若要久任且不遭愁怼，惟有"上下信之也"。而今张朝宪知汾州即将六年，"上称其贤，无所于愁；下颂其德，无所于怼"，皆因上下信矣。特别是嘉靖四十年（1561），汾州饥荒，张朝宪"轻徭省罚以宽元元之命，复擒捕大盗以销不测之虞"，一切以民生为重。在《题龙峒太守入觐卷》中，孔天胤称颂张朝宪"双旌五马再朝天，六载真成太守贤"，相信一定会获得朝廷嘉奖，得以晋升。

然而结局却并不尽如人意，张朝宪在入觐后不久即被免职。将归，孔天胤作《赠邦伯龙峒张公南还序》，再次肯定张朝宪治汾之功，称其在汾期间，"廉以律身，惠以子民，盖无一事不循乎理，无一念不体乎天者"。然"乃谗佞兴于嫉妒，败毁加于即墨"，生此无妄之灾，正人君子又有什么办法。"即墨"之事典出《资治通鉴》，说齐威王召即墨大夫，对他说，自从你到了即墨，每天都能听到贬损你的话，但是我派人去即墨查看，看到"田野辟，人民给，官无事，东方以宁"，和人们说的完全不同，这主要是因为你不在我身边的缘故啊。于是"封之万家"。孔天胤的意思是，世之君子多受即墨大夫之谤，却难遇齐威王之明察也。所以，君子"不求知于人，而求知于天"，"不求同俗，而求同理"，既是对张朝宪的勉励，又表达了儒家知识分子"不愧屋漏"的信条。

第三类是汾州同知、判官。同知是知州的副职，从六品，无定员，分掌本州内诸事务，别称为"别驾"；判官又是低于同知的官员，从七品，负责佐理文书事务，别称为"节判"。据乾隆《汾州府志》，嘉靖三十四年（1555）至万历八年（1580）历任同知十一位，孔天胤写到了七位，分别是王希贤、黄宸、萧相、宋嘉猷、赵崇儒、夏诏、刘襘、陈敬则；判官十一位，孔天胤写到了三位，分别是康渊、杨守公、申九峰。

同知、判官职位卑微，孔天胤记载的，大多是才德俱佳而有较显著政绩者。如同知王希贤，号临津，陕西金州人，孔天胤赞其宽和之政，"一年而人谓其缓也，二年而人谓其便也，三年而人谓其惠矣"。又如同知黄戾，号少陂，陕西咸宁人，嘉靖三十七年（1558）任，曾与冀南道彭范、汾州知州张朝宪一同去拜访孔天胤，请他主纂第二版《汾州志》。孔天胤记黄戾在汾州任上，"处僚友恭以逊也，理民物爱以周也，听讼狱廉以平也"，吏治非常见成效，"居不数月而上下允孚，士敬其学，民恬其业，奸慝者销亡，强御者衰止也"。又如同知赵崇儒，号南冈，陕西耀州人，嘉靖四十三年（1564）任。孔天胤记其治汾州，"如大匠建屋，先定绳墨，运斧挥斤；如良医治病，先胗视命脉方药，乃施于是"。治理数月即见成效，"抑豪右，察狱情，平赋理，省里甲，慎追呼"，"众寡小大无敢慢心，学校风俗尤拳拳焉，于是郡中称平"（《赠别驾南冈赵公贤能膺奖序》）。孔天胤特别记了赵崇儒受命买边马的事。因边马不敷用，巡抚给各郡县发帑金令筹办买补。因为此事，常常会导致民间物价变化，"赔鬻奔命，不免病民"；而赵崇儒却能处置得当，做到"两平"，既不不亏官也不损民，并且买的马还比别的地方要好。当马要解运边关时，有官吏说"盘费当取诸徭役"，赵崇儒说，"吾买马，不敢动一民，覆以解马为之乎？"于是自己出俸金资给，使事得竣。也正是因为这件事，赵崇儒得到了巡抚嘉奖。

孔天胤对这些曾为山西及汾州做出重要贡献的官员的记载，既是对线条化的官方志书的重要补充，也是孔天胤为政思想的重要折射。

情系教育："教由其道，学不自欺"

致仕的乡绅落叶归根，本身就是对家乡教育的一种有力促进。而从孔天胤自身来说，他曾经两任提学，回到汾州，关注一切与教育相关的事件，为家乡学子答疑解难，也就成为一件自然而然的事。

孔天胤情系家乡教育的第一个方面，是非常关注各地庙学修建、学田开辟事宜。在每一篇记文中，他除了记事，还注重阐述事件所带来的意义，所以这些碑记在很大程度上是孔天胤教育思想的阐发。

嘉靖四十二年（1563），汾州知州吴道南修通了汾州学宫外的泮池，师生皆以为是件大事，需要勒石立碑，请孔天胤作记。孔天胤作《创建泮宫亭桥记》。吴道南，山东濮州人，举人，嘉靖四十一年（1562）任。庙学外多有半月形的泮池，孔天胤在祁州建庙学时，棂星门之南也修筑了泮池。汾州庙学前原也有泮池，但失于修治。

吴知州到任后，看到泮池淤塞，感叹说："是之谓'学海'也，而顾堙之哉。"泮池是"学海"的象征，"学海"怎么可以淤塞呢？"学海"之语出自扬雄《法言》："百川学海而至于海"，是说百川处于流动奔涌的状态，所以能成为海。泮宫前有"学海"，学者就会以其励志，悟为学之道；淤塞失治，则"学海"之义尽失，如何得了！于是，吴道南命工治理泮池，除其淤塞，以通其蓄泄。池通了，"学海"碧波荡漾，成为庙学前一处亮丽的胜景，但吴知州觉得还缺点什么。缺什么？缺亭，缺桥。有池无亭，池和人处于分散的状态，无法亲近；有亭无桥，人又怎么能在水中水外自由往来？于是又在池中央筑一台，台上建亭，并命其亭曰"聚奎"；亭之北又修一桥通于路，并命其亭曰"步云"。

除了记其事之始末，孔天胤更多从儒学的根本义旨，阐发了吴知州通泮池、建聚奎厅、修步云桥三事的深远意义。而阐发的根本，在于"阐道，兴教，迪学"。

通池。"今余以其虚而受、渊而时出者观池，则池其道乎？是故蓄言受，泄言出也。"通池之法，在于水有出有受，虚则受，满则出，正如同教育之道，永远保持一种通畅的状态。士子于此，以虚而受，长成而出，浩浩荡荡，皆归于海。

建亭。建亭之意在于"建中而极"，建立中正之道。"聚奎者，文明之象也。天垂象，道显文，真儒出，而其教明也"。天之奎星主文运，聚奎则文人荟萃此地也。《周易》曰："天垂象，见凶吉，圣人则之。"周敦颐《通书·文辞》曰："文所以载道也。"天有奎星而地聚文士，文以载道而道以文显，以一亭之建而冀真儒迭出，愿望良好，拳拳之心明矣。

修桥。修桥之意在于"循序而上达"。"步云者，高明之象也。山川出云，连连不绝而升太空，学之不已，而日进于高明也"。步云桥是要提醒学子，人不可能平步青云，而应沿桥而行，循序渐进，学不止步而日有所进，终将达于青云。

而且，由桥到亭再到池，其中也有着成长的逻辑："君子由教以勖其学，由学以致其道，亦犹由桥以达之亭，由亭以尽夫池也。"具体来说：

> 夫道也者，人之心也。心本虚，自欺则窒；心本渊，自满则浅。学者毋自欺，则窒往而虚复；不自满，则浅去而渊存。亦犹夫池之治也，自决其堙者始也。夫以虚渊语道，则微妙而难知；以中极语教，循序语学，则彰察而易见。教也者，教此者也；学也者，学此者也。

这是一段关于"教"与"学"之根本的精妙论述。人自欺则心淤塞，自满则难容物，这两者都是学者的大忌，不能克服此二者，则学难长进。以"虚"和"满"的道理来阐释为学之道，不易为人理解；但如果以建中和之道来谈"教"，以循次渐进来谈"学"，道理就非常明白了。所以，教者如居亭，学者如步桥，这就是教与学的道理。

孔天胤认为，以泮池喻学海，古代初建池者即本此意；但在学海中建立道之基和通道之津，则是吴道南知州的首创，一番匠心在矣。

由一池一亭一桥而生发出一番对教学、学习义旨的阐述，不可谓不高明，而这其中也蕴含着孔天胤对于教育之道和人才成长途径的深入思考。

　　宋岳也是一位为汾州教育做出过重要贡献的官员。宋岳，字伯镇，号承山，浙江余姚县人，嘉靖嘉靖二十年（1541）辛丑科进士，嘉靖四十四年（1565）驻汾。他在汾州教育史上所做的两件大事，一是嘉靖四十五年（1566）创置了汾州学田，二是隆庆元年（1567）三月主持重建了汾州庙学。对于这两件有利于汾州教育的大事，孔天胤都写有碑记。

　　孔天胤《创置汾州学田记》记载，宋岳以汾州赎罪人之银购置私田百亩籍为学田，以出租学田之银作为教育资金，这是汾州教育史上从未有过的，其意义极大。当时汾州学子共三百有余，而按例得食廪者只有三十人，因此贫穷学子是大多数。因贫困而导致了各种丧节失礼之事，学子无法专心学习，学风也无法得到纠正。而有学田之后，学校的正常秩序得到维持，汾州学风得到纠正，学子怀感恩孝悌之心，民风也为之而化。宋参政"举一事而兼众善，推一心而统四端，仁矣"。

　　孔天胤《弘修汾州庙学记》记载，隆庆元年（1567）三月，宋岳有感于汾州庙学简陋破败，请于巡按御史，得到嘉允后，主持重建了汾州庙学，于当年九月完工。孔天胤认为，庙学之修与不修，其差别极大，"修则为敬为让，不修则为暴为悖；修则为人事之得，不修则其失也远矣"。而宋参政重修庙学，就是让庙学这样一种官方教育机构更具神圣性，使学子更深刻地领悟儒家修学之门径，这对于汾州的教育意义重大，影响深远。

　　孔天胤除了为汾州教育事件作记，还为其他府县关涉教育的事件写碑记。于是经由他的记载，我们也看到了明代嘉隆万时期山西一些府县庙学修建的情况。

　　隆庆三年（1569），介休知县刘旁主持修建了介休庙学。光绪《介休县志》记"刘旁，湖广兴国州举人，隆庆二年任"，乾隆《汾州府志》记其"隆庆元年以举人知介休县"，由孔天胤文章也可知隆庆元年（1567）任较为确切。孔天胤《介休县兴修庙学记》记载，知县刘旁初来介休，即看到介休县先师孔子庙及儒学虽未大坏，然亦渐渐颓圮，于是产生了修葺的念头。但因当时御敌修城事急，于是修庙学之事拖到了隆庆三年（1569）。修成之后，庙的殿庑、大门环墙，学生的堂舍门垣及尊经阁、坊表牌，皆转败为成、易腐为新。刘旁主持修庙学事也见于雍正《山西通志》："介休县儒学，在东南隅，旧在县治东……隆庆间知县刘旁、高钧先后增葺。"

万历三年（1575）秋，平阳府的浮山县庙学修成，时年已七十一岁的孔天胤写有《浮山县弘修庙学记》。记文称，浮山县文庙学官曾毁于地震之灾，后来有过一些修复，但总体规制甚陋，明朝二百余年一直沿用。嘉靖十年（1531）在全国倡导修庙学、立敬一箴时，曾有过补建。但又历四十余年，东西斋皆颓圮，庖宇藏室俱坏，导致凡祭祀、宾宴、讲学、行礼，都藉草依壁，不蔽风雨。隆庆六年（1572），新任知县左桐捐俸募工修复。民国《浮山县志》："左桐，直隶密云人，岁贡，万历二年知浮山县。创设明伦堂，振兴文教。"知县主持并捐俸禄，县丞、主簿等亦捐俸从之，再加上学官中的师生、县中士夫乡民一并出资，集众力而重修庙学。工程到万历二年（1574）春结束，"改建文庙五间，东西各七间，明伦堂五间，东西斋各五间。前建戟门五间，门前建棂星坊一座，中凿泮池"，一切都"秩秩其有条，翼翼其有礼也"。

同一年，灵石县庙学修成，孔天胤写有《灵石县重修庙学记》，今见于万历《灵石县志》。

孔天胤情系家乡教育的第二个方面，是他非常重视与山西分管教育的官员以及汾州教职人员的交往，他对教育的重视，就贯穿渗透在与这些官员的日常交游、诗文往来中。

孔天胤曾与两位山西提学副使交游较多。

一位是曹忭（1512—?），字子诚，号纪山，江陵（今属湖北荆州）人，嘉靖二十年（1541）辛丑科进士，于嘉靖三十五年（1556）任山西提学副使。曹怀与孔天胤为旧相识，孔天胤在浙江任提学副使时，曹怀曾巡按浙江；孔天胤任河南左布政使时，曹怀又任河南布政司参议。所以当曹怀来到山西任职，孔天胤感觉"草木之味，偶定交于五言鸡黍之情，竟如约于千里。念人生之几何，而所遇亦已多矣"（《赠督学纪山曹公陟参江藩序》）。

嘉靖三十六年（1557）秋，曹怀将课士汾州，孔天胤得到消息后非常高兴，在写给当时的山西按察司佥事杨胤贤的信中，称"纪山公旦夕当至，德之不孤矣"（《与杨小竹少参》）。曹怀未来汾州时，孔天胤写有《喜纪山至郡校文》一诗，对其到来充满期待，"新秋宿雨夜来晴，星斗高悬分外明。怪底人间占德曜，适从天表迓文旌"，并称"幽谷鄙夫忘却老，欲充童子备将迎"。曹怀到汾州，为诸生开堂宣讲时，孔天胤写有《赠纪山校士》一诗，记载当时场景："九秋气宣朗，八表氛澄清。凌旦莅广堂，大观临诸生。析理发疑难，属藻定章程"，状写曹怀为汾州学子讲经论道、答疑解难、制定章程之事。诗中，孔天胤盛赞曹怀"肃肃俨光仪，锵锵流正声。群蒙仰熙曜，万有会醇精"，为汾州学子能得到这样一位学养深厚的有德君子的教诲表示由衷喜悦。

曹怀在汾州课士之余，曾往孔天胤府上拜访，孔天胤《九日对菊呈纪山》《承纪山枉驾丘园率尔赋训》即此情此景中所写。此后曹怀在汾州访问了国宁寺、白云庵，孔天胤写有《和纪山国宁寺小集》《和纪山自国宁寺访白云庵舆中望卜山》《送纪山至白云庵夜坐觞咏》《奉和纪山公白云庵留别》等诗。不久，曹怀离开汾州将归省署，孔天胤又写有《送别纪山》，"水流赴大壑，民怀属高贤"，孔天胤代汾州诸生，对曹怀课士汾州的功德表示感谢。

嘉靖三十七年（1558）夏，曹怀至平阳府、潞安府等地课士，孔天胤得知消息后，作《闻纪山先生讫试平阳、东巡驻上党萃考五郡诸生寄怀》一首，诗中对曹怀课士山西，为山西学风之兴盛、人才之得遇充满信心。

嘉靖三十八年（1559），曹忭升江西参政，孔天胤作《赠督学纪山曹公陟参江藩序》，较为全面地总结了曹忭在山西任提学副使时对山西教育的影响。当时山西之情况，"惟是晋鄙，僻处荒隘，三圣攸邈，九原不兴，士生其间，靡所见闻"，于是有见识之士"常痛《葛屦》之谣"。《诗经·魏风·葛屦》称"纠纠葛屦，可（何）以履霜；纤纤素手，可（何）以逢裳"，注者称此为晋地俭陋、拘谨、无见识的代称，三晋之士莫不以此为耻为忧。因而如曹忭这样有见识、有热情且有方法的提学副使，必可使之有所改观，因而也是山西之幸。曹忭督学山西，"谓锢蔽不可以明善，则示之以讲学；谓卑污不可以致道，则示之以明志；谓越履不可以敦行，则示之以迪伦；谓剿说不可以综文，则示之以本经"。曹忭的付出也得到了三晋之士的理解和推崇，"于是三晋之士，其悟也，如梦之觉；其从也，如水之流焉"。

另一位是周斯盛，字子才，号际岩，陕西宁州人，嘉靖三十二年（1553）癸丑科进士。雍正《山西通志》"名宦"："周斯盛，宁州人，嘉靖间以进士任山西提学副使，筑河汾书院，集隽异士肄业其间，月有课，季有试，文教大兴。"周斯盛不但倾力于教育，而且非常关注民生，"于病者医治之，婚丧不举者赈贷之"。校士之暇，主纂《山西通志》，"中间于乡贤节孝更极慎重"。离任后，诸生立祠祀之。

嘉靖四十二年（1563），周斯盛编辑了一册三晋诗文作品集，名为《崇正录》，选文的标准是"取其文之正者"，刊刻布行。孔天胤应周斯盛之请，为《崇正录》写序，并在序文中较为全面地阐述了"文"与"德"的关系。

孔天胤认为，周斯盛主盟三晋教育，以德育为先，提倡的是一种教育的正道。《崇正录》，崇，即"崇德"；正，即"正多士之行"。在崇德的基础上校正学风，使诸生士子有本可依，不偏其行，其计远而其功大矣。其实这也与孔天胤掌教陕西、浙江时的根本宗旨是一致的。孔天胤一向提倡德本而艺末，欲正学先正心。他早在浙江时就提出，"夫学，犹种树者也，心则其本根也，文章事业，其枝叶也"（《策秀才讲学正心文六首》）。在《崇正录序》中，他再次重申了自己的教育思想："德行本也，文艺末也。士贵先德行而后文艺也。"

那么"文"与"德"的关系又是怎样的？孔天胤说，文就是崇德的表现，是一种外在的显示：

> 今夫文者，德之符也。默而存之之谓德，焕而章之之谓文。是故德成而上，而非无文也；艺成而下，而非无德也。特道之物有本末，学之序有先后焉耳。而其理则不之二也。

"德"是内修，"文"是外显，很大程度上是一种互相成就的关系。"德"使文气归于正，"文"使德被人更好地了解。两者都非常重要，缺一不可，只是在学习的顺序上，应该是先德行而后文艺。

世间重艺不重德者多，"夫士偏长一艺而或不本于道德之意者有矣，未有有德而不兼善乎艺者也"，这和孔子曾说过的"有德者必有言，有言者不必有德"的道理是相近的。言为心声，心正则言自正，而"文"就是"言"的艺术化表现。周期盛辑《崇正录》的本意，就是让三晋士子由前人之文，观前人之德，"实考德以观其焕然，而非偏长一艺之作所能与也"。崇，于个人来说就是崇德；于整个三晋教育来说就是崇教、崇学，即"崇雅绌浮为尚德之感，崇功事业为敏德之应"。

孔天胤再次阐述了当时三晋教育的情况。由于地域的偏鄙、师资的缺乏，三晋学士在为学的广大精微方面都有所欠缺，往往安于所学，对于没有学过的、见过的，常常有夜郎自大般的信口开河，贻笑于大方之家。而周斯盛主盟三晋教育后，学风发生了重大变化。学风正而文风自正，所以虽然《崇正录》所录文章未必篇篇精品，但倡导德本艺末之旨明矣。

孔天胤对周斯盛所辑录的《崇正录》意旨的阐发，正可见出他对于三晋教育的关注和焦虑。而在与汾州教职官员的交往中，他的教育情怀表现得更为充分。他认为，师的作用，就是"模范"，"夫师以掌教，模范之谓也。惟木有模，则方圆因之矣；惟竹有范，则曲直因之矣。惟师有笃厚之教，而多士有不因之者乎？"（《赠云峰高子掌教屯留序》）所以，师正则学正。而不同的师有不同的教育风格，这又与师者本身的学养、德行有很大的关系。正是基于这样的认识，他对那些在汾州教育史上起过积极作用、留下良好印迹的同知、学正、训导等，都给予高度的赞扬。

他赞扬在汾州岁祲年代仍然"茹蔬饮水，衣弊袍，日临讲诵，声若金石"（《赠郡博爱山先生西归序》）的汾州学正任瑶。任瑶号爱山，陕西临潼人，嘉靖三十八年（1559）任汾州学正。任职三年，"道行而士服"。其德才及教育风格，"先生之处心也厚，其行己也恭，其待僚友也让，其训育诸生也严以宽"。特别是在汾州遭遇连年饥荒的情况下，任瑶吃着难以果腹的清蔬、喝着水，依然每天为学生讲课不辍，其声朗朗，"气如春风，无戚戚容，省躬饬志无少息"，获得了汾州师生的尊敬和爱戴。

他赞扬因材施教、诚心重德的汾州学正崔朝。崔朝，号旸谷，山东益都人，嘉靖四十四年（1565）任汾州学正。隆庆二年（1568）崔朝升太原府教授，孔天胤作有《赠旸谷崔先生教授太原》，称其"主盟于汾之学也，盖一年而士敬，二年而士爱，其三年而化矣乎"。崔朝的教育理念，一在善"养"，"先生建学立师以养士也，谓之曰养"；二在因材施教，待时而教，"涵育薰陶，表仪变化，因其性之攸近，随其材之所宜，俟其机之自动以引而伸之，触而长之，如草木发荣于元气之蒸，滋长于风雨之润"；三在诚心实践，先德行后文艺，"其所为教，一以诚心实践为本，虽讲论切磨未尝不在文艺，要之德成而上耳"。所以当时汾州学子多升堂入室，"故彬彬其盛"。孔天胤还写有《赠旸谷崔先生教授太原》一诗，"世人多笑儒馆冷，我道青毡亦不寒。座上春风遍桃李，室中香气满芝兰"，对教官的坚守表达敬意。

他赞扬规范秩序、纠正学风的汾州学正陈汝听。陈汝听，陕西狄道人，万历元年（1573）任汾州学正。孔天胤《赠别学正懿泉先生陈公西归序》述陈汝听为"关西之俊儒也"，"少负奇气，蕴鸿略"，先后任真定府儒学训导、蠡县教谕等，"以才羡著名燕赵之间"。来汾州任学正，"汾士人得先生，如樗栎之就斧斤，圬墁之就绳墨也"，一切都有了秩序，有了规矩。陈汝听的教育思想，是"兴礼教，正士习，随事而发，因材而施"，于是"颓靡者立，因循者作，廉耻之道彰，长幼之序秩，其诸废坠胥然渐而举也"。所以当"尚书省以考绩报罢"的消息传来，官民学士"罔不骇愕"。

他赞扬以诸生之善为己善，并能捐助贫困学生的汾州司训任世鳌。任世鳌，号龙泉，陕西永寿县人，隆庆六年（1572）任汾州训导。万历四年（1576），任世鳌升深泽县（今属河北）教谕，孔天胤《赠郡博任龙泉公升深泽学谕序》，称其"司训于汾之学，卓然模范之端，以根本六经为文章，以践履五常为德行"。这位训导为纯厚有德之君子，"诸生有善，若己有之；其有厄穷，捐己恤之"。而其情操，"萧然一室，左史右书"，早吃腌菜晚吃盐，"有以自守泊如也"。孔天胤还写有《赠任司训掌教深泽》一诗，"西河旧范卜商儒，文学今师有令模"，既称赞任世鳌，也对汾州自古以来的学风进行了总结；"道在却移汾席讲，经传更与泽宫徒"，因对任世鳌有足够的自信，所以对深泽县的教育抱有足够的信心。

每当汾州学子赴省城参加秋闱乡试，孔天胤都极为关心，不但亲自饯送，且以诗歌的形式给予诸生以真诚的鼓励。隆庆元年（1567）他写有《送诸子入试》，对诸生寄予厚望，称"艺上省闱专典雅，名登天府必才贤"。万历元年（1573）他写有《癸酉大比送诸生入试》，诗中"青云有路待君行，策马须开第一程"，希望汾州诸生能够平步青云，实现平生之志；"莫道杏坛疏举业，且看桂苑擢文英"，对诸生的前程充满信心。万历四年

(1576）他又写有《丙子秋送诸生赴试》，诗云：

> 秋洒新黄上绿槐，晓乘青霭饯高台。周兴选举乡间荐，汉辟贤良册府开。千载六经为大业，几人三对擢宏才。仰观天路平如砥，直任扶摇万里来。

于槐树黄绿交替的初秋，在早晨的雾霭中殷勤饯送。诗歌追述人才选拔的历史：西周为乡荐，汉朝为察举，隋朝始开科举之途，不以出身论才豪，人人均可"朝为田舍郎，暮登天子堂"（北宋汪洙《神童诗》）。科考本乎六经，人人可学，然真能通过乡试、会试、廷试三关者，寥寥无几。不过，前路宽广任驰骋，天高任鸟飞，水深凭鱼跃，相信有真才实学的士子，定能策马扬鞭，扶摇万里。

修志述史：乡绅的文化建树

中国之有志起源很早，有人说是《山海经》，有人说是《禹贡》，但真正将地方志普及到全国的各省、府、州、县及边关的，是明代。朱元璋建立明朝后，倡导全国各地都修方志，为了统一规划方志体例内容，明成祖朱棣还两次颁发《纂修志书凡例》，对志书中建置、沿革、分野、疆域、城池、山川、坊郭、土产、贡赋、风俗、户口、学校、军卫、郡县、廨舍、寺观、祠庙、桥梁、古迹、宦迹、人物、仙释、杂志、诗文的编纂均作出具体规定。这是现存最早的关于地方志编纂体例的政府条令。由于政府的重视及督促，明代地方志成书数量可观，《明史·艺文志》史部地理类收书471种，但也有人粗略统计，称终明一代，所修方志当在1600种以上。[①]

孔天胤深知志书之重要。他在隆庆二年（1568）为《介休县志》所写的序言中说:"夫志,史也,以史官为之书也。古者列国皆有史官,故皆有书以纪其事",本来就应该有专门的史官来修志述史,然"自郡县之异制,则有守令而无史官",修志这件事就落在守令身上。但此事并非守令的分内职责,可为可不为,朝廷也不会将其作为考核官员的标准,因此尽管守令三年一任来来往往,但真正有志于在为政之省、府、州、县修志的却并不多见。守令不修志,还有三个重要原因:一是"守令之务,又有急于史者。则将先其所急,而后其所缓";二是守令平时吏事繁杂,"文书盈于几阁,车马靡于道路,掾吏委于刀笔,功课析于米盐",能将这些日常之务处理妥当,已属不易;三是志书难修,考证不易,"岁月无久住之时,载乘无世家之统,斯于稽古礼文之事阙矣"。然而志书又太重要了,记阴阳风雨可以敬顺天功,观山陵川泽可以识地德,观王公大人、贤人贞士则可以宣人纪。修志的意义,还在于"执三极之矩,弘万类之纲,纂一邑之事,系四方之风",其旨宏远矣。况且,"道有污隆,政有登降,俗有沿革,事有损增。酌古以准今,彰往而察来,因故以求利,考衷以度中,备是物也,其可阙乎?"

孔天胤所讲的这个道理影响深远。万历二十二年(1594)河南修《新乡县志》时,主修梁问孟在其志书序言中还引用了孔天胤的这段话:

> 尝闻之汾阳孔氏云:邑令之务,有急于史者。文书盈于几阁,则应务之难;车马填于道路,则奔走之难;掾史委于刀笔,则检阅之难;功课析于米盐,则催办之难。且岁月无久任之时,载乘无世家之系,欲以博咨精究,昭垂不朽,可易言哉?

这段与孔天胤在《〈介休县志〉序》中所写的原句略有不同,但大体不差,当是在转述时加了作者的见解。作者梁问孟,号静斋,嘉靖四十四年(1565)进士,新乡人。据《汾州府志》《汾阳县志》,梁问孟万历十二年（1584）曾任山西左参政驻汾州，当时孔天胤已故去三年矣。梁问孟后升山西按察使，官至宁夏巡抚。由梁问孟的引用，也可知孔天胤对县邑修志之难的论断具有一定的代表性。

孔天胤归汾后为山西修志述史所做的事，可分为三类。

（一）主纂《汾州志》八卷

孔天胤归汾后的最大文化贡献之一，就是修纂了汾州历史上第二版《汾州志》。

汾州历史上有《汾州志》《汾州府府》《汾阳县志》，概念间存在一些容易令人混淆的地方。但了解了汾州的沿革历史，就会对此有一个较为清晰的认知。汾州于万历二十三年（1595）升汾州府，附郭设汾阳县，在此之前所修的志为《汾州志》；设府之后所修的府志叫《汾州府志》。而《汾阳县志》是在设府之后，各县有志的情况下，以县的规制所修。

如今我们所能见到的汾州的志书，《汾州志》均散佚；《汾州府志》有两种，分别为明万历版和清乾隆版；《汾阳县志》有五种，分别为清顺治版、康熙版、乾隆版、咸丰版和光绪版。而按陈光贻《稀见地方志提要》所说，汾阳设府之前，仅《汾州志》就有三种：

> 汾阳之有志始嘉靖三十三年，知州陈秉忠、州人王纬为《汾州志》。越六年，冀南道彭范、州人孔天胤增成之。万历十一年，知州白夏、州人王缉又踵其事。

此说也见于清代所修县志的"旧志序"中。康熙版《汾阳县志》引旧志中王缉序言："汾故无志，自嘉靖甲寅岁，先兄龙冈草创之，殚精竭力，汇成四册。己未，文谷孔公修饬之，酌古准今，厘为二册，锓梓并传。"康熙版主撰者赵日昌序曰："明嘉靖甲寅前，吾汾尚无志也。邑人王龙冈草创之，其后孔文谷、王龙洲相继纂述。"主修者周超序中也称"创自王刺史，而修于孔方伯"。

遗憾的是，这三种《汾州志》都没有保存下来，我们今天所能看到的汾州最早的志书，就是万历三十七年（1609）知府王道一邀本府乡绅名士所修的万历版《汾州府志》。而志书的修撰，一般都是后书在前书的基础上增成。所以，三种《汾州志》，其实就是我们如今所能看到的《汾州府志》和《汾阳县志》的蓝本。

在此重点介绍第一版和第二版的《汾州志》。

汾州历史上第一本志书，是在嘉靖三十三年（1554），由汾州知州陈秉忠主持，汾州举人王纬主纂的。

陈秉忠，字汝诲，号芦山，直隶遵化县人，嘉靖三十二年（1553）任。陈秉忠在汾州颇有善政，孔天胤曾总结了三点，称其"以礼正宪而强宗戢焉一也，以俭节庸而积冗捐焉二也，以简要御烦而百物叙焉三也"（《寿陈母太孺人九十序》）。嘉靖三十五年（1556），陈秉忠因其治汾之功而受到巡按御史嘉奖，孔天胤作《芦山陈公受御史台旌奖序》一文以赠，总结了陈秉忠在汾三年的治绩，称"芦山陈公守吾郡三年矣，非为民之志弗存也，非为国之事弗行也，以正强御无惴也，以抚疲黎无扰也，而又听断之审，宣序之虔焉"。主修《汾州志》，应该说是陈秉忠在汾州最大的贡献之一。

而主纂者王纬，为了修这汾州历史上第一部志书，付诸了极大的心力。在志序中，王玮说到自己为修汾志，"躬历四境，咨访搜罗。西至禹门，登万户山，过向阳坂，逾金锁关，跨龙隐泉；东下涉万谷河，循汾水之涯，迤逦而南，抵中阳界"，中阳，即今之孝义。王缉是顺着汾水一路上下，亲自考察其源头，遍访水边之山，可谓艰辛。而在汾州境内，"谒狄武襄祠，过文潞公旧宅，访宋之问故墟"，访问分叫乡贤狄青、文彦博、宋之问的足迹，"凡山河之形胜、人物之遗迹、建置之因革，无不手录"。

亲自撰写，还要"稽核典章，参考图籍"，工作量之大可以想见。从考察到完稿，"两更寒暑，稍稍完此数篇"。作为《汾州志》的首创者，王纬付出了常人难以想象的艰辛。王纬可以说是汾州志书当之无愧的先驱。

嘉靖三十九年（1560），由彭范主修、孔天胤主纂了第二版《汾州志》。

彭范（1547—?），字克宪，号东溪，河南灵宝人，嘉靖二十六年（1547）丁未科进士，嘉靖三十八年（1559）以左参政分守冀南道，驻汾州。彭范产生修《汾州志》的念头，是因为以往看到康海所修陕西《武功县志》，"文简事该"；但到汾州后，却看到汾州的志书繁简失当（《汾州志》彭范序）。而主纂者王纬已于嘉靖三十五年（1556）出任河南鄢陵县知县，幸好汾州还有才高德隆的乡绅孔天胤，于是他对孔天胤说："郡有善志则邦多闻人，汾志未修，非缺典乎？"彭范此问，也成为后来有人质疑王纬所修之志是否存在的依据，称孔天胤才是《汾州志》的首创者。但客观理解，应当是彭范对现有志书不满意，认为没有按照志书的体式将汾州应该记载的内容记载下来。彭范接着记载：

> 公（指孔天胤）遂慨诺。旁搜博采，按旧择新，实则据事而直书，文则删繁以就简。《地理志》而图籍可察矣，《建置志》而兴废可稽矣，《藩封志》而茅胙有征矣，《祠祀志》而秩宗不废矣，《田赋志》而惟正可供矣，《官师志》而贤才可辨矣，《人物志》而尚友有资矣，《选举志》而贤能不蔽矣。

孔天胤对于彭范的约请积极响应，广泛搜集材料，从旧志中去粗取精，依据实际情况秉笔直书，文字表达上删繁就简，于是形成了八卷本的《汾州志》，包括《地理志》《建置志》《藩封志》《祠祀志》《田赋志》《官师志》《人物志》《选举志》。

孔天胤所修《汾州志》之八卷，其中所列八项内容是依据明成祖所列凡例及汾州当地当时情况，所列出的最为重要的部分。以一己之力而将一州之地理、建置、藩封、祠祀、田赋及历代官师、人物、选举列出，是一项极为繁剧的工作。彭范评其修《地理志》而使汾州之图籍可察，修《建置志》而使汾州建筑之兴废可稽，修《藩封志》而使帝王之脉在汾州的发展繁衍有征，修《祠祀志》而使汾州祭祀之礼不废，修《田赋志》使汾州赋税征收有据可依，修《官师志》而使曾在汾州任职的官员贤劣可辨，修《人物志》而使汾州历史上名人高士得以彰扬，修《选举志》则可使汾州历代走上科举仕途的学子得以留名，因而其意义极为重大。从这个意义上来说，有人主张孔天胤是《汾州志》的首创者，也是有道理的，因为孔天胤所修的志为后来汾州及汾阳的志书初创了基本体例。

八卷本《汾州志》修成，孔天胤在序中先述王纬草创之功，称"其有功于郡岂不钜哉"。而当时由孔天胤来增修《汾州志》，是因为他归乡之后，很长时间里都"废著嘿塞，杜门绝省问"。嘿塞，即塞嘿，塞默不语之意。既不著书又不多言，还闭门不多走动，当时汾州的一干官员，冀南道彭范、汾州知州张朝宪、汾州同知黄㝋前来拜访，对他说，闭户而不著书，怎么可以呢？不如把汾州的志书修一下吧。孔天胤听从了大家的建议，"于是取郡志修之，定为八卷，曰地理，曰建置，曰藩封，曰祠祀，曰田赋，曰官师，曰人物，曰选举。合而观之，则一郡之事聊可概而半"。孔天胤对自己所修之志较为满意，但既不忘"承前"，称"因于王君之所搜讨，益信其为国史才不可没也"；也不忘"启后"，称"至于宏备精核，有望于博雅君子焉"。

万历十一年（1583），孔天胤去世两年后，知州白夏主修了第三版《汾州志》。他在序中称："汾故志，盖文谷孔大夫所纂次。"因历三十年，事以时异，人以时殊，所以需要重修，于是令王纬之弟王缉主纂。第一版《汾州志》，王纬实地考察历时两年而"数月书成"；孔天胤增成第二版，于"嘉靖己未（1559）九月始，庚申（1560）正月锓梓"，历时四月余；王缉在此基础上再修则只用了三个月。王缉在序中说，他在增修时，"余今分类纪事，惟准先兄而立义，修词多资文谷。虽时异势殊，稍有笔削，而纲领条贯均无所更易"。由此也可见孔天胤志书基本体例之完备、文辞之精准，后来修志者皆可沿用。

（二）为嘉靖版《山西通志》、隆庆版《介休县志》作序

除了主纂《汾州志》，嘉靖版《山西通志》中也有孔天胤一份功劳。

嘉靖四十二年（1563），由山西巡抚杨宗气主持、山西提学副使周斯盛主纂的嘉靖版《山西通志》成，杨宗气和巡按山西御史王好问各写一序。其中王好问之序由孔天胤代写。

杨宗气（1514—1570），字子正，号活水，别号钟山，陕西延安卫人，嘉靖二十年（1541）辛丑科进士。雍正《陕西通志》记其任山西巡抚期间，"振纲饬纪，下诏褒锡，兼节制四省，吏畏民怀"。杨宗气、周斯盛这两位关中名士，为山西的政事、教育、文化的发展均做出了重要贡献。

《山西通志》的修纂，周斯盛居功至伟。雍正《山西通志》记山西志书之历史："山西之有《通志》始于明成化中督学佥事胡谧，其后嘉靖中则副使周斯盛，万历中则按察使李维桢皆踵事。"另有更详的记载是："旧志始于明成化甲午（1474），督学佥事胡谧创修；越九十年嘉靖癸亥（1563），督学副使周斯盛重修；越五十九年万历辛亥（1611），按察使李维桢重修。"

明代《山西通志》的三个版本，成化版十七卷、万历版三十卷今已点校完成，由中华书局出版，嘉靖版三十二卷存二十七卷影印本，可见于中国国家图书馆《甲库》第七百一十册，其中有杨宗气、王好问序各一篇。检《孔文谷文集》卷四，可见与王好问序内容相同之《山西通志序》，题目后有"代作"二字，可知王好问序为孔天胤代作。王好问（1517—1582），字裕卿，别号西塘，嘉靖二十九年（1550）进士。雍正《山西通

志》:"王好问,进士,嘉靖时任巡按山西御史,直隶乐亭人。"

因为是代王好问而作,所以语气上皆拟王好问之口吻,称"晋志之阙久矣。余按部之初,盖申理之,暨余事竣,而其书二十篇成。是为山西之通志。云二十篇者,曰《图考》,曰《建置沿革》,曰《星野》,曰《山川》,曰《风俗》,曰《物产》,曰《田赋》,曰《户口》,曰《祠祀》曰《封建》,曰《职官》,曰《学校》,曰《古迹》,曰《帝王》,曰《名宦》,曰《人物》,曰《选举》,曰《艺文》,曰《武备》,曰《杂志》焉"。然综观所有内容,"志之事二十,以言其化裁者三,盖《风俗》《学校》与《职官》焉",这三项都关于化裁之事。"职官举则学校兴,学校兴则风俗美",所以,一切向善向美的根源,皆在于官师之良:"官师之良也,而正学也,而使民兴行也。由是而田赋登也,户口增也,人文观也,贤才奋也,兵食牣也"。所以,《职官志》才是这本志书二十项内容的灵魂,是为后来之职官所撰写的教科书,比之单纯的记事修史有着更为深远的意义。

关于《山西通志》的二十卷,还有两个小插曲。

一是孔天胤最初写序言时,称《山西通志》只有十九卷,后来又看到目录,方知共有二十卷。孔天胤曾写信给王好问,称"奉闻志目,道中原开十九,今闻林广文仍撰《帝王》一篇,则其书乃二十篇矣。叙语开十九者,乞皆更作二十"(《与王西塘侍御》),希望在刊印时将原序中之"十九"改作"二十"。孔天胤所说的林广文,是当时的汾州学正林大槐。雍正《山西通志》卷十五为"帝王",可见是沿袭了嘉靖版的格局。

二是汾州学正林大槐因参与修纂《山西通志》而获御史嘉奖,并被作为贤才荐之于朝廷。林大槐,字茂德,号虚溪。万历《汾州府志》"学正":"林大槐,福建莆田人,举人,嘉靖四十一年任。"因同在汾州,孔天胤对林大槐多有了解且极称其贤。他曾有文称赞林大槐,"君以八闽名才,举进士于乡,乞疏愿就学职,以待临轩之策,于是署学正于汾之学也"(《赠学正虚溪林君以贤荐奖序》)。林大槐赴省参与《山西通志》的编纂，孔天胤曾写《送林先生赴省修志一首》：

> 晋乘阙无诠次久，编摩今喜属才贤。三长自觉雕虫陋，六善谁知司马玄？花发杏坛明彩笔，草深芸馆拂青毡。河汾弟子多归向，挟策寻师到讲筵。

诗中既写了山西志书久阙须修的必要性，又对林大槐之才及其对于汾州学子的教化之功表示称贺。孔天胤另写有《旌贤叙语》，是为林大槐因修志有功受御史嘉奖和推荐所作的贺文。文中称："晋志之阙者百年，比修之而无效者复十有余年。经先生总揽独运，搜遗补漏，考异定同，注记编纂，简瞻闳该，不半载而成一家之言，垂三晋之信，于是称先生之道，文质彬彬焉。"可见林大槐在修志中贡献之大。

隆庆三年（1569），介休知县刘旁主修了隆庆版《介休县志》，由教谕李斗主纂。孔天胤为之作序。序言中他说："介休为晋名邑，顾独无志。二百年来，令尹兴国刘公始搜辑而草创之，而以学谕关西李君事编次，不三月而其书成焉"。此版县志今已不存，如今可以看到的最早的《介休县志》为清康熙版，其后还有乾隆版、嘉庆版、光绪版和民国版。因此，孔天胤文集中的这篇序言，就成为介休最早的县志是由刘旁主修、李斗主纂的明隆庆版县志的一个重要证据。

（三）为冀南道、汾州官署、宁武关写题名碑

如果说地方志是刻在纸上的历史，那么题名碑就是刻在石头上的历史。虽然题名碑许多时候只有名录，但可以立在官署或庙学之前，不仅有记载历史的意义，而且更直观，更容易被人看到。孔天胤任河南左参议分守河北道时，曾为卫辉府写过题名碑记，其中写到了官府立题名碑的意义，在于将所任官职之姓氏、履历刻于石上，"其人之贤否，政之得失，

布之纪牒,传之父老,咸可指而议焉"(《卫辉府题名记》)。任乡间父老指点品评,也对后来者起到一种榜样和警示作用。

嘉靖三十八年(1559),彭范主持创立了分守冀南道的题名碑,用以刻石的文字《分守冀南道题名记》即由孔天胤撰写。孔天胤认为,如今汾州府作为冀南分守道的驻地,历代分守冀南道的官员皆驻扎于此,如王崇庆、高叔嗣、葛守礼等名宦,都曾为冀南道分辖的潞安府及沁、泽、辽、汾四州,特别是强宗难驭的汾州做出了重要贡献。以题名碑的方式将他们的姓氏、事迹记载下来,同样是一件重要的事。

当是时,彭范来到汾州,不数月而纲纪有序,"烦冗者芟,幽隐者达,奸匿者化,疲困者苏",然后坐堂上而喟然叹息说:前面的分守道是怎样治理的,我没有看到;如今我怎样治理,后面的人也看不到。于是开始查找以往记载,"稽之卷牒,得胜哲如干人,断自(嘉靖)元年壬午,以及于今而题之石,仍虚左方以俟其后"。

孔天胤在记文中主要探讨了"名"与"实"的关系。他写道:

> 凡政府之有题名,尚矣,所以彰往而察来也。彰往者,名;察来者,实。孔子曰:"文、武之政,布在方策。其人存则其政举。"其名实之归乎?是故实中其声者谓之端,实不中其声者谓之衺,言名以实存也。名以实存也者,修治其具而政之纪也,题之不可以已也。

文、武,指周文王和周武王。但由此推及所有为政者,人在政举、人走政息也是一个普遍的道理。虽然同样职在其位,为与不为,如何作为,其为政思想不同,治理的结果也不同,而其中名不副实者也大有人在。题名碑的意义,一在于当时以其实而存其名,二在于后来者以其名而察其实。孔天胤还举周文王的两个儿子召公奭和毕公高的例子,两人一分于陕西一分于东郊，由于治理得当，万民和谐，都能行文王、武王之政，所以人民为召公咏《甘棠》，康王为毕公作《毕命》，皆"题鸿名于当时，垂茂实于后世"之举。

冀南道题名碑刻立三年后的嘉靖四十一年（1562），汾州官署也在汾州同知宋嘉猷的主持下，首次创立题名碑，并由孔天胤作《汾州题名记》。宋嘉猷，号伴芦，乾隆《汾州府志》记其为陕西耀州人，岁贡，嘉靖四十一年（1562）任。孔天胤文中记载："嘉靖壬戌之秋，同知宋君嘉猷始取新志所载，守贰题石刻之。"新志，当指孔天胤所修之《汾州志》；守贰，指知州、通判等官。有志可据，查找历代官员名录及事迹就容易多了。前人是后人的一面镜子，孔子说过，"见贤思齐焉，见不贤而内自省也"，说的就是这个道理。而对于汾州官员的能力和品质要求，孔天胤也提出了自己的看法，因为"汾为大州，大则为务也殷，务殷则需才也重，是故任官必选贤与能矣"。具体说来，有四点要求：

> 有以辨之，必聪明宣哲而莹于智者也；有以胜之，必强毅果确而劲于勇者也；有以威之，必廉正直方而精于义者也；有以惠之，必慈和恳恻而笃于仁者也。

一是能辨是非，二是能胜奸邪，三是能威四方，四是能惠民生，这是能力要求。而具备以上能力，则还需要相应的品质：能辨是非者必当有智，能胜奸邪者必当有勇，能威四方者必当有义，能惠民生者必当有仁。对于汾州这样的大州，为官者必具智、勇、义、仁四德，若无此四德，就会陷于昏惰甚至暴虐。所以，汾州的题名，是"事之章也，政之纪也，风之不可已也"。而对宋嘉猷此功，孔天胤认为"于斯宋君之达于政也，虽百世可睹也"。

嘉靖四十三年（1564），孔天胤六十岁，已是致仕归汾的第九年。这一年，山西宁武关都督府始修题名碑，山西都督佥事董一奎请孔天胤作碑记，孔天胤作《宁武关督府题名记》。

据乾隆《宁武府志》，董一奎，宣府前卫人，是一位战功卓著的武将，曾任游击。据《明世宗实录》记载，嘉靖三十七年（1558）八月，俺答犯宣府、赤城等处，游击董一奎等率兵御之，斩首十二级，夺马百匹；雍正《山西通志》记载，嘉靖三十九年（1560），俺答薄太原城下，围西门，当时巡抚在代州，援救不及，游击董一奎以援兵至，出城战于西门外，大战从早晨一直到正午，逼敌退守，"相持至半夜，寇遁"。因战功卓著，董一奎一路升职。明代武将之编制，由高到低分别为总督、总兵、副总兵、参将、游击、千户、百户等，董一奎由游击而升参将，由参将而升副总兵，又升都督佥事充任总兵。《明世宗实录》嘉靖四十年（1561）十二月，"以宣府东路参将都指挥同知董一奎充副总兵协守大同"；四十二年（1563）十一月，"升大同副总兵都指挥使董一奎为署都督佥事，充总兵官镇守山西"。

宁武关督府修题名碑，与冀南道、汾州府修题名碑不同，因为宁武为中国"九边重镇"②之一太原镇的治所，同时属山西"三关"（另两关为雁门关、偏头关）之一，是蒙古游骑侵入山西内地的重要关口。早在正德九年（1514），小王子在犯宣府、大同等地后，就攻入宁武关，掠忻州、定襄、宁化。所以明代历任山西巡抚都非常重视宁武的边防事宜。嘉靖十九年（1540）六月，山西巡抚陈讲就曾上疏朝廷，请修宁武关温岭至老营堡及偏头关野猪沟抵黄河一道边墙，朝廷准许了陈讲的请求。然自此年之后，蒙古军队多次突破宁武防线攻入山西内地，而宁武督府之大小武将，也往往首被其患，战斗在第一线，可圈可点、可歌可泣甚至流血牺牲之事不可胜数。正因为如此，董一奎感叹"大将名氏不可无记"，于是凿石作题名碑于庭。

在题名碑记中，孔天胤先介绍了宁武关之地理位置，"山西之关三，而宁武在雁门之西、偏头之东"。这个位置，于全国都有着重要的战略意义：京师以大同为右臂，而代郡之雁门、宁武、偏头三关又是大同的外围关卡。只有内之大同、外之三关全部牢固，这条京师右臂才能强劲有力。

孔天胤介绍了宁武关历来设守备之情况：弘治七年（1494）设守御千户所，正德九年（1514）添设守备，当时副总兵驻御偏头关。到嘉靖二十一年（1542），由于敌兵突破边关防线南下进犯汾州、沁州等地，于是朝廷开始在宁武设大总兵。宁武关大总兵统率游击六员，带甲数万。再到嘉靖四十三年（1564），又在老营堡设副总兵驻扎。宁武关设守备已有七十年的历史，中间历将帅无数，而有太多将帅在这里浴血奋战，如果连名氏都没有记下来，既对这些将帅不够公允，于宁武关也是一个重大缺憾。

孔天胤在这里还提出一个重要观点，那就是边防安全"不在于险，而在于守；不在于守，而在于人"。这就大大突出了人的因素。防守此处的人需要具备哪些素质？他认为："勤诚则笃忠也，明久则孚信也，抚绥则恤仁也，果毅则宜义也，运筹则哲谋也，敌忾则克勇也。"忠、信、仁、义、谋、勇，缺一不可，而守备还须"悦诗书，敦礼乐"，因为这是"义之府，德之则，利之本"。懂义利，方可知战守之理，明进退之道。当然，最重要的是要懂运兵之法："见可而进，知难而退，军之善政也；兼弱攻昧，武之善经也；绝利一源，用师百倍也。"所以，边关之守备，因其任重，故更须戒慎。或战或守，动中权略，相机行事，皆得益于守备的智慧与才能。而立题名碑，就是让后来的守备者览前任之名录，对照忠、信、仁、义、谋、勇几条原则，思考这样一些问题："先今所著概桓桓虎臣，扬声沙漠之陲，功光节钺之表，然具体忠信、仁义而兼资谋勇者几人？复德义者几人？谙政经者几人？绌嗜利者几人？审机权者几人？"在这样的审视与探问中，"君子览贞珉，抒品藻，必有以别之矣"，从而以其为镜，砥砺自身。

与其说这是一个题名碑的记，不如说这是一份为武将所写的德行手

372

册。意之高标，辞之达意，其言的的，永不过时。

丁卯寇乱：隆庆元年的山西浩劫

隆庆元年（1567），岁在丁卯，这一年，孔天胤六十三岁。

据雍正《山西通志》，这年九月，俺答兵"分六万骑四道并入，入井坪，入朔州，入老营，入偏关"。因边关没有挡住，军队长驱直入，于九月十一日打到石州城下，石州城破，"被害男女死者数万"。《明穆宗实录》也有"虏俺答寇山西，石州陷之，杀知州王亮采，扬言欲移兵南向""时西虏俺答兵尚留壁石州间，出精骑抄掠交、汾等处，山西骚动"等记载。

石州，即离石市，今更名吕梁市离石区。石州得名于唐朝乾元年间，因为隆庆元年的这次城破，"石州"成为了一个永远的历史地名。当时从署事太原府同知李春芳请，"'石''失'不分，叶声不吉，更名永宁"（万历《汾州府志》）。官方的说法是，"石州"谐音"失州"，不吉，所以改为永宁；但民间对此说法颇不以为然，认为城如此易破，如何叫得"石州"，此名反而是一种讽刺，索性改为"永宁"，以期百世之宁。

此事给山西带来巨大的震动，孔天胤有多篇文章写到这一惊天事件："比岁阃臣失守，北虏跳梁，隆庆元年九月至入我内地，大肆杀掠，时石州城守不设，致虏攻袭"（《介休县缮城记》）；"隆庆元年丁卯，北虏跳梁，攻石州城破，遂凭凌我疆堡"（《新甓汾州城记》）；"元年，大虏入宁武关，长驱兴、岚、石、汾等十余州县，横肆杀掠，而石州破，乃满载循故道而归。当是时，来不堵拦，去不邀击，盖二百年所未有之变"（《赠范大参请告东归序》）。

孔天胤这一时段的诗文大多与此事有关。

(一) 汾州一五六七

1567，这是个不宁静的年份。石州城破后，"寇分犯文水、交城、灵石、平遥，遣间入汾内应"（雍正《山西通志》）。孔天胤在写给好友王纬的信中，更详细描述了当时被寇的情况，其中更多的是对守备及乡民的谴责和失望：

> 北虏破石，至汾八日方退，淫烧杀掠，惨不可言。庸阁抚臣，奸顽将士，先事既不能哨探提防，临事又不能堵截援救，坐视危亡，漠不休戚。乡民平日好勇图斗，不胜杯酒片言之愤，及闻虏至，骨软魂消，至有一堡千数百人死于六七贼之手者，其无义气如此，岂天知所废不可支耶？（《与王龙冈》）

孔天胤所说的"至汾八日方退"，更准确地说是在汾州城外盘桓了八日，并未攻入汾州城。雍正《山西通志》记载，当时俺答部派遣间谍进入汾州城做内应，被分守左参政宋岳识破，"参政宋岳擒之，焚其伪书。寇攻汾八昼夜，不克，引去。"宋岳抓间谍，焚伪书，严防守，蒙古军八昼夜而未攻下汾州城，使汾州吏民免受到灾殃。但汾州之外的文水、交城、灵石、平遥等处，情况就糟糕多了。令孔天胤气愤的有两点：一是那些官员，先前不预防，临事不防备，而是"坐视危亡，漠不休戚"，也就是他所说的"来不堵拦，去不邀击"；二是乡民平时为一点鸡毛蒜皮的小事，或者喝两杯酒就义气用事、好勇斗狠，可是敌人来了却"骨软魂消"，躲得远远的，在无人与敌对抗的情况下，致使一堡千数百人死于六七贼人之手。汾州未受损伤而孔天胤仍激愤至此，可见其心中装的是全山西，甚至是天下百姓。

孔天胤有诗《丁卯九月望日北虏寇汾凡八日始回感而赋之》，状写了当时山西遭遇寇乱的情况：

　　生当明盛时，老作山林叟。自幸保余龄，晏然终白首。何知异患干，狂胡入郊薮。凭陵复虔刘，见辱良可丑。主将兵不援，糗助亦何有？饱满去仍迟，骑纵来还陡。无地可安居，谁能善其后？恨不叫天阍，申严四夷守。

本计划归乡养老，享受盛明之世的归田之乐，谁知竟有此祸。敌兵入城，如狼入羊群，百姓任其屠戮。而当时主将无援，防守无力，任敌劫掠烧杀，饱足而去。当此之时，什么地方是安全的呢？上天可知百姓遭此劫难吗？为何不派天兵天将把中华大地牢固守护？

如果说这是一首申诉之诗，其中充斥着对命运的自怜和对上天的哀告，那么《虏寇杀掠焚烧之余风雨大作，走回人口仍多冻死，及被官军遮杀诈充首功，因成口号四首，以代七哀。时九月廿七为立冬之日》诗，则充满着深重的悲愤，其中满溢着对官兵的抨击、对百姓的哀怜：

　　死者纵横生怨哀，疾风寒雨更相摧。可怜铃柝孤城夜，却恐仍吹胡骑来。
　　残喘颠连脱系归，口无含糗体无衣。天将杀气摧还尽，劫数真成不可违。
　　高衔大纛是何人，拥众遥遥避虏尘。烽火在汾军去代，询津觅路与金银。
　　丁男被虏暂存生，皮帽皮衣护虏营。间道得归仍是祸，官军遮取作功名。

其一写百姓已惨遭屠戮，再加上疾风寒雨，活着的也都战战兢兢，听马嘶而胆战,闻胡笳而心惊。其二写百姓侥幸得以活命归来,却无衣无食,依旧面临着冻饿而死的危机。其三讽刺那些哗众取宠、趁乱招摇的官兵,敌在此处而兵去彼处,不是去正面迎敌,而是去敌寇离去后的地方趁机发国难财。其四写被房劫掠而去的乡民,受敌人胁迫替其守营,好容易从敌人手中逃脱而归,却被官兵充当俘虏,杀死以充战功。

好在,汾州"大城四关,幸安堵如故,儿妇辈俱各平安"(《与王龙冈》),这都是宋岳之功。

对于宋岳的这一大功,孔天胤写了《乾楼献俘一律赠承山相公》一诗以贺。诗曰:

    始作雉楼凭镇远,今为虎帐坐临戎。运筹神鬼森严里,涣号风雷指点中。壁有献俘知算胜,房因清野怨回空。怪来督府援兵绝,望见胡尘已向东。

乾楼,在汾州城西北,嘉靖四十五年(1566)宋岳修建,当时宋岳还请孔天胤等人一同登楼参观。孔天胤在题为《新作西北城楼召宴诗碣》的诗前小序中说:"承翁相公新作西北城楼,召宴郡中文士,左史胤与焉,因敬赋诗以纪其事。"孔天胤所说的"郡中文士",在宋岳的诗题《乾楼成,奉邀郡中四君子眺叙》中具体为四个人。孔天胤、宋岳诗后,另有王纬、王缉、孔天民、赵讷和诗,而赵讷诗序曰"承翁相公与汾上诸公乾楼宴集,各有咏言,因用韵寄上,时有传北鄙房遁者",可知赵讷的诗是后作并寄至的,当时宋岳召宴的"四君子",即孔天胤兄弟和王纬兄弟。王堉昌《汾阳县金石类编》这组诗后有立石时间,为"嘉靖丙寅秋九月吉日立石",即嘉靖四十五年(1566)九月。

孔天胤《乾楼献俘一律赠承山相公》一诗将宋岳临危不乱、指挥有定的风采描绘得栩栩如生。诗歌风骨硬朗、雄浑壮美,颇有兵备颍州时的豪情。诗歌还通过敌人的"怨""怪",侧面烘托宋岳指挥的胜利。

与宋岳一起防守的,还有汾州知州齐宗尧。齐宗尧,直隶昌黎县人,嘉靖四十五年(1566)任汾州知州。万历《汾州府志》记其"为人慷慨有胆略,隆庆丁卯秋北虏入寇,直抵汾城,乃躬率士庶,捍御保全,加卫河东运司同知,仍管州事,寻调知州"。雍正《山西通志》与此记载类似,称其"忠直有胆略,遇事慷慨直前。隆庆丁卯北敌入寇抵城下,宗尧登埤设守具,指授捍御方略,卒得保全"。

曾于嘉靖四十二年(1563)到四十五年(1566)游历山西的"后七子"之一谢榛,后宋有诗曰:"不有宋参政,满朝难保万亿命。不有齐太守,阛阓杀伤如拉朽。"③肯定了两位守汾官员的御敌之功。

因御敌功勋卓著,山西督府与巡按御史上疏请求重用宋岳,然而事情的发展远远出乎人们的预料,就在宋岳"方申画兵防,抚绥残破,蚤作夜思"之时,却遭人谗言被罢免了。孔天胤在《送承山宋公南还序》中为之大抱不平,称朝廷是"用一言之毁废千人之誉"。他提出了一连串的反问:"夫中外展寀之臣,诚多布列矣,其纯洁端平、恺悌明睿如公者几?文德懿衷、武以威敌如公者几?议事以制、不为刑辟如公者几?不侮矜寡、不畏强御如公者几?处烦以简、济变以通如公者几?礼检宗藩、道兴学校如公者几?"这连珠炮式的反问,其实也是对宋岳其人其功的最好概括。如此德才俱佳的优秀人才反被罢免,会伤害天下君子之心,"夫公誉之而不用,私毁之而不察,窃恐贞人智士,将望望而皆隐矣"。

(二)山西各地增城缮墙

隆庆元年(1567)这次大的兵患,使明穆宗心惊胆战,也使山西巡抚痛定思痛。一段时间内,陆续惩治玩忽职守的官员,并免除了兵入所经县文水、交城、清源、交口、霍州、石州、汾州、孝义、介休、平遥等地税粮,出于安全考虑,这些县及蒙古军队可能经过的榆次、太谷、徐沟、太原、阳曲、寿阳、盂县、平定、平乐等县的正官也可免上朝觐见（事见《明穆宗实录》）。但如果俺答再次入侵呢？这些措施显然都无补于事。

所以，其一，要加强边防建设和管理；其二，更要加强内地防范措施。

加强边防，重在将有魄力、有才能的管理人才放到边关重任上。范大儒就是在这种情况下升为山西参政移镇老营堡的。

范大儒，号霑南，山东霑化（今沾化）人，隆庆二年（1568）任山西右参政。范大儒到任后，"尽易其往之玩弛，申宪令以作士气，率忠义以启人心"。具体来说，是在险阻处做防御工事，明察暗访以绝奸细，修筑圮坏的城壁，增挖浅矮的沟垒，积储粮食，修缮器用，严明纪律，勤于训练，兴利除害，顺人所乐，"军实所资，罔不弘济"，可谓极有作为。范大儒在任其间，"边鄙尽宁，民用生息，一道皆倚以为重"。孔天胤认为，范大儒之贡献，不惟在边地，汾州亦被其泽，"公以良翰钥其北门，至今汾人亦倚以为重"（《赠范大参请告东归序》）。

加强内地，则有山西巡抚杨巍向朝廷条上三事。

杨巍（1517—1608），字伯谦，号梦山，山东海丰人，嘉靖二十六年（1547）进士，隆庆二年（1568）任山西巡抚。雍正《山西通志》"名宦"记其"隆庆初，晋右副都御史巡抚山西。所部驿递银岁征五十四万，巍请减四之一。修筑沿边城堡千余里，檄散大盗李九经党"。检《明穆宗实录》，隆庆二年（1568）正月，"山西督抚官陈其学、杨巍条上边防三事"，一曰"严修守"，令各郡县城堡修筑高厚，令居民编为保甲且练且守；二曰"设将领"，太原参将宜仍驻内地，汾州宜增设参将一员，统兵三千居之，至防秋则移驻石州，拒守要害；三曰"实内地"，以往山西恃大同为藩篱，如今敌军频年深入，藩篱无所复恃，内地应多加召募，令州县有勇士之徭，卫所有壮士之役。这三事都得到了朝廷允准。

孔天胤与杨巍的交游也在这段时间。隆庆二年（1568），孔天胤写有《上督抚相公杨梦翁二首》，对杨巍的雄韬伟略给予高度赞扬。其一之"授符新从镇，决策早平戎""黄尘秋塞断，白羽夜垣空"，极言其建功边陲之豪迈；其二之"延摧元老望，縠转丈人师""义气横金钺，仁风泛羽旗"，极言其德隆望尊、仁义陈师之高格。检杨巍《存家诗稿》卷二，可知杨巍曾到汾州过访，去了孔天胤的背郭园，并作有《汾州赠孔文谷先生二首》。其一曰："愧我栖栖客，得升贤者堂。早闻经济志，今见鬓毛苍。两汉看文体，终年入醉乡。田园开背郭，人拟辋川庄。"其中有着对孔天胤长久以来的敬意及其归田生活的赞赏。其二曰："早上万言书，曾传玉殿胪。才非时所用，心与道相符。注易山名卜，为农谷似愚。不因宾帝胄，事业讵能无。"是对孔天胤一生才德俱佳而不能为时所用命运的感叹。

对于杨巍提出的"设将领"，汾州增设参将一员，也很快得到了实施。这位参将姓程，号一山，其名不详。孔天胤《程参戎刻〈窗稿〉序》中记载，隆庆元年（1567）丁卯寇乱时，始有参将驻汾，程公就是在这个时候来到汾州。来汾后，"拥旌建牙，陈师鞠旅，调战阵之具，饬钲鼓之教"，有纲有纪，有文有章，"汾人知有军容自兹始也"。建牙，武将镇守而设官署。隆庆三年（1569），孔天胤有诗《赠程一山参戎始建牙汾郡一首》，记程参将在汾州建武备官署之事：

  北阙授符推縠后，西河分阃建牙初。弘修军礼昭文幕，远阐兵威到朔庐。戍静关山和月唱，珉安陇亩带经锄。方知上将收全胜，顿令边庭绝羽书。

诗中对程参将的到汾州后建官署、整军容之事，给予高度赞扬，并对其守卫汾州安全抱以希望和信心。

对于杨巍提出的"严修守"，山西各地守备纷纷开始筹划，增筑城墙，加高加固。孔天胤记载了介休县、临县、汾州城的增缮。

介休增城是在知县刘旁的主持下进行的。前文已述，刘旁在介休任知县期间,修庙学、修县志,极有作为,而修缮介休城也是其重要功绩之一。历代《介休县志》都将其列入"名宦"。清嘉庆《介休县志》还记其御虏之功,"时北寇入境,公缮城浚濠,守御有方,民不惊窜。寇知有备,遁去,境赖以安";乾隆《汾州府志》记其"边寇大至,守御有法,民赖其德";雍正《山西通志》记介休城,"隆庆元年知县刘旁加城高一丈二尺,帮厚八尺,濬壕深广,增敌台一百余座,各葺窝铺,每间阔二丈有奇,孔天孕(胤)记"。

孔天胤《介休县缮城记》记载,隆庆元年(1567),蒙古军入汾州城下,八昼夜攻城不克,而与汾州邻近的介休同样没有被攻下,原因就是"介休以县尹刘君备御有方,得不被害"。虽然此次有惊无险安然度过,但难保下次还能守住。恰在此时,"虏退去,当道乃下令缮城"(《临县修城记》),各县都要求加固城防。刘旁省览介休城,说现在的介休城,承平之时不可不谓牢固,但要在战时折冲御侮,则必得增缮才可以。于是着手缮城,并提出增缮原则为"小费而大成",具体措施则是"均田里以出其力,酌公帑以出其财"。因为缮城之事关乎万家安宁,所以"民乐于趋事,工乐于售能",不数月城就修好了。建成后的介休城,城增高一丈二尺,帮厚八尺,周围雉堞、楼橹、敌台之类也皆"有业有严,式坚式好"。有了这样一座坚固的城墙,百姓的安全得到了保障,"无事则与之休息,有事则与之守之,可以折冲,可以御侮",可谓"举一邑之民而遗之百世之安"。

也就是在"当道下令缮城"的政策指令之下,与石州城邻近的临县也开始了修城之举。

临县今为吕梁地区之山区,汾州升府前属石州,升府后属汾州府。其地理位置,"望河阻山,介于兴、岚、汾、石之间,近塞邑也"。因为"民俭而足"且"城小而窳",所以"虏入辄犯",和石州一样都是容易被蒙古军队侵袭之地。所以隆庆二年(1568),知县吴潮对临县城进行了大规模的修缮,乾隆《汾州府志》"职官":"吴潮,陕西渭南举人,嘉靖四十五年任。"关于临县修城之事,雍正《山西通志》记载:"隆庆元年,知县吴潮石包全城,孔天孕(胤)记。"此条记载有误,当为隆庆二年。孔天胤文中,记修城工事起于隆庆二年四月,七月竣事,历时三个月。

孔天胤这篇记文今见于《孔文谷文集》卷九,雍正《山西通志》之"艺文志"全文收录。其被收录的原因之一,当是吴知县"石包全城"这一壮举颇可作为后世修城之典范;原因之二,当是孔天胤此文写得极有水准,记事精准而语带豪情,同样可作为后世修城碑记中的典范。

记文始于吴知县到任后,登上城头矮墙,远望黄云、紫金诸山,观临县之山形物产,思考如何因地制宜修缮城墙。也许灵感是突发而至的:他本来计划以砖来加固城墙,但看到满山的石头,想到临县本山区,多石多林,伐石代砖,伐木炼灰,就地取材,不是事半而功倍吗?何用去别处运砖呢?

有了这个思路,吴知县开始招募匠师,征寻劳力,计算料费,准备器用,储蓄口粮,设定了一整套的修城方案。他又委派当地有为官吏监工督察,一场就地取材的修城之役就此拉开帷幕。不久,即"运石成岸,积灰成邱(丘)"。而参与修城的吏民,个个"趋事踊跃",胜过了有人敲锣打鼓的吆喝助阵。修成后的临县城,广六里五步,高三丈五尺,"其包土城而为石也",这就是《山西通志》中所说的"石包全城"。孔天胤对修成后的临县城形制的描述,是全文中最精彩的部分:

> 其直如绳,其方如矩,其渟如渊,其峙如岳,其密如栉,其坚整如铸,而女墙楼橹,天棚旗帜、枪炮矢石之类森其上;重濠叠堑,品窨伏锋、战车涌械之属罗其下。当是时,地无百雉之筑,而险有金汤之固。环视旁邑,莫兹之为强矣。

六个比喻如连弩发箭，一组对仗如军士列行，气势宏伟之势，全仗文字传达。

当各郡县开始纷纷修缮城墙、增强防御时，汾州的缮城工事也一直在进行中。孔天胤《玄天上帝阁记》《新甓汾州城记》记载了汾州城从隆庆三年（1569）开始一直到隆庆六年（1572）结束的修筑工事。

汾州城原来遵循"王制百雉之轨"的建城之制，方广一千六百丈，高三丈二尺。隆庆三年（1569），汾州知州宁策到任后，为安攘计，大缮城筑，将城墙增高到四丈八尺。宁策，万历《汾州府志》记其为"河南河内县人，举人，隆庆二年以举人调任"。

孔天胤曾与出身王府的东皋宗尉于夏日登上北城新楼，东皋宗尉作诗一首，孔天胤和之，描述北城新楼："栋彩虹霓如欲奋，剑华菡萏不胜拈"；这样的楼，"示威逾表重关隘，设伏应教万弩潜"（《和东皋宗尉盛夏登北城新楼赠太守宁公之作一首》），足可以御敌，保城中吏民安全。

但这次修建总体上规模较小，"宿土暴见筑，压则多坼"。宿土即原来种庄稼的土，用于建筑则质量不好。于是隆庆五年（1571）二月，分守左参政张蕙和当时分巡副使"更议所以甓之"。甓，即用砖砌以加固。张蕙(1521—?)，字时芳，号抑斋，山东平原人，嘉靖二十九年（1507）庚戌科进士，历任河南按察司佥事、河南布政司参议、陕西右参议、肃州兵备道副使、山西左参政，万历《汾州府志》记其任山西左参政驻汾的时间为隆庆四年。张蕙制订了新甓汾州城的工程方案，包括五个方面：定功、定料、定值、定财、定委。定功，即使用工匠民夫之数；定料，即使用砖及石条、石灰之数；定值，即所用料折合为银之数；定财，即征银之数；定委，即每处工事用官民之数。预算精细，所列数据详备。

隆庆五年（1571），张蕙升宁夏巡抚，孔天胤在《赠抑斋张公巡抚宁夏序》中对其"未半而节钺启行"之事深表遗憾，认为张蕙所开创之役，已精确核算并精准布置，"度遗矩昭确，必罔怠弛而惠泽远也"。

张蕙升职而去，新任左参政纪公巡接手其事。纪公巡，万历《汾州府志》记其为"山东恩县人，嘉靖庚戌（1550）进士，由给事中历升左参政，隆庆五年驻扎，升陕西按察使"。纪公巡在来汾州之前，于隆庆四年（1570）曾任岢岚兵备副使，坐镇老营堡，离任前，孔天胤应孙总兵之请，写有《赠大参省吾纪公移镇汾阳序》。赠文总结了纪公巡镇守老营堡之功，正法度，体士卒，修废弛，补缺略，"申武之经，济文之宪"，老营堡官、兵、民皆赖之。到汾州后，纪公巡接手了前任张蕙新甃汾州城一事。工程一直到隆庆六年（1572）七月才告完成。其后又有一点余绪，"绪其瓮城之未甃、壕升之未挑者，复次第综理，至万历元年（1573）癸酉六月告完"。此次修城，前后历时三年四个月。新甃的汾州城，"其雉堞联延，楼橹相望，什器储偫，填委错阵。其上隆宗寥廓，日薄星回；其下盘纡巩固，环堤夹渠"。孔天胤感叹，如今的汾州城，城之高、池之深、守备之固，三者俱备，汾州吏民从此可高枕矣。

万历元年（1573），纪公巡升陕西按察使，孔天胤在《赠纪省吾参知擢陕西廉使》中记述了纪公巡守汾治汾的功绩。第一项，就是在寇乱之后，"甃我高城，坚于磐石；保我遗黎，慈于杜母"。另有饬纲虔纪、奖善疾邪、识远察微、割剧剖纷等功。正因为如此，任职两年之间，"群吏相与励其职，蒸民相与乐其生"。检孔天胤诗集，可知万历元年（1573）春纪公巡主持了汾州的祈雨仪式，并且果然有雨，庆成王为之设宴，孔天胤写有《三月十有二日宴集庆成西园为参知纪公喜雨即席赋谢二首》。

寺观祠庙："与人之善，表地之胜"

对神灵的信仰和祭祀，是中国古老的文化传承，也使人们在惊惧时、困苦时有所倾诉、祈求、哀告，因而也有所希望，而希望，正是战胜一切艰难困苦的力量源泉。正是基于这样的民间信仰和精神需要，中国古老的大地上出现了很多寺观祠庙，成为中国人民长久以来的精神寄托。这些寺观祠庙的作用，正如孔天胤所说，至少有两点作用，一是"与人之善"，一是"表地之胜"（《修建石佛寺记》）。

"与人为善"是说，"人有善心即是佛性，情产障之，往往著迷矣，然敬礼佛像之心实未尝泯，故谕以声闻法像则易于启明，因其启明而遂通之，则可以见性。是寺之建，不有以与人之善乎？"（同上）嘉靖二十八年（1549）丁母忧期间，孔天胤为汾州云林庵作《云林庵记》时，曾强调过寺庙对于修正人心的作用，称"参叩之徒，觌德而情抛恶趣；含灵之党，溯风而心款善缘。即毒事不生，平怀并尽，风流清简，俗尚慈良，不必远寻净土，自然美作仁里"，意思是一致的。进寺庙，观佛像，听法声，人自然会受到启迪，从而明心见性，激发善根。

"表地之胜"是说，"地有秀岭、崇山、修渠、怪石、古木、长云、麦陇、桑田，然无幽人以托之，庙宇以经之，则无以包括众美、藻饰奇致"（同上）。一座寺庙可以将一个地方零散的景致予以统纳，集众美以成一景，因而也成为一个地标性的建筑。

据《汾阳县志》《汾阳县金石类编》及孔天胤文集，孔天胤归汾后，为寺观祠庙纂写的碑记有多篇，今多不存。检文集中存者，有其为金龙四大王祠、石佛寺、灵岩寺、天宁寺万佛阁、玄帝阁、龙天庙、三官祠等所写的碑记。

金龙四大王的原型是谢绪，南宋钱塘人士，因其行四，故称"四大王"。宋亡，谢绪四方奔走联络抗元，但因大势已去再难挽回，在金龙山（今浙江杭州安溪下溪湾）投苕溪自尽。人们崇敬他的气节，在溪北塑像立庙。相传明太祖朱元璋未得天下时，与蛮子海牙战于吕梁洪，正当形势极为不利之时，忽见风涛大作，卷河水北流，淹没敌军，海牙大败。朱元璋夜梦一儒生素服前谒曰："臣谢绪也，上帝命为河伯，会助真人破敌。"朱元璋惊醒，于是封谢绪为黄河之神，立庙黄河之上。此事见于明徐渭

(1521—1593)的《金龙四大王庙碑记》。相传成祖修复漕运，神亦相助。凡河道淤塞，神来开之；舟船将覆，神来拯之。维护漕运，屡显灵异，因而谢绪又被封为漕运之神。最早金龙四大王信仰在江浙一带，后北移扩展到黄河流域。明代中晚期，山西、陕西陆续有了关于金龙四大王祠庙的记载。

据孔天胤《金龙四大王祠记》，"大王旧不祠于汾……江南之祠金龙也，或亦犹是也，而他所之亦祠之也，则自今始也"。今检山西地方志及明人文集，关于金龙四大王祠的记载多见于万历、崇祯年间。孔天胤记载，汾州金龙四大王祠起修于嘉靖三十二年（1553），修成于嘉靖三十三年（1554），记于嘉靖三十四年（1555）。这篇记文，使山西始有金龙四大王祠的记载提前到了嘉靖三十四年（1555）。

汾州石佛寺创自唐昭宗大顺二年。检《山西通志》，可知山西诸多郡县皆有石佛寺。如雍正《山西通志》载，屯留县"石佛寺在县西北十八里余吾镇，唐贞观二年建"；平遥县"石佛寺在县西北张村，唐大中元年建"；宁乡县（今中阳县）"石佛寺在县西克胡村，元至正三年建"；沁源县"石佛寺在县东南，宋皇祐间建"；汾阳县"石佛寺在城东北四里米家庄，唐大顺二年建，明嘉靖间修，孔天孕（胤）记"。由以上信息可知，各地石佛寺多建于唐、宋、元时期。而《山西通志》中仅见的明代重修石佛寺的，就是汾州，所依据的史料，就是孔天胤写于嘉靖三十九年（1560）的《修建石佛寺记》。

石佛寺位于汾州城东北四里的米家庄，"其地背山面流，沟塍连络，庐井交疏，人烟之辏而风景之丛也"。到孔天胤时代，此寺为大水所没，仅存基址，所以邑人任敬等人筹谋修复。据孔天胤记，汾州重修石佛寺的工程始于嘉靖三十七年（1558），工成于嘉靖三十九年（1560）。而经费一部分由任敬等人筹措，另一部分由门僧真澍、住持本僧等协助筹募。对石佛寺的形制，孔天胤也做了细致的记载："先起正殿三楹"，"增建东西廊各三间，西廊塑西方大乐之景，东廊塑罗汉十王。又首塑释迦、文殊、普贤三像于正殿，俱文以金碧。又建伽蓝土地堂二所，以至僧堂寮舍斋厨器用，俱焕然一新焉"。

汾州灵岩寺今仍存于汾阳市杏花村镇小相村的西北隅，名护国灵岩寺。据康熙《汾阳县志》："灵岩寺，在城东北二十五里小相西，隋唐历代修饬，宏丽壮观，后建石塔，方伯孔天胤为《寺增修记略》。"这里所说的《寺增修记略》一名《灵岩寺增修记》。孔天胤记中未写灵岩寺增修的时间，但据"落成时鸿胪李西岩氏亦施饰金像"可推知大概，李廷儒于隆庆元年（1567）去世，可知此寺增修在此之前。

据孔天胤记，灵岩寺隋唐时已存，"自隋唐以来莫之或衰，修葺代有人也，近数十年稍稍残阙"，郡人任廷佐等舍财增修，"增修长廊若干间，又于大雄殿前增建多宝佛塔七级"。孔天胤这篇记文中，更多写佛寺对于修正人心的意义。

> 如来以蠢动含灵皆有佛性，舍恶趋善无非彼岸，故众生咸愿皈依，虽至顽傲亦知顶礼。其善心感者，其尘情忘也。乃若真心不修而徒构丽观，种种迹业都虚妄耳，又何利焉？《楞伽经》云："心生即种种法生，心灭即种种法灭。"《佛名经》云："罪从心生，还从心灭。"故知善恶，一切皆由于心也。寺于心等，寺坏知修，心坏不知所以修，不亦迷哉？

佛家"修心"的观点，与孔天胤一向秉持的学子求学先正心、官员为政要诚心、士大夫写诗文心正即诗文正，而《孟子》的核心在于"放心"等观念，在某个层面是高度相通的。这也是孔天胤重视佛教化民意义的原因之一。

关于天宁寺及其万佛阁的修建，孔天胤记事甚详。

雍正《山西通志》之"古迹·汾阳县"记天宁寺在"爱子村北三十五

里"。寺中有东汉介休名士郭有道的旧宅,"有道先生尝设教于汾天宁寺,即其地"。嘉靖四十五年(1566),在左参政宋岳的主持下,汾州天宁寺万佛阁修成,孔天胤作《重修天宁寺万佛阁记》。

孔天胤碑记中述天宁寺之历史,称"其寺莫稽所起",大约是在隋唐之间。唐宋时该寺俱名太子院,到明朝才改为天宁寺。唐代曾有名僧道一禅师居住其中,宋代曾有善昭禅师住持该寺。善昭是中国禅宗四十三代祖临济派六祖,因而天宁寺也成为北宋中国禅学临济派的重要祖庭地。在善昭主持期间,天宁寺曾经有过一段不寻常的辉煌,"参学之徒雾拥云集,有六大士听法而来"。而且当时还流传着一则佛偈,说"胡僧金锡光,为法到汾阳。六人成大器,劝请为敷扬"。一时间,"地以人胜,故称汾阳门下、西河师子,而寺益以彰也"。明朝建国已历二百年,期间虽累有修葺,但都规模不大。直到嘉靖四十三年(1564),才有居民摹化工资,悉心兴理,将广殿、长廊、门墙等易朽为新,焕然改观。更为别致的是,将寺后的万佛阁另设为一园。

孔天胤太喜欢这个园子了,喜欢它的"洁爽静深,琱台秀树,曲槛回廊"。他感觉,"踏阁遐观,世界寥廓;凭栏俯眺,山水苍茫。虽处寰中,实居尘外",于是给这园子取名为"天香玉宇"。万佛阁及其园修成时,已是嘉靖四十五年(1566)秋天。孔天胤陪同分守左参政宋岳来到天宁寺,登临万佛阁。宋岳对其连声称善,即兴题写了"太虚胜览"四字,令制匾悬于阁上,"又集黄华老人书为五言、七言各一绝以纪其游"。这里就又引出了一则关于黄华老人的佳话。

黄华老人本名王庭筠(1151—1202),字子端,号黄华山主、黄华老人、黄华老子,别号雪溪,辽东盖州人,祖籍山西祁县④,金大定十六年(1176)进士,历官州县,仕至翰林修撰。文学家,书画家,还是大书法家米芾的外甥。王庭筠不但书法、诗文俱佳。其父王遵古大定十三年间为汾州观察判官,王庭筠省亲至汾,写下了四首诗。四首诗以行草刻于汾州学宫,此后成为汾州书法和诗文爱好者的经典。曾任山西左布政使的温州人赵廷松,也曾在汾阳欣赏该帖,并写有《跋黄华老人帖》一篇,称其为"名笔也","锋神尽出晋法,而大书朗拔,近代所无。鲜伯机庶几焉,有宋四家下矣"。鲜伯机,元代著名书法家鲜于枢;宋四家,北宋时期四位书法家苏轼、黄庭坚、米芾和蔡襄。赵廷松认为黄华老人的书法近代无人能及,鲜于枢有些近似,宋代四大家则要差多了。

宋岳对黄华老人帖中的四首诗极为喜爱,在万佛阁兴之所至,即兴集其中字句为五言、七言各一首。不仅如此,宋岳看到刻于汾阳学宫的黄华老人帖"岁久石泐,字画漫漶",还命人重新"垄石四面",摹勒刻石,"仍增置一亭贮之"。此事孔天胤有记,诗帖及孔天胤记今见于汾阳博物馆墙壁上。

更有意味的是,六年后的七月七日,孔天胤自己也命工翻刻了黄华老人书法碑二块,立于自家的文苑清居。王堉昌《汾阳县金石类编》云:

> 孔天胤摹刻四石,篆有"隆庆三年己巳七月七日模勒于文苑清居,石凡四面,山人文谷子志"二行,字径四分,原在汾阳县文庙,今因冯军驻庙已湮没矣。

可惜的是,孔天胤原立于文苑清居的黄华老人诗帖,在民国冯玉祥军队驻扎汾阳时遭到了毁坏,已经湮没了。

孔天胤在天宁寺万佛阁碑记中,说到自己平生所见:"余宦游海内,辙迹几半,见空林古刹得留名称胜于天下后世者,未尝不有高僧住持、名公题咏而能著现之若此者。"所以一方面,宋岳在此之题字、题诗,定会增加天宁寺之知名度;另一方面,知名度高了的天宁寺,也"尚冀其师有如道一、善昭者主盟其中",再创"汾阳门下""西河师子"的辉煌。

宋岳还令一起来的汾州乡绅们每人写诗一首。孔天胤写的是《奉和承山相公九日登临太虚胜览楼，宴更移席禅堂，悠然有作》，诗中有对宋岳治汾的歌颂，"召公分陕文轩莅，汉使横汾画舫移"，更多是对于汾州未来风调雨顺、国泰民安的祝愿，"年华奄冉谁能忍，世界清平此共知"。

孔天胤为天宁寺万佛阁写碑记一事，《山西通志》《汾阳县志》俱载。雍正《山西通志》"寺观"之汾阳县："天宁寺在东郭西北隅，相传郭林宗故宅……内有万佛楼，参政宋岳重修，郡人王缉书，孔天孕（胤）记。"康熙《汾阳县志》"寺观"："万佛楼雄伟凌云，参政宋公岳重修，扁（匾）题'太虚胜览'，侍郎王缉书，方伯孔天胤为记。"由此两则记载可知，万佛阁为宋岳主修。

孔天胤《重修天宁寺万佛阁记》碑民国时仍存，王堉昌《汾阳县金石类编》中即收录此文，碑文后有记，称"碑高五尺许，宽二尺四寸，行各三十九字，径六分半，正书，无题额。今在汾阳县东关天宁寺后院"。碑记文末落款为"嘉靖四十五年春三月上日，退默愿侗、怀玄履素、玉涔樵隐、金庭羽客、前河南左布政孔天胤撰"。王堉昌注："玉涔樵隐、金庭羽客，皆孔自号也。"这么长且分四组的自号，在孔天胤至今所见的文字资料中，是仅见的一次，皆为隐者之别称，也可见其退归自隐之意。

汾州天宁寺毁于"文革"期间，当时被汾阳五金厂占为厂区，遗址上建起了网架队。

孔天胤另写有《玄天上帝阁记》《龙天庙重修记》《弘修三官祠记》，记载了汾州的城、阁、庙、祠历时四年的修建过程。

玄帝阁是隆庆三年（1569）汾州知州宁策在将城墙增高到四丈八尺之后，"建阁城之高顶"，并"令道士某募资为铜范帖金圣像一尊安奉于阁，仍以其余资作钟、鼓二亭"。万历《汾州府志》记汾州共有玄帝庙四座，"一在东郭新巷，少参王文翰为记；一在北城门上，方伯孔天胤为记；一在西郭庆云寺后，侍郎王缉创修；一在东郭东北，太仆乡张更化创建"。故孔天胤所记之玄天上帝阁是北城门之阁，他文中也有"治城北堨旧有一祠奉神"之句。今写有王文翰、王缉、张更化碑记的原碑俱失，三人文集也俱失传，山西、汾州、汾阳的志书中对三人碑记也未收录，因此孔天胤的这篇记文，就成为明代隆庆年间汾州玄帝庙（阁）重修的惟一文字资料，而对于玄帝造型及其象征，也只有孔天胤文中记载最详。

玄帝为何方神圣？孔天胤介绍：

> 玄天上帝之神，司元化于北方，其仪披发杖剑。发，法也，犹言万法；剑，检也，以防检非常，即其严威，有解厄诛邪之象焉。

元化，即造化、天地。汾州祀玄帝，其形"披发挟剑"，而其寓意，则是万法之严、防检之密，解厄诛邪。而玄帝脚下"践龟蛇"，孔天胤释其寓意："龟者甲兵，蛇者战阵，合而为旗，有捍难御患之象焉。"综合起来，这种造型所表达的，是人们对天神的一种敬畏和乞求保护的心理。而祀玄帝的历史，孔天胤还做了一番考证："考之《太和山志》，实为历代所崇。本朝列圣崇礼益尊，以故邦域之中多厥祠祀。"然汾州城北的玄帝庙渐颓圮失修，隆庆三年（1569）汾州知州宁策修缮加固汾州城后，一并重建了玄帝阁。

龙天庙是在万历元年（1573）汾州城新甃之后，以民间力量修成。此庙是汾州百姓求雨祈佑之所，正如孔天胤所说：

> 余惟龙天，龙星也，盖主乎农。或曰："龙田云牛马之神，以主乎牧。"里中人重农牧，故崇此三灵。祈年于斯，报成于斯，协气布而风雨时，嘉生殖而艺畜繁，神之休、民之赖也。

因为与百姓的农牧有极大的关系，龙天庙受到了民间的崇祀。汾州龙天庙在城西二十里许的安睦庄开原里，两翼有牛王、马王神祠，不知建自何时，只知在明弘治九年（1496）、嘉靖十年（1531）曾重修过。据孔天胤记载，龙天庙据汾州地理、人文之形胜，东邻卜山石室，子夏退老之地；南屏绵山，晋文公所封；西连驺虞岭⑤，原公之水源出之处；北跨龙桥，金宫石乳藏其中。然因寇乱相仍，渐见颓圮。主修者为一位信佛的居士曹大珮及其子曹禄，他们首倡出钱，仗义兴修，里中人同心响应，众缘并力，仅数月而修成。"庙貌为之一新，又添设钟、鼓各一以享神也"。

三官祠重修于万历二年（1574）的二月初五，完工于十月十五，立石于万历三年（1575）三月一日，由孔天胤记，王缉书，张更化篆。这一年，孔天胤已经七十岁了。据孔天胤记，三官祠在汾州西郭的正西道口，初建于正德十年（1515），正德十一年（1516）完工。那是在孔天胤童年时代，十一二岁的时候。三官庙供奉的是道教的"三官四圣"，三官即天官、地官和水官，相传天官赐福，地官赦罪，水官解厄；四圣即天蓬元帅、天猷副元帅、真武将军、黑煞将军。修建者对三官四圣皆作金像，奉之虔诚，且"相率为善"，期待能够凭借这些神灵保障一方。百姓倚重此庙还有一个重要原因，那就是隆庆元年（1567）蒙古军队入寇，近城村堡多罹其害，唯独此中秋毫无犯，百姓认为这都是神灵在保佑。于是到万历二年（1574）春，乡耆石廷佑等议重修，一来报答神灵的庇护，二来增严加固，因为它还有更重要的守备意义：

> 东南北三郭俱筑有关城，惟西郭地狭民少，力不能筑城，且地之形北临断道，西南通一斜巷，正南二百余步皆居民园屋大墙，东则密距大城，惟是西向一路车马通行。今有高台神祠雄据其上，其瓮圈既固且深，真有一夫守之万骑傍徨而不敢入之势，则关城可以无筑，亦用力少而成功多也。

修三官祠而使汾州可以不筑西关，其意义确实很大。

据王堉昌《汾阳县金石类编》，此碑民国年间仍存于汾阳县西郭庆云寺。碑高四尺三寸，宽二尺二寸，额篆"弘修三宫祠记"两行六字。

据康熙《汾阳县志》，孔天胤还为寿圣寺写过碑记，康熙年间已佚。康熙《汾阳县志》卷三："寿圣寺，在城东北四十里冀村镇，不知何年建，明万历四年修，孔天胤撰碑记。"括号小字"文不载"。此文同样未见于孔天胤文集。

除为汾州寺观祠庙写碑记，孔天胤还为太原崇善寺的重修写了碑记。

崇善寺今犹存于太原市迎泽区狄梁公街，与文庙邻近。寺内庙宇俨然，嘉木葱茏，香火缭绕，游览往拜者不绝如缕。孔天胤《重修崇善禅寺记》碑今立于崇善寺后院一间僧舍前，无碑亭以覆，风吹日晒雨淋，一些字迹已残损剥落。此文未收于孔天胤文集，笔者于一个秋风瑟瑟、木叶萧萧的正午，抚碑逐字抄录。碑首是"赐进士及第、通奉大夫、河南布政使司左布政、河汾山人孔天胤撰"，碑末落款是"嘉靖四十二年五月吉日立"。

崇善寺创建于唐，明洪武年间晋恭王朱棡对其进行了较大规模的扩建。孔天胤的碑记明确记载了崇善寺在明代嘉靖四十二年（1563）前的历次建修经过，这个经过是太原僧人智泽托其僧友兴旺向孔天胤转述的，碑记也是受智泽而请所写的。碑记开篇写道：

> 夫崇善寺者，乃全城第一丛林也。晋恭王开国之肇建此寺，为洪武十有四年，至成化十六年重修。历岁既大禩，见颓敝。嘉靖三十三年，住持僧性能遵师了宥遗语，货所积衣，资办斋会，众为修葺，托因具启。

丛林，僧人聚居之处，即寺院，语出班固《西都赋》之"松柏仆，丛林摧"。明洪武十四年（1381）初建，成化十六年（1480）重修，已历时百年，而嘉靖三十三年（1554）距成化十六年（1480）又历七十余年，加上岁祲，其颓敝可知。

嘉靖三十三年（1554），住持性能遵从其师了宥法师的遗言，开始筹集资金。嘉靖三十四年（1555），在晋简王朱新㙉（1536—1575在位）的主持下，修葺事得以落实。本来是计划小规模修建，增加"佛像墙垣供器等件，僧置钟鼓碑亭六座"，但修缮过程中，发现大悲宝殿尚多缺漏，于是决定"具启通葺"，资金不足，再次大加募化，又得若干金。晋恭王还"令奉礼官员书录校役，督同寺僧兴理"，寺庙才得以完整修葺。在修葺过程中掘地而获石碣，还有意外发现。时人皆知崇善寺原系古白马寺，得石碣才知此寺又名延寿寺，于是在寺中立石题名，曰"白马存基，延寿故址"。但崇善寺原本也不叫崇善寺，而叫宗善寺，雍正《山西通志》记载："初名宗善寺，僧不能久居，堪与家增山字，遂名崇善，土人名新寺。"但改名在何年，不得而知，只知在嘉靖四十二年孔天胤写碑记时，此寺已叫崇善寺了。

经过修葺，崇善寺焕然一新。募化所得资金修完崇善寺后还有节余，于是推其所余，将位于徐沟县南严村的普昭寺也一并修葺了。此次修葺崇善寺，工始于嘉靖三十四年（1545），以嘉靖三十九年（1560）告完，历时五年。

孔天胤认为，重修崇善寺意义重大。他说："太原襟四塞之要重，控五原之都邑，左有恒山之险，右有大河之固，南有石岭之关，北有云冈之塞，而雄藩剧镇列其中，高衙大蠹临其上。"山河巨丽，人烟繁盛，确宜"仿中天积翠之台，藏法苑大一之界"。如今寺庙修成，"珪组蝉联，车马云奏，凡岁时祝庆，水旱祈禳"，佛家祈福众生有了场所，而得道高僧"会坛玄讲"，加以"兰盆花醮，莲社香斋"，此处定是一派繁盛景象。有了崇善寺之大观，"岂惟壮山河之巨丽，宝于大方广法为有替焉"。

当然，无论是历代修建者还是为此寺新修作记的孔天胤都不会料到，八十余年后的清顺治三年（1646）春天，一场不明原因的大火，不但将巍峨豪华的晋王府化为灰烬，而且将崇善寺内的大部分建筑都一并焚毁，幸存下来的只有大悲殿及一些附属建筑。清光绪七年（1881），山西巡抚张之洞在崇善寺的废墟上建造了文庙，从此崇善寺一分为二，文庙占了大部分地方，而仅占原寺面积四十分之一的大悲殿就成为古白马寺、明崇善禅寺的代表。

孔天胤的这篇碑记，就成为明嘉靖年间崇善寺重修始末的一份珍贵史料。雍正《山西通志》在记载崇善寺历史时，也提到了孔天胤的这篇记文，称"崇善寺，在城东南隅，旧名白马寺，后掘地得石碣，复改名延寿……嘉靖三十九年重修，题曰'白马存延寿故址'，孔天孕（胤）记"。

太原修崇善寺请孔天胤写碑记已足够奇特，更奇特的是河南临漳县修了一座祠，也来请孔天胤写碑记。

嘉靖三十五年（1556），河南临漳县创建邺二大夫祠，临漳知县路王道派人送信给孔天胤，说"公旧岳牧，又尝分守兹郡，其记言以表之碑"。您曾经做过河南左布政使，还做过分守河北道，临漳就是您的辖县之一，您来写这碑记，是再合适不过了。

路王道（1528—?），字汝遵，一字天德，号坦斋，山西屯留县人，曾在山西乡试中得中解元。《临漳县志》"名宦"："路王道，屯留人，进士。秉性方正，人不敢干以私。修文庙，量祭器，立射圃，增学田，建二贤大夫祠，皆其遗绩也。"

邺二大夫指的是战国时期魏国曾任邺县令的西门豹和史起。光绪《临漳县志》"名宦"记载，魏文侯时西门豹治邺，"发民凿十二渠，引河水灌民田"。然而一百多年之后，史起却认为西门豹不仁不智，他说："魏氏之行田也以百亩，邺独二百亩，是田恶也。漳水在其旁而西门豹弗知用，是其愚也；仁智未豹之尽，何足法也？"于是魏襄王任命史起为邺县知县，引漳水灌溉邺境，以富魏之民。工成，百姓作歌曰："邺有贤令兮曰史公，决漳水兮灌邺旁，终古舄卤兮生稻粱。"

对于西门豹、史起这样惠泽民生的人，路王道认为，应该有专祠祭祀，以期后世百姓永感其德。修祠之事始于嘉靖三十五年（1556）三月五日，落成于四月二十八日。修筑极省，料多取自废寺。祠成，"为正殿五楹，大门三楹，东西翼室，各三楹，中塑二大夫仪像，质之坚固，文之华采，轮奂之美，赫奕之观备焉"。并且规定了祭祀时间和规制，"每岁以季春三日，季秋九日，用羊一豕一从事"（《创建邺二大夫祠记》）。路王道是孔天胤在河南左布政使任上时的下属，因而路王道的治理之法及其影响力，孔天胤有过亲自的见证，这也是他愿意为千里之外的河南临漳县修成邺二大夫祠写碑记的原因。

隆庆和议：致王崇古的一封信

蒙古犯边三十年，皆因封贡和马市而起。嘉靖年间，俺答曾屡次上书，希望互开马市，并承诺此后不再犯边，但由于边臣屡杀来使，马市开了一段时间又告失败。明世宗杀掉主开马市的仇鸾，并下令此后再有敢言开马市者斩，于是终世宗朝，都无人复敢言及马市之事。俺答、吉囊、昆都力兄弟继续不断犯边。当是时，"自河套以东宣府、大同边外，吉囊弟俺答、昆都力驻牧地也，又东蓟、昌以北，吉囊、俺答主土蛮居之，皆强盛"。当时有明朝叛人赵全等人，俺答令据古丰州地，"招亡命数万，屋居佃作，号曰板升"。赵全等人尊俺答为帝，治府第，"制度如王者"；并"日夜教俺答为兵，东入蓟、昌，西掠忻、代，游骑薄平阳、灵石，至潞安以北"，可谓气焰颇盛，明朝廷也对其奈何不得。不仅如此，朝廷官员因此事获罪者甚多，"起嘉靖辛丑，扰边者三十年，边臣坐失事得罪者甚众，患视陕西四镇尤剧"（《明史·王崇古传》）。

隆庆四年（1570）冬，事情发生了转机，蒙古领导人内部发生了家庭纠纷，俺答抢了孙子把汉那吉所聘女子，把汉那吉一怒之下，率妻子十余人到明朝来投降。于是朝廷内部，就有了一场纳降还是不纳降的争论。而引发这场争论的人，就是王崇古。

王崇古（1515—1588），字学甫，号鉴川，山西蒲州人，嘉靖二十年（1541）进士，曾任刑部主事、刑部郎中、安庆知府、汝宁知府、陕西按察使，河南右布政使等职。对于其家世，明人申时行在为其所写的神道碑中称"其先出龙门文中子，国初（指明朝初年）由汾阴徙蒲为州人"，是隋朝著名学者王通的后代。孔天胤《〈蒲坂王氏世德录〉序》梳理其家世，称其先祖原居龙门与荣河，其五世祖迁居蒲州。王崇古祖父王馨，号素庵；父王瑶，号止一，官至中书舍人。

王崇古一生的历史功绩，编著有《国朝献征录》的明代学者焦竑有很好的概括，称其"先后官阶十有九转，以刑名著者十二，以兵事著者十八，而公之勋名炳炳耳目"，即王崇古一生的业绩，十分之二在刑名方面，十分之八在兵事方面。而在兵事方面的贡献，一是抗倭，二是边防。《明史·王崇古传》记其早在常镇兵备副使任上，"击倭夏港，追歼之靖江""偕俞大猷追倭出海"，表现了不寻常的胆识谋略。嘉靖四十三年（1564）改右佥都御史巡抚宁夏，"崇古喜谭兵，具知诸边厄塞，身历行阵，修战守，纳降附，数出兵捣巢，寇屡残他镇，宁夏独完"。后总督陕西三边军务，"崇古在陕七年，先后获首功甚多"。

对于这位比自己小十岁的山西同乡，孔天胤极为赞赏，并对其寄予了极大希望。隆庆二年（1568）其子被荫为国子生时，孔天胤写有《蒲坂王氏世恩录序》一文，追述王崇古此前因功使其父、祖父母都受到了封赠事，称其为忠为孝都达极致。"夫孝者，所以事君也；求忠臣者，必于孝子之门"，因为一人报国之忠，"荐畀先世，以广其承家之孝"，父母、祖父母皆因其而荣，这是大孝。文中，他如此评价王崇古：

> 鉴川公纯备大孝，弘展大忠，为国垂文武之宪，树安攘之

勋。其封拜赠锡，翰如连如，盖彤弓不止于一，彤矢不止于百。顾追崇其世，不至极品之隆乎？

孔天胤更多将这种为家的"孝"和为国的"忠"归功于其家世的影响。

隆庆四年（1570），王崇古总督宣府、大同、山西三边军务。期间，禁止边卒外出，还安排间谍深入敌方进行策反工作，凡有来降者，"悉存抚之"，于是"归者接踵，西番、瓦剌、黄毛诸种一岁中降者逾二千人"。也正是王崇古的招降政策，让把汉那吉在遇到家庭纠纷时想到了率众来降。

《明史·王崇古传》称王崇古"条封贡八事以上"，提出了俺答封贡、互市的八件大事，再次在朝廷引发了一场大讨论。"诏下廷议，定国公徐文璧、侍郎张四维以下二十二人以为可许，英国公张溶、尚书张守直以下十七人以为不可许"；尚书朱衡等五人则认为封贡可以，互市不可以；只有佥都御史李棠极力主张应当全部允许。明穆宗听从了王崇古等人意见，诏封俺答为顺义王，先后在宣府、大同及延绥、宁夏开马市。互市之后，王崇古广召商贩，任其在边境贸易，"自是边境休息。东起延、永，西抵嘉峪七镇，数千里军民乐业，不用兵革，岁省费什七"。

王崇古回乡省亲时，曾亲往汾州拜访孔天胤，回朝后还就封贡一事致书孔天胤，希望听听他的意见。孔天胤回信，一方面肯定王崇古使俺答部归顺、斩除赵全等叛贼之功，称"比虏自擅不讨之日久矣，自我公忠睿神武，经制万全，遂使其贵子慕义归顺，老酋执叛轮款，誓灭板升诸贼奴，实为我扫门庭之寇矣"，并称王崇古"不烦一箭而成圣朝，超古迈今，一大胜事"；另一方面，又对俺答封贡事发表了自己的看法：

至于市马进贡，乃远人来服之效。时出犒赏，不过费国家九牛一毛，其视他费若何？顾公总统方略，省岁防不赀之费以广储

蓄、养锋锐，更令郡县略仿唐时府兵之制各积官粮，各养民兵，则内治有自强之实，外寇不足虞也。(《与王鉴川督抚》)

远人来贡，所出犒赏对于国家财政来说，不过九牛之一毛，所以不应该吝惜这点经费。这点经费，可以通过省防税、积官粮得到，而这种办法还可以使国家实力强大，实力强大了，外寇就不足为患了。当时孔天胤正在为王崇古刊刻《蒲坂王氏世德录》《蒲坂王氏世恩录》，并亲自为其写序，所以说："二《录》序中正要添此一段，所谓铺张不世之鸿名，扬万无前之伟绩"，书"旬内刻完，附张分守驰献"。张分守，指当时分守冀南道左参政张蕙。

给王崇古写信谈封贡一事的，不仅孔天胤一人。孔天胤同年蔡汝楠也写信给王崇古谈及此事，嘱其在通贡互市之后，仍不可大意，而应严加防范，要整饬兵马进行镇压，使其不敢抢掠（蔡汝楠《与王鉴川》）。孔天胤旧日的老上司葛守礼也写信给王崇古，称"贡议既成，所当留神者，善后之图尔"。赵全虽除，但其"招亡命数万，屋居佃作"之人，"有携贰之志，此正可用间之时，设法招徕，令其复为我人，则夷房之外癣不足忧矣"。但总的说来还是要严加防备，"尤愿整饬兵械，比常加谨，始可为仓卒之备，虽虏或问之，亦曰备他盗尔"（葛守礼《与王鉴川司马》）。这些都可谓良言，也说明在当时的情况下，人们对于俺答部是否真心归顺、是否果然不会再有劫掠是将信将疑的，提出防备方案也在情理之中。

王崇古促成通贡互市，大功一件，晋升太子太保，王氏家族极备荣耀。孙天胤认为王崇古促成此事，"实为国家遏数十年方张之虏，建千百载未有之功"（《〈蒲坂王氏世德录〉序》）。

孔天胤又写有《题大司马王公靖边五图》，是为王崇古所作的题画诗。诗共五首，分别为《单于款塞》《三秋晏然》《万里鹰扬》《铃阁萧闲》《功垂带砺》，称贺王崇古安边之功，"匡国歌周雅，安边倚夏卿""赫赫大司马，远猷平朔方"。诗中两处出现"闲"字，"弓闲青海月，甲卷黑山霜""绝徼尘烟灭，严城鼓角闲"，表达不费兵甲而屈人之兵，以招抚为上的安边政策。"和戎非上策，柔远自殊勋"，只有能够"柔远能迩"，远人来服，才是真正的长治久安之计。

"隆庆和议"结束了明蒙之间二百多年的战争状态，开启了明朝与蒙古右翼诸部和平互市的局面，并且对以后的国家、民族、地区之间的关系发展产生了深远的影响。这是明蒙关系史上的重大事件，也是孔天胤所见证、参与的一个历史大事件。隆庆五年（1571）之后，汾州及整个山西都再未受战乱之灾，百姓得以重建家园，孔天胤也得以享受归乡后的安宁生活。

出入王府：从王府之甥到王府之师

庆成王府和永和王府，也就是东府和西府，是明代汾州两个重要地标。两座王府驻立汾州二百余年，繁衍了宗亲旁枝几千人。汾州文化艺术的繁荣很大程度上因了这两座王府，而汾州吏治的复杂繁剧很大程度上也因了这两座王府。王府与官府的关系，处理得好可以互相帮扶、互相成就，处理得不好就会形成对立甚至两败俱伤。由前述几件涉及王府强宗的事也可看出，事情大多不是出自王府本身，而出自"苞蘖"，也就是宗亲旁枝，这些"苞蘖"不仅让官府头疼，也让王府头疼。在洪朝选捕盗一案中，如果没有王府的支持，案子是很难最终告破的。

但宗藩犯罪的根本原因，还在于明朝廷的制度。明代规定宗藩不得离开封地，更不得进京，不能参加科举考试，这就使宗藩没有了为前程努力的途径；而宗藩禄米由地方官府供给的制度，在一些灾荒年又常常造成地方官府与宗藩的冲突。但即使禄米供应充足，一些宗藩因无所事事而骄奢淫逸、滋事生非的情况也非常严重。明末学者顾炎武曾论及明代宗室，谓"为宗藩者大抵皆溺于富贵，妄自骄矜，不知礼义。至其贫者则游手逐食，靡事不为,名曰天枝,实为弃物"⑥。孔天胤也多次提到了汾州强宗为患的情况:"汾之敝,莫大乎内有强宗而外临骄虏。盖苞孽强盛,豪恶肆兴,威劫武断,恬党贼刑"(《送叠川於公按察湖广序》),"惟汾居腹内,有强宗之患,民生盖亦靡有宁日"(《赠郡守龙嵎张公受抚台旌奖序》)。不惟汾州,这种情况也是山西的一大忧患,"惟晋鄙内陒强宗,外迫骄虏,近益敝矣"(《与王敬所方伯》)。今人雷炳炎先生《明代宗藩犯罪问题研究》一书专门研究宗藩犯罪问题的原因、个案及明朝廷的相关对策,可以参考。

但也有一点是显而易见的,那就是"宗藩犯罪"这个略带普遍性的现象,其实也遮蔽了很多东西,比如宗藩中也不乏有见识、有气节、有韬略的武将和有学识、有才华、有情怀和文士,以及像孔天胤母亲那样淑善其身培养了优秀子女的郡主、县主。孔天胤曾说,汾州王府"中间好礼、好义、好学、好文者,彬彬如也"(《赠葛陂许先生移职庆成王府教授序》)。乾隆《汾州府志》"人物"记载了一位叫表櫺的藩宗,嘉靖中,俺答入寇,他亲赴京城献策,结果"以越职言事斥之归"。后寇围汾阳,"庆成王知其能,与谋划,登城守,出其计击贼,赖以保全"。这就是一个显而易见的例子。

孔天胤一生都与汾州这两座王府存在着密不可分的联系。但总体说来,因其母亲出自庆成王府一脉,他与庆成王府关系更为切近。尽管在他人生的起点就因为有着王府的背景而遭遇折翅之困,但他母亲带给他的高贵血统和良好教养,以及他因藩亲出身及个人的才情品德而受到历代庆成王及有才学的宗亲的重视和教诲,也为他营造了一生享用不尽的精神底色。

他和王府的关系,可以说不近也不远。这样一种身份的最大好处,就是他既不享有真正藩宗的待遇,也不会受到藩宗那样的约束,因而可以在很大程度上与他们保持距离。但他可以自由出入王府特别是庆成王府,因而他也成为了历代庆成王事迹的记录者,甚至是一些事件的亲历者。他见证了第四代庆成端顺王、第五代庆成恭裕王、第六代庆成安穆王、第七代庆成悼怀王、第八代庆成荣懿王的王位更替，见证了他们在位时的荣耀、焦虑、喜好和为汾州地方的安定及文化繁荣所做的努力。由庆成王之甥到庆成王之师，孔天胤这一生出入庆成王府，为王府保留了珍贵的历史记录。当如今王府已在汾州这片土地上消失无踪的时候，孔天胤的这些记载，就显得尤为珍贵。

（一）为第四代到第八代庆成王立小传

孔天胤历第四到第八共计五代庆成王。第四代庆成恭裕王朱表栾，号清潭，受册封于孔天胤出生前六年的弘治十二年（1499），薨逝于他初入仕途的嘉靖十二年（1533），经历了他成长的童年、少年、青年时代。在孔天胤的记载中，第四代庆成王恭裕为王子时，便"深居简出"，及其袭王位，"有仁德，在位久，薨时年八十四"（《皇明庆成安穆王墓志铭》）。这与万历《汾州府志》中所记载的恭裕王"嘉靖十五年册封，至三十四年，王年登八旬，惟时长子、长孙、曾孙四世同堂，一德萃美，磐石之宗，鲜有其俪，世宗肃皇帝嘉之，赐书"的记载相吻合。孔天胤记载虽简，却也评价到位。

据孔天胤记载，第五代庆成安穆王朱知㸂生于弘治九年（1496）七月二十日，别号竹溪。万历《汾州府志》记其于嘉靖四十一年（1562）受册封，"性行端正，惟尚《诗》《书》，尤工行草，汾人宝重之。隆庆三年薨，葬汾州宋家里"。相对来说，孔天胤对安穆王的记载更为具体。由其少年时代写起，称其"生而灵异，豁达沉敏，多才艺，好读书作字，书无所不通，工真行草篆，亦善八分，而行、篆为绝"。更重要的是，继承了其祖父端顺王"尚贤"的遗风，"王日侍祖侧，内赞决府事，外应酬宾客，朝省缙绅先生之属，温文而恭逊"。安穆王在王子时，就有着良好的声誉，与其他王子形成了鲜明的对比："时他王率多骄傲，鲜克由礼，王独循循雅饬如文儒，以是著名。"他的书法作品更是受到那些一向自负的宾客缙绅的喜爱，大家每得到其书法作品，都会互相延誉，说："此竹溪君书也。"安穆王长孔天胤九岁，因而孔天胤所记，除了"生而灵异"这样的话可能是听来的外，其余应该都是他自己的见闻。

比《汾州府志》所说的受册封于嘉靖四十一年（1562）更详尽的是，孔天胤记载了安穆王受册封的具体时间是在此年夏至之后十日，而受朝廷之命来册封的官员是左科给事中王治（《〈笃行贞节诗〉序》）。王治（1524—1589），字本道，号心庵，山西忻州人，嘉靖三十二年（1553）癸丑科进士。王治到来后，按照程式颁布朝廷命令，赐新即位的庆成王以冕服，仪式完成后便起身离开，"于燕劳馈赠一无所受"。王治称这是在执行王命，不当接受私惠。于是安穆王长子朱新堤以及宗室中能写文赋诗的，都写诗赞颂王治是笃行君子，孔天胤为这诗册写了序。

安穆王即位后，"一以宽厚为体，而明恕行之"。具体来说，就是"敬老恤贫，吊丧问疾，拯难雪冤"，自宗党而下，没有不蒙受其恩惠的。孔天胤记载，在安穆王即位之前，王府子弟一向不重视学习儒家经典，"自王好文，选于庠者十数人，举于乡者几人"，可谓开风气之先，带动了王府学习的风气，甚至推动了整个汾州的学风。就连安穆王的左右侍从，亦皆"明习书史，忠敬有仪"。安穆王生活极俭，"朝晡一菜一饭，冬夏一裘一葛，泊如也"；而对祭祀却极为恭敬，"盛服丰膳，鲜美异常"。关于其俭朴的作风，孔天胤还举了一个例子，说有一次安穆王卧病在床，见宫人正在做一条裤子，裤子上刺绣了有文彩的螭龙和飘飞的祥云，于是呵斥道："此神物，岂宜备下体耶！"螭龙祥云这样的神物，怎么能绣在裤子上呢？命令换为素服。安穆王还极孝。其母汪氏非恭裕王正妻，因正妻张太妃无子，安穆王以长子得封。安穆王即位后，上疏请求敕封其母，于是朝廷敕封其母为次妃，安穆王"得尽孝两宫"。

孔天胤对安穆王事记载最详的，是他的"知言"。安穆王即位之初，最让他头疼的就是宗藩的管理问题。恰好宋岳任分守冀南道驻汾州而来，宋岳给安穆王提出了宗藩管理的指导思想，即"以礼禁奸"（《宴寿赠言序》）。宋岳给安穆王讲了汉代治晋国公族的典故：以前太原有很多晋国公族，彼此互相倾诈，骄纵恣意难以管理。汉代建立时，因这些晋国公族难以教化，朝廷择派严猛之将任守卫，施"杀伐之威"。但这种办法并不能真正奏效，是矫枉过正之举，反而越杀越乱。如今强宗为乱，严刑峻法未必真正有效，不如以礼示之。礼的作用是禁之于罪之未犯，法的作用是罚之于犯罪之后；更何况，"执法者，有司之事也；秉礼者，后王君公之事也"。对骄横的强宗示之以礼有三个好处，一是防，二是养，三是辨。防，即"防其暴慢淫僻之行"；养，即"养其恭、俭、敬、让之心"；辨，即"辨善恶之归，使好恶之不愆也"。如果示之以礼、导之以礼依然为非作歹，再以法治之，岂不更好？安穆王听了这番道理，大为赞叹，于是开始以礼禁奸，凡宗亲犯罪，先报给安穆王，安穆王按牒处分；若罪行较大法无所贷，则由官府按法处治。就这样，安穆王示之以礼在前，有司惩之以法在后，只用了一年，宗风得到了整治，教化无效而受到惩处的，仅数人而已。当是时，"吏民无豪夺之辱、侵陵之忧"，"国人之服礼者亦畏威怀德"，王府内外皆安定顺服。安穆王对这个结果大为满意，对宋岳说，汾人有心向善，王府人人知礼，这都是您的功劳啊。在宋岳生日时，安穆王陈宴举酒，为宋岳祝寿，足见其好贤之心。孔天胤还引"君子"的话来评价安穆王："君子谓王，于是乎知言。"称赞安穆王善听。

当然，在对藩宗的管理上，安穆王本身的威慑力也是很重要的。正因为安穆王"秉宪正邪"，所以强宗对之"凛凛不敢犯"。孔天胤总结说："终王之世，强宗而抵于法，幽囚流辟至伏诛者殆十数辈，余孽俱以严见惮，渐转祸为福，王之威也。"（《皇明庆成安穆王墓志铭》）

因恭裕王薨逝时已八十四岁，安穆王即位时已六十八岁，在位仅八年，于隆庆三年（1569）十月十有六日薨，享年七十四岁。"讣闻于朝，上恻然久之,遣行人谢某赐祭葬如制,谥安穆"。安穆王于隆庆五年(1571)九月初一葬于宋家里,孔天胤为之写墓志铭,赞其工书法,"博学多艺,理解六书。众体咸备,行篆绝殊";善教化,"折节撝谦,敦伦广孝。不出户庭,成国之教";俭宜宽猛,居安思危,"丰俭维宜,克猛克宽。居高思危,处善则安"。

孔天胤所撰写的《皇明庆成安穆王神道碑》⑦收入民国王埰昌所编的《汾阳县金石类编》中,碑文落款处有孔天胤撰、王缉篆、赵讷书字样,立碑时间为"大明万历二年岁次甲戌三月戊辰清明日"。孔天胤另写有《祭庆成安穆王文》,以诗的形式对安穆王的一生进行了总结评价,称其"涉艺林之芳润,研翰藻之精英""言无微而不究,理有奥而必窥""志谦冲而寅畏,躬俭素而广渊"。又写有《送安穆灵至西山新兆》,以"万年松槚祯祥地,佳气浮来满翠微",状写安穆王的安葬地。

安穆王共生子十六人,孙男二十一人。安穆王薨逝时,所敕封的长子朱新堤已英年早逝,于是以长孙慎锺为嗣王。此事也见于《明穆宗实录》隆庆二年四月:"庆成王知爄以年老,请以长孙慎锺管理府事,从之,仍赐慎锺敕。"朱慎锺袭位后,请求朝廷追封其父,于是朱新堤被追封为悼怀王,即第七代庆成王,朱慎锺为第八代。

悼怀王朱新堤,号小溪,万历《汾州府志》记其"聪敏异常,锐精诵读,题咏可匹盛唐,有《奕善堂集》,郡中名士乐与之游。嘉靖四十三年薨,葬汾州孝臣里,万历元年以子贵追封"。在墓志铭中,孔天胤记朱新堤于"四十三年五月十有六日薨逝,春秋四十有一,明年乙丑四月十有九日葬孝臣里之原"。朱新堤薨逝这一年,孔天胤六十岁,可以说,他是看着甚至是陪着朱新堤长大的,对这位未来的庆成王也曾寄托了无限的希望,因而朱新堤的早逝让他极其伤心,他沉痛地感叹上天无情,"掷金声于地下,埋玉树于土中",不能不令人"惜天下之宝沉沦,叹人间之世短促"。

墓志铭中，孔天胤记朱新堤"自弱龄嗜学，长益耽文，聪慧天启，悟彻神授"。好读书，写作才思敏捷，"研精篇籍之府，振藻著作之庭，落笔成章，吐辞为律"，且"大篇春容，小言缜密"；工书法，"至舒染翰之雅，又出临池之工，由是墨客之流袭惠向于儒林"（《庆成王长子小溪君墓志铭》）。这一点，从刘尚义《奕善堂集》序中评朱新堤"凤颖悟聪敏，与众不类，及长，耽诗书博子史，汉唐而下名人诗集尤锐意焉，故其为诗奇异，每出一二篇，敝邑之人往往传诵"中，也可得到佐证。

孔天胤在《奕善堂稿》序中，对朱新堤之才评价极高，称其才堪比汉之曹植、刘桢，唐之沈佺期、宋之问。孔天胤认为，朱新堤生在王府，"冲养宏深"，受到良好的教育，因此其著作"沛乎郁乎而其妙可览也"。刘尚义记其内容，"或燕乐，或登眺，或赋物，或饯别，或赠答，或驰虑边戍，或留心乘御。虽分类异情，忧喜别态，感慨随意，然据理因物，引古指事，隐而显，明而微，婉而古，清新而俊逸，温柔而敦厚，于古人何让焉"；王文翰则认为，"汉唐以来，帝王家宗人负艺能名世熙烈鸿纪者有数不偶"，朱新堤又是帝王家宗人中非常卓越的一位。孔天胤还记朱新堤"孝隆两宫，仪正四国。问安寝门之外，视膳东厢之侧。动而足法，举必可书"。由以上评价可知，朱新堤之文才称一时之望，又因其是未来庆成王的接班人，因而颇受当时文士的推崇，可惜英年早逝，令人痛惜。

据孔天胤记，朱新堤有三子，长子朱慎锺，次子朱慎镠。朱慎锺即第八代庆成王，号宗川；朱慎镠号仲川，与其兄同有诗名。万历《汾州府志》记其第三子名为朱慎钺，称朱慎锺"与弟慎镠、慎钺，匡肃府政，群宗帖服"。

关于第八代庆成王朱慎锺，万历《汾州府志》记其为"隆庆六年册封"，为人"敦伦尽孝，乐善亲贤，且嗜经史、长诗文"。特别是在万历二十九年（1601）大荒时，"出金普济""捐资施赈"，曾两度受到万历皇帝嘉奖。府志记朱慎锺薨于万历三十四年（1606），谥荣懿，于三十六年

（1608）九月初六日葬孝义县。也就是说，第八代庆成王朱慎锺是孔天胤在世时最后一位在位的庆成王。而对于这位庆成王，孔天胤为之写作的文字最多，付诸的心血也最多。当然他也获得了庆成王足够的敬重，被尊为"孔师"。

孔天胤对年轻的庆成王朱慎锺的评价是，"仁孝聪明，温恭谦抑，毅然以古之贤王好善而忘势者自居"。他撰文记载了朱慎锺受册封的具体情形，当时是隆庆六年（1572）五月，慎锺"践登宝位，告成宗庙之后，特选元辰，鸣王而谒先师孔子，行释莫如古王制"。之后，"莅学开讲，与师生相揖让；又遍加物采，以彰古之养老乞言之义"（《泮宫献寿文序》）。

朱慎锺有诗集《宝善堂稿》，孔天胤记"万历三年，文学郑柏龄等缮《宝善堂诗》成"。郑柏龄，康熙《汾阳县志》"隐逸"将其列于孔天胤业师冯思翊之后，记其"自号鹤庵山人。先世本吴会，明初已入籍汾阳。累世为庆成、永和二藩王师。博学能诗，宗姓盛文藻者悉北面事之，不特筑宫设醴而已。终身不事进取，隐居山林，意致高远，惟肆力吟咏，以寄萧散简放之韵"。《宝善堂稿》今收于《四库全书存目丛书》，诗集前有孔天胤序。

序言中，孔天胤对诗集名称的来历做了介绍：称其名为《宝善堂稿》，是因为朱慎锺读书堂名叫宝善堂；而宝善堂之名由孔天胤所取，"王读书有堂，余题曰'宝善'，取《楚书》'惟善以为宝'也。斯集诗称《宝善堂稿》"。孔天胤介绍了朱慎锺的成长及师承：父亲朱新堤早逝，朱慎锺随祖父安穆王长大，安穆王命之学于郑柏龄。朱慎锺"志好诗，故课诗为多"。孔天胤认为，作为庆成王，其个人的品质及喜好，本身就对汾州的宗藩有着重要的教化濡染作用，而且这种效果显而易见："自王好善，群宗亦勉而为善；自王好学，群宗亦勉而为学；自王琬琰其章，群宗有不藻饰其德者乎？"因此，刊刻庆成王诗稿有三大重要作用：一是可以端正王府学风，二是可以以诗观志，为皇家增光，三是可以教化群宗，"群宗向道，分理教敕，诚以一谕十，以十谕百，以百谕千，俾人人悦诗书而敦礼乐，出垢滓而濯清风"。一举而有三善，刊刻《宝善堂稿》非常有必要。

今检朱慎锺《宝善堂稿》，仅从诗题可知与孔天胤相关者有十二首，均称孔天胤为"文翁"或"孔师"，如《次孔师园居清夏二首》《次孔师开池种白莲》《次文翁孔师仲春郊行》《和文翁孔师寄怀陈抑亭中丞》《和文翁孔师读湖南社稿缅怀抑翁》《和文翁孔师四月八日即事》《奉和孔师九日乐寿园书台登眺韵八首》等，皆拜访孔天胤或与孔天胤同游之和诗。孔天胤诗集中均有对应诗题，如《园居清夏二首》《开池种白莲呈柳川主人》《仲春郊行》《读湖南社稿缅怀抑翁》《四月八日即事》《暮春山中一首》等。由此可知，朱慎锺不但与孔天胤来往密切，而且对孔天胤有着发自内心的尊重，以师事之。特别是《奉和孔师九日乐寿园书台登眺韵八首》，其中"喜我师翁酬令节，仍将词翰写鸾笙""师翁雅兴登临后，八韵新成先诲余"等句，更见出这种敬重和深情。

隆庆五年（1571），庆成王朱慎锺夫人逝，孔天胤作有《挽宗川王夫人》一诗，对夫人的早逝表示哀悼。

（二）重视王府教育

孔天胤之所以能得到庆成王朱慎锺的敬重，和孔天胤对王府教育的重视是分不开的。他曾上书慎锺，给年轻的庆成王提出藩王读书的思路和内容。孔天胤指出，自古以来，帝王之学与书生之学有着很大的不同，书生读书更多是为了举业走仕路，而帝王之学则"要与天地之心一般"。天地之心的核心，就是"中正仁义"。有此中正仁义之心，再"济之以学问，明义理以养其性情，多闻见以广其聪明"，读书则"揽六艺之精华，溯百家之旨趣"，待人则"亲贤友善，好礼乐"，使自己的一言一行都"足以为法于家邦"，这就是帝王之学。换言之，帝王之学的根本，就在于"处富贵而无骄侈之风，在高位而有温恭之度"。有了这样根本的学问，倘作诗著文，也"必玉振金声，流芳于艺苑"。

那么，宗王潜心帝王之学，应该读些什么书呢？孔天胤为朱慎锺开出了一份书单：

> 窃计"四书""五经"，《性理》《通鉴》，乃本朝经筵进讲、便殿观览之书；《文章正宗》《古今韵会》《唐音》、李杜等书，乃本朝教太子诸王、翰林吉士之书，宜各置一部，列之玉几，但暇则取玩味。必先经书而后子史，以次及于诗文。诗文所资必须广博。因检得《事类赋》一部，其书以一字为一篇赋，而逐句注解，括尽天下之书，古人故事一览无遗。宋太宗取为禁中日课，意今日传文之资，莫妙于此。辄封上八册，请每日只看数句，积久而多识也。（《上庆成王宗川》）

把这份书单展开，可知有："四书"之《大学》《中庸》《论语》《孟子》，"五经"之《诗经》《尚书》《礼记》《周易》《春秋》，这些是书生举业的必读之书，即使不走举业之途的藩王，也应该将之作为必修课；北宋司马光的《资治通鉴》，明初胡广等人编著的《性理大全》，这是"本朝经筵进讲、便殿观览之书"，皇帝宫室必备，宗王府也应该必备；宋代真德秀编著的《文章正宗》，元代黄公绍编著的《古今韵会》，元代杨士宏所编的《唐音》（《凡例》说"李、杜、韩诗世多全集"，所以不收李、杜、韩三家诗），以及李白、杜甫诗歌，这些书是本朝教太子诸王、翰林庶吉士的书，所以宗王府也应该各置一部，陈列在案几上，得空时可取来闲读玩味。孔天胤特别推荐了一部书，即宋代吴淑的《事类赋注》，这是一部以赋体写成的类书，当年宋太宗赵光义曾将其作为日课来学，可见其好。此书共八册，孔天胤随信一并奉上，希望朱慎锺每天只看几句，积少成多，渐增见识。

在这段中，孔天胤还强调了读书的顺序，即"先经书而后子史，以次及于诗文"。"经部"在前,"子部""史部"在后,而诗文类"集书"则更在其次。重要的是,"所资必须广博"。

孔天胤将朱慎锺读书处命名为"宝善堂",并称"惟善以为宝",也是希望其以一颗善心读书,并以读书增益其善,可见一番拳拳之心。

除了教其读书,还鼓励其写诗。朱慎锺《宝善堂稿》中就写到"师翁雅兴登临后,八韵新成先诲余"。孔天胤为其诗集《宝善堂稿》作序,本身也是对其写诗的一种鼓励。万历四年(1576),郑柏龄又编次刊刻朱慎镠(号仲川)诗集《兰玉堂稿》,孔天胤也为其写了序。序中,孔天胤嘉悦慎镠"日闭户端居,覃研六籍,弘览百家,迭迭若下帷之儒"的好学精神,认为其诗"类苦吟以其蓄德若渊",慎镠也"真所谓性能而好之者也"。朱慎镠《兰玉堂稿》今已不存。孔天胤认为,为他们整理刊刻诗稿的意义有二:一在于彰道,二在于兴礼。从彰道的意义上说,"文者,道之华也;诗者,文之华也",华,即花。文以载道,文是道开出的花朵;而诗又是文章中的花朵,以一颗诗心结出绝美的诗句。反过来说,作诗的核心,还在于彰显道之本义。"道隐于昧、荒于怠、丧于傲,弊也久矣",如今以诗显道,也是一件值得推崇之事。而从兴礼的意义上说,"夫文之兴,礼之所由举也"。礼兴而后文举,文举更促礼兴,是一种良性的互动,因而也极有意义。

孔天胤重视王府教育,还可从他与王府教授的交往中体现出来。

嘉靖三十七年(1558),汾州训导许义在汾州任职五年后,因优被擢拔为庆成王府教授。许义,河南汝宁人,岁贡,嘉靖三十三年(1554)任汾州训导。任训导五年后,被提拔为庆成王府的教授。当时恭裕王在位,安穆王尚未被册封为庆成王,长子朱新堤、长孙朱慎锺以及王府的诸多子弟均须有良师来教导。虽然汾州学官和庆成王府相距不远,但汾州学官的师生们还是恋恋不舍,甚至有人觉得许义这是"曳裾王门",舍弃民间学子的教育而投身权贵,就好像拉绳从九重之泉汲水,水提了一半而绳子断了，让汾州这些学子们情何以堪！听了这些话，许义也面有难色，觉得进退两难。孔天胤写《赠葛陂许先生移职庆成王府教授序》，一方面是代学宫师生为许义赠言，另一方面也借此阐发他自己的教育理念及王府教育的重要性，从而使汾州师生和许义都放下思想包袱，正确认识这件事情的意义。

孔天胤认为，教育之官应该"以道德为实，以文章为华，而传道解惑"，这是教育的根本理念和根本方法，也是中国自古以来教育的优良传统。但当时很普遍的情况是，"师席倚而不讲，朋徒相视怠散"，教育者的教育理念和教育方法都出了问题。许义则不同，他更致力于用实际行动纠正当时的不良学风。具体来说，士纵于礼则与其言礼，士用私智、见小利则与其言义，士废讲习、弛讨论则与其言学，士文路不畅则与其言文。礼、义、学、文四者，"扶本实于既拨，振朝华于已萎"，使汾州士风、学风大有改观。

正因为许义深谙教育之道且能恭行实践，所以才被擢拔为王府教授。王府的教育同样非常重要。孔天胤所举的，是西汉淮南王刘安和胶西王刘端的故事。刘安的父亲刘长以谋逆罪被贬死雍道，刘安从小就背上叛逆之子的恶名，封地差点被削，在贾谊的建议下，汉景帝将淮南国一分为三，分给刘安兄弟三人。胶西王刘端，史称其"为人贼戾又阴痿"，董仲舒做了胶西的国相，对其进行教化。所以孔天胤说，"夫淮王雄尊，贾谊传之；胶西弗驯，董子正焉。彼皆不遇其主，而二臣犹卒见信，名垂始终"，这都是因为有良师在焉。如今恭裕王在位，其所重视的与许义的教育思想有颇多遇合，"上好礼，公能言礼；上好义，公能言义；上好学，公能言学；上好文，公能言文"。有了恭裕王的知遇和重视，许义的教育理念在王府里一定会大行其道。汾州庆成王府藩宗人数之多，在全国也排名前列，所谓"举其巨丽，则庆成据其最"。虽然王府中"好礼、好义、好学、好文者彬彬如也"，但不好礼、不好义、不好学、不好文者，甚至滋事生非者也比比皆是，所以非常需要良师"导而上"。王府子弟知礼、知义、知学、知文，则汾州文化发展、社会治安也会得到根本改变，谁能说王府教育不如学宫教育重要呢？这番道理一讲，学宫师生哑口无言，许义也如释重负。

嘉靖四十年（1561），洪朝选破获汾州内外勾结的团伙大案时，许义曾做出重要贡献。据万历《汾州府志》，许义利用身在王府的便利条件，向洪朝选揭发了宗党中参与盗贼团伙的人员，使洪朝选得以尽数收治。事迄，许义得到洪朝选嘉奖，孔天胤作有《贺葛陂许公膺奖序》，记其事之始末："时宗党有不法者阴聚徒为奸，至暴横而无所忌，盘结而不可解。国君大夫俱莫敢何，公独无所疑惧，一举而发之，大参洪公因按捕之，奏状悉置之法，于是盗贼之害人者消，皇化清，国俗正，公之赐也。"孔天胤又作有《贺许教授膺奖用韵》一首，似乎就是对五年前所讲的这番道理的一个呼应：

曳裾高谊并枚邹，赢得褒贤礼数优。导善国风成最乐，除奸邦典伐先谋。黄堂束帛敷文盛，朱邸拟金播德休。复有桥门听观者，欢声齐逐彩云流。

枚，枚乘；邹，邹阳。二人均曾做过吴王刘濞门客。许义的确是"曳裾王门"，但他一身正气，从未忘记过整个汾州的秩序和民生。他掌教王府，且利用王府身份之便，与官府联手除奸捕盗，堪称壮举。

孔天胤记载较多的另一位王府教授是吕恕。

吕恕到庆成王府任教授当在隆庆五年（1571）。这一年，安穆王卜葬，吕恕撰写行状，请孔天胤写墓志铭。此年吕恕生日时，孔天胤写有诗歌《寿王相吕磻溪先生》；隆庆六年（1572）吕恕生日，孔天胤写有诗歌《寿吕磻溪先生效张文昌》。万历元年（1573），吕恕任满三载，受到御史嘉奖，孔天胤写有《教授吕磻溪先生以贤膺奖序》。孔天胤认为，"辅匡藩维，翊戴王室，其事当不减于治邑"，不但工作难度大，而且容易受宗党的怨渎和一些官员"曳裾王门"的轻蔑讥讽。而吕恕不同，孔天胤称他为"文学直谅之君子"，劝主以道，守法不渝，"临利害之冲则侃侃如，处盘错之交则井井如"，再加上才高，"文章藻翰又与司马（迁）等同风"，故"在庠则多士归之，在国则王人服之、上官奖之"。孔天胤另写有四六文《寿宫教吕磻溪先生》，称其"琢玉而成宝器，如珪如璋；雕龙以应文心，为黼为黻。修孔门德行之科，希踪冉（耕）、闵（子骞）；纂汉室文章之选，比迹班（固）、扬（雄）"云云，对吕恕之才及教化王府子弟之功给予极大肯定。

万历二年（1568）端午，孔天胤设宴招待吕恕，写有《五日宴王相吕公二首》。万历三年（1569），吕恕为汾州学子讲经，孔天胤写《赠吕磻师纳门人小子辈受经》一首：

> 河山朱邸挹光仪，宿德宏文是我师。匡鼎说诗颐共解，杨云搞藻字多奇。互乡童子容投学，达巷党人从问疑。仁看一门桃李盛，东风肯为及时吹。

作为王府教授，吕恕不仅教育王府子弟，也为汾州学子讲学释疑，这正是其可贵之处，也令孔天胤大为赞赏。吕恕任庆成王府教授共六年，于万历四年（1576）辞归，孔天胤写《赠吕磻溪教授北归》，"元亮不贪五斗米，子云自爱一床书"，赞其高洁。北归，是因为其家居顺天府。这一年吕恕生日时，孔天胤又写《寄寿吕磻溪先生》，"节遇诞祥遥记忆，名高耆旧有光辉。寒花拟酌千杯献，朔雁空传一札归"，表达对吕恕的怀念。

（三）交游王府宗亲

孔天胤童年时代即受北村先生朱奇溯的教诲和影响，丁父忧与母忧其间，与北村先生、西谷先生等王府宗亲多有交往，吟诗作赋；及至归田，与王府宗亲中志同道合者交游就更多。北村先生逝于嘉靖十九年（1540），当时孔天胤丁父忧在汾州，归汾后于嘉靖三十六年（1557）为其补写了墓志铭。西谷先生，孔天胤归乡后依然一直多有交游，隆庆二年（1568）西谷先生七十岁寿时，孔天胤还写了《寿宗尉西谷翁七十》《题西谷寿图卷》诗。

因孔天胤文集中只写其号不注其名，而王府宗亲如北村先生朱奇湎这样因县志有载而可考知真名者极少，目前仅能确定的三位，一位是南村先生朱奇灏，一位是柳川先生朱柄表，还有一位是小村先生朱表杷。嘉靖三十九年（1560），朱奇灏筑园曰"长乐园"，孔天胤为之作《长乐园序》；隆庆四年（1570）南村先生去世，孔天胤为之写《皇宗南村公暨配淑人戚氏合葬墓志铭》。其余宗亲，我们仅能从孔天胤诗文集中知道他们的别号，却多不知其真名和世系。

孔天胤汾期间，交游来往的宗亲除以上所列几位，还有汾村、静川、一泉、七泉、山泉、东皋、林皋、兰轩、兑轩、沧江、麓庵、云谷、月洲等。他们的不时来访，赏花，吟酒，赋诗，互相祝寿，再加上结伴同游，登山临水，令孔天胤寂寞的归田生活多了不少意趣。正如孔天胤写于嘉靖四十三年（1564）的《春暮背郭园奉酬大宗尉西谷诸公携酒见过》中所言："饮中仙侣无期会，花里相逢意自亲"；又如写于嘉靖四十四年（1565）的《寿静川宗尉十韵》中所言："综文成艺圃，洒翰作词林。客至仙碁著，朋来圣酒斟"。这种互相的拜访，令彼此在岁移时易中感觉到同道共祝的温暖，以一颗诗心，看得到天现彩云，看得到四季花开。如孔天胤写于隆庆二年的《孟秋即柳川、小村寿筵作，是日天现彩云瓶插红白莲花，斯赋之云尔》中所言："岁来权作看花伴，一十二回无改移。"谁家园中的花开了，互相邀赏，指点品评，吟诗作赋，乐趣多多。孔天胤《四月廿七日山泉宗尉邀赏西园红药偶然二首》就写自己观赏山泉宗尉西园红药时的所见所想，"含章未觉灵根异，品藻方知艳质稀"，如果能移植到自己看书的地方多好,"若教移植观书地,爱护当施绛帐围"。

更令人感到温暖的,是有一些宗亲给孔天胤送菜送花。送菜的是小村宗尉,他的送菜之举,还引发了孔天胤一番对蔬菜养生的高论。小村先生给孔天胤送的是莱菔,即萝卜,孔天胤喜而作《承小村宗尉分惠莱菔兼高咏数十篇,愧不能报,聊戏答短章四首》。他吩咐妻子好生收藏,"嘉蔬满领贮荆筐,分付山妻好护藏"。收藏好怎么吃呢?可以用火煨,"榾柮火煨成熟后,何人知有菜根香"。榾柮,树根。这萝卜作用大啊,对身体的好处,胜过吃肉,"肉食无如藿食安,胃肠已作菜园看";萝卜还是一味良药,"本草图经载此蔬,导壅消谷胜姜苏。只缘一种温平气,遂令胃中渣滓无"。不能不说,这诗颇有苏东坡养生诗的味道,关键是有了生活的趣味,有了人间的烟火气。

这位小村宗尉还在初冬的雨中送来了菊花,孔天胤写《谢小村孟冬雨中送菊》称,这菊花送得好,"破除楚客悲秋兴,妆点柴桑处士家",生活有了色彩。自己呢,"折取未遑羞短鬓,一枝先插帽欹斜",直接将菊花插在头上了,生活的乐趣跃然而出。万历七年(1579),兑轩宗尉送来了千叶榴花,孔天胤《谢兑轩宗尉惠千叶榴花》诗云:"自知蓬荜宜张仲,谁料花樽向孔融。愧杀白头浑潦倒,不成桃李谢东风。"

而对于宗室中的年轻人,孔天胤也很注意培养和鼓励。有一位兰轩宗尉,"不猥随时好,独好儒。少从儒生学举子业"。孔天胤对这样爱学习的年轻人非常看重,"君读书有堂,余尝署曰'太霞闲宇'",为这位年轻人的读书堂题名为"太霞闲宇"。孔天胤隆庆六年(1572)写有《题兰轩太霞闲宇》一诗曰:

　　层城翳华构,窈窕居蓬山。几阁横林际,琴书满窗间。情涯秋水远,神宇太霞闲。丛桂攀援处,幽人得往还。

不但状其读书堂之外观，更蕴读书真意于其中。兰轩学儒成后，改辙学写诗，"为诗十年而篇什斐然"。万历四年（1576），他来请教孔天胤，问自己的诗是否可以编为一册刊印，孔天胤说："可也。"并说明可以结集刊刻的原因："儒士尚经而少文，君尚文而本经，顾本卓于儒矣。况又以文章饰富贵乎？"由学儒而写诗，诗载六经之道，其诗出之于正。孔天胤还亲自为其校勘，"因把搦管三寸为点勘之，凡被圈点者，皆可脍炙人口"。

林皋宗尉也是一位文学优长的宗亲，孔天胤称其为"神明之胄而宗衮之华也"（《〈五怀倡和集〉序》），其为人"睿哲冲融，粹精沈明，言铿金石，道美珪璋"。孔天胤诗集中有《答林皋、兰轩雨中见过》《赠林皋宗尉一首》《寄酬林皋君见讯》《奉答林皋见寄》等诗。其人好游历，"掞藻潞子之墟，振笔梁王之邸，潜光姑射之阳，焕章东海之滨。皆神交道合，走尺素于蒲东，讯丈人于河上"，所作诗辑为《五怀倡和集》并刊行（今佚），孔天胤为之写了序言。

神游诗社：汾州的文学活动

汾州诗社的繁盛是在万历初年，这与隆庆五年（1571）结束了三十年战乱，百姓休养生息、生活秩序渐渐好转有关。由孔天胤诗集可知，他在万历二年（1574）之后的大部分诗歌，都是在各诗社的活动中酬和而作。由其诗文集可知，孔天胤参与的诗社团体有四个，其中有两个是王府诗社，第三个是与王道行等人结的异地诗社，第四个是他自己成立的"天真四友人社"。

（一）王府诗社：金兰社与青莲社

两个王府诗社，一是庆成王府的金兰社，简称兰社；一是永和王府的青莲社，简称莲社。万历《汾州府志》"宗会"："先是，两府各立诗社，庆成社名金兰，王宗川主之；永和社名青莲，王恒南主之。比时宗贤毕聚，成律成帖，彬彬称盛焉。"两社之成员，多以两府宗亲为主，也有王官或王府教授等人参与。

孔天胤所参加的金兰社活动、与金兰社成员交游的情况及金兰社一些值得记载的事件，可由其诗歌得其大概。

万历二年（1574）。秋，孔天胤参加了金兰社的宴集，写有《金兰诗社宴集》一首，诗中"本自图书府，分为翰墨场"句，记载了诗社宴集的盛况。冬，金兰诗社的成员去往孔府拜访，孔天胤写有《冬日谢兰社诸公枉驾》一首，"破暝焚兰上，延宵坐漏沉。相将意无限，所保岁寒阴"，对诸君子的造访和相聚的知心高谈表达感谢。

万历三年（1575）。春，孔天胤参加金兰诗社宴集，写有《春日集金兰诗社二首》，"兰室人如玉，金塘草是瑶""问渠何得尔，齐契在兰金"，将阑珊的春意、诗友的相知与金兰诗社的"兰""金"二字结合在一起，给予美好的阐释。初冬，兰社诸公再次来访，孔天胤写有《初冬辱兰社诸公过访即席赋酬》一首，在"落木掩行径，夕阴生始寒"之际，诸公到访，"同怀一相访，闷绪稍已欢"。作为主人，孔天胤出家酒绿蔬招待，"村酒黄花酌，家蔬绿芋餐"。知己闲坐，不聊世事，唯饮酒作诗，"淡然无世味，翻喜坐宵阑"，淡中有情，淡中有味，淡中有趣，淡中有乐。

万历四年（1576）。春，孔天胤参加金兰诗社宴集，写有《暮春宴金兰馆赋酬》一首，"舞花频送酒，歌鸟竞调弦。适意芥尘物，惟余藻思牵"，有一种隐者的快乐洋溢其中。夏，金兰社诸公在崇文书院雅集，邀请孔天胤前往，孔天胤写有《夏日承兰社诸公招饮崇文书院赋酬》一首，于"文园清夏气，秀树满凉阴"中，"美酒榴花席，佳人兰叶襟。鸾歌白日永，凤吹紫烟深"，此情此景，令人陶醉，"试问傍观者，宁知世外心"，表达隐者之乐。这年的九月二十九日，金兰社诸公来访，孔天胤写有《九月廿九日承兰社诸公见访二首》，称自己"孤云常独往"，离居日久,以致"湿薪焚冷灶,残菊耀疏枝""自怜慵拙惯,不觉应酬疏"。诸君见访,甚是开心,"总为谈诗好,萧条亦解颐""坐深留更住,日短意恒余"。

万历五年(1577),金兰社朱慎镠新园落成,孔天胤游宴,写有《仲川君新园落成见招,游宴,即席赠酬》一首。"帝子经纶别业开,三山分取一蓬莱。金银界道云间屋,丹碧成帷树里台",对其新园表示称贺。

万历六年(1578),金兰社重修社门,孔天胤作《新作金兰社门》一首,"书社始因陋,戟门今壮开。悬题承内史,崇奖饰群才",对金兰诗社修筑社门、聚集英才的盛况表示称贺;"同盟利金断,齐契等兰栽",对金兰社的美好的未来也满怀期待。这年秋,他再次参加了金兰诗社的宴集,并作《金兰社宴集和李环洲韵》。李荷(1537—1586),字子尽,号环洲,山东寿光人,嘉靖四十一年(1562)壬戌科进士,曾任泽州同知,万历六年(1578)为太原同知。⑧诗中称"竹园芸馆映华星,高盖清辉溢满城""乐极夜阑仍秉烛,角吹寒响自严更"等句,极写此番诗社秋日宴集的盛况。

万历七年(1579),金兰社馆于院内新开鱼沼,孔天胤作《兰社新开鱼沼》一首以记,"引流从玉折,成沼毓金鳞",鱼儿游来游去,更增诗情别趣,甚至想到了庄子与惠子游于濠梁,"子非鱼,焉知鱼之乐"的故事,于是"试作濠间想,当知乐有真"。

孔天胤所参加的青莲社的活动晚于金兰社,最早写到青莲社的诗歌在万历四年(1576)。

万历四年(1576)九月九日,青莲社诸公来访,孔天胤作《九日奉酬莲社诸公见访》一首,首联"下里欣逢上客来,一尊同向九华开"表达对诸公到访的欣喜,末联"大夫已老犹能赋,却是文人藻思催"表达与诸公吟诗作赋的欢悦,并在自嘲自戏中,对自己尚能写诗作赋表示开心。

万历五年(1577),春,孔天胤园中芍药开放,莲社诸公再来访,赏花赋诗，孔天胤作《承莲社诸公见赏小园芍药，依韵奉酬》一首。"种药忽成丛，焉知老圃空"，对花开的情况并不满意。但他以此自戏，"莫云清富贵，吾道本来穷"，开得不好也无妨。这年五月端午，孔天胤设宴招待莲社成员，作《五日宴莲社宗英》一首。诗中有招饮之乐，"我有数斗酒，嘉宾一来翔"；有吟诗之乐，"含章托毫素，雅歌行玉觞"；更有增寿之乐，"面颜同美好，寿命当灵长"。有此三乐，"无谓苦炎热，广庭生夏凉"。

万历六年（1578），在金兰社社门重修之际，青莲社也新理了门堂。孔天胤也为青莲社写了诗《莲社新理门堂》。门堂之理，"藉地竹西邻，同修莲社因"；其地理位置颇佳，"门对碧峰正，堂开银榜新"。门堂一新，诗风必盛，"当如镜光佛，磨洗大千尘"，致以美好祝愿。

万历七年（1579）秋八月六日，青莲社众成员来访，孔天胤作《八月六日承莲社诸宗英见访，便留小酌，即席谢陈》一首。诗中"浮世知谁是，交情似此稀。顿令黄发叟，兴绕白云飞"句，言对莲社诸君来访的感谢。这一年，孔天胤作《青莲歌》七言古诗，为青莲社释名："瑶草生庭池绿波，王孙称觞金叵罗。请君振藻青莲歌，湘灵鼓瑟云璈和"；并状写青莲社宴集之盛况："众听起舞纷婆娑，蜡炬比莲将奈何。歌声飞入五云去，云远天高不知处"。

万历二年（1574）到万历七年（1579），汾州的东府和西府各自集结着一批诗人。而王府诗人和孔天胤以及其他民间诗人又常相往来，不时宴集，似乎整个汾州城都浸淫在一种诗歌的氛围之中。除了王府诗社的宴集，孔天胤也常参加由一些宗亲组织发起的诗社。如万历三年（1575）夏参加了宗亲东皋的诗社集会，作《东皋社会赋诗得槐阴避暑》一诗；万历四年（1576）再次参加东皋的诗社集会，作《对酒短歌行·在东皋社会作》一首。

孔天胤写于万历七年（1579）的《社中三老行》，写了社中三位年老的宗亲，"三人二百二十八，总把心期效洛南。柳谷翩翩来鹤驾，兰皋冉冉下鸾骖"。三人平均年龄在七十六岁，仍热衷于诗社活动。时年孔天胤也已经七十五岁。诗社这种形式，将一群有着共同志趣的人联结在一起，同乐共趣，不知老之将至。

这里需要特别提及的，是兰社社长郑柏龄。郑柏龄是汾州高士，也是庆成王府的文学书记，万历三年（1575）曾编辑了庆成王宗川的《宝善堂稿》；万历四年编辑了宗川弟仲川的《兰玉堂稿》，孔天胤各自为序。孔天胤除了参加金兰社的活动，与社长郑柏龄也多有唱和。其诗有《雨后与郑鹤庵酌亭上》《赠郑鹤庵、林皋清尚》《题郑鹤庵鱼瓮》《寿郑鹤庵》等。在《寿郑鹤庵》中，孔天胤写到对郑柏龄的评价，称其才高德隆：

> 汾上谈经郑广文，真成孤鹤在人群。绛帷西馆抠衣众，朱邸高筵设醴勤。坐永乐天闲岁月，行深平地好风云。华辰贺客轮如水，谁把寒松取赠君。

万历七年（1579），孔天胤参加由郑柏龄主持的兰社宴集，写有《六月会郑鹤庵诗社得六言二绝》。这年，孔天胤还写有《十八日夜梦郑鹤庵自定襄来余写诗赠问》，由诗句"定襄古边邑，流水朔云屯。一月收王税，寒鸦几处村"可知，郑柏龄当是去往定襄为王府收税去了。

（二）孔王裴吕：诗情纵贯五百里

孔天胤参加的第三个诗社，是由他和王道行、吕阳、裴邦奇所结的一个非常特殊的诗社。此诗社的特殊在于，四个人不在同一个地方，由南到北，隔着五百多里，然而四人却颇为相知，几年间互相来往，唱和极多。孔天胤、王道行、吕阳、裴邦奇四人在雍正《山西通志》中俱列"文苑"。三人的交游也被记载于《山西通志》卷一百五十五《文学录》：

天允（胤）好读书，诗文高古，晚年寄兴山水园林，时与王明甫、吕仲和、裴庸甫诸人相唱和。

王道行（1531—?），字明甫，号龙池，阳曲县（今山西太原市）人，嘉靖二十九年（1550）庚戌科进士，"于时同举三百二十人，而先生最少"（李榷桢《〈桂子园集〉序》）。据康熙《阳曲县志》，当年主考官是翰林院学士欧阳德（字崇一，号南野，江西泰和人，卒谥文庄），"时欧阳文庄公典试得人最盛，以文名者，吴之宗子相，楚之吴明卿，蜀之张肖甫，晋之王明甫"。欧阳德当年所取进士中，直隶兴化府的宗臣、湖广武昌府的吴国伦皆为"嘉靖后七子"中的成员，四川铜梁的张佳胤又与余曰德、魏裳、汪道昆、张九一合称"后五子"，王道行则与石星、黎民表、朱多煃、赵用贤合称"续五子"。王道行名列其中且"年最少"，可知其文名重于当时。王道行历任邓州知州、大名同知、苏州知府、应天副使、陕西参政、河南按察使、四川右布政使等职，在任上，"正直廉介，所至吏畏民怀，人不敢干以私"，后"以耿介忤当路，归"。归田后，"日惟杜门著书，或与里中耆德强社觞咏，陈民间利病，如议开三门、复书院，革说帖之诬，雪青衿之冤，罢一切诸行库役、斗级里长之苦，当道重之"。较多参与民间事务，卒后祀乡贤。有《桂子园集》十六卷行于世。由万历八年（1580）孔天胤为王道行所写的《颂王龙池先生华诞五旬》一诗可知，王道行比孔天胤小十六岁，归田时仅四十余岁。

吕阳（1522—1586），字仲和，号岫云，临汾县人，祖籍山东曹县，其祖上有人以武功官平阳卫同知，入籍平阳卫。吕阳与王道行同为嘉靖二十九年（1550）庚戌科进士。雍正《山西通志》记其"性豪宕不羁，不以仕进为意，官中书科中书，解组归。穷年学古，博极群书，著有《经世心鉴》《晋诗选雅》等集行于世"。据王道行《中书舍人岫云吕公墓志铭》，吕阳"为中书舍人,坐忤直废"。归田后,"有所善山人裴邦奇,时时走晋阳,诵其诗歌传记,间以新声,才情斐然,足使山川吐气"。

裴邦奇,字庸甫,号巢云,闻喜县人。雍正《山西通志》与乾隆《闻喜县志》皆记其"学问综博,不事举子业,以诗名,与汾阳孔探花天胤、谢山人榛相唱和,为所推重,有《巢云诗集》四卷"。其中称孔天胤"探花"误,当为榜眼。

从人员组成来看,只有裴邦奇没有出仕经历,孔天胤、王道行、吕阳俱为致仕官员,且皆仕路不顺。孔天胤被弹劾"贪污"闲住,王道行、吕阳以"忤当道""坐忤直"各自罢官,尤其吕阳,只历一官便归。从地域来看,王道行在山西中部偏北的太原,孔天胤在山西中部的汾阳市,裴邦奇与吕阳在今山西南部的闻喜与临汾,由南到北,最北与最南隔着五百余里,就是汾阳距太原、汾阳距临汾也各有二百余里。但同声相应,同气相求,四人凭着对各自人品的敬仰,几年间不时往来,留下了大量唱和诗歌,堪称一段佳话。

先说王道行。

据李椎桢《桂子园集序》,王道行曾结"洛下香山社",其《桂子园集》中也写有"社中七子歌"。由其诗题《赠仲川宗将、文谷先生社友》可知,孔天胤当是其中之一。

因为都曾任职于陕西、河南且有着共同仕途不顺的经历,孔天胤与王道行在精神层面有着更多共同的感遇。孔天胤《与王龙池方伯》信中就谈到文人贤者的"遇时不遇时"。他举古代贤者之例,"吕望伊尹正而遇,孔孟正而不遇",皆非人力所能改变。不遇于时者,莫如做个"伐檀君子"而"甘心水涯",修身养性,命酒弄琴,优游客与,"五柳先生吾师也,乐夫天命,复奚疑夫"。这里有着对王道行的宽慰,也是孔天胤作为归田者的自述情怀之语。

万历元年(1573),王道行罢官闲居,至汾州拜访了孔天胤,参观了孔天胤的文苑清居，归而作《题文苑清居图》一首寄孔天胤，诗曰：

  三贤佳遁处，山水载名园。沓嶂分王屋，飞泉割禹门。雄材真国史，瑞命老王孙。未就东山诏，重开北海尊。弦歌俱入律，桃李总忘言。自惜芳辰阻，谁将幽意论。思君不可见，燕雁共寒暄。

三贤，指子夏、段干木、田子方。一代乡贤孔天胤于三贤隐处筑园，更增西河人文。诗中表达着对孔天胤雄才不遇的惋惜，及结庐汾州、育人无数、诗酒自娱生活的称贺。别后相思，惟寄燕雁。孔天胤收到寄诗，作一首《怀龙池公闲居用见题文苑清居韵》以酬。

  也许是受孔天胤文苑清居的启发，王道行也在阳曲（今太原迎泽区）筑了一园，名曰桂子园。桂子园后来成为太原一大人文景观。雍正《山西通志》"古迹"："桂子园，城东南隅，布政王道行别业。有桂数株，日觞咏其间，有《桂子园集》行世。后为明宗藩河东王所得，更名'金粟'，今为梵宇，俗名小五台。"如今太原人对"小五台"这个地名并不陌生，迎泽区新城南街有小五台小学，而小五台初中于某年整合为太原成成中学的初中部，但很少有人知道这个地方原来叫桂子园，曾有过各种美好的景致和诗意的名称；更很少有人知道，这里最早的创建者是明代乡贤王道行。

  万历二年（1574）春，桂子园建成，王道行为园中每处景点都取了一个诗意的名字。按孔天胤写于万历二年的《题王龙池园图十六首》，可知王道行园中共有十六处小景，分别为成趣园、遂初堂、点易台、百花垒、巢鹤山房、婆娑亭、清冷轩、抱瓮处、长春洞、丹药圃、君子居、仙岖、流觞处、涵灵池、餐英饮露、邓林一枝。孔天胤为这十六景分别题五言诗一首。其中之成趣园，孔天胤还写有《成趣园诗题辞》，称"我龙池先生，回轺紫薇之省，息驾白云之园，日涉焉以成其趣，趣何趣也？盖乐天而与天游"，释园主人的志向、趣味所在。而在十六首之"成趣园"，孔天胤写道："初由趣摄园，已乃园成趣。有待犹为烦，冥观无待处。"因趣而设园，又因园而生趣，园与人日以相娱，又自成一趣。

三年后的万历五年（1577），孔天胤又为王道行桂子山庄作七言古诗《桂子山庄引为龙池翁赋》。诗中将王道行所栽桂树赋予仙道的意义："今来紫省栽丹桂，丹桂丛丛森羽卫"；也寄予美好的祝愿："开花结子子还孙，永保灵根得贞固"；而因游悠此园产生的大量诗文，则更蕴人生情怀："大册高文互品题，个里真人合须辨"；最后释桂子园主人性情："真人生憎冷暖眸，每把红罗扇遮面"。诗写得灵动飘逸而有生趣。

王道行去世后，桂子园由私人园林而成王家乐园，再成寺观祠庵，最后毁于明末李自成之乱的大火。

孔天胤对这位诗友也非常欣赏。万历四年（1576），孔天胤写《赞王龙池先生小像》一首，为王道行的画像题诗。诗曰：

> 温润而栗，纯粹以精。惟金之鉴，维玉之衡。维岳之重，维辰之明。文命之表，德充之符。国之桢干，庭之典谟。懿厥宏规，咏此瑞图。

诗歌对王道行其人其才、其德其品给予高度赞扬。孔天胤去世前一年，还给王道行写有两首诗，一首是《颂王龙池先生华诞五旬》，一首是《奉答龙池翁寄怀》。后一首中，"兼葭带寒渚，咫尺千里思。赖有好音信，聊将慰渴饥"，表达收到王道行寄诗的欣喜；"清晖比君子，良晤旷佳期""愁随黄草蔓，意与白云驰"，对相思不得见表示遗憾。"目击道斯在，神交俗岂知"，是对二人友情的最好总结。

再说吕阳。

吕阳曾到汾州拜访孔天胤。万历五年（1577），吕阳寄书问候孔天胤，孔天胤作《奉怀吕岫云中舍兼酬惠问》一诗，"雄裁五色自垂藻，盛世三朝谁策勋。却念北山饶隐逸，遥缄赤牍慰离群"，对吕阳的问候表达谢意。这年，孔天胤又作有《怀吕岫云先生》一首，诗云：

  金玉才章冰雪姿，岸冠姑岭带汾陂。至尊若见轻黄屋，内史何言旧凤池。自解樊笼学退藏，松苓服尽羽毛强。何时一借天风去，直到仙家绿井庄。

  此诗像是给吕阳绘的一幅小像，使吕阳冰雪聪明、身姿傲岸、才情卓然、志趣高洁有仙人姿仪跃然纸上。孔天胤诗所说的绿井庄，是吕阳在故乡平阳所筑的庄园，裴邦奇曾多次前往拜访，并作有《岫云别业宴集》《酬吕岫云绿井庄积雨见怀四首》《过吕岫云绿井庄》《夏日集吕舍人绿井庄》等诗。其中《过吕岫云绿井庄》称此庄"窗云晓拂千竿竹，池水秋鸣两部蛙"，颇有隐者之境，使人有"便欲从君归旧隐，西风垂钓白鸥沙"之想。
  最后说裴邦奇。
  裴邦奇与孔天胤在汾州的第一次见面是在万历三年（1575）八月，此前二人神交已久。孔天胤有诗序曰：

  万历三年八月之望，巢云裴君自河东来。往余数请君会不果，今始果其诺云。盖两人神交者，神物终当必合耳。靖节有言："相知何必旧，倾盖定前言。"谓一见若平生也。若神交千里而晤言一室者，何以谓耶？（《秋林与裴山人话别》）

  孔天胤《斋中和裴山人宴集同兰轩君》，再次表达二人之神交："相忆神交久，相逢义谛真。山林予谬主，江海子诚宾。"将自己比作山林之主，称裴邦奇是江海之宾，皆"野老"类也。

因裴邦奇终身未仕,孔天胤诗中多称他为山人或征君。征君,隐士代称。

裴邦奇曾下榻于孔天胤的桐竹山房,孔天胤《洒扫桐竹山房迎巢云先生,馆之》云,"桐竹阴阴房翠微,丹山文鸟一来归",对裴邦奇的到来表示热情欢迎;就连园中黄雀也在衔花迎宾,"独怜黄雀知趋向,争自衔花傍尔飞"。裴邦奇也作有《答孔文谷先生桐庵山房之招》一诗,诗中称"床连夜雨情如旧,座受春风愿不违。况复人龙汾上卧,攀鳞终拟赤霄飞",感激孔天胤留宿高谊,也对孔天胤其人给予高度评价。

裴邦奇游于孔天胤文苑清居,作《文苑清居》一首,诗中称"文苑何其雅,红尘自不侵。地开青峰远,门掩紫苔深",对文苑清居的清雅高格给予绘画般的诗性写意。孔天胤作有《和裴山人见题文苑清居十韵》以和,"英英芝兰气,耿耿金石心。共写丘中好,同行泽畔吟",更多表达了对与同道好友共享山林之趣的愿望。

裴邦奇归去时,孔天胤作《秋林与裴山人话别》一首,序中称"时皓月当空,皎余心镜。玉壶有酒,其清若空。喜极而寓之醉,醉极而咏之言,言则左史书之且以赠别"。诗曰:

> 逍遥与子白云边,似是天公借好缘。秋色晴分广寒树,夜光冷浸琼华筵。面谈千里俄今夕,梦想十年空暮烟。倾盖定交还别去,后期鸡黍寸心然。

欣喜于二人神交十年后的初次相会,自得于此次相聚的倾盖定交,并约定此后常来常往,时具鸡黍以待。裴邦奇也作《与孔文谷先生话别》一诗以和,诗曰:

> 十年汾上挹清辉,此日天边见少微。客馆迟留同皓月,奚囊满载得明玑。青尊北海连宵醉,红叶西风远道归。来岁定寻鸡黍

约,重春谷口白云飞。

以"来岁定寻鸡黍约"回应了孔天胤的相邀,这后来也成为一则佳话。裴邦奇归河东后,朱慎镠曾携孔天胤书信到闻喜转交裴邦奇,裴邦奇《仲川宗君持孔丈书自汾上相迎》诗中,末二句言:"愿从左骑归汾上,倾倒还同北海尊。"并在诗后加注语:"公有'后期鸡黍寸心然'之句。"这个句子,也成为了裴邦奇再度游汾的召唤之语。

万历五年(1577)冬,裴邦奇第二次游汾,下榻于庆成王府的金兰社馆。孔天胤作有《雪后携樽兰馆看裴征君二首》,写到于寒雪中过访,以慰友人之客思愁深。此举令裴邦奇大为感动,作有《酬文谷先生雪中见过》一诗,诗云:

  春风忽动旅颜开,况复行厨载绿醅。杏馆日留元吉住,荀家星聚太丘来。钩帘远眺千山雪,搦管长吟万树梅。笑杀子猷元兴浅,扁舟空自夜回深。

雪中携酒来访,虽是冬日,却好像春风吹来。二人雪中远眺千山雪,搦管同赋万树梅,情深谊厚。东晋王子猷(徽之)雪夜访戴,乘兴而至,兴尽而归,却难免有不遇之叹,哪如今之二人雪夜的相聚之乐。

冬至,孔天胤还在虚白宅招宴,席间有人作歌,裴邦奇作《至日集文谷虚白斋听刘元善作歌一首》。刘元善,江陵(今湖北荆州)人,善弹琴。⑨

万历六年(1578)秋,孔天胤作有《雨怀二首念裴征君》:"吾衰嗟若此,人远忆如何。有酒东轩寄,无然欠一过","踏泥谁裹饭,燃火独蒸藜。客抱当何遣,还来此共栖",再次邀请裴邦奇游汾。

不久后,裴邦奇果然如约而至。孔天胤写有《寒夕款裴山人行》一首七言长诗,表达老友相聚的喜悦。诗歌先述自己冬日愁苦之状,"柴门小径不逢人，孤绪拥怀愁欲死"；此时有人扣门，"薄暮倒裳迎扣门，却是旧游隐君子"，旧友重逢，既惊且喜；裴山人数次来汾，不辞劳苦，"几向天台度石梁，再从姑射来汾沚。自拄枯藤杖一条，不嫌槁叶埋双履"，令人感佩；老友相见，"交深欣戚最相关，不见思之见之喜。留宿平铺龟壳床，晤言共据乌皮几"，有说不完的别后情、相知话，以致饮酒聊天至夜半，"夜半酒酣将奈何，舞袖龙钟为君起"。

裴邦奇在雨中游于孔天胤的嘉树园，作《雨过嘉树园谒孔文谷》一首，诗云：

> 园开嘉树绿云屯，山色青连背郭村。竹经再逢前地主，桃花仍发旧仙源。碧筒注酒香犹在，翠壁分题墨尚存。忽漫相逢几经岁，还同鸡黍对床言。

忆二人初遇时，分题作诗的赏心乐事。二人也曾于园中登临，裴邦奇作有《重游汾上孔园登高二首》，诗中"人同前岁健，花似故园开""黄花如旧好，白花竞谁多"，表达对故人、新花同样的欣喜。而"主客欢无极，风尘倦未回"，则极状相见之欢、结伴登临之乐。诗中"扫榻延鸡黍，寻盟到薜萝"，再提二人的"鸡黍"之约，深为会心。

裴邦奇此次在汾淹留月余，再次下榻金兰馆。孔天胤曾邀请裴邦奇宴饮，作《九月念日邀裴征君小酌得诗二首，一和其旅怀一即事》，前诗和裴邦奇思乡之诗，后诗写二人相聚之欢：

> 竭来几携手，今始一娱心。杯酒呈新绿，篇诗出苦吟。悟言兰是室，散步竹为林。日暝红灯继，悠然坐夜深。

相聚畅谈，不觉夜又深。孔天胤也去兰馆拜访裴邦奇，裴邦奇留饮，孔天胤作《过裴征君留饮有作二首》，诗中"与子为双鹤，翩翩不异林""杯深缘取醉，弦绝为知音""处世无多术，论交只此心"，述二人情谊之深。

这年孔天胤还写有《和裴征君雪中感怀》《和裴山人思归四首》等诗。万历七年（1579），孔天胤写有《赠别裴隐君还山》一诗。这是孔天胤为裴邦奇写的最后一首诗：

　　姑射山南乡梦飞，汾阳桥北旅人归。却惭红杏空春色，不缓骊驹驻夕晖。天上客星原自隐，世间知己故应稀。行行且学桐江钓，龙渚鸥沙置一矶。

诗歌写了好友别去、故交零落的惆怅，也以隐者自适的生活状态对好友给予勉励。

孔天胤每年生日，裴邦奇多有祝寿之诗。今检《巢云诗集》八卷本，可见有《明月篇寿孔文谷先生》《醉歌行奉和文谷先生闰中秋诞日宴神川寄兴图》等。裴邦奇也写有多首怀念孔天胤的诗，如《得孔文谷先生书》中写道：

　　霞馆曾分袂，云林自索居。忽闻千里雁，遥致八行书。远道劳相忆，春盟定不虚。待将蚤梅发，先寄卧龙庐。

怀念两人旧游。在《晓渡汾水桥有怀孔丈》中，又有"回首西河增怅惘，蒹葭白露冷萧萧"句，将对孔天胤的怀念寄托在悠悠的流水之中。

裴邦奇几次游历汾州，与庆成王府的金兰社、永和王府的青莲社及王府宗亲好诗者也多有交游。裴邦奇在《答孔文谷先生桐庵山房之招》中，就有"萍踪栖泊旅情微，兰社相留未忍归"句，道出金兰社对他的相留。裴邦奇不但写有《赠金兰社诸君》《赠青莲社诸君》《题金兰社十二事》

等诗，还写有《庆成王寿章》《寿庆成王殿下》这些为朱慎锺祝寿的诗。裴邦奇也常同宗亲好诗者同去拜访孔天胤，孔天胤《斋中和裴山人宴集同兰轩君》，便写于自家园中宴请裴邦奇与宗亲兰轩之事；裴邦奇也写有《孔斋同兰轩宴集》一首，诗云"酒篘春熟候，梅放雪晴时。忘却他乡念，相逢尽故知"。孔天胤又有《鹤林园避暑作社会柳川翁为之主，裴征君为之宾》，写与裴邦奇一起参加宗亲柳川的诗社活动；裴邦奇也有《鹤林园避暑作社会柳川翁为之主，文谷翁阳字命作》一首。还有一位宗亲号月洲，孔天胤曾于翠虚亭宴请他和裴邦奇，作《秋杪翠虚亭留饮月洲王孙、巢云隐君，巢云有作，用韵和酬》一首；裴邦奇也作有《文翁见招与月洲同酌翠虚庵》一首。后来裴邦奇归闻喜，月洲曾为孔天胤带信给裴邦奇，裴邦奇作有《月洲来汾上持孔丈书复过却归蒲坂》一首，怀念孔天胤，"为次汾阳道，遥传阙里书""更约春湖上，扁舟夜打鱼"。裴邦奇在闻喜，也作有《寄兰社诸君》等诗。

裴邦奇到汾州期间，郑柏龄也与之多有交游。万历三年（1575），孔天胤于雨中到馆舍看望裴邦奇，恰逢郑柏龄也在馆中，于是作《雨中过裴山人馆，郑鹤庵在焉，山人有作，因共和之》一首，写"户外泥深辙，阶前步滑苔。不缘今雨过，谁为故人来"，写雨中访友之不易。裴邦奇也写有《孔文谷先生与郑鹤庵雨中见过》一首，诗云：

> 寄迹金兰馆，重门掩碧苔。惊回孤枕梦，幸有二龙来。乌角迎风折，青尊对雨开。西窗堪秉烛，车马且迟回。

对二位高士之雅谊表示感激，并留多坐。万历七年（1579）裴邦奇来访，孔天胤又写有《席间会裴、郑二山人》，诗称"闲云一片两幽人，衣褐俱怀席上珍。献赋早年犹未遇，读书穷巷有谁亲"，状写二位山人的隐者情怀。

检裴邦奇诗集，可知写到郑柏龄的诗有多首，如《七月望夜立秋与鹤庵社长乘月登台饮至大醉》《怀鹤庵社长》《题郑鹤庵、林皋清尚卷次孔丈韵》等。

孔天胤、王道行、吕阳、裴邦奇虽相隔较远，且很难同时宴集一处，但彼此之间皆会心知交，各有诗文互相酬答。王道行与吕阳是同年进士，互相之间写有较多诗文；但毫无疑问，孔天胤是这个四人诗社的核心人物，而裴邦奇是这个诗社最重要的联络人。裴邦奇一直处于动态的游走中，他由闻喜走访汾州，又由汾州走访太原。他写王道行的诗歌，有《集王龙池桂子山庄》等；怀念王道行的文章，有《寄王龙池方伯别墅》《寄王龙池方伯》等。王道行则写有《喜裴山人至》还有《闻裴巢云将游太华赋此寄赠》《送裴巢云赴云中、蓟门两开府》等。而闻喜与临汾最近，因而裴邦奇与吕阳来往更为密切。检裴邦奇诗集，可知其写吕阳的诗除前文所举关于绿井山庄外，还有二人同游的诗，如《同吕岫云登七佛岩寺值雨》《过吕岫云山居大张山卢山韵四首》《九日同吕岫云登高二首》《秋日同吕岫云汾上泛舟》等，以及给吕阳寄信的诗，如《中秋卧病值雨柬吕岫云》《寄吕岫云四首》《雨晴西楼晚眺寄吕岫云》《元夜答吕岫云见赠》等。

这四位诗友，年龄上由四十多岁到七十多岁，地域上由南到北，虽有着诸多的"不可能"，他们却因着同道之心，演绎了一段千古佳话。

四人中王道行年龄最小，因而经历了三位诗友的去世，先是孔天胤，接着是吕阳，最后是裴邦奇。王道行分别写了《祭孔汝锡先生》《挽裴征君》《中书舍人岫云吕公墓志铭》。特别是裴邦奇之死，令人感慨。王道行记，当时，"裴赴胡中丞之招，有爱姬为内子所卖，归竟弗寿而卒"，因为钟爱的小妾被妻子卖给了别人，气郁于心，伤心而亡。王道行挽诗云：

侠气翩翩健若龙，黄金买赋出居庸。大江桃叶流何处，明月刀环竟不逢。摩诘郢中成寡和，阿蒙地下或相从。白头空有文姬在，禅草谁当奏九重。

在"阿蒙地下"句后，王道行注："吕中舍阳，其文友也，先卒。"

（三）天真四友人社：野老们的诗酒宴集

万历二年（1574），七十岁的孔天胤在汾州成立了一个民间诗社，叫"天真四友人社"。

成立此社的原因，是自己"念老矣，多虑少惊，欲一月之间得一开口而笑，非悟言之适，必不尔也"。人生难得一笑，而能笑，是因为同道同心者相聚一处，所谈无一俗气。想到先民有社会，于是自己也结一社。孔天胤诗歌《岁暮咏怀呈同社三老翁》，或许便是对这一意旨的最佳诠释：

冉冉岁云暮，吾衰久矣夫。诗书既委退，田圃亦荒芜。白石终难煮，黄金不可图。赖从霞表逸，斗酒聊共娱。

年已老，性难改，青云无路，钱财难求，所以结此社，唯愿能斗酒共娱。《寒林宴坐呈社中三老》诗亦云：

四海茫茫六合尘，不知余得几闲人。多君神宇超千劫，老我空林寄一身。惯学镜师磨水月，懒从渔父问烟津。向来隐者都参破，独是陶潜任本真。

都是对结天真四友人社意旨的阐释。

社中规矩，是每月一会，"会必竟日，食不兼味，口不谈世。儒而文，仙而玄，佛而空，则其与也"。不谈世事，只谈诗文、谈仙佛、谈玄空,求保天真之心,"天而真,则其自得也"。

社中成员,据其《天真四友社会记》:"宠辱不惊居士、舒笑叟、巢云君,皆脱网尘埃之外,垂照桑榆之表,今结一社为天真四友人",可知此四人为孔天胤、宠辱不惊居士、舒笑叟、巢云君。孔天胤所言三人,真实姓字俱不详。这里需要澄清的是,闻喜人裴邦奇号巢云,但此处之巢云并非裴邦奇。证据有二,一是孔天胤"天真四友人社"结于万历二年(1574),而裴邦奇首次过汾与孔天胤相见是在万历三年(1575),孔天胤万历二年(1574)的诗中并无关于裴邦奇的内容;二是孔天胤结社要求"月一会",说明社中成员俱为汾州人,裴邦奇不可能做到"月一会"。

万历二年(1574)四月二十四日,天真四友人集会于孔天胤之嘉树园,每人作诗一首。孔天胤作《四月廿四作天真会于嘉树园,分韵才字二首》,两首诗末字均用"才"字。其一曰:

> 徂颜久予蹙,今日为谁开。喜动门前柳,荣增庭上槐。陶嘉在三径,望美得同来。若道无名欲,天真任散才。

这里有对于四友人宴集之乐的描述,就连门前柳、庭上槐都喜气洋洋。末联含"天真"二字,道出四友人宴集不为名、不为欲的自然天真之趣。

孔天胤写到"社会"的诗颇多,如万历二年(1574)的《六月社会》《田园秋意社会作》《社会分题得中秋对月用高字》,万历四年(1576)的《起莱北郭圃九月社会分题》《社会分韵得岁寒松柏》,万历五年(1577)的《孟冬社会赋得鹤来、松有伴二首》,万历六年(1578)的《春林适兴社会作》《秋林社会呈二老共和》,万历七年(1579)的《仲冬逸老堂会呈社长翁》《二月十五日感怀呈社友》等。在这些社友相聚分题作诗的活动中,孔天胤多借题发挥,自述平生,将人生的思索化为理趣,凝注在诗中。其中佳句如"平生转眼皆行路,何处同心有比邻""玄露正堪中夜饮,白云能得几人怜""不省丘中事,焉知岁暮心""倾枝如有待,择木自相寻""有伴偕贞素,无媒叹陆沉"等。特别是万历四年(1576),《比夜长少寐,思想平生,谩成一律申社长三翁》诗曰:

　　逐世无能但转蓬,飘摇回向野田中。放鱼尚怖钩成月,伤鸟犹疑箭落风。旧业赧颜浑作梦,老缘随意且谈空。百年已过三之二,幸把余生伴社翁。

余生有诸老友相伴,当是人生之幸。而相伴逾久,社友之间的感情也逾深。孔天胤《春林适兴社会作》中有"扶筇四老友,携兴入烟霞。邂逅惬宾主,邀樽坐日斜"句,描述四老友结伴之乐。而《秋林社会呈二老共和》中,则称"初秋良宴会,交久意逾亲。住近青山郭,来同白社人",同道交久逾亲,殊为难得。在写于万历七年(1579)的《二月十五日感怀呈社友》中,孔天胤还写出了"翠袖柳客媚,紫杯兰气薰。及时犹未晚,且尔狎同群"的诗句,感念着这份难得的相知之情。

远方来朋:孔园里的诗酒佳话

孔天胤回到汾州后,故交新朋络绎而来,为他的归田生活增添了几多色彩,书写了一段又一段珍贵的三晋佳话。康熙《汾阳县志》"文行"介绍孔天胤"好读书,诗文高古,直逼汉唐,海内名公咸重之,通讯不远数千里,赠答往复无虚日",记载的便是孔天胤归田生活中的这一个重要侧面。

(一)临漳故人李九河

早在嘉靖三十五年(1556)孔天胤初归汾州时,就有曾任河南临漳赵王府书记官的李九河不远千里来访。孔天胤写有《喜李书记千里见访四首》,其一云"下车衣服满尘埃,千里相期笑口开。门网经年雀不到,何因得有故人来",其二云"春尽深山草木长,更无人语到茅堂。儿童见客疑天上,敲火烹茶喜欲狂",表达远客到来,大人和孩子一样的惊讶欢喜;其三"漳台策马过漳川,北及汾阳路已千。借问远情谁得似,涓涓流水白云边",其四"我怕羊肠道路难,梦魂犹自苦跻攀。君过何得平如水,不是畏途途里官",表达的则是路迢远难行而客情长深远的感佩情怀。

李九河在汾州待了一段时间,让孔天胤感受到了友情的快乐。孔天胤写有《与李书记谈谐》《喜雨同李书记》《园中和李书记》等诗。在《与李书记谈谐》中,孔天胤通过与友人的交谈,逐渐调理着归乡后的心态:"街头纵有儿童骂,只作流风过耳边。"面对不知情人的误解和流言,得让自己内心强大。不久李九河归,孔天胤作《送别李书记》一诗,诗中"九河李君天下奇,千里访我山中为",对李九河千里来访深怀感激。

八年后的嘉靖四十三年(1564),李九河再次到汾州过访,孔天胤写有《春林即事同李九河作》《和九河春游韵诗予宴坐林间》《春晚林居呈九河》《送九河游弘农谒其先人旧治》等诗。弘农,即今河南灵宝县。李九河由汾州去往灵宝谒其先人,孔天胤作诗相送。

特别令人感佩的是,十五年后的万历七年(1579),李九河之孙李脉,不远千里来到汾州,承祖父遗训,对孔天胤表达问候,当时李九河已故去多年。孔天胤悲欣交集,作《故人李九河孙脉千里见候,临感酸欣,形之言句》:

吾与九河子,昔为山林交。其人仙已久,松柏不曾凋。家世宅漳水,子孙甘负樵。踏霜寻故旧,不远汾阳桥。问姓名亦随,因根识其苗。情投山薯蓣,义重芳琼瑶。信宿遽旋踵,使予心内焦。脱衣以相赠,庶复存久要。

脱衣相赠，也难报答这段在时间上跨越二十余年、空间上跨越千里之遥的君子之交。

（二）布衣诗人谢榛

谢榛（1495—1575），字茂秦，号四溟山人、脱屣山人，山东临清人，明代诗坛"后七子"之一。谢榛一生未仕，因而诗坛亦称之为"布衣诗人"。谢榛曾于嘉靖四十二年（1563）至四十四年（1565）间到山西游历，留下了大量关于山西的诗歌。雍正《山西通志》"寓贤"：

> 谢榛，临清人，一目。年十六，作乐府商调，少年争歌之。已折节读书，刻意为歌诗。西游彰德，赵康王厚礼焉。李攀龙、王世贞等结诗社于京师，榛为长。游道日广，沈、晋诸王争延致。沈府王将军中尉多工诗，由榛启之也。榛走塞下，交孔文谷、王明甫诸公。万历元年冬，复游彰德，赵穆王尤敬礼之。

由这段介绍可知，谢榛盲一目，少年有才，好游历。游于河南彰德赵王府，受赵康王礼遇；游于京师，与李攀龙、王世贞等结诗社，谢榛还是诗社中最年长的一个。明代"后七子"也有一桩公案，那就是谢榛后来受到李攀龙的排斥，被削名"七子"之外。谢榛以布衣客游诸藩王间，受到山西上党的沈王府、汾阳的庆成王府等争相延请，成为王府座上宾。游历山西时，还与山西的王道行、孔天胤等人有交游。

嘉靖四十三年（1564），在还未与孔天胤见面时，谢榛就曾寄诗探路，孔天胤作《寄酬谢四溟用来韵》，欢迎诗人来访，希望与之同游。诗云：

> 春深无奈独临流，一望天涯生远愁。芳草瓣人还异县，青山为客几同游？赋成修竹梁王苑，诗满高云谢朓楼。何日扶邛定相

问,杨花撩乱水悠悠。

　　谢榛到达汾州与孔天胤见面时,已是嘉靖四十四年(1565)的寒食节,在汾州从春天待到秋天。谢榛长孔天胤十岁,时年孔天胤六十一岁,谢榛已经七十一岁了。两位诗友的这次历史性见面,也成为中国诗歌史上的一段佳话。后来谢榛离开山西,孔天胤与冯惟讷将谢榛游历山西的诗歌,编为《适晋稿》。

　　冯惟讷(1513—1572),字汝言,号少洲,山东临朐人,嘉靖四十三年前后任山西右参政。此前冯惟讷过蒲州时,曾写诗《柬孔文谷二首》,今收于《盛明百家诗·冯少洲集》。诗中有"迢遥绛帐隔春分,鲁国诸生望孔融。汾水悠悠不可渡,独将离思付冥鸿"句,表达对孔天胤的敬慕之情。但孔天胤一直未回,直到嘉靖四十三年(1564)才作《冯少洲参知往过蒲坂寄诗见怀,今始奉和呈省中》一首,中有"一自山中索莫居,世间真已隔吾庐。非蒙三岁瑶华字,何处青云客报书",自陈处境,表达对前番寄诗的感谢。后孔天胤给冯惟讷写过两封信,再次提及此事,称"往车驾度蒲坂,承寄怀鄙人",自己"山中之人,大类野鹿,虽此心日在门墙,而作书修礼,每自疏慢",请冯惟讷谅解,并说如果巡行得便,"肯一过汾阳看篱下之霜华否?无任颙望令仪之至",邀请冯维讷来汾(《与冯少洲大参》)。谢榛游山西时,冯惟讷与谢榛多有交游。检谢榛诗集,可知谢榛有《冯大参汝言出饯临汾驿留别》《怀冯汝言》等诗。

　　共同批点谢榛的《适晋稿》,是孔天胤与最冯惟讷的交集。明人陈允衡《〈适晋稿〉跋》中称:"《适晋稿》六卷,谢山人癸亥至乙丑客山右所作,北海冯少洲大参惟讷、河汾孔方伯天胤批点校梓。"[①]癸亥为嘉靖四十二年(1563),乙丑为嘉靖四十四年(1565),此间谢榛遍游山西,作诗极多。今检《谢榛全集校笺》,可见选自《适晋稿》的诗后,均有孔天胤与冯纳惟的点评。

刻于嘉靖四十四年（1565）的《文谷渔嬉稿》中，孔天胤与谢榛的唱和诗有三十余首，占其全年诗歌总量的三分之一；而《谢榛全集校笺》中，谢榛关于孔天胤的诗歌也有近三十首。可以说，这次历史性的会面，使两位诗人的诗思都呈现了一种集中爆发的态势。

寒食节谢榛自潞州至，孔天胤作《寒食喜谢四溟至率尔赋呈》："上党隔年期，西河今日果。欣忘喜倒迎，幸顾席虚坐。春岸柳和烟，山城厨禁火。欢颜浮醑醅，喜气明花朵。"既有寒食节令特征，又满溢着对谢榛来访的喜悦之情。对于此次会晤，谢榛也怀着无比的欢喜，其《至汾州会孔方伯汝锡园亭同赋》云："神交太宇间，万里犹咫尺。道在无贵贱，杖藜随所适。天风吹高云，关山讵相隔？良晤惬平生，论心在松柏。"对二人神交已久并相互欣赏的君子之交做了最恰当的描述。《适晋稿》中，冯惟讷评点此诗："二君胜会可待，况词格古健，足标矣。"事是赏心乐事，诗是古雅好诗，可谓双绝。

孔天胤邀谢榛同游自家的背郭园、寄拙园等园亭，二人各自赋诗多首，诗歌中既有眼前之景，更有二人互相欣赏的同道志趣。

三月三日，谢榛写有《三月三日集北园孔老同赋》《北园春集同孔汝锡赋得花字》《寒食背郭园宴集同孔丈赋》，孔天胤写有《三月三日邀四溟征君宴背郭园赋》《奉和四溟暮春北园六韵》。谢榛诗中，描述孔天胤其园其人："园中幽僻仍三径，海内风骚自一家。胜日重招利觞度，老狂随意角巾斜。"有趣的是，《适晋稿》中孔天胤批点曰："实情实景。"可见对谢榛所描述的"老狂随意角巾斜"有着一种幽默的认同。谢榛"倾盖相知定，当杯各见真""款客连朝席，流觞几曲泉""从教中散醉，况值右军贤"，都对孔天胤盛情款待的高谊表示感谢；孔天胤也回以"有美中林彦，陶嘉干木乡。依然惠风畅，藐彼白云翔。羽泛双渠里，襟披五柳傍"，赞谢榛情操志趣之高洁，"齐契今犹古，玄同隐亦光""高文和风雅，冲度满天真"，述二人友情之真、和诗之乐。

事实上，二人就同一景、同一事而同写诗，在某种程度上也不乏暗中较劲、一比高下的心态。

清明后一日，落有春雪。谢榛游孔天胤愚公园，二人对雪吟诗。谢榛有《清明后一日愚公同对雪，赋得微字》，孔天胤有《奉和四溟园亭对雪一首》。对于这场春雪伤花之事，谢榛第二联言"幸不积阴妨节序，仍将寒色妒芳菲"，落脚在"妒"；孔天胤言"不怕春阴多黯惨，只愁时景缺芳菲"，落脚在"缺"。此联似谢榛意胜。第三联谢榛言"好山尽隔云何迥，黄鸟相期春有违"，雪隔好山，黄鸟误期，落脚在自然节令；孔天胤"世间冷暖诚难料，雪里招寻幸不违"，落脚在世情冷暖，此联似孔天胤意胜。末联谢榛云"向夕开樽更留恋，出门恐湿谢庄衣"，对这场春雪以"恐"收束；孔天胤则曰"酌醴焚枯无限意，呼僮且典鸂鶒衣"，暗含李白"鸂鶒换美酒"典故，颇有典衣换酒的豪情。二人诗境之不同，有一种可能性是谢榛在客中，见雪增愁；孔天胤居自家园中，见雪心喜。

其实谢榛一直在通过孔天胤的园林来体悟孔天胤其人，有时候他甚至把自己"代入"到孔天胤的园林，思忖孔天胤居于此园的心情。比如谢榛游孔天胤之寄拙园，就站在孔天胤的角度，赋诗表达了对"寄拙"二字的理解。其《寄拙园有感》云：

> 吾生巧与拙，两端不俱存。老有至拙处，对人莫能言。守拙懒为主，况复居此园。奚奴亦习懒，中庭芜秽繁。皎月照我床，清风吹我轩。贵心不贵迹，达人方可论。

这完全是在替孔天胤述怀。孔天胤嘉靖三十七年（1558）筑此园时，曾写文称"余有拙以寄其生，又有园以寄其拙。计于巧虽未得，拙亦弗全失也"，谢榛此诗则将"拙"与"懒"结合，道出主拙仆懒，使园林芜秽不整，正与园名相符。《适晋稿》中孔天胤批点此诗曰："拙而且懒，能道予之真处。"认为谢榛道出了自己的志趣和心声。

此年由春至夏，由夏及秋，两人于园中赏花的诗有多首；所赏之花，有牡丹、芍药、榴花、蔷薇、桃花、梨花、菊花等。谢榛写有《孔宅赏榴花得清字》《次孔丈对花二韵》《孔宅赏牡丹同赋》等诗，孔天胤写有《三月十有一日园植始芳，适柱四溟诸公小集，分韵得阳字》《庭树有花与四溟对酌同赋，分得来、林二韵》《同四溟对梨花、桃花有感各一首》《四月一日同四溟对蔷薇作》《和四溟观种菊一首》《折园中牡丹送谢四溟》《折园中芍药送四溟馆》等。由这些诗题，可见二人皆钟情花事，并寄友情、诗趣于花中。

谢榛游汾其间，孔天胤曾陪同谢榛前往介休吊东汉名士郭林宗墓，二人各自有作。孔天胤诗前有小序，称"公旧宅在郡，今为天宁寺，而墓在介山"。谢榛《吊郭有道墓》诗云：

> 贤哲遗碑古，中郎无愧颜。名超党锢名，道著隐沦间。朱凤一鸣世，白云长在山。祠前挺苍柏，过客莫能攀。

对郭泰之贤哲正直表达由衷敬意。史载郭泰经常品题海内人士，不为危言核论，故在李膺、陈蕃等抨击谋诛宦官事败被杀的党锢之祸中得以独免。谢榛所言即其事。祠前苍柏之高，喻墓主人才德之高。孔天胤《同四溟吊望郭有道墓》则更多借史咏怀：

> 旧宅化空林，高坟存大邑。洪中水折旋，绵上山环立。樵牧姓名知，莓苔碑板湿。自非圣人徒，明保谁能及？

洪山之水旋而流，绵上之山环而立，斯人已逝，美名今传。但孔天胤思考的是：千载以来，士君子积极入世，却多难以明哲保身，在这点上，或许郭泰可以成为一个老师罢。

孔天胤还陪同谢榛登汾州万佛楼,孔天胤写有《伏日登万佛楼》,谢榛写有《和孔老登万佛楼》;同游汾州峪中,集于宗亲柳川园中,孔天胤作《首夏七日与四溟游览峪中,宴于柳川池亭,用小村韵》,谢榛作《柳川园亭宴集同孔老赋》。

天下没有不散的筵席,谢榛于这年的秋天离开汾州去往潞州游历,孔天胤写有《忆昔行赠别四溟先生》,诗云"忆昔未见君子时,渺如天上攀琼枝。今日相逢复相析,相看终作长相思",其中既有未见前的钦慕、见面后的相知相得,又有即将离别时的难分难舍;就连自然山水也在极尽挽留这远方的嘉宾,"汾水白云遮去路,太行黄叶洒征鞍";回归中国传统送别诗中"悲莫悲兮生别离,乐莫乐兮新相知"的主题:"世间何事最为乐?独有新知愈歌弩。世间何事最堪悲?独有生离在路岐。"询问来年是否还可相见:"山中无所有,赠君池畔柳。来岁轻丝流乱时,可能其下一杯酒?"谢榛写有《留别孔丈汝锡长歌行》一首,述二人情谊,"十载神交几书札,明时大雅非凡俦";如今将离,"人生聚散等落叶,不堪怅望关山秋";别后定会相互思念,特别是在对月或登楼时,"此别西河去上党,相知两地随淹留。可怜南北对明月,雁声凄断时登楼"。谢榛此诗,冯惟讷于《适晋稿》中批点:"老别知己,凄宛有情。"可谓至语。

那么这两位诗人的同题唱和之作,水平高下如何?据明人王兆云所辑《皇明词林人物考》"谢榛"条,谢榛在山西时,与孔天胤的唱和集曾编为一集:"旧在山西时,汾州孔天胤赓和曰《同声集》,其风益下,不如孔也。"而在"孔天胤"条则说:"(孔天胤)诗文俱可传,与谢茂秦唱和,诗尤优于谢,盖谢入晋而江淹才尽,孔反掩出其上矣。"[11]王兆云认为谢榛在汾州时与孔天胤唱和的诗歌,不但不及其前期作品,甚至不及孔天胤,而孔天胤"诗文俱可传",也是对孔天胤诗文水平的肯定。

在此简单介绍一下谢榛将去的潞州沈王府的情况。

洪武二十一年（1542），朱元璋封二十一子为简王，封沈国。沈国永乐初年在北京，后迁潞州。之后历康王、庄王、恭王、安王、惠王、宪王，嘉靖三十一年继以宣王。沈宣王朱恬烄，万历《潞安府志》记其"天资聪颖""懿德卓行，冠于诸藩"；雍正《山西通志》记其"好学，工古文词"。沈宣王朱恬烄有诗集《绿筠轩吟峡》二卷，收入《甲库》第六百九十四册。谢榛游潞州，受到了沈宣王的热情接待。雍正《山西通志》"寓贤"之潞安府称"沈府王将军中尉多工诗，由榛启之也"，可知谢榛到潞州后，带来了沈王府诗歌的繁盛。

由孔天胤《与诗人谢四溟》一信中"李生再来，再得公教音，知旅邸安和为慰"可知，谢榛到潞州后，托一李姓书生带信给孔天胤，报知已平安抵达及自己在潞州的近况。谢榛在上党，登山临水，并与沈王及诸宗亲唱和，又有许多新作。孔天胤回信称："闻诸睿宗恩礼愈盛，而华园浩唱、玄馆清言亹亹焉，愈出愈奇，其性情可知也。"孔天胤惊讶于谢榛诗思之精、诗律之细，"公近日藻思更精，诗律更细，于老年营魄，觉无焦劳否？"七十岁依旧藻思精敏，诚为可贵。孔天胤又钦羡于谢榛诗的无烟火气，"仆每羡公无米粥之谈，前人未道，果如其言，尝信口道出，信手拈出，不犯思议功德有何不了，更须破除烟火煎熬耳"。破除烟火煎熬，说到底，就是要脱俗，要能超越繁琐庸常的生活而获得清逸空灵的诗思。

谢榛的汾州之行，还有一个重要的人，把谢榛、孔天胤、沈宣王等人联系在一起，形成了一个交游的小圈，这个人就是宋岳。

谢榛诗中有《宋大参伯镇见过，午睡失款，赋此以谢》《宋伯镇招钦署中，赋得长字》《瞻远楼为宋大参伯镇赋》《雨雹有感呈宋大参》《次宋伯镇游王文父西园韵》等诗。《雨雹有感呈宋大参》中，谢榛与宋岳交流了面对雨雹的苍生之忧："击瓦骤破群雀惊，进阶倒回众儿喜。痴儿不解老夫忧，指点门前说未休""苍生所望在禾黍，更欲馈饷供边头。于今宋玉夜无寐，岂待落木方悲秋？"

后宋岳被罢，谢榛在离开山西多年后，依然为之不平，写有《汾州以分守参政如胡世甫、葛与立、马子懋、程信夫、彭克宪、陈元卿、李子高、宋伯镇、孙格卿、张时芳、纪恒甫诸公，皆旧识也。宋有御虏之功，不见知当道，解官归越，嗟哉》一首。谢榛回顾了山西的各位分守左参政，胡缵宗、葛守礼、马九德、程珪、彭范、陈洪濛、李侨、宋岳、孙一正、张蕙、纪公巡，皆旧识，惟有宋岳被罢一事，令他久久嗟叹，不能释怀：

边尘连岁静于扫，胡马曾嘶汾上草。落日偏增流水寒，白云不减青山好。
宦游此地故知多，半是闲门雀可罗。伯镇守城功自见，农桑依旧满西河。

不能释怀的还有沈宣王朱恬烄。在《赠山右宋大参承山南归》诗序中说："时宋公守汾州，适北虏犯汾，公谋策防御，城赖以全。虏退，而公以他事罹归。"因此写诗赠之，诗曰：

客程忽向九江天，许国心随北斗悬，朔月鸣笳谁下策，汉兵挥剑自中权。荒村夜惨千家月，孤井里炊万井烟。莫为勋劳成汩没，请看青史古今传。

谢榛和沈宣王的诗，都肯定了宋岳的御虏之功，相信汾人将永记，青史会留名。

谢榛离开山西后，与孔天胤多有诗歌互寄。谢榛《中秋宿来远店无月怀孔老》一诗中，客途愁思，兼怀知交，有"雨隔团圆夜，天违浩渺秋。关山增客感，乌鹊向人愁。"句。孔天胤于《适晋稿》中批点此诗："有情有文。"孔天胤写有《寄酬谢四溟暮秋见怀》以酬，怀想二人相聚情景：

"忆昨春风杖屦过,论文兼得醉颜酡";如今谢榛去了上党潞国,"攀向桂枝偏潞国,断看云影隔漳河",便只有悠悠之思长伴而已。

丁卯寇乱中,谢榛作《寄孔方伯汝锡》,思二人友情,"每忆汾阳约,何为代北游?神交太行迥,调合建安流";叹当今战乱,"虏骄轻出入,吾老重淹留。厚禄谁思报?严兵只御秋";此情此景,就算相聚,又能说些什么呢?想来只能"相逢话时事,感慨望神州"。此诗冯惟讷于《适晋稿》中批点:"情似少陵,况经战伐,连篇尔尔。"寇乱之后,谢榛又寄《虏后怀孔方伯汝锡》一诗,诗云:

君看荆檄走神州,黠虏攻城当暮秋。幽事暂虚寒菊圃,悲歌独倚夕阳楼。雁将杀气俱深入,河卷胡风自倒流。天上文星照孔宅,余辉仍解万家愁。

诗歌记载了丁卯山西寇乱的现实,诗中溢满忧时之情。所幸孔宅无痒,当是文星护耀,为孔天胤祝福,更希望孔天胤不要过多忧虑。

谢榛离开山西后,孔天胤、冯惟讷编校、批点的《适晋稿》刊刻并广为传播。"后七子"之一的王世贞得到此集,写了《得谢茂秦寄新集,时孔汝锡、冯汝言二公为刊定》一诗,"十载兰心托路岐,凌云彩笔健谁知""不尽交游天并老,重来作者世应迟",对谢榛的游历、交游及诗歌进行了总结品评。

谢榛不但是位诗人,还是位著名的诗歌理论家,写有《四溟诗话》。谢榛的诗学理论,与"前七子""后七子"所倡导的"诗必盛唐"基本是一致的,但他又有独特理解。他认为唐诗之可学者,未必只有李、杜二人,还有王维、孟浩然、岑参、高适等人,共计十四家。他主张初唐、盛唐十四家"咸可为法","选李杜十四家之最者,熟读之以夺神气,歌咏之以求声调,玩味之以衷精华",而"得此三要,则造乎浑沦,不必塑谪仙而画少陵也"。除此之外，谢榛也较重视诗歌创作的"天机"，反对摹拟太甚："今之学子美者，处富有而言穷愁，遇承平而言干戈。不老曰老，无病曰病，此摹拟太甚，殊非性情之真也。"并且强调"人不敢道，我则道之；人不肯为，我则为之"的独创性，都是一些较为先进的诗学主张。

从这个意义上来说，孔天胤的诗学主张与谢榛有相通之处。

孔天胤除了写诗，也写诗话。他曾在写给王道行的信中说："某一岁中赋诗几百首，又草诗话数十条，待开春缘呈"。（《与王龙池方伯》）但孔天胤的诗话大多散佚，其诗学主张只零星见于一些诗集序中。谢榛《四溟诗话》中记载了一则关于孔天胤的诗话，引用了孔天胤谈诗的两句话，当是孔天胤所写诗话的内容。这两句今不载于孔天胤诗文集，因而谢榛的记载就成为珍贵的孤本。其一云：

> 孔文谷曰："陈子昂之古风尚矣，其含光飞文，怀幽吐奇，廊庙而有江山之致，烟霞而兼黼黻之裁。着色成文，吹气从律，则燕公曲江高矣，美矣，擅其宗矣。杜子美称李太白诗清新俊逸，然却太快；太白谓子美诗苦，然却沉郁，缘其性褊躁婞直，而多忧愁愤厉之气。其用字之法，则老将之用兵也。王摩诘、孟浩然、韦应物，典雅冲穆，入妙通玄，观宝玉于东序，听广乐于钧天，三家其选也。过此以往，不能遍观而尽识矣。"

孔天胤同样主张诗不必李杜，陈子昂、张说、王维、孟浩然、韦应物等人皆有可取。在诗风上，陈子昂尚古，"含光飞文，怀幽吐奇"，能够将庙堂之思与山水之美、自然烟霞与士君子情怀很好地结合；格律上，则重唐代燕国公张说，称其"着色成文，吹气从律"，可谓高美。王维、孟浩然、韦应物等人，其诗"典雅冲穆，入妙通玄"，读此三人的诗，如"观宝玉于东序，听广乐于钧天"。即如李白、杜甫，在他们互评其诗时，也都能谈得出各自的优劣，杜甫评李白诗清新俊逸却失之于太快，李白评杜甫诗情虽苦却得之于沉郁。

由于谢榛《四溟诗话》流传之广，"含光飞文，怀幽吐奇，廊庙而有江山之致，烟霞而兼黼黻之裁"也成为后世人对陈子昂诗歌的经典评价。只是在后世流传的过程中，人们多不知此句出自孔天胤；即便从《四溟诗话》中读到"孔文谷曰"，也多不知孔文谷为何人。

谢榛所引的孔天胤诗话的第二句是：

（孔文谷）又曰："长篇是赋之变体，而去一'兮'字；近体则研炼精切，隐栝谐俪，如文锦之有尺幅；绝句皆乐府也。长篇当以李峤《汾阴行》为第一，近体当以张说《侍宴隆庆池应制》为第一，杜甫《秋兴》则'闻道长安似弈棋'一篇尤胜。绝句如王摩诘'广武城边逢暮春，汶阳归客泪沾巾。落花寂寂啼山鸟，杨柳青青渡水人'与'渭城朝雨'一篇。韦应物'雨中禁火空斋冷，江上流莺独坐听。把酒看花想诸弟，杜陵寒食草青青'，皆风人之绝响也。"

这是孔天胤对诗歌体式流变的看法。他认为，长篇诗歌其实就是赋的变体，只不过不再有赋中的"兮"字而已；近体诗（又叫今体诗、格律诗）则多用典且讲究对偶，然文锦虽华丽但篇幅有限；而绝句本来就是乐府诗的变体。只有明白了各种体式的原型及发展流变，才能更好地把握这种体式的写作规律。孔天胤还各举了例子，由他所举的例子也可知他的诗学观和诗歌审美取向。李峤《汾阴行》可作为长篇诗歌的典范，张说《待宴隆庆池应制》、杜甫《秋兴八首》其四可作为近体诗的典范，王维《寒食汜上作》《送元二使安西》、韦应物《寒食寄京师诸弟》可作为绝句的典范。

谢榛将孔天胤这两句诗话收入他的《四溟诗话》是有道理的，因为孔天胤所主张的诗学观，正可以作为他的学唐诗不必李杜而十四家皆有可学的诗学观的重要佐证。也许在诗学观上的相通，也成为谢榛与孔天胤相知交好的一个重要原因。

(三) 四明山人吕时

吕时，据孔天胤《闰腊迎祥序》中吕时的自述，"生于正德丁丑"，即正德十二年（1517）；又据孔天胤万历五年（1577）诗歌《闻吕征君六旬将自潞还越寄言赠之》，万历五年（1577）时六十岁，也印证了其生于正德十二年（1517）之说。由此也可知吕时比孔天胤小十三岁。吕时为浙江鄞县人，与谢榛类似，一生未仕，曾于隆庆三年（1569）、隆庆六年（1578）、万历二年（1574）三度游晋，与孔天胤等三晋诗人有大量唱和之作。万历二年（1578），还有河南人胡怀玉也来游晋，雍正《山西通志》俱列"寓贤"："吕时，字甬东，鄞县人。胡怀玉，字楚貉，河南人。并以山人能诗，寓居晋阳，与王明甫、孔文谷诸人相唱和，临清谢榛、闻喜裴邦奇亦时与焉。"此处"字甬东"误，甬东为宁波别称，是吕时的别号。

吕时原名吕时臣，字中甫，又写作中父。关于"甬东"这个号，也有一段小故事。吕时原有号为东野，曾任山西巡抚的杨巍认为这个号不好，为其另拟新号为"甬东"，并作《甬东篇》为吕时其人其号作注。此事见于杨巍《存家诗稿》卷一，诗前小序曰："吕二山人，四明高士也，旧号东野。余以犯古人，又气韵潇洒不类孟，忽忆古诗云'四明有狂客，风流贺季真'，四明乃甬东郡也，遂更号甬东，并赠小诗。"杨巍与吕时交游极多，他对吕时的描述，可以作为我们了解吕时的一个入口：

> 明时有吕子，逸气何飘然。虽在甬东住，未买甬东田。揭来游海内，声诗盛流传。山巾与野服，见者称贺仙。将欲寻瑶草，孤踪

寄八埏。时人或未识，观我《甬东篇》。

通过杨巍的描述，一个好游历、有诗名、类逸仙的布衣诗人形象跃然纸上。《盛明百家诗》卷首也介绍吕时"嘉靖乙未尝游吴会，过白下；出淮泗，登泰山，谒关里，至青州，客于卫府，久之衡王爱其诗，为刻《甬东野人稿》一册"，并引他人评价，称"山人磨炼老成，时有奇气，绝无凡冗之言，斯可谓知言矣"。乙未为嘉靖十四年，可见吕时于隆庆三年（1569）游晋时，以诗名盛于当时已有三十余年。

吕时来汾州之前，先游潞州，受到了沈宣王朱恬烄及诸宗亲的热情招待。吕时离潞游汾，朱恬烄写有《送吕二山人游汾，访孙大参邽田、孔方伯文谷，和重阳后雪晴来谢词韵》一首。孙大参邽田，即孙一正，字格卿，号邽田，陕西渭南人，嘉靖三十二年（1553）癸丑科进士，隆庆二年（1568）以分守冀南道左参政驻汾。朱恬烄诗中，"酒余柳馆宴，诗拟柏梁台"，回忆了吕时在上党时诗酒宴集的赏心乐事；"驱车仍访戴，西去识英才"，对其去往西河拜会孔天胤和孙一正寄予美好祝愿，相信汾州之会，定会书写新的佳话。

吕时的到来，也如谢榛的到来一样，令孔天胤充满高朋远客来访的喜悦。孔天胤《喜四明吕征君自上党来汾见访》诗云：

有美东南彦，无期西北游。潞郊芳草晚，汾水白云秋。倒屣迎三径，开林坐一丘。清言时领略，江左旧风流。

看过了潞州的芳草，又来看汾水上的白云，山人雅意令人感佩。孔天胤倒穿着鞋子来迎接，对这位江东风流人物的到来表示十二分的欢迎。

吕时这次游汾待了三个月，从隆庆三年（1569）秋一直待到隆庆四年（1570）春，孔天胤记"山人徂秋看余，自上党来，馆留桐竹山房过腊，明年庚午正月廿后别去"（《汾亭别意引》），可知吕时来汾州时，就下榻于孔天胤的桐竹山房。吕时在汾州著述甚多，孔天胤称"山人翛然玄远，游戏纸墨，十旬之内，赋诗满百篇，调中原音韵词近三十首，又著《同时布衣录》一编，陈义甚高也"。可惜吕时诗稿散佚较多，他在汾州此年所写诗词及所著《同时布衣录》都没有保存下来。

亦如五年前谢榛来访一样，吕时的到来使孔天胤的诗歌创作又呈现了一个小爆发。正如孔天胤文中所说，"余萧索寡会，及会山人，复有大佳致恋，款语依依，清言穆穆，绸缪烟霞芝桂之表"。同住同游，同题同咏，往往更能激发诗情，产生佳句。由孔天胤隆庆三年（1569）的诗集中，从诗题上看，与吕时有关的诗歌十余首，如《邀吕征君次园中二首》《再赠吕二山人》《谢甬东题园景十二咏二首》《初寒拥炉酌吕二山人并竺阳诸公在虚白斋作》《斋中再集拥炉酒不殚兴戏用前韵》《酬吕征君数来问疾》《咏吕山人酒瓢》《和吕二山人夜吟一首》《阻雪怀吕山人兼索诗》《腊月廿日与吕山人、程逸士迎春霞馆》《立春后六日寿吕山人》《和吕二山人除夕写怀》等。

检吕时《甬东山人稿》可见其写于隆庆四年（1570）元旦的一首诗《庚午汾阳元旦试笔呈孔方伯五首》，其四云：

南北霜烟折素裾，白头何意感君初。山阳倘遇汾阴雁，三载春雪定寄书。

诗中有将别之意和寄书之约。这年春，吕时离去。孔天胤作汾亭送别图以赠，并作有《汾亭别意引》一篇。汾亭，孔天胤文中说："汾亭者，王文子所谓汾上亭也。此地有子夏退老之石室，段干木、田子方之遗闾焉，千载之后又见。"据雍正《山西通志》，河津县亦有王通汾亭："汾亭，在汾河岸，文中子游此鼓琴，有钓舟过者曰：'美哉，琴意！伤而和，怨而静，在山泽而有廊庙之意。'"大约汾州建汾亭，也取意于王通鼓琴之事。

孔天胤将此绘入图中赠送吕时，是希望吕时每看到此图便能想到汾州。而"吕山人经行桐竹山房，我之郊居也，图有所咏，皆载之"，孔天胤也将自己的桐竹山房绘入了图中，使吕时在怀念汾州三个月的生活时，能对自己所居处的环境有一个具体的怀想。

孔天胤这年还写有送别诗《赠别吕山人》《和吕山人留别》。前诗之"足音才喜落虚堂，行色那堪动晓装。去住久谙形不定，悲欢新起绪偏长"，后诗之"寒松雪际幸逢君，弱柳风前遽惜分。万里烟波回越绝，半天岚岭隔姑汾"，都极言惜别之意。

吕时由上党来时，还带来潞州栗太行先生的信。栗太行，本名栗应宏，嘉靖四年（1525）乙酉科乡试举人，未中进士，官至南阳府通判。雍正《山西通志》："栗应宏，字道甫，潞安人，弱冠举于乡，累试南宫不第，耕读太行山中。高叔嗣解司封归，应宏担簦相造，鸡黍定交。叔嗣作《紫团山人歌》赠之云：'紫团高山概青云，栗家兄弟殊不群。陈州一出驱五马，令弟二十窥三坟。'陈州者，应宏兄应麟也。应宏《山居诗》六卷，叔嗣为之序。"栗应宏兄栗应麟为嘉靖八年进士，官至陕西按察司佥事。

栗应宏因与高叔嗣有旧，高叔嗣又是孔天胤的故交，因而孔天胤与栗应宏也是神交已久。但由孔天胤《与栗太行先生》中"吕山人来，蒙见惠得音，乃神交之一征也"可知，栗应宏与孔天胤没有见过面。孔天胤回信感叹："吕公以四海为一席，而我辈只咫千里，固是人生相会之难，空言兴难，足为鼓掌。"千里之外的人来相会都如此容易，汾州与上党相隔不远，见面却如此之难，确实令人感叹。吕时将行，孔天胤在信中说："吕公冲怀雅致，高出尘表，宜为君子之所乐与也。将扬帆东迈，遂不可羁。"孔天胤还随信带去自己的作品，"因附信叙谢，呈旧稿一编求教"。

隆庆六年（1572）秋，吕时带着弟子姚江陈生第二次游晋，再到汾州拜访孔天胤，依旧下榻孔天胤的桐竹山房。孔天胤《喜吕山人至》诗云："然诺心同金石期，海天无爽再逢时。域中岐路谁能定，方外神交自有知"，对吕时的再度来访表达了喜悦之情。中秋节，孔天胤与吕时、庆成王府教授吕恕及其弟孔天民一起赏月，作《八月十五夜邀吕山人、吕太傅同弟东明令玩月》一首；重阳节后一日，孔天胤与吕时于小楼续眺，作《九月十日与吕山人小楼续眺》一首，诗中"自怜佳节每蹉跎，喜子今来共笑歌。三径就荒花未减，重阳虽过酒还多"句，道出老友相会相伴的乐境。在汾州期间，孔天胤所写有关吕时的诗，还有《从吕山人处观东岩唐公所赠诗因忆》《雨怀呈吕逸人二首》《题老僧衣菊用吕山人韵》《夜听落叶思吕山人旅桐竹山房二首》《斋居与甬东》等。

此次吕时在汾州待的时间不长，不久即前往潞州上党拜访沈王府，孔天胤写有《和吕山人山房话别三首》《和甬东嘉树园留别》《赠吕山人自汾之潞》《姚江陈生随其师吕公见访以诗留别依韵和酬》等诗。嘉树园话别，孔天胤有"相期共度紫芝歌，忽赋骊驹奈若何"，表达惜别之情；桐竹山话别，又有"我家苦竹寒松径，岁晚重来意不嫌"句，期待吕时有机会能够重来。《赠吕山人自汾之潞》诗云：

横汾一欢宴，归绪遄寒流。匹马临高岳，群龙满名州。好宾梁苑盛，作赋楚才优。春草应留滞，王孙此旧游。

将潞州沈王府比作西汉梁孝王之梁苑，吕时此去本旧游，也定会于潞州再写佳话。

也是在隆庆六年（1572），孔天胤写有《题沈国好学敦伦册》一诗，称"殷宗勤典学，唐帝笃恩伦。百代皆时宪，今王总日新"，对沈王府及其潞州士人的好学情况大加赞赏。

吕时第三次游晋淹留时间较久，从万历二年（1574）一直到万历五年

(1577)，历时三年。此时"隆庆和议"完成已有三年，万历改元初年全国气象一新，山西全境也再无战乱之忧，官民安居乐业，正利于文学活动的繁盛。而这段时间，也是汾州庆成王府之金兰社、永和王府之青莲社及孔天胤天真四友人社活动最为繁盛的时期，当时闻喜布衣诗人裴邦奇正处于河东、汾州、晋阳等地的游走状态，潞州的沈王府文学活动也处于繁盛的阶段，因而吕时此次的到来，较前两次，所留的诗文及佳话都重要得多。

吕时"览冀之余，盖三晌余于汾上之亭"（《吕甬东闰腊迎祥卷序》），第三次到汾州拜访孔天胤。此次他是先游潞州后到汾州，在潞州见到了沈藩诸王，并带来了沈藩诸王对孔天胤的问候诗，孔天胤作《吕山人来自上党沈国，诸王俱见存记赋谢一首》，称"好客每开丛桂苑，题诗多在绿筠轩"，对潞州的文学活动作了想象。孔天胤所说的诸王，除沈宣王朱恬烄之外，当指沈宣王的兄弟镇康王朱恬焯、安庆王朱恬爝等，俱好诗，孔天胤此年写有《上镇康王》一首。吕时到来时正值中秋，孔天胤写有《八月十五日喜甬东至二首》，第二天又写有《八月十六日和甬东见寿之韵》。

这次吕时来正值孔天胤生日，"今年甲戌仲秋既望，余政七十，山人搴云笈之章来，遂留以过腊"。为什么留下来过腊月呢？因为这一年，是闰腊月，而吕时的生日就在闰腊月。一个人如果生在闰月，过生日是一件非常难得的事，吕时自述："吾生于正德丁丑闰腊之念七，其后腊而不闰，至嘉靖乙酉始一逢之，丙申再一逢之，今万历甲戌又一逢之。盖吾生五十有七，而真生日者四焉。"生于正德十二年（1517），嘉靖四年（1525）才过的第二个生日，嘉靖十五年（1536）过了第三个生日，到万历二年（1574）五十七岁了，才过上了第四个生日。正因为生日难逢，孔天胤留吕时在汾州一起庆祝这个生日。当时汾州"薇省之良，柏台之俊，与诸墨客子卿咸矢诗为寿"，其诗集为一册，孔天胤写了《吕甬东〈闰腊迎祥卷〉序》附于卷端。

序中，孔天胤较为全面地描述评价了吕时其人，称其为"奇人"。所谓"奇人"，一般可分为四类，一是"经世之奇"，即经营四方，正纲纪，建功业，垂青史；二是嘉遁之奇，也就是隐者，"玩道遗世，玄文处幽，水镜万虑，尘芥六合"；三是"翰藻之奇"，即有文学才华，"脱略公卿，跌宕文史，下乘章句，高谈名理"，成一家之言，定千古之事；四为"游观之奇"，即遍游四方，"长啸高岩，朗咏洪川，出宇宙，凌霄汉之上"。能有这四奇之一，即为稀有，可以说"世不恒出，代不数人"。而吕时兼有"翰藻""游观"两奇，"文炳道德之精，笔涌江山之气。俪语珠连，妍谭玉振。翰藻既工，游观兼嗜尔"。仅谈其游观，"乃翔千仞之高，旁览德辉，测重滨之深，超登彼岸，辙迹之存，几满天下"。而在其游历中，王公、贤者争相延请，"光尘攸属，快睹争先。故贵公倒屣而延上座，贤人倾盖而定前言。谓其尽东南之美，极天人之际，必此人也"。

据雍正《山西通志》"寓贤"之潞安府，称吕时"年七十，客死涉县，鲁府中立序其诗曰：'山人鹤骨癯癯，若出衣表，贞介廉洁，不妄交，不苟取，故为诸王侯所重。'"这一评价，与孔天胤所言正好是一个呼应。

万历二年（1574），孔天胤所写关于吕时的诗歌甚多，有《和甬东园中偶步韵》《酬吕山人见题兰雪堂二首》《九月廿三日同甬东、竺阳、少山、禹麓郊行至一僧舍少憩》《咏瓮头春四首同吕山人》等。特别是这一年，吕时得到家信，得知家中又添一子，孔天胤写《答甬东见喜生子》表示祝贺。"老蚌生珠日，原蚕结茧时"，言吕时五十七岁得子，殊为不易；"兄喜添新弟，翁怜有二儿"，可知此为吕时第二子。

万历三年（1575），孔天胤所写关于吕时的诗有《元日与吕山人听黄生弹琴歌》《风晨感怀呈吕征君，时同宿嘉树园》《喜雨邀吕公共酌》《小楼春望同吕山人》《寿吕山人二首》等。这年，吕时再由汾州去潞州，孔天胤作《赋得远别离送吕甬东》。其时汾阳金兰社、青莲社及宗亲、乡绅与吕时有交者，皆来相送，吕时写有《行行叹志别汾阳诸公》一首，诗中称"汾水已三向，主人仍叹留"，表达对汾州诸公高谊的感谢。诗中还充满了自嘲，称自己"既不能屠龙，又不能解牛""去年蚀二齿，今年凸半头。祢衡死鹦鹉，仲连没半丘""慕兰不可得，攀嵇竟无由"，如此这般，却获诸公盛情延留，何其惶恐。诗歌写得洒脱不羁而趣味盎然，颇让同好们在离别的悲愁情绪中增一乐子，这也是吕时落拓的性格使然。

万历四年（1576），孔天胤作有《寄怀吕征君时在潞安》一首。诗中言"昨年惜别桃花春，今日伤离柳色新"，怀想吕时在汾州的时光；"相忆却怜汾潞近，寄声犹得往来频"，希望吕时能不时来信，以慰相思。

万历五年（1577），吕时将由潞州回故乡浙江，孔天胤作《闻吕征君六旬，将自潞还越寄言赠之》相送。"塞北江南万里游，春来秋往六旬周"，记吕时游程之长、游晋之久；"儒生自为青袍误，词客谁将白璧酬"，感叹儒生为功名不得自由；"绿壑丹崖留屐齿，金箱玉笈载床头"，人虽往而痕迹留，此后睹物思人，当倍增相思；"还家君好吾伤别，恨不追随似海鸥"，言离情之苦。这年六月，吕时自故乡寄诗来，孔天胤回《六月得吕甬东五言寄怀因用韵写心》一首，对二人情谊进行了总结回顾：

高士去予久，能将尺素传。神交千里外，意在一封前。白首谁如故，黄金交可怜。相思复相望，携手更何年。

此番相别，不知何时再能相见。他们此后也再未相见。

吕时游晋期间，与王道行、裴邦奇等人也多有唱和。检王道行《桂子园集》，可知王道行写有《送吕山人归越》《吕二山人自上党以诗问余赋此却寄》《嘲吕山人》《钟楼联句偕吕山人中甫》《和吕山人游塞上诗二首》《吕山人送吴茶》等诗。检裴邦奇《巢云诗集》，可知有《甬东山人行》《游藐姑射山龙子祠同甬东赋》《送吕山人复还上党》《四月六日积雨怀吕甬东》《与吕甬东过吕岫云绿井庄有怀张崌崃》等诗。由裴邦奇诗题可知，裴邦奇与吕时曾一起到临汾过访吕阳的绿井山庄。

而吕时游晋，也使身在汾州的孔天胤与潞州的沈王府之间有了更多的联系。检沈王朱恬烄《绿筠轩吟帙》，可知吕时归越时，朱恬烄写有《送吕二山人南归话别》一首，极尽眷恋。而其诗集中还有关于孔天胤的《仙客篇寿汾阳孔文谷》《寄怀孔方伯文谷》等诗。前诗二十四句，较为全面地梳理了孔天胤的人生履迹：洞房花烛，"珠珮明珰擢步簪，同心缕带结欢情"；之后是金榜题名、经营四方，特别是把孔天胤退归以后的生活写得兴味盎然、飘逸如仙：

> 一旦抽簪挂朝冠，三台八座心讵安。清虚志在青尘外，好服姮娥却老丹。戏舞蓬前赤尾凤，九苞韵响笙簧弄。春游仙馆夏风松，朝赏龟台暮云洞。

虽是贺寿诗，但此诗气度不凡，意象纷呈而境界奇阔，读来气韵流畅，豪迈超拔。

另外要补充的，是吕时和曾任山西巡抚的杨巍的交游。据《明穆宗实录》，杨巍任山西巡抚是在隆庆元年（1567）十月丁卯寇乱之后，致仕是在隆庆三年（1569）九月。杨巍致仕后，吕时曾游历山东，二人多有交游。今检杨巍《存家诗稿》，可见有《赠吕山人剑》《九日同吕山人登览旷亭》《和吕山人病酒》《和吕二山人君子居韵二首》《答吕二山人雨中问病韵二首》《醉中放歌（同吕山人作）》《喜吕二山人中父见访》等。杨巍在《存家诗稿》后记中，说自己写诗得益于两个人，一个是曹忭，一个是吕时，"余自幼习举子业，不知为诗。至嘉靖乙卯外补晋臬，时督学使者为曹君纪山，始提挈余为诗，谓以唐人为宗，且辨其体格，余不甚解。及余归田，有四明吕山人者往来海上，相与唱和，共明此道，听其所谈，亦不甚解"。他称自己作诗，"倡之者曹君纪山也，共艺者吕山人甬东也"。

万历二年（1574），远方来朋还有《山西通志》"寓贤"中所提及的河南人胡怀玉。孔天胤此年的诗集中有《和胡山人留别一首》，万历三年（1575）还写有《喜胡山人见访》《酬胡山人用华翁韵》等诗。由孔天胤《送胡山人游北岳》诗前小序，可知胡怀玉的出处："山人家居广陵，姓胡氏，荆父其字，怀玉其名，楚鹤则其自号云。"孔天胤对其人有如下描述："其人少年逸气而遒于诗，尤善清言。因留浃旬，去游嵩洛。洛下诸公视如琼树。"对其将游北岳之行，孔天胤认为，"夫北岳恒山惟并之镇，阻边临代，气势高寒，南客罕登，乃楚鹤子既然思跻其巅，何其壮也"。王道行《桂子园集》中有《夏日丹台送胡山人荆父》一首，可知二人也有交游。

刊刻书序：晚年出版贡献及学术思想

从嘉靖十三年（1534）的《樊氏集》开始，刊刻图书并为图书作序，贯穿在孔天胤仕宦生涯的二十余年间。退归田园之后，他这种推出新书、新人的意识，并没有随着身份的改变而改变。退归田园二十六年间，因为不在官府的原因，他刻书少而为他人书作序多。而他为写序言的图书，近至汾州，远至省外；书的内容，有当下人的诗文集，也有注解经书的煌煌巨著，还有涉及佛学、道学、理学的学术文献。不少人不远千里请孔天胤写序，一方面是因为孔天胤学养深厚、解读到位，另一方面著书者也是希望通过这种名人品题的效应，使所著图书得到更好推广。

综观孔天胤归汾后为书写序事，除了本章前文所述的为嘉靖版《山西通志》作序，为周斯盛辑录的三晋诗文集《崇正录》作序，为庆成王朱慎锺的《宝善堂集》、庆成王弟朱慎镠的《兰玉堂稿》作序外，孔天胤还为多部书作了序。而在为他人书作序的过程中，孔天胤其实也是在阐述自己的学术见解。前文所述的他为《太霞闲宇集》所作的序，就提出了非常重要的诗学观。所以，研究孔天胤的书序，很大程度上也是在梳理他学术思想的脉络。

(一) 解经类：为褚相《四书肤解》、王阳明《学的》作序

嘉靖三十七年（1558），霍州知州褚相《四书肤解》在霍州刊布，孔天胤为之作《〈刊四书肤解〉序》。

"四书"从于元朝皇庆二年（1313）正式将其确定为科举考试的教本，自此以后一直到光绪年间废除科举，影响了中国学子六百多年。褚相之所谓"肤解"，即肤浅之解，也就是孔天胤所总结的，"余览之中夜，知云'肤'者，自谦也"。孔天胤为褚相的《四书肤解》作序，其实也是在借此以阐发他自己对"四书"的理解，或者说是对他所精研之宋明理学的综合阐述。他说：

> 夫圣人之学，心学也。心即性也，性即理也，理即道也。

在宋明理学发展史上，程颐提出"性即理"，朱熹提出"心即理"，王阳明则提出"圣人之学，心学也。心即理，心即道"，心、理、道三位一体。孔天胤融汇前人之解，总结"圣人之学"的本义，认为心、性、理、道四者皆为一体。在此基础上，"心"与"学"也皆一事，心求之于学，学得之于心：

> 其诸所谓尽心知性穷理修道，皆学也，而实不外于心也；其诸所谓德行之存、事业之著、文章之炳，皆心也，而实不外于学也。

然而当时之士，多把圣学作为举业之途，而不推究圣学本义，而是沿俗、趋时，溺于末流，使圣学"或几于息矣"。诚然，"四书"犹如农民耕地之耒耜，是不可或缺的工具。历史上，尧、舜、禹、汤、文、武时

代，士也皆有学，但他们学行纯正，未闻有沿俗之行、趋时之习；后周道衰，教化缺，学术不明，人心陷溺，于是沿俗之行、趋时之习始盛。而自从圣学成为举业之途，学者多诵其言而不味其旨，失去了圣学作为中国经典文化体系流传运用的本义。孔天胤用一组排比句，总结了不推究圣学本义带来的弊端："是故想象者无真见，音响者无真闻，记诵者无真知，模拟者无真行，剽窃者无真得。其为举业，亦已荒矣。"只为举业而凭空想象、道听途说、背诵记忆、模拟其言、剽窃其义，圣学如何不荒？孔天胤还举孔子所言"辞达而已矣"，指出"士不患不达，但患不达于辞；不患不达于辞，但患不达于圣学耶"。

在举出世之学者不推究圣学之心的弊端之后，孔天胤再言褚相之《四书肤解》，先抑后扬，与其前所述之情况形成鲜明对照。他认为褚相任霍州知州，政教兼兴，而其解"四书"也是推广教育之举。因为褚相解经所指陈的，是学子举业的正确旨归，他想要使学子能够一洗沿俗之行、趋时之习而归之于正道。所以，褚相的用心，并不仅仅是使后学者得其嘉惠，更重要的，是对教育之风、学术之风大有裨益。

孔天胤自己也写有《论语解》《大学解》《中庸解》《孟子解》四文，又以分而论之的方式，阐述了自己对儒家"四书"的理解。总体来说，他认为《论语》是"圣门求仁之书"，《大学》是"圣门穷理之书"，《中庸》是"圣门尽性之书"，《孟子》是"明善之书"。尽管这四部经典都博大精深，但孔天胤皆抓住其核心思想，即他所谓"只一纲一领焉可也"。

万历三年（1575）左右，汾州知州张一敬在汾州重刻王阳明《学的》，请孔天胤作序。此书是嘉靖年间王阳明去世后，由其弟子，孔天胤的同年王畿所编订。序言中，孔天胤认为："夫学之有的也，犹射之有正鹄也。正鹄者，的也。"正鹄本意指箭靶的中心，后引申为目的。他指出学习的目的是"求至乎圣人之道"。而圣人之道，大而无垠，微不可测，"其精切简易之处，则谓之的"。世之学者多习焉不察，务外游不务内观，结果导致失其"的"。而王阳明先生的"致良知"学说指出"良知是虚，格物是实。虚实相生，天则乃见"，可谓"千载之疑，一语道尽"，这就为学者立了"的"（《文成公〈学的〉序》）。

汾州期间，孔天胤还写有《王朱辨》一文，对隋朝山西学者王通受到宋代理学家朱熹的批判发表了自己的看法。孔天胤提出：

> 王通挺生绝学之后，志欲兴周公之功，修孔子之业，实为吾道立一赤帜。而朱晦庵詈之，曾"互乡童子之弗如"，谓其"僭拟圣人"。夫圣人可学而至也，拟之而言，何僭之有？

王通《中说》是一本语录体的书，仿照《论语》的答问式，记载的是王通与其门人、朋友问答之语。其答语中，对儒家学说作了精当的阐述，且针对南北朝以至隋代的现实，提出了许多前所未有的新见解、新认识，在中国哲学史上占有重要地位。然朱熹曾批评《中说》是"僭拟圣人"之作，贬斥王通不如"互乡童子"，孔天胤认为太过了。

孔天胤还举了两则对王通的评价来说明问题。并州刺史南阳朱穆评价王通："公叔中正严恪，有才数明见，初补丰令，政乎民和，有宓子贱之风。上书陈损益，辞切情至。"宋代阮逸作《文中子〈中说〉序》中称："文中子，圣人之修者也。孟轲之徒欤？非诸子流矣。"所以，朱熹对王通的责难是没有道理的。《中说》"大哉中之为义，上不荡于虚无，下不局于器用。惟变所适，惟义所在"，所以，如果有人还是袭用朱熹之言来批判《中说》，称其"以模范《论语》为病"，那么，纯属"皮肤之见"，而非"心解"。

总的一点，无论是读五经四书，还是读学者经义之书，皆应用"心解"之法。学理求之本心，读书求之本心，则不会出现太大的谬误。

（二）佛道类：刻《玄览编》并序，为《云林清籁》《秋崖诗》作序

嘉靖三十九年（1560），分守冀南道彭范拿出一本吕纯阳的《玄览编》，说他在河南灵宝的父亲家世嗜道，大爱吕纯阳此书，问能否重刻。前文已述，彭范驻汾州期间有两大重要功绩，一是主持创刻了分守冀南道题名碑，孔天胤作了碑记；二是主修了汾州历史上第二部《汾州志》，孔天胤主纂。关于吕纯阳的《玄览编》，应该说是他们的第三次合作。

彭范所说的吕纯阳，名岩，字洞宾，唐末山西芮城人。雍正《山西通志》"仙释"蒲州府，传其"天宝十四载（755）四月十四日巳时生，咸通（860—874年间）中举，进士不第，游长安酒肆，遇钟离权，得道，不知所往，有诗集四卷"。吕纯阳后来在民间传说中越来越神，被尊为道教仙人，名列"八仙"。山西多有与纯阳相关的遗迹及祠观，仅雍正《山西通志》，就记载平顺县灵显观有吕纯阳题诗壁间；天镇县有洞宾洞，"在笔峰山，深邃，人莫敢入，相传吕洞宾居此"；永济县有吕洞宾故宅，"城南永乐镇，唐即其地，为吕公祠，元为纯阳宫"；阳曲县有纯阳宫，在天衢街贡院东（即今太原市迎泽区起凤街）；徐沟、和顺、定襄等县皆有纯阳宫。

《玄览编》据传是吕纯阳的著述。"玄览"二字，语出《老子》第十章"涤除玄览，能无疵乎？"由书名也可知这是吕纯阳结合现实见闻和自身体悟阐释《老子》思想的一部道学著作，也即孔天胤所说"《玄览编》者，载事之玄者也""夫玄览者，览于玄微也"。此书今已不传，但由孔天胤序文，可知其在明嘉靖三十九年（1560）时仍存，并且汾州对此书进行了重刻。孔天胤认为吕纯阳阐释道家思想，其所造境，多隐多幻，变化多端，"匿景现形，超腾物表"，皆因道家之旨"变化万殊，不可得而测矣"。

对于吕纯阳《玄览编》这样的书，在中国文化经典传播的过程中常常

是被屏蔽在外的。其原因正如孔天胤所说，学士大夫大多"非圣之书，概所不观"，遵从儒家圣学，一方面因为这是举业之资，另一方面也因为它是"正学"。但这样的道家之书是否就没有价值呢？当年司马迁在《史记》的《太史公自序》中，述阴阳、儒、墨、名、法、道六家之优劣，认为只有道家之术博采众家之长，"因阴阳之大顺，采儒墨之善，撮名法之要，与时迁移，应物变化，立俗施事，无所不宜，指约而易操，事少而功多"。而曾治儒家群书的西汉学者刘向，不但与其子刘歆编订了《山海经》，还编有《列仙传》。司马迁、刘向这样的大学者，对道学、仙释都如此重视，本身就说明其中有着最接近于民生、民间、民意的合理成分。

孔天胤为此书写序，还和他当时的现实处境及精神底色有关。当时是孔天胤退归的前几年，也正在"覃思道德之府，极意逍遥之林"，看到此书后，感觉"卷展而义陈，目击而心悦"，正与他近来所思考的人生境界相契合，所以和彭范商议"锓梓兰斋"。兰斋，当是孔天胤汾州刻书之所。而刻此书的意义，则在于"上达览之而神悟，下士闻之而颐解"，最终使文垂千古，使天下之士深悟"道在同心"之理。

除了《玄览编》这样的道家之书，孔天胤还为两部佛家之书写了序。

隆庆五年（1571）赵讷丁母忧期间，刊刻了石屋禅师的《山居颂》并名之曰《云林清籁》，孔天胤作《〈云林清籁〉序》。石屋禅师（1272—1352），法号清珙，元代高僧，相传为江苏常熟人，老而退居浙江湖州西天湖，是一位在中国禅学史上有着重要地位的禅师，日本学者称其为"僧中之仙"。石屋禅师好诗，《续修四库全书》中有石屋禅师《山居诗》六卷。其《山居诗》多禅意清远，如"柴门虽设未尝开，闲看幽情自往来""云消晓嶂闻寒瀑，叶落秋林见远山""古柏烟消清昼永，是非不到白云间""竹榻夜移听雨坐，纸窗晴启看云眠""秋风处处堪伤感，且向空山择木栖"等句，境界旷远而意旨深美。

孔天胤在序中说，自己在湖州时就极喜欢石屋禅师的《山居颂》（即

《山居诗》),归田之后,好之弥笃。但自己带回来的《山居颂》,因为常常拿给好学之人看,所以常被借去。赵讷听说后,特意抄补一册,又怕这一册以后也找不到了,于是将其中六十余篇刊刻成书,并名之曰《云林清籁》。为什么叫这个名称?孔天胤释其义曰:"籁,箫也;箫,肃也。其声肃肃然清也,则如籁品本清,以其奏于云林,则又清矣。故曰云林清籁者,表其非世俗之音也。"云林,隐居之所。王维有诗:"当时只记入山深,青溪几度到云林。"命之曰《云林清籁》,相当于是对石屋禅师《山居颂》的一种再创造。

孔天胤进一步解释,"云林清籁"有别于世俗之音:世俗之音传达的是世俗之情,世俗之情吹出来,则有哀怨、欢愉、绮靡、亢厉等情绪;"清"音则不同,它是出世之士的心声,"复初乎太朴,返真乎元素。虚明湛寂,妙感玄通",这样的出世之士,要么不言,言则为天籁之自鸣。这种解释中,既有佛家的出世观,也有道家的自然观。《庄子·齐物论》中讲到了人籁、地籁、天籁。人籁是指丝竹之音,多指人为的音乐;地籁则是风吹过大地上的窍穴发出的声音,多为自然之声;而天籁,它的发生和停息都来自自身,更像一种感知上的"顿悟",它是美的最高境界,倾听它,不是用耳朵,而是用心。孔天胤总结:"石屋,其人则出世之士也,其言则天籁也。"刊刻石屋禅师《山居诗》并序释其义,一方面是为保存文献,另一方面也能看出孔天胤与赵讷师生之间一种思想境界上的默契,更能看出儒家知识分子对释、道精髓的融会贯通。

万历三年(1575),山西五台山寺庙的湛空上人持铜殿僧祖秋崖的两卷诗来找孔天胤,请他为之作序。秋崖,其人不详,由《清凉山志》卷二所记"成化间,秋崖法师同晋主祈光,遂愿,故建之"及"上为生民祈福,遣中相韦敏建寺,铸铜为瓦,今称铜瓦殿。赐印并护持,命秋崖等十高僧住",可知其为成化、正德间人。孔天胤为此诗作序的原因有两个,一是"地灵",一是"人杰"。

孔天胤记载，五台"其山大五百里，昔文殊现世栖托此中，历代宝之"，"至今为法界之丛林，人天之兰若焉"。然而由于地高气寒，能用来食用的植物都难以生长；虽有松柏能生，但由于其土不肥，槁壤所蒸，偶尔生一些芝菌也不足以养生，所以僧人罕至。孔天胤提出，常说神山要么有异人，要么有异物，五台山显然两者俱备。五台灵山有异物，是为"地灵"：

> 闻此中时有金银气，或宝镜摄光于云岚之阻，或金灯放彩于雨雪之宵，或见弱翁牵狗，老妪抱儿，转眼又复不见。台盘石上，约可建五丈旗。及其登也，聚之千人不为多，散之百人不为少。凡此亦甚奇矣。

五台灵山有异人，是为"人杰"。一异在于铜殿僧祖秋崖。其诗"言句之半，颇阐宗风"，"乃优钵之花，开来几叶；菩提之树，秀出一枝"，言理言事，堪称"双彰"。二异在于来请序的湛空上人。这位上人居留五台，以法力募化十方，弘修危刹，大启长廊，以百千珍品供养金像，施舍斋饭，令住山的贫子和游方大众皆得称心，堪称此山之奇士。所以孔天胤写这篇序，一方面是有感于高僧秋崖，另一方面是有感于湛空上人，希望秋崖之诗能够永镇山门。

（三）前贤类：为陈鼎《大竹文集》、何瑭《柏斋文集》、李舜臣《愚谷集》作序

嘉靖四十年（1561），孔天胤为陈其学之父陈鼎的《大竹文集》作了序。

陈其学是孔天胤在陕西时的旧识，嘉靖三十一年（1552）孔天胤任陕西右布政使时，陈其学任陕西按察司佥事。嘉靖四十年（1561），陈其学由山西按察使升右佥都御史巡抚大同，寄其父《大竹文集》四编请孔天胤作序。陈其学之父陈鼎生于成化年间，弘治十八年（1505）乙丑科进士。

《明史·陈鼎传》记其正德年间任礼科给事中,因查办中官廖堂之侄冒籍事得罪了廖堂,后上疏言流寇事,被廖堂指使权臣"摘其语激帝怒",陈鼎被"下诏狱掠治","尚书杨一清救之,乃释为民"。世宗立,复故官,任河南参议、陕西副使、浙江按察使等职,召为应天府尹,未任卒。任职期间,"廉介正直,不通私谒"。

陈鼎《大竹文集》今仅藏日本,简介见于《日本现藏稀见元明文集考证与提要》。而其内容及精神要旨,可从孔天胤所作序言中略知大概。孔天胤记此书:

> 其疏议则忠谠切直,疏通知远之敷也;其文则典雅温厚,修辞立诚之彰也;其书启则情文悃款,仁义之言蔼如也;其诗词则才章巨丽,性情之理昭如也;其史论则本隐以之显,拨乱世反之正,《春秋》之旨微矣;其《遗考》一编,则载庙堂清议之所归,缙绅颂诔之所萃焉。

可知陈鼎文集包括疏议、文章、书信、诗词、史论、遗考六部分,内容广博,孔天胤总结其是"朝野皆述",兼集庙堂之高与江湖之远。

孔天胤还记述了一段自己与陈其学父子的渊源:"余少听旧登州守严老谈东海巨公大竹翁之贤,及与行庵公并命分陕,窃见身翁之度、声翁之律,为翁展经纶之蕴、竟黼黻之章,犹河汉而无极也。"东海,山东蓬莱。陈鼎中进士是在孔天胤出生之年,他在山西汾州而能听到陈鼎的事迹,也可见陈鼎事迹传布之广。而孔天胤与陈其学同在陕西任职时,也间接从陈其学处看到过陈鼎的诗文,赞叹于陈鼎诗文的陈义之高、文质之美、境界之阔大,"犹河汉而无极也"。结合陈鼎其人,孔天胤认为,"翁力扶世道,夷险不渝,往往多畏天悲人之词"。所以,如今陈其学为其父刊刻文集,其意义不仅仅在于一个"孝"字,更在于整理文献,传播正气。

嘉靖四十一年（1562），山西按察司潞州兵备副使刘泾为其师何瑭编订刊刻了《何柏斋先生文集》（又称《柏斋集》），趁按部汾州之便，请孔天胤作序。孔天胤在对这位一身正气的理学家的致敬之作中，进一步表达自己对于理学的认知。

何瑭（1474—1543），字粹夫，号林斋，河南怀庆卫河内（今武陟）人。据《明史·何瑭传》、万历《河内县志》"乡贤"以及马理《柏斋何先生神道碑铭》、张卤《何文定公传》等文献，何瑭于弘治十四年（1501）中河南乡试第一名解元，次年中进士，历官翰林院修撰、开州同知、东昌府同知、浙江按察司提学副使、南京太常寺少卿、户部右侍郎等。嘉靖八年（1529）辞官归家，嘉靖二十二年（1543）病逝，终年七十岁，隆庆二年（1568）被追赠礼部尚书，谥文定。由此可知何瑭历官三朝皇帝。孔天胤《何柏斋先生文集序》总结其三朝任职情况："先生遇孝宗朝，蜚英馆职；逮事武皇帝，日进讲经筵，谠论谔谔，要在亲贤远奸、敬天恤民，虽权幸侧目而道不少屈；今上御极，起用旧儒，而先生历台省大位，却守在留都，竟谢病去。"何瑭是著名的理学家，史载他任南京太常少卿时，"与湛若水等修明古太学之法，学者翕然宗之"。文集刻成时，何瑭去世已近二十年。

序言中，孔天胤对何瑭的评价极高，称"海内称理学者推先生"，首先推重的是何瑭的理学地位。有学者总结何瑭的理学思想，认为他赞同王阳明"格物致知"的说法，但不赞同王阳明过分夸大"心"的作用的观点，他更重视现实存在；而对于"知"和"行"的关系，何瑭更强调"行"，这实际上是强调实践的作用。何瑭学识渊博，研究的范围很广，除儒学、阴阳五行学说之外，关于音律、音韵、算学、医学都有较深造诣，而且多有独到见解。何瑭关注的问题不在文学方面，明末学者孙奇逢在《中州人物考》中说何瑭"耻列文学科"，孔天胤也说他"不攻文与诗"，而且生前拒绝门人出版他的文集，都说明他关注更多的是现实学术问题。《明史》立传，也将何瑭列入"儒林"，而非"文苑"。

然而虽然"不攻文与诗",但其诗文自佳。孔天胤评价:"先生端默简渊,固不攻文与诗,然理散乎辞,自尔条贯,气泄于声,无不谐美者矣。"正因为如此,海内推崇向往何瑭之人,皆希望他的文集能够刊布。在这种背景下,刘泾"广师门之传,录其所述,又列系理学名臣之书,令潜德之光与薛文清(薛瑄)等后先相望"。孔天胤认为何瑭是继薛瑄之后的又一海内理学大家,所以值得推重。但在河内学术系统内,何瑭承续的又是元代理学家许衡(号鲁斋)的学术精神。何瑭曾有文论及许衡,说许衡承续的是南宋理学家朱熹的理学思想,孔天胤认为,"柏斋接鲁斋之统可也"。

具体到文集的内容,为"遗文九卷,诗一卷",共十卷。孔天胤认为,"夫词人之语丽淫而经师之言典则,缘情之靡易趋而根心之粹难测",这里包含着他对何瑭文集的总体评价:何瑭之言是经师之言,皆可为典章法则;何瑭之言也是根心之粹,真正读懂不易,因而"览者宜有以自得之"。

在何瑭文集刊刻后的第二年,何瑭夫人周孺人卒。同样受刘泾与何瑭长子之请,孔天胤为何瑭夫人写了墓志铭(《何母周孺人墓志铭》)。墓志铭中写到了何瑭夫人对何瑭一生扶助与支持的诸多细节,同样是何瑭研究的重要史料。

隆庆三年(1569),山东致仕官员李舜臣诗文集《愚谷集》成,孔天胤作《〈愚谷集〉序》。

李舜臣(1499—1559),字懋钦,一字梦虞,号愚谷,又号未邨居士,山东乐安人,嘉靖二年(1523)进士。历官江西提学佥事、南京国子监司业、南京太仆寺少卿、应天府府丞、太仆寺卿等,嘉靖二十年(1541)致仕。孔天胤谈李舜臣之诗,从两个渊源谈起。一为地域渊源,李舜臣是山东人,而齐鲁有着深厚的文学渊源。二为诗文渊源,李舜臣写诗,"尔雅温纯,无一字不根本六经而振掉古风"。在写作上,李舜臣更多取法于唐宋,"诗似燕、许,文似周、程",同样"粹然一出于正"。

孔天胤与李舜臣没有直接交集,来请他作序的是赵讷;赵讷与李舜臣也没有直接交集，托他请孔天胤作序的是大同知府程鸣伊。程鸣伊，号肖溟，山东乐安人，与赵讷同为嘉靖三十八年（1559）进士，并曾同在户部任职。程鸣伊是李舜臣的外甥，为其舅刊刻文集后，通过赵讷向孔天胤请序。

（四）诗赋类：刻刘泾《晋阳稿》、陈洪濛《含育堂录》并序，为王中孚《西野集》、赵讷《阳溪集》作序

嘉靖四十二年（1563），孔天胤编辑刘泾在山西期间所写诗文而成《晋阳稿》并行刊刻，并亲为之序。刘泾（1510—1568），字叔清，号次山，与何瑭同为怀庆卫河内县人，并与何瑭同列乾隆《怀庆府志》、万历《河内县志》"人物"之"乡贤"，《山西通志》《潞安府志》将其列入"名宦"。雍正《山西通志》记其任山西兵备副使期间，"尝与防秋驻师云中八角堡，时北部入犯，激众固守，以身为长城，屹不可动，敌遂退"。刘泾是何瑭的学生，而其精神意旨之间也颇多传承。

序中，孔天胤称刘泾镇守冀南期间，有所历览，必兴感赋诗，而言为心声，观其言可知其人其志。孔天胤再次谈到了"大夫之赋"："盖赋者，敷也，敷在心之志而发之言也。大夫负经世之材，涵宰物之智，必也有是志乎？有是志而后有是言，方其含章渊默，则机缄莫窥；及其感物造端，则深美可见。"赋，就是敷；敷，就是布，就是铺。布其心志，而成诗成言。大夫有经世之材，心志高因而诗格自高。这种"高"的进一步深化，就是渊深而美。"大夫之赋"因其言说方式，也有诸多表现，然皆可由言及志：

> 是故即其言而知之，其言之温厚也，而知其可以教；其言之平达也，而知其可以政；其言之中正也，而知其可以位；其言之和乐也，而知其可以育。故曰：可以与图国政，故可列为大夫也。

"大夫之赋"的特点，就是其言温厚、平达、中正、和乐，而这也正是从政为官的优良品质。有了这些品质，就可以教化人，可以施仁政，可以安其位，可以化风俗。总言之，就是可以与其"图国政"。其人、其政、其诗内外一致，即可以以诗观人、以人见诗。

刘泾是在山西按察司副使任上被人以蜚语罢归的。据万历《河内县志》，刘泾归乡后，"教子著书，布衣蔬食萧然"，待人"无长少贫贱，接遇以礼"，因而"望重德隆"。县志评价他"文定（何瑭）之后，一人而已"。所著有《理学四先生言行录》《京华稿》《滇南稿》《晋阳稿》及郡志四卷。

孔天胤嘉靖四十一年（1562）为南宫知县王中孚的诗集写了序。王中孚，字化远，嘉靖三十四年（1554）举人，扬州兴化人。史载其在任期间，"清慎勤敏，常俸外一无所取"。当时孔天民任南宫教谕，对于王中孚其人，孔天民在给孔天胤的三次来信中都大为称赞。第一封信称王中孚为贤儒，"文章政事，条理相宜，气象雍容典雅，类非俗吏之所能为者焉"；第二封信称其"笃实光辉，文质彬彬，君子也"；第三封信寄来其诗一卷，王中孚自题其诗为"齐东剩语"并请序，极为谦逊。读王中孚之诗，孔天胤认为其诗"声文之谐妙"，皆因其人"正和之感直"。性情正故诗正，由诗观人，"故于性情之旨参矣"（《王西野诗集序》）。

嘉靖四十三年（1564），王中孚主持修建了南宫县学，孔天民再次修书请孔天胤撰写碑记。孔天胤作《修南宫县学记》，再次对王中孚这样一位有学识、有作为的知县进行了肯定。此文也成为南宫县修建庙学的重要文献。

隆庆元年（1567），孔天胤将自己与陈洪濛的唱和诗编为一册，名为《含育堂诗录》并序。印行后，趁宋岳遭贬归浙江故乡之便，将《含育堂录》捎给陈洪濛。陈洪濛（1512—1581），字元卿，号抑亭，浙江仁和人，嘉靖八年（1529）进士，嘉靖三十九年（1560）以分守冀南道左参政驻汾。陈洪濛在汾州的政绩，孔天胤写于嘉靖四十年（1561）的《赠抑亭陈公擢湖广廉使序》中有记，称其一到任即与所辖各郡县官吏"约法三章"，确立了"官以为民"的理念，一切以民之休戚为重；官吏须恪守纲纪，不得用智自私；希望众官吏"无务矫饬以病民，无自携贰以妨至公"。陈洪濛看到当地教育，学官多不讲，于是始教以经法。陈洪濛在汾州，还有御虏、救荒、祈雨等功。御虏：当时蒙古军队已越过忻州、代州，因为陈洪濛"预授方略，令一道修战守具"，使"虏竟不敢犯冀南"；救荒：陈洪濛到任第二年，汾州大旱，百姓乏食，流莩载道，他从冀南道所属的泽州高平县调来数千石粮食，"所全活汾、平、介、孝垂死者数十万人"；祈雨："躬精祷雨，雨辄下"。祈雨事在嘉靖四十年（1561），因祈雨辄应，万圣寿节②汾州人作《喜雨朝天图》，歌咏其仁泽，孔天胤也写有《〈喜雨朝天图〉序》。孔天胤还写有《送抑亭公入贺一首》。更令人称奇的是，陈洪濛路过四个郡县，"雨尽随车"，"及拜表省中，太原亦雨矣"。

　　陈洪濛与孔天胤之间，还有一则佳话。话说陈洪濛到汾州前是在江西九江任职，曾做过一个梦，梦到自己进入一个园子，园子的名称叫"孔氏之园"，园中有桃有桑。当时他以为，这个梦是与自己即将到山东任职有关，"盖将游曲阜之墟，觐所谓夫子之家园者"。可等转官山西，以分守左参政驻汾州时，竟得知汾州真有孔氏天胤。于是进其愚公园中游览，发现"梦与景符也"，自己当年梦到的"孔氏之园"，竟然就是孔天胤的愚公园，因而大为称奇。孔天胤也觉得这是奇事一件，"不知区区之园，何以入哲人之梦如此者"，也许冥冥中有神灵相引，"神告之耳"。陈洪濛在汾州，将他的堂屋题为"含育堂"，并书一联于门上，联曰"桃李满园春不老，桑榆覆院景无边"，还写有一首七言诗，"以纪人生聚会非偶然也"。孔天胤当时就把这件事和这首诗记了下来（《〈含育堂诗录〉序》）。

　　陈洪濛于嘉靖四十年（1561）离开汾州，此后二人诗书不断。嘉靖四十三年（1564），陈洪濛寄诗提到了含育堂，称"含育堂前桑已挺，桃花洞口日增春",其时陈洪濛在浙江故乡,"冀天浙水相惆怅,何日驱车再问津",对自己汾州旧堂表示怀念,也希望有机会再访汾州。《含育堂诗录》今已佚,但由孔天胤序言,可知分守官员陈洪濛与汾州乡绅孔天胤之间的一段佳话。

隆庆元年（1567）,赵讷丁父忧其间,将自己与老师孔天胤自嘉靖十九年(1540)到此年二十八年间"赠答寄忆而作各如千篇"诗歌编为《汾上讲余录》（今佚）刊刻成书,孔天胤为之作序。赵讷平时非常注重收集孔天胤的诗文,孔天胤认为"道之上者,吾不得而语也,亦非吾之所能语也",即便自己偶有谈道之语,也是"特其最下者耳",皆当弃之。但赵讷是个有心人,孔天胤每有诗作,便怀袖藏蓄之,"怀袖之余又镂之,以期不忘"。但这些谈道之语,是否真的毫无意义？倒也未必,孔天胤总结,"夫轻尘无补于岳,而泰山不外,乃所以成其高；坠露无增于水,而沧海不别,乃所以就其深"。泰山不外轻尘,沧海不别坠露,点点滴滴的言道之语,正可以汇成"道"的高远和深广。从这个意义上来说,这些赠答寄忆之作,无不是形成"道"之大义的轻尘坠露,自有其意义和价值所在。

隆庆二年（1568）,赵讷服阙,任户部主事。隆庆三年（1569）,其诗文集编印完成将刻,自京师请老师作序,孔天胤为作《〈阳溪集〉序》（《阳溪集》又名《赵孟敏集》,今佚）。对于自己最为欣赏和感情最为深厚的学生,孔天胤给予极大鼓励,称"君子居其室,出其言善,则千里之外应之",自己于汾州为千里之外的赵讷作序,正合孔夫子此句之意。

由孔天胤序中可知,此书包括三部分,"有纪事而曰录焉,有成声而曰诗焉,有析义而曰文焉",即有录、诗、文三部分。这三类内容的写作风格,"其为录也谨以严,其为诗也和以淡,其为文也洞以疏"。在其作品中,可见其人及其操守。孔天胤称赵讷"幼学神敏,渊允夙成",综理文章时已有性道之观,渐至包罗万象；而其为人,"笃孝友而重名节,好高清而耻淫浊",因此其文也皆"涵养本源"之作。

孔天胤对赵讷的评价，并非是老师对学生言过其实的偏爱，据《孝义县志》《山西通志》等记载，赵讷历任定兴知县、江都知县、刑部主事、户部主事、员外郎、郎中等职，官至四川保宁府知府。在任期间，关心群众疾苦，赈灾济民，兴水利，建桥梁，裁减苛捐杂费，不畏权势，上牒力争，受到群众的爱戴。并且一生清廉，"奉旨致仕，归家宦橐甚薄，束带无饰金银"，可谓一代名宦，两袖清风。不能不说，这其中必然有其师孔天胤的影响。

(五) 王府类：为赵康王《居敬堂集》、庆成王《宝善堂稿》、宗室兰轩《太霞闲宇集》作序

孔天胤一生中曾为多位藩王及宗亲的诗文集作序，序言中都在或深或浅地谈及"王公大人"之赋的特点。

早在嘉靖三十三年（1554）为庆成安穆王之子朱新堤《奕善堂稿》写序时，孔天胤就提出，新堤生在王府，"英资瑞哲，聿承帝铸之殷；冲养宏深，式配天潢之巨"，因此其著作"沛乎郁乎而其妙可览也"，这其中已经初步说出了"王公大人之作"的一个特点，那就是天赋之好与学养之良。而此观点更明确地提出于嘉靖四十四年（1565）为赵康王的《居敬堂集》所写的序言中。

赵康王朱厚煜，号枕易道人，正德中嗣封赵王，居河南彰德府，嘉靖三十九年（1560）卒。嘉靖四十四年（1565），其子成皋王辑录其作刊刻成书，为《居敬堂集》，请孔天胤为之序，原因是孔天胤"昔岳牧河省，于邦国文献当睹记焉"。孔天胤嘉靖二十一年（1542）任河南左参议分守河北道，彰德府便是其所辖三府之一；嘉靖三十三年（1554）任河南省左布政使再莅河南，两度河南任职，都与赵王府有过交集。因而请孔天胤作序，是因为孔天胤是赵康王的故交。孔天胤介绍《居敬堂集》名称之来历，称赵康王乐善悦贤，秉礼敦道，遵嘉靖皇帝"敬一"之训，将其读书

堂命为"居敬堂",日读书著文于其中,得以积累诸多篇什。

序言中,孔天胤提出了"王公大人之作"比一般的辞士学子所具有的先天优势。辞士诗文的缺点是"绮靡",学子诗文的特点是"牵拘",而王公大人之作,却因其学养和见识而具有先天的气势。正所谓"山中之人,不能语蓬瀛;海上之客,不能语昆华",一个人的出身、生长环境、成长背景,先天地影响着其作品的格局。王公大人"居仁义之府,处礼乐之庭,搜诗书之苑,驱翰墨之场",所生长的环境,所接受的教育,所拥有的资源、所出入的场所,都是其诗文创作的先天资源。而在创作题材的选择上,"非先王之法言弗宣,非往圣之精蕴弗载,非三光之灵曜弗形,非六籍之菁藻弗掇。极游观广览之知,而理解神会",既根本纯正又视野开阔,非一般文人学士所能及。总体而言,王公大人之作的特点,就是"夫其存之也粹,故其发之也华;其言之也文,故其行之也远"。当然此说法一方面是针对朱新堤、朱厚煜这样人品文品俱佳的藩王的,另一方面也包含着孔天胤的一种好愿望,众所周知,生长于王府而不学无术或好附庸风雅而吟风弄月者也不在少数。

今上海图书馆藏《居敬堂集》十卷,刊刻于嘉靖四十四年(1565)秋八月,前附序言三篇。序一为安阳郭朴撰,序二为河汾孔天胤撰,序三为钧阳党以平撰。序一评价赵康王"凤抱至情,颖异不凡",早岁"励志向道,耽文嗜古,敦尚简素,屏绝纷华",嗣位后"益肆力于学";序三评价其"重六经,而尤重于《易》,因以'枕易'自号。训诲公族子姓皆以《易》学相承,务在精体实践,反求诸心,以会夫体用一原,显微无间之妙"。这两篇序言,也与孔天胤的序文形成互证。但孔天胤序由文述理,阐述"王公大人之作"的特点,又是在诸序中独具一格的。赵康王《居敬堂集》现山西博物院也有藏,被列入《第三批国家珍贵古籍名录》。

孔天胤与赵王府的交集,还有一点余韵,那就是嘉靖四十四年(1565)十一月,赵王府遵道书院建成,受到皇帝敕封,成皋王再次千里求记。敕封遵道书院事也见于《明世宗实录》嘉靖四十四年（1565）十一月："赐赵府……书院额名'遵道'，从其请也。"孔天胤作《敕赐遵道书院记》，释"遵道"之义，其义本之于孔子"君子遵道而行，半途而废，吾弗能已矣"句，也见于《尚书·洪范》之"无有作好，遵王之道。无有作恶，遵王之路"句。文中既祝贺成皋王"遵道有庆"，又勉励他"遵道有章"，继承乃父风范。在赵康王之居敬堂只剩名号、成皋王遵道书院已无影踪的今天，孔天胤的这篇记文，记载了赵王府曾经的文气和辉煌，自然也是珍贵的历史资料。

万历二年（1574），孔天胤为朱慎锺《宝善堂稿》作序，万历四年（1576）为朱慎锺之弟朱慎镠《兰玉堂稿》及宗亲兰轩《太霞闲宇集》、林皋《五怀唱和集》作序，也都在强化"王公大人之作"的特点。在为林皋《五怀唱和集》所作的序言中，孔天胤认为君子怀德，始有好诗，因为"怀德则天之人也"，而"天之人者，彝伦之冠冕，文章之领袖，踔埃壒而不滓，冥寥廓而无闳者也"，这就是"王公大人之作"的特点。

特别是在为兰轩《太霞闲宇集》所写的序言中，孔天胤提出了"养性情而为诗"的诗学主张。他说：

> 诗本乎心者也。在心为志，发言为声。声成为文，文有音为诗。故诗以道性情，性即心也，情即志也。情有喜怒哀乐，则诗有欢愉悲怨。情正则为赋为比为兴皆正，情僻则为赋为比为兴皆僻，故曰"思无邪"。然必以养其性情，察善恶之几，存其善端，绌其不善，常使清明内湛，灵颖外敷，感物而动，实中其声。是故作周诗者，本以综文而见孝弟之性。优柔平中而发者，温厚之体也。

"诗言志"，而"志"与"情"本为一体。所以，诗本乎性情，性情正则诗正。所以写诗者若想让诗正，首先要养性情使之正，存善绌恶，中平

温厚。孔天胤还认为,"性情"正的根本,还在于涵养深;而涵养深的根本,则在于有"理趣":

> 锦上花开、长空云起者,妙有之用也。妙之又妙者,玄之又玄也。惟涵养之深者能自得之,此性情之理也。沧浪严氏曰:"诗有别趣,非关理也。"盖未识夫理生趣、趣含理乎?

涵养深厚者,自然得性情之正,能够从锦上花开、长空云起这些日常景物中悟到诗情。而关于诗之"理"和"趣"的关系,宋代严羽《沧浪诗话》认为,诗自有别趣,和"理"没什么关系。孔天胤认为此说有偏颇,"理"和"趣"本为一体,"理"可生"趣","趣"中又自然包涵着"理",怎么可以说与"理"无关呢?

(六) 武将类: 为杨选《杨东江诗集》、程一山《窗下稿》作序

嘉靖四十二年(1563),总督蓟辽副都御史杨选诗集成,孔天胤写了《杨东江诗集序》。杨选,字以公,号东江,山东济南府章丘人,嘉靖二十三年(1544)进士,嘉靖四十年(1561)擢总督蓟辽副都御史,"条上封疆极弊十五事,多从其请"(《明史·杨选传》)。太原李知县要刻杨选诗集,是因为杨选在巡抚、总督之时,仍能"感物而造端,情融而理会","观风问俗之际,不忘太史之陈;临戎决策之时,有裕横槊之赋",武备而不忘文事,多有著述,且风骨豪朗,非"雕虫之生,营小技于窗间,挥寸管于畦径,操不割之铅刀",作无病呻吟之语。孔天胤听其言而读其诗,认为自古及今,凡文辞之卓越者,多具温润恺悌之性,而其人多为执法之臣、元戎之宰,《诗经·大雅》中的很多诗篇,就是经营四方的武将所写。

据《明史·杨选传》,杨选因功进兵部右侍郎。后因边事处置失律,被人弹劾勾结敌寇,激怒了嘉靖皇帝,"刑部如帝指论选死,即戮于市,枭

其首示边，妻子流二千里"。直到隆庆初年，他的妻子儿被释放回家。此事可也说明值外寇入侵时边臣之难。

孔天胤于隆庆元年（1567）为驻汾参将程公一山所著的《窗下稿》所作的序，同样在重申文武之道的相通。孔天胤记程公其人，文武全才，少诵兵法几十万言，并且为武举第一人，在练兵阅兵之余，讲艺写文以启迪后生，写有十篇论著，名为《窗下稿》。孔天胤读其稿，觉其"创意构辞，折理敷议，其气勃勃，其采煌煌，皆无舛于道而有成章"。也就是说，有文采，有气势，蕴道义，就好像"经生之旨，匠氏之方"，有本于经书的思想意旨，更有匠人开方一样的具体措施。

序言中，孔天胤认为自古"兵家祖本仁义，与六经通"。国家承平时，往往切于文士而略于武夫，等到边境有战事，才大重武科之选。然真正的武将，皆儒将也，《诗经》中的方叔、尹吉甫即是典范，都说明"文武之道，相济以为用"。孔天胤还举历史上的例子加以说明：鲁定公与齐侯会于夹谷，孔子说"有文事者，必有武备；有武备者，必有文事"；春秋时期，晋国置中军，用郤縠，是因为郤縠悦礼乐而敦诗书；西汉赵充国、三国诸葛亮，都是儒将典范，既能征善战，又能文善诗，赵充国之留田便宜十二事，诸葛亮之《出师表》，文采武略兼俪。因此，参将程一山的《窗下稿》既是"言语文学之表"，又别有"觌德之观"。

这位程一山参将大约于隆庆四年（1570）离开汾州，隆庆六年（1572）时过州，访孔天胤，孔天胤写有《赠参戎程一山三首》，其中"闻道平戎大司马，羡君武勇足文谟"，称贺其文武兼资；"建牙威武今犹在，勒石勋名素所期"，记其守备汾州之功，将永远被汾州人民纪念；"莫道故乡寒食过，此中芳草旧游时"，对其到访表示欢迎。

注释：

①黄燕生《中国历代地方志概述》，1988年版。

②九边，又称九镇，是明朝弘治年间在北部边境沿长城防线陆续设立的九个军事重镇，分别是辽东镇、蓟州镇、宣府镇、大同镇、太原镇（也称山西镇或三关镇，治所在宁武）、延绥镇（也称榆林镇）、宁夏镇、固原镇（也称陕西镇）、甘肃镇。

③谢榛《过丘以恭官舍，因谈房犯汾阳，兼怀宋伯镇、孙格卿二大参，齐思钦太守，漫赋长歌行以纪时事》，《谢榛集校笺》，朱庆立校笺，江苏古籍出版社2003年版。

④元好问《王黄华墓碑》："六宅（庭筠曾祖）辽天庆中迁盖州之熊岳县，遂占籍焉。"

⑤（明）顾祖禹《读史方舆纪要》："府西北三十里有白彪山，其山石壁巉岩，峰峦耸秀，林木丛茂，泉流飞涌，洞壑层启，村墟联附，为州之胜。相传昔有驺虞见此，亦名驺虞山。"

⑥转引自王春瑜《明清史事沉思录》，陕西人民出版社2007年版。

⑦孔天胤文集中题目作《皇明庆成安穆王墓志铭》。神道碑碑文与文集中的墓志铭有多处不同。由文中信息可知，碑文写于隆庆五年（1571）安穆王葬时，而刻石立碑于万历二年（1574）清明，当在刻石时有所修改。

⑧《寿光日报》2014年5月6日刊发了一篇题为《寿光一块镶在墙里的明代墓志铭期待"现世"》的文章，称村民于稻田镇官家庄村壁间找到了李环洲墓志铭。

⑨明人吴国伦有《紫微宫听刘元善弹琴》诗，下有小注："元善，江陵人。"

⑩《谢榛全集校笺》，李庆立校笺，江苏古籍出版社2003年版，第1362页。

⑪（明）王兆云所辑《皇明词林人物考》，齐鲁书社1997年版。

⑫万圣寿节亦称万圣节，皇帝的诞辰之日，这一天，百官须上朝入贺。

第十二章 生前身后

知交凋零：『谁云宿草长，不使泪如泉』
名贤立言：作品的刊刻与流传
文星陨落：一代大儒的身后凄凉

抖擞超然象外天，拳挛莞尔人间世。眼前荼蘼负韶华，身后橐橐成底事。

——孔天胤《阳春行》

知交凋零："谁云宿草长，不使泪如泉"

一路向前走着，突然发现，身边的人在一个个离去；而更让人伤心的是，自己开始与"墓志铭"这种文体成为了朋友。一个人到了有资格为别人写墓志铭的时候，往往是德望已到一定程度的时候；但没有人愿意用自己的这种德望，来写这样一种文体。这种文体每写一次，都会让人徒生一场秋雨一场凉的悲感。

就在孔天胤归汾后不久，嘉靖三十五年（1556）八月初八，汾州进士刘尚义就去世了，年仅五十九岁。

刘尚义（1498—1556），字伯正，号柏山，汾州爱子里人，嘉靖十四年（1535）乙未科进士。其弟刘尚礼（号富平）与赵讷同中嘉靖十九年（1540）庚子科进士。刘尚义与孔天胤一起在汾州长大，又先后中进士，虽各自宦游四方，但也不时会有交集。孔天胤写于浙江的《与刘柏山》一信中，就记载了嘉靖十七年（1538）丁父忧期间，恰刘尚义从京城归来，二人"申车往复，朝游夕宴，甚乐也"。后刘尚义任职陕西，孔天胤任职河南、浙江，一别四载。孔天胤信中向刘尚义提及，一来自己荒于学术，"年来略无所造"，而往昔犹好作诗，近来如非应人之求，再无一句，主要是因为"江上愁心，不遑将母"，思念母亲，无心学术诗文。嘉靖三十三年（1554），刘尚义又与孔天胤一起为朱新堤《奕善堂稿》写了序。

据孔天胤记载，刘尚义是卒于大名府兵备道任上，当时他于酷暑中视事，疽发于背而卒于官舍。讣闻至汾，闻者皆为流涕。刘尚义去世后，囊无一金，恰当时王道行任大名府同知，于是资助金钱，刘尚义棺木始得归汾。嘉靖四十二年（1563）刘尚义葬，其弟刘尚礼状刘尚义生平，请孔天胤为之写墓志铭。孔天胤称自己与刘尚义有"金兰之谊"，写铭之事义不容辞。

在墓志铭中，孔天胤记载了刘尚义为官的诸多细节。如在河南道监察御史任上，巡视东城，"发奸摘伏如神，权贵懔然"；在陕西朝邑知县任上，兴废补弊，威惠并行，增拓城墉，为民保障，查正黄河退滩地数百顷，息雄藩之奏争，革顽民之隐占；在松江府同知任上，"会计明当，出纳平名。革侵渔之弊，禁包揽之奸，皆有法可循"，使周边郡县皆取以为法；以山东按察司佥事分巡辽海，时辽海多事，刘尚义处之"如驭六马理乱绳"，有条不紊；以四川按察司佥事整饬安、绵、利、保等处兵备，兼督松茂等边粮饷数十万余，俱调停得当，切中时宜，抚按称其"智勇冠绝时流"，绵中士人为作"廉明刚毅，公惠通敏"八字颂之；陕西布政司右参议任上，督修榆林三路城堡，三月告成，受到朝廷白金文币嘉奖；以河南按察司副使整饬直隶大名卫府兵备兼管河道，因劳瘁而卒于官。孔天胤评价刘尚义，为人"简静沉默，质朴少文，然实外和内刚而华美蕴籍"，待人接物和气友善；居官"一以诚心正道而行"；事母至孝，曾于任所迎养，母病期间衣不解带，母丧哀毁至极。《汾州府志》《山西通志》中，刘尚义俱列乡贤，孔天胤所记的刘尚义《逐蓬集》四卷和《山西通志》所记的《柏山集》四卷俱佚，因而孔天胤的铭文就成为后世研究山西乡贤刘尚义珍贵的史料。

如果说刘尚义的英年早逝让孔天胤感到意外，那么更让他意外的，是他的两位山西同年，在他归居汾州后不久也匆匆逝去了。一位是上党才子李延康，一位是宁武才子潘高。

李延康（1500—1555），字允吉，号黄崖（一作黄岩），潞州人，嘉靖十一年（1532）以三甲第二名与孔天胤同中进士。雍正《山西通志》与万历《潞安府志》记其生于官宦世家，祖父李鬵为安定知县，父亲李玹为洛南县丞，世有积德；其兄李延馨中嘉靖八年（1529）进士，为登州知府。李延康初任汝宁推官，掌刑狱，后征拜御史，按秦陇、顺天，历官河南佥事、陕西参议、湖广副使，归。史载其所历皆法纪司之官，为人刚直不挠，所以常能随风化裁。曾断汝宁豪狱及治商洛矿徒，不肯连及无辜。当时有母讼子逆者，李延康以真情劝解，使其感泣回心，因此，"吏民感服而权贵多不悦"。归田后，"舆论共推，闻者犹然兴慕焉"。其子李如松，举人，历官户部郎中、衢州府知府。

李延康卒于嘉靖三十四年（1555）九月二十七日，年仅五十六岁。嘉靖三十五年（1556），李如松因孔天胤与其父既有同年之雅又曾同官陕西，"相知为最深"，所以修书请人驰往汾州请铭。孔天胤"杖泪而为之铭"。七年后的嘉靖四十二年（1563），李延康妻牛氏卒，李如松再次乞铭，孔天胤又为李延康夫妇写了合葬墓志铭。

因为是同年同官的知心好友，孔天胤记事不但详于史志，而且语含深情。两篇铭文，皆可作为地方史志的补充。孔天胤记李延康"幼颖秀绝群，年十三，充学官弟子，才章玉莹，鸿雅博通"，以《礼经》举业。在汝宁府推官任上，"旁郡讼狱，皆愿李明府直之，即万死无恨"。更为传奇的是，"有疑狱十年不决，公一审成案焉，民服其神"。在汝宁府推官任上，汝水泛滥为灾，多年治理都没有成效，而李延康治之，"民至今赖之"，且"民间谣役被公审者，无不均平"。当时汝宁府有民谣曰"镜明水清，流向三河"，就是对李延康的高度赞誉。李延康巡抚陕西时，茶马多敝，"公至，疏剔有条，即马政大修"，受到朝廷嘉奖。巡按顺天府，因顺天为畿辅之地，当地官吏称其地法条难以尽施，"公至，兴革利弊，甄淑纠奸"，无论多大的官员，触法及绳，风裁凛然。无少利害之心于其间，"中贵请托不行，阀门犯辟罔贷""墨吏望风咸自解绶而去"，李延康被当地人号为"真御史"。在以河南按察司佥事分巡汝南、大梁道时，"修属城之圮，辨良吏之诬，弭妖贼之乱"，可谓"御烦理剧，霆厉风行"。在任上，李延康主张清心省事，节用爱人，驭物宽严有体，临勇则谋勇兼至。五年未升而能淡然处之。嘉靖三十一年（1552），升湖广按察司副使整饬襄阳兵备，但没过多久就因事被罢，"中外愕然"。退归后，杜门乐志，无戚戚容。据孔天胤两篇铭文，李延康所著有《关中集》传于世，又著有《慕终集》四卷存于塾。《四库全书》集部别集类中，著录有《黄崖集》四卷、《关中集》一卷。

孔天胤又作有祭文《祭李黄崖宪使文》，"悲风四流，愁云远延。我闻我悼，我哀我怜"。在《哭李黄岩宪副》诗中，孔天胤再次表达了自己归来，同道好友却匆匆逝去的愕然与悲伤：

  我欲紫团来结社，君胡白日去升天。旧僚诗酒俱陈迹，同榜声名亦悯然。不愤烟生杨柳上，惟怜雪散梨花边。此时回首泪沾臆，春色断肠谁为妍。

嘉靖三十六年（1557），又传来同年潘高去世的消息，令孔天胤更感悲伤。

潘高（1514—1557），字子抑，号春谷，山西宁化守御千户所（今山西宁武）人，嘉靖十一年（1532）十九岁时以治《尚书》中三甲第三名进士。雍正《山西通志》："潘高，宁化人，弱冠登嘉靖壬辰进士，偕名贤讲道修德，视章句不屑也。屡迁大理寺正，狱无遁情，朝多美誉。以忤时宰，外转陕西参议，释冤均赋，惩贪戢强，未几罢归。后持节莅晋者交章荐，卒，不果用。"由这则记载可知，潘高对学问有操守，重道德，轻章句；为官虽短而颇有善政，因直罢归。虽经山西历任官员屡次推荐，但终不为用。又据乾隆《宁武府志》卷四《潘高传》、徐阶《明故陕西参议春谷潘君墓志铭》及李开先《潘春谷传》等文记载，潘高嘉靖二十年（1541）以忤罢官，时年二十七岁。潘高师事湛若水、霍韬，与蒋信、钱薇为友，"讲致良知之学和霸王之略"。所著有《晋乘平交录》《蓄德随录》《攘夷策》《守边或问》及诗文若干卷，又参与编纂《山西通志》。

孔天胤还未解职时，曾得潘高一信，回信中称"惟念足下上根超解，卓彼先觉，拂衣尘表，讲道汾亭，诚欲纳鄙人，归来当必得所依矣"，相约归田后结伴讲道（《与潘春谷年丈》）。嘉靖三十五年（1556）初归来时，得潘高寄诗，作《闲居和答潘子抑》一诗，与潘高交流归来后的生活，充满与同道谈心的开心自嘲：

自笑狂夫懒更闲，闭门不省窥园间。稀疏短发违僧几，减损凡心与道班。梦转日长仍就寝，兴来瓶罄亦开颜。邻翁剩有幽兰调，时送一篇聊启关。

诗中多为戏谑语，然兴致盎然，有一种相信同道能够会意的情绪在其间。不意第二年，潘高就去世了，年仅四十三岁。孔天胤在《祭潘春谷年丈》中，称潘高"才高一世，心雄万夫。晁贾之策，颜孟之儒"；以少年才高而步入仕途，"弱冠登朝，廷尉称平。参藩分陕，安定临泾"；然直道而行，当道不容，"直方难进，舍之则藏。洁归畎亩，忠悬庙堂"。谁料一疾不起，竟至殒亡。自己与潘高，为"同榜之生，合道之友"，今失其友，何其悲伤。

就好像船开了一个小口，之后便再也阻挡不住水入船舱了。嘉靖三十九年到四十年，好友再次接二连三离去。仅嘉靖四十年（1561），他就为三位同道好友写了墓志铭，他们分别是：曾同官陕西的石州人张珩，于嘉靖十年（1531）同中乡试举人的壶关才子郭忴、汾州好友赵世禄。

张珩长孔天胤十九岁，是一位亦师亦友的长者。嘉靖三十八年（1559）九月初九，张珩到汾州访孔天胤，孔天胤惊喜之余，写有《九日喜张南川公至汾晤言奉呈四首》《奉和张南川公宴集见赠之作》。前诗中第二首"仙舆西下白云层，山水高深信若增"，状张珩来访之惊喜；第三首"后生白首竟无闻，羞睹黄花对暮云。先达诲人还不倦，坐中玄解月纷纷"，视张珩为师，因自己学术无长进而愧对老师。后诗中，"一杯肯与幽人共，忘却尊高辈是前"，写与所尊敬的师友共饮的开心。没想到这竟是他们的最后一次相见，第二年的三月二十三日，张珩即与世长辞了。时任顺天巡抚的张珩之弟张玭，也曾与孔天胤同官陕西，来信请孔天胤为张珩写墓志铭，说"子知吾兄者，幸作铭"。

张珩是以丁忧而退归的，丁忧期满，尽管已年过七旬，抚按依旧交荐起用。未仕，却因病逝世，享年七十五岁。张珩曾与孔天胤曾同官陕西，在陕西任上建树颇多，《陕西通志》《延绥镇志》俱列名宦。《山西通志》列乡贤。孔天胤记张珩著有《恩光丝纶录》《心学图》《南川纪年》及奏议、文集各若干卷，今俱佚。

由孔天胤撰写墓志铭的张珩墓碑今存吕梁市博物馆。

孔天胤还写有《祭张襄敏公南川先生文》，称在当时"学之弗明""蔽也久矣""贪邪纵妄"的学术背景下，"我公崛起，古训是求。精思力践，匪正弗由"，崇正学术，可为人师；为官"立朝徙镇，匡翊廓清"，为人"谊弗谋利，道不计功"；"策勋掞藻，金石可镌"，无论是文采还是武略，都值得永世传扬。

郭忻（1513—1560），字汝学，号龙石，山西壶关太平里人，嘉靖十年（1531）乡试中山西第三名，此后却八试不第。卒于嘉靖三十九年（1560）六月四日，年仅四十八岁。其妻牛氏已于三十三岁时先卒，嘉靖四十年（1561）合葬时，其子来拜，"泪十数行下"，说父亲殁时，言"同年而知我者独文谷兄"，向孔天胤乞铭。孔天胤听后，"为位而哭涕，泣而为之铭"（《乡贡进士郭龙石先生暨配牛氏合葬墓志铭》）。

孔天胤记载了这位壶关才子命运多舛的一生。郭忻五岁丧母，幸有继母抚育。少年有才，乡试时被主司评价为馆阁之才，可惜屡试不第。更为悲惨的是，他参加乡试时，其父正蒙冤在狱，他中式后叩首谢天，说父亲之脱冤狱有望矣。其后，他用十年的时间为父亲奔走，又捐其家资之半，父竟得以不冤。然父亲出狱时已年老目盲，而郭忻也面黑发脱。乡间称其孝，但其父见家财有损，大为不悦，颇多指责，郭?又极力平息父亲之怒。嘉靖三十八年（1559）正当会试之时，因得寒疾而不能行；嘉靖三十九年（1560）又遇父丧，哀毁逾礼，病而卒。

郭忻卒后，"里中人伤悼，皆抆泪失声，以为孝子可赎，人百其身也"。孔天胤除了知其孝，更知其多才。郭忻不仅博览群书，博闻强记，且工书法，又喜阴阳地理星命之学。曾自算其命，说自己病在申岁，卒于小暑之前数刻，后竟应验。《壶关县志》中收录有孔天胤撰写的《郭汝学墓志》一篇，内容与孔天胤文集中略有不同，当是在刊刻抄录时出现的差别。

赵世禄（1508—1561），字汝功，号西田，嘉靖十年（1531）乡试汾州五才子之一，孔天胤称其是同举五人中年少而才美第一人。赵世禄于嘉靖二十三年（1544）中进士。乾隆《汾阳县志》："进士坊，嘉靖二十三年为进士赵世禄立。在三贤坊。"以其宦绩优秀，其父得封赠。万历《汾州府志》："赵廷璧，以子世录贵，封户部主事。"

赵世禄于嘉靖四十年（1561）四月二十九日卒于任上，得年五十四岁。嘉靖四十二年（1563），赵世禄归葬汾州田村，其长子赵渊含泪乞铭。孔天胤于悲伤之余，为之写了墓志铭。铭文中记述赵世禄任户部广东司主事时，"时北虏南犯，京师戒严，公主管皇城四门，粮饷、调度、出纳井井有条"；任户部员外郎时，"值河南寇乱之余，务得鸿略之臣以底定之，乃推公补河南按察司佥事，分巡河北"。在河北分巡道任上，"察奸敉疲，威惠大著"。丁父忧后分巡河南，当时"大梁视河北殊剧，公治之若轻车熟路，按辔徐行而威惠覃敷矣"。以山东布政司右参议分守辽海东宁，"时其地连岁大祲，人不堪命，公到，罢泛滥之务，调拯邺之宜，发府庾之藏，劝富室之贷，散粟以周土著之贫，煮粥以待就食之困。又处牛种以助耕，设医药以疗疫，掩饿殍之骸，禁流钞之暴。家省户咨，心惟手画。皇皇汲汲如我恫瘝，于是辽左之人陷于危亡而赖以全活也"。在辽左任上，赵世禄病，医者说，"疾得之劳瘁，败矣，盖所谓形神俱弊者也"，无药可救。卒于官舍。"讣闻之日，一道尽哭焉"。赵世禄为官多年，素清廉，巡按派人检视其囊箧，发现除书、剑、衣服之外，只有俸金数两而已。朝廷感其清廉，命当地官府出资助葬，又遣使护送其棺木归于汾州故里。当年赵世禄单车就任，及归，也只有两家僮而已，令人唏嘘。

赵世禄墓碑民国时仍存。据王埨昌《汾阳县金石类编》，此碑由孔天胤撰，王文翰书，王缉撰额。石高一尺八寸三分，宽一尺六寸八分，共三十行，行各三十八字，正书，字径三分。民国二十三年（1934）墓被掘出土，存于汾阳县西郭家庄赵氏本茔。孔天胤碑文，也是关于研究山西乡贤赵世禄不可多得的珍贵史料。

孔天胤另写有《哭西田少参二首》，称赵世禄"生从辽海去，死向蓟门回""只道官如水，谁言命若丝"，悲其卒于官；"世人同委化，于子独堪悲""举目皆伤意，何能不涕垂"，言同道凋零的无尽悲伤。

嘉靖四十二年（1563）七月初五，与孔天胤文酒相随十年的好友张绅卒，享年六十九岁。孔天胤亲自买石为其作墓碑，并作墓志铭。

张绅（1469—1563），字佩之，号云溪。其先祖为浙江仁和人，明初任职王府而家于汾阳。张绅少年举业不就，曾游京师、秦府、晋府，后归汾。能写善画，孔天胤称其"美姿仪，善清言，性温爽聪慧"，涉猎书史，善画水墨丹青，兼通辞翰，"兴寄所托，往往入妙"。康熙《汾阳县志》也记其"善画，各题诗纪其迹，孔文谷志有山人张绅画题，潇洒不俗"。"题诗"事可从康熙《汾阳县志》中见到，汾阳多处景致均有张绅题诗；"孔文谷志有山人张绅画题"一事，是说孔天胤于嘉靖三十九年（1560）所修的《汾州志》中，有张绅画题，可惜此版《汾州志》今佚，我们无法看到。孔天胤称张绅慕尚饮中八仙，家常酿酒，或举杯独酌，或遇客款留，或社中招饮，未尝不高歌倾倒，有鸢飞鱼跃之趣。"抚景谈谐，善而不虐；间谈世务，亦凿凿可行"。西游于秦，关中名士彭泽、康海都爱其为人，相赠以诗，赠诗见于彭泽、康海集中。游河东，河东人皆重其风流文雅。

孔天胤与张绅知交多年，秀才时相见于北村先生府中，"即余解方伯之印，遂与先生为方外交。盖文酒追随，风雨晦暝而不辍者十年。余情在避喧，先生心亦远俗，故交也"。嘉靖四十年（1561），张绅结庐名曰"云溪"，孔天胤作《云溪图卷引》。文中孔天胤称张绅之学是"自得之学"，即"日看云观水，见云之聚散、水之流停，一自然而然"。张绅才高性洁，"绝不猥随世俗、婴请去留，虽荆扉藿食、缊袍带索，晏如也"。孔天胤评价其诗"有诗人隐逸之标"。

隆庆二年（1568）正月二十六，曾任高陵县教谕的好友郑辂卒，孔天胤为其作墓志铭。

郑辂（1481—1568），字宗殷，号平川。其先祖为苏州人，因在王府任职而入籍汾阳。其父郑仪，号诗樵，乾隆《汾阳县志》"寓贤"："郑仪，吴人，为端顺王师，遂家焉。不干势利，以诗酒自娱，号诗樵先生"。据孔天胤文，正德十五年（1520）正月十九，诗樵先生于八十四岁无疾而逝。郑仪有子六人，以举人出仕者为三子郑翰和四子郑辂，郑翰为山东淄川县学训导，郑辂先后任陕西韩城训导、高陵县学教谕，均为学职。嘉靖四十一年（1562），郑辂解职归汾，孔天胤作《书郑平川荣归赠言卷》，并为其父郑仪补写《诗樵先生郑公墓表》。郑辂为学官，"有彬彬君子之度，循循善诱之风，两庠士子，皆如七十子之服孔子焉"；返田园后，"安贫乐道，屡空晏如。性喜饮醇，作诗书自娱，诗书往往皆传。而尤工于梅。书法遒劲可饰，风流文雅"（《高陵县儒学教谕平川郑公墓志铭》）。与孔天胤多有交游。

隆庆二年（1568）十一月，业师冯思翊逝世，令孔天胤陷入长久的悲伤之中。

冯思翊青年时因屡试不第，慨然弃去举业之途，开馆授徒，弟子云集，孔天胤、王文翰、孔天民等皆从其学。孔天胤一生都对其师深怀感激。先生居家，"孝友纯笃，与物忠信"。晚年卜筑河底之冈，清渠茂林，有盘谷之胜，誓将老于此地。孔天胤写有《题冯师河底山庄一首》，写此处景色，"界取青山一曲深，傍岩随水结高林。云间洞馆流霞气，树里池亭散竹阴"；写到访者、求教者甚众，"旧卷不忘携讨论，幽人每许到招寻"；称贺其师的隐士生活，"圣朝亦有冥栖士，不向金门叹陆沉"。嘉靖四十五年（1566）冯思翊生日时，孔天胤写有《寿西野翁》一首以贺：

吾师抱道乐青林，白首穷经住世深。俗里幻名飞不到，区中尘景断难侵。暖烟芳草文筵藉，和气朝霞寿酒斟。看戏彩衣还胜事,门墙桃李欲成阴。

诗歌对其师抱道自乐、游悠林下的山居生活及其品德情操进行了诗化描述。

先生去世后,孔天胤为写墓志,梳理了先生的家世及学问渊源、教学方法、情操志趣等(《隐居教授贞毅先生西野冯公暨元配孺人李氏合葬墓志铭》)。孔天胤为其师抱屈,说如今多有小才空居高位,假如先生能得步入仕途,在朝一定能够直言立节,以进贤退不孝为己任;在郡邑一定能除强去暴,表循良之仪。然而这也仅仅是假设了。先生卒后,诸门人以先生有才德而无爵位,当效古代私谥之义以易其名。众人都说,先生操节贞正,履道强而直毅,因此私谥其为贞毅先生。

孔天胤又写有《祭贞毅先生冯公文》,总结其师一生:"先生之道,刚贞是持。不屈于物,不诡于时","先生之才,英迈膺敏。大受则胜,弘敷则尽","先生之学,经史博通。文情理路,合一冲融","先生之教,以礼为先。正容谨节,少长不凌"。如今,"先生教授,成己成物""孙子振振,生徒屹屹";而先生的学生,"或登于第,或蔀于庠。或纡华绂,或馆金章。皆出模范,悉资陶冶",真可谓"林苑桂间,蹊成李下"。先生一生,"无位而尊,无爵而贵",令人仰止。

孔天胤还写有《哭业师西野先生》一诗,状写对先生的感激和怀念,称颂先生桃李成行的身后荣耀:

吾师归化白云乡,七十八年夷且康。无位尽教师道重,有才不作吏途忙。南窗傲寄松筠节,西野耕韬畎亩光。虚馆来来哭遗爱,桂兰桃李各成行。

冯思翊去世后,接下来,又陆续有知交好友离世。他们的离去,使孔天胤一次又一次抛眼泪,而每一篇墓铭,都是对他身心的重大折磨。

隆庆六年（1572）十二月十六日,孔天胤的同年,汾州辛卯科五举人之一李天锡卒,享年八十有二。此前其妻已去世,万历二年（1574）夫妻合葬,孔天胤为之写了合葬墓志铭。

李天锡（1491—1572）,字德徵,号近山,与赵世禄同为汾州爱子里人。孔天胤记其"幼英姿秀朗,神哲内融",学《诗》学《易》,"敷文析理,大雅不群"。然自中举后,屡试不第,嘉靖二十三年（1544）出仕,任陕西乾州知州。为官颇有善政,到任后,查政之缺漏阻塞者,"疏导宣通,蠲除补葺",仅用一月而"风采顿殊"。后因事被罢,退耕于野近三十载,课子明农,"与田夫野老话桑麻之务,接文朋道侣,致杯酒殷勤之欢,洽如也"。

万历二年（1574）正月二十八日,孔天胤的知交好友,国子监生周伦卒,享年六十一岁。孔天胤为之作墓志铭,述其家世生平及二人之交游。

周伦（1513—1574）,字以明,号兑川。其祖先本浙江海宁县人,以留守总旗随侍庆成庄惠王到了汾州并入籍,至周伦已历五世。其父周永浩（1493—1569,字德洪,号毅庵）为庆成王府书办,孔天胤记其处理问题能力强,"宗室藩衍至千,启事业集,真赝混淆。公承旨剖分,无不毕达";为人慷慨,常救济乡里,郡士大夫皆乐与之游;教育有方,令其子孙全部以儒学为业（《庆成王府书办官毅庵周公暨元配党氏合葬墓志铭》）。周伦为周永浩长子,天生慈孝,视继母如亲母。天性聪颖,弱冠受经师门,敬业乐群,且工书法,翰墨为一时之冠。然而却不通于科第,乡试往往不中,于是奉父命游学京师,依例充国子监生。以国子监生入试依然不第,于是归汾,其时已经三十多岁了。归汾后,设馆授徒,乐在其中。

孔天胤与周伦交游极多,相知甚深。嘉靖四十年（1561）前后孔天胤有《送周以明就例游太学诗序》,为周伦游太学赠别。孔天胤写有不少与周伦交游的诗,如《寿周兑川上舍》《四月八日周兑川昆玉邀谢征君、王平原与余同宴峪中园亭，即席有作二首》《暮春同阳溪、龙冈、乾石、竺阳、露泉至谷口，遇周兑川、峪川，邀坐树下一餐，去看柳川竹林，不遇主人，竟觞咏而归，用龙冈韵一首》等。周伦卒后第二年，孔天胤路过周伦读书处，仍伤感不已，作《过北溪草堂是兑川君读书处》：

溪上人何在，林堂事宛然。承家还令子，留客尚高筵。对树悲黄鸟，看花愁杜鹃。谁云宿草长，不使泪如泉。

物是人非，虽有其子相留高筵，然老友已去，怎不令人心伤。

万历三年（1575）三月二十六日，孔天胤的好友霍冀卒，享年六十岁。

霍冀（1516—1575），字尧封，号思斋，孝义人，嘉靖二十三年（1544）甲辰科进士。《山西通志》《汾州府志》均将其列入"乡贤"。志记其历任永平府推官、广西道监察御史，清戎两浙，巡按河南，因平师尚诏之乱升大理寺寺丞、都察院佥都御史。巡抚宁夏期间，"戎事甚饬"，受到皇帝嘉奖；巡抚保定期间，值饥荒，"严武备，发仓廪民，赖全活"。曾向朝廷上恤军、通商、转输、积贮四事。后三品秩满，封荫，巡抚山东治河兵部侍郎，总督陕西三边军务，"恤死事，汰诸将不职者，募丁壮，激忠义，修战守具，军容一新"。孔天胤归田后，霍冀与其多有交游。

嘉靖四十二年（1563）三月，霍冀被弹劾，由户部右侍郎调南京工部侍郎。归省赴任前，孔天胤作诗《送霍思斋侍郎之留都》。诗中称赞霍冀"按节三河川后顺，提兵两镇虏魂惊"；对其将去之南京寄予美好祝愿，"遥想金陵迓仙鹢，大江秋水贴天明"。嘉靖四十三年（1564）三月，霍冀升兵部侍郎，再次回乡省亲。当时趋附者众，孔天胤没有亲去拜访，而写有《与霍思斋兵部》一信，对其才能大加赞赏，称其"鸿才骏德，为世鼎臣"；并对其"当奏凯还朝之日，兼便道归省之荣"表示祝贺。书中也说到不去拜访的原因，说真正的知己之交，不在富贵贫贱，不在锦上添花，希望霍冀能体谅其心。嘉靖四十四年（1565），霍冀转任山东巡抚，孔天胤作《送霍思斋户侍巡抚山东》一诗以赠。孔天胤与霍冀的更多交往，是在霍冀致仕之后。《山西通志》和《汾州府志》记霍冀是"以议宪臣功罪及京营事宜，两忤辅臣，乞归"的，《明穆宗实录》隆庆四年（1570）二月，"兵部尚书霍冀引疾乞休，上曰：'卿才识敏练，年力未衰，边事方殷，岂可求退？'不允"。然而也就在这个月，给事中杨镕上疏，称大学士赵贞吉与尚书霍冀议营制不合事，认为霍冀有私，"上览疏不悦，降旨责让冀，令闲住，而慰谕贞吉"。在霍冀与赵贞吉之间，朝廷偏向了赵贞吉，霍冀"闲住"。

在其炙手可热时不去趋附，在其忠而遭罢时反而多有交游，或许这其中也有对霍冀或者他自己命运某种深层次的理解。

万历元年（1573）霍冀父亲霍文会八十寿，孔天胤作《诰封兵部尚书梧冈霍翁登年八十序》，述其家世，并对霍冀给予了极高评价，称其"浚若风猷，为国耳目；饬若疆圉，为国股肱；抚若方服，为国嶙嶒；代若天言，为国喉舌；调若天纪，为国腹心"。万历三年（1575）春正月二十九，霍冀六十寿诞，孔天胤作《寿霍大司马六十》诗，称"铭勋已在麒麟阁，论道还须黼黻臣"，给予霍冀极高赞誉。

孔天胤还前往孝义为霍冀祝贺六十大寿。当时还有人说，孔天胤七十一岁，霍冀六十岁，老者为未老者寿，是不是有点不太合适？孔天胤说不然，霍冀过寿的日子还多，而自己年老，能为其祝寿的日子不多了。孔天胤是担心自己的身体，怕与老友不能再多见，于是当时唏嘘而别。谁知仅过了不到两个月，霍冀就去世了。"讣至，诚不觉其涕之从也"。孔天胤作了《资政大夫兵部尚书思斋先生霍公诔》。

万历四年（1576），汾州进士，第一部《汾州志》的主纂者，孔天胤亲家王缉之兄，也是孔天胤相交一生的知交好友王纬卒。

孔天胤与王纬兄弟一起在汾州长大，无论青年时期还是退归之后，都多有交游。王纬在外做官时，二人也多有书信来往。隆庆四年（1570）孔天胤生日，王纬自德州祝寿，孔天胤作有《酬王龙冈太守自德州寄寿》一诗，诗云"三服使君情独盛，八行遥与寄平安"，表达感激之情。就在这一年，王纬辞官归里，孔天胤作《喜王龙冈使君拂衣还里》两首，其一云：

  缨绂本非有，解之方若无。灌园仍仲子，著论只潜夫。阴息影须定，道同德岂孤。君休问麋鹿，老圃尚存吾。

孔天胤以一个先归者，迎接着老友的归来。故乡园圃花好，可资共赏；故乡有知交同道，德亦不孤。孔天胤诗集中附有王纬和诗两首，其一云：

  白发投簪满，黄金归橐无。欲寻吟泽叟，还问灌园夫。东海浮云散，西山倦鸟孤。敝庐汾水上，栖止可容吾。

二诗同韵，情怀亦颇同。一是迎接者，一是归来人，话无须多，彼此相知。

归来后，二人得以常相过访，也可结伴同游。隆庆五年（1571）三月三日，孔天胤与王纬等人相聚于天宁寺，孔天胤作《三月三日与龙冈诸公天宁寺宴集》。此后孔天胤生日，王纬多有祝寿诗，由孔天胤《酬阳溪、龙冈二使君见寿二首》《龙冈见寿》等诗可知。

王纬卒，孔天胤作《哭王龙冈先生》：

  不谓黄鸟时，俄乘白云去。论心少一人，顾影独多虑。恻怆山阳怀，唏嘘屋梁语。穗帷飘冷香，空是平生处。

岂止是"少一人"呢。随着知交好友的一个个离去，秋叶飘零西风紧，孔天胤自己的生命，也在一点点走向尾声。

名贤立言：作品的刊刻与流传

孔天胤一生刊刻珍贵文献及同时代人作品集有几十部之多，对自己的作品却并不注重整理，导致他最早可见的诗歌，也晚到了嘉靖十三年（1534）祁州赴任时，那时他已三十岁，此前的诗文俱无存。孔天胤前期曾陆续刊刻过《履霜集》《泽鸣稿》《霞海篇》三部诗集，但《霞海篇》佚失。后来还有八年的诗歌没有保存下来，在他的诗歌写作史上成为一个非常令人遗憾的空白。

今《四库全书存目丛书》集部第九十五册孔天胤卷，卷端记其全集内容，为"《孔文谷文集》十六卷、续集四卷、诗集四卷、《文谷渔嬉稿》二十卷"，其中"孔文谷文集、续集，山西省祁县图书馆藏，明隆庆五年刻，万历增刻本""诗集、文谷渔嬉稿，北京大学图书馆藏，明嘉靖四十一年洪朝选刻，万历增刻本"。这也就是孔天胤文集从嘉靖四十一年（1562）以后的刊刻和馆藏情况。

最早在汾州为孔天胤刊刻诗集的，是洪朝选。

洪朝选于嘉靖四十年（1561）以右参政分守冀南道驻汾州，断狱如神，查办了一件王府子弟与民间匪盗相勾结，人数之多，影响恶劣，涉案人员遍及汾州、平遥、赵城的大案。洪朝选为汾州所做的第二大历史贡献，就是在几年间刊刻了孔天胤的诗集与文集。

赵讷在写于嘉靖四十一年（1562）九月的《孔文谷先生诗集序》序中，记载了诗集刊布的经过。

赵讷在汾州时，见汾州正在编订其师孔天胤诗集，于是准备"捐俸刊布"。后到四川江都知府任上，遇到了已离开汾州的洪朝选，说其师孔天胤诗集已在山西刊布，"盖先生不欲以文示人，乃芳洲公请而得之者"。

这年秋，孔天胤将刻本寄给赵讷，赵讷为之核校，并写了序言。今《四库全书存目丛书》集部所收的孔天胤卷，《孔文谷诗集》四卷，每卷都有"门人赵讷校"字样。这四卷诗，前两卷为《履霜集》和《泽鸣稿》，第三卷、第四卷俱为《渔嬉稿》。前两卷为旧集重印，后两卷为新刻，收录了孔天胤自嘉靖三十四年（1555）到嘉靖四十年（1561）间的所有诗歌。

孔天胤写于嘉靖四十一年（1562）孟夏的《纪言》，也交代了这四卷诗集刊刻的经过，称当时洪朝选到山西任职，读到了他的诗歌，于是写信来表达了自己读诗的感受："某顿首捧诵佳章，如商彝，如周鼎，不事雕镂而古意宛然。且人情理路一齐进出，透彻无遗，真希世之奇文，昭代之名家。诚珍之、宝之、爱之、藏之，不啻百朋已也。"洪朝选对孔天胤的诗给予了极高评价，称为"希世之奇文，昭代之名家"，爱不释手。他认为当朝能诗者不过数家，近如何景明、李攀龙之作，可算作秉道之诗，而孔天胤之诗，也当入此行列。"公诗当传于世。至今未颁布海宇者，谁责也？"所以他请求"钜篇发下，容一一校阅，旋登之梓，庶天下宝、古今宝，为天下古今传之"。

孔天胤最初给了洪朝选一卷，但洪朝选认为一卷太少，说"尊稿尚多，仅以一册见贻。岂非知其非入社之人，而故靳之耶？尚容再请"。大约这就是最初刻了四卷的原因。洪朝选甚至谈到了刻工的水平，希望能找水平高的工匠来刻，他认为《汾州志》的刻工不好，"若《汾志》，则运笔锋皆刻削无存矣，殊不见佳也"。

洪朝选的信写得如此诚恳真切，孔天胤大为感动。《纪言》中提到，当初在浙江时，洪朝选曾读孔天胤感怀宋代浙江籍理学家胡瑗的诗《湖州夜坐感怀安定先生十首》，大为称赞，如今时过十九年，洪朝选"尚亲访余诗至欲梓之"，可知"其赏余之心哉"。

一般来说，主持刊刻者大多会在所刊刻的书上写一篇序言，孔天胤此前所刊刻的书也基本都有序，用来说明图书刊刻的原因、过程等。然洪朝选主持刊刻了孔天胤诗集四卷,却并未写序,序是由赵讷所写,这又是为什么呢?从孔天胤给赵讷的信中,可得知原由,"以奔讣不果",本来洪朝选答应到滁州任上写序的,因逢丁忧而未完成,所以请赵讷为序。

赵讷在序中谈及自己对老师的了解,称自己禀承师教三十余年,对老师有深入的了解。即使不见其文辞,仅听其言语,也可知其人心志;而即使不听其言,仅见其人,"承颜之余,盖神融而心领者"。因此,赵讷在知其人的基础上评价其文,先人后文。赵讷总结其师半生的经历遭际:

> 惟先生抱道于河汾之间,周流于秦越燕赵伊洛之表,讲学以正心为本,论文以躬行为先。严教以约浮而不纵,敦仁以绥穷而不猛,节冗以理财而不滥,奋忾以饬武而不玩。虽当取忌左迁之际,尤从容以展其猷;即今归老明农之时,适优游以颐其真。彼其文辞之间,作者乃游艺之绪余也。

这段话,是对孔天胤一生思想的最好总结,的确可以称为"知其人"。孔天胤一生坚守的教育思想、学术思想、为政思想,都在这段中得到了言简意赅的总结。文以载道,惟"载道之文,有德之言,诵读之余,其意蔼如也"。所以,先生诗集皆述志之语也。序中还表达了希望能刊刻先生诗歌全集及文集的愿望,"其诗之全集与文集,尚当续请于先生"。

嘉靖四十四年(1565)六月十五日,孔天胤为四卷诗集的后两集《渔嬉稿》补写了自序。序以汉赋主客问答的形式,对诗集名称"渔嬉"及其诗稿刊刻存留的原因做了题解。

客问诗稿为何曰"渔嬉",主人回答,这是出自汉代张衡《归田赋》的典故,赋中有句曰"追渔父以同嬉"。嬉者乐也,乐则生矣,生于心而宣于言也,有言于是此稿存矣。客人又问,鱼有荃而言有稿,道理也倒是说得通,但稿也并非全都有存留的价值,有些不足存的,不如丢掉,保存下来又什么意义呢？主人回答，《庄子·齐物论》中，南郭子綦形容"天籁"的时候说，"大言炎炎，小言詹詹"，这个"詹詹"，说的就是小文小篇。这小文小篇，就好像初生小鸟的声音，也好像知了的声音，它和龙吟虎啸之音自然是有区别的，难道世间只应该有龙吟虎啸之音而不应该有初生小鸟和知了的声音吗？这就是小言小稿存在的价值。

嘉靖四十五年（1566），时任山东巡抚的洪朝选，将为孔天胤刊刻的诗集四卷寄给了孔天胤相交于陕西的忘年交林大春，请林大春为之写序。林大春序写于当年九月。林大春因在河南睢阳陈州道佥事任上，将首辅高拱犯法的门生按律处斩，得罪了高拱，嘉靖四十五年（1566）被削职为民，此时正在广东潮阳故里。林大春序言中认为，孔天胤之诗，性术兼该，既具庙堂之忧又有山林之趣：

> 夫先生起家进士上第，历官为方岳长，非隐者之流也，而其辞反多冲逸豪宕之致。入对之后，即以藩戚出为外史，贬徙栖迟且二十年，未尝一日身在朝廷之上，非登歌应制之会也，而其调乃多叶乎岩廊钟鼎之音。（林大春《刻孔文谷先生诗集序》）

并非隐者却有山林之趣，身不在朝廷却有钟鼎之音，所以，"在江湖而怀庙廊之忧，居京洛不忘山林之趣，是以性术兼该，而《骚》《雅》之道备也"。性，性情；术，道术。《离骚》极写外放之臣的山林之趣，而《大雅》《小雅》又极写朝廷重臣的庙堂之忧。孔天胤之诗，兼具二者之特点。

洪朝选请林大春写序这件事，也让孔天胤非常感动。他在写给洪朝选的信中说："拜命承风，惟有缕刻向呈鄙俚之作，辄辱许赐登坛一语，又征得石洲君之好辞，如是则荆棘而被庆云之惠，瓦砾而蒙冠玉之光，即溘先朝露无悔矣。"（《再与洪芳洲中丞》）石洲，林大春的字。孔天胤感动之余，称今有集如此，又得序如此，就是现在死去，也没有什么遗憾了。

赵讷于隆庆五年（1571）写有《请刻孔文谷先生全稿书》。信中请求孔天胤将全稿交于自己，自己将与"二三门生及海内同好之士"一起刻为全集。赵讷信中说，先生之作，显然是"荆玉南金"，天下之宝，已不仅是供门人弟子私自珍爱的作品了，而当传之天下后世，必当识之者众。

赵讷提出请刻孔天胤全集，有以下三大理由：

其一，古语"立德立功立言"，先生德功已载于不朽，当有言传于后世。赵讷认为，文以载道，"道固不尽于文，而因文可以见道"。而"一撮之土，广厚之地可窥；小明之星，高明之天亦在"，正是世间之撮土、小星，汇成了广漠大地和浩渺天空。其师德业已隆，而言为德业之余绪，然其言若不得传，后世又岂知其德功？更何况，子夏、王通等山西名贤，若不是其文字得以流传，后世百代又怎知其思想德功？

其二，先生之文于后学有教诲之益，无全集难以于海内及后世遍观。先生所作，无论是立足农桑的"万言应制"，还是在陕西、浙江两省的"印传圣教"，都有着益于民生、教育的重要意义。即使应酬和答之诗文，也皆含不尽意趣于其中。尽管先生视诗文为小道，而后生学者正是凭借前贤之言而悟道明理得以成长的；无此，后生学者何以为凭？况且，先生著作"已播勒金石之间，炙口于人，传心在世"，然今世已搜求不易，又何谈传之百世？所以当有全集以期流行。

其三，作为弟子，有责任整理刊印先生文集，以作为后世之文献。赵讷说，自己执经三十年，虽未敢望登堂入室，但三十年来闻先生至言何止千万，尽皆受益。也曾请求过刊布文集，但未得允许。近世以来刻书之风大盛，那些"稗野之家"的诗文和官府文牒尚且刊刻成书，先生之诗文至言，水准要大大高于某些稗野之家的文集；而其史料价值，也未必输于官府文牒。作为弟子，又怎么忍心先生的著作不传于世？

基于以上三条理由，赵讷请刻孔天胤全集。也就是在隆庆五年

(1571),《孔文谷文集》得以刊刻。后经过多次增刻，就是《四库全书总目丛书》所说的祁县图书馆藏的隆庆五年（1571）刻本。

《孔文谷文集》前有赵讷序言。序言中称，孔天胤文集是赵讷"捐俸寄先生之弟乾石氏（孔天民），偕诸门人刻于家塾"。赵讷认为，今人因举业强仕而"竭于佔毕对偶之间"；及其出仕，又往往拘于吏事，倥偬于簿书之丛，文事又往往被弃置不顾。其师孔天胤却并非如此：

> 先生方盛年登上第，其脱举业之习已早，一仕而督学秦中，则又不拘于吏事，矧其生当文运之隆，神降河山之秀，气质之禀厚而且清，不浊不浮，乃天地间气所萃者。即故群之儒吏之习，犹当超出乎其外者，而况天既以此生之故，又特善培其所遇也，是故兼之者矣。

能"兼之"，实属不易。其师少年英才，自诸生时便文思敏捷，出口即希古之调，至今脍炙人口；自宦游至致仕以来，"启口皆德，当席挥毫，每出一篇，若夙构记然者"，随手而写的诗句，就好像是默写前人佳句那样，不仅快而且好。先生影响于海内，"学士大夫，无问远近，识与不识，莫不访问求请，得其篇章，不啻朋锡"，皆以得先生之作为宝。

赵讷所写诗集序，是因人而言诗；所写文集序，又因文而言人。他认为，"文也者，人之绪也，不可以尽其人也"。他以学生的角度，论其师其人："居家孝友，与宗亲仁让，处乡党交礼厚，邦之大夫礼见有时，无援渎。"即使是应酬赠别之文，其中也折射着先生自己的情操卓识。赵讷认为，先生之才深得当世名士高人的器重，"故祥符高苏门氏，亳州薛西原氏，诸子皆卓然以其诗文高视一世，独于先生之作推让焉"。这里仅举了高叔嗣、薛蕙二位，其实就我们所知，又岂止这两位。不但有"西翰林"之刘储秀、张治道、胡侍、许宗鲁等人，更有浙江皇甫兄弟及布衣诗人谢榛、吕时等。对孔天胤诗文推重者，海内比比皆是也。正因为如此，其文"是故可传也已"。

万历二年（1574）中秋，七十岁的孔天胤为自己的文集写了自序。他回顾自己的学文写作之路，总体而言不能尽如人意，"余弱冠学文，白首无成焉"。每有诗文，一开始自己还觉得满意，再看时就觉得不好，于是随手弃去。曾经怀藏自己的诗文去请人指点，去了却又逡巡良久，不敢把自己所写的诗文拿出来，直到临别时才将诗文悄悄放在人家书案上，快步而出，不自信到这种程度。有一次家僮收拾旧书，找到了所弃诗稿数百篇。此事恰好让赵讷看到了，赵讷叹息说，如今人的声誉，和趋附他的人的多少密切相关，延誉者多，其文遍布天下；趋附者少，则玄文处幽。所以那那些寂寞憔悴之人，虽著书含章，最后老死岩穴却名不显扬，这样的人还少吗？如今先生的文章，门人弟子不录，又让谁来录呢？于是和孔天民一起，将其诗刊置于家塾。

孔天胤《文谷渔嬉稿》二十卷，从嘉靖四十年（1561）一直到万历八年（1579），每年刻一卷，当都为赵讷与孔天民所主持刊刻。孔天民曾于嘉靖四十二年（1563）卷之末端，附了这样一段话：

> 家兄文谷先生诗稿多矣，率散刊斋阁。民斋居独冷，有所得癸亥渔嬉稿，亦书而寿诸梓云。时嘉靖甲子春，弟弟子孔天民记。（《自序》）

孔天胤对自己的诗文作了阐释。他认为，自己的文章，犹如孤生之桐，"枝无扶疏而根有结据"，"其思古，其法存，其辞陋，其旨微"，"其叙事不爽于人情，其统类不愆于物理，其传述不舛于贤者，其是非不谬于圣人"，皆思古遵道、意旨精微，本于人情物理、致敬贤者圣人之作；而自己的诗，则多是"陶写幽人之贞，咏歌先王之风"的，"庶几乎六艺之趋焉"。人活七十而自知，孔天胤自知所学，也自知文之佳恶，然而"非阳溪谁复相知，定吾文于他日者？"除了自知，便是赵讷最知了。

孔天胤还举了一例，来说明"知"的问题。韩愈《与冯宿论文书》中写了这样一则故事：西汉扬雄著《太玄》，人皆笑之，扬雄却说："世不我知，无害也；后世复有扬子云，必好之矣。"扬雄相信后世会有如他扬雄一样的人，会知他，喜爱他所著的《太玄》。韩愈在文中感叹道："子云死近千载，竟未有扬子云，可叹也！"千年而未有知音，的确可叹。孔天胤也认为，韩愈此叹，叹的就是"知我者希（稀）"。《老子》中有言："知我者希（稀），则我贵。"这话真是至理。孔天胤的言外之意是：那么，千载之后，会不会有另一个"孔天胤"，能识我知我，并喜欢我的诗文呢？

文星陨落：一代大儒的身后凄凉

孔天胤以一介书生，驰骋天下多年，疾病也一直如影随形。无论在祁州时期还是浙江、河南、陕西时期，都有关于卧病的诗文，给朋友的书信中也经常谈到自己生病多日，有时长达月余。特别是在写于嘉靖三十二年（1553）的《乞休疏》中，写自己甚至病到了"几于委顿""病渐危笃，命将先于朝露"的地步。退归后经过调养，得以在故乡汾州又生活了二十六年。大约是有位陈医士，曾为他调养并有效果，嘉靖四十一年（1562）孔天胤绘《橘泉图》一幅并写诗《橘泉图赠陈医士》以表感谢。

孔天胤归汾后给好友的书信中，多有卧病之语，如"卧病经旬，《论学稿》先涉一过，仍细嚼之耳"（《与杨小竹少参》），"然湿病琐尾，稽报仍复久之，情当奈何"（《与郭瓮山》），"某月余病，清风穆如，遂觉沈疴之脱体也"（《与程静泉宪长》），"日来病起，觉有心绪，遂擅自评点，僭为叙说"（《与沁州张清源》），"秋冬间病，面肿牙疼，缺焉久不报"（《与王龙池方伯》）等。

诗文中写"病"之处亦颇多。嘉靖四十二年（1563）写有《卧病高斋作》，称自己"口燥唇干燕笑余"；嘉靖四十五年（1566）写有《病起四首》，"垂帷永日卧在床，童子浑能检药方""别有无生称上药，神农本草不曾书""识取浮生大患因，何惭一疾动经旬"句，皆言困病卧床之惭；隆庆三年（1569）写有《病中偶成》，感叹"才占百年多一半，已分诸疾两三停"；隆庆四年（1570）写有《卧疾虚白斋二首》《移疾兰雪轩四首》，前诗称"经年疾不退，去日良已多"，后诗称"福过灾还及，贱来老亦并"，皆卧病颓废之语；隆庆五年（1571）写有《大暑卧痾，西谷翁见惠玉李，走笔奉谢》《裴征君见示〈长夜客中述怀〉之作，时余在病，亦写我心》，前诗称"却讶病夫愁肺热，偶从仙果得清凉"，后诗称"病增衾冷霜涂屋，愁厌叶干风满林"，将疾病描写得形象真切；万历二年（1574），写有《病起看榴花》，称"抱瘵已空桃李月，开颜尚及石榴花"，病起后感知生命的美好；万历三年（1575）写有《疾夜四首》，"长夜如年病不支，晨钟欲动曙光迟"，因病难眠；万历七年（1579）写有《病瘅》一首，"瘦骨已成衰朽质，灵台犹觉暑侵寻"，老病交侵，无处适意。

衰老多病，在诗人的笔下，就变得惊怖起来。隆庆五年（1571）《雨中对庭树二首》中，孔天胤写自己"齿因摇废嚼，发以脱捐梳""怯冷衣须厚，妨眠夜始长"，贴切形象，读之生寒。在《疾夜四首》中，他还将现在的自己与年轻时代做了个对比："记得丁年坐夜深，闻鸡每作扶风吟。如今槁木无灵气，只有寒灰是寸心。"然孔天胤对老病也并非一味忧愁，万历二年（1574）老友王北野谈到老病多愁，孔天胤还写有《北野谈老病多愁作此解之》一诗相劝，说"秋到有林皆坠叶，雨中无水不浮沤"，这都是人生的必然。

归来的二十六年间，孔天胤也一直在反思回味自己这一生。

六十三岁生日时，赵讷写诗为他祝寿，他回有《中秋行生日答阳溪》一首七言古诗，以三十二句的格局，对自己的成长、宦游、归田之路进行了总结梳理。"少年学文守章句",自信满满,宁与父母守困穷,也"结衣不肯干王侯"。"中岁登名猥随牒,关河江海无奇烈",近三十岁才走上仕途,四方奔走,无多建树,又遇"几处阴晴",仕路坎坷。"照彻关山嫌短梦,惊飞鸟鹊阻安枝",人生不过一场大梦,梦醒时人生已老,"销魂最是临觞夜,叹老偏当皎镜时"。好在归乡后可以享受到"稚子老妻欢不歇",登山临水、赏花载酒的宁静生活,忘俗离忧、随缘逍遥,也不失为一种涵养之道。

万历二年(1574)孔天胤七十寿时,收到了来自全国各地的祝寿诗。孔天胤写于万历三年(1575)的寄谢诗中,有《寄谢张东沙、范东溟、吕南渠、陈抑庵、马松里诸老见寿》。张东沙,即张时彻(1500—1577),字维静,一字九一,号东沙,浙江鄞县人,嘉靖二年(1523)进士,累官至南京兵部尚书;范东溟,即同年范钦;吕南渠,同年吕本;陈抑庵,曾以山西左参政分守冀南道的老友陈洪濛;马松里,浙江仁和人马三才,字思参,孔天胤在浙江时的诸生之一,嘉靖二十六年(1547)进士。今检马三才《自由堂稿》万历二年(1574)甲戌卷,可见《文谷孔师七十寿章三十韵》一首。这是马三才诗集中最长的一首,共五十六句。其中有诗句总结了孔天胤的才情及教化陕西、浙江之功:

  词赋追风雅,文章迈汉秦。三关扬藻鉴,两浙荐陶甄。扬历风猷著,勋劳屏翰匀。斗山驰誉望,桃李竞纷缤。

孔天胤万历三年(1575)的诗中还有《寄谢沈句章、范阆峰、刘望洋三隐君见寿》一诗,可知为其七十岁写祝寿诗的,还有沈明臣、范阆峰、刘望洋。沈明臣,字嘉则,号句章山人,浙江鄞县人。范阆峰,隐士。刘望洋,即刘子伯,浙江"西湖八社"成员之一。

这些远方朋友的祝寿诗,使孔天胤回忆起了往昔的岁月。特别是"西湖八社"成员之一沈仕,还寄来了一幅画,令他在观画中如重回西湖,于上竺闻钟,旧游同好一个个飘移目前。在《寄酬沈青门以诗画见寿》中,孔天胤写道:

遥忆江门老谪仙,高踪偃蹇思悠然。心空上竺闻钟地,目迥西湖看月天。五岳旧游移入画,六文精藻韵成篇。前秋遗我双鳞素,怀袖时时发彩烟。

然而过去的时光毕竟再也回不来了,回望人生,往往感觉如在梦中。孔天胤写于万历三年(1575)的《疾夜四首》,其二曰:

鸣叶阶前片片飞,焚兰窗下冷烟红。何言此夜独无梦,七十年来尽梦中。

七十年来尽梦中,恍然一梦,很多问题还都没有想明白,人生就已走到了尽头。

万历九年(1581)十一月十一日,一代大儒孔天胤卒于汾州,享年七十七岁。

孔天胤逝世后,门人弟子依据其平生优长,私谥其为"文靖"。文,正如《山西通志》所评价他的"文学优长"并将他列入"文苑",肯定了他的文学爱好、文学成就、文学影响;靖,即静,平静,安静,状其性格的端沉简默、厚德内修。

孔天胤葬在汾州人美厢。万历《汾州府志》:"孔布政墓,在城东北人美厢官道西。"据相关资料记载,墓地约十余亩,神道碑两侧置立翁仲、石兽等①。人美厢有三贤街、三贤祠,孔天胤终于与他所敬仰的古代先师卜子夏、段干木、田子方比邻而居了。

赵讷曾为其撰墓志铭（今未见），又撰写《文靖先生孔公墓碑》，收于民国王堉昌《汾阳县金石类编》。碑立于万历二十二年十月，王堉昌记载："基碑连额高八尺五寸，宽三尺二寸，共三十行，行各八十四字，径五分许。正书。此碑上截漫灭，下截残缺太甚。额篆'文靖先生孔公墓碑'八字。今在汾阳县东关北门外官道西。"因碑文多有漫灭残缺，我们也只能从所存断断续续的文字中，获知赵讷碑文的大意。

赵讷梳理了两千多年来山西学术的渊源及其发展，对其师孔天胤在山西学术史上的地位给予充分肯定。

赵讷从古之三圣说起，称中华学术历汤、文、武、周公，传之孔子，孔子传于子夏，子夏"以文学传于西河"，山西之学术自此开始发展下传。子夏之后，有寓贤田子方、段干木；夏殷之间，山西平陆人傅说对晋人之学有"继开之功"。周公平定唐人之乱，封成王之弟唐叔虞于晋，山西开始了真正政治、经济、文化、学术上的发展。仅以文学而论，千年来人才辈出，彬彬称盛，汉有司马迁[②]、霍光，唐有柳宗元、裴度，宋有司马光。在学术史上，最有成就的是王通，"继司马子长（司马迁）崛起龙门，道学为河汾一脉"。进入明朝，薛瑄承继宋代理学大师周敦颐、二程、张载、朱熹学术，"超出俗儒文学之习"，"为一代理学首倡"。而薛瑄之后，河汾学派之学术大家，当推其师孔天胤。其师孔天胤"继子夏起于西河，盖文学足以继而传之"。殿试廷对，"敬陈王道，实称上意"；"督学秦越，特尚古雅"，重实德而轻文艺，作《策秀才诗学正心文》等篇；致仕归汾后，名其堂曰"善信"，"敦厚抱抑，反观内省"，躬身笃行，谈论者"以为再见魏文侯之师子夏"。

赵讷也从一个侧面记载了孔天胤在当时的影响力，即文人学士得其联、匾、卷册、扇面所题，"无不珍藏之者"。

孔天胤逝世后，诗社好友王道行写有祭文，对孔天胤的一生给予极高评价。王道行祭文中称，孔先生"凤梃孤标，博综六艺"，且文才斐然，

"文蔽班扬，才陵汉魏"。班，班固；扬，扬雄。自其入仕，"两浙三秦，柄文造士，彬彬乎及门入室之徒，济济然萃国名家之辈。四教修而民行兴，片言出而群音废"，风行教化而成就人才甚众。归田后又极好士，"客有弹蓟缑、曳敝履以见者，莫不延入如归"，鼓瑟承筐，解衣推食，"类郤超之授馆，如田文之好士"。王道行感叹："先生以鼎甲高贤，久尘外吏；起家王甥，梏于旧制"，一生未竟其志，未尽其学，可悲可叹。先生文思敏捷，"文以质高，诗贵情至，每对客而挥毫，如川涌而川逝"；先生讲经论道，颇多从者，"俨危坐以竟夕，吐霏谈之妙义，故闻风者景赴，觌德者心醉"；先生结社赋诗，"追兔苑之遗风，寻雀台之高会"，传为一代佳话。兔苑，即西汉梁孝王聚集众位才子的梁园。（王道行《祭孔汝锡先生》）

万历十九年（1591），曾任分守冀南道左参政的朱孟震任山西巡抚重回山西，专程到汾州孔天胤墓上祭奠，并写有《秋日哭孔汝锡先生墓》诗二首：

残岁龙蛇逼，新阡雉兔过。露随朝槿尽，风入暮蝉多。坐失千钟酒，情伤九辩歌。夜台无白日，一恸欲如何。

好客名千古，悲秋赋几篇。卜山无旧业，绵上有新田。菊暗寒城雨，鸿沉野水烟。分违如昨梦，愁断白云天。

朱孟震追思孔天胤与自己的交往，感叹其身后的凄凉，看菊花残淡，相聚似乎就在昨天。自然悲伤难禁，恸断肝肠。

万历二十八年庚子（1600），孔天胤入祀乡贤祠。万历《汾州府志》："万历庚子，督学陈公行入祠乡贤。"督学陈公，是时任山西提学副使的湖广景陵（今湖北天门市）人陈所学。一代大儒身后得到了应有的地位，也算实至名归。

而令人感叹的，是孔天胤身后的凄凉。

据赵讷《文靖先生孔公墓碑》，到万历二十二年（1594）为孔天胤立碑时，孔阶已卒。孔阶之妻，即王缉之女，亦与其子同殇。孔天胤之女"适常至刚，早卒"；孔阶之女适庆成王弟镇国将军利川之子，"亦先阶卒"。孔天胤娶王氏早卒，续娶王氏，无子。孔阶之子殇后，过继了其叔父孔天民第三子孔升之子从嗣，所以万历二十二年（1594）墓碑落款就是"太学生故男阶，嗣孙从嗣奉祀"。其时"诸子皆先卒"，而赵讷虽为弟子，也不能"越礼周旋"，只能以文字"解吾河汾后学之源流，以光先生之大"。赵讷还在记文中说，是孔天胤的亲家王缉主持调停了孔天胤的身后家事。不仅如此，孔天胤身后十年间，"故弟有二子，得以讼争余产，护持其所立孤从嗣，以存祖考之祀"。由此可知孔天胤身后，余产曾被侵占，经其二侄讼争取回。赵讷又为其师立碑买石，再写墓铭。

关于孔天胤及孔阶一家三口去世的先后顺序，汾阳地方文化研究中，多认为孔阶妻与子先殇，甚至认为是孔阶妻因难产而与子同殇，其后孔阶卒，孔天胤卒于孔阶一家三口之后。这种说法皆因对赵讷碑文理解有误所致。笔者认为，孔阶一家三口，皆卒于孔天胤去世之后。理由或说证据有四：

其一，目前所能见到的写有赵讷碑文的孔天胤碑立于万历二十二年（1594），赵讷文中说"讷业已承乏铭其墓，今且十年"，可见碑文写于孔天胤卒后十年，即万历十九年（1591）。赵讷在碑文中所记，孔天胤"生子阶，国子生。后十一年，子娶王氏，少司徒王龙洲之女，生孙男，后同殇"，"后同殇"是发生在孔天胤卒后十年间发生的事，并非孔天胤去世前的事。

其二，孔天胤得孙是在他去世前一年的万历八年（1580），这一年二十九岁的孔阶生子，也成为孔天胤生前最大的安慰。于七十六岁高龄得孙，孔天胤自是喜不自胜，更有众友人来贺，孔天胤的诗也写得兴味盎然而飘飘欲仙，"七十六岁老人才抱孙，焚香顶礼玉宸尊。群仙闻之为予喜,车驾五云下来平""谓怜尔生多缺陷,富贵功名俱寡缘。补尔河东三瑞应,池上一毛先眼前"(《暮齿得孙,承牧云、柳川、东皋、小村、东谷五宗老并鹤庵征君持汤饼道喜,辄倚歌》),认为是上天对自己的恩赐,无缘功名富贵,香火得传,这才是人生大幸。孔天胤万历八年(1580)的诗一直写到年末,这年的最后一首诗是《庚辰除夕儿阶奉予守岁》:

腊尽春回此代迁,一杯迎送小堂前。呼僮吹笛鼓频和,庆我身康儿复贤。

这是个喜庆之年,不但暮齿得孙,而且于年末父子同守岁,还有小僮吹笛敲鼓,此时孔天胤自己也身体健康,儿子孔阶又贤良,都足可感到安慰。一直到岁末,都心境平和,并无半点变故迹象。"难产"之说完全站不住脚。

其三,万历九年(1581)孔天胤诗无存,与其关系最为密切的赵讷、王缉等人的诗集又失传,因而其本年内的事情,基本处于无据可查的情况,这就为人们提供了无数种猜想。而曾于万历九年(1581)任山西左参政分守冀南道驻汾州的朱孟震写于此年的一首诗,恐怕是目前所见的记录孔天胤最后一年生活片段的非常稀有的线索。诗题较长,但信息量颇丰:《夏日孔先生汝锡招饮,移酌海榴花下,时余愁病未捐,久失占谢,偶以登楼余兴,漫呈此诗》。此诗收于朱孟震《朱秉器诗集》卷二,由诗题可知,万历九年(1581)夏,孔天胤宴请新任分守冀南道左参政,在海榴花下,当时朱孟震正在病中,一直没有写诗酬谢,直到有一天登楼远望,突然想起此事,于是赋诗一首作为补谢。诗中有"座上宾朋元北海,寰中经术有西河"句,将孔天胤比作孔融,且将孔融之字"北海"与汾州故称"西河"相对,颇有几分妙趣。由此诗可见,孔天胤万历九年(1581)夏依然平静地生活,并且宴请新来的分守参政。

其四，也是最充足的证据，还是朱孟震的一首诗。万历十九年(1591)，朱孟震重回山西，任山西巡抚，想到老友孔天胤故去已十年，又得知其子亦卒，作《孔汝锡先生卒十年矣。余来晋阳，闻其子客死，诗以哀之》一首：

> 提携鸠杖话沉绵，犹记西河永诀年。俎豆无人供麦饭，园亭有客泣朱弦。荒榛狐兔秋迷雨，古木龙蛇暮锁烟。絮酒未畴千载谊，秋风延首泪空悬。

孔阶不但卒于孔天胤故去的十年之内，而且是"客死"，当是外出时去世。甚至有可能赵讷说的"俱同殇"，是孔阶携家人外出做官，一家人同遭意外。朱孟震说"俎豆无人供麦饭"，香火不传，才是最大的悲哀。

"鸣呼！以先生之道之学如是而无后"，这是赵讷对其师孔天胤最深的叹怜。而他"谨取拾其残者"，于碑文中述其师之学术、道德、影响，也是"待孤嗣及诸侄之后然其存古之道"，能够善待这位大儒的身后，并能对其精神有所承继。碑文的最后一句是："鸣呼，凡我士类，观此可深长思矣！"令人唏嘘凄恻。

汾州民间传说，孔天胤墓前原先站着两个石俑，头戴元宝帽，双手执笏，尺寸和真人差不多，后来脑袋却掉了。相传是因为民国二十年(1931)前后，冯玉祥的手枪队新招的士官生，于休假日进汾州城玩耍，到了郊外坟茔，看到两个石人，就以石人当靶子试枪法，一个叫王二子的士官生一枪竟把一个石人的头给打掉了。王二子违犯军纪被开除，卖起了糕。有一天在孔家坟附近，有人买糕，给了王二子三块银元。王二子回家一看，银元变成了瓦片，出门骂骂咧咧间，有人说："二子，你老是神神鬼鬼的，现在正吃饭，谁这阵儿出来呢，不会是孔家坟里的石人吃了吧？"于是一行人相跟着去了孔家坟，发现那个有头的石人脚跟前果然散落着些光溜溜的尖枣核，一摸还黏糊糊的，显然是刚丢下的。时隔不久，那个石俑的头

就断了,有人说是王二子砸的,也有人说他已经吃过石人的亏,谅他也不敢,究竟是何人就说不清了。(据《汾州聊斋》)

这个鬼里鬼气的故事自然不可当真,却更增加了孔天胤身后的凄凉感。

关于孔天胤的遗迹及其损毁、重修情况,偶见于一些记载。

康熙二十六年(1687),孔氏后人孔衍泗重修"榜眼坊"和"方伯文宗坊"。康熙《汾阳县志》卷四《坊牌》:"榜眼坊,在同节坊,嘉靖十一年为孔天胤立。康熙二十六年孔衍泗重修。""方伯文宗坊,在同节坊,嘉靖三十八年为河南左布政使、前陕西浙江提学孔天胤立。康熙二十六年孔衍泗重修。"

康熙四十八年(1709),孔氏后人孔凤德、孔衍泗等重修神道碑。康熙《汾阳县志》卷四《茔墓》:"孔布政天胤墓,在城东北人美厢官道西,旧道东有神道碑,毁,族裔孙孔凤德、孔衍泗等重修。"光绪《汾阳县志》:"孔布政天胤墓,在东北人美厢官道西、旧道东。有神道碑,毁。康熙四十八年,族裔孔衍泗等重建。"

《中国文物地图集·山西分册》:"孔天胤墓,在太和桥街道籽城坊村……地表原有封土、墓碑和石像等,20世纪60年代均毁。"

《百金堡村志》记载孔天胤故里文水百金堡村旧有孔氏祠堂,兴建时间不详。据孔氏老人介绍,早先祠堂有石碑,记载明嘉靖年间孔天胤曾捐资整修,说明在此之前已经建成。房顶曾建有一个弯尾巴的神兽,这种神兽只有有职品的高级官员府第才能建。相传孔氏祠堂分两个院,主院正房、东房、西房各五间,院内有两棵老槐树,偏院正房有两间,主院正房东墙神龛里供着孔天胤的像,每年过春节或商讨孔氏琐事,孔家都要在此祭祀。

今祠堂已被拆毁,神兽、画像俱不知去向,祠堂原址上,建起了民居。

至此,传记写作全部完成。孔天胤曾借韩愈之语感叹,千年之后无子云，他在担心后世没有知他的人。倒是另一位比孔天胤晚生了一百三十多年的山西大儒陈廷敬（1639—1712），写了两句诗，颇能呼应孔天胤的这个问题。陈廷敬诗曰："后五百年外，当为知者怜。"本书写作开始于2015年秋，恰是孔天胤诞辰五百一十周年之际。不知两位作者于这个节骨点上写作此书，可否算得上知他的人。

注释：

①刘瑞祥《孔天胤》，《汾州沧桑》第三卷，北岳文艺出版社出2004年版，第207页。

②司马迁，一说为陕西韩城人，一说为山西河津人。

后记

一

应该说，写作《孔天胤传》有三个重要的机缘。

一是北岳文艺出版社的"三晋百位历史文化名人传记丛书"工程的启动。我检视名单，发现其中有孔天胤，于是毫不犹豫地选择了他。选择他，只是因为他是明代"汾州文同里百金堡"人，而百金堡今属文水县西槽头乡，与我的家乡西槽头乡东槽头村仅隔三里地，在我们村的西北方向，中间隔着一条文峪河。文峪河又名文谷河，孔天胤号文谷，这一发现勾起了我对于家乡那条河流的深情回忆。

二是赵桂溟老师此前对于孔天胤的介绍以及他对于孔天胤的前期研究。知道百金堡那个小村庄历史上出过这么一个大人物是在两三年前，此前我只知道我们村东南方向三里地,隔着磁窑河的狄家社村有宋代大将狄青。当研究山西文化三十余年,现兼任山西省法显文化研究会副会长的赵桂溟老师告诉我百金堡村有一位明代皇室的外甥考中榜眼、官也做得很高的时候,我惊讶于自己对此的一无所知。我初中就读于西槽头乡中学,有不少百金堡的孔姓同学,也经常随同学去百金堡玩,但无论如何都想象不出那普通得不能再普通的小村庄,曾经出过这样一位大人物。惊讶之余在网上搜索,竟然找到了影印版的《孔文谷集》,毫不犹豫地买下来,开始了抄写和研读。赵桂溟老师知道后,说十年前他已对孔天胤的文集做过初步的点校,有现成的电子文稿,阅读起来会方便得多。这份初步点校的电子文稿不仅为我的阅读提供了便利,也为《孔天胤传》动笔后历时半年就得以完成初稿提供了极大便利。赵桂溟老师还将珍藏的民国王埍昌《汾阳县金石类编》借给我,其中有赵讷为孔天胤写的墓碑文,以及与孔天胤相关的诗文多篇,这都为我对孔天胤的研究打下了基础。

  三是孔天胤父母墓碑的发现以及韩兵强教授的加入。这事说起来不无神奇,像是偶然又像是必然,更像是上天对于一个精诚所至、寻寻觅觅者的奖赏。决定写作《孔天胤传》后,我通过各种渠道搜集关于孔天胤的资料,从一个销售电子古籍的人处买到了屈万里主编的《明代登科录汇编》,其中有《嘉靖十年山西乡试录》。有乡试录必然有会试录和登科录,顺着这个思路再找,在孔夫子网上找到了明代的《会试录》和《登科录》。仅《登科录》标价就在两三千之间,我找了一家价格比较低的下了单。下单后店主打电话来,说他只有电子版,需要哪一年的可以单卖,其他年涉及的相关人物资料他可以帮我查。这热心的店主名叫孔伟,网名景安斋,是一位身在北京的晋城人,也是一位山西历史文化的研究者和收藏者。他不仅以低价把《嘉靖十一年进士登科录》卖给我,还赠送了我一份《嘉靖壬辰科进士同年序齿录》。他还把我拉进了一个叫"上党营造社"的群,这个群几乎都是身在外地的晋城人,做泽州文化研究。当我在群里问起了关于孔天胤的问题时，韩兵强教授对我的问题一一做了回答，并把孔天胤父母的墓碑照片发给了我。这张墓碑照片对于孔天胤研究至关重要，此前网络上及新版《山西通志》《山西历史名人传》中关于孔天胤家世的介绍全部被推翻。韩教授说这墓碑是一个叫孔宪政的汾阳人发给他的，并给了我孔宪政老师的联系方式。得知孔老师是山西孔子后裔的续谱人，这块碑发现于2015年，因为怕被盗，他在拍照后对墓碑重新做了掩埋。再以后，韩教授加入了孔天胤的研究队伍，成为了我的合作者，并承担了孔天胤任浙江提学副使一章的写作——浙江时期是本书难度系数最大的部分，涉及事件和人物众多，是孔天胤学术思想、教育思想的基本成型期，韩教授为此付出了极大的辛苦。

  韩教授虽然身在武汉且是一位工科教授，但对山西的历史文化名人如数家珍，而且此前已投入大量的精力搜集了几乎所有的电子方志和《四库》文集。网络的便捷也为我们这种远程合作提供了可能。我们大多时候通过QQ交流，近二百天的日子里几乎天天沟通。两个人的力量汇聚起来，大大超过了一个人的苦苦摸索，也为传记的高效、顺利完成创造了奇迹。

  天时，地利，人和，我们的研究工作就此展开。

二

  写作《孔天胤传》之前，我其实有意无意间已经做了三方面的准备和铺垫。

  一是购买和阅读了与孔天胤并无直接关系却与孔天胤生活的时代密切相关的书。如《明史》《剑桥中国明代史》等史书，《明代社会生活史》《中国文化通史·明代卷》《中国古代科举制度》等反映明代政治制度和社会生活的书，孟森《明史讲义》、雷炳炎《明代宗藩犯罪问题研究》、李玉铨《明代文人结社考》、田澍《正德十六年》、樊树志《明代文人的命运》等对明代历史问题及文人生活进行解读的书。另外还有顾国华《宗臣研究》、邓智华《封疆大吏与社会变革：庞尚鹏及其时代》、陈久全《陈其学传略》等已出版的对明代中期人物的研究传记。对这些书的阅读使我对于明代的整体情况及时代背景有了较为清晰的认识，为更为准确地切入孔天胤研究做了知识储备上的铺垫。这其中至关重要的是《明世宗实录》，对孔天胤封官、升职、受奖、遭贬、被罢等几乎都有记载，这为年谱的初步制作提供了基本框架。

二是2014年我完成了《落在战国的雪：林鹏〈咸阳宫〉论》的写作，此书2016年初由北岳文艺出版社出版。《咸阳宫》是山西学者林鹏先生创作的唯一的一部长篇历史小说。对《咸阳宫》的解读过程，其实也是我找到切入历史路径和方法的过程。写作过程中对于"传记"这一文体概念也有了自己的思考，明白了目前所出版的人物传记，其实严格区分是三个类别，即历史传记、文学传记、评传。文体选择的不同和写作姿态的不同，决定了传记知识性、思想性和可读性的不同。对于孔天胤这样一位无论在学术界还是文学界均无相关研究的明代山西大儒，任何想象和虚构，对他的形象都是一种稀释和损害。于是我力求以真实的历史记载还原一个学者、官员、诗人、出版家，更力求切入其精神深处，还原一个有着真实的喜怒哀乐的立体化的人物形象。

三是此前我对于《诗经》《尚书》《周易》《礼记》《论语》《孟子》《老子》等书的研读，对于解读孔天胤作品及其精神构成起到了重要作用。明代士人以五经四书举业，对经义的理解贯穿于他们的言行、生活与行文中。孔天胤的作品，无论是乡试、廷试策论，还是碑记书序、讲学笔记，甚至送别赠文，其中处处渗透着他对于儒家经义的解读。在对经义的理解和接受上，他反对仅仅将经义作为言语文字或举业之资，而是赞同"宋初三先生"之一胡瑗的"明经致用"论，认为经义的学习在于实践运用，他曾感叹"莫道明经为上乘，屯田水利亦高玄。假如三百篇俱诵，不曾施为只惘然"。此前受赵桂溟老师的推荐和影响，我也阅读了关于二程、朱熹、王阳明、张载、陆九渊、王廷相等人的一些评传和作品，南京大学出版社的"中国思想家评传丛书"一度成为我的最爱。对此类书的阅读，也使我基本理清宋明理学的发展脉络。对"上游"文本和学术的研读，为我准确解读孔天胤，在学术层面、精神层面与孔天胤进行对话提供了可能。

三

尽管有"天时地利人和"与知识学术上的相关储备，但真正开始研究孔天胤，困难还是想象不到的巨大。

因为孔天胤研究基本属于空白，所以这是一个完全的初创性的工作，仅搞清楚他文集中每一篇文章的写作时间和所涉及的人，就是一项繁剧的工作。他的作品全部用干支纪年，涉及人物全部称字号，文中提供的信息屈指可数。对于纪年的问题，我首先列出了从孔天胤出生的弘治十八年（1505）到去世的万历九年（1581）七十六年间的公历年份，对应标上年龄和所在地，列出基本的年谱框架，然后陆续填充内容。搞清一件事填一件事，搞清一篇文章填一篇文章。对于他三十余万字的诗文作品中涉及的人，大多根据人物的籍贯、任职地等查找相关的地方志，一个个进行突破。这方面韩教授做了大量的工作。我把年谱做到四万多字的时候，韩教授完全接手，进行了逐个突破，为我的顺利写作提供了重要保障。

孔天胤的研究，我们基本是从三方面突破的，这也是我们写作《孔天胤传》的三个重要依据。

第一个依据，是孔天胤自己的文集。它可以让我们更真实地感受其人的精神底蕴与喜怒哀乐，这一点不必细说。

第二个依据，是各地的地方志。对于孔天胤生活过、任过职的省市的地方志，我们都进行了扫荡式的查阅。不仅有《山西通志》《陕西通志》

《河南通志》《浙江通志》这样大部头的省志,而且有《祁州志》《颍州志》《杭州府志》以及陕西、河南、浙江与之相关,目前可见到的府县志的几乎所有版本。工作量是相当大的,许多时候常常翻阅数日而一无所得。但更开心的时候,是从这些地方志中找到关于孔天胤相关记载的时候,那种巨大的喜悦简直没有语言可以形容。印象最深的是韩教授加入之前,在国家图书馆方志馆,当我在《祁州志》上找到孔天胤修祁州庙学和贞文书院的记载,在《杭州府志》上找到孔天胤行救荒法救活浙江民众不计其数的记载时,坐在国家图书馆抄录时内心那种满溢的喜悦。这也增加了我进一步研究孔天胤的信心。当然投入精力最大的还是现存各版《汾州府志》和《汾阳县志》,我们都一遍遍翻阅,查找相关信息。韩教授在地方志的查阅方面做了大量的工作,也有不少惊人的突破。

第三个依据,是与孔天胤有交集的明人文集。最初查找的范围,是孔天胤文集中涉及的人物,凡能确定身份信息的,都要通过各种渠道查找他们是否有文集存世。但后来发现,很多孔天胤现存诗文集中并未提到的人物,其诗文集中关于孔天胤的内容却甚多,比如陕西张治道,河南樊鹏,江苏林春、薛应旂、周诗等人。于是我们扩大了查找范围,凡与孔天胤同时代有文集存世者,皆要"扫荡"一遍。

按照这种思路,这部分内容的查找又分为五个阶段。

第一阶段是购买已经出版的明人文集,如谢榛、赵廷松、林大春、黄绾等人的文集,其中谢榛集中与孔天胤相关的诗歌近三十首,皆一首首录入。

第二阶段,查到了部分已经电子化的图书,找到了孔天胤部分同年的诗文集,如范钦《天一阁集》、包节《包侍御集》、皇甫涍《皇甫少玄集》、钱薇《海石先生集》、苏志皋《寒村集》、蔡汝楠《自知堂集》等;也查到了孔天胤部分师友和同僚的诗文集,如葛守礼《葛端肃公文集》、刘储秀《刘西陂集》、薛蕙《考功集》、田汝成《田叔禾小集》等。因为是影印版无法检索,只能一篇篇翻阅,每有所得,则喜不自禁,手记笔录。

第三阶段，是去北京国家图书馆查阅还没有电子化的相关人物的诗文集，这一阶段韩教授提供了重要的信息，如许宗鲁《少华山人文集》、林春《林东城集》、张治道《张太微诗集》《太微后集》《嘉靖集》、程文德《程文恭遗稿》《程松溪先生集》等书中有关于孔天胤的诗文，韩教授还详细列出了诗文题目和所在卷次。按照这一思路，我在国家图书馆还找到了张光宇《太乙山人游蜀诗》、冯惟讷《冯光禄集》、王崇庆《端溪先生集》、王廷幹《岩潭诗集》、沈王朱恬烄《绿筠轩唫帙》中关于孔天胤的重要诗文。这些诗文集分存于国家图书馆的不同部门，一部分在国图总馆，分存于南区、北区，有的需要预约，有的需要看胶卷；还有一部分在文津街古籍馆。于是一次次奔波，一点点抄录，个别复印了的又一点点录入。

第四阶段，重点查找孔天胤刊刻的图书。此类图书存世者大多为胶卷，于是一卷卷翻过，果然找到了他所刊刻的张治道《嘉靖集》、樊鹏《樊氏集》的序，而这些孔天胤的"四库"版诗文集中都没有收入。

第五阶段，查漏补缺，重点对国家图书馆的一套《原国立北平图书馆甲库善本丛书》进行了一番大扫荡。我不但看到了嘉靖版的《山西通志》中孔天胤代王好问写的序，而且查到了张瀚《奚囊蠹余》、薛应旂《方山先生全集》《方山先生文录》、吕时《甬东山人稿》、皇甫汸《皇甫司勋集》中与孔天胤相关的内容。更为惊喜的是，这套书中杨慎《南中集》孔天胤的序是孔天胤的手写体。

《山西通志》中说孔天胤归汾后"与王明甫、吕仲和、裴庸甫诸人相唱和"，按照这一思路，我在第一次到国家图书馆时就找到了闻喜裴邦奇的《巢云诗集》，其中与孔天胤相关的诗歌有近三十首。因国图规定复制不能超过三分之一，只能一首首抄录核对。而韩教授则找到了王道行(明甫)的诗文集，录入了其中与孔天胤相关的多首诗文。我们为整理资料所付出的艰辛，不可细说也。

对明人文集的"扫荡"于孔天胤研究至关重要。因为地方志记的是大事,孔天胤为官、为学、为文的更多细节及时人对他的评价,更多出现在与他有交游的人的诗文中。这种检索,为还原一个生动的、立体的孔天胤提供了重要依据。但不能不令我们感到遗憾的是,不少与孔天胤交往密切的人的文集并没有保存下来,比如他的学生赵讷、亲家王缉,汾州同年王文翰、赵世禄等,汾州好友周伦、李渤等,孝义好友霍冀、梁明翰等,以及与他在陕西同官的同年李乘云、何其高、谢少南等(谢少南有部分诗歌存世,但其中几无与孔天胤相关者)。也因此,对孔天胤的研究,必然存在着先天的不足。还有一些人的文集,可以检索到与孔天胤相关的诗文,但集子找不到,比如施经《虎泉漫稿》中有《挽孔文谷母郡主》;就是孔天胤写于浙江时期的《霞海篇》,至今也没有找到。

在研究中我们还发现,孔天胤还有八年的诗稿佚失。《孔文谷诗集》二十四卷,第一卷为《履霜集》,写作时间为嘉靖十三年(1534)赴祁州途中到嘉靖二十一年(1542)丁父忧结束赴河南任的路上;第二卷为《泽鸣稿》,写作时间为嘉靖二十一年(1542)河南任上到嘉靖二十五年(1546)丁母忧之前;第三卷、第四卷均为《渔嬉稿》,写作时间为嘉靖三十四年(1555)致仕归汾后到嘉靖三十九年(1560)之前;其余二十卷为《文谷渔嬉稿》,从嘉靖四十年(1561)开始到万历八年(1580)。列出这些时间,即可发现一个非常明显的问题:从嘉靖二十六年(1547)到嘉靖三十三(1554)年,整整八年的时间,孔天胤的诗稿没有保存下来。而这八年,除去他丁忧的三年,后五年是他历陕西左参政、陕西按察使、陕西右布政使、河南左布政使的时期,同样是他人生中非常重要的阶段。这段时间诗稿的佚失,不能不说是孔天胤研究的重大缺憾。

四

突然发现前面三节都是以"三"来统摄的，三个机缘，三个准备，三个依据。不妨再来一个"三"，那就是简述与韩教授合作探讨并有所突破的三个片断，以从侧面记录我们研究过程中的点点滴滴。

第一如孔阶的生年。当我发现陕西时期孔天胤的同年苏志皋写有一首《自画古桂双喜图为同年孔文谷天胤题》说"古桂花重发，云荪蔓女萝。灵禽相对语，佳气晚来多"时，判断这是一首贺喜诗，或者是孔天胤娶妾，或者是生子。娶妾自然不可能，因为他十年前任职浙江时已"妻妾俱留奉老母"，而且按赵讷记载"娶王氏，续王氏，侧室赵氏"，他一生只有一妾。所以我推断是生子。韩教授找到了更直接的证据，那就是孔天胤于万历四年（1576）写有《儿阶生日诗以勉之》一首，首句称"年当五五学何如，可是趋庭效伯鱼"，"五五"即二十五岁。由以也可推知孔阶生于嘉靖三十年（1551），就是在陕西时期。这个推断，也在后来看到陕西兵备副使张瀚《奚囊蠹余》集中《贺孔右使诞子》一诗时，得到了进一步确认：孔阶的确生于陕西时期，而且孔天胤当时职在陕西右布政使，也就是嘉靖三十年（1551）。

第二如孔天胤和孔阶一家三口去世的先后顺序。汾阳地方文化研究中多认为孔阶妻与子先殇，甚至认为是孔阶妻因难产而与子同殇，其后孔阶卒，孔天胤卒于孔阶一家三口之后。我提出两点证明这一认识的错误：一是目前所能见到的赵讷所写的孔天胤碑立于万历二十二年（1594），碑文中称此文写于孔天胤卒后十年，可知所说的"王龙洲之女，生孙男，后同殇"是发生在孔天胤卒后十年间的事；二是孔天胤万历八年（1580）得孙有众友人来贺，"七十六岁老人才抱孙"即云此事，而孔天胤此年的最后一首诗是《庚辰除夕儿阶奉予守岁》，并无半点变故迹象，"难产"之说完全站不住脚。韩教授则找到了更为直接的证据：一是曾于万历九年任山西左参政驻汾州的朱孟震《朱秉器诗集》中有，记载孔天胤万历九年（1581）夏依然平静地生活；二是朱孟震万历十九年（1591）重回山西任山西巡抚，作《孔汝锡先生卒十年矣。余来晋阳，闻其子客死，诗以哀之》一首，由诗题中可知孔阶死于孔天胤卒后十年间且是"客死"。

第三如孔天胤"闲住"时的职位及其来龙去脉。《明世宗实录》嘉靖三十三年（1554）十二月："令浙江按察司副使陈宗夔，陕西右布政使孔天胤、右布政使何其高闲住，各坐贪污，为巡按御史孙慎、吉澄所纠也。"陕西两个右布政使，怎么可能？孔天胤终官河南左布政使，这里到底是"河南"误为"陕西"还是"右"误为"左"？抑或既"河南"误为"陕西"又将"右"误为"左"？这一事件不见于其他记载。而根据孔天胤履历，韩教授大胆推断《明世宗实录》中所说的"陕西右布政使孔天胤"前脱了"前"字，也就是说，孔天胤升河南左布政使后，其同年何其高由按察使继任右布政使；其后孔天胤作为前任陕西右布政使、何其高作为现任陕西右布政使同时遭到弹劾。这样的推断，也在后来的"查漏补缺"阶段得到了印证。嘉靖三十三年（1554）春，曾为孔天胤诞子写过祝贺诗的张瀚，又写有《关中送孔左使之河南》一首。

在查找资料方面，韩教授更具狄仁杰、福尔摩斯风采，他不但找到了各地史志及《盛明百家诗》《晋风选》中孔天胤的多首逸诗，还找到了孔天胤散落在各种古籍中的书序以及多处关于孔天胤的记载，为孔天胤研究打开了一扇又一扇窗。而我们的网上研讨，许多时候也像狄仁杰与李元芳、福尔摩斯与华生一样，一起推导出关于孔天胤人生中一些各方记载都不详的重要节点。

五

拉拉杂杂已说得太多,在此准备收结,却又有一些片断历历在目,忍不住想再叨叨两句。索性还是说三个片断。

一是在写作过程中,每次与赵桂溟老师见面,都会就新的收获向他汇报。赵桂溟老师是我切入地方历史文化研究毫无争议的领路人,不唯孔天胤,还有更多。他对于山西地方历史文化三十余年的关注,以及不断生发的新的思考,都在一次次交流中给予我不少启示。赵老师长我十一岁,许多时候感觉亦师亦友,人生中遇此良师益友,何其有幸。

二是 2016 年 4 月的一天,在汾阳同学好友宋爱星女士的陪同下,我拜访了汾阳市文联主席、汾阳市作协主席张立新先生。对于我提出的一些疑问,张老师都真诚做了解答,比如关于百金堡属于文同里还是文会里的问题,《汾阳县志》中记载不一,经张老师解释,我才知道清朝初年,文同里并入文会里,所以才会出现明代志书中记载是文同里,而清代志书中记载是文会里的情况。张老师还告诉我,冯家庄是孔天胤业师冯思翊的故乡,也是孔天胤少年时代的修学处,如今村中有李廷儒"西岩别墅"旧址。此前我已了解孔天胤曾为西岩别墅题写"西岩乐处",并为主人李廷儒写有多篇文章,与其子李渤、李渔均为知交好友。于是某一天,好友韩巧红女士用电动车载我去了西岩别墅旧址,她扶着电动车,我踩着车的后座翻进了那座已颓圮的明代别墅,在院中感受当年这里曾有过的繁华。当然,张立新老师对我最大的帮助,还是将他所点校的四种《汾阳县志》从书架上取下来送给我,此前我能看到的只有影印版。这些帮助都令我非常感动。

三是关于国家图书馆的一些记忆。国图总馆门口有一座人行天桥,天桥的对面有一家卖包子的,已经记不清有多少次穿过那座天桥去买包子吃了，只记得那里有猪肉白菜包，竟然还有小米稀饭。但大多时候，我都是早晨吃一顿，下午五点国图闭馆时出来再吃一顿，进了国图就总是觉得时间不够用，太多的资料还没查，忽忽的就是一天。那种下午两三点时的饥饿感，无论经过多久都记忆犹新。国图总馆有一面墙壁摆着《原国立北平图书馆甲库善本丛书》，共一千册，深蓝色的封面，每本都厚重如城砖，我常常踩了梯子取书放书；而这一面墙壁的书，去过多次也只有我一人取阅。古籍馆毗邻北海公园，去得早了常常是先去公园散步，等待古籍馆九点开门，记忆中看到过盛放的荷花和大得夸张的荷叶，也看到过枯干的枝条和清澈高远的冬日天空。但也有出错地铁口的时候，眼看着九点已过，我却不得不花十元买张门票穿过公园，其时路变得如此漫长，白塔湖影全都失了风采，我满头大汗，行色匆匆。

行文即将结束时，突然又想到在决定研究孔天胤时，好友玄武通过QQ向我传来了《明实录》《明代黄册制度》及孟森《明史讲义》等的影印版，并向我推荐了一些相关书籍，他嘱咐我说："写得广阔些。"这句鼓励虽然简短，却一直贯穿于我的写作过程中。这也是我在写作之前阅读一系列关于明代背景材料的原因，但是否写得如他所希望的"广阔"，却又心怀忐忑。限于篇幅，传记正文初稿五十四万字，二稿四十六万字，终稿不足四十万字，一直删改，删去的不少都是背景性和拓展性的内容，这对孔天胤其人的集中展示有益，于其"广阔"却又有损。

无论如何，这部传记算是完成了，两年多里我们的业余时间几乎全部投入了这项研究与写作，每一个早晨，每一个夜晚，每一个周末或节假日。就在2016年6月，韩教授出差到河南濮阳，寻访到了孔天胤恩师王崇庆的牌楼和弹劾孔天胤的吉澄的墓葬，兴奋地发图片给我。而我出差到江苏常州，得知常州是与孔天胤同时代人唐顺之的故乡，且孔天胤刊刻的林春《林东城集》就由唐顺之点校，于是一路寻访。在唐顺之读书处，心想如果汾阳也能恢复孔天胤的"文苑清居"，把孔天胤也作为汾阳人的精神名片，该有多好！我们互相打趣，还发明了一个词叫"走孔入魔"。所以，写过这本书之后，无论我们走到哪里，无论过多久，孔天胤都一直和我们在一起了。

记得有一部童话叫《尼尔斯骑鹅旅行记》，说的是小男孩尼尔斯被精灵施了魔法，被一只鹅带着做了一次长途旅行。旅行中，尼尔斯经历了许多困难与危险，却也看到了美丽风光，增长了知识，也结识了不少好友。当他重返家园时，不仅变回了人，而且在方方面面都获得了成长。写作《孔天胤》的过程颇与此类似。对孔天胤的研究，也为我们打开了一个丰富博大的世界。从这个意义上来说，《孔天胤传》写作的完成不是结束，而只是一个开始。

当然，付出足够的努力并不代表这是一本完美无缺的书，不排除书中还有一些没有发现的错误，或者出版后又有新的材料出现。希望得到专家学者的批评指正，便于以后修订，在此先行谢过。

2017 年 5 月

《三晋百位历史文化名人传纪丛书》已入选传主名单

尧	传说时期
舜	传说时期
禹	传说时期
晋文公	春秋
介子推	春秋
师旷	春秋
卜子夏	春秋
赵武灵王	战国
蔺相如	战国
荀子	战国
韩非子	战国
卫青、霍去病	西汉
班婕妤	西汉
关羽	三国
石勒	十六国
郭璞	两晋
慧远	两晋
法显	两晋
拓跋珪、拓跋焘、拓跋宏	南北

冯太后	两晋
王通	隋
尉迟敬德	唐
薛仁贵	唐
武则天	唐
狄仁杰	唐
王勃	唐
宋之问	唐
王之涣	唐
郭子仪	唐
王昌龄	唐
王维	唐
裴度	唐
白居易	唐
柳宗元	唐
温庭筠	唐
司空图	唐
李克用	唐
狄青	宋
司马光	宋
杨家将	宋
米芾	宋
元好问	金
关汉卿	元
郝经	元
白朴	元

萨都剌	元
罗贯中	明
王文素	明
孔天胤	明
王家屏	明
张慎言	明
傅山	清
于成龙	清
陈廷敬	清
孙嘉淦	清
杨二酉	清
雷履泰	清
栗毓美	清
祁寯藻	清
徐继畬	清
董文焕	清
车毅斋	清
刘笃敬	清
杨深秀	清
渠本翘	清